verloren
gefährdet
geschützt

Baudenkmale in Berlin

ARGON

verloren
gefährdet
geschützt
Baudenkmale in Berlin

Herausgeben von Norbert Huse

Ausstellung
im ehemaligen Arbeitsschutzmuseum
Berlin-Charlottenburg

7. Dezember 1988 bis 5. März 1989

Der Senator für Stadtentwicklung und Umweltschutz

Ausstellung *Konzeption:*
Norbert Huse

Planungsstab:
Christine Hoh-Slodczyk
Norbert Huse (wissenschaftliche Leitung)
Klaus-Peter Kloß (Geschäftsführung)
Wolfgang Wolters

Wissenschaftliche Mitarbeit, Organisation, Recherchen:
Antonia Gruhn-Zimmermann

Sekretariat:
Irene Schubert

Gestaltung und Produktion:
Architekten
Axel Oestreich, Werner Weinkamm
unter Mitarbeit von Achim Dirks und Susanne Sander

Modellbau:
Rüdiger Hammerschmidt, Michael Milde, Monath + Menzel

Fotografen:
Knud Peter Petersen, Wolfgang Reuss, Gerhard Weiss

Katalog *Herausgeber:*
Norbert Huse

Redaktion:
Antonia Gruhn-Zimmermann

Umschlagfoto:
Wolfgang Reuss

Autoren:
Klaus Duntze, Kurt Eckert, Helmut Engel, Robert Frank, Wilhelm Fuchs,
Antonia Gruhn-Zimmermann, Manfred Hecker, Norbert Heuler,
Christine Hoh-Slodczyk, Norbert Huse, Karl Kiem, Klaus-Peter Kloß, Günther Kühne,
Michael Kummer, Fritz Neumeyer, Henrik Schnedler, Jürgen Tomisch, Wolf-Borwin Wendlandt,
Wolfgang Wolters, Dietrich Worbs

Satz:
Mercator Druckerei GmbH Berlin

Lithographie und Druck:
Graphische Werkstätten Berlin GmbH

Bindung:
Heinz Stein, Berlin

Verlag:
Argon Verlag GmbH, Berlin

ISBN 3-87024-131-4

© Für dieses Buch beim Veranstalter (Senator für Stadtentwicklung und Umweltschutz),
sonst bei den Autoren

Inhalt

Senator Jürgen Starnick	Vorwort	9
Norbert Huse	Verloren, gefährdet, geschützt – Baudenkmale in Berlin	10

Aspekte und Probleme der Berliner Denkmalwelt

Helmut Engel	Zur Geschichte der Berliner Denkmalpflege	22
Michael Kummer	Denkmalschutz für Berlin? Geschichte des Denkmalschutzrechtes in Berlin	36
Helmut Engel	Geschichtslandschaft Berlin	46
Günther Kühne	Dörfer im Land Berlin	58
Karl Kiem	»Untertanenhäuser« in vor- und frühindustrieller Zeit	66
Christine Hoh-Slodczyk	Großstädtische Denkmallandschaften	80
Manfred Hecker	Die Yorckbrücken – ein Symbol für die Entwicklung Berlins zur Metropole	90
Jürgen Tomisch	Die Berliner S-Bahn. Verpflichtung und Problem für die Denkmalpflege	102
Klaus Duntze	Leben mit der Geschichte – Vom verantwortlichem Umgang mit überlieferter kirchlicher Baugestalt	114
Wolfgang Wolters	Berliner Großkirchen – pflegen, nicht zerstören!	120
Klaus-Peter Kloß	Zur Erhaltungsproblematik von Denkmalen der Industrie und Technik	124
Norbert Huse	Bauten des »Dritten Reiches«	136
Dietrich Worbs	Offenheit und Transparenz. Vier Bauten der 50er Jahre im Zentrum von Berlin (West)	144
Robert Frank	Denkmalschutz oder Stadtverschönerung?	156

Berliner Baudenkmale

Antonia Gruhn-Zimmermann	Kolonistenhaus – Lübars – Schloß Tegel – Miethausanlage für Arbeiter – Meiereigebäude der Firma Bolle – Obdachlosenasyl »Wiesenburg« – Reihenhäuser des späten 19. Jahrhunderts – Britzer Krankenhaus – Orenstein & Koppel – Rathaus Schmargendorf – Passionskirche – »Pferdeomnibusbetriebhof« – Niederdruck-Gasbehälter – Landhausgruppe – Stößenseebrücke – Westhafen – Siemens-Skyline – S-Bahnhof Priesterweg – Bruno Tauts Musterklasse für eine Gesamtschule – Sportanlagen Poststadion – Wohnanlage der 20er Jahre – Müllverladestation – »Speerplatte« – Ufa-Pavillon – Gedenkstätte Plötzensee – Teufelsberg – Verkehrskanzel – Ernst-Reuter-Platz – Kongreßhalle – Reichstag – Zentrale der DLRG	168

Aus der Praxis der Berliner Denkmalpflege

Henrik Schnedler	Viele Haken – wenig Ösen. Zehn Jahre Denkmalschutzverfahren nach dem Berliner Denkmalschutzgesetz von 1977	232
Klaus-Peter Kloß	Gebäudebücher – ein Berliner Dokumentationskonzept	238
Wilhelm Fuchs	Denkmalpflege von Ensembles in Neukölln, Rixdorf und Britz	250
Wolf-Borwin Wendlandt	Schulzendorf und sein »Familienhaus«. Ein Zeugnis preußischer Landbaukunst des 18. Jahrhunderts	260
Kurt Eckert	Das Wasserwerk Teufelssee	272
Norbert Heuler	Das Instrument des »geschützten Baubereiches« – Beispiel Kurfürstendamm	284
Henrik Schnedler	Unbekannte Innenräume von Walter Gropius – Geschichte einer Entdeckung	292
Wolfgang Wolters	Die ehemalige italienische Botschaft im Tiergarten	304
Norbert Heuler	Architektur der 50er Jahre als Aufgabe der praktischen Denkmalpflege	310
Manfred Hecker	Sanierung und Denkmalpflege in Kreuzberg – Stadterhaltung statt Kahlschlagsanierung	318

Zum Ausstellungsort

Fritz Neumeyer	Industriegeschichte im Abriß – Das Deutsche Arbeitsschutzmuseum in Berlin-Charlottenburg	330
	Pressestimmen	340
	Die Entscheidung des Gerichts	350
Klaus-Peter Kloß	Das ehemalige Arbeitsschutzmuseum als Baudenkmal	358
Christine Becker Birte Ladegaard	Ausgewählte Literatur	369
	Danksagung	374
	Autorenverzeichnis	375
	Bildnachweis	376

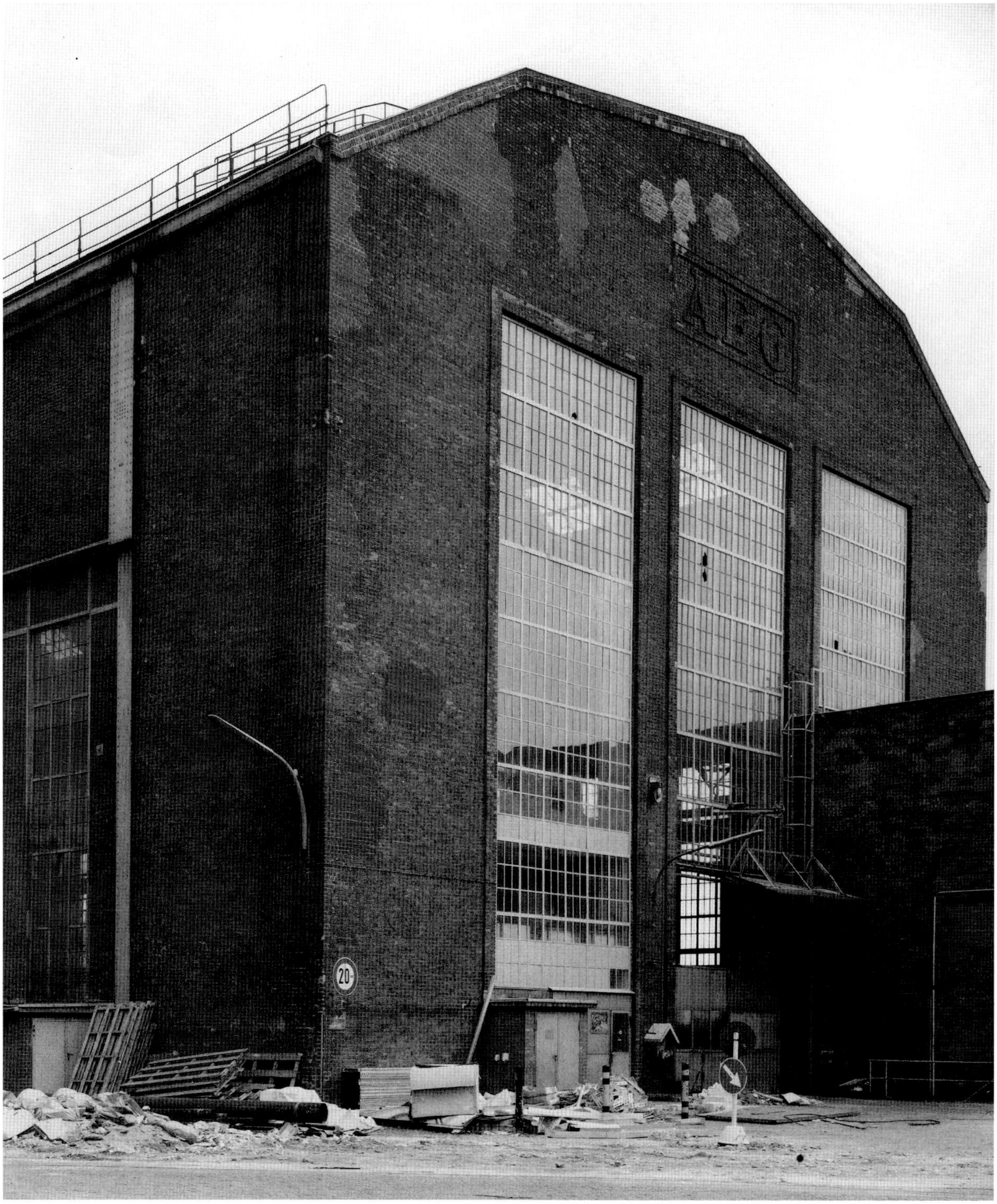
AEG
20

Vorwort

10 Jahre besteht das »Gesetz zum Schutz von Denkmalen in Berlin«, das dem Senat die Aufgabe stellt, die Berliner Denkmale zu schützen, zu erhalten und zu pflegen, sowie wissenschaftlich zu erforschen. Der Denkmalbegriff, der dem Gesetz zugrunde liegt, ist umfassend. Schon wenige Jahre nach Inkrafttreten des Gesetzes stellte sich heraus, daß der Auftrag des Gesetzgebers mit den verfügbaren Kapazitäten und in dem gegebenen institutionellen Rahmen nicht zu erfüllen ist. Im Herbst 1983 wurde deshalb dem Abgeordnetenhaus ein umfassendes »Konzept zur Denkmal- und Landschaftspflege in Berlin« vorgelegt, in dem der Senat die Ziele, aber auch die Probleme des Berliner Denkmalschutzes präzisierte. Die Ziele ergeben sich auch aus dem in den letzten Jahrzehnten im Bewußtsein der Öffentlichkeit wie in der Wissenschaft erweiterten Denkmalbegriff, der gerade in der Industriestadt Berlin viele neue Bauten in den Aufgabenbereich der Denkmalpflege rückt.

10 Jahre Berliner Denkmalschutzgesetz ist Anlaß, in der Ausstellung »Verloren, gefährdet, geschützt – Baudenkmale in Berlin« auf Entwicklungen und Leistungen der Denkmalpflege zurückzublicken. Gleichzeitig soll die Ausstellung dazu beitragen, das Bewußtsein des kulturellen Wertes von Baudenkmalen zu schärfen. Gezeigt werden Denkmalbereiche, die für die Stadt charakteristisch, die gefährdet und die oft noch nicht in ihrem Denkmalwert erkannt sind. Sie ist zugleich ein Werkstattbericht, der Einblick geben soll in die Probleme, Methoden und Instrumentarien denkmalpflegerischer Arbeit.

Die Verbesserung von Pflege und Schutz der Denkmale ist an das Verständnis der Öffentlichkeit gebunden. Ihre Rolle für das Leben der Stadt wird oft unterschätzt, obwohl ihr Anteil an der Berliner Architektur- und Stadtbaugeschichte im nationalen und europäischen Kulturzusammenhang einen einzigartigen Rang einnimmt.

Ich danke allen, die zur Realisierung des Projektes beigetragen haben, vor allem aber der Physikalisch-Technischen Bundesanstalt, die uns die Halle des ehemaligen Arbeitsschutzmuseums zur Verfügung stellte und damit dieses bedeutende Baudenkmal zum ersten Male seit vielen Jahren der Öffentlichkeit wieder zugänglich macht.

Jürgen Starnick
Senator für Stadtentwicklung
und Umweltschutz

Abb. 1: Rudolf-Virchow-Krankenhaus (Abriß der Pavillons Sommer 1988)

Norbert Huse

Verloren, gefährdet, geschützt – Baudenkmale in Berlin

I.

Die Ausstellung findet in einem Gebäude statt, das selbst ein Denkmal ist (Umschlagbild). Vor Jahren schien es schon verloren, dann war es lang gefährdet, jetzt gehört es zur Minderheit der privilegierten unter den Denkmalen, welche auch formell den Schutz des Gesetzes genießen, während gleichzeitig andere, ebenso wichtige der Spitzhacke zum Opfer fallen (Abb. 1 und Abb. 2). Dem Besucher präsentiert sich das ehemalige Arbeitsschutzmuseum in der Fraunhoferstraße nicht »wie am ersten Tag« und nicht »im alten Glanze«, sondern mit den Veränderungen und Blessuren, die es im Laufe der Jahre hat hinnehmen müssen, als das Werk nicht nur seiner Erbauer, sondern auch von Alter, Feuer und Vernachlässigung. Für die Ausstellung wurde nur soviel repariert wie nötig war, um die baupolizeiliche Sperrung des Raumes für einige Wochen aufheben zu können. Die Ausstellung selbst sollte diesen Bau so weit als irgend möglich in seinem heutigen Zustand respektieren. Aufwendige Architektur verbot sich deshalb ebenso wie das Zustellen mit Schauwänden.

Die gezeigten Baudenkmale sind 1987/88 neu fotografiert worden. Auf historische Aufnahmen wurde bewußt verzichtet. Die Bauten sollen sich so vorstellen, wie sie heute aussehen, einschließlich derjenigen Alterungen, Veränderungen und Zerstörungen, die bereits zu ihrer Geschichte gehören. Die Ausstellung fühlt sich denen verpflichtet, die seit dem 19. Jahrhundert für eine Denkmalpflege der Behutsamkeit und der minimalen Eingriffe kämpften, weil sie, treuhänderisch, so viele Denkmale zu erhalten suchten, wie irgend möglich, und diese den Kommenden unverfälscht übergeben wollten, als Zeugnisse von Epochen, die anders sind als die jeweilige Gegenwart und gerade aus dieser Differenz ihre immer neue Bedeutung gewinnen können. »Wir«, so schon John Ruskin 1849 in seinen »Seven Lamps of Architecture«, »haben gar kein Recht, die Denkmäler anzurühren. Sie gehören uns nicht (...)«. Die Konsequenz daraus: »Kümmert Euch um Eure Denkmäler, und Ihr werdet nicht nötig haben, sie wiederherzustellen. Einige Bleiplatten bei Zeiten auf ein Dach gelegt, ein paar tote Blätter und Zweige rechtzeitig aus einem Abflußrohr entfernt, werden sowohl Dach wie Mauer vom Verderben retten. Bewacht ein altes Bauwerk mit ängstlicher Sorgfalt; (...) zählt seine Steine wie die Edelsteine einer Krone; stellt Wachen ringsherum auf, wie an den Toren einer belagerten Stadt, bindet es mit Eisenklammern zusammen, wo es sich löst, stützt es mit Balken, wo es sich neigt; kümmert Euch nicht um die Unansehnlichkeit solcher Stützen: besser eine Krücke als ein verlorenes Glied. Tut dies alles zärtlich und ehrfurchtsvoll und unermüdlich, und noch manches Geschlecht wird unter seinem Schatten erstehen, leben und wieder vergehen. Sein letzter Tag muß einmal kommen, aber laßt ihn offen und unzweifelhaft sein, und laßt keine Entwürdigung und falsche Herstellung ihn noch der letzten Totenehren berauben, die Erinnerung ihm erweist.«

II.

Vor gut zehn Jahren, am 1. Januar 1978, trat das »Gesetz zum Schutz von Denkmalen in Berlin« inkraft. Paragraph 2, Absatz 2, definierte den Geltungsbereich weit: »Ein Baudenkmal ist eine bauliche Anlage oder eine Mehrheit baulicher Anlagen, eine Gartenanlage, eine öffentliche Grünanlage oder ein Friedhof, deren Erhaltung wegen ihrer geschichtlichen, künstlerischen oder wissenschaftlichen Bedeutung oder wegen ihrer Bedeutung für das Stadtbild im Interesse der Allgemeinheit liegt. Zu einem Baudenkmal gehören sein Zubehör und seine Ausstattung, soweit sie mit dem Baudenkmal eine Einheit von Denkmalwert bilden (...)«. Den Umgang mit solchen Denkmalen hatte der Gesetzgeber sich ungewöhnlich differenziert vorgestellt, als er, sehr viel sorgfältiger als die folgende Praxis vermuten ließ, in § 1 abstufte, die Denkmale seien »zu schützen, zu erhalten und zu pflegen sowie wissenschaftlich zu erforschen.«

Wie seine bundesdeutschen Geschwister, ist auch das Berliner Gesetz von dem Denkmalverständnis geprägt, das sich in den frühen siebziger Jahren auszubilden begann und 1975 in den Aktivitäten des europäischen Denkmalschutzjahres öffentlichkeitswirksamen Ausdruck fand. Bestimmende Hintergrunderfahrung waren die Stadtquartiere mit historischer Bausubstanz, von denen immer mehr und immer größere vom Erdboden verschwanden. Gleichzeitig erschienen die Architektur und der Städtebau, die sich an ihre Stelle setzten, in immer negativerem Licht. Als modernes Bauen auch dem Volumen nach die Oberhand gewann, war die Hoffnung auf eine bessere Welt, die seine Entstehung begleitet hatten, schon Geschichte. Auf dem langen Weg vom Experiment zum architektonischen Alltag waren aus Träumen Traumata geworden. »Von der Unwirtlichkeit unserer Städte«, »Profitopolis«, »Tod und Leben amerikanischer Städte«, »Bauen als Umweltzerstörung«, das waren nur einige der Titel, in denen solche Erfahrungen sich zu Kampfrufen verdichteten. Von der Gegenwart enttäuscht und ohne Vertrauen in das Kommende, befriedigte die Gesellschaft ihr Utopiebedürfnis durch Geschichte. »Eine Zukunft für unsere Vergangenheit« lautete, konsequenterweise, 1975 die Parole. Der Erfolg übertraf alle Erwartungen und schon bald entwickelte die Denkmalbegeisterung eine Eigendynamik, deren negative Spätfolgen sich erst allmählich in ihrem ganzen Umfang zu erkennen geben. In Umkehrung der alten Lehre von dem Schönen, das immer auch gut und von dem Guten, das immer auch schön sei, galt die behauptete Häßlichkeit des Modernen als untrügliches Indiz seiner moralischen Verderbtheit und die Schönheit des Alten als ebenso untrügliches Indiz früherer »Lebensqualität«.

Auch unter den verantwortlichen Fachleuten haben sich nur wenige dem Tatendrang der Begeisterten entgegengestellt, obwohl die Denkmale längst schon nicht nur gegen Feinde verteidigt werden müssen, sondern auch gegen Liebhaber. Von der Verpflichtung zum Schützen und Erhalten, die das Berliner Gesetz noch vor das Pflegen stellt, war dann auch oft wenig zu spüren in einer Praxis, die anders als der differenzierende Gesetzgeber - allzu oft das Schützen und das Pflegen umstandslos ineins setzt - so, als wüßte die Fachwelt nicht schon lange, daß die intensive Pflege, die wir unseren Denkmalen angedeihen lassen, diesen in vielen Fällen den versprochenen Schutz nicht bringt. Allzu oft ist am Ende zwar das Gebäude erhalten, das Denkmal aber zerstört. Gerade die populären Denkmale sind durch solchen Verschleiß aufs höchste gefährdet, nicht wenige sind ihm bereits zum Opfer gefallen. Da die Denkmale in der Gesellschaft, anders als im Gesetz, nicht primär als Zeugnisse von Geschichte behandelt werden, sondern als Objekte von Geschmacksurteilen, ist der qualitative Unterschied zu Neuschöpfungen für das Publikum vielfach nur noch schwer erkennbar. Die selbst in Amtsstuben grassierende Verwechslung von Denkmalschutz und Stadtbildpflege ist nur eine von vielen Konsequenzen solcher fundamentaler Mißverständnisse.

Die Denkmale fanden vor allem als Gegenbilder zu einer mißlingenden Moderne Resonanz, nicht um ihrer selbst willen. Die Tatsache aber, daß Baudenkmale heute oft kaum noch in ihrem Eigenwert, zu dem auch Andersartigkeit, ja Fremdheit gehören, wahrgenommen werden, sondern als Kulissen für Tourismus und Stimulantien für Stimmungen, hat ihnen gefährlichere, existenzbedrohendere Konkurrenz erwachsen lassen. Wo es fast ausschließlich um die Linderung von Gegenwartsnöten geht und fast gar nicht mehr um die Denkmale selbst, sind deren Surrogate oft ungleich geeigneter als sie selber. Die Orientierungen, Identitäten und Erlebnisse, die heute gefragt sind, können Surrogate, als Erzeugnisse unserer Zeit, ungleich schneller und bedarfsgerechter liefern, als die eigentlichen Denkmale, die, oft sperrig und unbequem, nicht selten quer zu den aktuellen Wünschen der Gesellschaft stehen. Hinzu kommt eine seit längerem auf Gestaltvielfalt, »Maßstäblichkeit« und »genius loci« setzende neue Architektur und hinzu kommen die immer populärer werdenden Rekonstruktionen, notfalls auch an einem anderen, bequemeren Ort, die im Grundsatz alle Denkmale zur Disposition stellen.

III.

Das umfassendere Verständnis von dem, was Denkmal sein kann, das sich in den letzten beiden Jahrzehnten herauszubilden begonnen hat, ist für wenige Orte so folgenreich wie für den Westen Berlins. War früher die Klage fast rituell, alles Wichtige stehe nun einmal auf

Verloren, gefährdet, geschützt

Abb. 2: Ehem. Festungsgefängnis, seit 1945 Kriegsverbrecher-Gefängnis Spandau, Abriß Herbst 1988

der falschen Seite der Grenze, so zeigt sich heute, daß auch die Westberliner Denkmalwelt von faszinierendem Reichtum und beeindruckender Dichte ist. Ihre Bestandteile sind freilich oft Bauten, Anlagen und Bereiche, deren Denkmalcharakter erst spät und oft auch nur zögernd und unvollkommen ins Blickfeld rückt. Die Denkmale, an die Karl Friedrich Schinkel bei den Notizen für seine unvollendete Architekturtheorie dachte, machen heute nur noch einen Bruchteil der Schutzbedürftigen aus, die Folgerung Schinkels aber gilt nach wie vor: »Die Nationen fallen, denn alles Menschliche dauert seine Zeit, aber sie erheben sich aus den Denkmälern der Kunst und Wissenschaft wieder. Diese bleiben ehrwürdig und bleiben Probirsteine«.

Die »Probirsteine« in der Ausstellungshalle repräsentieren nur Segmente der Berliner Denkmalwelt. Mit den Schlössern und ihren Parks, den Villenkolonien und den Großsiedlungen der zwanziger Jahre fehlen sogar Höhepunkte der Berliner Bau- und Stadtgeschichte. Die Ausstellung konzentriert sich auf Bereiche, die für Berlin charakteristisch sind, die gefährdet scheinen und deren Denkmalwert noch nicht überall mit der notwendigen Klarheit gesehen wird. Nur eine Minderheit der gezeigten Objekte konnte bisher in das Berliner Denkmalbuch eingetragen werden.

Von den Schwerpunkten der Ausstellung werden es drei bei dem Publikum vermutlich besonders schwer haben: das »Dritte Reich«, die »Fünfziger Jahre« und die

»Denkmallandschaften«. Berlin, so Werner Düttmanns Diktum, ist viele Städte. Es gibt die Stadt der Touristen und der politischen Selbstdarstellung, es gibt das Berlin der Dorflagen und der innerstädtischen Kieze, es gibt eine Stadt der Villen und eine der Großsiedlungen, es gibt das industrielle Berlin und das der Laubenpieper und es gibt andere mehr. Unter den vielen Städten Berlins ist auch eine nationalsozialistische. Trotz Krieg und Wiederaufbau ist sie in wesentlichen Teilen auch heute noch vorhanden. Präsent allerdings ist sie nicht. Selbst so augenfällige und von Anfang an als architektonische Denkmäler des Nationalsozialismus konzipierte Anlagen, wie das Stadion im ehemaligen Reichssportfeld und der Flughafen Tempelhof, sind im öffentlichen Bewußtsein längst »entnazifiziert«. Die militärischen Anlagen, heute von den Alliierten genutzt, sind aus der Lebens- und Wahrnehmungswelt der Berliner so gut wie verschwunden, die Siedlungen und die Fabriken scheinen schon lange anonym geworden zu sein.

Als nationalsozialistisch determiniert sind derzeit in Berlin am ehesten solche Orte und Bauten bewußt, an denen aktuelle Auseinandersetzungen um ihre Erhaltung sich entzündeten, wie die italienische Botschaft. In welch hohem Maße auch Leere, erfüllt höchstens von den Schatten der Vergangenheit, eindringliche Denkmalbedeutung gewinnen kann, demonstriert seit 1987 die Berliner Ausstellung »Topographie des Terrors«, die auf dem Gelände des Prinz-Albrecht-Palais (Abb. 3) nicht rekonstruiert, sondern in Erinnerung ruft. Und zwar so, daß die Schattenbeschwörung ihre Intensität nicht zuletzt aus ihrer eingestandenen Ohnmacht gewinnt. Ebenso überraschend wie überzeugend gelang es, durch wenige Markierungen und Hinweistafeln die an diesem Orte buchstäblich durch Zuschüttung »unsichtbar gemachte Geschichte« so ins Bewußtsein zu bringen, daß die »Wiederkehr des Verdrängten« die zentrale Erfahrung auf dem Ausstellungsgelände wurde.

»Geschichtlich« wie »städtebaulich«, so hatte der Regierende Bürgermeister Richard von Weizsäcker 1983 in der Ausschreibung zu einem Wettbewerb für das Areal des Prinz-Albrecht-Palais erklärt, »gehört die Neugestaltung des Gebäudes um das ehemalige Prinz-Albrecht-Palais zu den vordringlichsten Aufgaben unserer Stadt. Im Guten wie im Bösen ist Berlin Treuhänderin der deutschen Geschichte, die hier ihre Narben hinterlassen hat wie nirgends sonst«. 1987 begann die Narbe wieder zu schmerzen.

Nachdem die damnatio memoriae ebenso gescheitert war wie – auf teilweise hohem Niveau – der Wettbewerb zur Gestaltung dieses Ortes, bewahrheitete sich das Votum Hardt Waltherr Hämers: »(...) dieser Ort ist als Ort Denkmal. Denkmale haben nur den Wert, der im Leben der Menschen, in deren Denken verankert ist (...). Ich denke, dieser Ort kann nicht funktionalisiert werden für bestimmte Zwecke des normalen Lebens unserer Stadt oder angeeignet werden von irgendwelchen Gruppen, Disziplinen oder Interessen (...)«.

Wenn die Schatten scheinbar längst vergessener oder »bewältigter« Vergangenheit plötzlich wieder länger und schärfer werden, wenn durch Zufälle wieder materielle Spuren auftauchen, die einer matter werdenden Erinnerung neue Kraft geben und seit langem verheilte Wunden wieder aufbrechen lassen, dann können auch Theorie und Praxis der Denkmalpflege nicht auf Dauer vor solchen Erfahrungen die Augen verschließen. Besonders jetzt nicht, wo die immer wieder umgangene, denkmalpflegerische Auseinandersetzung mit dem Erbe des Dritten Reiches kaum länger hinausgeschoben werden kann, die immer wieder mit Denkmalen konfrontiert, die die Gesellschaft nicht liebt, nicht kennt und, wenn sie sie kennt, meist nicht würde haben wollen. Und gehört nicht in Geschichtsepochen, die strukturell so destruktiv sind wie diese, die Zerstörung zu ihren zentralen Merkmalen, und wird dann nicht auch die Abwesenheit, die Spur des Nichtmehrvorhandenseins, ein entscheidender und deshalb zu schützender Denkmalwert?

Anders als die Bauten des »Dritten Reiches« haben die der fünfziger Jahre Konjunktur, wenn auch nur in Auswahl und in erster Linie bei jungen Leuten. Eine Zeitgrenze kennt das Berliner Denkmalschutzgesetz nicht, grundsätzlich kann deshalb auch Jüngeres und Jüngstes als Denkmal eingetragen werden. Immer vorausgesetzt freilich, die sachlichen Anforderungen sind erfüllt, was bei vielen Bauten und Anlagen der fünfziger Jahre ohne Zweifel der Fall ist. Populär allerdings sind solche Entscheidungen nur bei den wenigen Schmuckstücken, die sich mit Assoziationsbereichen wie »Nierentisch« und »Petticoat« verbinden. Ungleich schwieriger sind der Schutz, die Erhaltung und die Pflege, die der Gesetzge-

Abb. 3: Prinz-Albrecht-Gelände: »Topographie des Terrors« 1987

ber den für die Denkmale Verantwortlichen aufgetragen hat, überall da, wo die Klischees nicht passen und zugleich der Ruf nach Veränderungen so laut wird wie im Zentrum des westlichen Berlin. Betroffen sind architektonische Details, aber auch große urbanistische Figurationen.

Die City der fünfziger Jahre ist inzwischen im Verschwinden begriffen – bevor sie überhaupt von einer größeren Öffentlichkeit in ihrem eminenten Denkmalwert wahrgenommen wurde. Dabei ist zum Beispiel der Breitscheidplatz, der jedermann vor Augen steht, nicht nur in Einzelbauten wie der Gedächtniskirche, sondern auch als Ensemble der fünfziger Jahre (Abb. 4) ein Denkmal von nationaler, ja europäischer Bedeutung, dem keine andere deutsche Stadt Vergleichbares an die Seite stellen könnte. Dieses Ensemble steht zudem nicht isoliert in der City, sondern ist seinerseits Kernbereich einer Zone von Architektur und Städtebau der fünfziger Jahre, die ihresgleichen sucht: große Teile der Hardenbergstraße mit ihrem Umgriff gehören dazu, aber auch Teile der Tauentzienstraße, das Kranzler-Eck und, als Übergang zu einer neuen Epoche in der Geschichte der Stadt, der Ernst-Reuter-Platz.

Als städtebauliche Antwort, auf die alte Bebauung ebenso wie auf die Ost-Berliner Stalinallee und die Speer'schen Planungen für die Reichshauptstadt »Germania« nach dem Endsieg konzipiert, entstand hier eine Denkmalzone von höchster Bedeutung und spezifisch

Verloren, gefährdet, geschützt

Abb. 4: Ensemble Breitscheidplatz, 1988

Berliner Charakter. Im einzelnen sind die Schäden durch Abriß und Veränderung bereits beträchtlich, und weitere stehen ins Haus. Noch aber ist die ursprüngliche Prägung stärker. Sicher haben die Abgeordneten nicht an dieses Areal gedacht, als sie 1977 ihr Denkmalschutzgesetz beschlossen, wo aber fänden sie, genau besehen, in ihrer Stadt einen Bereich, der ihre Denkmalkriterien so präzise erfüllte wie dieser.

Unter dem von Tilmann Breuer in etwas anderen Zusammenhängen entwickelten Begriff der Denkmallandschaft werden Denkmalbereiche und Denkmalarten zur Diskussion gestellt, die weiter ausgreifen und oft auch anders strukturiert sind als die Ensembles klassischer Art, die zugleich aber auch kleinere, anschaulichere und denkmaltopographisch präziser erfaßbare Bezirke meinen, als diejenigen, die etwa die Diskussion um die »Geschichtslandschaft Berlin« im Auge hat. In der Terminologie des Gesetzes von 1977 können auch sie Baudenkmale sein, sind sie doch jeweils eine »Mehrheit baulicher Anlagen (...), deren Erhaltung wegen ihrer wissenschaftlichen, geschichtlichen oder künstlerischen Bedeutung oder wegen ihrer Bedeutung für das Stadtbild im Interesse der Allgemeinheit liegt«. Was aber, zum Beispiel, wäre ein wichtigeres, unverwechselbareres und für Berlin spezifischeres Stadtbild als dasjenige, das sich etwa U-Bahn-Fahrern, einheimischen wie auswärtigen, zwischen Möckernbrücke und Gleisbereich bietet? Wo die meisten Fahrgäste heute vermutlich nur Stadtbrache sehen, ist ja in Wirklichkeit faszinierender Denkmalreichtum zu entdecken, für dessen Behandlung die Forderun-

Abb. 5: Anhalter Bahnhof, Fassadenrest, 1988

gen des Berliner Gesetzes, Baudenkmale seien »zu schützen, zu erhalten und zu pflegen sowie wissenschaftlich zu erforschen«, gar nicht ernst und wörtlich genug genommen werden können, und dies auch dann, wenn die Abgeordneten bei ihren Beratungen eher an den Park in Glienicke gedacht haben.

Den nördlichen Pol des Kraftfeldes dieser Denkmallandschaft besetzen die Fassadenreste des Anhalter Personenbahnhofs (Abb. 5). Beschädigt zwar, hatte er den Krieg doch überstanden. Seine Sprengung 1960, die ein Stückchen Fassade verschonte, das man stehen ließ, gilt heute allgemein als Zeugnis, ja Mahnmal einer an der eigenen Kurzsichtigkeit gescheiterten Denkmalpolitik. Für die Bildung eines offeneren Denkmalbewußtseins aber beweist das Fragment eigentümliche Faszination und verblüffende katalysatorische Kraft. Die umgebende Stadtbrache ist dadurch nicht einfach Niemandsland, und vielleicht ist es kein Zufall, daß gerade dieses Stück Stadt den Berlinern wie ihren Besuchern allmählich zum Bewußtsein zu bringen beginnt, daß selbst Gebiete wie dieses nicht nur Planungsdefizite veranschaulichen, sondern auch Stadtgeschichte. Veränderungen in der modernen Stadtästhetik, wie das Konzept der »Collage City«, mögen dabei helfen, indem sie Blick und Kopf frei machen für die Einsicht, daß die schon seit längerem zu Ideologie gewordene Verabsolutierung von Kriterien wie Harmonie, Geschlossenheit, Schönheit und organische Ganzheit der Wirklichkeit der Denkmalstadt Berlin nicht gerecht werden können, wo Strukturen, Gefüge und Texturen selbst dort, und manchmal

Verloren gefährdet, geschützt

Abb. 6: Yorckbrücken, Reste der alten Bahnanlagen, 1988

gerade dort geschichtlich aussagekräftig (und damit denkmalwert) sein können, sowie vieldeutig, alles andere als »schön«, zudem unbequem und somit bis an den Rand der Zerstörung auch gefährdet sind.

Wer das Gebiet heute bis zu den Yorckbrücken (vgl. S. 90–101) durchwandert, wo diese Denkmallandschaft, in der die Reichsbahn das Gelände zwar nicht nutzte, aber auch nicht dem Westen überließ, ihren südlichen Pol hat, trifft Stadtgeschichte und Geographie in einer ganz ungewöhnlichen Konfiguration: denn hier ist die Stadt das Ältere, die Natur das Neue. Auch die Natur ist hier ein Ergebnis (und damit auch ein Zeugnis) von Geschichte. Ohne die besonderen Bedingungen der Viersektorenstadt wären die Reste der alten Bahnanlagen (Abb. 6) längst verschwunden, oder neue Anlagen hätten die Ausbildung der innergroßstädtischen Biotope verhindert, die heute Ökologen und Naturschützer begeistern.

Gebiete wie dieses scheinen nach Planung und Bebauung geradezu zu schreien und bedürfen doch dringend des Schutzes, soll das Denkmal nicht verschwinden, bevor es überhaupt recht erkannt ist. Der Ruf nach Nutzung wird hier schnell zur Guillotine, wenn Nutzung nicht nach vorsichtiger Abwägung tatsächlich aller Gesichtspunkte gesucht wird und wenn nicht auch diskutierbar ist, auf eine extensive Nutzung zu verzichten, solange eine überzeugende, das Denkmal bewahrende Lösung nicht gefunden ist. Eine minimale Erschließung durch wenige Wege, die freilich auf jede weitere Aufbereitung und Gestaltung verzichten müßten, könnte bis auf weiteres nicht nur den Belangen der Naturschützer gerecht werden, sondern zugleich den Berlinern eine einzigartige Stadt- und Denkmallandschaft erschließen. Voraussetzung ist allerdings, ihre Existenz bewußt zu machen und dieses Bewußtsein in die planungspolitischen Entscheidungsprozesse einzubringen.

IV.

Die Ausstellung, die sich mit den Aufgaben, die der institutionalisierten Denkmalpflege gestellt sind, identifiziert, nimmt in solchen Prozessen Partei. Ihr Part ist der des Anwaltes für die Verteidigung, deren Mandat in der Erhaltung der Denkmale besteht, ganz unabhängig davon, ob diese gefallen oder nicht. Nicht zuerst der Schönheit ist die Verteidigung verpflichtet, sondern der Geschichte, und zwar der ganzen, einschließlich der ungeliebten oder gar gehaßten Teile.

Wer die Auffassung vertritt, daß sehr viel mehr Denkmal ist, als die Gesellschaft weiß und wahrhaben möchte – und dies ist eines der Grundthemen der Ausstellung –, der muß auch erkennen, daß Denkmalbedeutung nicht in jedem Falle automatisch auch absolute Konservierung bedeuten kann. Dies entbindet aber nicht von der Verantwortung, der Gesellschaft vor Augen zu stellen, wo sie bei ihren Planungen und Entscheidungen über Denkmale befindet. Das Votum der Verteidigung in diesem Diskurs darf einzig von den Interessen ihres Mandanten bestimmt sein, nicht davon, mit vorwegeilenden Kompromissen gefallen zu wollen. Unverändert gilt, was Karl Friedrich Schinkel 1815 seinem Monarchen vortrug, dem er die Gründung eines Denkmalamtes nahezubringen suchte: »Bisher waren diese Gegenstände als solche, die nicht unmittelbar dem Staate Nutzen schafften, keiner besonderen Behörde zur Verwaltung und Obhut zugeteilt, sondern es wurde von den Regierungen, von der Geistlichkeit oder von Magisträten und Gutsherren, je nachdem sich eine oder die andere Behörde das Recht darüber anmaßte, zufällig und meistenteils ohne weitere Rückfrage höheren Orts entschieden, und da es sich leider zu häufig fand, daß in diesen Behörden keine Stimme war, die durch das Gefühl für das Ehrwürdige dieser Gegenstände geleitet wurde und sich hinreichend ausgerüstet fühlte, die Verteidigung desselben gegen die Stürmenden zu übernehmen, welche so nur durch einen eingebildeten augenblicklichen Vorteil auf den Untergang manches herrlichen Werks hinarbeiteten, so geschah es, daß unser Vaterland von seinem schönsten Schmuck so unendlich viel verlor, was wir bedauern müssen, und wenn jetzt nicht ganz allgemeine und durchgreifende Maßregeln angewendet werden, diesen Gang der Dinge zu hemmen, so werden wir in kurzer Zeit unheimlich, nackt und kahl, wie eine neue Colonie in einem früher nicht bewohnten Lande dastehen.«[1]

[1] Huse, Norbert (Hrsg.), Denkmalpflege. Deutsche Texte aus drei Jahrhunderten, München 1984, S. 70.

Aspekte und Probleme
der Berliner Denkmalwelt

Abb. 1. Rathaus Berlin vor dem Abbruch

Helmut Engel

Zur Geschichte der Berliner Denkmalpflege

I.

In die Schinkelrede Carl Gottlieb Boettichers[1] fließt 1846 noch einmal das seit dem Anfang des Jahrhunderts entstandene Gedankengebäude der deutschen Romantik zu Geschichte und Vergangenheit ein. Die rhetorisch gestellte Frage: »Was dieses Zurückwenden zu einer vergangenen Kunstwelt, diese Anknüpfung und Aufnahme ihrer Traditionen, dieses Einleben in dieselben wohl nütze?« findet als Antwort: »das Zurückwenden zum Ursprünglichen.« Und Boettichers allgemeine Begründung lautet: »Aller Fortschritt des Geistes kann nur geschehen durch Erkenntnis des schon Vorhandenen, und während das Geschlecht mit einem Blicke vorwärtsstrebt, muß es den anderen rückwärts senden zum Vorhandenen, zum schon Gewordenen, um aus ihm die Erkenntnis einer neuen Wahrheit, die das Bestehende aufnimmt und in einer weitern höheren Entwicklung fortsetzt, zu gewinnen.«

Folgerichtig ist das »Zurückwenden zum Ursprünglichen« auch Teil der Staatsphilosophie des seit 1840 regierenden Friedrich Wilhelms IV.[2] und findet in den von ihm bestimmten Bauvorhaben der vierziger Jahre einen vielfachen Ausdruck. In der Revolution von 1848 gerät diese Haltung dann in den Konflikt mit der modernen Industriegesellschaft. Und eigentlich nur vor 1848 konnte in der Regierungszeit dieses Monarchen die Denkmalpflege 1843 ihre eigenständige institutionelle Begründung trotz einer bereits langen Entwicklung seit der Frühzeit des 19. Jahrhunderts finden: Am 1. Juni 1843 wird Ferdinand von Quast im Range eines Baurates zum Konservator der Kunstdenkmäler berufen, im gleichen Jahr übrigens, in dem Franz Kugler Referent für Kunstangelegenheiten im Ministerium wird. Ein halbes Jahr später, am 24. Januar 1844, werden die Arbeitsanweisungen für den Konservator erlassen[3], der »für die Erhaltung der in öffentlichem Besitz befindlichen Kunstdenkmäler« ausschließlich zuständig ist. Der Konservator als »ein dem Königlichen Ministerium der geistlichen usw. Angelegenheiten unmittelbar untergeordneter Beamter« wird zur Fachbehörde seines Ministeriums, dem die Regierungspräsidenten in Angelegenheiten der Denkmalpflege zu berichten haben. Die Regierungsinstruktion vom 23. Oktober 1817 hatte in § 48 bestimmt: »Die Bauräte führen die Aufsicht über das gesamte Bauwesen im Regierungsbezirke (...).« Und 1815 war durch Kabinettsorder vom 14. Oktober verfügt worden, »daß bei jeder wesentlichen Veränderung an öffentlichen Gebäuden oder Denkmälern diejenige Staatsbehörde, welche solche vorzunehmen beabsichtigt, zuvor mit der Oberbaudeputation kommunizieren (...) soll«. Diese Zuständigkeit für Denkmalpflege als Fachbehörde war bereits 1835 dem Ministerium der geistlichen, Unterrichts- und Medizinalangelegenheiten zugewiesen worden.

Die Denkmalpflege ist in diesen vierziger Jahren in das Architektur und Denkmalpflege gleichermaßen umfassende Gedankengebäude der romantischen Rückkehr zum Ursprünglichen und dem gleichzeitig gewollten Ausgriff auf Modernität eingebunden und erfährt hier aber auch ihre ersten Konflikte zwischen ihrem eigenen Anspruch auf Konservieren und der Forderung der Moderne nach Neugestaltung.

Beispiel der frühen vierziger Jahre aus den Altstädten Berlin und Cölln belegen hinlänglich die Haltung dieser Zeit in ihrer Bindung an Geschichte, hier: die Geschichte des Mittelalters, sowie die Versuche, deren Dokumente zu restaurieren, und in Neubauten verloren gegangenen »Ursprung« wiederherzustellen. Nicht zufällig konzentriert sich in dieser Zeit das Interesse an der Geschichte Berlin-Cöllns auf die Auseinandersetzung um die Gründung der beiden Siedlungen, in der Fidicin 1840 gegenüber Klöden[4] die frühere Entstehung von Cölln nachzuweisen versucht und Cölln die Funktion einer »Übergangs- und Gränzstation zwischen dem deutschen und slawischen Gebiet« zuweist.

Am 8. Oktober 1844 schreibt der Kirchenvorstand von St. Petri einen Wettbewerb für den Neubau der 1809 abgebrannten und völlig beseitigten Pfarrkirche von Cölln

Geschichte der Berliner Denkmalpflege

Abb. 2: Klosterkirche vor der Restaurierung

Abb. 3: Klosterkirche nach der Restaurierung

aus; der Grundstein zum Neubau wird am 3. August 1847 gelegt. Johann Heinrich Strack, der den Wettbewerb gewonnen hatte, entwirft zu einem Zeitpunkt, zu dem der König die altchristliche Basilika entschieden befürwortet[5] und das gebildete Bürgertum sich bereits an den Formen der oberitalienischen Architekturen zu orientieren beginnt[6], seinen neugotischen Kirchenbau, der in dieser Formenwahl seine Erklärung wohl nur über die Wiedererrichtung der »Gründungskirche« von Cölln erhält: Der Stracksche Entwurf könnte sich sogar in Einzelheiten an der seit dem späten 17. Jahrhundert zeichnerisch überlieferten Gestalt des mittelalterlichen Kirchenbaus orientiert haben[7], während der Grundriß den Bedürfnissen eines zeitgenössischen protestantischen Predigtraumes folgt und der Baukörper – abweichend sowohl von seiner mittelalterlichen und auch barocken Stellung – durch die Art seiner neuen Anordnung mit dem Westriegel in der Blickachse der Grünstraße und mit dem nördlichen Querschiff in der Brüderstraße zur Bildung eines romantischen Altstadtbildes beitragen will; ihr Turm ragt in das Straßenbild des Mühlendammes hinein.

Auch zur Wahrung einer Standorttradition kommt es aufgrund einer Kabinettsorder vom 23. März 1844, trotz zunächst gegenteiliger Entscheidung des Königs von 1842 und trotz zahlreicher Proteste, zu einem Wiederaufbau der 1838 abgebrannten Mühlen auf dem Mühlendamm, wobei Persius schließlich wegen der Brandlast auf die Verwendung von Fachwerk verzichtet und einen massiven Neubau im Rundbogenstil errichtet.[8] Die Bedeutung des Standortes der Mühlen für die Landes- und Stadtgeschichte war spätestens seit Nicolais Beschreibung von 1786 einem breiteren Publikum klar.[9] Sie muß in der Argumentation zum Neubau eine gewichtige Rolle gespielt haben, denn Persius notiert in seinem Tagebuch unter dem 7. März 1844 das anders nicht verständliche Stichwort »Historisches«: »Gr.(af) Stolbergs Vortrag über das Mühlen Project für Berlin. Historisches, Polizeiliches, Finanzielles Städtische Intereßen – Erwähnung der früheren Cabinets Ordre, wonach die Mühlen nicht wieder aufgeb. werden sollen. Alte Pläne, neue Pläne, mein Entwurf – Kreuzschock Schwerenoth! Ich genehmige alles, die Cabinets Ordre wird sogleich unterzeichnet. – «.[10] Auch die Baukörper der Mühlen erhalten eine im Stadtbild wirksame Kennzeichnung durch einen auf der Wasserseite an der Großen Mühle angeordneten Turm, der in den Oberlauf der Spree zur Langen Brücke und zum Schloß hin wirkt.

Vom Frühjahr 1842 an kommt es – ab 1. Mai dieses Jahres unter der Bauleitung Ferdinand von Quasts – zu einer Wiederherstellung und Restaurierung der schon bedenklich in Verfall geratenen und seit der Frühzeit des Jahrhunderts immer wieder zur Erneuerung vorgeschlagenen Franziskanerkirche an der Klosterstraße, »älteste Kirche der Residenz, ein ehrwürdiges Denkmal des Altertums und die Ruhestätte mehrerer fürstlicher Personen der Vorzeit«.[11] Quast gelingt die Entdeckung der alten Innenausmalung, die wiederhergestellt wird; sonst kommt es zum Absenken des Fußbodens besonders im Langhaus, zum Abbruch von Emporen in den Seitenschiffen sowie zur Erneuerung der Maßwerke in den Fenstern; neugestaltet werden der Chorbereich, das Gestühl und die Orgel. Über eine Umgestaltung der Westfassade der Kirche, die zwei neue, nie vorhanden gewesene Ecktürmchen erhalten soll, für deren Errichtung sich der König bereits 1841 vor Übernahme der Bauleitung durch v. Quast entschieden hatte und die die Zeit über alles liebt, kommt es dann zu einem Eklat: Der Konservator zieht sich aus der Bauleitung zurück. Er kann kein Verständnis für eine letzten Endes wieder geschichtlich geprägte Vorstellung des romantischen Städtebaus mit seiner Vorliebe für Türme und die aus der altchristlichen Kirchenarchitektur abgeleiteten Vorhöfe haben, die der König auch beim Neubau der Jacobikirche an der Oranienstraße zur Anwendung gebracht wissen will. Der Kommentar v. Quasts: »In dem Begriff der Wiederherstellung ist ja die Resignation auf eigene Empfindung notwendig mit einbegriffen. Das Ursprüngliche und Echte hat überall einen entschiedenen Wert, und nicht das alt Aussehende, sondern das wirklich Alte vermissen wir in Berlin«.[12] Schinkel wäre bei einer Wiederherstellung mit dem Kirchengebäude weit großzügiger umgegangen[13], und es mag sein, daß der vor allem in den zwanziger Jahren in seinem Selbstverständnis wesentlich geprägte Monarch diese neue Entwicklungsstufe der Denkmalpflege nicht mehr zu würdigen wußte, denn auch die Vorstellung des Vereins für die Geschichte der Mark Brandenburg vom 18. Juni 1842 beim König gegen die Umgestaltung der Westfassade fruchten nichts.

Das Erhalten traditionsreicher Standorte wie die Mühlen auf dem Mühlendamm, die Wiederherstellung von »Ursprungsbauten« wie die Petri-Kirche und beginnende Restaurierungen wie die der Franziskanerkirche kennzeichnen den Umgang mit den beiden Altstädten Berlin und Cölln. An Staatsbauten kommt es ähnlich wie bei der Klosterkirche zu Mischformen von Restaurierungen und angleichenden Wiederherstellungen: Das in der Nacht vom 18. zum 19. August 1843 mit Ausnahme der Außenwände und der Querwand zwischen Apollo-Saal und Zuschauerhaus völlig vernichtete Opernhaus bleibt aus Pietät gegenüber dem großen Friedrich im äußeren Erscheinungsbild mit Ausnahme der zur Anordnung von Treppen herausgerückten Querachsen und unter Beibehaltung des Apollo-Saales erhalten, das verlorengegangene Innere des am 7. Dezember 1844 mit Meyerbeers »Feldlager in Schlesien« wiedereingeweihten Hauses »lehnt sich mehr an die Kunst des XVIII. Jahrhunderts als an den damaligen klassischen Geschmack der Schinkelschen Schule an«[14]; auf die Verunstaltung des Hauses durch aufgesetzte Schnürböden, wie sie von Stüler und Langhans entworfen worden waren, wurde verzichtet. Die »Berlinische Nachrichten von Staats- und gelehrten Sachen« berichten schon am 21. August 1843: »Wir erfahren, daß Se. Majestät augenblicklich den Vorsatz ausgesprochen hat, das schöne Gebäude in seiner äußeren Gestalt, als Andenken seines hohen Vorfahren, erhalten und nur das Innere nach einem neuen, schon früher beabsichtigten Plane zweckmäßiger ausbauen zu wollen.« Einen wohl geplanten vollständigen Neubau anstelle des zu kleinen Hauses lehnt der König mit dem Versprechen eines weiteren Opernhauses an anderer Stelle ab.[15] Das alte Palais des Prinzen Heinrich am Opernplatz war bereits seit 1836, nachdem seine ursprünglichen Räume für die gewachsenen Ansprüche der Universität nicht mehr ausreichten und die Bausubstanz zunehmend Schäden auswies, unter Wahrung des äußeren Erscheinungsbildes im Inneren weitgehend in seinen Decken ausgewechselt und umgebaut worden; der gestiegene Raumbedarf erforderte ebenfalls das Anheben des Daches.[16]

II.

Seit den fünfziger Jahren des 19. Jahrhunderts ändert sich der Umgang mit historischer Bausubstanz grundlegend; an die Stelle von Umbau und Restaurierung tritt der Abbruch, der allenfalls durch das Bergen von Bauteilen gemildert wird: kennzeichnend der Abbruch des mittelalterlichen Rathauses von Berlin. Mit der Übernahme der Regentschaft durch den Prinzen von Preußen und der von ihm verkündeten ›Neuen Ära‹ ist die Zeit der Romantik vorüber. In den fünfziger Jahren wachsen für den Konservator der Kunstdenkmäler die Schwierigkeiten: 1856 versucht er Friedrich Wilhelm IV. in einem persönlichen Vortrag zur Besserung der Lage der Denkmalpflege mit ihrer geringen personellen Ausstattung und fehlenden dienstlichen Unterstützung zu veranlassen; 1853 hatte v. Quast bereits gegenüber Franz Kugler, Kunstreferent im vorgesetzten Ministerium, beklagt: »Von einem Viertel etwa von allem, was mein Ressort betrifft, erhalte ich nur Kenntnis, ein Minimum hiervon kommt zustande, und was zustande kommt, wird in der Ausführung meist noch verdorben, so daß ich wünschte, es käme noch weniger zustande«.[17]

Mitte der fünfziger Jahre beschließt die Stadtverordnetenversammlung den Neubau ihres Rathauses und erwirbt in der Folgezeit die umliegenden Grundstücke des Häuserblocks zwischen Spandauer- und Jüdenstraße, Königsstraße und Nagelgasse; Ende der fünfziger Jahre wird ein Wettbewerb ausgeschrieben, 1859 schließlich Hermann Friedrich Waesemann, der am Wettbewerb gar nicht teilgenommen hatte, mit dem Entwurf beauftragt. Im April 1860 wird sein Projekt öffentlich ausgestellt. Dieser Vorgang wird das Schreiben des Konservators vom 26. März 1860 mit Anschreiben des Kultusministeriums an den Magistrat vom 16. April ausgelöst haben. Der Konservator kann »nur gehorsamst bitten«, »(...) die Rathauslaube mit ihrem Tragepfeiler mit dem Neubaue zu verbinden«, Bauforschungen anzustellen und daß »alle durch Kunst und Geschichte wertvollen Details (...) erhalten und aufbewahrt werden, am besten in der Weise, daß sie an geeigneter Stelle des Neubaues wieder eingemauert sichtbar bleiben«.[18] Dem Verlangen des Konservators wird hinsichtlich einer Bauforschung Rechnung getragen: Zur Grundsteinlegung am 11. Juni 1861 erscheint in einer Denkschrift eine geschichtliche Darstellung des alten Rathauses, mit einer »technischen Untersuchung des noch vorhandenen Mauerwerks« wird Friedrich Adler betraut. Der Architekt Waesemann hatte versichert, »daß die bei dem Abbruch sich vorfindenden Altertümer confirmiert, resp. in den Höfen des neuen Rathauses wieder eingemauert werden sollen«. An eine Umplanung des Neubaus mit dem Ziel der Einbeziehung zumindest der Gerichtslaube denkt niemand, sie wird später im Verlauf des Baufortganges zunehmend erkennbar im Raum der Spandauer Straße stehen bleiben und als Verkehrshindernis den Gegnern ihrer Erhaltung deshalb willkommene Argumente zum Abbruch liefern, denn Berlin ist längst auf dem Wege zu einer modernen Großstadt. Die Fertigstellung des ersten Bauabschnitts und die erste Magistratssitzung am 30. Juni 1865 in ihm und der jetzt tatsächlich erforderliche und 1866 dann auch durchgeführte Abbruch des historischen Rathauses (aber noch nicht der Gerichtslaube) führt am 10. August 1865 zu einem Gesuch namhafter Berliner Bürger zur »Conservierung« der Gerichtslaube, unter ihnen Johann Heinrich Strack und Friedrich Adler.

Der drohende Verlust des mittelalterlichen Rathauses bewirkt auch noch eine weitere Reaktion: die Gründung des Vereins für die Geschichte Berlins. Am 15. Januar 1865 ergeht über die Tageszeitungen ein Gründungsaufruf, in dem es unter anderem heißt: »In der jetzigen, zumeist dem Materialismus zugewendeten Zeit sehen wir die alten Denkmäler unserer Vaterstadt mehr und mehr schwinden«.[19] Der praktische Arzt Dr. Beer, die treibende Kraft der Vereinsgründung, umriß in der Gründungsversammlung am 28. Januar die Grundzüge eines Programms: »Der Verein setze sich vor, die altberlinischen Denkmäler, welche der Strom einer industriösen Zeit zu entführen drohe, nach Kräften zu conservieren«, im Vereinsstatut wird in § 1 Nr. 3 als einer seiner Zwecke festgelegt: »die Erhaltung, Würdigung und Sammlung der Denkmäler der altberlinischen Vorzeit«. Dem Vorsitzenden des Vereins, dem Geheimen Hofrat Louis Schneider, Vorleser Friedrich Wilhelms IV. und Wilhelms I., scheint es dann gelungen zu sein, den Kaiser im letzten Augenblick vor dem endgültigen Verschwinden der Gerichtslaube dazu zu bewegen, sie mit dem Ziel des Wiederaufbaus im Park von Babelsberg zu übernehmen.

Spätestens in dieser Zeit gerät der Streit um die Erhaltung eines Baudenkmals in die Polarität von Modernität und Konservativismus. Ein Bericht über den Besuch des Vereins für die Geschichte Berlins am 15. Juni 1872 am wiederhergestellten Bau in Babelsberg kommentiert:

»Da zufälligerweise einige im wahren Sinne des Wortes konservative Männer sich der Erhaltung dieses Bauwerkes durch Verbindung mit dem neu zu erbauenden Rathaus annahmen, war es Grund genug, um von Seiten der Liberalen einen Krieg gegen die Erhaltung zu beginnen (...). In sonderbarer Weise verzerrte man das Objekt in Spott, Hohn und Lächerlichkeit (...) – nämlich, daß der Straßenverkehr ein wenig gehemmt werden könnte. Irrthum war es, daß man glaubte, die Konservativen wollten ein Heiligtum aus der guten alten Zeit sich erhalten, während doch das Umgekehrte der Fall ist und die Gerichtslaube als das Symbol eines selbständigen freien Gemeindesinns, Verfechters städtischer Unabhängigkeit, als eine Reliquie für den Liberalismus gelten müßte.«[20]

Bundesgenosse der Denkmalpfleger wird seit der Neuen Ära der Bürgerprotest, das Anliegen des Konservators gerät in den Meinungsstreit zwischen politisch konservativer und progressiver Haltung. Die zur Zeit ihrer Gründung in die romantische Staatsauffassung des Königs einbezogene Denkmalpflege wird nie wieder eine solche Einbindung besitzen. Offensichtlich aus Protest gegen die Zerstörung beginnen einzelne Bürger der Stadt, die vor der Vernichtung stehenden Baudenkmäler zu skizzieren, wie der aus dem Hannoverschen nach Berlin gekommene Kaufmann Ernst August Müller, der sich selber noch mit dem Namenszusatz ›von Sondermühlen‹ benennt.[21] Der Verein für die Geschichte Berlins beauftragt den Hoffotografen Friedrich Ferdinand Albert Schwartz, der 1860 sein Geschäft eröffnet hatte, mit der Aufnahme solcher Bauten; am 22. Januar 1866 bietet Schwartz – sicherlich in Verbindung mit dem Abbruch des Rathauses, dessen mittelalterlichen Bestand er bereits 1856 festgehalten hatte – dem Magistrat an: »Nach meinem Erachten dürfte es häufig vorkommen und wünschenswert erscheinen, zum Abbruch bestimmte Gebäude oder Stadtteile photographisch abgebildet der Nachwelt zu überliefern«.[22] Frühere Angebote zur photographischen Dokumentation hatte nicht der Magistrat, aber die Stadtverordnetenversammlung abgelehnt, erst das Angebot von 1866 wurde akzeptiert.

Unter dem für die Zeit überwältigenden Eindruck der malerischen altdeutschen Städte mit ihrem reichen mittelalterlichen Bestand an sakralen und profanen Baudenkmalen wie Nürnberg, Hildesheim, Lübeck oder

Köln kommt der Baedecker für Berlin von 1880 zu folgendem Urteil: »Was die allgemeine Physiognomie der Stadt betrifft, so entbehrt Berlin bekanntlich des Reizes grösserer Terrainunterschiede und, bei dem Mangel an bedeutenden mittelalterl.(ichen) Baudenkmälern, auch eines eigentlichen historischen Gepräges.« Die noch für Friedrich Wilhelm IV. gültige monarchische Legitimationskette vom Großen Kurfürsten zu dem alles überdeckenden Vorbild Friedrichs II. und damit auch die Respektierung ihrer Bauten besitzt keine Gültigkeit mehr, der Staat beginnt sich rein technokratisch zu verstehen. Berlin wird als historisches Phänomen nur noch von einer an der Sache interessierten Bildungsbürgerschaft wahrgenommen.

III.

Gesetzgebungen, Zuständigkeiten und Organisation der Denkmalpflege in Preußen ändern sich im Verlaufe des 19. Jahrhunderts kaum; erst nach 1880 entwickeln sich auf der Grundlage eines neuen bürgerlichen Interesses für die Geschichte und ihrer Denkmäler neue Ansätze. Es entsteht die Sorge um die Erhaltung von in privatem Eigentum befindlichen denkmalwerten Bauten, die in die Spekulation geraten; der Schutz öffentlicher Baudenkmäler genügt dem allgemeinen Interesse nicht mehr. Hatte es in den 60er und 70er Jahren kaum Erlasse und Gesetze mit einer Auswirkung für die Denkmalpflege gegeben, so häufen sie sich erkennbar nach 1880.

Das »Gesetz über die Zuständigkeit der Verwaltungs- und Verwaltungsgerichtsbehörden« vom 1. August 1883 behält die Regelungen der Staatsaufsicht über die Gemeinden durch den Regierungspräsidenten in erster Instanz und durch den Oberpräsidenten als letzter Instanz bei. § 16 legt fest: »Gemeindebeschlüsse über die Veräußerung oder wesentliche Veränderung von Sachen, welche einen besonderen wissenschaftlichen, historischen oder Kunstwert haben, insbesondere von Archiven oder Teilen derselben, unterliegen der Genehmigung des Regierungspräsidenten.« Den Gemeinden obliegt die Pflicht, »derartige Sachen auch zu erhalten und die Kosten, deren es dazu bedarf, aufzubringen«[23]; der Regierungspräsident darf dabei nach Oberverwaltungsgerichtsurteil als Aufsichtsbehörde von einer Stadtgemeinde Aufwendungen zur Erhaltung eines geschichtlich wertvollen Bauwerkes verlangen. Die Regelung erfaßt aber nur das öffentliche Eigentum.

Berlin nimmt als Reichshauptstadt indessen eine Sonderstellung ein; nach § 2 der Provinzial-Ordnung vom 29. Juni 1875 war sie aus der Provinz Brandenburg sowie dem Regierungsbezirk Potsdam ausgeschieden und hatte den Status eines besonderen Verwaltungsbezirkes erhalten. An Stelle des Regierungspräsidenten führen der Oberpräsident der Provinz Brandenburg und der Polizeipräsident von Berlin nach § 42 des Gesetzes über die allgemeine Landesverwaltung die Oberaufsicht des Staates über die Verwaltung der Gemeindeangelegenheiten der Stadt Berlin; für Bauangelegenheiten im Stadtkreis Berlin ist die Ministerial-, Militär- und Baukommission zuständig, durch Kabinettsorder vom 21. Dezember 1821 eingesetzt, die aber offensichtlich keine ausgewiesene Zuständigkeit für den Schutz und die Erhaltung historisch wertvoller Bauwerke hat, so daß neben dem Staatskonservator, der weiterhin für Berlin zuständig bleibt, und der interessierten Bürgerschaft keine Aufsichtsbehöre existiert.

Im Verlaufe der achtziger Jahre entwickelt sich ein erneutes öffentliches Interesse an der Erhaltung der Geschichtsdenkmale; der Gesamtverein der Deutschen Geschichts- und Altertumsvereine wird zu seinem Sprachrohr. Die Generalversammlung beschließt und richtet 1887 an den preußischen Kultusminister die Bitte, »daß an Stelle des Preußischen Konservators für die Kunstdenkmäler ein General-Konservator der Kunst- und geschichtlichen Denkmäler Preußens ernannt werde, dem für die Provinzen besoldete Provinzial-Konservatoren zu unterstellen seien«[24] – nicht nur die Organisatoin der Denkmalpflege soll damit verbessert, sondern auch die Zuständigkeit auf die Geschichtsdenkmale ausgedehnt werden. Der Staat folgt dieser Anregung: Am 4. November 1891 berichtet das Ministerium der geistlichen, Unterrichts- und Medizinal-Angelegenheiten, und am 19. November ergeht die Kabinettsorder über »die Bestellung besonderer Provinzial-Konservatoren, welche als sachverständige Ratgeber der zu bildenden Provinzial-Kommissionen zur Erforschung und Erhaltung der Denkmäler der Provinz und gleichzeitig als örtliche Organe und Delegierte des Konservators der Kunstdenkmäler zu Berlin (...) fungieren sollen«.[25] Während in den Provinzen unmittelbar solche Provin-

Abb. 4: Das Gebäude der Münze

zial-Konservatoren – in Schlesien, den Rheinlanden, Hannover und in der Provinz Brandenburg – eingerichtet werden[26], sperrt sich die Reichshauptstadt in ihrem Selbstverständnis als einer modernen Stadt, die sich die Fesseln der Tradition nicht anlegen könne, gegen eine solche Institution.

1889 beschließt der Gesamtverein der deutschen Geschichts- und Altertumsvereine: »1. die deutschen Regierungen wiederholt zu ersuchen, im Wege der Gesetzgebung den Bestand und die Pflege der Denkmäler zu sichern, 2. (...), die Befugnis und Aufgaben der Staatsgewalt (zu erweitern), geeigneten Denkmälern durch Einreihen in ein besonderes Verzeichnis gesetzlichen Schutz und Pflege zu verschaffen, (...) 3. Den Verein für die Geschichte Berlins (...) zu ersuchen, (...) den Entwurf eines Gesetzes über den Schutz und die Pflege der Denkmäler auszuarbeiten (...)«.[27] Damit steht der Gedanke einer eigenen Denkmalschutzgesetzgebung.

Das neue Bewußtsein für die Bedeutung des Denkmalschutzes führt offensichtlich auch dazu, für Ferdinand von Quast, der im Herbst 1876 in den Ruhestand versetzt worden war, 1882 Christian Heinrich Wilhelm v. Dehn-Rotfelser als Nachfolger zu berufen. Dehn-Rotfelser stirbt bereits 1885. Ihm folgt ab 1886 (bis 1901) Reinhold Persius als Konservator der preußischen Kunstdenkmäler. Bei seinem Dienstantritt veröffentlicht die Provinz Brandenburg gerade ihr erstes Inventar der Bau- und Kunstdenkmäler, aber ohne Berücksichtigung der Reichshauptstadt, die nun nicht mehr umhin kann, den Regierungs-Baumeister Richard Borrmann

Abb. 5: Das Gebäude der Münze – Aufmaß: Messel

1887 mit der Abfassung eines Inventars, das 1892 erscheint, zu beauftragen.[28] Offensichtlich in einer gewissen Selbstverteidigung stellt das Vorwort des Magistrats fest: »Der Schatz an solchen (d. h. Bau- und Kunstdenkmälern) ist viel größer, als man nach dem modernen Aussehen unserer Stadt vermuten sollte (...)«, während der Bearbeiter es sich offensichtlich nicht verkneifen konnte, auf »eine Beschreibung einzelner bedeutsamer, wenngleich nicht mehr vorhandener Gebäude« einzugehen.

Die Reichshauptstadt besaß 1892 zwar ein Inventar ihrer Baudenkmäler, verschloß sich aber weiterhin der Berufung einer Provinzial-Kommission und eines Provinzial-Konservators. Sogar die Apelle der Generalversammlungen des Verbandes der deutschen Geschichtsvereine 1893 in Stuttgart und 1894 in Eisenach fruchteten nichts. Der Verein für die Geschichte Berlins erörtert und schlägt in seinen Arbeitssitzungen am 27. Februar 1897 und 23. April 1898 dem Magistrat die Berufung einer »Commission für die Denkmalpflege in Berlin« vor, der ein Konservator beratend und im Auftrage des Staatskonservators handelnd beigegeben werden solle; die verneinende Antwort des Magistrats vom August 1898 verschanzt sich hinter dem Argument, eine städtische Kommission könne bei den in Staats- und Reichsbesitz befindlichen Baudenkmalen ohnehin nur wirkungslos sein, im übrigen gebe es ja einen Staatskonservator.[29] Die Aufmerksamkeit des Magistrats gilt auch um die Jahrhundertwende noch der Modernität der Stadt, nicht ihrer geschichtlichen Dokumente. Der französische

Journalist Jules Huret befragt beispielsweise seine Landsleute über ihre Eindrücke von Berlin; eine der ihm erteilten Antworten betont den »Modernismus des Magistrats« und stellt ferner fest: »Es gibt nichts oder fast nichts Altes mehr in Berlin.«[30] »Das moderne Aussehen unserer Stadt« bleibt Leitbild. Andererseits beginnt jetzt die Denkmalpflege ein Verständnis zu entwickeln, das den Geschichtsraum immer näher an die Gegenwart heranrückt, die Fixierung auf das Mittelalter ist deutlich überwunden; ein Runderlaß des Kultusministeriums von 1904 stellt fest: »Der Schutz der Denkmalpflege erstreckt sich auf die Werke aller abgeschlossenen Kulturepochen. Die letzte dieser Epochen rechnet etwa bis zum Jahre 1870«[31], der Abstand zur Gegenwart reduziert sich auf die Spanne einer Generation.

Mit den achtziger Jahren des 19. Jahrhunderts treten zunehmend die Bauten des Barock in das Bewußtsein, besonders in der Auseinandersetzung um ihre Erhaltung. Das 1689-1690 von Nehring errichtete sog. Fürstenhaus, das ehemalige Palais Danckelmann, und die benachbarte Münze von 1798-1800, entworfen von Heinrich Gentz, mit dem Fries von Gilly und Schadow, müssen 1885 dem Neubau des sog. »Werderhauses« von Alfred Messel weichen. Das seit den sechziger Jahren entwickelte System der photographischen Erfassung, einer zeichnerischen Dokumentation und der Bergung von besonderen Details gehören bereits zum Standard, dazu entwickeln sich jetzt aber Forschungen zur Person der historischen Architekten. Rechtsinstrumente zur Erhaltung solcher Bauwerke werden nicht angewendet.

Immerhin erläßt die Reichshauptstadt auf der Grundlage des preußischen Gesetzes gegen die Verunstaltung von Ortschaften und landschaftlich hervorragenden Gegenden vom 15. Juli 1907 ein Ortsstatut zum Schutze des Stadtbildes; eine gewisse Anzahl von Einzelbauten, die in § 2 genannt werden, gelten als »gewissermaßen unter Denkmalschutz gestellt«, aber: »In Würdigung der besonderen Verhältnisse der in starker Entwicklung begriffenen Stadt, in der trotz der hohen und dauernd steigenden Bodenwerte das werktätige Bürgertum täglich neue Bauanlagen schaffen muß, um der Nachfrage nach Wohn-, Geschäfts- und Industrieräumen zu genügen, ist das Ortsstatut von solchen Bestimmungen freigehalten, welche an einzelnen Straßen oder Plätzen die Ausnutzungsfähigkeit der Grundstücke beschränken«[32], und das heißt, daß Abbrüche nicht verwehrt werden können. Berlin bleibt seiner Tradition im Umgang mit seiner eigenen Geschichte treu. Das Gesetz von 1907 erlaubt auch, daß zu den geschützten Anlagen neuzeitliche Bauten wie das Rudolf-Virchow-Krankenhaus, die Staatsbibliothek Unter den Linden oder das Amts- und Landgericht an der Grunerstraße gehören: Die Lieblingsbauten des Kaisers sollen auch geschützt sein.

Die Weimarer Republik geht ebenfalls nicht gerade zimperlich mit dem historischen Bestand der Stadt um. Stadtbaurat Martin Wagner zerstört den gewachsenen historischen Alexanderplatz, die Entdeckung des gotischen Hohen Hauses der Askanier in der Klosterstraße vermochte dessen Abbruch nicht abzuwenden, die Polemik Werner Hegemanns von 1930 gegen das steinerne Berlin ist zugleich eine Polemik gegen seine Geschichte, ausgenommen seine genialen Kraftgestalten wie ein Andreas Schlüter oder ein Knobelsdorff – selbst ein Schinkel kommt bei Hegemann nicht ungeschoren davon, weil er die funktionalistischen Weisheiten der späten zwanziger Jahre durch ihn angewendet wissen will: »Der wichtigste Grundsatz allen Bauens bleibt das alte Wort: ›Notwendigkeit ist das oberste Gesetz der Baukunst.‹ Schinkel hat oft gegen dieses Gesetz gesündigt (…)«.

Als die Reichshauptstadt 1936 endlich seinen eigenen Provinzialkonservator in Gestalt des Magistratsoberbaurates Walter Peschke erhält, weiß man, daß er in Konkurrenz zu den staatlichen Baubehörden ein schweres Amt haben wird.[33] Sowohl die Planungen Hitlers und Speers wie des Magistrats hätten Struktur und Bestand des alten Berlin weiter dezimiert, der Konservator hätte sich gegen die Machtfülle eines diktatorischen Albert Speer, der Baudenkmale wie das Schloß Monbijou nach Belieben versetzen wollte, im Konflikt mit der Neugestaltung der Reichshauptstadt überhaupt nicht behaupten können. Das preußische Finanzministerium als oberste Baubehörde kann dagegen eine Reihe von Restaurierungen an Staatsbauten durchführen. Der Krieg verhindert sehr schnell eine Entwicklung seiner Tätigkeit. Nach 1945 kann der alte Provinzial-Konservator nicht übernommen werden, neuer Konservator von Berlin wird als Leiter des Amtes für Denkmalpflege beim Magistrat von Groß-Berlin – Sitz: Schloß Charlottenburg – Hinnerk Scheper, kein gelernter Denkmalpfleger, sondern in den zwanziger Jahren Lehrer am Bauhaus.

Abb. 6: Das Fürstenhaus

IV.

Seit der 2. Hälfte des 19. Jahrhunderts begleitet die Denkmalpflege das Schicksal, als konservativ und fortschrittsfeindlich, als Behinderer moderner Entwicklungen dazustehen. Die politischen Argumentationen gegen die Denkmalpflege von heute gleichen denen des 19. Jahrhunderts zum Verwechseln. Die Denkmalpflege von heute muß aber dem Grundsatz der »Rückkehr zum Ursprünglichen«, d. h. dem Schutz und der Konservierung des Originals als eben dem Ursprünglichen sowie seiner Restaurierung als ihrem eigenen historischen Gründungsauftrag verpflichtet bleiben und das Erfassen, Erforschen und Darstellen des Bestandes an Baudenkmalen als unerläßliche Voraussetzungen fordern.

Die jüngste Entwicklung der Denkmalpflege ist durch drei Schwerpunkte gekennzeichnet: durch neue Formen der Zuständigkeiten und Arbeitsteilungen für die staat-

Abb. 7: Das Portal des Fürstenhauses – Aufmaß: Messel

Abb. 8: Das geborgene Portal des Fürstenhauses im Berlin Museum

lichen und kommunalen Denkmalpflege- und Denkmalschutzbehörden, durch den Anspruch auf eine verbesserte Arbeitsmethodik für einen sachgerechten Umgang mit dem anvertrauten Schutzgut sowie durch eine neue Betrachtungsweise gegenüber dem Denkmal, das nicht mehr als Einzelobjekt in seiner künstlerischen Bedeutung als Glied einer abstrakt hierarchischen Ordnung von der Kirche über das Schloß zum Patrizierhaus begriffen, sondern als Teil einer geschichtlich geprägten Landschaft gesehen wird und aus der Zugehörigkeit zu diesem historisch-räumlichen Umfeld seine Bedeutung erhält; Berlin ist und bleibt insgesamt eine Geschichtslandschaft. Die Grenze der abgeschlossenen Kulturepoche hat sich gegenüber der Auffassung von 1904 wei-

ter an die Gegenwart herangeschoben, umfaßt längst die fünfziger Jahre, erschließt sich die Bauten der siebziger Jahre und wird in nächster Zeit vor der Frage nach deren architektonischen Leistungen stehen.

Damit würde sich der klassische Konflikt zwischen Denkmalpflege und blindem Fortschrittsglauben, wie er seit der zweiten Hälfte des 19. Jahrhunderts besteht, verschärft in die Zukunft verlängern, wenn nicht ein Konsens zwischen beiden Elementen der Stadtlandschaft: des Bewahrens und des Neugestaltens als untereinander gleichberechtigt hergestellt wird mit dem Ziel, die Zukunft der Stadt aus ihrer Geschichte zu entwickeln, aber diesen Fortschritt nicht durch das Mittel der Zerstörung zu erreichen. Ein solcher dringend erforderlicher Konsens kann aber nur auf der Grundlage einer gesellschaftspolitischen Übereinstimmung entwickelt werden, die noch nicht besteht; immer noch wird der Fortschritt als billige Münze der Argumentation gegen die Denkmalpflege eingesetzt. Man mag Ansätze zu einem neuen Modell der Verbindung von Geschichte und Zukunft in der Philosophie der deutschen Romantik finden: das Bestehende aufzunehmen und in einer weiteren, höheren Entwicklung fortzusetzen.

Anmerkungen

1. Boetticher, Carl Gottlieb: Das Prinzip der Hellenischen und Germanischen Bauweise, in: Festreden »Schinkel zu Ehren 1846-1980«, Berlin o. J. S. 11 ff.
2. vgl. Kroll, Frank-Lothar: Politische Romantik und romantische Politik bei Friedrich Wilhelm IV., in: Friedrich Wilhelm IV. in seiner Zeit, Berlin 1987, S. 94 ff. (Einzelveröffentlichungen der Historischen Kommission zu Berlin. Bd. 62).
3. vgl. Reimers, J (...): Handbuch für die Denkmalpflege, Hannover o. J. (4), S. 443.
4. Fidicin, E(rnst): Die Gründung Berlins, Berlin 1840, S. 203 ff.; Klöden, K(arl) F(riedrich): Ueber die Entstehung, das Alter, und die früheste Geschichte der Germanisierung slawischer Gegenden, Berlin 1839. Davor vgl. Mila, Berlin oder die Geschichten des Ursprungs ... 1829, Riedel 1831-1833.
5. Vgl. dazu das Domprojekt und die Kirchenbauten in Berlin, zum Beispiel die Jacobi-Kirche in der Oranienstraße.
6. Vgl. die Matthäuskirche.
7. Vgl. historischen Atlas von Berlin von J. M. F. Schmidt 1690 sowie den Kupferstich von J. D. Schleuen 1730.
8. Herzberg, Heinrich und Rieseberg, Hans Joachim: Mühlen und Müller in Berlin - Ein Beitrag zur Geschichte der Produktivkräfte, Berlin 1986, S. 71 ff.
9. Nicolai, Friedrich: Beschreibungen der Königlichen Residenzstädte Berlin und Potsdam, Berlin 1786 (3), S. 127 f.; vgl. auch Zedlitz, Leopold Freiherr von: Neuestes Conversations-Handbuch für Berlin und Potsdam, Berlin 1834: »Diese jetzt so belebte Straße gehört zu den frühesten Anlagen in unserer Hauptstadt; sie verbindet die beiden ältesten Bestandtheile derselben, Berlin und Kölln.« (S. 499).
10. Börsch-Supan, Eva: Ludwig Persius - Das Tagebuch des Architekten Friedrich Wilhelms IV. 1840-1845, München 1980, S. 98.
11. Schreiben des Konsistoriums vom 12. Februar 1836 an das Kultusministerium, zit. nach: Badstübner, Ernst: Die mittelalterlichen Kirchen Berlins im 19. Jahrhundert - Ein Kapitel Geschichte der Denkmalpflege, in: Studien zur Berliner Kunstgeschichte, hrsg. v. Karl-Heinz Klingenburg, Leipzig 1986, S. 52 ff.
12. Zit. nach: Kohte, Julius: Ferdinand v. Quast und die Wiederherstellung der Klosterkirche in Berlin, in: Die Denkmalpflege, Berlin 1906, S. 20 ff., 28 ff.
13. Karl Friedrich Schinkel: Lebenswerk; Rave, Paul Ortwin: Berlin - Erster Teil: Bauten für die Kunst, Kirchen, Denkmalpflege, Berlin 1941, S. 345 ff.
14. Borrmann, Richard: Die Bau- und Kunstdenkmäler von Berlin, Berlin 1893 (Unveränderter Nachdruck in: Die Bauwerke und Kunstdenkmäler von Berlin. Beiheft 8, Berlin 1982).
15. Das Haus der Staatsoper und seine Baumeister, dargebracht zum Jahrestage des 200jährigen Bestehens der Berliner Staatsoper vom Preußischen Finanzministerium, Leipzig 1942; Fetting, Hugo: Die Geschichte der Deutschen Staatsoper, Berlin 1955, S. 139 ff.
16. Gandert, Klaus-Dietrich: Vom Prinzenpalais zur Humboldt-Universität, Berlin 1985.
17. Jahn, Franz: Der erste Konservator des preußischen Staates Ferdinand von Quast und sein konservatorischer Nachlaß im Architekturarchiv der Technischen Hochschule zu Berlin. Berlin 1936 (Ms) - Heft 1 der Veröffentlichungen des Architekturarchivs, bespr. in: Deutsche Kunst und Denkmalpflege, Berlin und Wien 1937, S. 47 f.
18. Zit. nach Bartmann-Kompa, Ingrid: Die Berliner Gerichtslaube - Geschichte einer Architektur-Dokumentation, in: Denkmale in Berlin und in der Mark Brandenburg, Weimar 1987, S. 127 ff.
19. Zit. nach Danke, Rudolf: 100 Jahre Verein für die Geschichte Berlins, in: Der Bär von Berlin, Jahrbuch des Vereins für die Geschichte Berlins, Berlin 1965, S. 325 ff.
20. Zit. nach: Klünner, Hans-Werner: In der Gerichtslaube im Park zu Babelsberg, in: Mitteilungen des Vereins für die Geschichte Berlins, Heft 2 April 1982, S. 421 ff.
21. Volk, Waltraud: Berlin 1870-1890 - Zeichnungen von E. Müller von Sondermühlen, Berlin 1987.
22. Brost, Harald und Demps, Laurenz: Berlin wird Weltstadt - Mit 277 Photographien von F. Albert Schwartz, Hof-Photograph, Leipzig 1981, S. 44.
23. Brauchitsch, M. von: Die neuen preußischen Verwaltungsgesetze, Berlin 1911, S. 299.
24. Mittheilungen des Vereins für die Geschichte Berlins Bd. IV, Berlin 1887, S. 113.
25. Reimers, a.a.O., S. 460 ff.
26. z. B. die Provinz Hannover, s. Engel, Helmut: Zur Geschichte der Denkmalpflege in Niedersachsen, in: Neues Archiv für Niedersachsen, Bd. 18, H. 4, Göttingen 1969, S. 328 ff.
27. Mittheilungen, a.a.O. 1889, S. 142.
28. Borrmann, a.a.O., S. 358.
29. Walle, P.: Zur Frage eines Conservators für Berlin, in: Die Denkmalpflege, Berlin 1899, S. 40 ff.; Mittheilungen a.a.O. 1897, S. 36, 1898, S. 92, 1899, S. 11.
30. Huret, Jules: Berlin um Neunzehnhundert; Berlin 1979, S. 9.
31. Reimers, a.a.O., S. 473.
32. Schultze, F.: Das Berliner Ortsstatut zum Schutze des Stadtbildes, in: Die Denkmalpflege, Berlin 1910, S. 6 f.
33. Deutsche Kunst und Denkmalpflege, Berlin und Wien 1936, S. 236.

Gesetz
zum Schutz von Denkmalen in Berlin
(Denkmalschutzgesetz Berlin – DSchG Bln)
Vom 22. Dezember 1977

Das Abgeordnetenhaus hat das folgende Gesetz beschlossen:

§ 1
Aufgabe

Denkmale sind nach Maßgabe dieses Gesetzes zu schützen, zu erhalten und zu pflegen sowie wissenschaftlich zu erforschen.

§ 2
Denkmale

(1) Denkmale im Sinne dieses Gesetzes sind Baudenkmale und Bodendenkmale.

(2) Ein Baudenkmal ist eine bauliche Anlage, ein Teil einer baulichen Anlage oder eine Mehrheit baulicher Anlagen, eine Gartenanlage, eine öffentliche Grünanlage oder ein Friedhof, deren Erhaltung wegen ihrer geschichtlichen, künstlerischen oder wissenschaftlichen Bedeutung oder wegen ihrer Bedeutung für das Stadtbild im Interesse der Allgemeinheit liegt. Zu einem Baudenkmal gehören sein Zubehör und seine Ausstattung, soweit sie mit dem Baudenkmal eine Einheit von Denkmalwert bilden.

(3) Ein Bodendenkmal ist eine bewegliche oder unbewegliche Sache, die sich im Berliner Boden befindet oder befunden hat, aus urgeschichtlicher, frühgeschichtlicher oder historischer Zeit stammt und Erkenntnisse über den Menschen oder seine Umwelt liefert oder für die Urgeschichte der Tier- oder Pflanzenwelt von Bedeutung ist.

§ 3
Denkmalschutzbehörden

(1) Baudenkmalschutzbehörde ist das für das Bauwesen zuständige Mitglied des Senats.

(2) Bodendenkmalschutzbehörde ist das „Archäologische Landesamt Berlin". Es ist dem für die Bodendenkmalpflege zuständigen Mitglied des Senats nachgeordnet.

(3) Die Denkmalschutzbehörden haben darauf hinzuwirken, daß die Denkmale in die städtebauliche Entwicklung einbezogen werden.

(4) Zu den Aufgaben der Denkmalschutzbehörden gehört auch die Beratung von Behörden und Verfügungsberechtigten bei der Erhaltung, Unterhaltung, Wiederherstellung und bei baulichen Veränderungen von baulichen Anlagen in geschützten Baubereichen (§ 17) und sonstigen Anlagen von denkmalpflegerischem Interesse.

Abb. 1. Gesetz- und Verordnungsblatt für Berlin, 33. Jg., Nr. 93, vom 30. 12. 1977

Michael Kummer

Denkmalschutz für Berlin?
Geschichte des Denkmalschutzrechtes in Berlin

I.

»Die Existenzberechtigung der kleinen deutschen Staaten (muß) dadurch bewiesen werden (...) daß sie nicht nur in ihrer Verwaltung intensiv arbeiten, sondern auch in der Gesetzgebung prompt und bahnbrechend vorgehen.«[1]

Das Protokoll verzeichnet für die Äußerung des Freiherrn von Biegelleben »sehr gut« und »vielseitiges Bravo«. Es galt nicht Berlin, der Reichshaupt- und Weltstadt, sondern dem rührend beschränkten Großherzogtum Hessen, das 1902[2] aufgrund von Anregungen des Gesamtverbandes der deutschen Altertumsvereine und der Denkmalpflegetage als erstes deutsches Land die Initiative zu einem verfassungsstaatlichen Denkmalschutzgesetz ergriffen hatte. In der Weimarer Nationalversammlung sorgte von Biegelleben für die Verankerung des Denkmalschutzes in der republikanischen Reichsverfassung[3] und gab damit ein Vorbild für viele Verfassungen der Länder der Bundesrepublik Deutschland[4] sowie der heute dort geltenden Denkmalschutzgesetze.[5]

Preußen und insbesondere Berlin standen bei dieser Entwicklung meist am Rande. So ist die heutige Situation des Denkmalschutzes in Berlin eher Ausdruck preußisch-Berliner Geschichte als Beleg des Gleichklanges der ehemaligen Reichshauptstadt mit den bundesrepublikanischen Ländern.

Die hessische Gesetzgebung war vom französischen Verwaltungsgeist beflügelt und gab Anstoß für die Herausbildung von Gemeinsamkeiten im deutschen Denkmalschutzrecht mit folgenden Kennzeichen[6]:
– Trennung der Aufgaben der Erhaltung (Denkmalschutz und Denkmalpflege) von denen der Gestaltung (Ortsbildpflege und Heimatschutz)
– weitgehend einheitlicher gesetzlicher Denkmalschutz für alle Kulturdenkmäler unter Einbeziehung des privaten wie öffentlichen Eigentumes
– Trennung der hoheitlich abwägend entscheidenden Denkmalschutzverwaltung (Untere bis Oberste Verwaltungsbehörden) von der nur beratenden, fördernden Denkmalfachverwaltung (Konservator) und damit verbunden:
– strikte Trennung von Denkmalerkenntnis und Unterschutzstellung einerseits und Entscheidung über das Schicksal des Kulturdenkmales andererseits sowie:
– Unabhängigkeit der Fachbehörde als Anwalt der Kulturdenkmäler.

II.

Das Allgemeine Landrecht (ALR) für die preußischen Staaten von 1794 verfolgte im Geiste des aufgeklärten Absolutismus einen umfassenden staatlichen Wohlfahrtsgedanken. Polizeiaufgaben umfaßten ganz selbstverständlich ordnungsbehördliche Aufgaben unter Einschluß der Wahrnehmung ästhetischer und wirtschaftlicher Gesichtspunkte. So war in Theil I, Titel 8 bestimmt:

»§ 33: Soweit die Erhaltung einer Sache auf die Erhaltung und die Förderung des gemeinen Wohles erheblichen Einfluß hat, soweit ist der Staat deren Zerstörung oder Vernichtung zu untersagen berechtigt.«

Dem Wortlaut der Norm läßt sich ihre Bedeutung für die Erhaltung von Kulturdenkmälern in Berlin jedoch nicht entnehmen. Wohl bestand schon im alten Reich und zunehmend in der Romantik die allgemeine Überzeugung, daß Kulturdenkmäler Sachen sind, die auf die Erhaltung und Beförderung des gemeinen Wohls erheblichen Einfluß haben, doch beschränkte sich diese Einsicht auf mittelalterliche Objekte nationaler Bedeutung.[7] Und die waren in Berlin des frühen neunzehnten Jahrhunderts kaum vorhanden. Als sich mit dem Wirken Schinkels auch zunehmend die Anerkennung neuzeitlichen, insbesondere der barocken Leistungen und der lokal bedeutenden Objekte vollzog, hatten auch die Rechtsgelehrten eine Entwicklung durchgemacht, die vom ALR Abstand nahm.

Im Zuge der rechtlichen Anerkennung der liberalen Forderungen des sich emanzipierenden Bürgertums wurde in der Rechtsanwendung anerkannt, daß die dem Wortlaut nach unbeschränkt auf freies Privateigentum anzuwendenden gesetzlichen Vorschriften Begrenzungen unterliegen.[8] Für die Anwendung der Grundsätze des ALR auf konkrete Verhältnisse waren rechtlich Ausführungsnormen erforderlich, die in Preußen nur für Objekte im öffentlichen Eigentum ergingen. Die Allerhöchste Kabinettsordre vom 4.10.1815[9] gab auf, daß wesentliche Veränderungen an öffentlichen Gebäuden oder Denkmälern nur nach vorheriger »Kommunizierung« mit der Oberbaudeputation vorgenommen werden durften und die Allerhöchste Kabinettsordre vom 20.6.1830[10] präzisierte, daß »den Stadtgemeinden die willkürliche Abtragung ihrer Stadtmauern, Tore, Türme, Wälle und (...) anderer Anlagen weder in polizeilicher noch in militärischer, noch in finanzieller Hinsicht gestattet werden kann.« War ein primär militärisches Anliegen auch Auslöser für diese Norm, so umfaßt der Begriff »Polizei« im Verständnis der Zeit noch denkmalpflegerische Anliegen, die durch zahlreiche nachfolgende Zirkularverfügungen der Ministerien verdeutlicht wurden.[11] Die praktische Bedeutung für Berlin war aufgrund der Eigenart seines Baubestandes gering. Von größerer Bedeutung für die Stadt war daher die für Preußen bahnbrechende Allerhöchste Kabinettsordre vom 1.7.1843[12] »betreffend Anstellung des Architekten von Quast als Konservator der Kunstdenkmäler«, die für die Denkmalpflege an öffentlichen Bauten verbindliche Grundlagen schuf. Der Konservator erhielt den Auftrag, Inventarien der Kunstdenkmäler anzulegen. Weiter war geregelt, daß er sich zu Restaurierungen von Denkmälern gutachtlich äußern konnte und ungehindert mit Verwaltungen, Vereinigungen und Privaten »in Kommunikation« treten durfte. War die Stellung des Konservators als Fachbehörde und Anwalt der Denkmäler damit auch gesichert, ist rechtstatsächlich für Berlin von besonderer Bedeutung, daß nicht nur der Konservator, sondern auch das Ministerium und der Hof ihren Sitz in der Stadt hatten und nicht nur als Staatsgewalt, sondern auch als Nutzer der öffentlichen Bauten zur Entscheidung aufgerufen waren.[13] So war in Berlin manche konservatorische Entscheidung undenkbar, die in der Provinz alltäglich erschien.[14]

Eine weitere Entwicklung der Rechtsanwendung des ALR hatte ihre hauptsächliche Auswirkung bei privatem Eigentum. Das preußische Oberverwaltungsgericht stellte in dem berühmten »Kreuzberg-Urteil« – das eine Verbauung der Aussicht auf das Denkmal zuließ – abschließend fest, daß die »Polizei« auf die Sorge für öffentliche Ruhe, Sicherheit und Ordnung und auf die Gefahrenabwehr beschränkt sei.[15] War die Entscheidung in ihrer Begründung auch »juristisch kaum haltbar«[16] und Höhepunkt einer »geradezu kulturfeindlichen Rechtssprechung«[17], so kennzeichnete sie doch den Sieg des liberalen Verständnisses von Freiheits- und Eigentumsrechten. Der Staat war der Aufgabe der Sicherung der öffentlichen Wohlfahrt entkleidet, die er erst mit dem Sozial- und Kulturstaatsgebot des Grundgesetzes in veränderter Gestalt zurückerhalten sollte. Das Bürgertum siegte nicht nur in Berlin. Seine Wirtschaftsinteressen wurden durch die Anerkennung des Vorranges privaten Rechts vor einem Ort nationaler Identifikation geadelt. Wen wundert es da, daß Denkmalschutz für Privateigentum in Preußen in der Folge kaum denkbar schien. Und wen wundert es, daß das Klima, in dem diese juristische Entscheidung entstand, auch die Verwaltungsentscheidungen an öffentlichen Bauten, die formell dem Denkmalschutz unterstanden, beeinflußten. Dies galt für Preußen allgemein, war aber im Berlin des ausgehenden neunzehnten Jahrhunderts, das zu einer zukunftsorientierten Weltstadt expandierte, von besonderer Bedeutung.[18]

Beleg für die Sonderentwicklung Berlins innerhalb Preußens ist auch die organisatorische Ausgestaltung der Denkmalpflege. In Preußen waren die Angelegenheiten des Denkmalschutzes Sache der allgemeinen Verwaltung, nämlich des Ressorts des Ministers der geistlichen, Unterrichts- und Medizinalangelegenheiten, der Oberpräsidenten, Bezirksregierungen und Landräte.[19] Neben sie trat als sachverständiger Berater mit bloßem Vorschlagsrecht seit 1843 der Konservator der Kunstdenkmäler, der durch Allerhöchste Kabinettsordre vom 19.11.1891[20] auf der Ebene der Provinzen durch Provinzialkonservatoren und Provinzialkomissionen unterstützt wurde. Allein für Berlin galt diese Regelung nicht. Hier wurden die Interessen der Kulturdenkmäler unmittelbar von den zuständigen Staatsorganen bzw. dem Konservator der Kunstdenkmäler wahrgenommen. Was zunächst wie eine Aufwertung erscheint, war in Wahrheit eine Abwertung: Weder war der Konservator der Kunstdenkmäler wegen seiner übrigen Belastungen in Berlin wirklich handlungsfähig, noch war er wegen seiner Einbindung in die Behördendisziplin in der Lage, sich öffentlich wirksam Gehör zu verschaffen, nachdem er seit 1.4.1882 zugleich die Stelle eines Vortragenden Rates im Ressortministerium bekleidete.

Die Aushöhlung des Denkmalschutzes in Preußen fand ihre Vollendung mit dem Gesetz gegen die Verunstaltung von Ortschaften und landschaftlich hervorragenden Gegenden vom 15.7.1907.[21] Dieses Sonderpolizeigesetz erschien der öffentlichen Meinung als Instrument des Denkmalschutzes[22], obwohl es ein bloßes bauordnungsrechtliches Mittel der Sicherung und Durchsetzung moderner Gestaltungsabsichten war. Das Gesetz ermöglichte weder die Erhaltung von Kulturdenkmälern, noch verfolgte es überhaupt historische Interessen. In dieser Logik ist es konsequent, daß das Rudolf-Virchow-Krankenhaus 1907 gegen Verunstaltung geschützt wurde, 1988 aber nicht unter Denkmalschutz steht. Mit der Vorgabe, gestaltende Ziele nur auf Grundlage eines partikularen Ortsstatus verfolgen zu können, bekannte der Staat endlich, daß Kultur, Kunst und Geschichte nicht mehr allgemein verbindliches Richtmaß des Gemeinwohls waren. Die Dezentralisation machte die Verwaltung Berlins noch freier und die Kulturdenkmäler Berlins endlich vogelfrei.

Denkmalschutz und Denkmalpflege waren im neunzehnten Jahrhundert angetreten, die Denkmäler »Teutscher Kunst« zu erhalten, um damit dem revolutionär-bürgerlichen Wunschbild der Nation Identifikationssymbole zu geben.[23] Am Ende des Einigungsprozesses zum kleindeutschen Reich war das dynamische Berlin des Historismus selbst das Symbol für den Erfolg der bürgerlichen Idee. Denkmalschutz schien überflüssig.

III.

In der Weimarer Republik versuchte Preußen, dem Denkmalschutz eine verbindliche Rechtsgrundlage zu schaffen, nachdem sich noch im Kaiserreich der heute wieder gültige Denkmalbegriff herausgebildet hatte. Danach ist nicht allein der kunsthistorische, sondern auch der allgemeinhistorische und wissenschaftliche Wert für die Denkmaleigenschaft eines Objektes ausschlaggebend. Denkmalpflege definiert sich als angewandte Geschichtswissenschaft und bezieht damit nicht nur Einzelobjekte, sondern auch Ensembles und nicht nur hervorragende Monumente, sondern auch Dokumente des Alltagslebens in ihr Aufgabengebiet ein.[24] Im Sinne dieser Denkmaltheorie hatte Berlin als Stadtdenkmal des preußischen Aufstiegs angesichts der republikanischen Modernisierungsabsichten der Neuen Sachlichkeit einen hohen Schutzbedarf.

Der Entwurf eines Gesetzes zum Schutze der Denkmale des Preußischen Ministers für Wissenschaft, Kunst und Volksbildung von 1926[25] beschränkte sich unter bewußter Abgrenzung von Ideen des Heimatschutzes auf Erhaltungsaufgaben und schied Gestaltungsaufgaben aus. Er umfaßte öffentliches wie privates Eigentum, begrenzte den Denkmalschutz von Privateigentum im Streitfall jedoch auf »hervorragende, unersetzliche« Werte. Das Vorhaben scheiterte wenig später in den Wirren der Zeit. Denkmalpflege und Heimatschutz hatten sich in einer politisch wie fachlich fragwürdigen Koalition zusammengefunden, die sich mit einer scheinhistorischen Gestaltung des Neuen zufrieden gab. Die Eigentumsrechtsprechung des Reichsgerichtes negierte noch jede Sozialpflichtigkeit, so daß bereits die Eintragung eines Kulturdenkmales in die Denkmalliste als entschädigungspflichtiger Tatbestand bewertet wurde[26] und der Widerspruch der Kirchen schien unüberwindlich.[27]

Der Gesetzentwurf war ein Versuch, mit den kleinen deutschen Ländern gleichzuziehen, enthielt aber auch neue Elemente, die für Berlin nach dem 2. Weltkrieg bestimmend werden sollten. Die Denkmalliste sollte nicht von einer unabhängigen Fachistanz, dem Konservator oder einem fachlich orientierten Denkmalrat, sondern von den Aufsichtsbehörden – also der allgemeinen Verwaltung – festgestellt werden; damit wurde der Denkmalbegriff zur politischen Disposition gestellt. Umgekehrt wurde die Entscheidung über die Zulässigkeit von Veränderungen nicht den allgemeinen Verwaltungsbehörden – insbesondere auch nicht den Baugenehmigungsbehörden –, sondern Konservatoren anvertraut. Damit sollten sich die Konservatoren von ihrer Rolle als Fachgutachter und Anwalt der Kulturdenkmäler lösen, abwägende Entscheidungsaufgaben übernehmen und letztlich Richter über das Schicksal der Denkmäler werden. Scheiterte auch der Gesetzentwurf in Preußen, so erhielt doch Berlin den darin vorgesehenen Provinzialkonservator endlich 1936. Doch hatte die Welthauptstadt Germania, zu der sich die Reichshauptstadt nach nationalsozialistischer Vorstellung entwickeln sollte, für konservatorisches Denken und geschichtliches Maß keinen Bedarf.

IV.

Die zerstörte Reichshauptstadt schuf, sobald sie sich als Berlin (West) in neuer Lage wiederfand, eine Verwaltung für Denkmalpflege[28], verzichtete aber – anders als die zügig handelnde und Berlin (Ost) vereinnahmende DDR[29] – lange auf denkmalschutzrechtliche Grundlagen.

Erster Nachkriegs-»Konservator von Berlin« (West) war nicht etwa ein Historiker, sondern ein Vertreter des Bauhauses. Er wurde der Hauptverwaltung für Bau- und Wohnungswesen zugewiesen und organisatorisch eng mit dem für Stadtbildpflege und Bauunterhaltung zuständigen Abteilungen verflochten. Die darin sich zeigende Beschränkung auf die Pflege öffentlicher Bauten und die Verbindung zu Gestaltungsaufgaben belegte noch preußische Tradition. Die Definition als Vorbehaltsaufgabe der Senatsverwaltung und die damit verbundene Herauslösung der Denkmalpflege aus den Zuständigkeiten der Bezirke brach dagegen mit dem preußischen Grundsatz, neben dem gutachtenden Konservator die allgemeinen Verwaltungsbehörden mit den entscheidenden Abwägungsaufgaben zu betrauen. Während der sich zum »Landeskonservator« gemauserte Denkmalpfleger 1963 aus der Umklammerung mit der Stadtbildpflege lösen konnte[30], blieb die Verbindung mit dem von Neubauinteressen geleiteten Dienstherren »Senator für Bau- und Wohnungswesen« erhalten.

Nachdem die Stelle des Landeskonservators 1969 bis 1972 unbesetzt blieb, konnte es eine lautstarke, von Vertretern der bundesrepublikanischen Denkmalpflege angeführte Debatte nicht erreichen, daß die Denkmalpflege – ähnlich wie in den übrigen Ländern – in die fachliche Unabhängigkeit beim Senator für Wissenschaft und Kunst entlassen wurde.[31] Berlin leistete sich zudem – insoweit ganz in Übereinstimmung mit den allgemeinen Tendenzen der Zeit, die ihre eigenen Denkmalpflegetheorien weitgehend vergessen hatte, – amtlich nur 190 Kulturdenkmäler.

Rechtlich wurde Denkmalpflege zögernd und zudem mit Normen betrieben, die Denkmalschutz im eigentlichen Sinne nicht gewährleisten konnten: Die Bauordnung von 1958[32] sah eine Verordnungsermächtigung zum Gestaltungsschutz von »geschützten Baubereichen« vor, von der 1964 zugunsten bedeutender historisch bebauter Gebiete auch Gebrauch gemacht wurde.[33] Galt die Aufmerksamkeit auch Kulturdenkmälern, ist doch festzuhalten, daß weder ein Erhaltungsgebot noch eine Zuständigkeit des Landeskonservators bestand; wesentliche Aufgaben der Denkmalpflege wurden von der Stadtbildpflege übernommen. Die Bauordnung von 1971[34] erweiterte die Gestaltungsanforderungen an Bauwerken durch Einführung eines Umgebungsschutzes für Baudenkmäler sowie durch die Anforderung, bauliche Änderungen an Baudenkmälern nur unter Wahrnehmung ihrer Eigenart vornehmen zu dürfen. Fehlte auch weiter ein Erhaltungsgebot und damit ein Zerstörungsverbot, so erfolgte doch ein wesentlicher Durchbruch im Sinne des Denkmalschutzes: Erstmals wurde gesetzlich verfügt, daß bauaufsichtliche Entscheidungen im Einvernehmen mit »dem Landeskonservator« zu ergehen hatten, der sich damit unter Abkehr von preußischer Tradition und den Regularien in den Bundesländern zur Entscheidungsbehörde wandelte. Und erstmals wurde gesetzlich ein Verzeichnis von – 193(!) – Baudenkmälern geführt, das allerdings nicht vom fachkundigen Konservator, sondern durch den Gesetzgeber dekretiert worden war.[35]

Auf der Schwelle zum Europäischen Denkmalschutzjahr 1975 stützte sich der Denkmalschutz in Berlin auf Normen, die sich längst als untauglich erwiesen hatten und noch hinter dem preußischen Recht zurückstanden; insoweit bestand allerdings große Übereinstimmung mit der Situation in Westdeutschland. Als spezifisch berlinisch hatte sich jedoch ein besonders hohes Maß an politischer Einflußmöglichkeit auf fachliche Belange der Denkmalpflege herausgebildet, die die Grenzlinie zwischen Belangen der Denkmäler einerseits und der Politik andererseits bis zur Unkenntlichkeit verwischte.

Das Europäische Denkmalschutzjahr 1975 war Anlaß, die theoretischen und praktischen Grundlagen des

§ 9
Denkmalgerechte Erhaltung und Nutzung der Denkmale

(1) Der Verfügungsberechtigte ist verpflichtet, das Denkmal in einem denkmalgerechten Zustand zu erhalten und sachgemäß zu unterhalten. Mängel, die die Erhaltung des Denkmales gefährden, hat er der Denkmalschutzbehörde anzuzeigen.

(2) Die Denkmalschutzbehörde kann anordnen, daß bestimmte Maßnahmen zur Erhaltung des Denkmales durchgeführt werden. Mieter, Pächter und sonstige Nutzungsberechtigte haben die Durchführung der Maßnahmen zu dulden.

(3) Eine Nutzung des Baudenkmales, die nicht seiner ursprünglichen Zweckbestimmung entspricht, darf seine Eigenart nicht beeinträchtigen.

§ 10
Genehmigungspflicht und Anzeigepflicht

(1) Ein Denkmal darf ohne Genehmigung der Denkmalschutzbehörde nicht ganz oder teilweise beseitigt, wiederhergestellt, instandgesetzt, in seiner Nutzung geändert, von seinem Standort oder Aufbewahrungsort entfernt oder durch das Anbringen von Anlagen der Außenwerbung, von Automaten oder in sonstiger Weise verändert werden. Das gilt auch für das Zubehör und die Ausstattung eines Baudenkmales (§ 2 Abs. 2 Satz 2).

(2) Die Genehmigung darf nur versagt werden, wenn ihr Gründe des Denkmalschutzes entgegenstehen.

(3) Die Genehmigung kann mit Auflagen und Bedingungen verbunden sowie unter dem Vorbehalt des Widerrufs oder befristet erteilt werden. Die Genehmigung kann insbesondere mit der Bedingung verbunden werden, daß bestimmte Arbeiten nur durch Fachleute oder unter der Leitung von Sachverständigen ausgeführt werden, die die Denkmalschutzbehörde bestimmt.

(4) Soweit es zur Klärung der Belange des Denkmalschutzes, insbesondere für Untersuchungen des Denkmales und seiner Umgebung erforderlich ist, kann die Entscheidung über eine beantragte Genehmigung für einen Zeitraum bis zu zwölf Monaten ausgesetzt werden.

(5) Der Wechsel des Eigentums an einem beweglichen Bodendenkmal ist der Bodendenkmalschutzbehörde von dem Veräußerer und im Falle der Erbfolge von dem Erben anzuzeigen.

Abb. 2. Gesetz- und Verordnugsblatt für Berlin, 33. Jg., Nr. 93, vom 30.12.1977

Denkmalschutzes im deutschen Sprachraum zu überdenken. Die Denkmalpflege besann sich ihres bereits früh entwickelten, aber verdrängten umfassenden Denkmalbegriffes; die Gesetzgeber der Länder schufen Denkmalschutzgesetze. Während sich manche Länder für das »nachrichtliche« System des Denkmalschutzes entschieden, das gesetzlich definierte Kulturdenkmäler kraft ihrer Existenz schützt und die Denkmalliste nur »nachrichtlich« als Anwendungshilfe des Gesetzes zur Verfügung stellt, folgten andere Länder dem historischen französisch-hessischen Beispiel des »konstitutiven« Denkmalschutzes, das nur die Kulturdenkmäler schützt, die durch Verwaltungsakt in ein Denkmalbuch eingetragen werden.[36]

Die Entscheidung für das konstitutive System des Denkmalschutzes im ersten umfassenden Denkmalschutzgesetz der Berliner Geschichte von 1977[37] ist von besonderer Pikanterie, da der den Gesetzentwurf im Abgeordnetenhaus einbringende Senat mit Nachdruck für Denkmalschutz eintrat und erklärte, daß langfristig 1500 Kulturdenkmäler eingetragen werden sollten.[38] Diese Zahl erschien im Hinblick auf die vorher zugegebenen 193 Kulturdenkmäler hoch, verunklarte aber, daß Fachleute von mindestens 8000 Kulturdenkmälern in Berlin ausgingen.[39] Für die eingetragenen Kulturdenkmäler besteht nach dem Gesetz eine Erhaltungspflicht durch den Eigentümer, die Erfordernis einer denkmalrechtlichen Genehmigung bei Absicht der Beseitigung, Instandsetzung oder Nutzungsänderung sowie ein Umgebungsschutz. Denkmalschutz ist auch für Ensembles, sogenannte geschützte Baubereiche, möglich.

Während alle Länder der Bundesrepublik zentrale Landesämter für Denkmalpflege schufen oder Denkmalpfleger mit gesetzlichen Kompetenzen und fachlichen Unabhängigkeiten versahen, ist Baudenkmalschutzbehörde in Berlin das für das Bauwesen zuständige Mitglied des Senats – zunächst der Bausenator und seit 1981 der Senator für Stadtentwicklung und Umweltschutz. Nach einem fachlich unabhängigen Landesamt für Denkmalpflege sucht man vergeblich. Der Landeskonservator erhielt nur Zuständigkeiten auf Teilgebieten des Denkmalschutzes und verkümmerte zum weisungsgebundenen Stabstellenleiter der politisch orientierten Senatsverwaltung. Wesentliche Aufgaben des Denkmalschutzes, z. B. Angelegenheiten der Gartendenkmäler und Rechtsangelegenheiten, werden von anderen Abteilungen des Senators für Stadtentwicklung und Umweltschutz vertreten. Folge ist, daß der fachliche Standpunkt der Denkmalpflege nicht mehr offen und einheitlich vertreten wird. An der in der Nachkriegszeit entwickelten Ausgrenzung der Bezirke in Angelegenheiten des Denkmalschutzes wurde festgehalten, so daß diese für den Bürger und Bauwilligen vor Ort kein fachkundiger Ansprechpartner sein können. Damit weicht Berlin von der für die Denkmalverwaltung Westdeutschlands bestimmenden Trennung von Denkmalfach- und Denkmalschutzverwaltung ab.

Das hohe Maß an Politisierung der Fachaufgabe Denkmalschutz blieb als spezifisch berlinisches Kennzeichen auch nach der Neuordnung des Denkmalschutzes in Deutschland im Zuge des Europäischen Denkmalschutzjahres 1975 erhalten. So kann es nicht verwundern, daß in der Folge nur etwa 600 Kulturdenkmäler, darunter sieben großflächig geschützte Baubereiche, in das Denkmalbuch eingetragen wurden und sich eine irritierte Öffentlichkeit bei prominenten Streitfällen des Denkmalschutzes immer häufiger fragte, warum denn »der Landeskonservator« sich nicht oder nur undeutlich äußerte. Gleichwohl hatte die ausschließliche Verankerung der Denkmalschutzaufgabe bei dem politisch verantwortlichen Senator für Stadtentwicklung und Umweltschutz auch positive Folgen, insbesondere bei Kulturdenkmälern im öffentlichen oder quasi öffentlichen Eigentum: Die Systematik und Konsequenz, mit der in Berlin Denkmalschutz für Gartendenkmäler, für Siedlungen des Massenwohnungsbaues der zwanziger Jahre des zwanzigsten Jahrhunderts, für Bauten der S-Bahn und andere Industriedenkmäler betrieben wurde, ist in Qualität und Umfang in Deutschland einzigartig.[40] Beachtlich ist auch die Höhe der für Subventionen zur Verfügung gestellten Mittel, die bezeichnenderweise aber häufig für Kulturdenkmäler bereitgestellt wurden, die dem förmlichen Denkmalschutz nicht unterliegen.

Waren die Verhältnisse schon aufgrund der gesetzlichen Vorgaben für einen leicht faßbaren Denkmalschutz wenig geeignet, komplizierten sich die denkmalpolitischen Zustände aufgrund von Auslegungsfragen des Denkmalschutzgesetzes von 1977 zusätzlich. Anders als die Praxis aller westdeutschen Länder, die von der Rechtsprechung bestätigt wurde[41], ging der Senat von

Berlin nicht von der strikten Trennung von Denkmalerkenntnis und Unterschutzstellung einerseits und der Entscheidung über das Schicksal des Kulturdenkmales aus Anlaß eines Antrages auf Veränderung oder Abbruch andererseits aus. Er verfügte vielmehr durch die »Richtlinie betreffend verwaltungsinterne Abstimmungen und Verfahrensweisen mit dem Landeskonservator« vom 6. 9. 83[42], daß bei der Anwendung des unbestimmten Rechtsbegriffes »Baudenkmal« finanzielle Erwägungen anzustellen seien und forderte, daß Unterschutzstellungen nur in Abstimmung vom Senator für Stadtentwicklung und Umweltschutz und dem Senator für Finanzen erfolgen dürfen. Während heute allgemein anerkannt ist, daß die Eintragung eines Kulturdenkmales den Inhalt des Eigentums lediglich bestimmt und damit entschädigungsrechtlich irrelevant ist, räumte der Senat von Berlin durch seine Richtlinie den privaten Eigentümerinteressen indirekt eine höhere Wertigkeit ein. Mitglieder der im Abgeordnetenhaus bestimmenden Koalition stellten fest, daß das Verfahren dem Berliner Denkmalschutzgesetz widerspricht[43] und bissige Kommentare lauteten: »Landeskonservator von Berlin ist der Kämmerer«[44], ohne daß dies Einfluß gehabt hätte. Es war weder dem Denkmalschutz in Berlin noch dem Denkmalschutz in der Bundesrepublik dienlich, daß der Senat von Berlin Rechtsgrundsätze in Frage gestellt hat, die in Westdeutschland gegenüber den Interessen Privater mit Nachdruck verteidigt werden.

V.

Die Sonderstellung Berlins im Denkmalschutz ist nicht nur der Fachwelt vertraut, sondern auch zunehmend der politischen Öffentlichkeit bewußt geworden. Die Besonderheiten sind nicht durch eine spezifisch berlinische Denkmalstruktur zu verteidigen. Wie andere Großstädte Westdeutschlands, in denen Denkmalschutz selbstverständlich ist, verfügt Berlin neben wenigen mittelalterlichen und neuzeitlichen Kulturdenkmälern in der Hauptsache über Dokumente des neunzehnten und zwanzigsten Jahrhunderts. Diese Einsichten, Erfahrungen der Praxis, die Konvention zum Schutz des architektonischen Erbes Europas und - nicht zuletzt - die Novellierungen einiger Denkmalschutzgesetze der Länder, die zunehmend das nachrichtliche System des Denkmalschutzes anerkennen, fordern Berlins Politiker heraus.[45] Senat und Koalitionsfraktionen stellen seit 1987 Überlegungen zur Novellierung des Denkmalschutzgesetzes von 1977 an.[46] Mittelpunkt dieser Überlegungen ist der Übergang zum nachrichtlichen System des Denkmalschutzes bei strikter Achtung der Trennung der Denkmalerkenntnis und der Entscheidungen über das Schicksal eines Kulturdenkmales. Gegenstand der Prüfung ist weiter die Schaffung einer möglichst unabhängigen Fachbehörde - Landesamt für Denkmalpflege - sowie die Einbeziehung der Bezirke in das denkmalrechtliche Genehmigungsverfahren bei Abbrüchen oder Veränderungen. Damit wäre eine Trennung von Denkmalfach- und Denkmalschutzverwaltung erreicht. Für Berlin neu ist an diesen Erwägungen, daß Anschluß an die gemeinsame Rechtsentwicklung in den Ländern der Bundesrepublik Deutschland gesucht und neu ist auch, daß offensiv nach Wegen für einen optimalen Denkmalschutz Ausschau gehalten wird.

Gelänge es Berlin endlich, wirksame gesetzliche Grundlagen für den Denkmalschutz zu schaffen, hätte sich der Westteil der ehemaligen Reichshauptstadt als »kleiner deutscher Staat« erwiesen, der in der Gesetzgebung und der Verwaltung die Erfordernisse erkennt und »prompt und bahnbrechend vorgeht«.

Warten wir ab. Für ein »vielseitiges Bravo« ist es noch zu früh.

Anmerkungen

1 Protokoll 71 der Sitzung der Zweiten Kammer der (Hessischen) Landstände vom 20. 11. 1901, S. 1806 ff (1808) des 31. Landtages.
2 Vgl. im einzelnen: Regierungsentwurf LT-Drs. 524 und 639 und Gesetz, den Denkmalschutz betreffend vom 16. Juli 1902, (Hessisches) Gesetzblatt S. 851 ff.
3 Im Einzelnen: Hensel, Albert, Art. 150 der Weimarer Reichsverfassung und seine Auswirkungen im preußischen Recht, Archiv für öffentliches Recht, Bd. 14 n. F. (1928), S. 321 ff.
4 Alle Länder außer Hamburg, Niedersachsen; eine entsprechende Bestimmung fehlt auch in Berlin.
5 Überblick in: Stich-Burhenne, Denkmalrecht der Länder und des Bundes, Loseblattsammlung, Berlin 1983 ff.
6 Vgl.: Kummer, Michael, Denkmalschutzrecht als gestaltendes Baurecht, München 1981; Kiesow, Gottfried, Schinkels Vorschläge zur Organisation der Denkmalpflege und ihre Wirksamkeit, in: Bauwelt 1981, S. 1076 ff; Senator für Stadtentwicklung und Umweltschutz Berlin, Kolloquium »Organisation des Denkmalschutzes in Berlin« am 6.5.1987, unveröffentlichtes Manuskript
7 Im Einzelnen: Huse, Norbert, Denkmalpflege – Deutsche Texte aus drei Jahrhunderten, München 1984.
8 PreußOVGE 7, 361; 23, 395; im Einzelnen: Lezius, H., Das Recht der Denkmalpflege in Preußen, Berlin 1908, S. 12 ff.
9 (Preußische) Gesetzessammlung S. 206.
10 (Preußische) Gesetzessammlung S. 113.
11 Nachweise und Kommentierung bei Lezius, FN 8, S. 51 ff.
12 Abgedruckt und kommentiert bei Lezius, FN 8, S. 57 ff. Die für die preußische Denkmalpflege grundlegende Allerhöchste Kabinettsordre wurde nicht in der Gesetzessammlung oder in anderer Weise amtlich veröffentlicht. Ihre formellrechtliche Bedeutung blieb daher immer umstritten. Da der Inhalt überwiegend nur Aussagen zu innerbehördlichen Fragestellungen enthält, war diese Streitfrage von geringer praktischer Relevanz. Bezeichnend ist allerdings, daß man sich im Denkmalschutz mit der unklaren Rechtslage abfand.
13 Vgl. Beitrag von Helmut Engel in diesem Band.
14 Während Berlin das historische Rathaus zerstören durfte und der Abbruch des klassizistischen Kurhauses von Zais in Wiesbaden ein besonderes Anliegen des Kaiserhauses war, mußten z. B. die Städte Frankfurt am Main oder Neustadt (Hessen-Kassel) ihre historischen Rathäuser erhalten.
15 PreußOVGE 9, 353.
16 Wolff, Hans J./Bachof, Otto, Verwaltungsrecht Bd. 3, München 1978, Anm. 11 zu § 121.
17 Heckel, Martin, Staat-Kirche-Kunst, Tübingen 1968, S. 31 m.w.N.
18 Preußen war ständiger Adressat von Interventionen der am Denkmalschutz Interessierten, vgl. beispielhaft: Resolutionen der Tage für Denkmalpflege, Düsseldorf 1902, Stuttgart 1923, Potsdam 1924, abgedruckt in den Jahrgängen der Zeitschrift: »Die Denkmalpflege«.
19 Im Einzelnen vgl. Lezius, FN 8, S. 17 ff.
20 Vgl. Lezius, FN 28, S. 45; die Denkmalpflege 1899, S. 45.
21 (Preußische) Gesetzessammlung S. 260.
22 Dieser Fehleinschätzung erliegt selbst Heckel, FN 17, S. 31, der allerdings auch die Fragwürdigkeit des Unternehmens aufdeckt. Die Feststellung Heckels, daß sich das Verunstaltungsgesetz nur unwesentlich von den Bestimmungen des ALR unterschied, ist nur in Bezug auf das Gestaltungsrecht zutreffend. Die Bestimmungen zur Erhaltung im ALR wurden durch das Verunstaltungsgesetz nicht aufgegriffen.
23 Im Einzelnen mit weiteren Nachweisen: Kummer, FN 6, S. 16 ff, Huse, FN 7.
24 Im Einzelnen mit weiteren Nachweisen: Kummer, FN 6, S. 16 ff; Dvorak, Max, Katechismus der Denkmalpflege, Wien 1918; Riegl, Alois, Der moderne Denkmalkultus, in: Gesammelte Aufsätze; S. 144 ff, Augsburg-Wien 1929, jetzt auch abgedruckt und kommentiert von Wohlleben, Marion, und Mörsch, Georg, in: Riegl-Dehio, Konservieren nicht Restaurieren - Streitschriften zur Denkmalpflege um 1900, Braunschweig 1988; vgl. auch Kiesow, Gottfried, Einführung in die Denkmalpflege, Darmstadt 1982.
25 Preußischer Landtag, 2. Wahlperiode, 1. Tagung, Drs. 4298; vgl. dazu auch Charig, Deutsche Juristenzeitung 1927, Spalte 1405.
26 RGZ 116, 268 ff zum hamburgischen DSchG von 1920.
27 Heckel, FN 17, S. 29.
28 Die Eingliederung des Referates Denkmalpflege in die Abt. Bau- und Wohnungswesen – Hauptamt für Hochbau – erfolgte am 19.12.1945. Vgl. weiter Magistratsbeschluß Nr. 518 A vom 20.11.1947 sowie Allgemeines Zuständigkeitsgesetz vom 7.10.1958 (GVBl. S. 974) i.d.F. vom 9.9.1960 (GVBl. S. 902).
29 Verordnung über den Schutz und die Pflege der Denkmale vom 28.9.1961 (GBl. II Nr. 72, S. 475), jetzt: Gesetz zur Erhaltung der Denkmale in der Deutschen Demokratischen Republik - Denkmalpflegegesetz - vom 19.6.1975 (GBl. I S. 458) vgl. FN 5.
30 Grundlage war eine Änderung der Geschäftsverteilung.
31 Vgl. z. B.: Tagesspiegel vom 23.12.1971, zuletzt auch nochmals Kiesow FN 6.
32 GVBl. 1958, S. 1104.
33 GVBl. 1964, S. 825 ff.
34 GVBl. 1971, S. 456, 1604.
35 Anlage zu § 14 Abs. 6, FN 34.
36 Im Einzelnen: Gebeßler/Eberl, Schutz und Pflege der Baudenkmäler in der Bundesrepublik Deutschland, Köln 1980; Kummer, FN 6; Hönes, Ernst Rainer, Die Unterschutzstellung von Kulturdenkmälern, Köln 1987.
37 Gesetz zum Schutze von Denkmalen in Berlin vom 22.12.1977, GVBl. 1977, S. 2540.
38 Regierungsentwurf, Abgeordnetenhaus Berlin, Drs. 7/780; Beschlußempfehlung, Abgeordnetenhaus v. Berlin, Drs. 7/1070; Protokoll der Sitzung des Abgeordnetenhauses von Berlin vom 17.3.1977. Der zuständige Senator Ristock bezeichnete gar den Landeskonservator als Denkmalschutzbehörde, obwohl dessen Zuständigkeit im Gesetzgebungsverfahren zu Gunsten des Senators beseitigt wurde.
39 Im Beirat für Baudenkmale beim Senator für Stadtentwicklung und

Umweltschutz wurden 8000 Kulturdenkmäler genannt. Das Deutsche Nationalkomitee für Denkmalschutz geht von 15 000 Kulturdenkmälern aus, vgl.: Memorandum zur Lage des Denkmalschutzes des Deutschen Nationalkomitees für Denkmalschutz, Schriftenreihe Nr. 20, Bonn 1983, S. 67.

40 Vgl. u. a.: Huse, Norbert, (Herausgeber), Siedlungen der 20er Jahre – heute. Vier Berliner Großsiedlungen 1924-1984, Berlin 1984; Deutsches Nationalkomitee für Denkmalschutz (Herausgeber), Siedlungen der 20er Jahre, Schriftenreihe Nr. 28, Bonn 1985; Schmidt, Hartwig, Die Bauwerke der Berliner S-Bahn, Arbeitshefte der Berliner Denkmalpflege, Berlin 1984; Kloß, Klaus-Peter, Die Bauwerke der Berliner Industrie, Beiträge zur Denkmalpflege in Berlin, Berlin 1988; Senator für Stadtentwicklung und Umweltschutz, Gartendenkmalpflege Berlin 1978-1985, 2. Auflage Berlin 1985.

41 OVG Berlin, Urteil vom 10.5.1985 – OVG 2 B 134.83 BVerwG, Beschluß vom 23.3.1984 – BVerwG 4 B 43.84 BVerwG, Beschluß vom 3.4.1984 – BVerwG 4 B 59.84 BVerwG, Beschluß vom 26.3.1987 – BVerwG 4 B 267.86.

42 Senatsbeschluß Nr. 1697/83 zu Abgeordnetenhaus von Berlin Drs. Nr. 9/894.

43 (Unveröffentlichtes) Gutachten Prof. Dr. Finkelnburg für den Beirat für Baudenkmale beim Senat für Stadtentwicklung und Umweltschutz (1983).

44 Berliner Morgenpost vom 20.11.1984.

45 Hessen ging 1986 zum nachrichtlichen System über; ähnliches gilt seit 1983 für Schleswig-Holstein (§ 6 a DSchG); vgl. FN 52. In Hamburg, Bremen und Rheinland-Pfalz wird das nachrichtliche System erwogen.

46 Vgl. Kolloquium FN 6, Senatsbeschluß Nr. 2272/87 vom 29.9.1987.

Abb. 1: Blick vom Hochhaus des Senators für Bau- und Wohnungswesen in Richtung City von Berlin (West)

Helmut Engel

Geschichtslandschaft Berlin

Mit dem »Gesetz über die Bildung einer neuen Stadtgemeinde Berlin« – dem sogenannten Groß-Berlin-Gesetz, das die verfassungsgebende preußische Nationalversammlung am 27. April 1920 in Kraft setzte, wurde ein Territorium zu einer neuen politisch gewollten verwaltungstechnischen Einheit zusammengeschlossen, das seit dem Mittelalter in der Wechselbeziehung von Stadt zu ihrem Umland gestanden hatte; mit der Reichshauptstadt wurden in diesem Jahr sieben bis dahin selbständige große Städte und über siebzig Landgemeinden sowie Guts- und Schloßbezirke zur neuen Großgemeinde Berlin vereinigt. Diese alten Verwaltungseinheiten besaßen ihrerseits eigenständige, zum Teil in das Mittelalter zurückreichende Entwicklungen. Zur Vor-Geschichte von Groß-Berlin und damit zur Geschichte Stadt: Umland gehören auch die Vergrößerungen des Weichbildes und die Planung von Eingemeindungen nach Berlin während des ganzen 19. Jahrhunderts, bis schließlich vor dem 1. Weltkrieg zur Bewältigung der Strukturschwierigkeiten des Ballungsraumes Berlin der »Zweckverband« gegründet wurde. Ständig gewachsen war Berlin bereits seit dem späten 17. Jahrhundert.

An der Wiege Groß-Berlins stand nicht nur der Leitgedanke, als Mittelpunkt des Deutschen Reiches ein technisch funktionierendes Gemeinwesen zu schaffen, sondern auch über den großen Städtebauwettbewerb von 1910–1911 Berlin durch eine Umgestaltung der Stadt endlich die europäische Spitzenposition als Metropole erringen zu lassen. An die Stelle eines geschichtlichen Wachstumsprozesses trat die rein städteplanerisch-funktionelle Betrachtung, die ihrerseits ganz selbstverständlich von der City, dem Gebiet der alten Reichshauptstadt, als dem Herzen der neuen Groß-Stadt ausging. Die neuen Außenbezirke wurden nicht mehr als eigenständige kommunale Einheiten, sondern nur noch unter Gesichtspunkten von Standort-, Verkehrs- und Versorgungsfunktionen betrachtet.

Bereits diese alte Reichshauptstadt hat sich spätestens seit der Neuen Ära Wilhelms I. in ihrem Selbstverständnis als Stadt des Fortschritts begriffen, die mit den Dokumenten ihrer Geschichtslandschaft nie besonders sorgfältig umgegangen ist. Betrachtungen über Berlin bewundern dann auch eher die Dynamik des Lebens einer Großstadt. In die schlimme Verkennung ihrer Geschichtslandschaft und damit zu ihrem Schicksal gehört sicherlich auch, daß das Jahrhundert ihres größten Wachstums und ihrer höchsten Machtstellung, das 19. Jahrhundert, beginnend mit der Zeit um 1900 und dann besonders seit den zwanziger Jahren bis in die jüngere Vergangenheit hinein dem Verdikt uneingeschränkter Mißachtung mit allen Folgen von Zerstörungen ausgeliefert war. Noch um 1940 beschreibt Paul Ortwin Rave die Landschaft der Bauwerke und Kunstdenkmale Berlins unter den allgemeinen Darstellungen der Entwicklung von Landesherrschaft, und damit nur Residenz und Machtzentrum, nicht die Breite geschichtlicher Wirklichkeit; als geschichtlich beachtenswert gilt ihm darüberhinaus eigentlich nur die Zeit bis nach der Mitte des 19. Jahrhunderts.

Kennzeichnenderweise erschienen Darstellungen zur Geschichte der ehemaligen selbständigen Randgemeinden als Teile der neuen Stadtbezirke in der Regel erst nach 1920 und trugen nur unwesentlich zum Gesamtgeschichtsbild von Groß-Berlin bei; Bezirksgeschichten fehlen bis heute vollständig. Die erschienenen Inventare der Bauwerke und Kunstdenkmäler Berlins bieten keinen Ersatz. Es fehlt schmerzhaft an einer tatsächlichen Bau- und Kunstgeschichte Berlins als Spiegel seiner breiten geschichtlichen Entwicklung. Angesichts der Vernichtungen im und nach dem 2. Weltkrieg könnte die Frage nach einer Charakterisierung der Kunstlandschaft Berlin, und das heißt im eigentlichen Sinne ihrer Geschichtslandschaft, müßig erscheinen, wenn nicht eine moderne Betrachtung der geschichtlichen Breite in der Entwicklung Berlins trotz des ungeheuren Verlustes an historischer Bausubstanz noch einen erheblichen Bestand erkannt hätte und in ständiger Verfeinerung noch weiter erkennen wird.

Eine solche neue Bau- und Kunstgeschichte der Groß- und das heißt heute der alten Gesamtstadt ist bitter notwendig. Es gehört zu den auch heute noch gängigen öffentlichen, von vielen Politikern beispielsweise geteilten Vorurteilen über die Geschichtssubstanz der westlichen Bezirke, daß diese von minderer Bedeutung sei – das historische Zentrum läge nun einmal in der anderen Hälfte der Stadt, und damit werden die eingeschränkten Vorstellungen über das Geschichtsbild Berlins nur weitergetragen, ohne daß die Bedeutung des historischen Zentrums verkannt werden darf. Ein heute völlig veraltetes, aber immer noch gängiges Geschichtsbild wird unkritisch weitertransportiert und zum Schaden der Stadt angewendet. Zu solchen schiefen Geschichtsbildern gehören auch Darstellungen, die in der DDR zur Geschichte Berlins entstehen und die die Entwicklungen auf dem Territorium der westlichen Stadtbezirke nahezu als Nullum behandeln, was wohl weniger eine Sache des Vorurteils als politisch verordneter Linientreue ist. Das Fehlen einer breiten wissenschaftlichen Erforschung der Bau- und Kunstdenkmale in den westlichen Bezirken in Vergangenheit und Gegenwart liegt zum einen an der immer mangelhaften und auch heute fehlenden Personalkapazität der staatlichen Denkmalpflege und gehört zum anderen trotz mehrerer Institute der Bau- und Kunstgeschichte an den Universitäten des Landes zu den Freiheiten selbst gewählter Forschungsschwerpunkte. Die Weichen über das Schicksal des historischen Berlin werden indessen in den Forschungseinrichtungen gestellt, deren Aufgabe es ist, das Geschichtsbild der Öffentlichkeit weiterzuentwickeln und damit auch das öffentliche Interesse an der Erhaltung der Geschichtssubstanz von Berlin zu legitimieren.

Angesichts der ständigen Strukturwandel, ihrer Brüche und auch Häßlichkeiten einer Großstadt mag es als von vornherein zwecklos erscheinen, sie als Kunstlandschaft im Sinne einer erlebnisreichen romantischen Kleinstadt zu beschreiben, ein solcher – trotzdem hier gewagter – Versuch kann einmal nur in einer Darstellung der Strukturmerkmale einer Geschichtslandschaft Berlin münden und zum anderen vielleicht auch zu dem Ergebnis führen, daß sogar die Großstadt solche Bereiche erlebnisreicher Einzellandschaften besitzt und nicht nur über die Abstraktion ihrer Geschichtsentwicklung betrachtet werden muß.

I. Die historischen Strukturmerkmale Stadt: Umland

Das räumliche Umfeld der Doppelstadt Berlin-Cölln gewinnt spätestens seit dem frühen 13. Jahrhundert seine Strukturmerkmale durch die überregionalen Verkehrsverbindungen, die den großräumigen Naturhindernissen Rechnung tragen, durch die örtlichen, die Dörfer untereinander sowie mit der Stadt verbindenden Wege und schließlich durch die Eigentumsverhältnisse an Grund und Boden.

Die Geländetopographie vor allem im weiteren westlichen Vorfeld von Cölln bis nach Spandau mit den natürlichen Hindernissen der Flußläufe und dem flußnahen Höhenrücken des Grunewaldes unmittelbar östlich entlang der Havel und vor allem die erste Erweiterung Berlins aus der Niederlassung am Molkenmarkt zur Neustadt um die Marienkirche auf das östliche Spreeufer bewirken eine Ausrichtung des auch durch die Niederlassung der Landesherrschaft zusätzlich ausgezeichneten Berlin nach Osten; das Oderberger (später: Königs-) Tor wird der wichtigste Stadteingang. Der Verkehr von und nach Hamburg-Oranienburg, Stettin-Rostock, Prenzlau, Oderberg, Frankfurt/Oder, Köpenick, Dresden und Leipzig erschließt das nördliche, östliche und südöstliche Umland dichter als die nach Westen und Südwesten gerichteten Fernstraßen nach Magdeburg-Spandau und Potsdam das Gebiet zwischen der Stadt und der Havel. Die Heideflächen nördlich der Spree sowie der Grunewald werden nicht für die dauerhafte Besiedlung durch Dörfer erschlossen, die sonst Berlin-Cölln in einiger Entfernung umziehen. Auf dem östlichen Ufer der Spree liegen überdies die in bürgerlichem Eigentum befindlichen Acker- und Weideflächen Berlins. Die Lage des Hofes der Askanier an der östlichen Peripherie von Berlin wird die Schwerpunktentwicklung in den Osten gestützt haben. Die Städte selber, Berlin wie auch Spandau, gliedern sich um die Mittelpunkte ihrer Kirchen oder sonstigen kirchlichen Anlagen oder in der Zuordnung zu den einzelnen Stadttoren in Stadtquartiere, mit denen sich wohl Unterschiede im sozialen Gefüge und damit eine funktionale Gliederung zu erkennen geben: die Kaufleute ordnen sich beispielsweise den jeweiligen, dem heiligen Nikolaus geweihten Kirchen zu.

Erst um die Wende vom 13. zum 14. Jahrhundert entsteht mit der Ansiedlung der Dominikaner in nördlicher Randlage von Cölln auf dem westlichen Ufer der Spree an dieser Stelle ein Brückenschlag von Berlin aus, der in seiner Bedeutung mit dem 15. Jahrhundert dann endgültig durch das Stadtschloß der Hohenzollern festgelegt wird. 1307 war auf der Langen Brücke ein erstes gemeinsames Rathaus der Städte Berlin-Cölln errichtet worden. Der Niederlassung der Hohenzollern folgte der Ausbau des in Cölln auf dem Mühlendamm ansässigen Amtes Mühlenhof, dessen Aufgabe es wurde, die Hofhaltung mit aus der Umgebung stammenden Naturalien zu sichern: 1486-1495 wird das Dorf Ahrensfelde erworben, 1506 nach Ankäufen bereits im 15. Jahrhundert das Dorf Schöneberg. Die Landesherrschaft beginnt sich, nachdem Bürgerschaft und Magistrat bereits seit dem frühen Mittelalter Eigentum in den Dörfern besessen hatte und Krämereidörfer auf der berlinischen Seite der Stadt enstanden waren, im Umland ihrer bald ständigen Residenz über den Erwerb von Grundeigentum festzusetzen und so ihre alten Stützpunkte, Spandau und Köpenick, zu ergänzen. Vom Schloß in Cölln aus beginnt sie sich in ihrer Grundstückspolitik nach Westen zu orientieren, eine Ausrichtung in den Osten war mit der Aufgabe des Hohen Hauses und des Alten Hofes der Askanier in der Klosterstraße unmöglich geworden.

Spätestens seit dem Beginn des 16. Jahrhunderts erwerben die Kurfürsten westlich ihres Schlosses nördlich und südlich der Spree gelegene Flächen mit dem Ziel, hier ein Jagdrevier, einen Tiergarten, anzulegen. Seit den vierziger Jahren besitzt der Landesherr dann auch ein Jagdschloß im Grunewald; nach der Mitte des 16. Jahrhunderts entsteht mit dem Neubau der Zitadelle in Spandau anstelle der alten Askanierburg die moderne Landesfestung als fortifikatorisches Gegenstück zum unbefestigten Berliner Stadtschloß, während Köpenick Jagdschloß wird. In die Entwicklungstendenz dieser Erwerbspolitik gehört schließlich auch die Anlage eines Vorwerkes am Unterbaum, mit dem Ende des 16. Jahrhunderts die Kurfürstinnen ausgestattet werden, eine weitere Meierei liegt an der Stelle des späteren Schlosses Monbijou. 1603 bringt der Kurfürst bereits das in der Berliner Gemarkung gelegene Vorwerk Wedding, das zuvor durch den Zusammenkauf bürgerlicher Ackerflächen entstanden war, an sich. Die Ausdehnung des kurfürstlichen Grundbesitzes in das westliche Umfeld drängt folgerichtig die sich seit dem 16. Jahrhundert ebenfalls abzeichnende, jedoch sehr bescheidene Vorstadtentwicklung vor das Berliner Oderberger Tor, ihre am weitesten westlich gelegenen Ansätze vollziehen sich entlang der Straße nach Leipzig, der Lindenstraße, im Norden entsteht die Spandauer Vorstadt.

Die Einführung der Reformation verstärkt den Einfluß der Landesherrschaft im ländlichen Umfeld, der von ihr eingezogene Grundbesitz der geistlichen Orden wird – wie zum Beispiel Tegel an der wichtigen Verbindungsstraße nach Oranienburg – an Hofbedienstete vergeben. Seit dem späten 15. Jahrhundert, verstärkt im 16. Jahrhundert, kommt es daneben in den mittelalterlichen Dörfern zur Gründung von adeligen Gütern, deren Mittelpunkte wie in Dahlem feste Häuser sind, sowie von bürgerlichen Vorwerken als Meiereien im unmittelbaren Vorfeld der Stadt; Güter des 16. Jahrhunderts entstehen in Steglitz, Wilmersdorf, Friedrichsfelde, Niederschönhausen oder Buch.

Diese mit dem 16. Jahrhundert eingeleiteten Entwicklungen setzen sich bis in die Zeit um 1700 fort und finden hier ihren Höhepunkt in der Umgestaltung des nördlichen, aber vor allem westlichen Umlandes als Residenzlandschaft durch die Gründung von Charlottenburg als Sommersitz der Kurfürstin und den Erwerb von Niederschönhausen als Sommersitz des Kurfürsten und deren Verbindung untereinander sowie zur Residenzstadt Berlin durch ein System von Alleen und Wasserwegen, das bis nach Spandau ausgedehnt wird. Eine großartige Ausbauplanung von Köpenick als Residenz des Kurprinzen wird nicht mehr ausgeführt; im Osten der Stadt bleibt Friedrichsfelde bedeutende Niederlassung des Hofadels.

Der Ausbau Berlins als kurfürstliche Residenz, seit der zweiten Hälfte des 17. Jahrhunderts mit Ballhaus und den Einrichtungen für ein stehendes Heer eingeleitet und dann unter Friedrich I. mit Schloß, Münzturm, Zeughaus, Gießhaus, Marstall, Jägerhof sowie Tiergarten mit dem Ziel der Königsmetropole bewußt betrieben, kann sich ebenso wie die Gründung der fürstlichen Privatstädte: dem Friedrichswerder, der Dorotheenstadt und der Friedrichstadt nur in den Westen zu beiden Seiten der 1647 angelegten Lindengalerie entwickeln. Mit der unter dem Großen Kurfürsten eingeleiteten Einwanderungspolitik, die im Edikt von Potsdam 1685 ihren offiziellen Gründungsakt findet, wird bis in das 18. Jahrhundert hinein eine Bewegung ausgelöst, die – nachdem die im Verlaufe des Dreißigjährigen Krieges wüst gewordenen Stellen in Stadt und Dorf neu vergeben worden waren – für den ländlichen Raum eine zweite Kolonisation nach der Besiedlung des Mittelalters bedeutet. Im Zuge des merkantilischen Wirtschaftssystems entstehen dorfähnliche Niederlassungen wie die Gewehrfabrik Auf dem Plan im Schutze der Spandauer Zitadelle oder die Kolonie Moabit; besonders im Amt Köpenick werden unter Friedrich II. planmäßig angelegte und bebaute Dörfer mit einer Kirche als Mittelpunkt gegründet, in denen ein landwirtschaftlicher Betrieb aber nur noch der Selbstversorgung dient, während die Bewohner überwiegend als Spinner und Weber den Berliner Manufakturen zuzuarbeiten haben. Selbst die Gründung der Stadt Charlottenburg, obgleich überhöht durch die Zuordnung zur Sommerresidenz des preußischen Königs, ist Folge dieser Bemühungen zur Kolonisierung des Berliner Umlandes, die wesentlich davon abhängig war, daß öffentliche Ländereien oder vom König eigens erworbene Flächen zur Verfügung standen. Das Invalidenhaus von 1740 oder die Handwerkerkolonie Neues Vogtland von 1752 sind verwandte Formen einer solchen Erschließung des Umlandes. Die Kolonisation mündet nach dem Siebenjährigen Krieg in der Niederlassung dann nur noch kleinerer Gruppen von Einwanderern mit deutlichem räumlichem Schwerpunkt im Norden Berlins zwischen Hamburger Tor und dem Gesundbrunnen; die hier ansässig gemachten Gemüse- und Obstbauern sollen die Stadt mit ihren Produkten versorgen. Seit der Frühzeit des 18. Jahrhunderts wird es auch obligatorisch, daß sich der Hofadel auf den Gütern der Umgebung ansässig macht, besonders prägnante Beispiele sind Adam Otto von Viereck auf Buch oder Ewald Graf Herzberg in Britz. Königin Elisabeth entwickelt Niederschönhausen als ihren Sommersitz, zu dem auch die Ansiedlung von Kolonisten gehört. Spandau und Köpenick entwickeln sich kaum.

Spätestens mit dem 18. Jahrhundert beginnt die Stadtarchitektur die ländlichen Bauformen abzulösen, sie beherrscht den Kirchenbau, die Bauten des Landadels sowie die bäuerlichen Bauten: Das im Gebiet teilweise heimische giebelständige Haus, das Wohnen und Viehhaltung unter einem Dach beherbergte, wird durch das von jetzt an traufenständige Wohnhaus abgelöst und die unregelmäßigen Baukörperstellungen auf den bäuerlichen Grundstücken durch regelmäßige Hofbildungen, bei denen das Wohnhaus am Dorfanger, die Scheune an der rückwärtigen Grundstücksgrenze und die Ställe auf der Grenze zum Nachbarn stehen, abgelöst.

Das 18. Jahrhundert greift schließlich auch mit der Einführung einer geregelten Forstwirtschaft unter Einteilung der Waldflächen in Jagen und der Einrichtung von Waldarbeiterstützpunkten zuerst im Grunewald, der Entwässerung von Ackerflächen wie in Marienfelde und nicht zuletzt durch die Einführung der Separation und neuer Formen der Landwirtschaft in die Landschaft ein. Nur langsam und gleichsam im Vorgriff auf den Ende des 18. Jahrhunderts erst einsetzenden Chausseebau werden rationellere, das heißt gerade Wegeverbindungen eingeführt, so der Königsweg zwischen Zehlendorf und Kohlhasenbrück nach Potsdam oder die gleichnamige Verbindung zwischen Charlottenburg und Potsdam durch den Grunewald bzw. die sogenannten Priesterwege zwischen einzelnen Dörfern.

In Berlin entstehen im 18. Jahrhundert, gebunden an den Verkehr auf der Spree und in Abhängigkeit einer Wasserversorgung, Standorte für Manufakturen, die sich zwar im Osten konzentrieren, aber bis in Höhe der Dorotheenstadt hinziehen. Die Unterbringung des Militärs führt nach dem Siebenjährigen Krieg an unterschiedlichen Stellen der Stadt zum Bau von Kasernen oft in der Nähe der Stadttore, um die in der Feldmark gelegenen Manöverflächen wie das Tempelhofer Feld zu erreichen; besonderen Rang besitzt das Exerzierfeld vor dem Brandenburger Tor, auf dem die jährlichen Königsrevuen Anfang Mai stattfinden. Die Artillerie benötigt für ihre Übungszwecke stadtfernere Gelände mit eigenen Erdwerken, so im Norden Berlins zwischen Reinickendorf und dem Gesundbrunnen am Schäfersee. Auch in der Festungsstadt Spandau werden solche Einrichtungen für das Militär benötigt.

Friedrich II. greift nicht nur städtebaulich umgestaltend mit der Anlage seines Forum Fridericianum und der Freilegung des Schloßplatzes in das Zentrum der Stadt ein, sondern fördert auch mit der Anlage des Hackischen Marktes vor dem alten Spandauer Tor neue räumliche Ordnungen innerhalb der bis dahin auf ihren alten Straßen- und Wegenetzen gewachsenen Vorstädte, die so erkennbar der alten Innenstadt einverleibt werden; die Stadtgrenze von 1734 wird durch ihn folglich durch neue Stadttore gekennzeichnet. Der Abbruch des alten Dominikanerklosters am Stadtschloß und die Anlage des Schloßplatzes durch Friedrich II. macht deutlich, daß eine durchgängige Ost-Westverbindung vom Alexanderplatz über Königsstraße und Schloßplatz unter Umgehung des Schlosses zum Hauptstraßenzug der westlichen Stadtteile Unter den Linden mit seinem stadträumlichen Schwerpunkt, dem Forum Fridericanum, hergestellt werden soll. Die Problematik der mangelhaften innerstädtischen Ost-Westverbindungen zwischen den Altstädten im Osten und den barocken Neustädten im Westen beginnt sich abzuzeichnen. Durch seine Immediatbauten vor allem Unter den Linden und an wichtigen Straßenkreuzungen der barocken Stadterweiterungen, nicht allein durch die Türme auf dem Gendarmenmarkt, prägt Friedrich nach seinem Gestaltungswillen das Bild der Stadt und unterbindet damit die Möglichkeiten der Selbstdarstellung seiner Bürger. Die Politik der unter Friedrich II. begonnenen Immediatbauten macht gleichzeitig deutlich, daß sich lediglich die Hauptresidenzstadt Berlin königlicher Förderung erfreute, während die Kleinstädte der Umgebung: Charlottenburg, Köpenick und Spandau ihrem Schicksal überlassen bleiben.

Zunehmend mit dem letzten Viertel des Jahrhunderts beginnt der Stadtbürger den Reiz einer malerischen Naturlandschaft zu entdecken: Es setzt ein Ausflugsverkehr in den Norden bis an den Tegeler See über den Gesundbrunnen ein, die alten Krüge werden Ausflugsgaststätten. Die Attraktivität des seit 1740 als Park gestalteten Tiergartens und die Anziehung von Charlottenburg als Ausflugs- und Vergnügungsort lenken die Bürger Berlins auch in den Westen. Das vermögende Bürgertum siedelt sich auf dem Lande an und erwirbt Grundbesitz in den Dörfern wie in Lichtenberg im Osten und Charlottenburg im Westen der Stadt und bebaut seit etwa 1790 die Parzellen entlang der Tiergartenstraße. Einzelne großbürgerliche Landsitze entstehen im Osten wie im Westen der Stadt, in Schöneich wie in Wilmersdorf. Prinz Ferdinand, der Friedrichsfelde aufgibt, schließt mit dem Bau von Schloß Bellevue an der Spree eine Entwicklung ab, die entlang der Spree seit dem frühen Jahrhundert mit der Anlage von Monbijou, der Villa Kamecke, dem Landhaus der Daumes in Lietzenburg oder dem Grundstück der Schmettaus am Schloß Charlottenburg bereits im frühen 18. Jahrhundert eingeleitet worden war.

Die Stadt hatte mit ihrer Weichbildgrenze von 1734 eine räumliche Ausdehnung erhalten, die ihrer eigenen Entwicklung bis in die erste Hälfte des 19. Jahrhunderts Raum bot.

Mit der Gründung der Königlichen Eisengießerei 1804 an der Panke werden für die sich im 19. Jahrhundert entwickelnde Eisengießerei- und Maschinenbauindustrie gleichsam Standort und Zielrichtung der bald einsetzenden stürmischen Entwicklung entlang der Chausseestraße in den Berliner Norden wie nach Moabit in den Westen festgelegt, um 1840 wird mit dem Egellschen Eisenhammer am Tegeler See bereits ihre fast nördlichste Ausdehnung markiert. Die Einführung der Gewerbefreiheit 1810 hatte Kleinbetriebe entlang der Müllerstraße, vor allem Windmühlen, und im Verlauf der Panke entstehen lassen. Bebaut wird in der Innenstadt, der Entwicklung in den Norden folgend, die Friedrich-Wilhelm-Stadt zwischen Spree und Invalidenstraße, die mit dem Neuen Tor Schinkels und dessen Vorplatz an der Invalidenstraße die Eisengießerei städtebaulich von Süden her erschließt. Schinkel greift auch mit dem Durchbruch der Französischen Straße zum Schloßplatz in die gewachsene Struktur ein. Mit dem Bau des Alten Museums entsteht eine erste großbürgerliche Bildungseinrichtung neben dem Schloß.

Die zwanziger Jahre, durch den von Schinkel betriebenen inneren Stadtumbau charakterisiert, beginnen für die Außenbezirke jetzt in der Planungshoheit des Polizeipräsidenten mehrfach mit Ansätzen zur großflächigen Bebauungsplanung und ersten Planungen zur Bebauung des Köpenicker Feldes. Der Wedding und Moabit werden, dem steigenden Bedarf nach preiswerten Grundstücken folgend, parzelliert. Der eigentliche Ausbruch der schließlich explosionsartig wachsenden Stadt aus der Weichbildgrenze von 1734 und bald auch der von 1846 geschieht mit den vierziger Jahren; der Plan der Schmuck- und Grenzzüge von Peter Joseph Lenné aus dem Jahre 1840 beendet gleichsam die Gestaltung einer königlichen Residenzstadt, deren eigentliche Entwicklung bereits über diese Schmuck- und Grenzzüge hinaus in den Norden ausgegriffen hatte – die Entwicklung in den Süden wurde durch die Übungsfelder vor Tempelhof versperrt – und zunehmend von den modernen Verkehrswegen wie dem Chaussee-, Eisenbahn- und Kanalbau sowie der Notwendigkeit zur Versorgung der ständig wachsenden Bevölkerung und der expandierenden Industrie bestimmt werden wird. In der Revolution von 1848 öffnet sich der Zwiespalt zwischen der romantischen Staatsauffassung des Königs und der rauhen Wirklichkeit einer modernen Industriegesellschaft. Der König wird nach der Revolution als Bauherr mitsamt seinen Versuchen, durch kirchliche Einrichtungen den sozialen Mißständen der Großstadt zu begegnen, durch die Bautätigkeit des Magistrats und von Aktiengesellschaften abgelöst. Die von Friedrich Wilhelm IV. vor 1848 eingeleitete Krönung der Stadtmitte durch Umgestaltung des Stadtschlosses, Bau eines Domes der protestantischen Christenheit und die Anlage der Museumsinsel als bürgerlicher Bildungsstätte scheitert in seiner Regierungszeit sogar teilweise. Die von Lenné seit den vierziger Jahren geplante große Stadterweiterung außerhalb der Schmuck- und Grenzzüge wird erst zu Beginn der Neuen Ära des Prinzregenten Wilhelm, mit der die Romantik Friedrich Wilhelms IV. beendet wird, mit dem 1858 in Auftrag gegebenen Bebauungsplan für die Umgebungen von Berlin und Charlottenburg durch James Hobrecht tatkräftig umgesetzt. In den kleinen südwestlichen Vorstädten zwischen Potsdamer und Halleschem Tor hatte sie sich seit den vierziger Jahren in nur kleinem Maßstab vollzogen. Seit den fünfziger Jahren beginnt jetzt auch folgerichtig das Vorhalten von Infrastruktureinrichtungen zur Versorgung der Großstadtbevölkerung: Bau von Krankenhäusern, von Waschanstalten für die körperliche Hygiene und von Feuerwachen, von Wasserwerken, neuen Gasanstalten in städtischer Regie; das Gersonsche Kaufhaus am Werderschen Markt von 1848–1849 führt zum ersten Mal einen neuen Gebäudetypus ein. Das Militär bildet knapp außerhalb der Stadt mit seinen aber in räumlicher Zuordnung zu den Toren gelegenen Kasernements großflächige neue Standorte aus, die noch von keinen sonstigen Bebauungen eingeschränkt werden. Aus einer ähnlichen räumlichen Zuordnung entwickeln sich die Standorte der Wasserwerke, Gaswerke oder Gefängnisse. Die Wohnhausbauten bewahren weiterhin ihre traditionell typenmäßige Vielfalt. Mit den vierziger Jahren entsteht der Miethausbau »auf Spekulation«.

Die räumliche Ausdehnung der Stadt schiebt im Verlauf des Jahrhunderts in das ländliche Umfeld mehrgeschossige Mietwohnhäuser für Arbeiter, zum Teil in Fachwerk errichtet, wie auch drei- bis viergeschossige massive Vorstadtwohnhäuser ohne Seitenflügel, ehe sich dann seit den achtziger Jahren in den Außenbezirken auch die sogenannte Mietskaserne zunächst nur innerhalb der Ringbahn durchzusetzen beginnt. Andererseits dehnen sich mit den vierziger Jahren auch die Dörfer aus; es entstehen vor den Dörfern kleine Niederlassungen für Bauernsöhne, die den Vertrieb der bäuerlichen Produkte in die Stadt übernehmen, von Büdnern oder Handwerkern, vereinzelt kommt es zur Bildung von Bauerngütern. Die Verlagerung von Industriestandorten um die Jahrhundertmitte von Berlin aus an die Peripherie nach Moabit oder der Rüstungsindustrie nach Spandau zieht die Errichtung von Arbeiterwohnungen am neuen Standort nach sich. Seit den siebziger Jahren entwickelt sich der Werkswohnungsbau und machen sich wenig später Bemühungen um den Reformwohnungsbau geltend, Anfang des neuen Jahrhunderts folgt konsequenterweise die Gartenstadtbewegung. Mit den 1860er Jahren wird die Villa zum beherrschenden Bautyp der Kolonien vor allem im Westen und Südwesten der Stadt.

Seit 1860 brechen neue Standorte wie die Börse oder Standorterweiterungen wie für das Rathaus, für die ganze Baublocks in Anspruch genommen werden müssen, in das Gefüge der Altstadt ein: Dem Rathausbau fällt der mittelalterliche Vorgängerbau mitsamt seiner barocken Erweiterung zum Opfer. Um 1870 setzt aus Gründen einer besseren Verkehrsführung die Auslagerung von Standorten mit mittelalterlicher Tradition wie das Gertraudenstift am Spittelmarkt in Randlagen ein, entwickeln sich Vorstellungen von Straßendurchbrüchen durch die Altstadt: Die Kaiser-Wilhelm-Straße, der Abbruch des Mühlendammes, der Durchbruch der Seydelstraße in Verlängerung der Stallschreiberstraße zum Spittelmarkt und bilden sich in ihrem Gefüge Monostrukturen aus: Durch den Bau neuer Institute entsteht die Universitätsstadt, die Behrensstraße wird überwiegend Bankenviertel, der Hausvogteiplatz wandelt sich zum Standort der Berliner Konfektion, der Geschäftshausbau verändert schließlich das gesamte Erscheinungsbild der Innenstadt zwischen Alexanderplatz und Potsdamer Platz.

Mit der Umstrukturierung der Innenstadt geht die Expansion von Wohnsiedlungen, den Villenkolonien, im Westen und Südwesten Berlins einher; sie greift bereits seit der Mitte der sechziger Jahre mit der Initiative Conrads bis zum Wannsee in den Südwesten und mit der Kolonie Westend über Charlottenburg westlich in den Grunewald aus. Einzelne schloßähnliche Landhausbebauungen erreichen die östliche Gemarkungsgrenze von Spandau. Eisenbahn und Straßenbahn ermöglichen die Überwindung der großen Entfernungen. Die Grundstückspekulation, die den vermögenden, aber auch mittelständischen Käufer anspricht, weitet das staatliche Planungsgebiet des noch bis 1919 gültigen Hobrechtplanes um ein Vielfaches aus. Die Gebiete des Hobrechtplans werden zum guten Teil erst mit dem Betrieb von Ringbahn und Stadtbahn seit den frühen achtziger Jahren endgültig bebaut, die Abhängigkeit der Großstadt vom Massenverkehrsmittel Eisenbahn und Straßenbahn wird augenscheinlich.

Der Verdrängungsprozeß der wachsenden Großstadt schiebt in den Norden, in die Reinickendorfer Feldmark eine arme Bevölkerung vor sich her. Seit 1870 entstehen in nördlicher Randlage bei Reinickendorf und südöstlich vor der Stadt zwischen Rixdorf und Britz auf der Grundlage von Genossenschaftsbildungen Ansiedlungen kleiner Gewerbebetriebe, die nur hier existieren können; der jetzt in der Stadt entstehende mehrgeschossige Gewerbebau ist für sie nicht tauglich oder erschwinglich. Die nun schon weitere Randlage zur Stadt müssen, zum Teil in Abhängigkeit von der Ringbahn, auch die flächenintensiven oder sozial unattraktiven Standorte suchen wie die zahlreichen Kirchhöfe, die Vieh- und Schlachthöfe, die Irrenanstalten, Siechen- und Obdachloseneinrichtungen, die im Osten und Norden ansässig werden. Nach dem ersten Ring neuer Standorte vor den Toren der Stadt, wie er um die Mitte des 19. Jahrhunderts unter anderem mit den Kasernen und dem Justizstandort in Moabit entstanden war, ergibt sich jetzt eine zweite Randverschiebung von Standorten noch weiter an die Peripherie, der in den neunziger Jahren dann auch entlang der Nabelschnur zum Teil neuer Eisenbahnlinien wie der Kremmener Bahn die Industrie folgen wird, die weit über den Flächenbedarf ihrer ersten Randwanderung seit den vierziger Jahren vor allem nach Moabit hinaus eindrucksvolle Standorte und Standortbereiche entwickelt.

Im dichter bebauten Stadtgebiet greift die Justiz um die Jahrhundertwende mit ihren Palästen für die Amts-, Landes- und Staatsgerichte beherrschend ein, der Bau neuer Ministerien hält sich demgegenüber immer noch sehr zurück; trotzdem weitet sich das Regierungsviertel mit Ministerien und Reichsbehörden nach der Jahrhundertwende über Wilhelmsstraße, Potsdamer Platz und Leipziger Straße hinaus in die Umgebung aus. Für eine Verlagerung an den Stadtrand nicht geeignet sind Bildungseinrichtungen, die nach Westen in eine Zone zwischen die Städte Berlin und Charlottenburg und nur in geringem Umfang nach Norden an die Weddinger Seestraße wandern. Größte Standortexpansion wissenschaftlicher Einrichtungen in die Außenbezirke sollte die Einrichtung eines deutschen Oxford sowie die weitere Unterbringung wissenschaftlicher Institute und Reichsämter auf der Dahlemer Feldmark werden. In Abhängigkeit von Wohngebieten entstehen seit den neunziger Jahren als neue oder verbesserte Einrichtungen Volksbäder und Markthallen.

Seit der Jahrhundertwende wird die Einsicht in die Unhaltbarkeit der Wohnungsverhältnisse unterer Einkommensschichten in der Innenstadt wie in den Mietskasernenquartieren immer unabweisbarer, der Gedanke der Sanierung greift Platz. Die Notwendigkeit einer planerisch funktionsgerecht entwickelten Weltstadt und der Ehrgeiz einer städtebaulichen Spitzenposition in Europa führen zum Wettbewerb von 1910–1911. Zu diesem Zeitpunkt hat die radikale Stadterweiterung längst das Gedankenmodell der Ringstraßenerweiterung abgelöst, ihre Hauptzeugnisse, der Kurfürstendamm und der Kaiserdamm, liegen im Westen.

Die seit der Mitte des Jahrhunderts mit Trassen und Einrichtungen festgelegten Eisenbahnen, mit ihren Personen- und Güterbahnhöfen sowie ihren Wartungs- und Reparaturanlagen erreichen bereits um und nach der Reichsgründung ihre flächenintensivste Ausbildung mit einer den Stadtorganismus zum Teil sprengenden Wirkung. Um 1900 wird das Gleisdreieck zum Ausdruck moderner Stadtverkehrstechnik, der Kreuzungspunkt von fünf Verkehrsebenen übereinander und nebeneinander zwischen Personen- und Güterbahnhof der Anhaltischen Bahn am Landwehrkanal fast zum Synonym für Großstadt. Als neues Massenverkehrsmittel kommt die Untergrundbahn hinzu, neue Energiequelle wird der elektrische Strom, der aufgrund der Kohleversorgung und seiner Leitungsführung mit seinen Erzeuger- und Verteilerwerken auf innenstadtnahe Standorte und mit den Kraftwerken wie Charlottenburg, Moabit und Oberspree entlang von Wasserstraßen angewiesen ist. Der Kanalbau, der nach den Leistungen der 2. Hälfte des 17. Jahrhunderts erneut in den vierziger Jahren des 19. Jahrhunderts das Stadtgebiet durch Landwehrkanal, Luisenstädtischen Kanal und den Verbindungskanal nach Spandau mit geprägt hatte – wenn auch die innerstädtischen Kanäle trotz Verbesserung der Querschnitte bald ihre Funktion verlieren – findet mit dem technischen Ausbau der Spree als Kanal und seinen Auswirkungen auf den Brücken- und Schleusenbau gegen die Jahrhundertwende ihren Höhepunkt.

In ihrer inneren Randlage zur Innenstadt, zum Teil auf Entwicklungen seit den zwanziger Jahren fußend, behaupten sich nur die großen Vergnügungsstätten auf dem und um den Kreuzberg, in der Hasenheide, auf dem Gesundbrunnen und in Stralau, nicht ohne wie am Kreuzberg von Wohnbebauung eingeschlossen oder in Teilen verdrängt zu werden.

Die seit 1890 erneut aufgeworfene Frage nach Erweiterungen des Berliner Stadtgebietes, die schließlich an der ablehnenden Haltung des Berliner Magistrats scheitern und zur Bildung eigenständiger neuer Stadtgemeinden zusätzlich zu den alten Städten Köpenick, Spandau und Charlottenburg führen wird, bringt im letzten Viertel des Jahrhunderts keine neuen Strukturierungen in die Umgebungen Berlins, weil die jungen Städte sich entweder aus ihren alten Dorflagen heraus entwickeln wie beispielsweise zunächst Schöneberg oder sich, wenn sie wie Rixdorf verlassen wird, dem vorhandenen Straßen- und Wegenetz einordnen. Die mit dem preußischen Fluchtliniengesetz von 1875 vorgeschriebene Bebauungsplanung regelt die Straßenführung von Wohnerweiterungsgebieten und wird nicht zum Planen neuer Stadtzentren eingesetzt. Erst mit dem Beginn unseres Jahrhunderts kommt es zu Ansätzen eigener, künstlerisch und funktional gestalteter Stadtmitten in Schöneberg um das neue Rathaus und Wilmersdorf oder der Landgemeinde Reinickendorf, die in ihrer Entwicklung durch den 1. Weltkrieg unterbrochen und durch die Eingemeindung von 1920 überholt werden. Die Städte der Umgebung, aber auch Landgemeinden wie Steglitz, legen sich neben dem beschleunigt betriebenen Bau von Schulen ein eigenes Netz von Infrastruktureinrichtungen zu, das vom Rathausbau über Krankenhausbau bis zur Energie-, Frisch- und Abwasserversorgung reicht, Stadtbäder umfaßt sowie eigene Theater zum Ziel hat. Staatliche Standorte bilden die Gerichte und die Postämter; gelegentlich kommt es auch zur Ansiedlung von Kaufhäusern. Der Wohnungsbau wird immer noch spekulativ betrieben.

Die Eingemeindungen 1920 erfordern eine Gliederung des neuen Stadtgebietes nach Bezirken, in denen die ehemals selbständigen Städte aufgehen. Neue Bezirksmittelpunkte als städtebaulich erlebbare Zentren werden nicht angestrebt, nur noch die vorhandenen Einrichtungen der ehemals städtischen Infrastruktur ergänzt.

Umstrukturiert werden sollen unter Eingriff in ihre historische Substanz die zentralen innerstädtischen Plätze, um sie für die Bewältigung des Verkehrs und als Handelsplätze herzurichten: der Alexanderplatz, der Herrmannplatz, der Potsdamer Platz. Neue Leistung der zwanziger Jahre wird die Anlage von Wohnsiedlungen auf den Flächen der alten Stadtgüter und die Verbesserung der Elektrizitätsversorgung; der Automobilverkehr, der vor dem 1. Weltkrieg eingesetzt hatte, macht sich mit Tankstellen, Reparaturwerkstätten und Garagenanlagen, auch mehrgeschossigen Parkhäusern und mit den dem Verkehrsaufkommen angepaßten Straßenausbauten bemerkbar; auf dem Leipziger Platz steht die erste Verkehrsampel. Die Stadt wird in den dreißiger Jahren dann an das Netz der Autobahn angebunden werden, in Verlängerung der Avus wird das erste Kreuzungsbauwerk in Kleeblattform angelegt. Der Flugverkehr, ebenfalls vor dem 1. Weltkrieg begründet, zieht von den älteren Flughäfen in Randlage zur Stadt in die Stadtmitte auf das Tempelhofer Feld. Mit der Einführung des Luftverkehrs hat die Stadt nahezu alle Funktionseinrichtungen für ihre Versorgung erhalten. Der Sport entwickelt sich jetzt als Volksbewegung mit seinen Einrichtungen weiter, zusätzlich zu dem kaiserzeitlichen Olympiastadion werden in den zwanziger Jahren Sportanlagen für unterschiedliche Sportarten begründet. Grundform oder beherrschender Mittelpunkt wird das Stadion für Mannschaftssportarten und Leichtathletik.

Nach dem 2. Weltkrieg wird der Wiederaufbau der kriegszerstörten Stadtflächen unter wechselnden, auch politisch beeinflußten Vorstellungen betrieben. Der politische Gegensatz zwischen Ost und West mündet auf der einen Seite in der Forderung nach einem nationalen, die Werte der Tradition berücksichtigenden und auf der anderen Seite nach einem dem künstlerisch freien Gewissen folgenden sowie dem internationalen Standard entsprechenden Bauen.

Die Stadtautobahn oder die autobahnähnlich ausgebaute Stadtstraße werden in der ganzen Stadt eingeführt – Verkehrskreisel und Verkehrskanzel, von denen aus der Verkehr geregelt werden soll, sind neue Möglichkeiten der Bewältigung des Individualverkehrs – und es werden spezifizierte Einrichtungen für Entsorgung und Umweltverbesserung wie Müllverbrennung oder Entphosphatung hinzukommen.

Die politische Sonderstellung nach dem verlorenen Krieg läßt eine Expansion der westlichen Stadtgebiete nicht mehr zu, die Stadt wird nur noch funktional neu geordnet und in ihren wenigen unbebauten oder unterbebauten Flächen geschlossen, der Baunutzungsplan leitet mit seinen Festsetzungen über höhere Ausnutzungen in Gebieten mit offener Bebauung eine Strukturveränderung durch Abriß alter Bausubstanz und verdichtete Neubebauung ein.

Aufgrund der Teilung der Stadt entsteht in Charlottenburg, auf älteren, zum Teil noch kaiserzeitlichen Entwicklungen fußend, um 1955 und in den nachfolgenden Jahren eine neue City für die westlichen Bezirke der Stadt, und es werden die Subzentren wie die Steglitzer Schloßstraße oder die Wilmersdorfer Straße entwickelt und die Grünflächenversorgung verbessert. Zur Großsiedlung der sechziger und siebziger Jahre wird parallel die Kahlschlagsanierung betrieben, bis sie in Instandsetzung und Modernisierung übergeführt wird.

Die sechziger und siebziger Jahre eröffnen darüber hinaus durch neue Vorstellungen über Maßstäblichkeiten neue städtebauliche Dimensionen: Großbauten, Hochhäuser und Autobahnüberbauungen, die nach der Wirkung erster Modellbeispiele durch die öffentliche Meinung schnell überwunden werden.

II. Bauliche Strukturmerkmale, das Erscheinungsbild

Die mehrhundertjährige Entwicklung Berlins hat keine homogene, in sich geschlossene Stadt mit einem einheitlichen Erscheinungsbild hinterlassen. In ihrer Flächenausdehnung haben sich durch die natürlichen Hindernisse vor allem der Flüsse und Kanäle, aber auch großer Frei(Wald-)flächen, dann durch undurchdringbare stadträumliche Barrieren wie Eisenbahnlinien, Stadtautobahnen, Flughäfen sowie im Aneinandertreffen von Gebieten unterschiedlicher Bau- und Nutzungsstrukturen, nicht zuletzt durch städtebaulich in ihrem Stadtgrundriß sich gegenüber ihren Umgebungen deutlich absetzenden Kolonien für die Wohngebiete der Stadt Kieze oder Quartiere ergeben bzw. sind durch die Zusammenballung von Standorten gleicher Zweckbestimmung, vor allem für die Industrie, großflächige Monostrukturen entstanden. Schon allein der schiere Flächenumfang der Großstadt läßt eine Erlebnisfähigkeit des ganzen Stadtkörpers im Sinne der romantischen Kleinstadtbetrachtung nicht zu, seine »Schönheit« ergibt sich hier nur bei einer Gesamtbetrachtung aus der Schlüssigkeit seiner geschichtlichen Entwicklung. Die sinnliche Erfahrbarkeit und visuelle Vorstellbarkeit orientiert sich dagegen an der räumlich überschaubaren Größe eines Kiezes oder eines Quartieres: der Kiez Chamissoplatz, eingefaßt von Friedhöfen, Flughafen und Mehringdamm, oder SO 36 zwischen Spree, Grenze, Görlitzer Bahnhof und Hochbahn, die Siemensstadt, die Kolonien, Frohnau oder Nikolassee wie der Schloßbezirk Glienicke in der Prägnanz geschichtlicher Entwicklung und sozialer Wirklichkeit lösen schon mit ihrer Benennung Assoziationen an Gestalt, Erscheinungsbild und Erlebniswert oder Bedeutung aus. Gerade wegen des Abstraktheitsgrades in der Vorstellung der gesamten Großstadt Berlin und wegen der nationalen Bedeutung haben einzelne Bauwerke und die historische Innenstadt Wahrzeichenbedeutung angenommen, so vor allem das Zentrum mit Schloß, Dom, Museumsinsel sowie die Staatsbauten, Brandenburger Tor und Reichstag, die über Kriegszerstörung und politische Teilung in ihrer Wirkung sich nur noch überhöhen.

Das Erfassen und Erfahren Berlins bewegt sich so zwischen Ahnung seiner Wahrzeichen als Ausdruck der nationalen historischen Bedeutung und der Einsicht in das Schicksal seiner geschichtlichen Entwicklung, denn der Betrachtung der Gesamtstadt, in der sich das Begreifen der Schlüssigkeit ihrer Entwicklung auch mit ihren Widersprüchen und Brüchen und damit eine Art Endellscher »Gedankenschönheit« einstellt, sowie dem tatsächlich visuellen Erlebnis seiner Teile. »Die Stadt als Landschaft«, so August Endell – »Berlin ist viele Städte«, so Werner Düttmann: Der Kiez ist die eigentliche Heimat.

Die Landschaft dieser Kieze und Quartiere wäre nicht nur zu beschreiben, sondern in ihren räumlichen und geschichtlichen Bezügen in sich und zueinander zu charakterisieren und eben in ihren Eigentümlichkeiten und damit Schönheiten zu kennzeichnen: die Besonderheiten eines Riemers Hofgarten als Mittelpunkt seines Kiezes gegen die Merkmale des Chamissoplatzes abzuwägen, den Gesundbrunnen in seinen geschichtlichen und gestaltlichen Eigenarten vom Wedding und diesen dann von Moabit zu unterscheiden, die Altstädte von Spandau und Charlottenburg in ihren geschichtlich verschiedenartigen und darum gestalterisch jeweils anderen Merkmalen zu begreifen, die Siemensstadt vom Tegeler Industrierevier zu unterscheiden lernen, die ehemalige Stadt Neukölln mit der benachbarten ehemaligen Stadt Schöneberg zu vergleichen und die jeweiligen Individualitäten festzustellen oder den Fortschritt der Zeit zwischen der Hufeisensiedlung in Britz und der Reichsforschungssiedlung Haselhorst zu begreifen. Das Spannungsgefüge zwischen den Teilen der 1920 vereinigten und 1961 physisch geteilten Stadt läßt dann aber auch bei der Betrachtung der Zitadelle Spandau den Verlust des Berliner Stadtschlosses erkennen, die Aufschlüsselung der geschichtlichen Bedeutung von Spandau im Mittelalter die nicht mehr selbstverständliche Erreichbarkeit von Köpenick bedrückend empfinden, das die Stadt übergreifende Netz der großen historischen Alleen und Straßen als durch die Grenze zerschnitten zu registrieren; selbst der große Spannungsbogen zwischen dem proletarischen Osten der Stadt und dem bürgerlichen Westen als Folge eines langen Entwicklungsprozesses ist nicht mehr ganz begreifbar, weil die Mauer nicht nur räumlich trennt, sondern im Laufe der Zeit neue Bewußtseinsanlagen schafft. Zur Demonstration des liberalen jüdischen Bürgertums im Westen bedarf es auch der Ergänzung durch die Synagoge in der Oranienstraße auf der einen und am Alexanderplatz des Scheunenviertels auf der anderen Seite. Rosa Luxemburg und Karl Liebknecht sind im Westen zu Tode gekommen und im Osten begraben.

Gerade die Betrachtung der Geschichtslandschaft einer Großstadt des 20. Jahrhunderts, aus vielen ehemals selbständigen Einheiten zusammengefügt, macht deutlich, daß die abstrakte und hierarchische Werteordnung von Baugattungen, wie sie noch weit über das 19. Jahrhundert in ihrer Rangfolge vom sakralen zum profanen Bauwerk und innerhalb dieser Gruppen noch einmal wertig gestuft gültig war, nicht anwendbar ist. Diese veraltete Betrachtungsweise zugrunde gelegt, würden weder räumliche Bezüge noch eigenständige Entwicklungen betrachtet und die Bauwerke damit als deren Ergebnis erklärt werden können; Ausnahmen bilden wohl nur Staatsbauten mit Wahrzeichencharakter. Den Bezugsrahmen für geschichtliche Repräsentanz in der Stadtgestalt bilden die durch die räumlichen Gliederungen entstandenen Kieze und Quartiere, Gemeinden, Bezirke oder Kolonien und selbstverständlich auch der Stadtkern oder die Stadtkerne, die neben Berlin auch in den mittelalterlichen Städten Spandau und Köpenick und in der barocken Residenz Charlottenburg greifbar sind.

Gleiches gilt für eine Betrachtung der Stadtgestalt nach rein qualitativen Gesichtspunkten, nach Wertmaßstäben ausschließlich künstlerischer Gestaltung; auch Zeugnisse der Volkskunst, die es in Gestalt der Maurermeisterarchitektur auch und gerade in einer Großstadt gibt, haben Anspruch auf Beachtung ebenso wie die berühmten Bauten zur Unterbringung sozial schwacher Bewohner der Stadt.

Bezugsrahmen für Auswahl und Darstellung der historischen Baudokumente sind Beschaffenheit und Zustand der räumlichen Einheiten, die betrachtet werden sollen – der Kiez als Bezugsrahmen bestimmt das Einzelobjekt, dessen Maßstab die Fähigkeit des Denkmals als Geschichtszeugnis, seine Tauglichkeit als Dokument in der Einbettung in seine Umgebung ist. Damit gibt es keine Stellvertreterverweise innerhalb von Gattungen, keine Versuche, Zerstörungen durch das Vorhandensein gleicher oder ähnlicher Vorkommen an anderer Stelle zu legitimieren. Das alte Krankenhaus des Landkreises Teltow Unter den Eichen könnte nicht abgebrochen werden, weil in Britz eine ähnliche Anlage steht, das Herrenhaus Steglitz ließe sich nicht in Frage stellen, weil Schloß Tegel etwa in Gestaltung oder Bedeutung besser wäre, die Mietkaserne ist an dem Platz, an dem sie steht, zu bewerten, und nicht von vorneherein – »es gibt ja so viele« – gegen andere, die dann vermeintlich immer besser sind, aufzurechnen. Und so haben die bescheidenen Häuser der Kolonisten oder der frühe Fabrikarbeiterwohnungsbau gleiche Bedeutung wie der Regierungspalast. Schloß Charlottenburg ist nur zu würdigen, wenn man die Häuser der Stadt: Beispiel Schustehrusstraße 13, kontrapunktisch dagegensetzen kann.

Es schließt sich auch das Ausblenden ganzer, inzwischen abgeschlossener Epochen aus, die Dokumente der Jahre zwischen 1933 und 1945 dürfen nicht abgebrochen werden, weil diese Zeit in ihrer verbrecherischen Überheblichkeit die Menschlichkeit verhöhnt und das Deutsche Reich vernichtet hat; sie sind gerade als Menetekel und damit in ihrem strengsten Dokumentencharakter zu bewahren. Die fünfziger Jahre dürfen nicht weggeworfen werden, weil sie sich noch nicht in der breiten Auffassung als denkmalwürdig durchsetzen konnten. Geschichte beginnt mit dem gestrigen Tage, sicher mit der letzten abgeschlossenen Kulturepoche.

Abb. 1: Dorfkirche Marienfelde (Tempelhof)

Günther Kühne

Dörfer im Land Berlin

I. Einstimmung

»Wat denn, wat denn: Berlin is doch keen Dorf!« So reagieren bei passender Gelegenheit die selbstbewußten Bewohner der ehemaligen Reichshauptstadt auf Unterstellungen unterschiedlichster Art. Sie taten dies schon, als das lange Zeit gängige, wenn auch unzutreffende Wort »Vom Fischerdorf zur Reichshauptstadt« als Beweis für die - wirkliche oder eingebildete - Tüchtigkeit dieser verwegenenen Rasse gelten sollte. »Berlin ist viele Städte« hat Werner Düttmann, früherer Senatsbaudirektor, gern gesagt. Damit meinte er die bunte Vielfalt der Menschen, des Lebens, der polyzentrisch zusammengewachsenen Gemeinwesen; vor allem aber die Vielfalt der Strukturelemente, die zu dieser »Stadt« geführt haben und auch die Vielfalt der baulichen Ansätze zu einem großen Wurf - die aber dennoch nichts als Fragmente hinterlassen haben. Doch alle diese Ansätze, die von der Experimentierfreude und dem Hang zum Wagnis Zeugnis ablegen, üben auch auf Fremde eine faszinierende Anziehungskraft aus. In Berlin findet alles seinen Platz: der Ort für großstädtische Aktivitäten, aber auch die Stille des mittelmärkischen Dorfes, das erst in den letzten Jahrzehnten den Anschluß an die Gesamtstadt gefunden hat.

Berlin ist kein Dorf, Berlin hat Dörfer. Eine nicht geringe Zahl: Nachdem der Preußische Landtag am 27. April 1920 das Groß-Berlingesetz verabschiedete, wurden mit seinem Inkrafttreten am 1. Oktober desselben Jahres 8 Städte, 59 Landgemeinden (Dörfer) und 27 Gutsbezirke zur Einheitsgemeinde Groß-Berlin zusammengeschlossen, die sich in 20 Verwaltungsbezirke gliederte. Das waren mehr Dörfer, als sie mancher Landkreis besaß.

Groß-Berlin hat indes nicht viel länger als ein Vierteljahrhundert bestanden: spätestens 1948, mit der Einführung getrennter Währungsreformen und der sich anschließenden Blockade der westlichen Besatzungssektoren wurde die Teilung perfekt. Die zwölf in den westlichen Sektoren liegenden Verwaltungsbezirke entwickelten sich zum »Land Berlin«, während die acht Verwaltungsbezirke Ost-Berlin bald zur »Hauptstadt der DDR« avancierten.

Wenn nun im folgenden nur auf West-Berliner Gebiet liegende Dörfer betrachtet werden, so mag diese Einschränkung im Hinblick auf den sich seit sieben oder acht Jahrhunderten abspielenden Siedlungsvorgang in der Mittelmark willkürlich erscheinen. Doch ebenso willkürlich wäre eine Beschränkung auf das Groß-Berliner Gebiet von 1920, denn die im 20. Jahrhundert gezogenen Grenzen haben mit denen der achthundertjährigen Siedlungsgeschichte wenig oder nichts zu tun. Doch sind alle für die damalige Ansiedlungsperiode typischen Erscheinungen auch auf West-Berliner Gebiet anzutreffen. So kann das hier vermittelte Bild Gültigkeit für die Region beanspruchen, zumal das Gebiet sowohl Teile des Barnims (nördlich der Spree), des Teltows (südlich der Spree) und des Osthavellandes umfaßt - Landschaften, die die eigentliche Mittelmark bilden.

II. Grundlagen

Vorgeschichtliche Funde lassen auf eine alte Besiedlung schließen - vor 2000 Jahren lassen sich germanische Semnonen nachweisen. Die deutsche Besiedlung dieses Raumes, sieht man von einer Episode im 10. Jahrhundert ab, begann gegen Ende des 12. Jahrhunderts und setzte sich im 13. Jahrhundert kräftig fort. Das vorgefundene Land war indes nicht siedlungsleer, sondern war von westslawischen Völkerschaften oder Stämmen bewohnt, den Hevellern (mit dem Hauptort Spandau) im Westen und den Sprewanen (mit dem Hauptort Köpenick) im Osten. Zwischen ihnen zog sich von Norden nach Süden ein mit Laubmischwald bestandenes Gebiet, das ihre Wohnbereiche trennte. An dessen Stelle wurde dann - Anfang des 13. Jahrhunderts - die Doppelstadt Berlin/Cölln gegründet. In dem heutigen Stadtkern ist um die Nikolaikirche - nach den Forschungen Seyers -

eine slawische Besiedlung aus dem 12. Jahrhundert nicht nachzuweisen. Die deutschen Siedler bevorzugten die sandigen Hochflächen des Teltows und des Barnims, während die slawischen Siedlungen meist am Wasser lagen. Der Fischfang spielte bei ihnen eine größere Rolle als der Ackerbau. Das Nebeneinander deutscher und slawischer Funde, besonders in der Keramik, läßt auf ein Miteinanderleben schließen, in welcher Form auch immer. Neue Ortsnamen lassen zuweilen Schlüsse auf die räumliche Herkunft der Siedler zu. Die Dorfgründungen im Bereich der Mittelmark waren mit den askanischen Markgrafen verbunden, die von Westen (Brandenburg an der Havel) vordrangen, und den Meißener Markgrafen aus dem Hause Wettin, die von Süden in das Gebiet drängten. Konflikte waren damit vorgegeben.

Unsere Kenntnis der Siedlungsgeschichte der märkischen Dörfer wäre höchst unvollkommen geblieben, gäbe es nicht zwei wichtige Quellen, die für die Dörfer und Höfe immer wieder herangezogen werden müssen.

Da ist zunächst als hervorragende Geschichtsquelle das »Landbuch der Mark« zu nennen, das der aus dem Hause der Luxemburger stammende Kaiser Karl IV. im Jahre 1375 anlegen ließ. »Freilich nur ein Entwurf«, schreibt Leopold v. Ranke, »aber doch eine unschätzbare Urkunde, eine Art Domesdaybook von Brandenburg.« Dem kaiserlichen Kaufmann (oder kaufmännischen Kaiser?) lag hauptsächlich an der Feststellung der ihm zukommenden Abgaben, war er doch gleichzeitig Landesherr als König von Böhmen und seit 1373 – für seine Söhne – auch Markgraf von Brandenburg. Er ließ die Gesamtzahl der Hufen aufnehmen, dazu im einzelnen die der Pfarrer, der Kirche, der Schulzen und der ritterlichen Vasallen.

Ein Hufe maß zu jener Zeit, je nach Gegebenheit, zwischen 7,5 und 12 Hektar. Dem weitschauenden kaiserlichen Markgrafen war daran gelegen, »die Mark wieder zu einander zu bringen, wie sie vormals bei der alten markgrafen zeiten gewesen ist«. Damit verfolgte er große Politik: die Verbindung seines Erb- und Kernlandes Böhmen mit der Nord- und Ostsee über die Stromgebiete der Elbe und Oder, wobei er den an diesen Flüssen liegenden Städten Tangermünde und Frankfurt besondere Aufmerksamkeit widmete. Jedoch nach dem Tode Karls wurden diese Bestrebungen vergessen, seine Nachfolger suchten ihre Interessen andernorts in Europa.

Tangermünde verfiel in Dauerschlaf, Frankfurt erlebte unter den älteren Hohenzollern eine – bescheidene – Blüte.

Die zweite wichtige Quelle zur märkischen Dorfgeschichte bilden die Berichte der Landreiter aus dem Jahre 1652: Der Dreißigjährige Krieg hatte dem Lande schwere Schäden zugefügt, und der junge Kurfürst Friedrich Wilhelm, der 1649 als Zwanzigjähriger die Herrschaft antrat, war bestrebt, aufgrund seiner in Holland gesammelten Erfahrungen das Land aufzubauen. Dazu benötigte er eine Bestandsaufnahme: Vorwegnahme gewissermaßen moderner Inventarisation oder Volkszählung. Der Große Kurfürst, wie er später – nach Fehrbellin 1675 – genannt wurde, wollte seinen Staat »formidable« machen. Was ihm schließlich auch gelang.

III. Fünf Dörfer als Beispiele

Zu den charakteristischen Dörfern des Barnims, der sandigen Hochfläche nördlich der Spree, gehört das vermutlich um 1237/38 gegründete *Wittenau* (bis 1905 Dalldorf, zuvor Taldorf). Kurz darauf wurde es dem 1239 gestifteten Kloster der Spandauer Benediktinerinnen überlassen. Die alte Dorfaue läßt auf Siedler aus dem östlichen Niedersachsen schließen. Gemeinsam mit Tegel wird es 1322 zum ersten Mal genannt. Im Landbuch 1375 werden 39 Hufen gemeldet. Mit der Säkularisierung des Klosters (1558) kam das Dorf zum Kurfürstlichen Amt Spandau, hundert Jahre später (1658-68) zum Amt Oranienburg (das bis 1652 Bötzow hieß), das der Große Kurfürst seiner ersten Gemahlin, der oranischen Prinzessin Luise Henriette, geschenkt hatte. Im 19. Jh. wurde es dem Amt Mühlenhof überwiesen, das den Grundbesitz des Herrschers verwaltete. Im Dreißigjährigen Krieg wurde das Dorf stark mitgenommen: 1652 sind fünf von neun Bauernhöfen (bezogen auf das sogenannte »Normaljahr« 1624) und fünf von acht Kossätenstellen unbesetzt. Die gleichmäßige Entwicklung des Dorfes hielt dann bis zum letzten Drittel des 19. Jahrhunderts an; danach streckte die Hauptstadt ihre Finger aus. Die 1877-80 gebaute »Städtische Irrenanstalt Dalldorf« (heute Karl-Bonhoeffer-Heilstätten) beeinflußte die weitere Entwicklung und minderte den Ruf derart, das es 1905 zur Namensänderung in »Wittenau« kam; nach dem früheren Amtsvorsteher Peter Witte.

Dörfer im Land Berlin

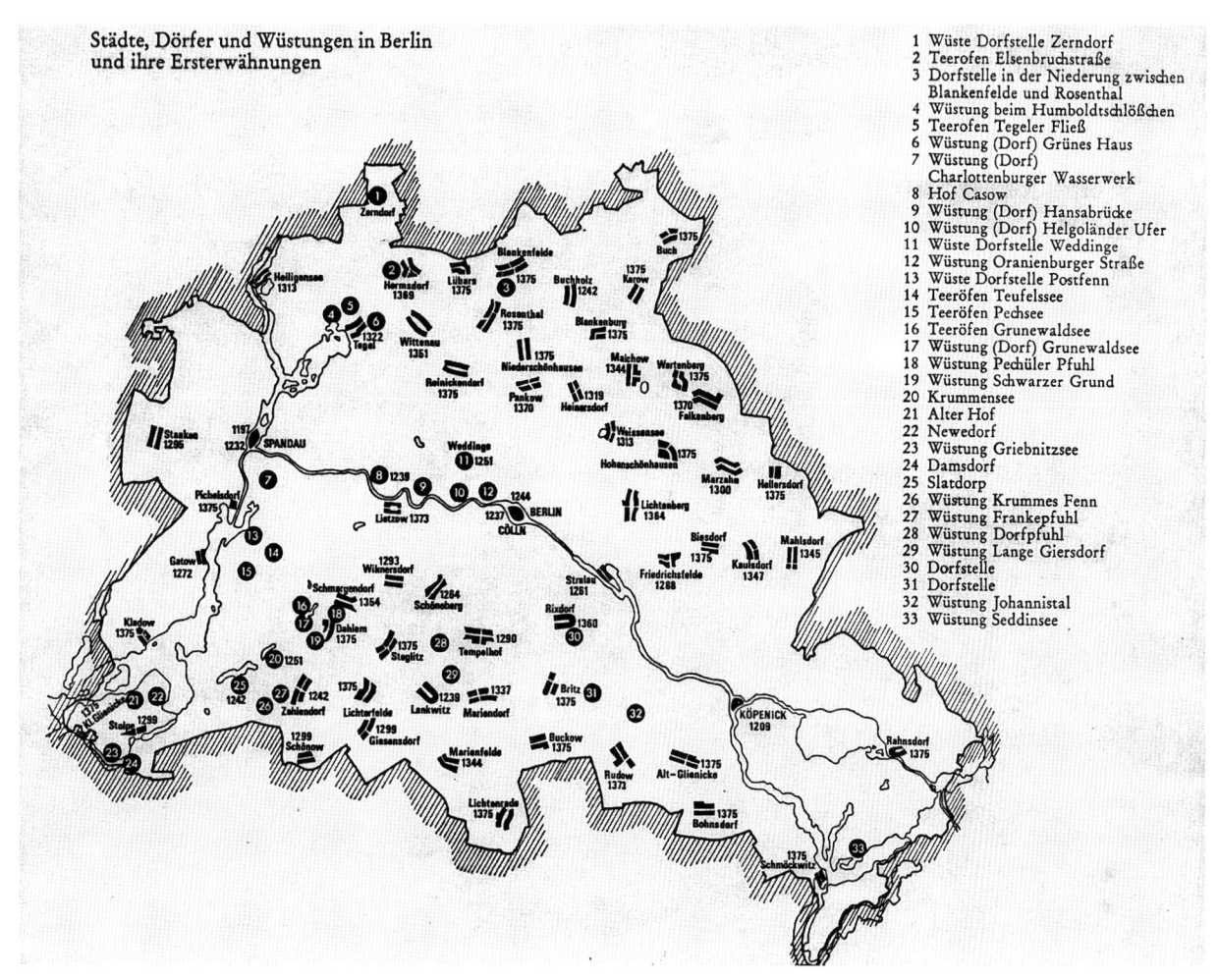

Städte, Dörfer und Wüstungen in Berlin
und ihre Ersterwähnungen

1   Wüste Dorfstelle Zerndorf
2   Teerofen Elsenbruchstraße
3   Dorfstelle in der Niederung zwischen
    Blankenfelde und Rosenthal
4   Wüstung beim Humboldtschlößchen
5   Teerofen Tegeler Fließ
6   Wüstung (Dorf) Grünes Haus
7   Wüstung (Dorf)
    Charlottenburger Wasserwerk
8   Hof Casow
9   Wüstung (Dorf) Hansabrücke
10 Wüstung (Dorf) Helgoländer Ufer
11 Wüste Dorfstelle Weddinge
12 Wüstung Oranienburger Straße
13 Wüste Dorfstelle Postfenn
14 Teeröfen Teufelssee
15 Teerofen Pechsee
16 Teeröfen Grunewaldsee
17 Wüstung (Dorf) Grunewaldsee
18 Wüstung Pechüler Pfuhl
19 Wüstung Schwarzer Grund
20 Krummensee
21 Alter Hof
22 Newedorf
23 Wüstung Griebnitzsee
24 Damsdorf
25 Slatdorp
26 Wüstung Krummes Fenn
27 Wüstung Frankepfuhl
28 Wüstung Dorfpfuhl
29 Wüstung Lange Giersdorf
30 Dorfstelle
31 Dorfstelle
32 Wüstung Johannistal
33 Wüstung Seddinsee

Abb. 2: aus: Adriaan von Müller, Berlin vor 800 Jahren, Berlin 1968

Die als Struktur und Form weitgehend erhaltene und vom Fahrverkehr durch eine Parallelstraße entlastete Dorfaue gilt mit ihrer aus dem 19. Jahrhundert stammenden Bausubstanz als eine der schönsten Berlins. An ihr liegen u. a. die denkmalgeschützten Wohnhäuser Nr. 37 (1906 erbaut) und 38 (1855 erbaut), im Zentrum des Angers die Dorfkirche, entstanden gegen Ende des 15. Jahrhunderts. Der in ursprünglicher Form erhaltene rechteckige Saalbau aus Granitfindlingen ist von einem hohen Satteldach überdeckt, aus dem an der Westseite ein quadratischer Dachreiter mit achteckiger, hoher Spitze hervorragt (1799). Die Kirche birgt einen barocken Kanzelaltar, wie er in der Mark im 18. Jahrhundert häufiger anzutreffen ist. Schnitzfiguren eines mit der Kirche etwa gleichaltrigen Flügelaltars sind erhalten.

Dörfliche Nutzungen sind aus Wittenau seit langem verschwunden; die Gehöfte haben andere Funktionen übernommen, etwa als Fuhrhöfe. Auf den Grundstücken der genannten denkmalgeschützten Bauten sind in jüngster Zeit maßstäblich halbwegs angepaßte Hausgruppen mit komfortablen Eigentumswohnungen entstanden, wobei allerdings starke Eingriffe in die Substanz der früheren Wirtschaftgebäude zu beklagen sind. Solche – wohl schwer vermeidbaren – Veränderungen dürfen nicht mit seriöser Denkmalpflege verwechselt werden; wenn etwa ein einsamer alter Backsteingiebel an der Straßenfront als Kulisse für einen dahinterliegenden Neubau mißbraucht wird, der strukturell mit dem nur noch als Spolie oder Schamschürze anzusehenden Baurest nichts zu tun hat.

Zum Osthavelland, das seit anderthalb Jahrtausenden von Burg und Stadt Spandau beherrscht wird, gehören die Angerdörfer Gatow und Kladow an einer alten, von Spandau westlich der Havel nach Potsdam führenden Straße eher untergeordneter Bedeutung, die durch die gegenwärtige Grenzziehung ihre Funktion vollends verloren hat.

Gatow wird 1272 – als den Spandauer Nonnen gehörend – zum ersten Mal genannt, der Ort ist aber schon in der jüngeren Bronzezeit besiedelt gewesen. Im Landbuch wird 1375 die Größe mit 50 Hufen angegeben, 1540 ist es eine zum Kurfürstlichen Amt Spandau gehörende Domäne. Die Pfarre wird 1590 als Filiale von Kladow bezeichnet. Denkmalschutz genießen außer der Kirche das Gutshaus an der Buchwaldzeile 43-47 und die Häuser Alt-Gatow 65, 67 und 69 – durchweg aus dem 19. Jahrhundert stammend, zum Teil mit dekorativen Schaugiebeln. Die im 14. Jahrhundert entstandene Kirche (die Jahreszahl 1350 in der 1953 angebrachten Wetterfahne ist willkürlich angenommen) besteht aus einem schmal langgestreckten, einfachen Saalbau, der mehrmals nach Osten erweitert worden ist. Aus dem Giebel ragt ein verbretterter Dachreiter mit spitzem Pyramidendach.

Der Dorfanger ist allein an seiner Ostseite einigermaßen erhalten, an der Westseite hingegen durch eine »zügige« Straßenführung verdorben. Landwirtschaftliche Nutzungen sind nur noch in Resten vorhanden, überwiegend ist man zum intensiveren Gartenbau übergegangen; so ist teilweise noch etwas von ländlicher Atmosphäre erhaltengeblieben. Die in den sechziger Jahren erwogenen Pläne, nördlich und westlich des Dorfes auf den »Gatower Rieselfeldern« – die durch den Bau von Klärwerken funktionslos geworden sind – eine Satellitenstadt ähnlich der Gropiusstadt oder dem Märkischen Viertel zu errichten, haben sich glücklicherweise zerschlagen. Dazu wäre im übrigen auch eine monumentale Überbrückung der Mittelhavel mit einer östlichen Zuführung quer durch den Grunewald notwendig geworden, für die schon die Bleistifte gespitzt bereit lagen...

Kladow dagegen ist im Laufe des letzten Jahrhunderts zu einem bevorzugten Wohnvorort mit villenartiger, später auch Kleinhausbebauung geworden. Das Dorf wird 1313 zum ersten Mal erwähnt, ist aber wohl älter. Es gehörte wie Gatow dem Spandauer Nonnenkloster, dem 1351 auch die Bede zugesprochen wurde, eine Art Wehrsteuer. Im Landbuch wird das Dorf mit 46 Hufen angeführt; später sind es 52, von denen sechs dem Pfarrer und acht dem Schulzengericht gehören. Nach der Reformation wird es landesherrliche Domäne. 1775 hatte Kladow 80 Einwohner, 1805 sind es schon 123, unter denen sich elf Bauern, zwei Kossäten und drei Anlieger befanden. Bis 1892 stieg die Zahl auf 460 Einwohner: zu dieser Zeit wurde es von den Berlinern als (Sommer-)Wohnort und Ausflugsziel entdeckt. Unter Denkmalschutz stehen außer der Kirche das »Schloß« Neu-Kladow an der Neu-Kladower Allee (1800 erbaut, 1909-11 von Paul Schultze-Naumburg umgebaut) und ein Wohnhaus am Sakrower Kirchweg aus dem Jahre 1934. Darüberhinaus gibt es an dem nur noch undeutlich zu erkennenden Dorfanger ein paar aus der Zeit der Jahrhundertwende stammende Gebäude mit Jugendstileinflüssen, die über den dörflichen Charakter hinausgehen. Die Dorfkirche geht auf einen mittelalterlichen Saalbau aus dem 13./14. Jahrhundert zurück, der nach einem Brand (1808) zehn Jahre später gründlich erneuert und dem Zeitgeschmack entsprechend verputzt worden ist. Der quadratische Turm ist als Dachreiter mit geschweifter Haube ausgeführt, die zur Bauzeit schon altmodisch gewirkt haben muß. 1953 wurde an der Ostseite, maßstäblich nicht sehr glücklich, ein weit ausspringendes Chorquadrat angefügt.

In jüngster Zeit haben sich in einigen Gehöften Kladows Bildhauer und andere Künstler angesiedelt, eine Tendenz, die sich möglicherweise verstärken wird, ohne indes den Charakter als Wohn- und Ausflugsort wesentlich zu beeinflussen.

Zu den charaktervollsten Dörfern auf der sandigen Teltow-Hochfläche gehört *Marienfelde,* eine der vier zu Beginn des 13. Jahrhunderts vom Templerorden gegrün-

Abb. 3: Alt-Marienfelde 40 (Tempelhof)

deten lagen: Tempelhof, Mariendorf, Marienfelde und Rixdorf (Richardsdorp, seit 1912 Neukölln). Die drei erstgenannten liegen an einer in nordsüdlicher Richtung von Berlin/Cölln kommenden Straße, was auf einen von dort ausgehenden, nach Süden gerichteten - askanischen - Besiedlungsvorgang schließen läßt. Diese Nord-Süd-Straße führt indes seitlich an den Dorfangern vorbei, berührt sie also nur.

Marienfelde ist 1344 zum ersten Mal bezeugt: Der Johanniterorden (als Nachfolger des 1312 aufgelösten Templerordens) veräußert das Schulzengericht an den Cöllner Bürger Ryke. Nach Aussage des Landbuches sind 1375 außer diesem auch andere Cöllner Bürger hier begütert. Mit Tempelhof und Mariendorf geht Marienfelde 1435 in Berlin/Cöllner Besitz über, während die Dienste dem landesherrlichen Schloß in Mittenwalde zufallen. Ein im 19. Jahrhundert durch Zusammenkauf entstandenes Gut wurde später Stadtgut, heute dient es dem in Berlin ansässigen Bundesgesundheitsamt als Versuchsgut. Marienfelde wurde seit dem Ersten Weltkrieg stark von der Industrialisierung erfaßt, die jedoch das eigentliche Dorf unberührt gelassen hat. Der Dorfanger ist wegen seiner Geschlossenheit in hohem Maße erhaltenswert; das gilt nicht nur für die an der Straße liegenden traufständigen Wohnhäuser, sondern auch für die Gehöfte mit ihren Nebenbauten als Gesamtanlage, um so die ursprüngliche Struktur noch erkennen zu lassen. Wie in Wittenau ist der Dorfanger durch eine südlich parallel geführte Entlastungsstraße beruhigt.

Unter Denkmalschutz stehen bisher die Häuser Alt-Mariendorf 15-21a (ehem. Stadtgut), 27, 28, 37 und 47, dazu die Kirche. Diese Marienfelder Dorfkirche gilt als die älteste erhaltene auf Berliner Gebiet, sie ist sicher auch die schönste. Der Hinweis auf ihr Alter – das Dorf ist von Tempelhof aus gegründet worden! – stützt auch die These eines von Ernst Heinrich Anfang der fünfziger Jahre archäologisch erschlossenen Vorgängerbaus in Tempelhof, zumal auch die Mariendorfer Kirche einen breiten Turmsockel besitzt, der nicht fortgeführt worden ist. Die Kirche ist ein aus Feldsteinen aufgeführter gequaderter Saalbau mit massivem Turm, quadratischem Chor, halbrunder Apsis und seitlichen Choranbauten aus dem 14./15. Jahrhundert Der hohe Westturm trägt ein breites Satteldach, das rechtwinklig zu dem des Schiffes steht; vergleichbar der Dorfkirche Buckow. Die vertieft angesetzte, etwas kleinlich geratene Torhalle am Turm von 1921 stört die originale Wirkung des Baudenkmals.

Ebenfalls auf der Teltow-Hochfläche liegt das alte Straßendorf *Schöneberg*, in dessen Kern 1957/58 eine germanische Semnonensiedlung aus dem 1.-3. Jahrhunderts n. Chr. ergraben worden ist. Die erste Erwähnung des vermutlich im 1. Drittel des 13. Jahrhundert gegründeten Dorfes ist 1264 zu verzeichnen, als der askanische Markgraf Otto III. den Spandauer Nonnen fünf Hufen in der »villa scoenenberch« zuweist. Das Landbuch nennt 1375 50 Hufen; zwei von ihnen gehören dem Pfarrer, eine der Kirche. Die Zahl der Bauern wird nicht genannt, dagegen die der Kossäten mit 13 angegeben. Joachim I. erwarb das Dorf 1506 und wies es einem Amt Mühlenhof zu. 1652 meldet der Landreiter, daß von sechs ansässigen Bauern nur zwei »allhier bürtig« sind. Der Kurfürst gründete an der nach Süden führenden Landstraße – nördlich des Dorfkernes – einen Küchengarten, aus dem 1656 der erste Botanische Garten entstand. Er blieb an dieser Stelle bis 1911, als er nach Dahlem verlegt wurde. Aus dem alten Küchengarten wurde so der heutige Kleistpark mit den zur gleichen Zeit vom Berliner Königsgraben translozierten Gontardschen Kolonnaden, die in der Nähe des heutigen Alexanderplatzes gestanden haben. Friedrich der Große ließ 1750/51 in Nachbarschaft zum Dorf 20 Kolonistenhäuser für böhmische Protestanten als »Neu-Schöneberg« errichten. Während des Siebenjährigen Krieges, 1760, wurde Alt-Schöneberg von russischen Truppen niedergebrannt. Sieben Jahre später war der Neuaufbau des Dorfes vollendet, aus dieser Zeit stammt die heutige barocke Dorfkirche neben dem alten Dorfanger, die nach ihrer Zerstörung im 2. Weltkrieg 1953-55 erneuert worden ist.

Die erste preußische Kunststraße von Berlin nach Potsdam wurde 1791-93 unter Einbeziehung des Dorfangers angelegt, die erste preußische Eisenbahn, von Berlin nach Potsdam, führt seit 1838 östlich an Schöneberg vorbei. 1874 wurden Alt- und Neu-Schöneberg vereinigt; seit jener Zeit wuchs das Dorf, bis es 1898 Stadtrechte bekam. Der Dorfanger ist trotz der ihn in voller Länge durchlaufenden früheren Reichsstraße 1 in seiner Struktur erhalten geblieben. Die alten Dorfhäuser sind längst verschwunden, gesäumt wird er seit der zweiten Hälfte des 19. Jahrhunderts von den anspruchsvollen Villen der »Millionenbauern«, die durch die einträgliche Verwandlung von Acker- in Bauland zu Geld gekommen sind. Diese lockere, nur zwei- bis dreigeschossige Bebauung gibt dem zur Promenade gewordenen Dorfanger seinen besonderen Charakter, den es an anderer Stelle Berlins nicht mehr zu finden gibt. Das jetzt aufgegebene Vergnügungsetablissement »Prälat« hatte sich noch diesem Charakter eingefügt; besondere Aufmerksamkeit der Denkmalpflege ist hier geboten. Als Beispiel mag das Verhalten der Schöneberger Stadtväter zu Beginn des 20. Jahrhunderts gelten: Als sie das alte, zu eng gewordene Rathaus am nördlichen Ende des Dorfangers aufgeben mußten, klotzten sie nicht an alter Stelle, sondern erbauten das neue Rathaus an ganz anderer Stelle auf freiem Platz, am heutigen John-F.-Kennedy-Platz. Es dient seit 1948, zunächst als Provisorium gedacht, als Regierungssitz der West-Berliner Senatsverwaltung; auch wenn zuweilen an einen noch repräsentativeren Neubau an ganz anderer Stelle der Stadt mehr oder weniger laut gedacht wird.

IV. Versuch eines Fazits

Die Großstadt hat die umliegenden Dörfer aufgesogen, eingemeindet und gefressen. Die Fluchtlinien ihrer alten Kerne sind meist noch zu erkennen, oft auch die Strukturen und die Maßstäbe – wenn auch, mit Ausnahme der Kirchen, die noch vorhandene, überkommene Bebauung ganz überwiegend nur aus der zweiten Hälfte des

19. Jahrhunderts stammt. Landwirtschaftliche Nutzungen sind bis auf Spuren – etwa in Gatow oder in Lübars – nicht mehr erhalten, bestenfalls ist gewerblicher Gartenbau an ihre Stelle getreten. Als Konsequenz wurden die Dörfer immer mehr zu geschätzten, ruhigen Wohnorten, zumal einige der alten Dorfauen vom Durchgangsverkehr entlastet worden sind. Das Immobiliengschäft blüht: Die Gefahren für eine wirksame Denkmalpflege liegen auf der Hand, wenn überzogene Ansprüche an ein »gehobenes Wohnniveau« – das sich vorteilhaft verkaufen läßt – die dokumentarische Substanz der überlieferten, bescheidenen Bauern- oder Büdnerhäuser aushöhlt. Das Ergebnis sind dann Kulissendörfer, ins Gegenteil verkehrte Potemkinsche Dörfer. Die auf Berliner Gebiet liegenden überlieferten Kerne der meist aus dem 13. Jahrhundert stammenden Dörfer bezeugen den Beginn einer im Ganzen gesehenen kontinuierlichen, bis heute ungebrochenen Siedlungstradition in der Mittelmark, die im Stadtinnern aus erklärbaren Gründen nicht mehr zu finden ist. Wohl aber auf den flachen Sandböden des Barnims und des Teltows beiderseits des Urstromtales der Spree und des Osthavellandes. Diese Zeugnisse erlebbar zu erhalten, ist Aufgabe und Verpflichtung der Denkmalpflege, gerade in der Großstadt.

Fischerstraße 41, 42 (Spandau), Straßenansicht 1985

Karl Kiem

»Untertanenhäuser« in vor- und frühindustrieller Zeit

Während die Sonderrolle Berlins innerhalb der märkischen Landschaft als Industriemetropole und Reichshauptstadt ab 1871 architektonisch eindrucksvoll dokumentiert ist, finden sich ältere bauliche Zeugnisse aus der von landwirtschaftlicher und handwerklicher Produktion bestimmten Zeit nur in kleiner Zahl. Im Gegensatz zu den jüngeren Vertretern können diese Gebäude noch die früheren engen, heute gekappten Verflechtungen mit den umgebenden, zum Teil von der Großstadt vereinnahmten Dörfern und Städten visualisieren. Innerhalb der politischen Situation von Berlin (West) sind sie daher von besonderer Bedeutung.

Auf den ersten Blick erscheint die überwiegende Zahl der im folgenden beschriebenen Bauten als wenig bedeutsam. Denn die Wohnhäuser der Untertanen der Könige von Preußen waren in der Regel klein und unscheinbar. In baukünstlerischer Hinsicht hatten bzw. haben sie gewöhnlich wenig zu bieten. Nicht erst seit heute sind sie schlecht instandgehalten und umgebaut. In ihrem Bestand sind die meisten mehr oder weniger gefährdet. Alter und Geschichte sind selten bekannt.

I. Terra incognita

Vergleichende Untersuchungen zur Entstehung, Entwicklung und Verbreitung der hier dargestellten »Untertanenhäuser« fehlen weitgehend.[1] Das Bauen im Barock stellt sich in der Forschung vorwiegend sakral oder feudal dar. Entsprechend ist die Situation im Bereich »Bürgerhäuser«. Hier sind in erster Linie größere und reicher ausgestattete Gebäude mit entsprechend ornamental gestalteten Fassaden untersucht. Breit angelegte Forschungen im hier betrachteten Raum liegen dann auch nur zu den Residenzstädten Berlin[2] und Potsdam[3] vor. Dem besonderen Aspekt der »inneren Kolonisation« widmete sich Kuhn bereits 1918 mit seiner Untersuchung der »Kleinsiedlungen aus Friederizianischer Zeit«. In zunehmenden Maße werden die Lebensverhältnisse der unteren Schichten auf einer breiteren Ebene zum Gegenstand der bauhistorischen Forschung und des denkmalpflegerischen Interesses. Einen neuen integrativen Ansatz verfolgte Skoda 1968 mit seiner Arbeit über die »Wohnhäuser und Wohnverhältnisse der Stadtarmut, dargestellt insbesondere an der Rosenthaler Vorstadt von Berlin zwischen 1750 und 1850«. Er beschreibt darin an einem »Ausschnitt« die Entwicklung von einer Friederizianischen Kleinsiedlung zum »Berliner Mietshausquartier«. Geist und Kürvers (1980 und 1984) vertiefen und verbreitern diese Betrachtungen und führen sie weiter zu einer Gesamtschau des »Berliner Mietshauses«.

Ist das 19. Jahrhundert vergleichsweise gut untersucht, so weist die Erforschung der Wohnverhältnisse der Unterschichten in der Zeit des Barock noch erhebliche Lücken auf. Unzureichend geklärt sind die wechselseitigen Einflüsse und unterschiedlichen Bedingungen, z.B. von Stadt und Land oder von Obrigkeit und Untertan. Und kaum in Beziehung dazu gesetzt wurden die Entwicklungen in den verschiedenen Epochen und Regionen.[4]

II. Individuation

Die Bedeutung des einfachen »Untertanenhauses« erschließt sich gewöhnlich erst bei näherer Betrachtung. Der bauhistorischen Untersuchung stellen sich dabei grundsätzliche Schwierigkeiten. Da diese Gebäude vor der Einführung von Bauakten entstanden sind, können diese wichtigen Quellen nicht zur Altersbestimmung herangezogen werden. In Chroniken werden diese Gebäude aufgrund ihres anonymen Charakters gewöhlich nicht speziell erwähnt. So bleibt die Substanz des Gebäudes in der Regel die wichtigste Quelle zu Alter und ursprünglicher Gestalt.

Fischerstraße 41, Spandau (um 1700)

Bei der bauhistorischen Untersuchung des Gebäudes[5] im Jahre 1984 war es in einem vernachläßigten Zustand.

Untertanenhäuser

Fischerstraße 41, Spandau (um 1700)

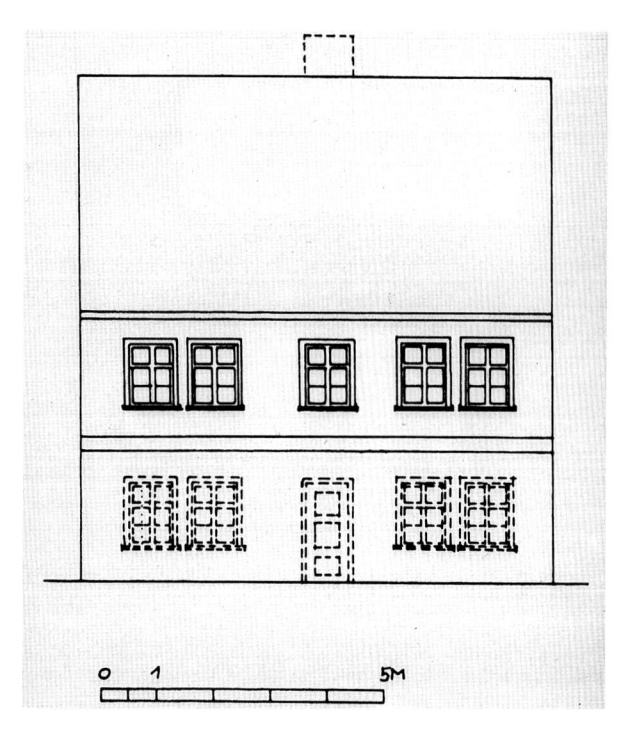

Abb. 1: Ansicht Straße, Rekonstruktion

Abb. 2: Ansicht Straße, Zustand 1985

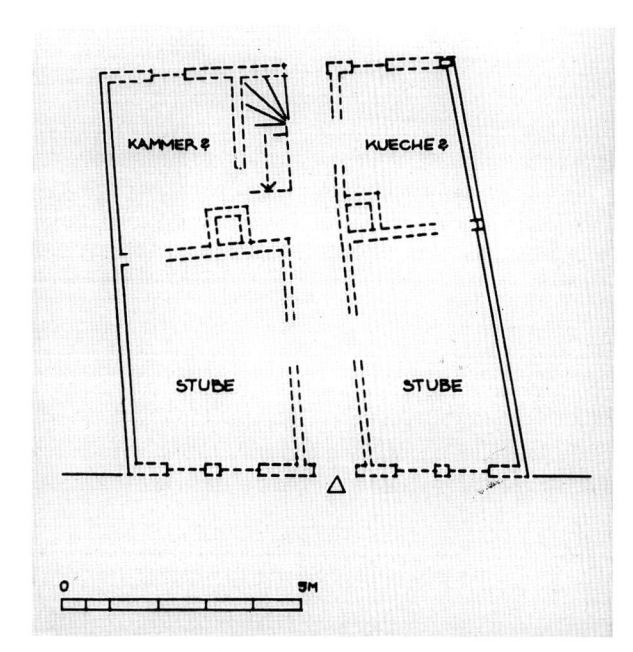

Abb. 3: Grundriß Erdgeschoß, Rekonstruktion

Abb. 4: Fenster Erdgeschoß, (1870er Jahre), Zustand 1988

Das Erdgeschoß war zu Lagerzwecken genutzt, die Fenster waren mit Brettern vernagelt. Im Obergeschoß wohnte noch eine Person. An diesem Zustand hat sich bis heute nichts Entscheidendes verändert.

Im wesentlichen zeigt sich das Gebäude als typisch »barock«. Eindeutige Merkmale sind die Traufständigkeit und die im Obergeschoß ablesbare Symmetrie der fünf Fensterachsen und der Achsialität der Mitte. Die zwei Geschosse sind üblich für die Lage in der (Alt-)Stadt. Auch das Erdgeschoß verfügte ursprünglich über eine achsialsymmetrische Anordnung, mit der Hauseingangstüre in der Mitte. Die heute erhaltene Einteilung konnte einem Umbau der Zeit um 1870 zugeordnet werden.

Damals wurden verschlissene Fachwerkwände in Stein ersetzt, vermutlich wegen schlechter Gründung. Infolge der in der Massivbauweise notwendigen größeren Pfeilerbreite mußte die ursprüngliche Fassadeneinteilung verändert werden.

Charakteristisch angeordnet ist auch der Grundriß. Im Obergeschoß ist er noch weitgehend ursprünglich erhalten. Deutlich ablesbar ist die Längsteilung, geprägt von dem mittig gelegenen, von der Straße zum Hof durchgehenden Flur. Die innere Querwand teilt den Grundriß in je eine Stube zur Straße und Kammer (Küche?) zum Hof. An letztgenannter Seite liegt auch die einläufige Treppe. Eine dem Obergeschoß entsprechende ursprüngliche Grundrißanordnung konnte für das Erdgeschoß rekonstruiert werden.

Die konstruktiven Merkmale des Gebäudes weisen es als relativ alt aus. Die Balkenquerschnitte der Fachwerkkonstruktion mit einer Breite von um 25 cm sind großzügig dimensioniert. Auffallend ist der relativ große Abstand der Stiele von 1,60 m untereinander. Die ursprüngliche Ausfachung besteht aus Staaken mit Lehmstrohwickeln.

Anhand alter Stadtpläne läßt sich das Gebäude ungewöhnlich genau datieren. Es konnte festgestellt werden, daß die Anlage der (Sack-)Gasse, die Parzellierung und der Bau des Hauses kurz hintereinander, d. h. um 1700 erfolgten.[6] Damit ist das Haus eines der ältesten seiner Epoche in Spandau. Denn nach den verheerenden Zerstörungen des 30jährigen Krieges »fing die Stadt«, wie der Chronist Schulze für 1680 feststellt, »wieder an volckreicher zu werden«.[7]

Kinkelstraße 26, Spandau
(um Mitte 19. Jahrhundert)

Zum Zeitpunkt der bauhistorischen Untersuchung[8] 1984 befand sich das Gebäude technisch gesehen in gutem Zustand. Durch den geplanten Einbau »moderner« Wohnungen war die alte Bausubstanz in erheblichem Maße bedroht. Im Zusammenhang mit diesen Umbaumaßnahmen war eine Freilegung der Bausubstanz in allen Bereichen des Hauses möglich.

Das Gebäude zeigt sich deutlich als der ersten Hälfte des 19. Jahrhunderts angehörig. Zwar ist es wie die »barocken« Vertreter des Bautyps traufständig und zweigeschossig. Der entscheidende Unterschied liegt jedoch in der fehlenden Betonung der Mitte. Die vier Fensterachsen haben den gleichen Abstand. Symmetrisch angeordnet sind die beiden ursprünglichen Dachgaupen.

Auch in der Grundrißanordnung wird die Entwicklung neuer Bauformen deutlich. Traditionell sind noch die Anlage von einer Stube zur Straße und einer Küche und/oder Kammer zum Hof beiderseits des von der Straße zum Hof durchgehenden Flures. Neu ist die Ausbildung eines Treppenhauses am Hof mit einer zweiläufigen Treppe mit dem höheren Lauf über dem Flur.

In konstruktiver Hinsicht zeichnet sich die Entwicklung zur Fachwerkbauweise des 19. Jahrhunderts ab. Die Balken sind maschinengesägt. Ihre Querschnitte sind mit 13 auf 13 cm auf das statisch notwendige Minimum reduziert. Traditionell ausgebildet sind noch die Eck- und Bundstiele an den Außenwänden. Sie sind entsprechend ihrer Funktion noch L- bzw. T-förmig ausgebildet. Die Ausfachungen bestehen aus Ziegelmauerwerk.

Für die bauhistorische Forschung erweist sich das Haus Kinkelstraße 26 als besonders interessant. Denn an ihm können die »Veränderungen traditioneller Bauformen durch obrigkeitliche Einflüsse in Brandenburg um 1800«[9] anschaulich gemacht werden. Grund und Aufriß lassen eine große Ähnlichkeit mit einem Typenentwurf des »Königlichen Geheimen Ober-Bau-Raths« Berson[10] von 1804 erkennen.

Das Alter des Hauses läßt sich anhand der genannten Merkmale zwischen 1820 und 1860 eingrenzen. Genauere Hinweise konnten nicht gefunden werden.

Untertanenhäuser

Klinkelstraße 26, Spandau (um Mitte 19. Jahrhundert)

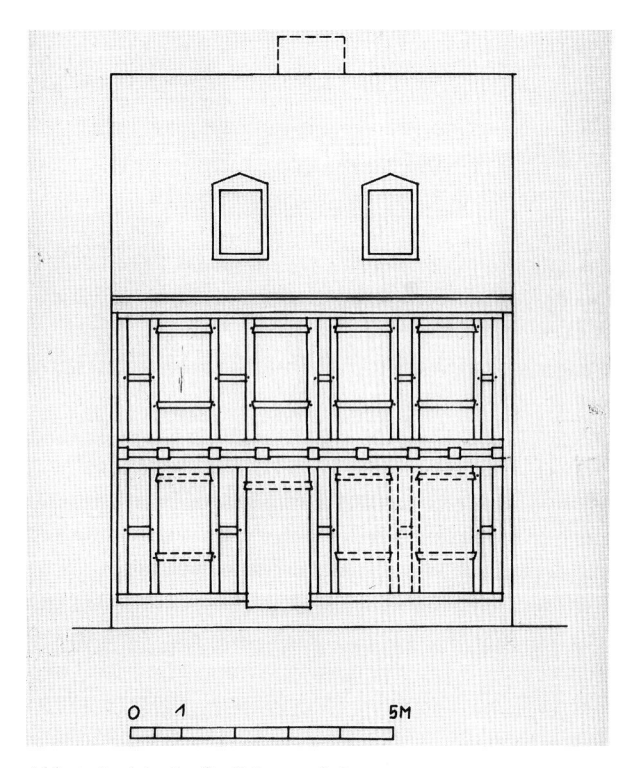

Abb. 5: Ansicht Straße, Rekonstruktion

Abb. 6: Typenentwurf von Berson, Ansicht, 1804

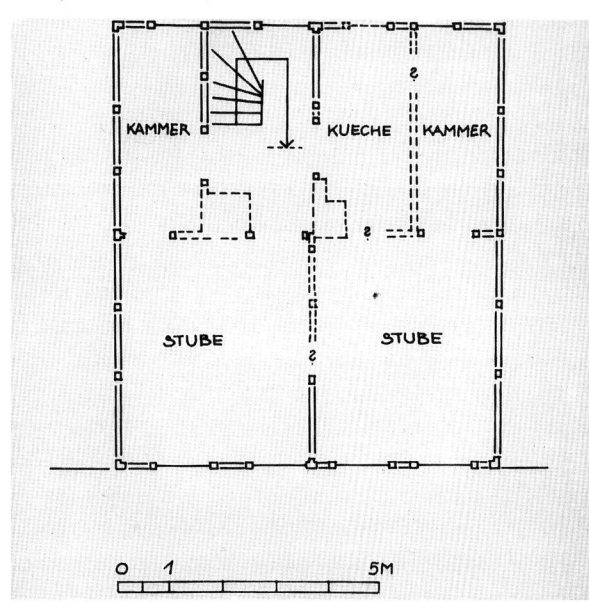

Abb. 7: Grundriß Obergeschoß, Rekonstruktion

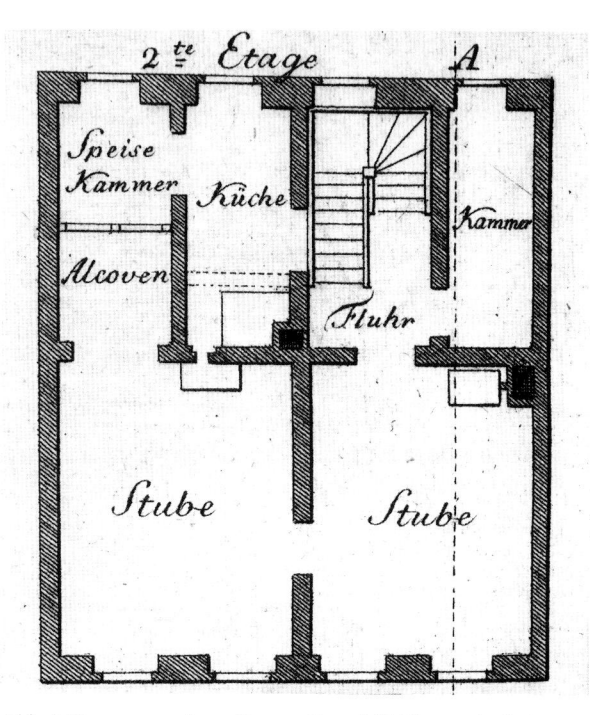

Abb. 8: Typenentwurf von Berson, Grundriß Obergeschoß 1804

Grimnitzstraße 8, Spandau, Wilhelmstadt (1877)[11]

In erster Linie dürfte es die relativ geringe bauliche Ausnutzung des Grundstücks gewesen sein, die 1983 Planungen zu Abriß und höherer, die ganze Straßenbreite einnehmender Bebauung entstehen ließ. Denn das Haus befand sich technisch in einem guten Zustand und war im Obergeschoß noch bewohnt. Im wesentlichen war es noch ursprünglich erhalten. Heute wird es restauriert. Geopfert dagegen wurde das in Alter, Erscheinung und Zustand ähnliche Nachbargebäude Nr. 7.

Das Haus Grimnitzstraße 8 zeigt deutlich, wie »barocke« Bauformen noch in der zweiten Hälfte des 19. Jahrhunderts wirksam waren. Traditionell ist die Anordnung der beiden Grundrisse mit je einer Wohnung zu beiden Seiten des durchgehenden Mittelflures. Dabei liegt zur Straße jeweils die Stube, zum Hof die Wohnküche. Die Anlage der Treppe erfolgte einläufig auf halber Flurbreite. Die Toilette befand sich wie gewöhnlich auf dem Hof.

In der Fassade zeigt sich der Anklang neuer Gestaltungsmuster.[12] Die Traufständigkeit und der zweigeschossige Aufriß mit den fünf Fensterachsen sind typisch. Eine besondere Betonung der Mitte aber entfällt. Sie ist nur durch den Eingang betont. Mit der Einführung eines Drempelgeschosses zeigt sich die Tendenz zu höheren Gebäuden. Allerdings ist dieses hinter den hohen Fensterverdachungen der Obergeschoßfenster kaschiert. In seiner Konstruktion zeigt sich das Haus als gemauert.

Die Entstehung des Gebäudes konnte auf das Jahr 1877 datiert werden. Der Bauplatz war Teil eines »Ackerstückes auf dem Kietzer Felde«. Es handelte sich dabei um die unkoordinierte private Parzellierungsmaßnahme eines Gärtners.

Bauherr war der Maurer Emil Stansdorf. Er darf als finanziell einfach situierter Mann betrachtet werden, der hier in eigener »Regie« für sich und seinesgleichen den Bau von Mietwohnungen betrieb.

Vorbild war eine städtische Parzellierungsmaßnahme weiter nördlich im Bereich der Adam- und Földerichstraße, wo 1874-75 der Militärfiskus eine Werkssiedlung errichtet hatte (1967 abgebrochen). Heute ist das Haus Grimnitzstraße 8 eines der ältesten Häuser der Pichelsdorfer Vorstadt, wie die Wilhelmstadt bis 1896 hieß.

Alt Gatow 51, Gatow (um Mitte 19. Jahrhundert)[13]

Das Haus ist vollständig bewohnt. In konstruktiver Hinsicht befindet es sich in gutem Zustand. Vor wenigen Jahren wurde es neu verputzt. Bis zur Unterschutzstellung 1988 war das Gebäude durch den geplanten Neubau eines modernen Einfamilienhauses bedroht.

In der bauhistorischen Untersuchung zeigte sich das Haus als wichtiges und anschauliches Beispiel für den Wandel der bäuerlichen Sozialstrukturen bzw. der weitgehend verschwundenen agrarischen Funktion des Dorfes Gatow überhaupt. Es wurde in der Mitte des 19. Jahrhunderts zur Unterbringung von zwei Landarbeiterfamilien gebaut. Um 1930 erhielt das Haus im Dachgeschoß eine zusätzlich Wohnung. Der Zugang zum Gebäude erfolgt ausschließlich vom Hof. Die grundsätzlichen Merkmale des Hauses sprechen deutlich von der zeitlichen Stadt-Land-Verschiebung architektonischer Entwicklungen jener Zeit. Im wesentlichen ist es noch von »barocken« Gestaltungskriterien geprägt. Die Mitte der fünfachsigen Fassade ist besonders hervorgehoben. Der Grundriß mit den zwei Stube-Küche-Kammer-Wohnungen und dem durchgehenden Mittelflur weist ebenso wie die Fassade bemerkenswerte Ähnlichkeiten mit dem 150 Jahre älteren o. g. Haus Fischerstraße 41 auf. Der zeitliche Unterschied zeigt sich in erster Linie an der Massivbauweise und der damit verbundenen stichbogigen Sturzform.

III. Charakteristika

Der Vergleich der hier vorgestellten Häuser und anderer der gleichen Art fördert eine hohe Einheitlichkeit im vor- und frühindustriellen Wohnungsbau im Berliner Raum zutage. Diese bezieht sich auf Grund- und Aufriß.

Stube-Küche-Kammer

Kennzeichnend ist die Dreiteilung der Wohnung in Stube (20-25 qm) an der Straße, Kammer (10-15 qm) und/oder Küche (ca. 10 qm) an der Rückseite. Die Erschließung erfolgt in der Regel durch einen von der Straße zum Hof durchgehenden Flur in dem ggfs. auch die Treppe liegt. Der Grundriß beschreibt in etwa ein Quadrat.

Untertanenhäuser

Grimnitzstraße 8, Spandau, Wilhelmstadt (1877)

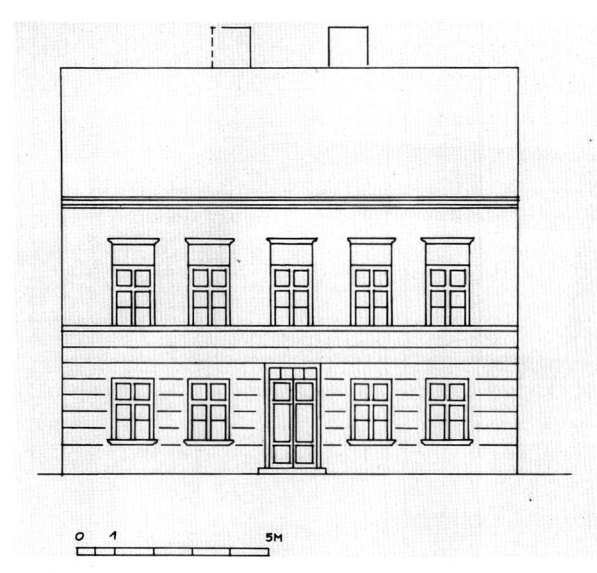

Abb. 9: Ansicht Straße, Rekonstruktion

Abb. 10: Zustand 1983

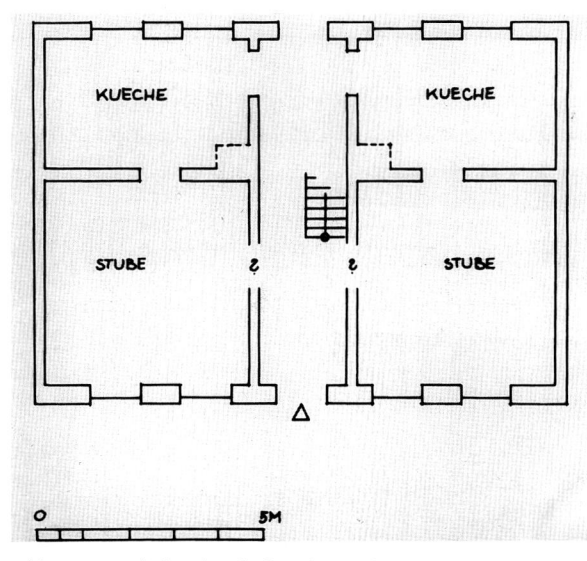

Abb. 11: Grundriß Erdgeschoß, Rekonstruktion

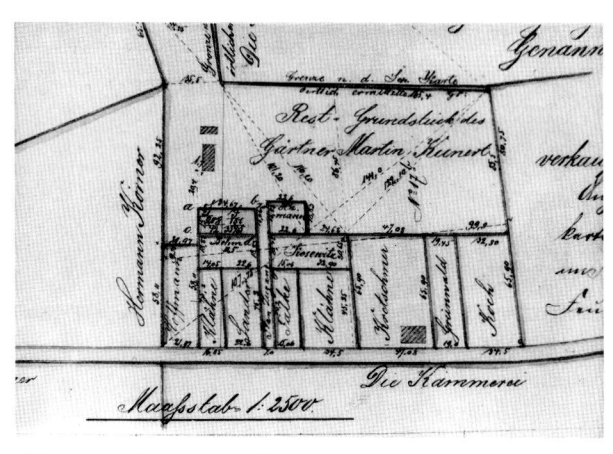

Abb. 12: Lageplan zur Parzellierung, 1873

Diese Wohnungseinteilung und -anordnung bildet einen Grundbaustein, mit dem verschiedene Häuser zusammengesetzt werden können. Meistens sind zwei Wohnungen an einem Flur spiegelbildlich addiert. Gelegentlich erscheint der Grundriß auch mit doppeltem Mittelflur, also mit einem Flur für jede Wohnung.[14] Eine Variante bildet auch das sogenannte Doppelportal, bei dem einer der beiden Hauseingänge direkt zu der einläufig zum Obergeschoß führenden Treppe führt.[15]

Eine Entwicklung zeigt sich in der Anordnung von Küche und Treppe. Tendenziell wandelt sich die ältere, im Flur angesiedelte »Schwarze Küche« im 18. Jahrhundert zur »Weißen Küche« an der Hofseite neben der Kammer. Zuerst verbreitet sich die separate Küche bei den im Haus auch beruflich tätigen Bauern und Handwerkern.[16] Der Nachteil der fehlenden direkten Belichtung und Belüftung der »Schwarzen Küche« wird durch einen erhöhten Raumbedarf »erkauft«. Mit der Entwicklung der Heiz- und Kochtechnik wird in der zweiten Hälfte des 19. Jahrhunderts die Küche zur Wohnküche.

Die Anordnung der Treppe ist vielfachen Wandlungen unterworfen. Grundsätzlich liegt sie innerhalb des Hauses. Meist hatte sie eine Steigung von 45 Grad.[17] Für Potsdam beschreibt Mielke eine Entwicklung zur Mehrläufigkeit in der zweiten Hälfte des 18. Jahrhunderts.

Fünf Achsen

Ein Haus auf dem Grundriß von nur einer Stube-Kammer-Küche-Wohnung wäre ziemlich klein und ärmlich erschienen. So sind bei dem hier untersuchten »Untertanenhaus« gewöhnlich zwei Wohneinheiten spiegelbildlich um die Flurzone zusammengefügt.[18] Diese Verdopplung zeigt sich auch bei längeren Reihungen, sowohl innerhalb der Stadt, als auch auf dem Lande. Diese Anordnung war so sehr die Regel, daß ein Gebäude mit nur einer Wohnung in der Grundrißebene als »Halbes Haus«[19] bezeichnet wurde.

Im Übrigen konnte bei höherem Platzbedarf durch eine entsprechende Berufsausübung oder besserer finanzieller Situierung des Bauherrn das »ganze« Haus selbstverständlich auch durch eine einzige Familie genutzt werden. Außerdem lag in der Dimensionierung der Wohnung insgesamt und in den Geschoßhöhen ein großer Spielraum zur Anpassung des Haustyps an unterschiedliche Bedürfnisse und Möglichkeiten. Somit erweist sich dieses Schema als besonders vielseitig anwendbar.

Zur Kategorisierung der »Untertanenhäuser« ist die Zahl der Öffnungsachsen von Belang. Danach kann die o. g. Gruppierung von zwei »Stube-Kammer-Küche-Wohnungen« als »Fünfachser«[20] bezeichnet werden. Denn die Stube verfügt gewöhnlich über zwei Fensterachsen. Hinzu kommt die Eingangs- bzw. Flurachse. In Ausnahmefällen bei ganz kleinen und einfachen Häusern hat die Stube nur ein Fenster.[21]

Größere Häuser verfügen über 7, 9 oder mehr Achsen. Meistens ist ihre Anzahl ungerade. Eine zusätzliche Achse bedeutet eine weitere Stube von halber Größe. Der typbildende Kern der hier beschriebenen »Untertanenwohnung« mit seiner Betonung der Mitte bleibt bestehen.

Bei »barocken« Stadtplanungen und -erweiterungen wurde von vorneherein bei der Parzellierung auf die verschiedenen Hausbreiten bzw. Anzahl der Fensterachsen Rücksicht genommen.[22] Oft wurden an einem Straßenstück die verschieden breiten Häuser, die Wirkung des Ensembles steigernd, noch in sich symmetrisch aufgereiht.[23] Die einzelnen Hausgrößen waren dabei entsprechenden Berufsgruppen zugeordnet.[24] Einige Gewerbe benötigten eine Durchfahrt. Die unterschiedliche Ausbildung dieser Mitte bildete ein weiteres Gestaltungselement.

Probleme mit der Symmetrie gab es bei Neubauten auf mittelalterlichen Stadtgrundrissen. Deren Parzellierung entsprach früheren Bedingungen und hatte natürlich keinen Bezug zu barocken Haustypen. Das Ergebnis kann in Spandau genau studiert werden. Gelegentlich ist der Fünfachser etwas gequetscht[25], manchmal findet sich das »Halbe Haus« etwas gestreckt[26] und bei Bedarf zeigt sich das »Untertanenhaus« mit einer abgeschnittenen Fensterachse.[27] Eindrucksvoll bleibt in jedem Fall das Festhalten am Prinzip.

Variationen in der »Stapelung«, d.h. in der Höhenentwicklung, sind in erster Linie standortabhängig. Tendenziell sind die einfachen »Untertanenhäuser« auf dem Lande eingeschossig. In Kleinstädten und in Stadtrandlage sind sie meist zweigeschossig und in Stadtmitte gelegentlich dreigeschossig. Selten sind die vier Geschosse,

Untertanenhäuser

Alt Gatow 51, Gatow (um Mitte 19. Jahrhundert)

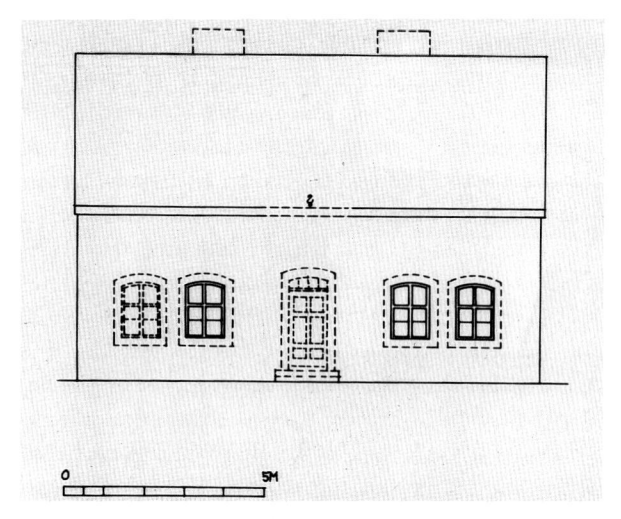

Abb. 13: Ansicht Straße, Rekonstruktionsversuch

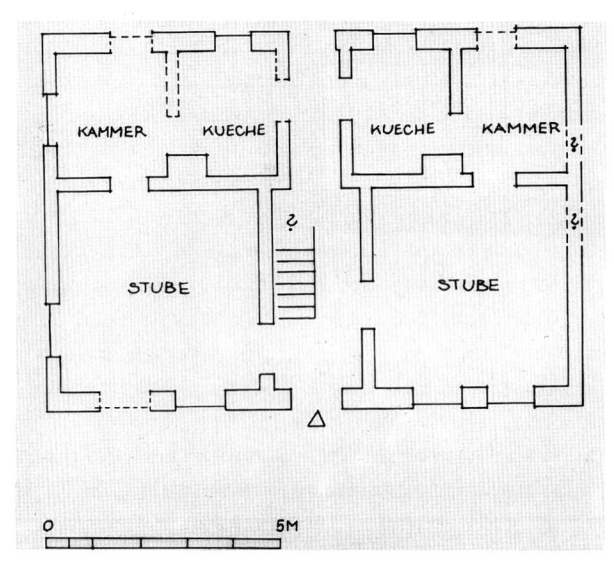

Abb. 14: Grundriß Erdgeschoß, Rekonstruktion

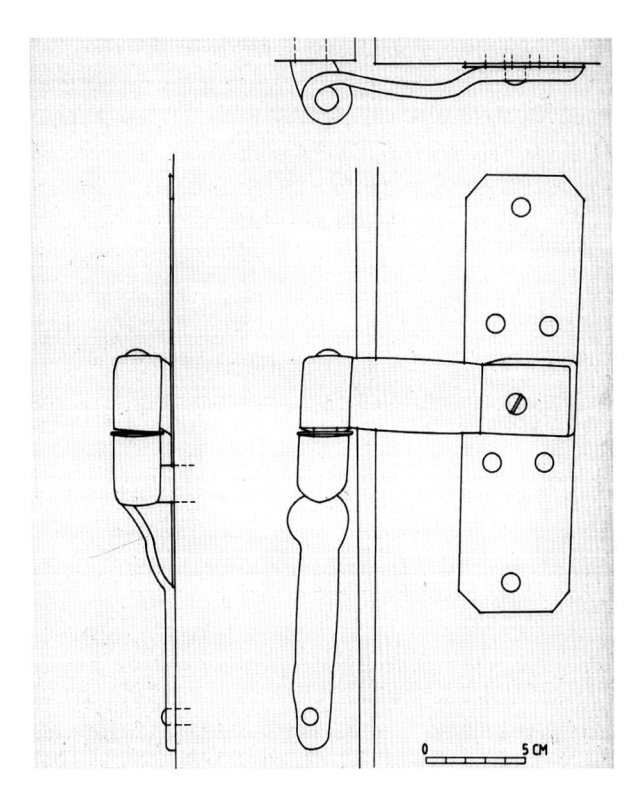

Abb. 15: Bauaufnahme Scharnier Türe Hof, Zustand 1987

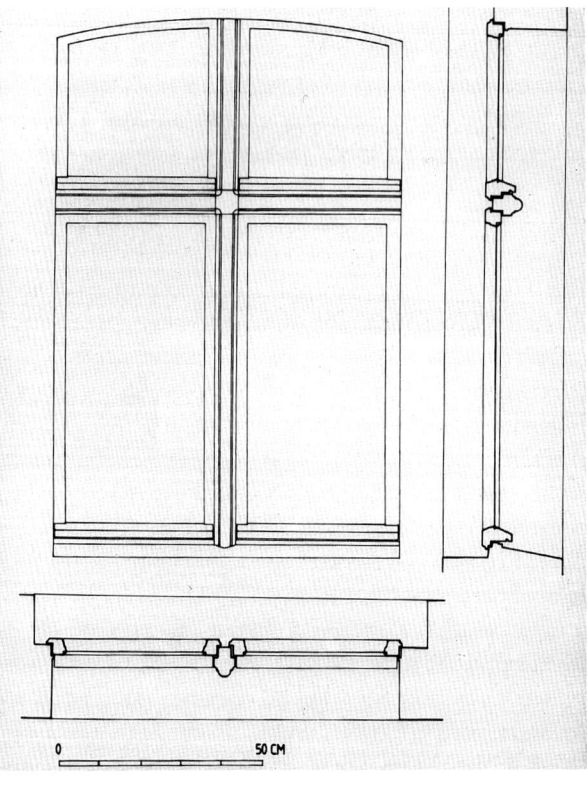

Abb. 16: Bauaufnahme Fenster EG West, Zustand 1987

wie beim Haus Blücherplatz 2 in Potsdam von 1755.²⁸ Wie im Grundriß drücken sich auch in der Fassade kaum die individuellen Bedürfnisse und Vorstellungen der Bewohner aus. Die Reglementierung und Homogenisierung auch der äußeren Erscheinung des hier untersuchten »Untertanenhauses« durch die Obrigkeit ist offensichtlich. Alle Häuser sind traufständig. Damit wird die Entwicklung individueller Giebelformen im Ansatz unterbunden. Besonders betont ist die mittlere Eingangsachse. Diese wird durch eine Vergrößerung des Achsintervalles zur Türe erreicht. Bei reicheren Häusern ist hier eine besondere Pilastergliederung angebracht, bei den einfacheren muß man sich diese dazudenken.

Erst mit dem massiven Einzug von Ideen von Freiheit, Gleichheit und Brüderlichkeit in das politische Denken um 1800 verliert sich – konsequenterweise – in der Gestaltung der Fassaden die mittlere Achsialität. Diese Entwicklung zeigt sich zuerst in den Städten. Auf dem Lande werden noch um die Mitte des 19. Jahrhunderts die Fassaden »barock« gestaltet.²⁹

Ornament und Gebrechen

Für Brandenburg/Preußen war in den Städten der Provinz, in der Vorstadt und auf dem Lande das einfache, wenig ornamentierte Haus charakteristisch. Oft dürfte ein profiliertes Traufgesims und bei mehrgeschossigen Häusern ein zusätzliches Gurtgesims die einzig dekorative Zutat von Belang gewesen sein. Bei den vorherrschenden Fachwerkhäusern waren diese in der Regel aus Holz. Der Baukörper verzichtet gewöhnlich auf dekorative Risalite, Vorsprünge und ähnliche Zierformen. Dachgaupen und Zwerchgiebel dienten zur Hervorhebung eines Gebäudes, wurden jedoch wegen der zusätzlich anfallenden Kehlen und Wasserwinkel und der damit verbundenen Störanfälligkeit nach Möglichkeit vermieden.³⁰

Auch in konstruktiver Hinsicht herrschte Einfachheit bzw. Sparsamkeit. Bis zum Ende des 18. Jahrhunderts wurde der überwiegende Teil der Häuser in der billigeren Fachwerkbauweise errichtet. Oft wurden die Fundamente eingespart und die Schwelle auf die bloße Erde oder auf eingegrabene Holzklötze gelegt.³¹ Die Ausfachung bestand meistens aus einer Staakung mit Lehmwickeln. Der Verputz wurde vielfach mit Lehm ausgeführt. Nur der Schornstein war massiv gemauert; manchmal wurde er allerdings auch in Fachwerk ausgeführt! Vor allem auf dem Lande erhielten die Dächer eine Deckung aus Stroh oder Rohr.³² Gewöhnlich waren sie etwas über 45 Grad geneigt.³³ Gang und Küchen wurden mit Bruchsteinen oder Ziegeln gepflastert, die Wohnräume mit Holzdielen belegt.

Durch den Zwang zu extremer Sparsamkeit waren die Gebäude oft in technischer Hinsicht mangelhaft ausgeführt und bedurften früh der Reparatur oder mußten bald wieder abgerissen werden.³⁴ Manchmal waren die Besitzer so arm, daß sie einen ordnungsgemäßen Unterhalt der Bausubstanz nicht gewährleisten konnten. Die Vergänglichkeit der billigen Fachwerkkonstruktionen und der damit verbundene immense Holzverbrauch führte gegen Ende des 18. Jahrhunderts, neben immer schärferen Feuerschutzbestimmungen, zur Förderung der Massivbauweise und des Ziegeldaches. Dabei wurden zunächst vielfach an bestehenden Fachwerkhäusern die Straßenfassaden massiv erneuert.³⁵ Experimente mit Lehmbau, wie sie Gilly³⁶ anstellte, erwiesen sich als nicht durchsetzungsfähig.

Bei aller Einfachheit bedeuteten die »Untertanengebäude« für ihre Bewohner in der Regel eine Verbesserung ihrer Lebensverhältnisse.³⁷ Da die Produktion von Neubauten immer den Bedarf überstieg³⁸, blieb die Belegungsdichte gewöhnlich in erträglichem Rahmen. Erst im 19. Jahrhundert führte in den großen Städten die Wohnungsnot zu teilweise katastrophalen Lebensbedingungen.

IV. Sozialisation

Die o.g. »Untertanenwohnung« löste das gemeinsame Leben in wenig differenzierten Räumen, das in Deutschland teilweise bis zum Ende des 18. Jahrhunderts üblich war, ab. Den Anfang dieser Entwicklung sieht Griep³⁹ bezüglich des Bürgerhauses in der Zeit des ausgehenden Mittelalters im Gebiet der »deutschslawischean Kontaktzone«. Eine ähnliche Entwicklung zeigt sich aber auch beim Bauernhaus.⁴⁰

Eine besondere Ausprägung und Verbreitung erfuhr das »Untertanenhaus« in Brandenburg/Preußen.⁴¹ Hier waren nicht nur die Residenzstädte⁴², sondern nach und nach die Landstädte und später auch Dörfer dem fürstli-

Untertanenhäuser

Steinernes Zeitzeugnis. Das Haus Alt-Gatow 51 in Spandau ist unter Denkmalschutz gestellt worden, weil es nach Ansicht des Landeskonservators die Gatower Sozial- und Baugeschichte dokumentiert. Das Gebäude war Mitte des 19. Jahrhunderts als »Bündnerhaus« errichtet worden. Bündner nannte man die Landbewohner, die als Tagelöhner arbeiteten. Die Stuben des Hauses waren relativ groß, um Werkzeuge der daheim arbeitenden Handwerker aufnehmen zu können. Häuser dieser Art wurden im Berliner Umland für jeweils zwei Bündnerfamilien errichtet.

Abb. 17: aus: Der Tagesspiegel, 9.10.1988, S. 17.

chen Gestaltungswillen unterworfen. Während in anderen Regionen traditionelle Bauformen Bestand hatten, wurde hier das Bauen, entsprechend dem gesamten Staatswesen, vollständig durchrationalisiert.

Zunächst war es Berlin, das sein Erscheinungsbild unter dem Großen Kurfürsten drastisch veränderte. Die mittelalterlich geprägten Giebelhäuser mit ihren Traufgassen verschwanden zugunsten einer geschlossenen traufständigen Bebauung.[43] Die Zerstörungen des 30jährigen Krieges, unbebaut gebliebene Flächen und Stadterweiterungen, boten überdies genügend Raum zur Etablierung der neuen Bauformen. Auf das Land gelangten die »Untertanenhäuser« im 18. Jahrhundert zunächst im Rahmen der preußischen Siedlungspolitik. Die vollständig neu angelegten Dörfer wurden durch die landesherrlichen Kassen finanziert[44] und waren damit in erster Linie dem Gestaltungswillen des Königs unterworfen.[45] Die landschaftlich gebundenen Bauweisen wurden verdrängt zugunsten möglichst wirtschaftlicher Bauweisen.

Um die Mitte des 18. Jahrhunderts begann die massive Einflußnahme der Obrigkeit auch auf das Bauen in den alten Dörfern. In der Altmark war bis dahin das »Niederdeutsche Hallenhaus« üblich.[46] Hier lebten bzw. lagerten »Menschen, Vieh und Getreidevorräte unter einem Dach«. Die Konstruktion dieses Hauses erforderte relativ viel Holz, das in dieser Zeit knapp wurde. So fand um 1800 auf staatlichen Druck hin das quergegliederte fünfachsige Bauernhaus zunehmende Verbreitung. Wohn- und Wirtschaftsgebäude mußten wegen des Brandschutzes getrennt werden.

Bezeichnend für den preußischen Aspekt des hier beschriebenen »Untertanenhauses« ist der Umstand, daß die kurze Zugehörigkeit der Altmark zu Westfalen (1807-1815) ein Wiederaufblühen des Niederdeutschen Hallenhauses[47] brachte. Dagegen führten im benachbarten Mecklenburg-Strelitz die freundschaftlichen Beziehungen mit Preußen und der Einsatz von Landbaumeistern der Berliner Schule um 1800 auch in diesem Territorium zur Verbreitung der »Untertanenhäuser«. In Mecklenburg-Schwerin, das sich gegen Preußen in der Auseinandersetzung mit Österreich verbündet hatte, blieb die Bautradition des »Niederdeutschen Hallenhauses« erhalten.[48]

Der Einfluß der Obrigkeit auf das Bauwesen wurde zunehmend differenzierter. Von grundlegender Bedeutung war die Gründung des Oberbaudepartements im Jahr 1770.[49] Damit wurde das Bauwesen in allen Provinzen zentral gesteuert. Es wurden Typenentwürfe erarbeitet und die Baubeamten ausgebildet. Zuvor wurden die Baugeschäfte jeder Provinz von den dortigen Baudirektoren bei den Kriegs- und Domänenkammern verwaltet. Eine weitere Zentralisierung des Bauwesens hatte die Gründung der Bauakademie im Jahr 1799 zur Folge.

Zu einem starken Bruch auch im Bauwesen führte die Erschütterung des feudal-absolutistischen Staates um die Wende zum 19. Jahrhundert. Die Entwicklung zur bürgerlich-kapitalistischen Gesellschaft brachte neue Bautypen hervor und ließ alte verschwinden. So wurden in den 20er Jahren des 19. Jahrhunderts in Berlin die ersten großen Mietshäuser gebaut. Es entwickelte sich das »Berliner Mietshaus«.

Auf dem Lande allerdings wurden noch bis um die Wende zum 20. Jahrhundert die alten »Untertanenhäuser« weitergebaut.[50] Diese waren bereits wieder zur Bautradition geworden.

V. Raison, sentiment

Die große Verbreitung der hier beschriebenen »Untertanenwohnung« steht im Zusammenhang mit den Besonderheiten des brandenburgisch-preußischen Staatswesens. In einer Zeit, in der der gesellschaftliche Reichtum in erster Linie in der Landwirtschaft erzielt wurde, hatte es dieses von Natur aus karg ausgestattete und dünn besiedelte Land nicht einfach, sich zu behaupten. Aus der Traumatisierung im Dreißigjährigen Krieg durch Demütigung und Ausplünderung entwickelte es seine eigene Strategie zur Absicherung des eigenen Territoriums: »Zucht, Ordnung und Sparsamkeit«. Gegenüber diesen Qualitäten der Vernunft erschien das übrige Deutsche Reich und seine Verwaltung »an irrationale Überlieferungen gefesselt«.[51]

Die Rationalität der »Untertanenhäuser« läßt den aufklärerisch fortschrittlichen Aspekt Preußens erkennen. Dieser zeigt sich vor allem in der Differenzierung des Wohnens. Denn sie ging »Hand in Hand mit der inneren Möblierung der Psyche« des Menschen.[52]

Ausdrücke wie »Selbstbewußtsein« und »Sentimentalität« haben sich in jener Zeit gebildet, bzw. ihren heutigen Sinn erhalten.[53]

In der durchaus konstruktiven Selbstbehauptung manifestierte sich jedoch die unzureichende Abgrenzung durch die Welt der Gefühle als »Macht, Kontrolle und Beherrschung anderer durch Gewalt«.[54] So erklären sich die Raubkriege um Schlesien, aber auch die künstliche und vorfabrizierte Architektur der »Untertanengebäude«. Diesen Aspekt drückte der aus dem ganz anders strukturierten Rheinland stammende Heinrich Heine 1828 aus: »Der durchreisende Fremde sieht nur die langgestreckten uniformen Häuser, die langen breiten Straßen, die nach der Schnur und meistens nach dem Eigenwillen eines einzelnen gebaut sind und keine Kunde geben von der Menge.«[55]

Anmerkungen

[1] Griep (S. 120-122) stellt im Kapitel »Hauslandschaften, Ostdeutschland« die besondere Entwicklung in Preußen gegenüber dem übrigen Deutschen Reich und dem Ausland fest; ebenso Büttner und Meissner (S. 312/313), ihr globaler Betrachtungsansatz läßt jedoch für detaillierte Ausführungen keinen Raum.

[2] Gut.

[3] Mielke.

[4] Das Thema bietet noch Stoff für eine Vielzahl von Dissertationen.

[5] Gutachten im Auftrag des Landeskonservators: Verf, u. a.

[6] Zum Zusammenhang von Parzellierung und Haustypen: S. u.

[7] Schulze, Daniel Friedrich: Zur Beschreibung und Geschichte von Spandow, Band II., Berlin 1913.

[8] Gutachten im Auftrag des Landeskonservators: Verf., u. a.

[9] Vergl.: Schendel.

[10] Berson, F. P.: Instruktion für Bau- und Werkmeister über die Einrichtung und Anlage der bürgerlichen Wohnhäuser in den Provinzialstädten nebst den nöthigen Rissen um sich derselben beim Entwerfen und Erbauen neuer Häuser als Beispiele bedienen zu können, Berlin 1804.

[11] Bauhistorische Untersuchung: Verf.

[12] Wie Kinkelstr. 26, Berlin-Spandau. Vergl. oben.

[13] Bauhistorische Untersuchung: Verf., im Rahmen eines Bauaufnahmeprojektes der TU Berlin, WS 87/88. Die Substanz konnte hier leider zur Klärung der Baugeschichte nicht herangezogen werden. Etliche Fragen müssen deshalb noch offen bleiben.

[14] Vorherrschend z. B. in Berlin-Hermsdorf. Siehe Gutachten BASD: »Ländliche Siedlungsbauten in Alt-Hermsdorf«, Okt. 1986.

[15] Z. B. in Berlin-Spandau: Ritterstr. 14, Fischerstr. 27 und 28.

[16] Kuhn, S. 97.

[17] Kuhn, S. 98.

[18] Die Begriffsbildung »Doppelstubenhaus« bei Radig und die Ableitung vom »Mitteldeutschen Wohnstallhaus« (S. 15) sind von der Betrachtung des »Untertanenhauses« auf dem Lande geprägt.

[19] Mielke, S. 165.

[20] Zur Verteilung der Achsanzahl bzw. der Bevorzugung der fünfachsigen Fassade in Potsdam: Mielke, S. 350/351. Es darf davon ausgegangen werden, daß das Übergewicht des »Fünfachsers« in den Provinzstädten und auf dem Lande noch viel höher war. Die »Friederi-

21 Vergl.: Worbs, Dietrich: Zwei Büdner-Häuser in Berlin-Spandau aus der Zeit um 1800. In: Niedersächsisches Landesverwaltungsamt, Institut für Denkmalpflege (Hrsg.).: Umgang mit dem Original. Arbeitshefte zur Denkmalpflege in Niedersachsen, Hannover 1988. 107-109.
22 Vergl. Kompositionsschemata barocker Musik.
23 Z.B. Wiederaufbau von Neuruppin nach dem Brand von 1789. Siehe: Lindner, Werner: Brandenburgische Städtebaukunst. In: Brandenburgische Jahrbücher, Nr. 17. Potsdam/Berlin 1941. Oder die Stadterweiterungen von Potsdam und Berlin.
24 Vergl. Berson, a.a.o.
25 Fischerstr. 27.
26 Markstr. diverse.
27 Fischerstr. 28.
28 Mielke, II, T. 32. Architekt: A. Krüger. Bei diesem Beispiel sind allerdings je zwei Geschosse durch eine Kolossalordnung zusammengefaßt.
29 Z.B. Pichelsdorfer Str. 108 von 1873/74, allerdings abgewandelt. Bauhistorisches und denkmalpflegerisches Gutachten: Verf., u.a. 1983.
30 Kuhn, S. 69. Umgekehrt kam es allerdings in der königlichen Residenz Potsdam vor, daß kleine und einfache Wohnungen zur fürstlichen Repräsentation hinter reich gestalteten Fassaden versteckt wurden.
31 Kuhn, S. 67.
32 Schendel, S. 96.
33 Kuhn, S. 63.
34 Skoda, S. 52 und 53.
35 Z.B. Charlottenstr. 9, Berlin Spandau. Bauhistorische Untersuchung, Verf., 1983. Zur Förderung der Erneuerung von Fachwerkfassaden in Mauerwerk durch Friedrich II: Schulze, D. F.: Zur Beschreibung und Geschichte von Spandow. Band 2, Berlin 1913, S. 441.
36 Gilly, David: Handbuch der Landbaukunst, Berlin 1797.
37 Skoda, S. 53.
38 Braunfels, Wolfgang: Die Kunst im Heiligen Römischen Reich. Band I. Die weltlichen Fürstentümer. S. 91/92.
39 S. 118 ff.
40 Baumgarten, Karl: Das Deutsche Bauernhaus, Berlin 1980, 38.
41 Büttner und Meissner, S. 312, S. 313. Griep, S. 124-126. Grundsätzlich ist zu beachten, daß es bei den beschriebenen Erscheinungen eine zeitliche Verzögerung von der Residenz zur Provinz und von der Stadt zum Land gibt. Eine eigene Entwicklung haben im Übrigen die westlichen Provinzen des Preußischen Staates aufzuweisen.
42 Als vorbildliches Beispiel zur bauhistorischen Untersuchung des Einflusses eines absolutistischen Fürsten: Hassler, Uta: Die Baupolitik des Kardinals Damian Hugo von Schönborn. Landesplanung und profane Baumaßnahmen in den Jahren 1719-1743, Mainz 1985. Vielfach wird auch hier bei den Musterentwürfen um die Mitte des 18. Jhs. eine fünfachsige Fassadengestaltung angetroffen. Allerdings ist die besondere mittlere Achsialität nicht anzutreffen. Bereits ab 1722 dürfen nur noch massive Häuser gebaut werden.
43 Gut, S. 16-23.
44 Schendel, S. 93-108.
45 Zur Baupolitik dieses Monarchen: Giersberg, Hans-Joachim: Friedrich als Bauherr. Studien zur Architektur des 18. Jahrhunderts in Berlin und Potsdam, Berlin 1986.
46 Schendel, S. 96 ff.
47 Fischer, Peter: Die Veränderungen der Haus, Hof- und Siedlungsformen in der nordwestlichen Altmark während des Übergangs vom Feudalismus zum Kapitalismus. In: Rach, Hans-Jürgen (Hrsg.): Vom Bauen und Wohnen, Berlin 1982, S. 216.
48 Baumgarten, Karl: Zur Frage der Reglementierung ländlichen Bauens im Mecklenburg des 18. Jahrhunderts. In: Rach, Hans-Jürgen (Hrsg.): Vom Bauen und Wohnen, Berlin 1882, S. 90.
49 Schendel, S. 99.
50 Neben o.g. Haus Alt Gatow 51: Alt Lübars 10 von 1844. Nach: Lampeitl, Jürgen. Das Landarbeiterhaus Alt-Lübars 10, Berlin 1987.
51 Braunfels, a.a.O. S. 89 ff.
52 Lukacs, John: The Burgeois Interior. In: American Scholar, Bd. 39, Nr. 4/1970.
53 Rybczynski, Witold: Wohnen. Über den Verlust der Behaglichkeit, München 1987, S. 35.
54 Capra, Fritjof: Wendezeit, Bern, München, Wien 1985, S. 42.
55 Nach Braunfels, a.a.O., S. 92.

Literatur

Brandt, Peter: Preußen. Versuch einer Bilanz, Bd. 3: Zur Sozialgeschichte eines Staates, Reinbek bei Hamburg, 1981.
Büttner, Horst / Meissner, Günter: Bürgerhäuser in Europa, Leipzig 1981.
Geist, Johann Friedrich / Kürvers, Klaus: Das Berliner Mietshaus. Bd. I. 1740-1862, München 1980, Bd. II. 1862-1945, München 1984.
Griep, Hans-Günther: Kleine Kunstgeschichte des Deutschen Bürgerhauses, Darmstadt 1985.
Gut, Albert: Das Berliner Wohnhaus. Beiträge zu seiner Geschichte und seiner Entwicklung in der Zeit der landesfürstlichen Bautätigkeit (17. und 18. Jahrhundert). Berlin 1917. Neuauflage Berlin 1984.

Kuhn, Waldemar: Kleinsiedlung aus friederizianischer Zeit, Stuttgart 1918.
Mielke, Friedrich: Das Bürgerhaus in Potsdam, II Bde. Tübingen 1972.
Schendel, Adelheid: Veränderungen traditioneller Bauformen durch obrigkeitliche Einflüsse in Brandenburg um 1800. In: Rach (Hrsg.): Vom Bauen und Wohnen, Berlin 1982.
Schlenke, Manfred (Hrsg.): Preußen. Versuch einer Bilanz, Bd. 2: Beiträge zu einer politischen Kultur, Reinbek bei Hamburg 1981.
Skoda, Rudolf: Wohnhäuser und Wohnverhältnisse der Rosenthaler Vorstadt von Berlin. In: Winkler, Dieter (Hrsg.): Beiträge zur Berliner Baugeschichte und Denkmalpflege, Berlin 1987.

Abb. 1: Brücken an der Spree

Christine Hoh-Slodczyk
Großstädtische Denkmallandschaften

I.

Daß nicht nur hervorragende Einzelbauten Denkmalschutz beanspruchen können, sondern auch größere Zusammenhänge, ist seit langem bekannt und akzeptiert. Die Gesetze sprechen von »Mehrheiten baulicher Anlagen«, von »Gesamtanlagen«, »Ensembles« oder »Denkmalbereichen«. Die Charta von Venedig (1964) benannte unter dem Begriff des historischen Denkmals sowohl das einzelne Bauwerk als auch städtische oder ländliche Gebiete, die Zeugnis einer besonderen Kultur, einer bezeichnenden Entwicklung oder eines historischen Ereignisses sind. Einig sind sich die Gesetze darin, daß bei solchen großräumigen Denkmalen keineswegs jeder Bestandteil Denkmal sein muß, daß auch Gartenanlagen und wesentlich von menschlicher Tätigkeit geprägte Teile der Natur Baudenkmale sein können.

Die Abgrenzungen und Kriterien für solche umfassenden Denkmale zu finden, erwies sich allerdings als schwierig. Erst Tilmann Breuer hat durch eine Folge von grundlegenden Aufsätzen, die auf der Reflexion von Realerfahrungen den Ensemblebegriff zum Grenzbegriff der Denkmallandschaft hinführten, die theoretischen Grundlagen geschaffen.[1] In seinem Aufsatz »Ensemble« (1976) machte Breuer deutlich, daß nicht Schönheit und Ästhetik – das »malerische Sehen« und das malerische Bild – den Denkmalwert von Ensembles begründen, sondern die geschichtliche Aussage, die in der Gruppierung von Bauten und deren Zugehörigkeit liegt. Die exemplarische Anwendung des Ensemblebegriffs auf die Großstadtlandschaft München (1977), die Betrachtung von »Land-Denkmalen« (1979), die in den Aufsätzen »Denkmal, Ensemble, Geschichtslandschaft« (1981) und »Stadtdenkmal und Landdenkmal« (1982) vertieft wurde, führte konsequent zum Begriff der »Denkmallandschaft« (1983): »Denkmallandschaft ist Manifestation der Vergangenheit in der Gegenwart, Landschaft also in einem durchaus geographisch verstehbaren Sinn und nicht Geschichtslandschaft als Substrat eines auch im Raum sich fortlaufend vollziehenden Geschehens.«[2] Überzeugend werden »anschauliche Koinzidenz von Landschaft und architektonischer Leistung« und »Interaktion von Geschichte und Geographie« als konstitutive Elemente und Faktoren der Denkmallandschaft herausgestellt. »Es sind Sonderleistungen, welche den Raum mit besonderer Intensität gestaltet haben, und dabei ist es gleichgültig, ob diese Sonderleistungen von der Naturlandschaft provoziert oder ob sie sozusagen gegen die Naturlandschaft erbracht sind.«[3] Wichtig sind die Zonen der Verdichtung, die an ihrem Rand notwendigerweise Grenzunschärfen aufweisen müssen, die in ihrer Setzung von zentralen Orten aus aber ein räumliches Gefüge entstehen lassen, das nur als Sequenz zu erfahren ist.

Von großstädtischen Denkmallandschaften zu sprechen, ist nur scheinbar ein Paradox. In seinem 1984 an der Technischen Universität in Berlin gehaltenen Vortrag »Denkmäler in Metropolen – Metropolen als Denkmale – München als Beispiel?«, zielte Breuer auf die Bestimmung des historischen Ortes der Metropolen: »Die Elemente, Glieder und Strukturen einer historischen Metropole müßten (...) in einem systematischen Gesamtzusammenhang beschrieben werden im Hinblick auf ihre Bedeutung für den Gesamtcharakter einer solch spezifischen, von metropolitaner Erinnerung bestimmten großstädtischen Denkmallandschaft.«[4]

Bestimmende Faktoren auch der großstädtischen Denkmallandschaft sind die – oft schon mehrfach – geschichtlich geprägte Natur, die Erschließung der Landschaft zur Stadt, die großstädtische Nutzung und Typologie. Ob in den Villengebieten im Süden oder in den Siedlungszonen um den Schäfersee im Nordosten, immer ist auch die Auseinandersetzung mit den natürlichen Gegebenheiten ein wesentlicher Faktor. An vier Beispielen – Heiligensee, Spreebögen, Kreuzberg, Gebiet zwischen Anhalter Bahnhof, Gleisdreieck und Yorckbrücken (vgl. S. 91 ff) – zeigt die Ausstellung die Breite des Spektrums. Zwei dieser Denkmallandschaften

Denkmallandschaften

Abb. 2: Alt-Heiligensee 63, 65, 69: Kossätenhaus und Mietwohnhäuser am Dorfanger

– Heiligensee und Spreebögen – werden hier, mit einem Seitenblick auf Kreuzberg, erläutert.

II.

Heiligensee ist heute weniger ein Bauerndorf als ein Wohn- und Ausflugsort. Wer vom Wasser her kommt, begegnet dem Fährhaus und einer Reihe von Einfamilien- und Wochenendhäusern mit Bootsanlagen an den Ufern. Das alte Dorfzentrum bleibt Hinterland.

Wer vom Land her in das Dorf gelangt, den führt der Weg nicht mehr durch die Felder, die sich einst im Norden und Osten ausbreiteten, sondern durch eine Einfamilienhaussiedlung, die diese Felder bis auf einen Rest dicht an das Dorf heran zersiedelte.

Zwar verdankte Heiligensee, das seit dem 13. Jahrhundert an einer der wichtigsten Paßstellen an der oberen Havel liegt, seine Existenz seit jeher der gleichzeitigen Land- und Wassernutzung, doch geschah dies unter Wahrung seiner topographischen und landwirtschaftlichen Struktur. Erst die Einholung des Dorfes als Ausflugsort der Großstadt um die Jahrhundertwende und in den zwanziger Jahren, die einherging mit dem lukrativen Verkauf von Äckern und Höfen und der Einnahme des Dorfes als vorstädtischem Wohnort, rührten die Dorfstruktur an. Zum agrarisch genutzten Umland und den Merkmalen des Dorfes mit Anger, Kirche, Bauernhöfen trat die Freizeitlandschaft mit Lauben, Bootsstegen und Bootshäusern, die sich bis in das Dorf hineinschob. Noch besteht die Dampferanlegestelle, ehemals mit sieben Bootsstegen, hinter der Nr. 52, dem damaligen »Restaurant Sportshaus«, dessen Besitzer 1924 ein Bootshaus mit der Begründung beantragte: »Die Nachfrage nach Unterkunftsmöglichkeiten für Paddelboote ist eine sehr große. Ich gedenke auch im Interesse des Wassersports zu handeln, wenn ich für Lagerräume der Boote sorge, und ich diese gegen billigen Pachtzins an die meistens wenig bemittelten Leute abgeben möchte.«[5] Die Laubenidylle entlang der Fährstraße geht auf die gleiche Zeit zurück.

Abb. 3: Heilgensee: Bootsstege an der Havel

Dahinter erst liegt in der Mitte der Halbinsel zwischen Havel und See, jedermann sofort vertraut, das Ensemble des Dorfangers mit allen Charakteristika, die den Anger kennzeichnen: Breite Baumreihen auf der westlichen Angerseite und die Allee der Dorfstraße schneiden seine Linsenform inselartig aus und betonen ihn zugleich als Zentrum des Dorfes. Umgeben vom Friedhof steht in seiner Mitte die Kirche; Rathaus, Feuerwache, Dorfkrug mit Tanzsaal, Schmiede und Wohnhäuser sind in Gruppen, von Grün durchsetzt, um sie verteilt.

Zum Ensemble des Dorfangers gehören auch die bandartig um Anger und Dorfstraße gereihten Grundstücke, in deren vorderem Teil die Gehöfte liegen mit den eingeschossigen, traufständigen Wohnhäusern, während im rückwärtigen Teil die Nutzgärten bis zum Wasser reichen. Je nach früherem Besitzstand umstehen einfache Kossätenhäuser mit nur wenigen Achsen den Anger, häufiger Bauernhäuser mit bis zu sieben Achsen, die im Vergleich mit den Häusern der Innenstadt ländlich wirken, deren Fassaden jedoch, mit Gesimsen, Fensterverdachungen und Stuckdekor herausgeputzt, die erste, noch dorforientierte Verstädterung zeigen.

Die Wege unterstreichen die Geschlossenheit des Angers: Unbefestigte Pfade säumen seinen Rand. Die Dorfstraße, mit braun-violett schimmerndem Großsteinpflaster belegt, verbindet Angermitte und Angerrandbebauung, an der entlang Gehwege mit Mosaiksteinpflaster zwischen Grünstreifen führen. In ihrem Verlauf, ihrer Struktur und Farbigkeit vernetzen die Wege die Elemente des Dorfes ebenso wie die Vorgärten und ihre Einfriedungen: meist zierliche Geflecht- oder Staketenzäune, die nur begrenzen, nicht isolieren.

Das scheinbar einheitliche Bild des Dorfes dominiert, in dem alles Neue als Störung empfunden werden müßte. Tatsächlich zeigen sich aber bei genauem Hinsehen strukturelle Veränderungen, die sich das Dorf gleichsam anverwandelte, die aber auch ihm sich einfügen mußten: Eine dem ursprünglichen Dorf fremde Dichte kennzeichnet die Bebauung am Anger. Nur noch an Stellen ist über die Großräumigkeit des Dorfangers hinweg die Offenheit zum Wasser vorhanden. Stattdessen stehen die Bauten eng auf neu geteilten, schmalen Parzellen. Höhensprünge unterbrechen die niedrige Dorfbebauung. Jüngere Bauten sind zwischen die Bauernhäuser geschoben: unauffällige Arbeiterwohnhäuser, Villen, Miethäuser mit Kleinstwohnungen, kommunale Bauten. Städtisch ist auch das Funktionale, das über den Dorfkrug hinausgehende Restaurant (Nr. 52 und ehem. 91), das Café (ehem. Nr. 63), das Tanzlokal (ehem. Nr. 91).

Das Ausgreifen großstädtischer Funktionen und Nutzungen, die das Dorf seit der Jahrhundertwende überformt haben, wird hier deutlich. Ein Rundgang, der über den Anger hinaus zu den Heiligenseer Feldern, zur Sandhauser Brücke oder die alte Fährstraße entlang führt, zeigt sehr schnell, daß die Bedeutung Heiligensees schon seit langem über die Existenz eines Bauerndorfs hinausgeht, daß der Ort vielmehr in den größeren Zusammenhang einer Denkmallandschaft eingebunden ist, die sich anschaulich in historisch belegbaren und erfahrbaren Strukturveränderungen mitteilt.

Die Grenzen sind durchlässig. Dorf und großstädtische Freizeitlandschaft sind in einem Netz von Verflechtungen verschränkt. Einerseits wurden Parzellenstrukturen übernommen und an den Dorfausgängen weitergereiht, so daß die Grundrißstruktur älter und ländlicher als die Bebauung scheint, andererseits wurden neue Zentren wie das Bootshaus Havelblick durch die Vernetzung mit neuen Funktionen eingebunden, Caféterrassen, Restaurant und Läden bis an den Dorfanger herangeführt. Ein Zusammenhang neuer Art entstand mit einer spezifischen Lebendigkeit des Angers, die vom Städter zwar als dörflich erlebt wird, deren unverwechselbares und bis heute erhalten gebliebenes Charakteristikum jedoch die einzigartige Situation einer ins Städtische gewendeten Dorfstruktur ist.

Seitdem hat sich die Struktur nicht grundlegend verändert. Nur das Netz wurde durch die Laubenkultur, die nach dem Krieg, da es in Berlin keine Wohnungen mehr gab, auf der Fährhalbinsel und in den Nutzgärten vor allem der östlichen Angerhälfte entstand, ausgefüllt. Der Mauerbau hat die Entwicklung Heiligensees gedämpft und die Fährverbindung nach Nieder-Neuendorf, wo das Dorf früher Wiesen bewirtschaftete, gekappt. Erhalten ist das Fährhaus, 1905 und noch einmal 1912/13 erweitert, das am Ende der alten Fährstraße an der Spitze der Halbinsel liegt und im Bezugssystem der Denkmallandschaften einen wichtigen Kristallisationspunkt und Wirkungsbereich bildet.

III.

Im Zusammenhang mit der Nennung von Heiligensee mag der Hinweis auf die Denkmallandschaft Kreuzberg in besonderem Maße überraschen, fehlt doch das prägende Element der Natur gänzlich.

Kreuzberg, im ungeteilten Berlin einst ein zentrumnahes Wohngebiet, liegt heute geographisch am Rande – so, wie es ist, wohl von niemandem gewollt. Seine charakteristische Mischung von Wohnen und Gewerbe, die Hobrecht im Bebauungsplan von 1862 zum Programm erhob, enstand, als die ursprüngliche Planung sich angesichts der wachsenden Bevölkerungszahlen als ungenügend erwies. Dieser Planung Lennés verdankt der Stadtteil seinen von der Geometrie bestimmten Grundriß und die Gleichmäßigkeit der Straßenfassaden, die nichts von den kleinteiligen Nutzungen und mannigfaltigen Vernetzungen verraten, die später in den Höfen entstanden. Erst mit der fortschreitenden Zerstörung wurde der Stadtteil in den Qualitäten seiner integralen Verbindung von Architektur und Lebensform erkannt. In seiner ursprünglichen Dichte ist er heute nur noch in Inseln erhalten, zu denen intakte Blockbereiche inmitten von Hinterhofwüsten durch die Zerstörung zusammengeschlossen wurden. Diese Inseln existieren nicht vereinzelt. Sie sind untereinander durch das Kontinuum der Parzellenstruktur und des Grundrisses vernetzt und durch die Zeilen der Straßenfassaden verbunden. Magnetkernen gleich weisen sie einen strukturellen Denkmalzusammenhang von einer Intensität auf, der gerade die Frage nach »einer solch spezifischen, von metropolitaner Erinnerung bestimmten großstädtischen Denkmallandschaft« stellt.

IV.

Wie für Heiligensee wurde auch für die Spreebögen der Bezug zur Innenstadt prägend. Der Fluß, dessen südliche Auen im 18. Jahrhundert vor allem eine adelige und bürgerliche Villengegend mit eingestreuten Maulbeerplantagen und vereinzeltem Gewerbe wie der Kattun-

Abb. 4: Kreuzberg: Oranienstraße 172/173, Blick auf die Hofseite

bleiche des Schutzjuden Wulff, außerdem Ausflugsziel der Städter waren, wurde im 19. Jahrhundert als Standort der Industrie in den Dienst genommen. Je näher man dem alten Zentrum kam, desto dichter, dominanter wurde die Wirkung der Industriemetropole. Die geschichtlichen Veränderungen, die Maschinen statt Maulbeerbäume, Lastkähne statt Gondeln brachten, prägte auch die Spree-Natur, deren Denkmallandschaft durch Abrisse schon wieder im Verschwinden begriffen ist, bevor ihre Existenz überhaupt bewußt wurde.

Mit der Regulierung, die zwischen Mühlendamm und dem Stauwerk Charlottenburg in den Jahren 1888 bis 1894 vorgenommen wurde, waren Fahrrinnen vertieft, Ufer befestigt, Brücken, Rampen, Straßenzufahrten errichtet worden. Bauten, die bis dahin nur sporadisch den vor allem saisonweise schiffbaren Fluß benutzt oder diesen kaum berührt hatten, wurden durch seinen gerichteten Lauf zusammengebunden und durch Wege und Brücken – bis dahin existierten fast ausschließlich Fähren – vernetzt.

Vom Wasserweg und von den Brücken aus erfährt man auch heute die Konzentrationen und Verdichtungen, die inselhaft erhalten geblieben sind und im Wirkungsbezug ihrer Bauten die Weiträumigkeit und Diskontinuität der Spreelandschaft überbrücken und den Zusammenhalt der Denkmallandschaft konstituieren.

Die Konzentration der Gewerbebauten im Moabiter Spreebogen ist konstitutiver Teil der Landschaft. In ihrem Blickfeld liegt flußaufwärts, in der Nähe des S-Bahnhofs Bellevue, die Verschränkung von Wasserweg, Fußgängerbrücke (Gerickesteg) und Stadtbahn, die in geradezu inszenatorischer Weise die Verdichtung des neuen Verkehrssystems beschreibt. Flußabwärts verbinden neue Industriebauten und Uferwege den Gewerbestandort mit der Firma Gebauer, einer Inkunabel des Gewerbebaus an der Spree, die einem Magnetfeld gleich

Denkmallandschaften

Abb. 5: Spreebögen: ehem. »Bleicherei, Färberei und Appreturanstalt Friedr. Gebauer« an der Gotzkowskybrücke; erste chemische Kattunbleicherei Deutschlands, ältester erhaltener Gewerbestandort an der Spree (seit 1835)

Brücke, Kirche, Wohnen um sich scharte. Spätestens hier wird deutlich, wie sehr Erinnerung und Wirkungsbezug tragen. Es wird aber auch deutlich, in welchem Maße die Kristallisationspunkte der Dominanten notwendig sind, nicht nur für den Bezug der Wirkungsbereiche untereinander, auch für den Zusammenhalt des einzelnen Bereichs.

Die Firma Gebauer, die sich 1835 im traditionellen Standortgebiet der Färbereien und Bleichereien als die 1. chemische Kattunbleicherei Deutschlands niedergelassen hatte, ist der älteste erhaltene Gewerbestandort an der Spree. Der gewachsene Fabrikhof, dicht gefügt aus unterschiedlichen Bauten, orientiert sich mit Appretur, Bleiche und ehemaligem Maschinenhaus, mit Kesselhaus, Brücke, Lagerschuppen und fünfgeschossigem Lagergebäude zur Spree. Die älteren, kleinen Bauten stehen noch auf dem Ufersockel versammelt, erst das Lagergebäude, das Julius Lichtenstein 1925 errichtete, reagiert auf die neue Uferregulierung. Es bildet mit der Kaimauer eine Einheit: Identifikationsobjekt des Gewerbestandorts, Wegmarke an der Spreekrümmung, Angelpunkt städtebaulicher Verdichtung. Gleiche Giebelaufsätze – der des Lagergebäudes ist verschwunden –, gaben der Gesamtanlage ihr Fassadengesicht zur Spree, eine Ambition, der offenbar die 1910 aufgeführte, weil auf Vermietung angelegte Firmenanlage hinter der Gotzkowskybrücke entraten konnte. Dem Typus des Industriehofs folgend, wandte sie sich mit dem Wohngebäude zur Straße und richtete zur Spree die Hoffassaden mit nur knappen Hinterhöfen. Die Nutzung des Wasserweges zeigen dennoch aber die Fenster oder die zu Fenstern vermauerten Türöffnungen der im Eisenbetonbau errichteten Sockel und Ufermauern.

Es gibt heute keine zweite Stelle mehr im Spreebogen, die einem Besucher, ob vom Wasser, von der Brücke oder von den Wegen aus, in gleicher Eindringlichkeit

Abb. 6: Spreebögen: Wohnen, Kirche und Industrie um die Gotzkowskybrücke

städtebauliche und strukturelle Verdichtungen vor Augen führte, wie sie sich in der kurzen Zeit vor dem Ersten Weltkrieg um das alte Färberei- und Gerberviertel herausbildeten. Pointiert reagierte die Ufergestaltung: als reiner Sockelträger, als integraler Bestandteil der Bauten, als hohe Kulissenwand einer Promenade, von der aus die anspruchsvollen Wohnbauten, die sich um die Jahrhundertwende an das Ufer heranschoben oder die Stelle aufgegebener Industriestandorte einnahmen – wie im Falle Borsig am Bundesratsufer – in das Viertel hineinreichen. Treppen – am Bundesratsufer sind sie zu Flanierzonen und Sitznischen erweitert – führen zum Wasser und zur Anlegestelle hinab und verbinden Wasserweg und Wohnbebauung.

Zwischen solcherart verdichteten Zonen sind die Spuren entlang des Wasserlaufs oft ausgedünnt, verwachsen, neutralisiert in der Gleichförmigkeit neuer Ufergestaltungen, zuweilen auch weitergereicht in der Blickbezie-

hung von Gewerbe- und Industriebauten, wie in dem als Solitär am Ufer liegenden Fabrik-, Silo- und Speichergebäude von 1909, damals Augusta-Speicher, heute u. a. Druckhaus Norden GmbH –, das zum Kraftwerk Charlottenburg weiterleitet. Dort liegt am Zusammenfluß von Spree, Landwehrkanal und Charlottenburger Verbindungskanal die außergewöhnliche Architektur der Müllverladestation von Paul Baumgarten (1936), die in einem einzigen Bau alle Verdichtungen konzentriert und gleichzeitig in einer großartigen, städtebaulich weit ausgreifenden Geste die Wasserlandschaft ausrichtet und ordnet. Baumgartens bis in die Gestaltung hinein maschinenhaftes Gebäude, das wie kein anderer Bau an der Spree nicht nur das Wasser nutzt, sondern aus der Integration mit dem Wasser lebt, ist heute nur noch Form und in dieser veränderten Existenz zugleich kritische Form der Denkmallandschaft Spreebögen. Die neue Industrie und Technologie kehrt dem Wasser den Rücken.

Denkmallandschaften

Abb. 7: Spreebögen: Gewerbekonzentration in Moabit; Kornspeicher der ehem. Schütt-Kampffmeyerschen Mühle (Bildmitte l.) 1988 abgerissen

Das Beispiel dient als Lehrstück: Denkmallandschaft ist nicht von den Rändern her, durch Ausgrenzung zu definieren, sondern allein durch die Konfiguration der Zentren und Epizentren. Nicht die Addition und das Nebeneinander von Einzelbauten bewirken das Phänomen Denkmallandschaft, sondern Bezüge und Wirkungsfelder, die der Dominanten, jedenfalls der Verdichtungen bedürfen, die ihrerseits katalysatorisch die Kräfte dieser Felder aktivieren.

Während der Vorbereitung von Ausstellung und Katalog wurde am Moabiter Spreebogen der gewaltige Speicher abgerissen, den Friedrich Tamms 1937 in Erweiterung der ehemaligen Schütt-Mühle für deren neuen Besitzer, E. Kampffmeyer, als Entwurfsberater betreut hatte. Es ging nicht nur ein industrie- und technikgeschichtlich wichtiges Bauwerk verloren, das innerhalb der immer dünner werdenden Speicherkultur Berlins seinen hervorragenden Stellenwert hatte, es ging das Kennzeichen des Spreebogens verloren.

Tamms hatte den Speicher, der mit einem Fassungsvermögen für 15 000 Tonnen Getreide gebaut wurde, in kathedralähnlicher Dominanz und doch geschickt zwischen das 1987 gleichfalls abgebrochene Mühlengebäude an der Ecke zur Stromstraße und das längs zur Spree liegende, fünfgeschossige Färberei-, Reinigungs-, Druckerei- und Wäschereigebäude von Ferdinand Laute (1911) plaziert.

Der durch hohe Blendfenster gegliederte Bau aus grauem, geschuppten Ziegel, der sich mit kolossalem Turmstumpf zur Spree wandte, war vom Wasser etwas zurückgenommen, um den seit Mitte des 19. Jahrhunderts geplanten Uferweg zwischen Stromstraße und Kirchstraße nicht zu verbauen. Die Verbindung zur Spree stellte der hart am Wasser stehende, noch existente Verladeturm mit Verladebrücke dar.

Die Monumentalität des Speichers band die anliegenden Bauten zusammen: das aufgrund der projektierten Uferstraße gleichfalls zurückgesetzte, doch mit Pilastern und jugendstilig angelegtem Dekor als Vorderhaus gestaltete Färbereigebäude und die Restbauten der Meierei Bolle, die seit 1886 am Platz der alten Schumannschen Porzellanfabrik stand. Nur mit der schmalen Brandwand deutet das Meiereigebäude zum Wasser, nachdem der uferseitige Giebeltrakt 1983 abgerissen wurde. Es signalisiert jedoch noch die ganze Parzellentiefe ins Hinterland bis zur Straße Alt-Moabit, während das 1893 errichtete Leutewohnhaus – der Uferplanung zuwider – direkt aus dem Wasser aufsteigt.

Die Sprünge und Wechsel der Bauten beschreiben die Geschichtlichkeit des Ortes, die in der verflochtenen Uferzone zusätzlich interpretiert wird: im flachen Ufersockel, der den Schütt-Kampffmeyerischen Mühlenkomplex trug, in der alten Uferzone des Färbereigebäudes, dessen wasserseitige Halle auf schnellen Abriß angelegt worden war, in der mit Pfosten besetzten Ziegelmauer der Meierei Bolle, die man 1905 der straßenseitigen Mauer von 1892 nachbaute und die mit Meiereigebäude und Leutewohnhaus eine gestaltete Einheit bildete. Poller und Anlegepfosten der Schiffe, Verladerampen und Niveausprünge der Ufermauern, zugesetzte Tore zum Wasser, zu Kellern ausgebaute Ufersockel sind Spuren der einstigen Nutzung und der wirtschaftlichen Bindung der Stadt an das Wasser. Der Verlust des Speichers macht auf selten registrierte Zusammenhänge, Blickbeziehungen und Erinnerungsbezüge aufmerksam, auf qualitative Ordnungen und Bindungen, die der Spreelandschaft über ihre Erscheinung als regulierte, großstädtisch gefaßte Flußlandschaft hinaus ihre ganz spezifische Physiognomie und Geschichtlichkeit verleiht.

V.

In Heiligensee wie an der Spree traten Naturgewässer durch Funktionsveränderungen und Überlagerungen in andere Konstellationen. Beide Denkmallandschaften sind durch ihre Brüche ebenso gekennzeichnet wie durch die Proportionen und Dominanten der Architektur und die Elemente ihrer Verknüpfungen und Vernetzungen. Diese geschichtliche Dimension und Identität gilt es in beiden zu wahren, denn »auch die beste Absicht, durch qualitätsvolle Neugestaltung Historisches zu ersetzen, kann nicht an der Tatsache vorbei, daß Historisches nicht ›reproduzierbar‹ ist und es deshalb auch keinen gleichwertigen Ersatz geben kann.«[6]

Gerade der Spreebogen, weil er mehr ist als nur eine bloße Ansammlung von Baudenkmalen, zeigt kompromißlos, in welchem Maße mit dem Verlust dominanter Bauten auch die Wirkungsbezüge und Zusammenhänge verloren gehen. So würde der Verlust des Gebauerschen Lagerhauses das Auseinanderbrechen einer Denkmallandschaft bedeuten, die einzigartig die Verflechtungen der Berliner Industriekultur zeigt, die aber jetzt schon aufgrund der schleichenden Veränderungen und spektakulären Abrisse in höchstem Grade gefährdet ist.

Auf die Notwendigkeit der Erkenntnis von Denkmallandschaften und deren Vermittlung als Voraussetzung der Erhaltung machte Tilmann Breuer aufmerksam: »Schutz von Denkmallandschaft ist somit nur dadurch möglich, daß ihre Existenz bewußt gemacht und das Bewußtsein in die Entscheidungsprozesse eingebracht wird. Dieses Bewußtsein entsteht durch die Darstellung von Denkmallandschaft (...), erzwingbar ist der Schutz von Denkmallandschaften noch viel weniger, als in einer demokratischen Gesellschaft der Schutz von Denkmalen überhaupt erzwingbar ist.«[7]

Anmerkungen

[1] Breuer, Tilmann, Ensemble. Konzeption und Problematik eines Begriffs des Bayerischen Denkmalschutzgesetzes, in: Deutsche Kunst und Denkmalpflege 1976, S. 21-38. Ders., Probleme der Feststellung und Festlegung von Ensembles im Großstadtbereich München, in: ebd., 1977, S. 193-210. Ders., Land-Denkmale, in: ebd., 1979, S. 11-24. Ders., Denkmal - Ensemble - Geschichtslandschaft. Gedanken zur Struktur des modernen Denkmalbegriffes, entwickelt am Beispiel Lindaus, in: Ars Bavarica 23/24 (1981), S. 1-12. Ders., Stadtdenkmal und Landdenkmal. Grenzbegriffe der Baudenkmale, in: Schönere Heimat 71 (1982), S. 264-270. Ders., Denkmallandschaft. Ein Grenzbegriff und seine Grenzen, in: Österreichische Zeitschrift für Kunst und Denkmalpflege 37 (1983), S. 75-82.

[2] Breuer, Denkmallandschaft, ebd., S. 76.

[3] Ebd., S. 76 f.

[4] Breuer, Tilmann, Denkmäler in Metropolen - Metropolen als Denkmale - München als Beispiel?, Vortrag am 19. 11. 1984 in der Technischen Universität Berlin. Für die Einsichtnahme in das Manuskript danke ich Tilmann Breuer.

[5] Bauakte, Bezirksamt Reinickendorf.

[6] Debold-Kritter, Astrid, Gestaltverordnungen im Altstadtbereich, in: Bauwelt 36 (1977), S. 443-450, zit. nach Huse, Norbert (Hrsg.), Denkmalpflege. Deutsche Texte aus drei Jahrhunderten, München 1984, S. 214.

[7] Breuer, Denkmallandschaft, a.a.O. (Anm. 1), S. 82.

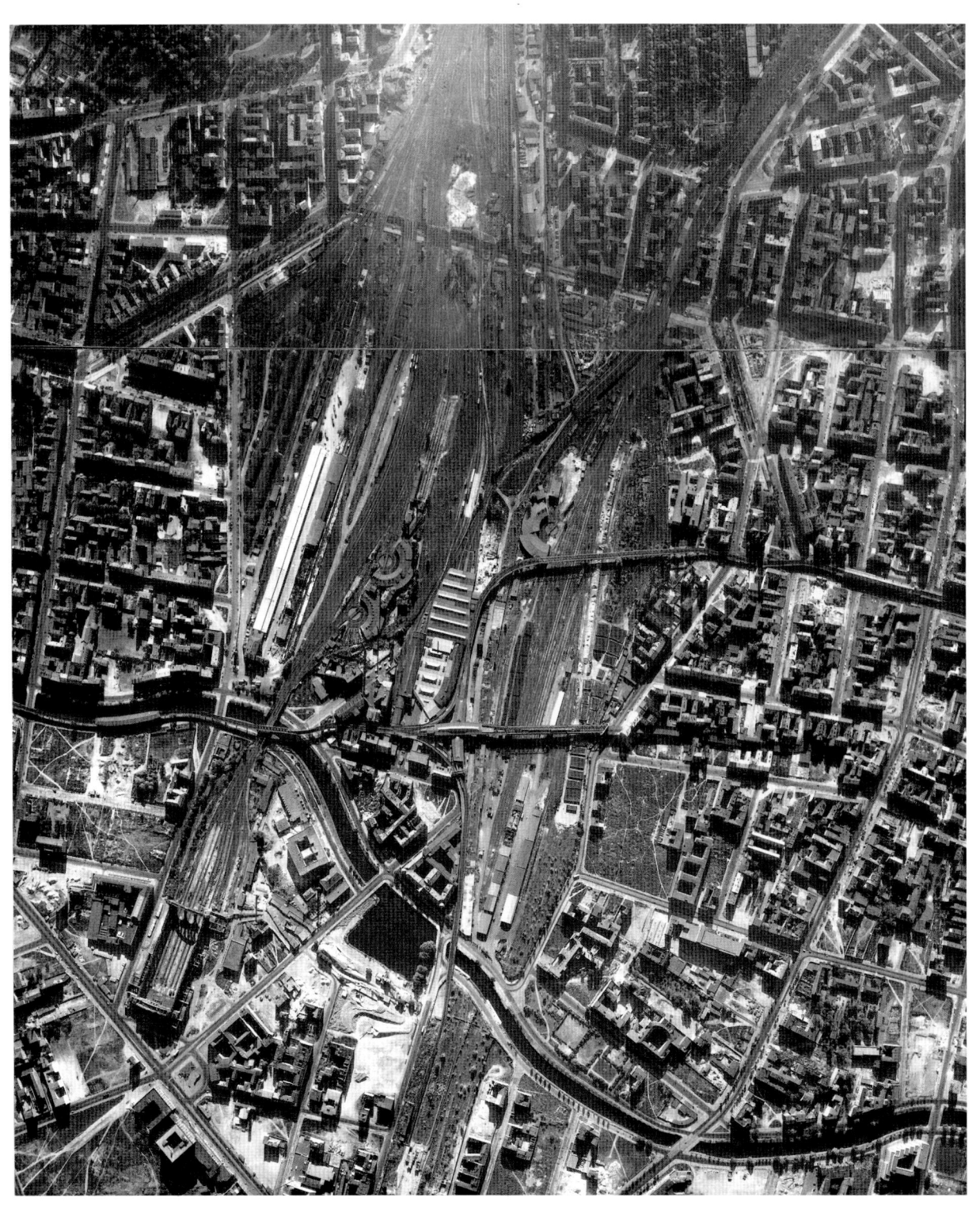

Abb. 1: Luftbild des Anhalter und Potsdamer Bahnhofs einschließlich der Yorckbrücken, Aufnahme Oktober 1959

Manfred Hecker

Die Yorckbrücken
Ein Symbol für die Entwicklung Berlins zur Metropole

Die 31 Eisenbahnbrücken über dem westlichen Teil der Yorckstraße dokumentieren in Verbindung mit den großen Flächen des ehemaligen Potsdamer und Anhalter Bahnhofs die dominante Rolle der Eisenbahn für den Aufstieg Berlins zur Metropole. Durch die Entwicklung der Eisenbahn löste sich Berlin aus einer nur auf die Funktion als Residenzstadt bezogenen Bedeutung. Es kam zu einem enormen Zustrom der Bevölkerung. Industrie und Handel erhielten internationales Niveau. Namen wie Borsig, Schwartzkopff und Siemens verdankten ihren Aufstieg zu Weltfirmen dem Eisenbahnbau. Der Handel mit Eisenbahnaktien machte Berlin zum Börsenzentrum. Die dominante Stellung der Garnisonstadt konnte durch die Eisenbahn als modernes Transportmittel weiter ausgebaut werden. In diesem Rahmen kam dem Potsdamer und Anhalter Bahnhof eine herausragende Bedeutung zu, die heute noch in der Anlage von 31 Brücken deutlich wird.

Der Bereich des Potsdamer und Anhalter Bahnhofs entwickelte sich ab Mitte des 19. Jahrhunderts zu einem städtischen und übergeordneten Verkehrsknotenpunkt. Der Verbindung mit der Ringbahn (1874) folgten die Anlage des Dresdener Bahnhofs (1875) südlich des Landwehrkanals und die bauliche Erweiterung der Wannseebahn (1891). Der Neubau des Potsdamer Bahnhofs (1871), des Anhalter Güterbahnhofs (1874) und des Anhalter Bahnhofs (1880) waren Ausdruck der rasanten Entwicklung der Eisenbahn. Durch die Verteilung der Bahnhofsanlage auf den Bereich vom Potsdamer Platz bis zu den Yorckbrücken mit dem Schwerpunkt der Güterbahnhöfe und des Dresdener Bahnhofs südlich des Landwehrkanals entstand eine einmalige Eisenbahnlandschaft, deren südlicher Abschluß und Höhepunkt die ab 1883 errichteten Yorckbrücken darstellen.

An der Grenze zwischen Schöneberg und Kreuzberg bilden die Yorckbrücken ein Stadtzeichen von großem Identifikationswert, trotz des weitgehenden Verlustes der ursprünglichen Funktion, denn nur die S-Bahnbrücken und die Postgleise werden noch benutzt. Die 31 Viadukte sind ein geschlossener Bereich, der die Eigenart der Großstadt mitprägt. Sie sind im Sinne von Kevin Lynch ein wichtiger Orientierungspunkt in der Stadt, der in besonderem Maße ein »Heimat«-Gefühl vermittelt. Dieses ist nach der Theorie Lynchs am stärksten, wenn »Heimat« »nicht nur etwas Vertrautes, sondern auch etwas irgendwie Charakteristisches ist«.[1] Es stellt sich in der Vielzahl der Brücken, der eigenartigen stadträumlichen Situation im Bereich des ehemaligen Potsdamer und Anhalter Bahnhofs und der wichtigen Verkehrsverbindung nach Kreuzberg dar.

I. Die Brückenanlage

Der gegenüber der Yorck- und Bülowstraße, den historischen Repräsentationsstraßen, abgeknickte Brückenbereich mit einer Breite von 26,5 m stellt sich an seinem westlichen Endpunkt als Tor dar. Dieser Eindruck ergibt sich durch die zurückgesetzte Miethausfront der 60 m breiten Yorckstraße und durch die angrenzenden Stützmauern der Eisenbahntrasse senkrecht zu den Häuserfronten. Die Stützwände der äußeren, 1891 errichteten Wannseebahn sind durch gelbes Klinkermauerwerk mit roten horizontalen Klinkerstreifen und bossiertes rotes Sandsteinmauerwerk als breite Postamente zur Markierung der Brückenauflager sowie durch Gurtgesimse aus hellem Sandstein in der Höhe der Brücke und am oberen Ende des Sockels hervorgehoben. Die gelbe Klinkerverblendung setzt sich auch an der Stützmauer der östlich anschließenden ehemaligen Dresdener Eisenbahn fort. Der in seiner ursprünglichen Form erhaltene westliche Brückenabschluß wird durch das Brückengitter hervorgehoben. Seine Ausbildung durch Geländerstäbe mit krönenden Muscheln, Tragstäben mit Pinienzapfen und geschwungenen Stabhaltern ist innerhalb der Brückenanlage einmalig. Die genieteten Brückenträger und die Buckelbleche zwischen den Trägern sind ebenfalls noch als ursprüngliche Konstruktionsteile vorhanden. Demgegenüber sind die nach dem

Entwurf des Eisenbahningenieurs E. H. Hartwich als kannelierte Säulen ausgeführten Pendelstützen nicht mehr vollständig erhalten, der obere Teil der Kapitelle ist beseitigt. Dies gilt auch für die sechs anschließenden Brücken der S-Bahn und der ehemaligen Potsdamer Eisenbahn. Die Brüstungsgitter sind durch einfache und schmucklose Formen ersetzt.

Östlich der Brücken mit dem Zugang zur S-Bahnstation Großgörschenstraße liegt zwischen der Katzler- und Bautzener Straße ein geschlossenes Miethausquartier, das sich an der Ostseite der Bautzener Straße durch ein Gewerbegebiet erweitert. Der Bereich des Lagerplatzes an der Nordseite der Straße war anfänglich auch mit Miethäusern besetzt. Trotz der isolierten Lage des Wohnblocks zwischen den Eisenbahngleisen entspricht die Bebauung der allgemeinen Miethausstruktur Berlins und dokumentiert somit deren beherrschende Bedeutung, unabhängig von der räumlichen wie sozialen Struktur. Im Gegensatz hierzu entwickelten sich in den meisten Großstädten neben Gewerbebetrieben niedrige Arbeiter- und Slumgebiete entlang den Gleisanlagen.

Die an der Bautzener Straße die Yorckstraße schräg überquerende Eisenbahnbrücke mit gekreuztem horizontalem Fachwerk als Aussteifung führt zu dem ehemaligen Dresdener Güterbahnhof. Östlich der Brücke liegt der 1903 von dem Landbaumeister Cornelius[2] errichtete S-Bahnhof Yorckstraße. Die Straßenfassade wurde nach dem Zweiten Weltkrieg überformt. Das westlich anschließende Wohnhaus von 1910 aus rotem Klinker ist weitgehend erhalten. Das östlich gelegene Viadukt der ehemaligen Dresdener Eisenbahn setzt mit dem Empfangsgebäude der S-Bahn und dem Wohnhaus einen stadträumlichen Akzent. Die Kopplung ergab sich aus der topographischen Situation entsprechend der ursprünglich direkt angrenzenden Böschung.

Die Brückenkonstruktion besteht wie bei den beiden östlichen Brücken der S-Bahn aus genieteten massiven Stützen und Vollwandträgern. Die im Vergleich zu den Pendelstützen und Blechträgern der Wannseebahn starren Rahmen – sie wurden wegen der immer schwerer werdenden Lokomotiven erforderlich – leiten die Schubkräfte direkt in die Fundamente der Stützen, wodurch beim Bau auf eine Verstärkung der Widerlager verzichtet werden konnte. Die Stützwände sind wie bei den westlichen Brücken seitlich abgeschrägt. Die Büsche im Bereich der Bahnanlage prägen daher den Straßencharakter mit.

Östlich des Viaduktes zum Postbahnhof an der Luckenwalder Straße beginnen die Brücken der ehemaligen Anhaltischen Eisenbahn, sie wurden zwischen 1877 – 1879 von dem Büro Schwechtens entworfen und 1883 erbaut. Im Unterschied zu dem westlichen Bereich sind die Brücken an beiden Straßenseiten durch geschlossene Stützwände aus gelbem Klinker gefaßt. Die Wandflächen werden durch helle Sandsteinsockel und ein Gurtgesims, ca. 50 cm unterhalb des zurückgesetzten Brückenwiderlagers, strukturiert. Hierdurch verlieren die als Vollwandträger ausgebildeten Brückenträger ihre lastende Wirkung. Flankierende Postamente bilden ein zusätzliches Gestaltungselement. Die starre Form der Vollwandträger wird teilweise durch die mit diagonalen Stäben gegliederten Brüstungen der Laufstege aufgelockert. Die Stützen bestehen aus Hartwichschen Säulen, deren ionische Kapitelverzierungen beseitigt wurden. Die erhaltenen Säulenschafte sind im unteren Bereich als Schutz gegen Aufprall mit Beton postamentartig umhüllt. Am östlichen Ende der Yorckbrücken sind die oberen Brüstungen der Stützmauern mit vertikalen Schlitzen gestaltet und abschließend durch Postamente markiert. Somit ist der Einmündungsbereich entsprechend der westlichen Öffnung zur Bülowstraße torartig ausgebildet.

II. Der preußische Staat und die Eisenbahn

Der Torcharakter der beiden Endpunke der für Berlin einmaligen Brückenanlage symbolisiert die dominante Stellung der Potsdamer und Anhalter Bahnhofsanlagen innerhalb des südwestlichen Bereichs der Stadt im 19. Jahrhundert. Erst nach der Übernahme der Eisenbahngesellschaften durch den Staat kam es 1883 zum Bau der ersten Eisenbahnviadukte. Die bis dahin niveaugleichen Kreuzungen der Eisenbahn mit den Stadtstraßen machten die Problematik deutlich, die mit der Expansion der Eisenbahn im Laufe der 2. Hälfte des 19. Jahrhunderts für die Stadtentwicklung entstand. Im Unterschied zu England hatte man im ersten preußischen Eisenbahngesetz wegen Kostenerleichterungen für die Eisenbahngesellschaften auf Straßenüberführungen der Eisenbahnen verzichtet. Besonders die Verschwenkung der Straßen-

Abb. 2: Yorckbrücken (September 1988)

breite der Yorckstraße an dieser Stelle macht das Privileg der Eisenbahngesellschaften gegenüber den Interessen der Bürger in diesem Bereich deutlich.

Diese Haltung des Staates gegenüber den Eisenbahnen war in keiner Weise von Anfang an gegeben. Im Unterschied zu der bereits zu Beginn des 19. Jahrhunderts geförderten Maschinenbauindustrie – z. B. erhielt Egell, der spätere Lehrmeister Borsigs, zum Studium der modernen englischen Industrie ein mehrmonatiges staatliches Stipendium – wurden die Eisenbahnunternehmen am Anfang durch restriktive Maßnahmen in ihrer Entstehung und Entwicklung behindert. Erst dreizehn Jahre nach dem Bau der ersten Eisenbahnstrecke in England 1825[3] entstand die erste preußische Eisenbahnlinie zwischen Berlin und Potsdam. Der Staat hatte die revolutionäre Bedeutung der Eisenbahn für die Entwicklung von Handel und Industrie noch nicht erkannt.

Die anscheinend rückständige Einstellung gegenüber der Eisenbahn hatte jedoch reale Gründe, indem der Staat eigene Interessen der Entwicklung der Eisenbahn vorzog. In der Eisenbahn sah man eine Konkurrenz zum Chausseebau, an dem der Staat durch Wegezoll verdiente. Dementsprechend mußten in Berlin auch alle Bahnhöfe mit Ausnahme des Frankfurter Bahnhofs außerhalb der Akzisemauer angelegt werden, um eine Besteuerung der mit der Eisenbahn transportierten Güter sicherzustellen. Bei der Binnenschiffahrt befürchtete man ebenfalls finanzielle Einbußen. Aus diesem Grunde verzögerte sich der Eisenbahnbau Berlin-Hamburg und wurde erst zwischen 1842–1846 realisiert. Der entscheidende Widerstand ging von dem Leiter des preußischen Finanzwesens Christian Rother aus. Der erste 1833 von dem Unternehmer Dr. Stubbe eingereichte Antrag zum Bau einer Eisenbahnstrecke von Naumburg über Halle, Merseburg, Delitzsch, Wittenberg, Potsdam, Berlin, Frankfurt/O. bis Breslau wurde dementsprechend abgelehnt, da ein »Privilegium« nicht eher erteilt werden könne, als bis man »eine vollkommene Überzeugung von der allgemeinen Nützlichkeit des beabsichtigten Unternehmens gewonnen« habe.[4] Aufgrund der rasch zunehmenden Bedeutung der Eisenbahn in Europa konnte sich der preußische Staat gegen diese Entwicklung jedoch nicht grundsätzlich sperren. So wurde 1834 dem Antrag des Justizkommissars Robert und des Bankiers Aron auf Errichtung einer Eisenbahnlinie zwischen Berlin und Leipzig unter der Bedingung zugestimmt, daß die Finanzierung gesichert sein müsse. Die Abtretung des fiskalischen Geländes wurde abhängig gemacht von der Vorlage eines Bauplanes und der Gründung einer Aktiengesellschaft zur Finanzierung des Unternehmens.[5] Wegen des großen finanziellen Risikos beschränkte Robert seine Planung 1835 auf die Strecke zwischen Berlin und Potsdam, wodurch die Bedeutung der Eisenbahn als modernes Verkehrsmittel gegenüber der Strecke bis nach Leipzig jedoch erheblich reduziert wurde. Der am 4.5.1835 vorgelegte Bauplan des Geheimen Oberbaurats Crelle sah eine eingleisige Strecke von dem Bereich südlich der Schafbrücke, der heutigen Potsdamer Brücke, bis zur Langen Brücke in Potsdam vor. Täglich sechsmal sollte die 3 1/2 Meilen lange Strecke in ca. 1 Stunde von je zwei Dampfwagen befahren werden und zur Personen- und Güterbeförderung dienen.[6] Die Kreuzungen mit den Straßen waren niveaugleich geplant, was mit steigendem Verkehrsaufkommen unweigerlich zur Behinderung des Fahrverkehrs führen mußte. Bereits vor der Fertigstellung der Berlin-Potsdamer Eisenbahn entwickelte die Bevölkerung ein reges Interesse an der Eisenbahn als Zeichen der neuen Zeit.[7] Aufgrund dieser großen Attraktivität, die dem Bau der Eisenbahn vorauseilte, beschloß die Berlin-Potsdamer Eisenbahngesellschaft auf ihrer ersten Hauptversammlung 1836, den Endbahnhof an der Potsdamer Brücke über den Schafgraben hinaus bis zum Potsdamer Tor zu verlegen. Eine Drehbrücke über den Landwehrkanal wollte die Gesellschaft auf eigene Kosten erstellen. Eine Erweiterung der Eisenbahnanlagen bis in den Stadtbereich wurde jedoch, wie bereits erwähnt, aus steuerlichen Gründen vom Staat abgelehnt. Die Verlegung des Potsdamer und Anhalter Bahnhofs in die Friedrichstadt hätte auch den barocken Stadtgrundriß erheblich beeinträchtigt. Für eine repräsentative Stadtplanung in Verbindung mit der Anlage eines Bahnhofs war die Zeit noch nicht reif. Erst unter Friedrich Wilhelm IV. kam es zur Wende zugunsten der Eisenbahn, der sonst eher konservative Monarch hatte die fortschrittliche Bedeutung dieses Transportmittels erkannt: »Diesen Karren, der durch die Welt läuft, hält kein Mensch mehr auf.«

Entsprechend der Anziehungskraft der Eisenbahn bei der Bevölkerung entwickelten sich der Potsdamer Bahnhof und der 1841 am Askanischen Platz angelegte Anhalter Bahnhof zu neuen Schwerpunkten außerhalb der Stadt. Hiermit nahmen sie der Stadtmauer ihre räumliche Bedeutung als Grenze. Fidicin beschrieb den Einfluß so: »Wie denn überhaupt die Gegend zwischen dem Potsdamer und Halleschen Thore so plötzlich aus ihrer bisherigen Abgeschiedenheit in den Knäuel des großartigen Treibens hineinzog, wie es ein ganzes Jahrhundert des bisherigen Entwicklungsganges schwerlich vermocht haben würde.«[8] Es entstanden repräsentative Miethäuser und Villen im Bereich vor der Stadtmauer.

III. Stadtplanung Lennés

Der erste Stadtplaner, der sich mit dem neuen Medium Eisenbahn für die Stadtstruktur Berlins beschäftigte, war der Gartenarchitekt Peter Josef Lenné. Bereits in seinem Entwurf der Schmuck- und Bauanlagen der Residenzstadt Berlin 1843 ließ Lenné den die Stadt umschließenden Promenadenzug mit einem repräsentativen Schmuckplatz am Frankfurter Bahnhof enden. Zusätzlich plante Lenné südöstlich von dem Anhalter Bahnhof an der ehemaligen Militärstraße, heute Möckernstraße, ein Hafenbecken, um Schiene und Schiffahrt als übergeordnete Transportmittel zu koppeln. Lenné ging davon aus, »daß die Anlage des Hafens so sehr im Interesse der betreffenden Gesellschaft liege, daß sie ohne Zweifel sofort zur Ausführung desselben schreiten werde.«[9] Die Möglichkeit eines Umschlagplatzes vom Schiff auf die Schiene wurde jedoch von den Eisenbahngesellschaften nicht erkannt und war vielleicht aus Konkurrenzgründen auch nicht gewollt. Der Verkauf des Areals war für die Berlin-Anhaltische Eisenbahngesellschaft nach der Parzellierung weitaus lukrativer.

Lenné gab jedoch seine Idee der Kopplung von Schiene und Schifftransport an dieser prädestinierten Stelle nicht auf. Im Rahmen der Erweiterung des Terrains des Anhalter Bahnhofs nach Süden 1844/45, mit der notwendigen Verschwenkung des geplanten Landwehrkanals nach Süden plante Lenné zwischen beiden Bahnhöfen in der Achse der Schöneberger Straße ein Hafenbecken, das er südlich des Landwehrkanals mit einem Schmuckplatz erweiterte. Den für diesen Bereich 1830 entworfenen Plan des Baurats Schmidt für das Tempelhofer Feld und Schöneberger Niederland änderte Lenné dahin, indem er den Sternplatz zwischen den Gleisen der beiden Eisenbahnen durch einen Ring mit Bäumen hervorhob und die Achse nach Norden parallel zu den Gleisen legte. Der Entwurf stellt somit das erste Dokument für die Absicht Lennés dar, den Bereich zwischen den Gleisanlagen südlich des Landwehrkanals repräsentativ zu gestalten. Der vorgeschlagene Hafen mit Hafenplatz wurde 1850 westlich der Schöneberger Straße angelegt. Die Straßenplanung südlich des Landwehrgrabens ruhte zunächst. Ein Konflikt aufgrund der West-Ost-Straßen und der Schöneberger Straße, welche die Gleisanlage der Potsdamer Eisenbahn schnitt, war in Anbetracht der notwendigen Ausdehnung der Bahnhöfe und der steigenden Frequenz der Züge vorauszusehen. Durch die Vollendung der Eisenbahnstrecke bis Magdeburg 1848 war die Verbindung Berlin-Paris geschaffen worden. Die Anhaltische Eisenbahn führte ab 1857 über Wien bis Triest.

Aufgrund des steigenden Schienenverkehrs wurde der Straßenverkehr der Kanalstraße so sehr beeinträchtigt, daß außerhalb des fahrplanmäßigen Betriebes die Sperrung der Straße zum Rangieren nicht öfter als viermal in der Stunde und jeweils nicht länger als sechs Minuten (ab 1867 nur noch vier Minuten) erfolgen durfte. Der Kanal und die Uferstraßen waren dementsprechend fast den halben Tag blockiert.[10]

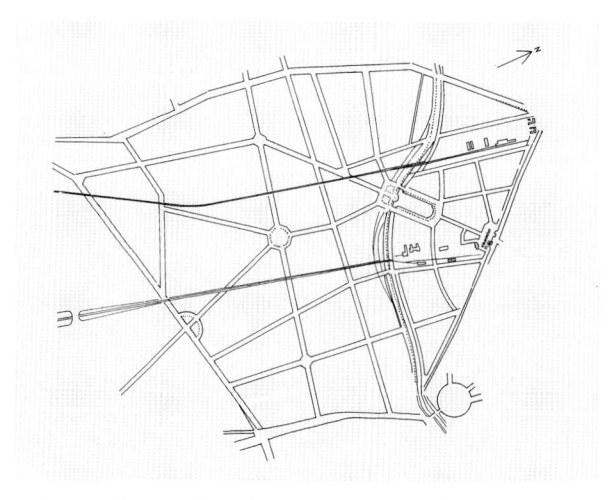

Abb. 3: Bebauungsplan der Schöneberger Feldmark, Entwurf P.J. Lenné (1845), moderne Handzeichnung nach Fotonegativ

Der mit den verbesserten Bahnverbindungen und der raschen wirtschaftlichen Entwicklung einsetzende Bevölkerungszustrom nach Berlin – zwischen 1835 und 1845 waren es jährlich mehr als 10.000[11] – ließ eine rasche Stadtentwicklung erwarten, ähnlich wie in anderen europäischen Metropolen. Der Polizeipräsident beauftragte dementsprechend Lenné Anfang der 50er Jahre mit dem Entwurf eines Bebauungsplans für die Umgebungen Berlins. Den umfassenden und großzügigen Plan begründete der stellvertretende Polizeipräsident Lüdemann mit »der Fürsorge für die Erhaltung eines der Gesundheit dienlichen Bebauungsverhältnisses«; in Anbetracht des starken Anwachsens der Bevölkerung und der großen Entwicklung der Industrie und des Verkehrs sei ein Schritt im voraus sinnvoller, als nachträgliche, kostspielige Veränderungen vornehmen zu müssen.[12] In diesem Sinne entwarf Lenné, wie bereits erwähnt, eine boulevardartige Gürtelstraße von der Oberspree bis zum Charlottenburger Schloß. Im Bereich der Gleisanlagen der Potsdamer und Anhalter Eisenbahn plante er eine parkartige Platzanlage mit einem mittleren Achteckplatz, dem sogenannten Walstattplatz, und einer nach Norden anschließenden rechteckigen Erweiterung, die mit einem Halbkreis abschloß. Westlich der Gleisanlagen befand sich ein kleinerer achteckiger Platz, der sogenannte Dennewitzplatz. Den östlichen Abschluß der Anlage jenseits der Gleise der Anhalter Bahn bildete ein Rundplatz, der Wartenburgplatz. Die Barrierewirkung der Gleisanlagen der Potsdamer Bahn sowie die Absicht der Flächenerweiterung der Eisenbahngesellschaft versuchte Lenné durch eine große Freifläche mit einer Umfassungsstraße und zwei nach Süden zusätzlich angelegten Straßen zu lösen. Durch den halbrunden Abschluß nach Süden glich sich die Freifläche der benachbarten Platzanlage an.

IV. Einfluß der Eisenbahngesellschaften auf die Stadtplanung

Der Entwurf Lennés wurde von der Potsdamer Eisenbahngesellschaft abgelehnt, trotz der über die Erweiterungsabsichten hinausgehenden Freiflächen für die Rangiergleise. Die dementsprechend notwendig gewordene Revision des Bebauungsplanes an seiner dominanten Stelle verdeutlicht die Macht, die die Eisenbahngesellschaften nach der anfänglichen Negierung durch den Staat in der Zwischenzeit erlangt hatten. In dem 1857 vorgelegten Alternativplan opferte Lenné seinen Grünplatz den beabsichtigten Gleiserweiterungen der Eisenbahngesellschaften. Mit einer trapezförmigen Umfassung der Eisenbahnflächen durch eine nördliche und südliche Promenade als Erweiterung der Gürtelstraße variierte Lenné die Idee eines Grünbereichs. Durch den Entwurf eines Stichkanals zum Landwehrkanal erhielt die Anlage den Charakter eines modernen Industriebereichs, die Lenné wie bei dem Hafenplatz des ersten Entwurfs auch in Verbindung mit Grünflächen sah.

Die Idee des Stichkanals wurde von den Bahngesellschaften abgelehnt, so daß Lenné noch im gleichen Jahr den Kanal durch eine Nord-Südstraße ersetzte. Statt der Kopplung der Bahn mit der Erschließungsstraße wollten die Eisenbahngesellschaften jedoch das Terrain entlang der Straße parzellieren. Da die Gesellschaften mit dem Kauf des Terrains jedoch zögerten und Bauanträge nicht mehr zurückgehalten werden konnten, griff der Polizeipräsident wieder auf den ursprünglichen Lennéplan zurück, der 1861 verabschiedet wurde. Der Plan war jedoch in Anbetracht der sich rasch erweiternden Bahnhofsanlagen unrealistisch und entsprach eher dem Repräsentationsbedürfnis des neu gekrönten Königs Wilhelm I., womit sich Berlin zumindest in der Planung das Image einer Weltstadt geben konnte. Als Konsequenz daraus soll die Anhalter Eisenbahngesellschaft die Absicht verfolgt haben, den Bahnhof oder zumindest den Güterbahnhof nach Süden an den Höhenzug des Schöneberger und Tempelhofer Feldes zu verlegen. Hierdurch hätte sich die Chance ergeben, die Verschwenkung der Gürtelstraße im Bereich der heutigen Yorckbrücken zu vermeiden. Diese Möglichkeit mit weitgreifenden Veränderungen für die Stadtentwicklung Berlins scheiterte jedoch an den egoistischen Interessen der Fuhrunternehmen, die an kurzen Anlieferstrecken festhielten. Viadukte für die Eisenbahnstrecken als Alternative hierzu, so wie sie vom Staat gefordert wurden, hatte die Bahngesellschaft aus Kostengründen abgelehnt, zumal eine Straßenüberbrückung für Eisenbahnen gesetzlich nicht vorgeschrieben war.

Das ständig wachsende Verkehrsaufkommen in den 60er Jahren machte die Erweiterung der Bahnanlagen immer dringender, was die Regierung veranlaßte, durch Allerhöchste Kabinettsorder vom 16.10.1868 den Plan von 1861 aufzuheben und die Gürtelstraße nach Süden zu verschwenken. Die Personenbahnhöfe sollten am Potsdamer und Askanischen Platz belassen werden. Den entsprechenden Plan entwarf 1869 der Landesbaumeister und spätere Bauinspektor Meienreis. Die beiden äußeren Plätze Dennewitz- und Wartenburgplatz legte er in die Knickstellen der nach Süden trapezförmig verschwenkten Gürtelstraße. In der Mitte des versetzten Bereichs war ein halbkreisförmig endender Rechteckplatz als Variante des Walstattplatzes vorgesehen. Der Plan entsprach völlig den Interessen der Aktiengesellschaften, da die Anlage der abgeknickten Straße von ihnen keine Landabgabe forderte. Die Interessen der Anrainer, die durch die Unterbrechung der Ost-West-Verbindung benachteiligt wurden, hat der Plan nicht berücksichtigt.

Dieser bedeutende Eingriff in den umfassenden Plan von »Berlin und Umgegend bis Charlottenburg« von 1861/62 wurde in der Folgezeit u. a. von Bruch heftig kritisiert. Im Vergleich zu dem repräsentativen Haussmannplan für Paris bestehe die entsprechende Planung

Abb. 4: Coupon aus der vierten Abteilung des Bebauungsplanes für die Umgebungen Berlins, neu entworfener Bebauungsplan, P. J. Lenné (1853)

in Berlin nur auf dem Papier und würde in der Realität den Interessengruppen geopfert.[13] Im Unterschied zu der vorausgegangenen Planung, die an den Interessen der Bahngesellschaften scheiterte, waren bei diesem Entwurf ausschließlich die Bürger gefordert. Ihr fehlendes Interesse an der Realisierung wurde bereits 1872 deutlich, als der Dennewitzplatz verkleinert wurde und der Wartenburgplatz durch die promenadenförmige Verbreiterung der Hornstraße wegfiel.[14] 1878 wurde der mittlere Walstattplatz im Rahmen einer allgemeinen Maßnahme zur Reduzierung der Straßen und Plätze des Bebauungsplanes aufgehoben. Die Möglichkeit, dem abgeknickten Bereich einen eigenständigen stadträumlichen Akzent zu geben, ging hierdurch verloren.

Der Konflikt der niveaugleichen Kreuzungen der Eisenbahnlinien mit den Stadtstraßen verstärkte sich in den 70er Jahren durch den wachsenden Verkehr, so daß Straßenüberführungen immer notwendiger wurden. Die Eisenbahngesellschaften verschoben jedoch diese Maßnahme, obwohl sie durch Militärtransporte in den Kriegen mit Österreich und Frankreich hohe Gewinne machten, z. B. erzielte die Anhaltische Eisenbahngesellschaft 1870 die höchste Dividende von 20 %.[15] Die Eisenbahnkrise nach Beendigung der Kriege, weil die

Yorckbrücken

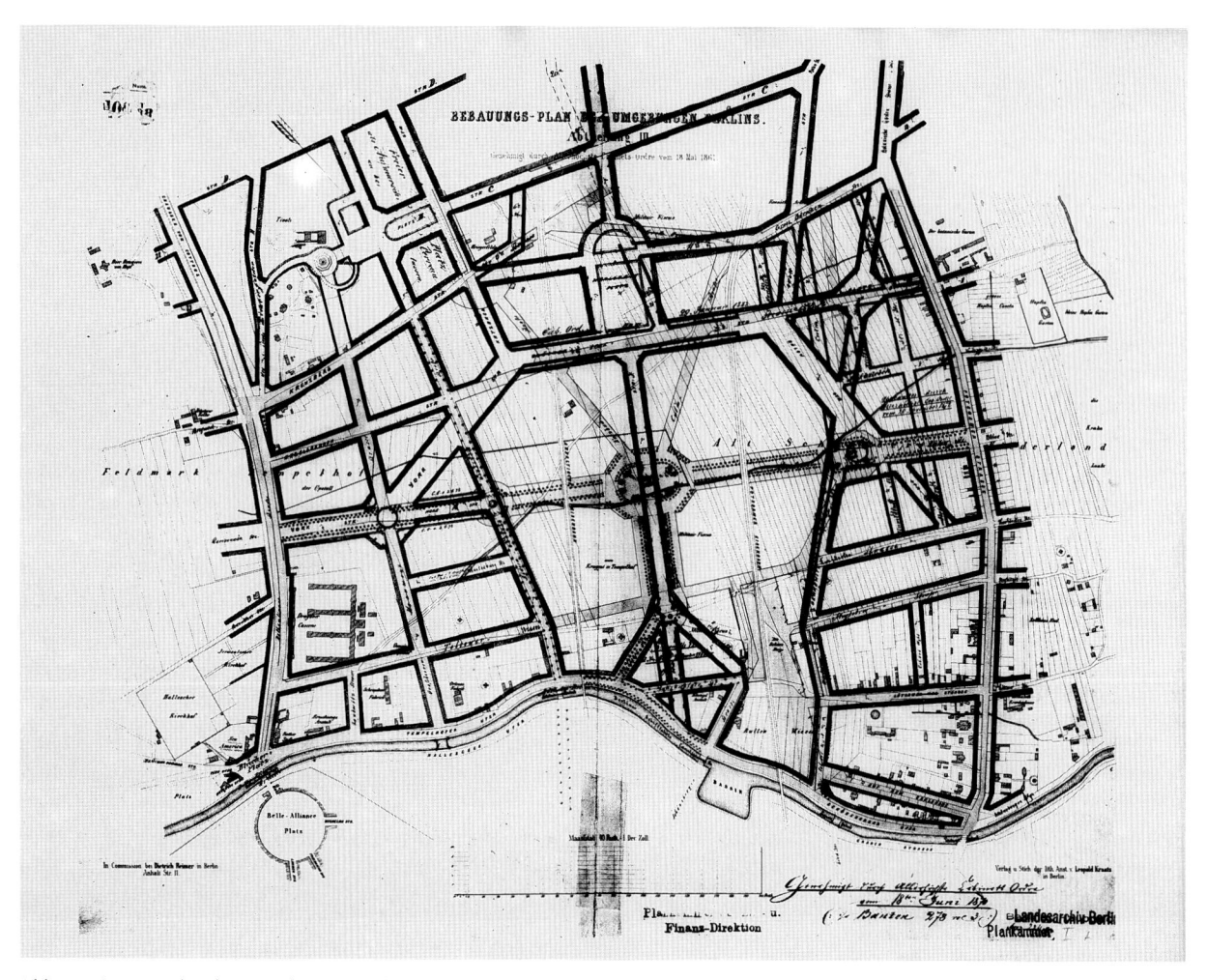

Abb. 5: Bebauungsplan der Umgebungen Berlins Abteilung III, 1861, farbiger Kupferstich von L. Kraatz, Revisionen 1870-1883 in Tusche

Staatsaufträge ausblieben, traf auch die Potsdamer und Anhalter Eisenbahn. Beide Gesellschaften erholten sich hiervon nur leidlich. Aus finanziellen Gründen führten sie deshalb den von der Kommune geforderten Bau der Viadukte über die Yorckstraße nicht aus. Erst nach Verstaatlichung der Eisenbahngesellschaften wurden die Yorckbrücken errichtet, man begann mit der Anlage für die Anhaltische Eisenbahn nach dem Entwurf Schwechtens 1883.

Unabhängig von der Krise der Eisenbahngesellschaften räumte August Orth in seiner Denkschrift über die Reorganisation der Stadt Berlin 1875 der Eisenbahn die führende Rolle bei der Stadtentwicklung ein. Die Eisenbahnen seien statt der Chausseen und Hauptstraßen die Hauptverkehrsadern. Die dominante Aufgabe der modernen Städtebildung sei es deshalb, die Hauptverkehrsadern mit dem lokalen Verkehr zu verknüpfen.[16] Die zukunftweisende Idee Orths stand jedoch im Widerspruch zu dem Neubau des Potsdamer Bahnhofs 1872 und des Anhalter Bahnhofs 1880 am alten Platz, wodurch eine moderne Stadtentwicklung blockiert wurde. Beide Bahnhöfe hatten im Laufe des 19. Jahrhunderts nur situationsbezogene Wirkung. Die Bedeutung der Bahnhöfe als übergeordnete stadträumliche Bezugs-

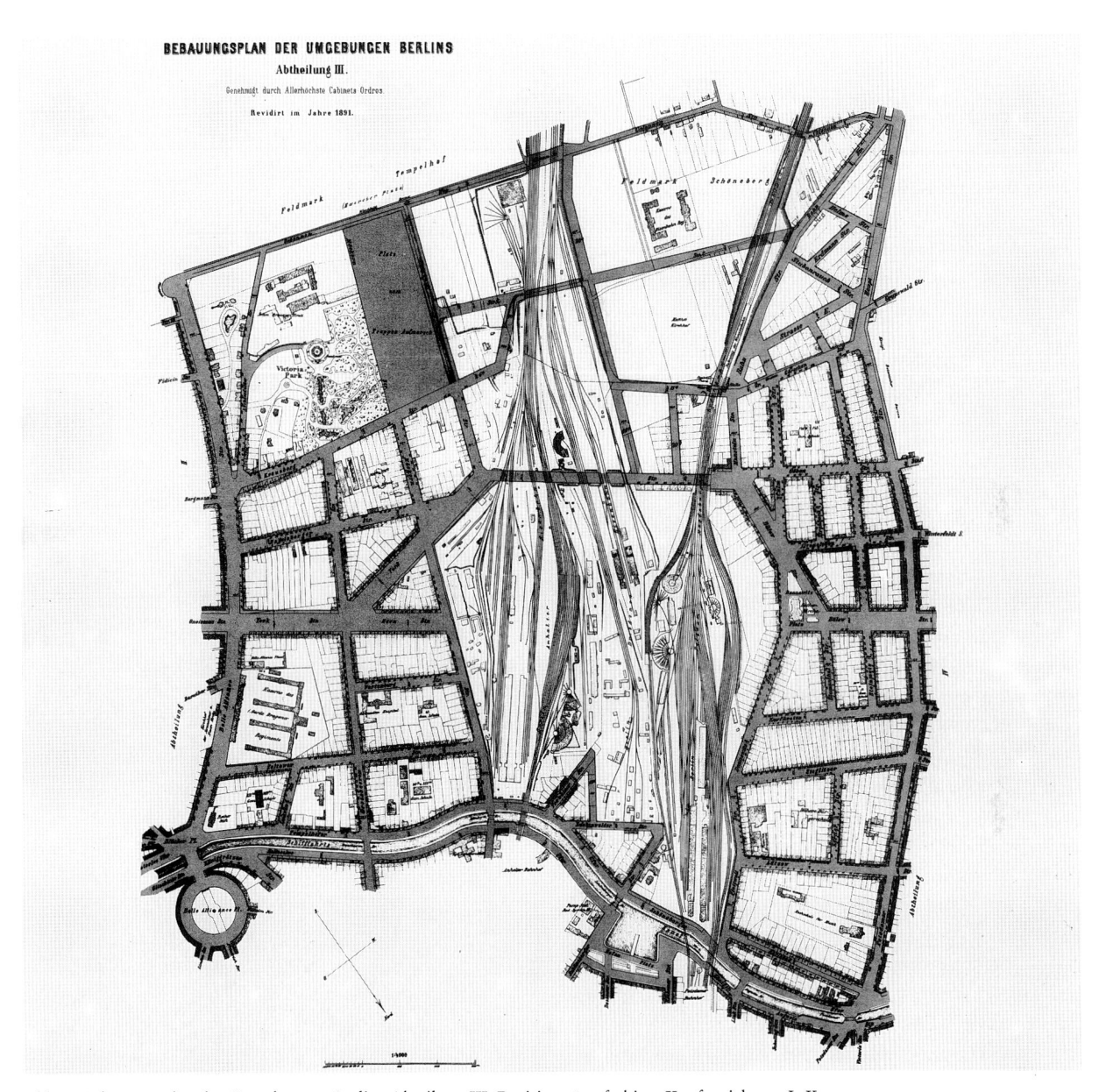

Abb. 6: Bebauungsplan der Umgebungen Berlins Abteilung III, Revision 1891, farbiger Kupferstich von L. Kraatz

punkte, wie sie in Verbindung mit neu angelegten Bahnhofsstraßen als repräsentative Achsen in anderen Großstädten entstanden, war nicht möglich.

Trotz der stadträumlich untergeordneten Lage der Bahnhöfe stellte besonders die Eingangsfassade des Anhalter Bahnhofs durch ihre imposante Architektur ein dominantes Stadtzeichen dar. In Verbindung zu den Bahnhöfen entstand im Bereich des Landwehrkanals mit den Güterbahnhöfen der Potsdamer, Dresdener und Anhaltischen Eisenbahn ein zweiter stadträumlicher Höhepunkt. Er erweiterte sich zu Beginn des 20. Jahrhunderts durch den Bau der Hochbahn und der Kühlhäuser, den ersten ihrer Art in Europa, zu einer einmaligen Eisenbahn- und Industrielandschaft. In Verbindung hierzu bildeten die ab 1882 errichteten Yorckbrücken einen imposanten Abschluß der Bahnhofsanlage.

V. Vorschläge zur Neuordnung der Eisenbahn

Unabhängig von ihrer städtischen Dominanz wurden die Bahnanlagen zu einer Barriere bei der zunehmenden Expansion der Stadt nach Westen Ende des 19. Jahrhunderts. Diese negative Bedeutung war neben der gemeinsamen Planung der Vorortbereiche ein Grund für die Neuordnung Berlins im Rahmen des Wettbewerbs Groß-Berlin des Architekten- und Ingenieurvereins 1910. Zur Überwindung der großflächigen Gleisanlagen schlugen die Gewinner des 1. bis 4. Preises eine unterirdische Verbindung zum Lehrter Bahnhof im Norden Berlins vor. In Verbindung mit der Aufhebung der Kopfbahnhöfe forderte die Gruppe Havestadt & Contag, Schmitz und Blum (4. Preis) eine radikale Strukturveränderung des Gebietes. Neben einem Centralbahnhof als Kopfbahnhof südlich des Landwehrkanals sollte eine unterirdische Verbindung zum Stettiner Bahnhof hergestellt werden. Durch die Reorganisation der Eisenbahn sollten zusätzliche Freiflächen im Bereich der Gleisanlagen geschaffen werden, um eine Erweiterung der Innenstadt bzw. eine Verschiebung der innerstädtischen Schwerpunkte in diesen Bereich zu ermöglichen. Ihre Absicht war die Monumentalisierung des Stadtbildes, das Zentrum Berlins sollte ein weltstädtisches Aussehen erhalten. Die Vogelperspektive der repräsentativen Nord-Südachse verdeutlicht, daß der neu geplante »Südcentralbahnhof« einen neuen stadträumlichen Höhepunkt in Verbindung mit dem Bahnhofsvorplatz, der Nord-Südachse sowie dem Potsdamer und Leipziger Platz bildet. Durch einheitliche Fassadengestaltung sind sie zu einem geschlossenen monumentalen Stadtbild zusammengefaßt und unterscheiden sich deutlich von der Kleinteiligkeit der Straßenräume des 19. Jahrhunderts. Die Achse führt als gefaßter Straßenraum bis zum Schöneberger Südgelände. Infolge der geradlinigen Verbindung der Bülow-/Horn-/Yorckstraße entsprechend der ursprünglichen Lennéplanung verlor der abgeknickte Teil der Yorckstraße seine übergeordnete Bedeutung und wurde zu einem normalen Stadtstraßenbereich.

Die totale Aufhebung der Yorckbrücken beabsichtigte Martin Mächler nach 1914. In Erweiterung der Idee von Havestadt & Contag, Schmitz und Blum verlegte er den Schienenverkehr unter die Erde mit einem zentralen

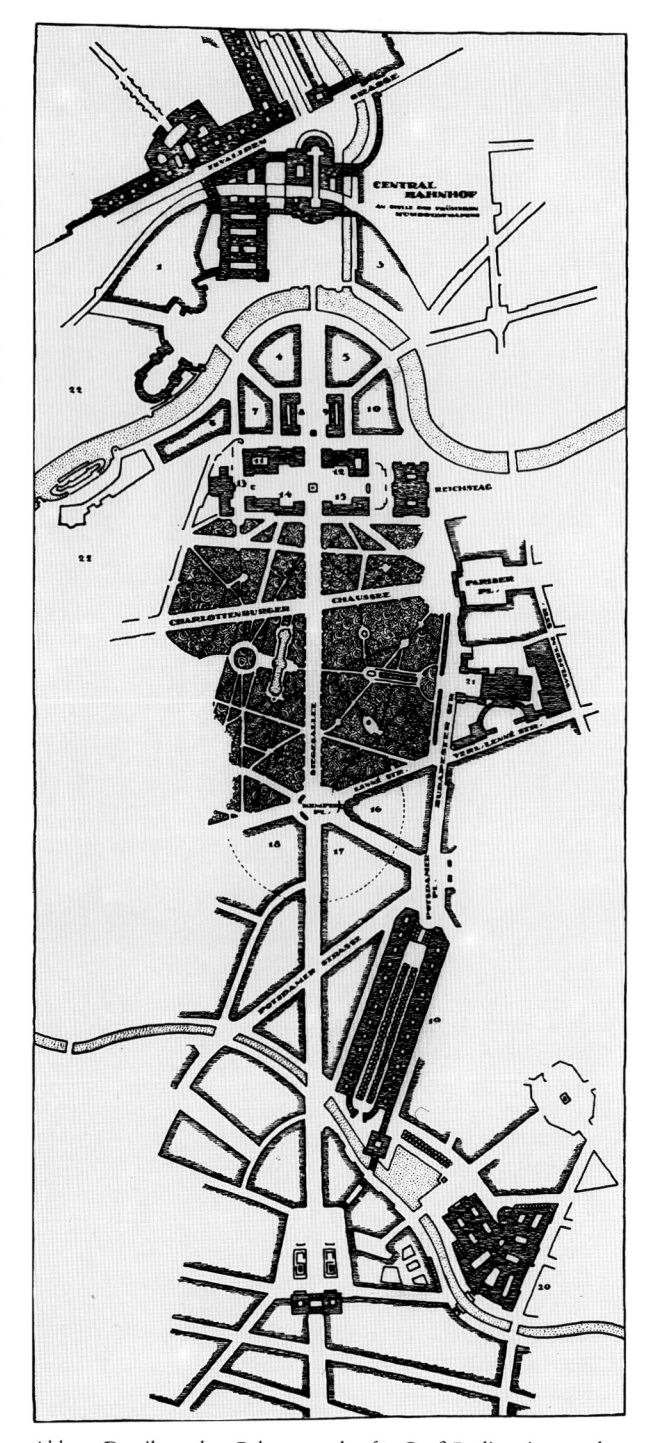

Abb. 7: Detail aus dem Bebauungsplan für Groß-Berlin mit zentraler Nord-Süd-Achse von Martin Mächler, 1920: Promenade und unterirdische Schienenverbindung zum »Centralbahnhof«, Anhalter und Potsdamer Bahnhof sind aufgelöst.

Kreuzungsbahnhof im Bereich Lehrter Bahnhof/Humboldthafen. Der Potsdamer und Anhalter Bahnhof wurden aufgelöst, hier sollte das Reichsschatzministerium entstehen. Die Brückenanlagen wurden aufgehoben, die Yorckstraße bekam den Charakter einer normalen Straße.

Die Idee der Nord-Süd-Achse erhielt durch die Speer-Planung 1937 eine übersteigerte Form, wobei nicht nur die abgeknickte Yorckstraße, sondern auch die verlängerten Teile der ehemaligen Gürtelstraße aufgelöst wurden. Der Zweite Weltkrieg stoppte diese Entwicklung. Sowohl der Potsdamer als auch der Anhalter Bahnhof wurden zerstört. Hierdurch ergab sich eine neue stadträumliche Situation, die jedoch bisher durch das Hoheitsrecht der Reichsbahn über das Gelände keine planerischen Konsequenzen hatte. Die beabsichtigte Anlage einer Nord-Süd-Trasse im Rahmen des sogenannten zentralen Bereichs vom Schöneberger Südgelände bis zur Spree kündet die strukturelle Veränderung des Gebietes an. In diesem Zusammenhang wird die Frage über den Erhalt der Yorckbrücken gestellt werden. Ein Abriß der nicht mehr benutzten Brücken würde jedoch die Orientierung und Assoziation der Menschen an dieser zentralen Stelle der Stadt grundlegend beeinträchtigen. Und hinsichtlich des Symbolwertes: Ist es übertrieben, die Yorckbrücken, Gerüst der Zeit des gesellschaftlichen Aufstiegs zur Metropole, z. B. mit der Gedächtniskirche, der Ruine der Kaiserzeit, zu vergleichen?

Anmerkungen

[1] Lynch, Kevin, Das Bild der Stadt, Bauwelt Fundamente, Gütersloh 1968, S. 14 (Orig. Cambridge/Mass. 1960).
[2] Schmidt, H. / Tomisch, J., Die Bauwerke der Berliner S-Bahn, Die Vorortstrecke nach Zossen, Berlin 1985, S. 56.
[3] 1825 wurde in England die erste Eisenbahnlinie von Stockton nach Warrington eröffnet, der große Durchbruch kam mit dem Bau der Eisenbahn von Liverpool nach Manchester 1826 - 1830.
[4] Das Ministerium begründete seine Bedenken wie folgt: »Eine solche Gemeinnützigkeit ist aber nur dann anzunehmen, wenn durch das Unternehmen der Waaren- und Personentransport nicht nur leichter und bequemer, sondern auch mit geringeren Kosten als auf den bisher gewöhnlichen Wegen bewerkstelligt wird, und dass dies bei dem zur Anlage erforderlichen Kapital von gewiß fünf Millionen Thaler bloss für die Bahn möglich zu machen sei, muss bezweifelt werden.«
Ministerialbescheid vom 19.04.1833, zitiert nach: Berlin und seine Eisenbahnen 1846 - 1896, Reprint 1982, S. 133.
[5] Ebenda, S. 134 f.
[6] Ebenda, S. 139.
[7] Die besondere Bedeutung der Eisenbahn zeigte sich im raschen Aktienverkauf der Berlin-Potsdamer Eisenbahngesellschaft. Der rege Handel mit Eisenbahnaktien wurde die Grundlage für die Ausbildung Berlins als Börsenzentrum. Ab 1842 gab es sogar staatliche Zinsgarantien von 3 1/2 %, der Staat verpflichtete sich somit, für die Fehleinnahmen der unrentablen Linien aufzukommen, während die Gewinne der rentablen Strecken den jeweiligen Gesellschaften zuflossen. Einzige Bedingung war das Rückkaufsrecht nach 30 Jahren. Hierzu Spangenthal, S., Die Geschichte der Berliner Börse, Berlin 1903, S. 48 ff.
[8] Fidicin, Berlin historisch und topographisch, Berlin 1843.
[9] zitiert nach Hinz, G., Peter Josef Lenné und seine bedeutensten Schöpfungen in Berlin und Potsdam, Berlin 1937, S. 180.
[10] Maier, H., Berlin Anhalter Bahnhof, Berlin 1984, S. 46.
[11] Zwischen 1860 und 1870 stieg die Bevölkerungszunahme sogar auf bis zu 25.000 pro Jahr. (Vgl. Statistische Jahrbücher der Stadt Berlin).
[12] Hinz, G., a. a. O., S. 189.
[13] Bruch, E., Berlins bauliche Zukunft und der Bebauungsplan, in: Deutsche Bauzeitung, Berlin 1870.
[14] Der Pianofortefabrikant Stoecker hatte als Anwohner die Revision des reduzierten, blinden östlichen Teils der Gürtelstraße nach der Verschwenkung der Gürtelstraße durchgesetzt.
[15] Berlin und seine Eisenbahnen, a. a. O., S. 293.
[16] Orth, A., Zur baulichen Reorganisation der Stadt Berlin, Berlin 1875, S. 23.

Abb. 1: Ehemalige Ringbahn-Station Rixdorf von 1890/95 (stillgelegt)

Jürgen Tomisch

Die Berliner S-Bahn
Verpflichtung und Problem für die Denkmalpflege

»Da ziehen blanke Schienenstreifen neben und übereinander, oben braust der Zug (...) heran, unten rollt die elektrische Wannseebahn herein, neben ihr jagen die Fern- und Güterzüge (...) zwischen den Bahnsteigen summt die Rolltreppe im dumpfen Rhythmus, und (der) Bahnhof mit der gedeckten silbernen Halle, mit seinen Stockwerken und seinem Gleisgewirr, den aufblitzenden, ewig wechselnden Signalen trägt die Atmosphäre der Großstadt.«[1]

I.

Mit diesen enthusiastischen Worten begeistert sich 1933 der »Berliner Lokal-Anzeiger« für die moderne Verkehrstechnik samt ihrer Architektur: die nun vollständig elektrifizierte Berliner S-Bahn. Werbewirksam strahlte von nun an das neu eingeführte Signet – ein grünes S auf rundem weißen Grund – programmatisch die Dynamik des Schnellbahnsystems aus. Erweitert um die Nord-Süd- Strecke und einem damit 294 km erfassenden Gesamtnetz, durch moderne Umsteigebahnhöfe mit den Linien der U-Bahn verknüpft, erreichte sie 1939 ihre höchste Effektivität. Gleich Blutbahnen durchzog dieses Massenverkehrsmittel den Organismus Großstadt, führte in entlegene Vororte, zu Naherholungsgebieten, zu Arbeitsstätten und mitten ins Herz der Reichshauptstadt (Abb. 2). Auf der Höhe ihrer Leistungsfähigkeit im Kriegsjahr 1943 beförderte die Berliner S-Bahn in dichtester Zugfolge mit Abständen bis zu eineinhalb Minuten 737 Millionen Personen. Unter den europäischen Hauptstädten setzte dieses Nahverkehrssystem sowohl technische wie architektonische Maßstäbe.

Vierzig Jahre später befinden sich die technischen und baulichen S-Bahnanlagen noch immer im Zustand der Vorkriegszeit, die allerdings unter Kriegszerstörung und Demontage gelitten haben, aber weitgehend unverändert, nur durch minimale meist notdürftige Eingriffe zur Sicherung der Substanz in ihrem Bestand erhalten blieben. Modernisierungswut und Abrißpraxis der 1960er und 70er Jahre gingen glücklicherweise an der S-Bahn vorbei. Hier hat sich ein Nahverkehrssystem in seiner bis 1939 gewachsenen historischen Struktur erhalten, ohne gravierende Verluste an Substanz und Identität, was als einzigartig in Westeuropa angesehen werden muß. Der Denkmalpflege stellt sich seit der 1984 erfolgten Übernahme der S-Bahn – 155 Streckenkilometer mit 77 Bahnhöfen – durch den West-Berliner Senat die einmalige Aufgabe, sich dieser ganzheitlich überlieferten technischen und architektonischen Denkmallandschaft anzunehmen.

II.

Die Entstehung des lokalen Eisenbahnnetzes durch parallel zu den Stammstrecken verlegte, bis in die Vorortgemeinden reichende Gleise sowie der später erfolgte Bau eigenständiger Bahnen, bedeutete einen umfassenden Eingriff in das Stadtgefüge von Berlin und in die Topographie des Umlandes. Breite Trassen mit Viadukten, Unterführungen, Bahndämmen, Einschnitten und Tunnelöffnungen schufen eine neue Qualität der Stadtgestalt, wobei die vorhandenen Verkehrsnetze – Straßen, Flüsse und Kanäle – sich integrierend einfügten. Die Summe der baulichen und technischen Betriebselemente des immer dichter gewordenen Systems der Fern- und Lokalbahnen und die Auswirkungen auf angrenzende Stadträume bilden heute die gewachsene Verkehrs- und Denkmallandschaft der S-Bahn. Die Erhaltung der S-Bahn kann demnach nicht nur die schutzwürdigen einzelnen Bauwerke umfassen, sondern muß sich auch auf ganze Trassenabschnitte erstrecken. So ist die Trasse der 1838 eröffneten Berlin-Potsdamer Bahn als erste Preußische Eisenbahn und Stammstrecke der späteren Wannseebahn[2] ein geschichtliches Dokument der Verkehrsgeschichte, wie die Viaduktstrecke der Stadtbahn (1882) mit ihren neuartigen und typenbildenden Verkehrsbauten als auch die von der Siemens AG erbaute und von Hans Hertlein einheitlich gestaltete Werksbahn, die sogenannte Siemensbahn (1927-1929) nach Gartenfeld.

Die im Verbund mit Fern- und Gütergleisen verlaufenden Berliner Lokalbahnen trugen wesentlich zur Stadterweiterung bei, indem sie der Industrie attraktive billige Randzonenstandorte erschloß, das Wachstum der Wohngebiete förderte und die Gründung neuer Vororte ermöglichte. Diesen unterschiedlichen Aufgaben Rechnung tragend, zeigen die Bahnhofsgebäude mehrheitlich individuelle, auf den Ort bezogene Formen. Ihre Architektur ordnet sich rücksichtsvoll in vorhandene Wohnviertel ein oder setzt in noch unerschlossenen Gebieten Maßstäbe für die nachfolgende Bebauung. Auffallende Beispiele, sowohl was den repräsentativen Anspruch als auch die dominante Position im Stadtgefüge anbelangt, bilden die Empfangsgebäude der vornehmen Villenkolonien im Südwesten Berlins. Stets als erster Bau am zu gründenden Ort errichtet und mit erheblichem Aufwand von Terraingesellschaften finanziert, sind sie auch Dokumente der planmäßigen Bau- und Bodenspekulation.

Für den Entwurf der baulichen Anlagen zeichneten neben anonymen lokalen Baumeistern auch renommierte Architekten, später – nach der Verstaatlichung der preußischen Eisenbahnen ab 1880 – heute leider in Vergessenheit geratene beamtete Bahnarchitekten. Zu erinnern wäre an das Werk eines Karl Cornelius (1868-1938), dessen historisierende Architektur die Preußischen Eisenbahnbauten bis zum Ersten Weltkrieg entscheidend prägte.[3] Weiterhin die zahlreichen, seit 1925 unter der Oberleitung eines Richard Brademann (1884-1965) entstandenen modernen Zweckbauten, der durch Anwendung einheitlicher Entwurfsprinzipien einen regelrechten »Reichsbahnstil« kreierte. Seine im Einklang mit den Erfordernissen der Elektrifizierung und des Massenverkehrs stehenden sachlich-funktionalen Bauten aus dunkelroten Klinkern mit flachen Dächern, pointiert eingesetzten Werk- und Kunststeineinfassungen, sprossenunterteilten Stahlfenstern mit liegenden Scheibenformaten tragen in ganz besonderem Maße zum qualitativ hochrangigen Denkmalbestand der Berliner S-Bahn bei.

Weitaus stärker als die Empfangsgebäude waren die vielfältigen, unmittelbar in Bezug zum Verkehr stehenden Einrichtungen des Betriebssystems S-Bahn den temporären Entwicklungsphasen des Eisenbahnfortschritts unterworfen. Hierzu zählen die Bahnsteige – mit ihren Dachkonstruktionen, industriell gefertigten Stützsystemen, Warte- und Diensthäuschen, Mobiliar und Lampen-, die Güterschuppen, Wagenabstell- und Reparaturhallen, Stellwerke und die Bauten der Stromversorgung sowie nicht zuletzt die unzähligen Brücken. Alleine an den Stützen der Bahnsteigdächer und Brücken lassen sich beispielhaft technische Innovation und materialgerechte Konstruktion aufzeigen. So lassen sich unter den Bahnsteigstützen drei zeitspezifische Konstruktionsarten feststellen: als frühester Typ die paarweise angeordnete gußeiserne Säule in historisierender Form seit den 1870er Jahren; von der Jahrhundertwende an der genietete Vollwandträger, der als einstielige Y-Stütze zugleich das Perrondach trägt und bildet; schließlich ab 1930 der im materialsparenden Verfahren geschweißte Doppel-T-Träger, ebenfalls einstielig (Abb. 3-5). Aufgrund verwandter Entwurfsprinzipien ließ sich die jeweils neue Konstruktion in das Gesamtbild einfügen, ohne das Alte zu verdrängen. Deshalb können auf ein und demselben Bahnsteig Aufbauten unterschiedlichster Entstehungszeiten vorkommen. Ebenso verhält es sich bei den Dienst-, Warte- und Toilettenhäuschen, deren sogenannte Normalien (Typenentwürfe) der 1890er Jahre – Eisenfachwerkbauten mit Ziegelausfachungen – im sachlichen Stil der 1920er Jahre weitergeführt wurden. In der Verträglichkeit der einzelnen Elemente untereinander spiegelt sich die Variabilität eines gestalterischen Systems, dem selbstverständlich auch wirtschaftliche Gesichtspunkte zugrunde lagen. Diese Einheit in der Vielfalt gilt es heute zu bewahren und weiterzuführen.

III.

Dem Denkmalschutz auf dem Gebiet der S-Bahn stehen die in Berlin komplizierten und für einen Nicht-Juristen schwer entwirrbaren Rechtsverhältnisse der betriebenen und stillgelegten Eisenbahnanlagen entgegen. Neben den Bedenken und Widerständen, die seitens der Betreiber gegen die Unterschutzstellung von Bauten und technischen Einrichtungen des Schienenverkehrs vorgebracht werden, wirken sie als zusätzlicher bremsender Faktor und haben in West-Berlin eine Unterschutzstellung von Bahnanlagen bislang verhindert.

Da nach Kriegsende die Betriebsrechte an der Eisenbahn des gesamten Berliner Stadtgebietes an die sowjeti-

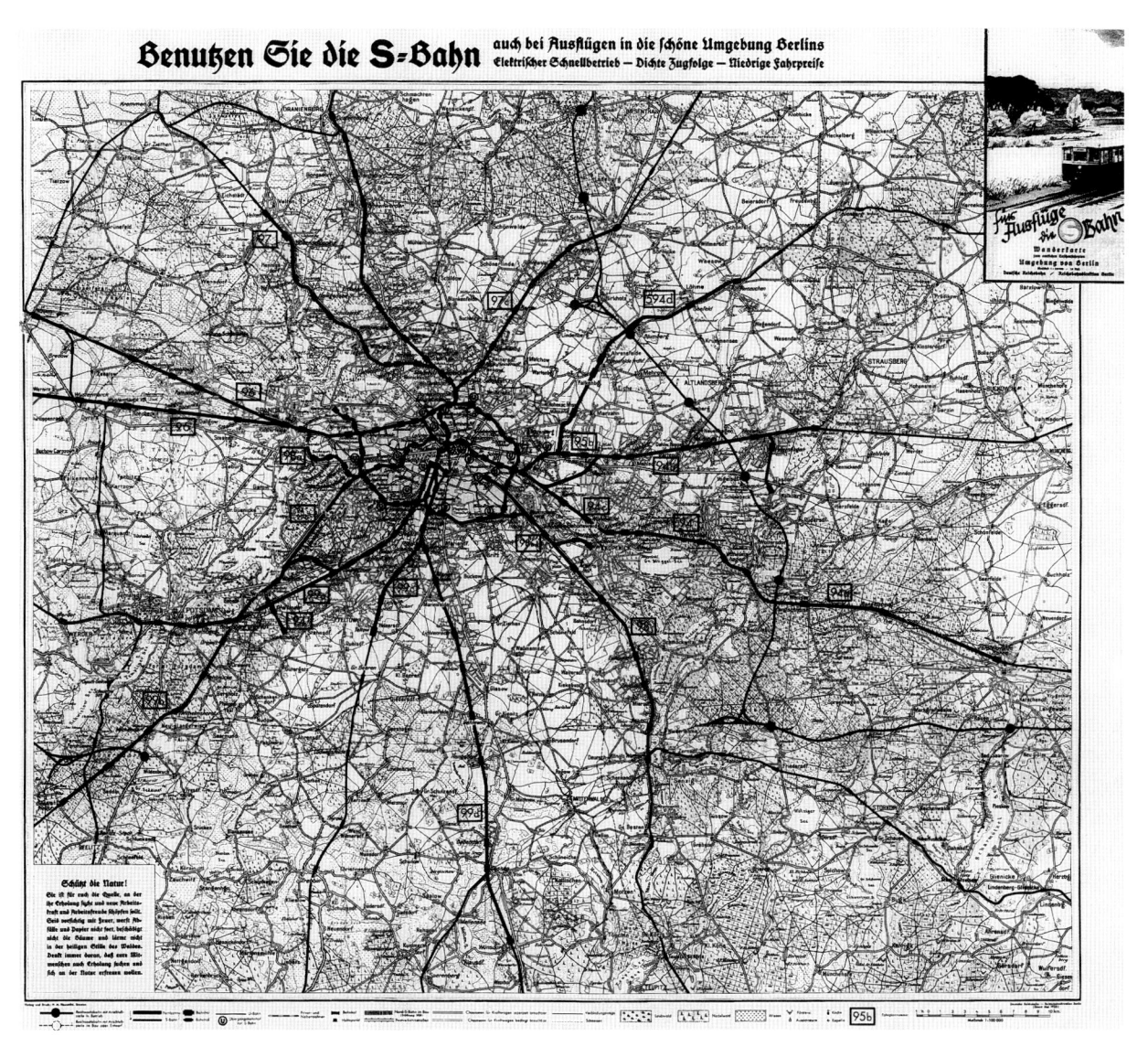

Abb. 2: Streckennetz der Berliner S-Bahn, Stand 1938. Mit Eintragungen der Umsteigestationen zur U-Bahn und des noch unvollendeten Berliner Autobahnrings

sche Besatzungsmacht übergingen, lagen sie seit der Gründung der DDR im Jahre 1949 – für die West-Berliner S-Bahn bis zum Jahre 1984 – bei der ostdeutschen Reichsbahn. Gleichzeitig fand im Westteil der Stadt die Abtrennung der Eigentumsrechte am Vermögen der Reichsbahn statt, die zuerst von den Westalliierten treuhänderisch übernommen, sodann der eigens ins Leben gerufenen und der Deutschen Bundesbahn untergeordneten »Verwaltung des ehemaligen Reichsbahnvermögens« (VdeR) übertragen wurden. Ihr obliegt bis heute die bauliche Unterhaltung der Immobilien, soweit sie nicht im Zusammenhang mit dem Zugverkehr stehen, was für den Bereich der S-Bahn hauptsächlich die Empfangsgebäude umfaßt. Auf den stillgelegten Strek-

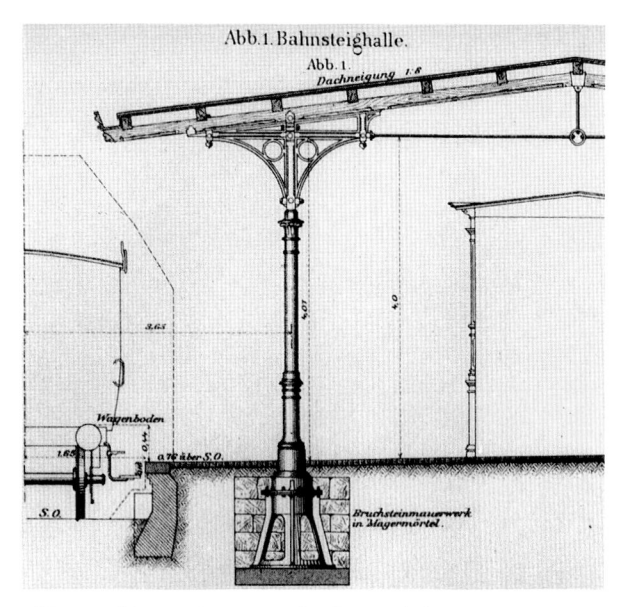

Abb. 3: Gußeiserner Stützentyp der Wannsseebahn, 1891

ken der S-Bahn unterstehen der VdeR auch die Bahnsteige samt Aufbauten. Seit der Senat von Berlin Anfang 1984 die Betriebsrechte an der West-Berliner S-Bahn erwarb, wird sie von der städtischen Verkehrsgesellschaft (BVG) betrieben, deren Zuständigkeit sich im Bereich des baulichen Bestandes auf die Bahnsteige einschließlich der Zugänge bezieht. Wir haben es also bei der Durchsetzung denkmalpflegerischer Maßnahmen, die eine Gesamtanlage mit Empfangsgebäude, Abgang und Bahnsteig betreffen können, grundsätzlich mit zwei unterschiedlich strukturierten Institutionen zu tun, die unter wirtschaftlichen Gesichtspunkten geleitet werden. Die Interessen der Bauherrn, bei dem Verkehrsunternehmen BVG das einschneidende Feld der Rationalisierung und Automation, bei der VdeR in erster Linie eine rentable Vermietung der nicht mehr für den Betrieb benötigten Empfangsgebäude, treten oft in Widerspruch zu den Forderungen der Denkmalpflege.

Seit 1981 befaßt sich der Landeskonservator schwerpunktmäßig mit dem Thema der S-Bahn. In einer ersten Bestandsaufnahme[4] erfaßte man alle 77 Bahnhöfe, wobei 42 als schutzwürdig eingestuft wurden.[5] Innerhalb der Publikationsreihe »Arbeitshefte der Berliner Denkmalpflege« erschienen die Dokumentationen einzelner Strecken, die in der Baugeschichte ausführlicher und nicht nur auf die Bahnhofsanlagen beschränkt sind.[6] Den Heften über die Stadtbahn und Zossener Bahn werden die Wannseebahn und das in Arbeit begriffene Heft über die Ringbahn folgen.

Unmittelbar nach der Inbetriebnahme der ersten Strecken – Stadtbahn und Linie S 2 nach Lichtenrade – durch die BVG begannen 1984 die ersten konservatorischen Maßnahmen an den vorerst stillgelegten Bahnhöfen der Wannseebahn (Wiederinbetriebnahme am 1. 2. 1985). Modellhaft konnte hier erstmals praktisch der Problemkomplex der Instandsetzung angegangen werden. Zur Koordination sämtlicher Erneuerungsarbeiten initiierte der Landeskonservator die Einsetzung einer verwaltungsinternen Arbeitsgruppe, in der die BVG als Betreiber, die VdeR als Verwalter, der Senat für Bau- und Wohnungswesen als Baudienststelle und der Landeskonservator vertreten sind.

Die hier behandelten Fragen der Modernisierung ergaben beispielsweise für die Bahnsteige samt ihrer Aufbauten die einvernehmliche Absprache, daß die verglasten Einhausungen der Zu- und Abgänge, die Bahnsteigdächer, -stützen und -häuschen grundsätzlich erhalten bleiben und gegebenenfalls instandzusetzen sind. Für den aus Kleinmosaik bestehenden Bahnsteigbelag, der von der BVG aus Sicherheitsgründen grundsätzlich abgelehnt wird, konnte man bei den Bahnhöfen der Wannseebahn die Beibehaltung der Pflasterung erreichen. Bezüglich der Möblierung und des Informationssystems der Bahnsteige sind nach einer systematischen Untersuchung der noch vorhandenen historischen »Normalien« hiervon abgeleitete neue Typen entwickelt worden.[7] Einige Bahnsteige der in Betrieb genommenen Strecken sind mit diesen standardisierten Einrichtungen bereits ergänzend ausgerüstet.

Bei der Restaurierung der Wannsee-Bahnhöfe wählte der Landeskonservator im Einvernehmen mit dem Bauherrn (VdeR) Architekturbüros aus, von denen er neben den üblichen Architektenaufgaben weiterreichende Sonderleistungen verlangte. Hierzu gehörten die Sichtung und Auswertung der Bauakten und anderer Archivarien, eine zeichnerische und fotografische Bestandsaufnahme, die Rekonstruktion wichtiger, nicht mehr vorhandener Details in Zeichnungen und die Ermittlung

Die Berliner S-Bahn

Abb. 4: Genietete Vollwandstütze mit Bahnsteighäuschen, S-Bahnhof Jungfernheide, um 1900, Zustand 1988

des originalen Farbkonzeptes durch Hinzuziehung eines Restaurators. Darüberhinaus mußten alle Arbeitsschritte und Ergebnisse in einer abschließenden Dokumentation festgehalten werden.

IV.

Eine derartige denkmalpflegerische Konzeption setzt die Mitarbeit von qualifizierten Architekten voraus, die historische Kenntnisse, Umsicht und Interesse für die Architektur und Formenwelt der S-Bahn mitbringen. Verständnis wird aber auch von den Bauherren verlangt, die ihren Baubestand als historisches Erbe erkennen und denkmalrechtliche Entscheidungen mittragen. Daß dies in der Praxis nicht immer der Fall war, zeigen die unterschiedlichen Resultate der Instandsetzung. Für den Außenstehenden unverständlich, treten an den inzwischen mehr als zwanzig fertiggestellten Bahnhöfen oftmals denkmalpflegerisch vorbildliche Ergebnisse neben weniger geglückten Leistungen auf. Hier zeichnen sich deutlich die divergierenden Interessen der beteiligten Behörden ab.

Beispielhaft für den Umgang mit einer weitgehend original erhaltenen Bausubstanz ist die behutsame Restaurierung (1984/85) des 1908-09 nach einem Entwurf der Architekten Erdmann & Spindler errichteten *Wannseebahnhofs Botanischer Garten*, die das Ergebnis eines gemeinsam mit dem Landeskonservator, dem Bauherrn (VdeR), einer Arbeitsgemeinschaft aus Architekten (Pitz/Brenne und Oestreich/Weinkamm sowie Dreß/Wucherpfennig) und eines Restaurators erarbeiteten Konzeptes darstellt (Abb. 7). Den Außenbau betreffend

Die Berliner S-Bahn

Abb. 5: Geschweißter Doppel-T-Träger aus dem Jahre 1934 auf dem S-Bahnhof Sundgauer Straße, Zustand 1988

Übersicht der S-Bahnhöfe in West-Berlin

1 Gesundbrunnen - 2 Wedding - 3 Putlitzstraße - 4 Beusselstraße - 5 Jungfernheide - 6 Westend - 7 Witzleben - 8 Westkreuz - 9 Halensee - 10 Hohenzollerndamm - 11 Schmargendorf - 12 Wilmersdorf - 13 Innsbrucker Platz - 14 Schöneberg - 15 Papestraße - 16 Tempelhof - 17 Hermannstraße - 18 Neukölln - 19 Sonnenallee - 20 Köllnische Heide - 21 Lehrter Stadtbahnhof - 22 Bellevue - 23 Tiergarten - 24 Zoologischer Garten - 25 Savignyplatz - 26 Charlottenburg - 27 Grunewald - 28 Anhalter Bahnhof - 29 Yorckstraße - 30 Priesterweg - 31 Mariendorf - 32 Marienfelde - 33 Buckower Chaussee - 34 Lichtenrade - 35 Südende - 36 Lankwitz - 37 Lichterfelde-Ost - 38 Lichterfelde-Süd - 39 Großgörschenstraße - 40 Friedenau - 41 Feuerbachstraße - 42 Steglitz - 43 Botanischer Garten - 44 Lichterfelde-West - 45 Sundgauerstraße - 46 Zehlendorf - 47 Lindenthaler Allee - 48 Schlachtensee - 49 Nikolassee - 50 Wannsee - 51 Zehlendorf-Süd - 52 Düppel - 53 Humboldthain - 54 Wollankstraße - 55 Schönholz - 56 Wilhelmsruh - 57 Wittenau - 58 Waidmannslust - 59 Hermsdorf - 60 Frohnau - 61 Reinickendorf - 62 Wittenau - 63 Eichbornstraße - 64 Tegel - 65 Schulzendorf - 66 Heiligensee - 67 Siemensstadt-Fürstenbrunn - 68 Spandau - 69 Spandau-West - 70 Staaken - 71 Eichkamp - 72 Heerstraße - 73 Olympiastadion - 74 Pichelsberg - 75 Wernerwerk - 76 Siemensstadt - 77 Gartenfeld

Die Berliner S-Bahn

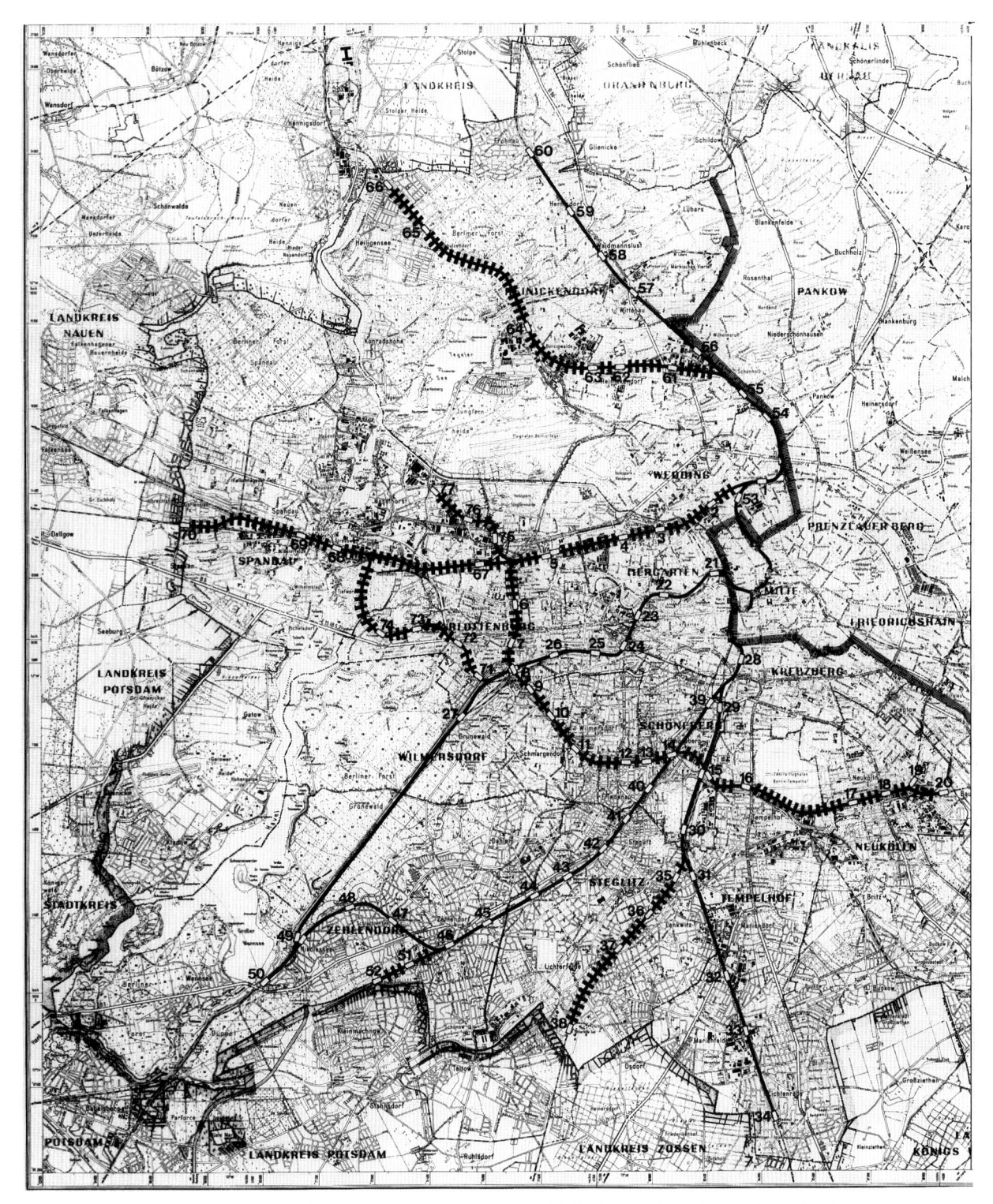

Abb. 6: Streckennetz der West-Berliner S-Bahn, Stand 1988. Die unterbrochenen Linien kennzeichnen die stillgelegten Strecken

einigte man sich darauf, die Fehlstellen des größtenteils in noch gutem Zustand vorhandenen alten Putzes durch einen der originalen Zusammensetzung und Struktur entsprechenden zu ergänzen. Nicht unumstritten blieb allerdings der anschließend im Ton des ursprünglichen Naturputzes erfolgte Mineralfarbenanstrich der Fassade, durch den eine einheitliche Farbwirkung erreicht wurde. Die infolge Kriegszerstörung und Umweltverschmutzung angegriffenen Verblendsteine wurden gereinigt, sodann mit durchgefärbter Steinersatzmasse ausgebessert und nachfolgend imprägniert. Rekonstruktionen am Außenbau erfolgten nur hinsichtlich der bereits vor dem Zweiten Weltkrieg entfernten ausschwingenden Vordächer an beiden Eingängen zur Bahnhofshalle. Nach der Entrümpelung der Halle von behelfsmäßigen Buden überraschte die zwar beschädigte, aber reiche Jugendstil-Ausstattung, die nach der Restaurierung der Fußboden- und Wandmosaike und der Einsetzung der seit dem Kriege im Keller des Bahnhofes ausgelagerten farbigen Bleiglasfenster ihre durch dunkle Farbtöne bestimmte weihevolle Raumwirkung wiedererlangen konnte. Im Umgang mit dem stillgelegten *Ringbahnhof Westend* (Bauherr: VdeR; Architekt: W. D. Borchardt) wird nicht nur die Problematik der Konservierung von Ziegelbauten evident – die übrigens den größten Anteil aller Berliner S-Bahnbauten ausmacht –, sondern auch die Schwierigkeit, neuen Nutzungsansprüchen gerecht zu werden (Abb. 9). Außer Veränderungen der Nachkriegszeit, die den Einbau neuer Fenster und den Abriß der Gauben umfaßten, bewahrte der in den Jahren 1883/84 von Kayser & v. Großheim in den Formen der deutschen Renaissance entworfene großzügige Bahnhofsbau sein äußeres Erscheinungsbild. Nach Abschluß der Umbauten (1987) wirkt der jetzt von der Karl-Hofer Gesellschaft für Ausstellungen genutzte und mit Künstlerateliers eingerichtete Bahnhof sehr verändert. Offensichtlich sind die stark verschmutzten roten Verblendziegel nicht nur einer übermäßigen Reinigung unterzogen worden, sondern bilden im Zusammenhang mit den im gleichen Rotton neu verputzten Fugen eine völlig geglättete homogene Wandstruktur. Diese gründliche und makellos saubere Erneuerung – hinzu kommt der materialfremde Anstrich der hellen Sandsteineinfassungen – hat den zum Denkmalcharakter ebenso gehörenden Prozeß des Alterns restlos verdrängt.

Um die Einrichtung von Künstlerateliers im Dachgeschoß zu ermöglichen, sind eine Vielzahl von Dachflächenfenstern eingesetzt worden, deren Verglasung zum Teil über den Grat reicht und die geschlossene Dachform aufreißt. Hier konnten meines Erachtens veränderte Nutzeransprüche nicht in Einklang mit den Prinzipien der Denkmalpflege gebracht werden. Ziel kann nicht sein, dieses bereits durch frühere Eingriffe veränderte und nicht mehr dem Betrieb dienende Empfangsgebäude nach historischer Vorlage zu rekonstruieren oder einer Umnutzung zu entziehen, sondern eine Material wie Architektur respektierende Integration des Neuen.

Andersgeartete Probleme stellen sich dagegen im Betriebsbereich der BVG, deren aus Gründen der Sicherheit, aus dem Wunsch nach pflegeleichten Materialien und dem Schutzbedürfnis vor Vandalismus heraus getroffenen Maßnahmen oftmals die Bemühungen der Denkmalpflege konterkarieren. Eindringlich verdeutlicht dies die 1984/85 durchgeführte Renovierung (Bauherr BVG; Architekt P. Altenkamp) der Auf- und Zugänge zum Bahnsteig des *Wannseebahnhofs Friedenau* aus dem Jahre 1907. Als außergewöhnlich rücksichtslos fällt hier der Umgang mit nicht mehr benötigten Betriebseinrichtungen wie Fahrkartenschalter, Gepäckabgabestelle und Betriebszimmer auf, die im Zuge der Rationalisierung und Automatisierung seit Jahren ihre Funktion verloren haben. Nach einem vollständigen Abriß dieser für das Verständnis des Bahnverkehrs wichtigen Ausstattung trat eine pflegeleichte aluminiumverkleidete Wandschließung, deren glatte Oberflächen sicherlich leicht von jeglichem Graffiti zu säubern sind (Abb. 8). Da nützt es wenig, wenn man nach Abschlagen der glasierten Ziegel an den Seitenwänden versucht, das ursprüngliche Gestaltungsbild wieder zu treffen. Zwar greift man ganz nach »historischem Vorbild« das alte Muster auf, doch benötigen die neuen, nicht mehr gefaßten und kleineren Kacheln eine wesentlich breitere Verfugung, deren disharmonische Struktur im Vergleich zu der angrenzenden noch vorhandenen alten Verblendung im »unantastbaren« Bereich der Reichsbahn deutlich zu Tage tritt. Mit dem Abschlagen der Verblender verschwanden auch die verzierten gußeisernen Schutzleisten. Von monströser Ungestalt sind auch die aus Sicherheitsgründen mit Leuchtstoffröhren versehenen

Abb. 7: Empfangsgebäude S-Bahnhof Botanischer Garten, nach der Restaurierung 1985

Handläufe, die ehemals hölzerne mit gedrechselten Läufen versehene Holme ersetzen. Einzig das schmiedeeiserne Absperrgitter zum Bahnsteig überlebte gleich einem nostalgischen Relikt aus der »guten alten Zeit« das sterile, an der Maxime der Sauberkeit ausgerichtete Ergebnis der Renovierung.

V.

Die Denkmalpflege darf weder dem Prozeß der betriebstechnischen Erneuerung im Wege stehen noch die Umnutzung nicht mehr benötigter Gebäude unmöglich machen. Notwendige Eingriffe müssen aber so erfolgen, daß der kulturelle und geschichtliche Wert der Berliner S-Bahn erhalten bleibt. Es gilt, das Alte zu bewahren und – wo notwendig – behutsam zu restaurieren. Neue Bestandteile sollen sich am Vorhandenen orientieren, was aber nicht historisierende Anpassung, sondern Ableitung und Weiterentwicklung bedeutet. An den Einrichtungen der S-Bahn ist der Stand der jeweiligen Technik immer ablesbar gewesen. Die Bauwerke entsprachen den an sie gestellten Erfordernissen, ohne architektonische Qualität einzubüßen. Das soll auch heute so bleiben!

Das von dem Landeskonservator erarbeitete Denkmalpflegemodell für die Berliner S-Bahn zeigt konzeptionell ein solches Vorgehen, das es aber trotz aller Schwierigkeiten auch in der Praxis konsequent umzusetzen gilt. Wie wenig Zeit überhaupt noch dafür vorhanden ist, zeigt der fortgeschrittene Vandalismus auf den stillgelegten Strecken, der, wenn sich die Nahverkehrspolitik des

Die Berliner S-Bahn

Abb. 8: S-Bahnhof Friedenau, Blick von der Bahnsteigtreppe auf die Aluminiumverkleidung von der einstigen Fahrkarten- und Gepäckausgabe, 1985

Berliner Senats nicht ändert, zur restlosen Zerstörung führen wird. Wer einmal in die Rush-hour des Berliner Straßenverkehrs geraten ist, begreift nicht, warum ein einstmals äußerst effektives und fortschrittliches Nahverkehrsmittel so lange auf seine Wiederbelebung wartet. In seiner Reaktivierung liegt die einmalige Chance, auf der Basis des überkommenen Verkehrsnetzes der Berliner S-Bahn mit ihrem umfassenden Denkmalbestand, in Vernetzung mit der U-Bahn und einer in Zukunft hoffentlich verbesserten Fernbahnverbindung, ein zeitgemäßes modernes Transportsystem zu entwickeln.

Anmerkungen

[1] Berliner Lokal Anzeiger vom 5. 1. 1933.
[2] Die 1874 eröffnete Wannseebahn, erstmalig ausschließlich als Lokalstrecke getrennt von Gleisen der Stammstrecke der Berlin-Potsdamer Eisenbahn angelegt, erschloß die südwestlich von Berlin gelegenen Villenvororte.
[3] Als Verfasser unzähliger grundlegender Schriften über Anlage und Gestaltung von Eisenbahnbauten reichte sein Einfluß weit über Preußen hinaus. Hauptwerk: Cornelius, Karl, Eisenbahnhochbauten. Handbibliothek für Bauingenieure, 2. Teil, 6. Bd., Berlin 1921; Zu Person und Werk vgl.: Nachruf, in: Die Reichsbahn 1938 (14) Nr. 4, S. 109 f.
[4] Dokumentation der S-Bahnhöfe in West-Berlin. Architekturwerkstatt Pitz/Brenne und A. Oestreich, W. Weinkamm, E.-M. Eilhardt. Gutachten beim Landeskonservator, 1981.
[5] Zum Vorgehen der Berliner Denkmalpflege vgl.: Kloß, Klaus-Peter, Die S-Bahn in Berlin als denkmalpflegerische Aufgabe. In: Umgang mit dem Original. Arbeitshefte zur Denkmalpflege in Niedersachsen 7, 1988, S. 93.
[6] Arbeitshefte der Berliner Denkmalpflege:
Heft 1: Schmidt, Hartwig/Eilhardt, Eva-Maria, Die Bauwerke der Berliner S-Bahn. Die Stadtbahn, Berlin 1984.
Heft 2: Schmidt, Hartwig/Tomisch, Jürgen, Die Bauwerke der Berliner S-Bahn. Die Vorortstrecke nach Zossen, Berlin 1985.
[7] Architekturwerkstatt Pitz/Brenne mit F. zu Rantzau, Chr. v. Hopfgarten, H. Rößger, Bestandsaufnahme der Bahnsteigsmöblierung, Entwicklung eines Informationssystems und Möblierungsvorschläge. Gutachten beim Landeskonservator Berlin.

Literatur

Geschichte und Entwicklung der Berliner Eisenbahn und ihrer Lokalstrecken kann hier nicht Gegenstand einer ausführlichen Betrachtung sein. Hier sei aus der Fülle von Fachliteratur verwiesen auf:
Berlin und seine Bauten, Teil X, Bd. B (2), Fernverkehr. Berlin 1984; Die Berliner S-Bahn. Gesellschafsgeschichte eines industriellen Verkehrsmittels. Ausstellungskatalog. Berlin 1982; Bley, P., Berliner S-Bahn. Vom Dampfzug zur elektrischen Stadtschnellbahn. Berlin 1982; Jaeggi, A., La S-Bahn di Berlino. Ascesa, caduta e rinascita di una ferrovia urbana. In: casabella 50.1986, Nr. 524, S. 46-52 und 54 f; Arbeitshefte der Berliner Denkmalpflege, vgl. Anm. 6.

Die Berliner S-Bahn

Abb. 9: Empfangsgebäude S-Bahnhof Westend, Zustand 1988

Abb. 1. Kirche zum Heiligen Kreuz, Blücherstraße/Kreuzberg, 1885/88 von Joh. Otzen

Klaus Duntze

Leben mit der Geschichte – vom verantwortlichen Umgang mit überlieferter kirchlicher Baugestalt

I. Die Erhaltung der alten Kirchen als gesellschaftliche Aufgabe

Im November 1987 veranstalteten die Evangelische Kirche Berlin (West), die Berliner Denkmalpflege beim Senator für Stadtentwicklung und Umweltschutz und das Kunsthistorische Institut der Technischen Universität Berlin ein »Erstes Berliner Gespräch zur neuen Nutzung alter Kirchen«. Dieser längst fällige Versuch einer gemeinsamen und verbindlichen Diskussion der Problematik der Großkirchen in Berlin (West) brachte die folgenden grundlegenden Ergebnisse:

1. Die Einsicht in die dringende Notwendigkeit, den baulichen Verfall vieler Großkirchen des 19. Jahrhunderts zu stoppen.

2. Die Erkenntnis, daß bisher zwar Positionen der an der Verantwortung beteiligten Institutionen (Kirche, Gemeinden, Land Berlin, Denkmalpflege, Kunstgeschichte) formuliert worden sind, aber kein gemeinsames Konzept für den verantwortlichen Umgang mit den alten Kirchen vorhanden ist.

3. Die Erfahrung der evangelischen Kirche Berlin, daß sie sich im Blick auf den konkreten Umgang mit der überlieferten Baugestalt der alten Kirchen massiven inhaltlichen und ästhetischen Fragen von Seiten der Kunsthistoriker und der Denkmalpflege ausgesetzt sieht, aber noch keinen eigenen Standpunkt zur Diskussion gestellt hat.

4. Die Bekundung der Bereitschaft des Landes Berlin, sich an der Erhaltung der alten Kirchen zu engagieren unter der Voraussetzung, daß ein gemeinsam zu verantwortendes Konzept zur Nutzung zu gewinnen ist.

Ausgehend von den Ergebnissen dieses »Ersten Berliner Gesprächs« wird in der kommenden Zeit der Dialog zwischen den beteiligten Institutionen Kirche, Land Berlin, Denkmalpflege und Kunstgeschichte zu führen sein. In diesem Beitrag sollen die Positionen und Aufgaben der Beteiligten skizziert und durch die gegenseitigen Anfragen und Herausforderungen verdeutlicht werden.

II. Die geschichtliche Existenz der Kirche

Da die evangelische Kirche Berlin (West) mit ihren Gemeinden Eigentümer der alten Kirchen ist, trägt sie die Hauptverantwortung für deren weiteres Schicksal. Sie ist aber durch die Entstehungs- und Nutzungsgeschichte mit den anderen oben genannten gesellschaftlichen Institutionen dergestalt verbunden, daß sie diese auf ihre Mit-Verantwortung ansprechen kann. Dies bedeutet für den anstehenden Dialog, daß die evangelische Kirche ihr Konzept für den Umgang mit den alten Kirchen formulieren und zur Diskussion stellen muß, daß sie aber von diesem Konzept aus auch kritische Fragen an die Positionen der anderen Beteiligten stellen darf und ihre Mit-Verantwortung einfordern kann. Das Ziel dieses Diskussionsprozesses könnten gemeinsam getragene Grundsätze zur Nutzung der alten Kirchen und zum Umgang mit ihrer überlieferten Baugestalt - gewissermaßen ein ›Berliner Regulativ‹ zur neuen Nutzung alter Kirchen - sein.

III. Fragestellungen des Dialogs

Die Fragestellungen gliedern sich in drei Komplexe, die mit dem Selbstverständnis und der Aufgabe der evangelischen Kirche als gesellschaftlicher Institution zusammenhängen:

1. Die Frage nach dem Umgang mit der Vergangenheit: Geschichtlichkeit als Verpflichtung und Befreiung. Diese Thematik muß vor allem mit den Vertretern der Kunstgeschichte und der Denkmalpflege erörtert werden.

2. Die Frage nach dem gesellschaftlichen Auftrag der Kirche in der Stadt und der Bedeutung der großen Kirchräume. Dieser Fragenkomplex muß vor allem mit den Vertretern des Staates bzw. der Kommune bearbeitet werden.

3. Die Frage nach verantwortlicher Trägerschaft für die Kirchengebäude durch die evangelische Kirche oder andere Institutionen.

A. Die Frage nach dem Umgang mit der Vergangenheit

Ausgangspunkt ist für die Kirche ihr geschichtliches Herkommen: Ihr Glaube bezieht sich auf die historischen Ereignisse, die das Alte und das Neue Testament bezeugen, sie ergreift ihren Grund nur in Gestalt der Überlieferungsgeschichte durch die ›Wolke der Zeugen‹ hindurch. In diesem Sinne ist Geschichtlichkeit ein Wesenszug christlicher Kirche und christlichen Glaubens; es ist Aufgabe jeder Generation, aufgrund des Zeugnisses der Väter und Mütter, die Geschichte der Gotteserfahrung in ihre Zeit und ihre Welt hinein fortzuschreiben.

Von diesem Ausgangspunkt her muß die *Kirche* die *Denkmalpflege* fragen:

Wie begründet die Denkmalpflege die Forderung, Kirchen und ihre Einrichtungen als »Dokument« zu erhalten und diese Forderung dem Wunsch der Gemeinden nach benutzbaren Räumen vorzuordnen?

Wenn die Kirche und ihre Gemeinden in der geschichtlichen Überlieferung leben, wenn die Vergangenheit uns bewußt und in uns lebendig ist, wozu brauchen wir dann unsere Kirchen als ›Dokumente‹?

Welche gesellschaftliche Aufgabe stellt sich die Denkmalpflege selbst, und wie findet sie die Kirche darin vor?

Die *Denkmalpflege* wird die *Kirche* fragen:

Nimmt die Kirche ihre Kirchräume als steingewordene Zeugnisse der Vergangenheit ernst?

Kann die Kirche die Unvermeidbarkeit von Umgestaltungen und Eingriffen in Kirchenräume aus ihrem Wesen als Kirche glaubhaft machen? Oder sind die Umgestaltungswünsche nur Ausfluß von Zeitmode in der kirchlichen Arbeit?

Hat die Kirche – bis zum Erweis des Gegenteils – versucht, mit dem überkommenen Raum als Gemeinde zu leben?

Die *Kirche* wird die *Kunstgeschichte* befragen:

Bei Eintreten für eine künstlerische Epoche im Kirchenbau: wie geht die Kunstgeschichte mit der Geschichte solcher Bauten um? Welches sollte der ›authentische‹ Bauzustand sein, der zu erhalten bzw. wiederherzustellen wäre?

Wenn die Auseinandersetzung mit der Vergangenheit der Bewältigung der Gegenwart dienen soll: kann dann die christliche Gemeinde die Bau-Zeugnisse der Vergangenheit ›neutral‹ betrachten? Muß sie nicht ihren Kirchen womöglich eine andere Gestalt geben, um dem alten Zeitgeist abzusagen, der sich in ihnen ausspricht?

Ist die künstlerische Bedeutung ein Wert an sich, dem alle anderen Werte und Ansprüche nachzuordnen sind?

Ist die Selbstverständlichkeit, mit der frühere Epochen und Generationen die Vergangenheit ihrer Gegenwart geopfert haben, geschichtsvergessene Barbarei oder Unbefangenheit geschichtlicher Existenz?

Die *Kunstgeschichte* wird die *Kirche* fragen:

Wie löst die Kirche im Blick auf die überlieferten Kirchgebäude ihren Anspruch ein, daß vor Gott alle Menschen, alle Geschlechter, alle Epochen gleich sind?

Können die Christen ihre Vorfahren in ihren Werken lieben, auch wenn sie ihnen nicht gleichen wollen?

Ist sich die Kirche ihrer gesellschaftlichen Verantwortung für die Kirchenbauten und ihre Einrichtungen als Kunstwerke bewußt? Oder nimmt sie sich das Recht, Kunstwerke durch Umnutzung zu zerstören, ohne der Gesellschaft und ihren Institutionen darüber Rechenschaft zu geben?

Achtet die Kirche ihre heiligen Bauten ebenso hoch wie ihre heiligen Texte? Würde sie Luthers Werke verbrennen, weil sie seine Sprache nicht mehr spricht?

In diesem Dialog zwischen ev. Kirche bzw. ihren Gemeinden mit der Kunstgeschichte und der Denkmalpflege wird – bezogen auf die alten Kirchen – die Frage nach der Gegenwart der Vergangenheit, nach einem Umgang mit der Geschichte zwischen ihrer Versiegelung als Dokument und der Verdrängung des prägenden Herkommens zu bearbeiten sein. Die Klärung dieser Fragestellung schafft die Grundlagen für einen gemeinsam zu verantwortenden Umgang mit der überlieferten Baugestalt alter Kirchen, so unterschiedlich dieser in der Praxis auch sein mag.

*B. Die Frage nach dem gesellschaftlichen Auftrag
der Kirche in der Stadt und der Bedeutung
der großen Kirchräume*

Aus dem Verhältnis von Christengemeinde und Bürgergemeinde ergeben sich historisch wie grundsätzlich ein gemeinsames Interesse und eine gemeinsame Verantwortung für die Kirchen in der Stadt. Mit dem Bau und der Nutzung ihrer Kirchen haben die Gemeinden im-

Überlieferte kirchliche Baugestalt

Abb. 2. Luther-Kirche, Dennewitzplatz/Schöneberg, 1891/94 von Joh. Otzen

mer auch eine gesellschaftliche Aufgabe erfüllt, in mehr oder weniger großer Nähe oder Distanz zur weltlichen Obrigkeit und ihren gesellschaftlichen Zielsetzungen. Mit dem Bau und der Geschichte von Kirchen ist jeweils eine bestimmte Ausprägung dieses Verhältnisses von Kirche – (kommunale oder staatliche) Obrigkeit – Gesellschaft verbunden. Die neue Nutzung alter Kirchen muß sich diesem Aspekt ihrer Nutzungsgeschichte stellen, wenn sie ein gesellschaftliches Einvernehmen darüber erzielen will.

Der gesellschaftliche Auftrag, der sich mit der Entstehung der großen Kirchen verbindet, kann Ausgangspunkt und Schlüssel für die Frage nach der neuen Nutzung und einer gemeinsamen Verantwortung von Kirche und Staat bzw. Kommune dafür sein.

Daraus ergeben sich Fragen der *Kirche* an das *Land Berlin* als kommunale und staatliche Autorität zugleich:

Die großen Kirchen sind in der 2. Hälfte des 19. Jahrhunderts als Zentren der sozialen und politischen Integration der proletarischen Massen in die bürgerliche Gesellschaft gebaut worden. Um dieser Zielsetzung willen haben der Staat und die gesellschaftstragenden Gruppen die Schaffung von neuen Pfarrsystemen ideell und materiell unterstützt. Welche Aufgaben bei der Wahrung bzw. Wiederherstellung des sozialen Friedens würde der Staat heute an die evangelische Kirche und ihre Ortsgemeinden delegieren wollen?

In den letzten Jahrzehnten haben die Stadtbewohner den ›Paroikos‹ eines sozial-räumlichen Lebensfeldes wieder entdeckt und seine Funktionsfähigkeit angestrebt. Die christlichen Kirchen sind die einzigen gesellschaftlichen Institutionen, die in ihren Parochien kleinteilig flächendeckend organisiert sind. Welche Mitarbeit an der Entwicklung einer sozial-räumlich gegliederten Stadt ist die kommunale bzw. staatliche Obrigkeit an die evangelische Kirche zu delegieren bereit?

Bei Aufbau von kleinteiligen regionalen Bürgerbeteiligungsstrukturen (Stadtteilgremien o. ä.) werden Ressourcen an Räumen, Personal und lokaler Kompetenz benötigt. Die evangelischen Kirchengemeinden haben dies alles anzubieten. Wünscht die kommunale Obrigkeit eine solche Entwicklung, und ist sie bereit, die evangelische Kirche dabei als subsidiäre Kraft zu akzeptieren (wie sie es im diakonischen Bereich bei den Sozialstationen tut)?

Wenn für ein solches gesellschaftsdiakonisches Engagement der evangelischen Kirche die alten Kirchengebäude genutzt werden sollen: ist die Kommune dann bereit, die evangelische Kirche dabei finanziell zu unterstützen?

Von seiten des *Landes Berlin* als kommunaler und staatlicher Autorität sind die folgenden Fragen an *die evangelische Kirche* zu erwarten:

Mit welchen gesellschaftlichen Dienstleistungen kann die evangelische Kirche eine weitere Erhöhung der Staatszuschüsse, hier zur Sanierung ihrer alten Großkirchen, rechtfertigen?

Welche Nutzungskonzepte begründen die Erhaltung dieser alten Räume bei verändertem kirchlichen Bedarf?

Will die evangelische Kirche durch eine Abgabe von Großkirchen an die öffentliche Hand sich nicht aus ihrer Verantwortung für einen wichtigen Teil des kulturellen Erbes stehlen?

Wenn die Opferbereitschaft der evangelischen Christen für ihre alten Kirchen nicht ausreicht, warum sollen dann Steuermittel auch von Nichtchristen deren Erhalt sichern?

Fragen dieser Art sind auch beim »Ersten Berliner Gespräch« schon gestellt, aber noch nicht auf eine gemeinsame Verantwortung von Kirche und Land hin diskutiert worden.

Hier muß die Diskussion weitergehen, weil von ihrer gemeinsamen Beantwortung eine Nutzungsstrategie für die alten Kirchen und damit ihr Weiterbestand abhängen wird.

C. Fragen nach der verantwortlichen Trägerschaft. Grundtypen der Nutzung alter Kirchen

Alle Beteiligten gehen davon aus, daß für die vielen alten Kirchen im Raum von Berlin (West) verschiedenartige Verwendungen gefunden werden müssen, selbst wenn Abriß bzw. Verrotten durch Leerstand ausgeschlossen sind. Bei verschiedenen Nutzungen können die unterschiedlichen Anliegen der Beteiligten sowohl nach inhaltlichen wie nach ökonomischen Gesichtspunkten zum Tragen kommen:

1. Denkbar sind einige Kirchen als Dokumente; am besten solche, die im Alltag der Gemeinden nicht mehr angenommen werden, aber von hoher historischer

Authentizität sind. Ihre Funktion als Denkmal und Ausstellungsort sollte einen Zugang zur Vergangenheit schaffen. Sie könnte entweder von der Kirche oder von der Öffentlichen Hand oder auch von beiden gemeinsam verantwortet werden. Danach regelt sich die Trägerschaft.

2. Es ist Wunsch der evangelischen Kirche, daß möglichst viele alte Kirchen von den Gemeinden dergestalt angeeignet werden, daß der Überlieferungsprozeß von Kirchraum und Gemeinde in die Gegenwart so fortgesetzt wird, daß die Gemeinde ihn erkennen und nachbuchstabieren kann und in den Umgestaltungen der Vergangenheit die Herausforderung an ihre Gegenwart erkennt.

3. Denkbar ist auch, daß die evangelische Kirche die inhaltliche und materielle Verantwortung für einzelne Kirchengebäude an neue Eigentümer und Funktionen abgibt. Dabei wird sie die Gebäude von ihrer Bedeutungsgeschichte nicht so völlig trennen können, daß sie diese zu jeder Art von Nutzung freigibt; es ist darüber nachzudenken, welche neue Nutzung mit der Geschichte einer solchen Kirche in Einklang zu bringen ist.

Die Frage nach den Verwendungsarten alter Kirchen muß an den konkreten Fällen erörtert werden, die derzeit zu einer Lösung anstehen. Das sind vor allem die Luther-Kirche in Spandau, die Neue Nazareth-Kirche im Wedding, die Thomas-Kirche und die Kirche Zum Heiligen Kreuz in Kreuzberg. Daran werden jeweils Vertreter aller Mitverantwortlichen beteiligt sein.

IV. Inhaltliche Gesichtspunkte für ein »Berliner Regulativ«

Wenn der begonnene Dialog verbindlichen Gehalt und verbindliche Gestalt gewinnen soll, müssen seine Ergebnisse in gemeinsam zu verantwortenden Grundsätzen ausformuliert werden. Eine solche Grundsatzerklärung wird die Aspekte umfassen müssen, die sich aus den oben ausgeführten Fragestellungen ergeben:

1. Leitsätze zum verantwortlichen Umgang mit der überlieferten Baugestalt der alten Kirchen und ihrer Nutzungsgeschichte, gewonnen aus der Einsicht in die Geschichtlichkeit menschlicher Existenz im allgemeinen und der christlichen Kirche im besonderen.

2. Richtlinien für konkrete Nutzungskonzepte alter Kirchen, gewonnen aus der gemeinsamen gesellschaftlichen Verantwortung von Kirche und Kommune für das Heil und das Wohl der Stadtbewohner im sozialräumlichen Feld der Parochie.

3. Nutzungstypen für die alten Kirchen, gewonnen aus den wichtigsten Aspekten der Verantwortung für diese Gebäude und ihren Bedeutungsgehalt (Nutzung als historisches Dokument, Nutzung als Gemeindekirche nach den heutigen Bedürfnissen, Nutzung als Raum für nichtkirchliche Bedürfnisse).

Der mit dem »Ersten Berliner Gespräch zur neuen Nutzung alter Kirchen« begonnene Dialog muß in der beschriebenen Richtung weiter gehen. Das »Zweite Berliner Gespräch« im November 1988, von denselben Partnern veranstaltet, könnte zu einem wichtigen Schritt auf diesem Wege werden.

Abb. 1: Luther-Kirche, Lutherplatz/Spandau, 1895/96 von A. Fritsch

Wolfgang Wolters

Berliner Großkirchen – pflegen, nicht zerstören!

I.

Die Schwierigkeiten beim Erhalten und Pflegen der evangelischen Kirchen in Berlin sind in den letzten Jahren auch in der Öffentlichkeit genannt und Lösungen, oft kontrovers, diskutiert worden. Viele Berliner Kirchen sind für den Zweck, für den sie errichtet wurden, zu groß geworden, die Kosten für Bauunterhalt, Heizung und Reinigung bedeuten für viele Gemeinden eine schwere, für nicht wenige eine untragbare Last. Hierzu kommt in einigen Fällen die Ablehnung des Bauwerks durch Pfarrer und Teile der Gemeinde, da die bauliche Gestalt der Kirche nicht mehr den gewandelten Erwartungen an einen Kirchenraum und seinen oftmals auch neuen Funktionen entspreche.

II.

Die Frage, was man mit den Kirchen anfangen solle, die nicht mehr oder kaum noch für den Gottesdienst genutzt werden, ist nicht neu. Zahllose Umbauten, nicht nur in Europa, können dies bezeugen. Vom Museum über den Supermarkt bis hin zur Disco reichen die nahezu unbegrenzten Möglichkeiten. Das oftmals Spektakuläre, auch über den Tag hinaus Irritierende, ja Provozierende dieser Umbauten läßt vergessen, daß viel mehr Gemeinden, auch unter großen finanziellen Opfern, weiter mit ihren Kirchen leben, deren Wert erkennen und sich, im Rahmen ihrer oft sehr begrenzten Möglichkeiten, für deren Erhaltung und Pflege einsetzen. Das Bauamt der Evangelischen Kirche Berlin-Brandenburg hat 1987 beim »Ersten Berliner Gespräch« die erheblichen Lasten für den reinen Bauunterhalt quantifiziert und darauf verwiesen, daß die errechnete finanzielle Belastung jedes Jahr schwerer, ja eigentlich gar nicht mehr zu tragen sei. Der dramatische Rückgang der Kirchenbesucher, die schwindenden Einnahmen aus Kirchensteuern, gewandelte Prioritäten innerhalb der Kirche sind unbestreitbare, seit langem bekannte Tatsachen. So wurde in vielen Fällen in den letzten Jahren und Jahrzehnten kein ausreichender Bauunterhalt der Berliner Kirchen mehr getrieben. Die auch hieraus resultierenden Schäden, vor allem am Außenbau, sind oft bereits erheblich.

Beim »Ersten Berliner Gespräch« wurde aber auch deutlich, daß innerhalb der Kirche die Zahl derer wächst, die bereit sind, mit den historischen Räumen, so wie sie uns überliefert sind, zu leben und das große Raumangebot nicht nur als Nachteil zu empfinden. Allerdings treten diese Gemeinden mit ihrer Entscheidung kaum an die Öffentlichkeit, so daß der Wunsch weniger Gemeinden, die die ihnen anvertrauten Bauwerke einschneidend verändern wollen, als weit verbreitet erscheint.

Das Fehlen öffentlich zugänglicher Räume für breit gefächerte Aktivitäten, besonders der Jugend, ist in vielen Teilen der Stadt ein altes Problem. Hier bieten sich nicht nur Fabriketagen, sondern ebenso die Räume einiger (der ja nicht geweihten) Kirchen an.

Die oft mangelnde Identifikation der Benutzer mit ihrer Kirche hat mehrere Gründe. So sind fast alle evangelischen Kirchen für Neugierige und Interessierte nicht so leicht zugänglich, daß sich ein selbstverständlicher Umgang mit ihnen hätte entwickeln können. Sie erscheinen abweisend, fremd, können nicht in Ruhe und ohne lästiges Bitten erkundet werden. Den kunst- und geschichtsinteressierten Besuchern fehlen sodann viel zu häufig all die historischen und kunsthistorischen Informationen, die es ihnen ermöglichten oder auch nur erleichterten, die Kirche als anschauliches, oft fesselndes Zeugnis der Geschichte der Gemeinde zu verstehen.

Die evangelischen Kirchen in Berlin sind noch viel zu wenig erforscht. Es liegen nur wenige ins Einzelne gehende Untersuchungen vor, die die Baugeschichte im Zusammenhang der Geschichte der Gemeinde, oft auch der Berliner Geschichte schilderten. Die Defizite der Forschung machen es denen nicht immer leicht, die für einen denkmalpflegerisch korrekten Umgang mit diesen für Berlin so kostbaren Bauten plädieren. Mancher sieht hierin sogar einen Beweis dafür, daß die Bauten kein Interesse verdienten.

Solange finanzielle Mittel nicht im Überfluß vorhanden sind (und das dürfte für lange Zeit nicht der Fall sein), wird man sich konsequent auf die baulichen Maßnahmen beschränken müssen, die der Substanzerhaltung dienen. Rekonstruktionen, Ergänzungen, die Beseitigung von bauphysikalisch belanglosen Kriegsschäden müssen – auch wenn sie denkmalpflegerisch vertretbar oder gar wünschenswert sein sollten – zurückstehen. Die Einschränkung auf ein Minimalprogramm, das immer noch sehr viel Geld kosten wird, ist nicht nur im Hinblick auf denkmalpflegerische Ideale richtig, sie scheint derzeit die einzige praktikable, weil Erfolg versprechende Entscheidung.

Für einen denkmalpflegerisch korrekten Umgang mit diesen Bauten sind vorbereitende Untersuchungen durch kompetente Bauforscher und Restauratoren unverzichtbar. Die Berufsbezeichnungen »Bauforscher« und »Restaurator« sind allerdings nicht geschützt, so daß auch unzureichend für solche Arbeiten qualifizierte Kräfte diesen Titel führen können. Auch der neu eingeführte »Restaurator im Handwerk« kann in der Regel nicht den Anforderungen entsprechen, die bei einer vorbereitenden Untersuchung zu stellen sind. Das gilt in gleichem Maße für die Dokumentation der erarbeiteten Ergebnisse. Aber auch entwerfende Architekten und Kunsthistoriker wurden für diese viel Erfahrung und Spezialwissen erfordernde Aufgabe nicht ausgebildet und sollten deshalb qualifizierten Bauforschern und Restauratoren diese für die Zukunft der Bauten wichtige Aufgabe überlassen. Die Tatsache, daß Untersuchungen durchgeführt werden, bedeutet somit noch lange nicht, daß diese, im Hinblick auf notwendige konservatorische oder restauratorische Maßnahmen, auch den Regeln entsprechend durchgeführt würden. Eine fachmännische Kontrolle der vielerorts durchgeführten Maßnahmen ist in Berlin dadurch erschwert, daß beim Landeskonservator keine beamteten Restauratoren oder Bauforscher tätig sind. Verglichen mit anderen Bundesländern ist dies eine schwerwiegende Benachteiligung der Berliner Bauten.

Voraussetzung für ein langfristiges Kirchenpflege-Programm sind aktualisierte Bauschadensprotokolle, die, maßvoll, die für den Substanzerhalt unverzichtbaren Maßnahmen von all denen unterscheiden, die anderen Zielen dienen. Daß hier die Grenzziehung nicht immer leicht fällt, ist allen Fachleuten bekannt. Sodann ist es notwendig, als selbstverständlichen Teil dieses Programms sicherzustellen, daß instandgesetzte Bauten regelmäßig kontrolliert werden, um erneute Schäden beim Auftreten zu erkennen und – mit meist im Verhältnis geringem Aufwand – zu beseitigen. Hier, nicht in der Finanzierung von Umbauten, muß der Schwerpunkt liegen.

Nicht nur von der Berliner Denkmalpflege wird immer häufiger erwartet, daß sie auch solchen Umnutzungen freudig zustimme, die das Bauwerk einschneidend verändern, seine historisch gewachsene Gestalt unwiderruflich beeinträchtigen. Angeblich »reversible Kompromisse« wie der unglaubliche Umbauplan eines Teils der eindrucksvollen *Luther-Kirche* (Abb. 1) in Spandau zu Wohnungen, das Einziehen einer Betondecke in den Zentralraum der schön proportionierten *Neuen Nazareth-Kirche* (Abb. 2) und auch überzogene Eingriffe in den Innenraum der *Kirche Zum Heiligen Kreuz* sind nicht mehr mit denkmalpflegerischen Prinzipien vereinbar, sollen jedoch als angeblich gerade noch vertretbar geschlossen werden. Daß das Äußere dieser Bauten in der Regel nicht angetastet, ja, wie im Fall der Spandauer Kirche sogar mit allergrößtem Aufwand restauriert wird, die städtebaulichen Qualitäten dieser Architekturen somit privilegiert und erhalten werden, kann nicht genügen. Allzuvieles, darunter Wesentliches, würde ohne Not geopfert.

Bliebe zu klären, weshalb nicht in wenigen, sicher extremen Fällen, die von Gemeinden abgelehnten Bauten – für eine doch stets noch überschaubare Zeit – »eingemottet« werden sollten, bis im raschen und oft überraschenden Wandel der Bewertungen und Prioritätensetzungen sich eine auch denkmalpflegerisch vertretbare Nutzung findet. Ist die Kirche erst einmal umgebaut, hat die historische Substanz Schaden genommen, wird es unmöglich sein, den ursprünglichen Zustand später einmal zurückzugewinnen.

Ein über das Jahr 2000 hinausblickendes, von Senat und Kirche gemeinsam initiiertes und getragenes »Kirchenpflegeprogramm« wird beim steuerzahlenden Bürger dann auf Verständnis stoßen, wenn ihm die Möglich-

Abb. 2: Neue Nazareth-Kirche, Leopoldplatz/Wedding, 1893 von M. Spitter

keit gegeben wird, diese gefährdeten Bauwerke ohne die derzeit üblichen Hindernisse kennenzulernen. Nach der Öffnung für das Publikum müßten in einem zweiten wichtigen Schritt sorgfältig recherchierte, gut verlegte Kirchenführer verfaßt und dem Publikum in den stets geöffneten Kirchen an die Hand gegeben werden. Die hierzu notwendigen Aufwendungen sind im Verhältnis zu ihrem Nutzen gering.

Ein »Kirchenpflegeprogramm« schließt neue und vielfältige Nutzungen der Kirchenräume nicht aus. Im Gegenteil: In vielen Fällen werden Erhalt und Pflege bei einer stetigen, rücksichtsvollen Nutzung leichter sein. Voraussetzung ist jedoch ein behutsamer, von Achtung für die Überlieferung geprägter Umgang mit dem Bauwerk, das Platz und Raum für viele Aktivitäten bieten kann, ohne gleich einschneidend verändert werden zu müssen. Hier ist die Phantasie der Pfarrer und Gemeinden gefordert.

Abb. 1: Goerz-Turm, Rheinstraße, 1987

Klaus-Peter Kloß

Zur Erhaltungsproblematik von Denkmalen der Industrie und Technik

»Schwere Wunden wurden dem Bestand der technischen und industriellen Bauwerke durch den Zweiten Weltkrieg und – in nicht geringem Maße – durch den wirtschaftlichen Aufschwung der Nachkriegsjahre zugefügt. Deshalb muß mit dem Verbliebenen behutsam umgegangen werden. Abreißen geht schnell; die Verluste aus diesem Gebiet der Baugeschichte sind unersetzbar.« (Günther Kühne)[1]

I.

Die Problematik der Bewertung und Erhaltung von Denkmalen der Industrie und Technik unterscheidet sich grundsätzlich nicht von der der übrigen Denkmalsubstanz. Im Gegenteil, sie spielt gerade in den Industriestaaten eine – bezogen auf den Stellenwert dieser Denkmalgattung im Gesamtbestand der Denkmale aus jüngerer Zeit – herausragende Rolle, da sie bestimmend für die gesamtgesellschaftliche Entwicklung der Industrienationen ist.

Für die Erhaltung technischer Denkmale und Gegenstände der industriellen Produktion sind zahlreiche Technikmuseen geschaffen worden. Die museale Erhaltung von Gegenständen der Industrie und Technik ist jedoch stets mit dem Verlust des originalen räumlichen Zusammenhangs verbunden, sie kann also nur als sogenannte zweitbeste Lösung verstanden werden. Da der Veränderungsprozeß in der industriellen Produktion sehr schnell und radikal abläuft, ist eine Erhaltung der Industriedenkmale in ihrer Gesamtheit, bestehend aus Gebäude und maschineller Ausstattung, nur punktuell zu erwirken. Die Erfassung und Bewertung der Industriedenkmale im Rahmen der Inventarisation bekommt deshalb eine große Bedeutung, da sie die Grundlage für eine Auswahl, die unumgänglich ist, bildet. Die Inventarisation ist in diesem Bereich außerdem auf den Fachverstand bestimmter wissenschaftlicher Disziplinen wie z. B. der Technikgeschichte, der Naturwissenschaften und spezieller Ingenieurwissenschaften angewiesen, da nur sie in der Lage sind, technische Produktionsabläufe, Innovationen in der Technikgeschichte usw. sachgerecht beurteilen und damit auch bewerten zu können. Die Bau- und Kunstgeschichte ist hierzu allein nicht in der Lage.

Die Industriestandorte Berlins sind im Wesentlichen durch folgende Faktoren gekennzeichnet:

a) Ihre bauliche Entwicklung konzentrierte sich in bestimmten, eng eingrenzbaren Zeiträumen: Hauptphase 1890 bis 1910/12, Ausbauphase 1924 bis 1930. Die Bauaktivitäten während der beiden Weltkriege können hier unberücksichtigt bleiben. Ab 1945 langsamer, aber kontinuierlicher Abbau der Produktionsflächen mit wenigen Neubauten. Waren die frühesten Industriestätten noch in Gebäuden untergebracht, die sich kaum von Wohnhäusern unterschieden, so änderte sich dies im Zuge der Entwicklung der Industrie grundlegend. Das Gebäude wurde mehr und mehr den Erfordernissen der Produktionsabläufe, die sich ihrerseits mehr und mehr spezialisierten, angepaßt.

Die frühen Industriebauten sind darüberhinaus noch durch eine solide, für eine lange Lebensdauer angelegte Bauweise gekennzeichnet. Der Wert des Industriebaus stellte einen nicht unwesentlichen Produktions- bzw. Kostenfaktor dar, die maschinelle Ausstattung hatte noch keinen hohen Spezialisierungsgrad erreicht, so daß der Wert der Gebäude in der Regel den Wert der maschinellen Ausstattung deutlich überstieg.

Bei zunehmender Mechanisierung und Automation der Produktionsabläufe kehrt sich das Verhältnis zugunsten der maschinellen Ausstattung um. Der Endpunkt dieser Entwicklung ist erreicht, wenn das Bauwerk nur noch als Klimahülle für den maschinellen Produktionsablauf verstanden und konzipiert wird.[2] Erst die jüngsten Produktionszweige im Hochtechnologiebereich mit ihren extremen Anforderungen an das Klima und die Reinheit der Luft verändern die Entwicklung zugunsten einer komplexeren, auch gestalterisch zu lösenden Bauaufgabe.

b) Die Bautätigkeit innerhalb der einzelnen Standorte ist kontinuierlich, Produktionsänderungen führen zu räumlichen Verlagerungen mit Neubaumaßnahmen und in der Regel nicht zu Umnutzungen und Wiederverwendung vorhandener Produktionsgebäude. Diese werden dann oft noch eine zeitlang als Lager oder Depot genutzt, bei Platzbedarf für Neuproduktionen jedoch meist aufgegeben. Die kontinuierlichen Anpassungsprozesse an die sich immer rascher verändernden Produktionsbedingungen führen neben den umfangreichen Verlusten an historischer Substanz zu einem gestalterischen, funktionalen und räumlichen Zerfall der ehemals relativ homogen vorhandenen Industriestandorte. Deutlichstes Beispiel hier ist der Standort *Borsig in Tegel*.

1836 in der Chausseestraße gegründet, im Zuge der ersten Randwanderung ab 1849 nach Moabit verlagert, findet Borsig 1898 seinen endgültigen Standort in Tegel, südlich der alten Dorflage.

Rechts und links entlang einer in Ost-West-Richtung verlaufenden Haupterschließungsstraße befanden sich die aneinandergereihten Fabrikationshallen. Architekten der Anlage war das Büro Reimer & Körte. Bis 1920 kam es zu Gebietserweiterungen, die bauliche Expansion erfolgte bis in die späten 30er Jahre. Als Wahrzeichen der Gesamtanlage entstand als erstes Hochhaus in Berlin 1922-24 das Verwaltungsgebäude, genannt »Borsig-Turm«, von Eugen Schmohl. Nach erheblichen Kriegsbeschädigungen kam es nur teilweise zu Wiederaufbaumaßnahmen. Ein Großteil des Geländes, einschließlich des »Borsig-Turmes«, gehört heute zur Thyssen-Gruppe, ebenso ist ein großer Geländestreifen im nord-westlichen Bereich vom Land Berlin übernommen worden und wird für neue Industrieansiedlungen bereitgestellt. Neubaumaßnahmen in diesem Bereich befinden sich bereits im Planungsstadium.

Von der Ursprungsbebauung ist heute weniger als 30% erhalten geblieben. Auch dieser Standort zeichnet sich durch eine kontinuierliche Bautätigkeit aus, so daß die Denkmaleigenschaft dieser Anlage sich nicht auf die Ursprungsbebauung beschränkt, sondern vielmehr diese Kontinuität mit einschließt.

Durch die in der Nachkriegszeit eingetretenen unterschiedlichen Eigentumsverhältnisse zerfällt jedoch der ehemals unter einer Werksleitung entwickelte, homogen gestaltete Industriestandort in voneinander unabhängige Einzelteile. Dieser Prozeß geht einher mit weiteren Abbrüchen an historischer Substanz, da für Neuansiedlungen die Verwendung vorhandener Bauten in der Regel nicht in Betracht kommt. So entwickelt sich das Borsig-Gelände langsam aber sicher in ein Industriegebiet mit unterschiedlichsten Einzelnutzungen, wobei dieser Umstrukturierungsprozeß weitere schmerzliche Verluste an historisch wertvoller Substanz bringen wird, wenn nicht grundlegend neue Ideen bezüglich einer Weiterverwendung und Umnutzung vorhandener Industriebauten entwickelt werden (vgl. Abb. 2).

II.

Gerade im Bereich der Industriedenkmalpflege ist deshalb eine Beschränkung der denkmalpflegerischen Erhaltungsbemühungen allein auf die Bauwerke völlig unzureichend. Eine tatsächliche Erhaltung eines Industriedenkmals in seiner Gesamtheit ist dagegen ein äußerst schwieriges Unterfangen, wenn man nicht die Produktion selbst museal weiterbetreibt, was verständlicherweise nur in Ausnahmefällen realisiert werden kann.

Beispiele
1. Die *Müllverladestation* in Berlin Charlottenburg, 1935/36 nach Plänen des Architekten Paul Baumgarten errichtet (vgl. S. 210).

Die Verladung des Hausmülls der Nordberliner Stadtbezirke von Straßenmüllwagen in Transportschiffe diente der kostengünstigen Weiterbeförderung des Mülls zu außerhalb der Stadt gelegenen Lagerplätzen. Die Umladung erfolgte durch eine einfache, aber geniale Planungsidee, indem die Müllwagen durch eine Öffnung im Boden des Gebäudes den Müll direkt in das darunter befindliche Schiff fallen lassen konnten.

Dieser Vorgang hatte jedoch eine große Staubentwicklung zur Folge, so daß eine Entstaubungsanlage eingebaut werden mußte.

Das erhaltengebliebene Bauwerk mit allen Einrichtungen wie der Entstaubungsanlage einschließlich ihrer großen Filteranlage (Abb. 3) ist in dieser Gesamtheit ein technisches Denkmal von besonderer Bedeutung.

Bereits in der Nachkriegszeit wurde die Anlage funktionslos, da die Entsorgung West-Berlins vom Hausmüll nicht mehr auf dem Wasserweg erfolgte.

Denkmale aus Industrie und Technik

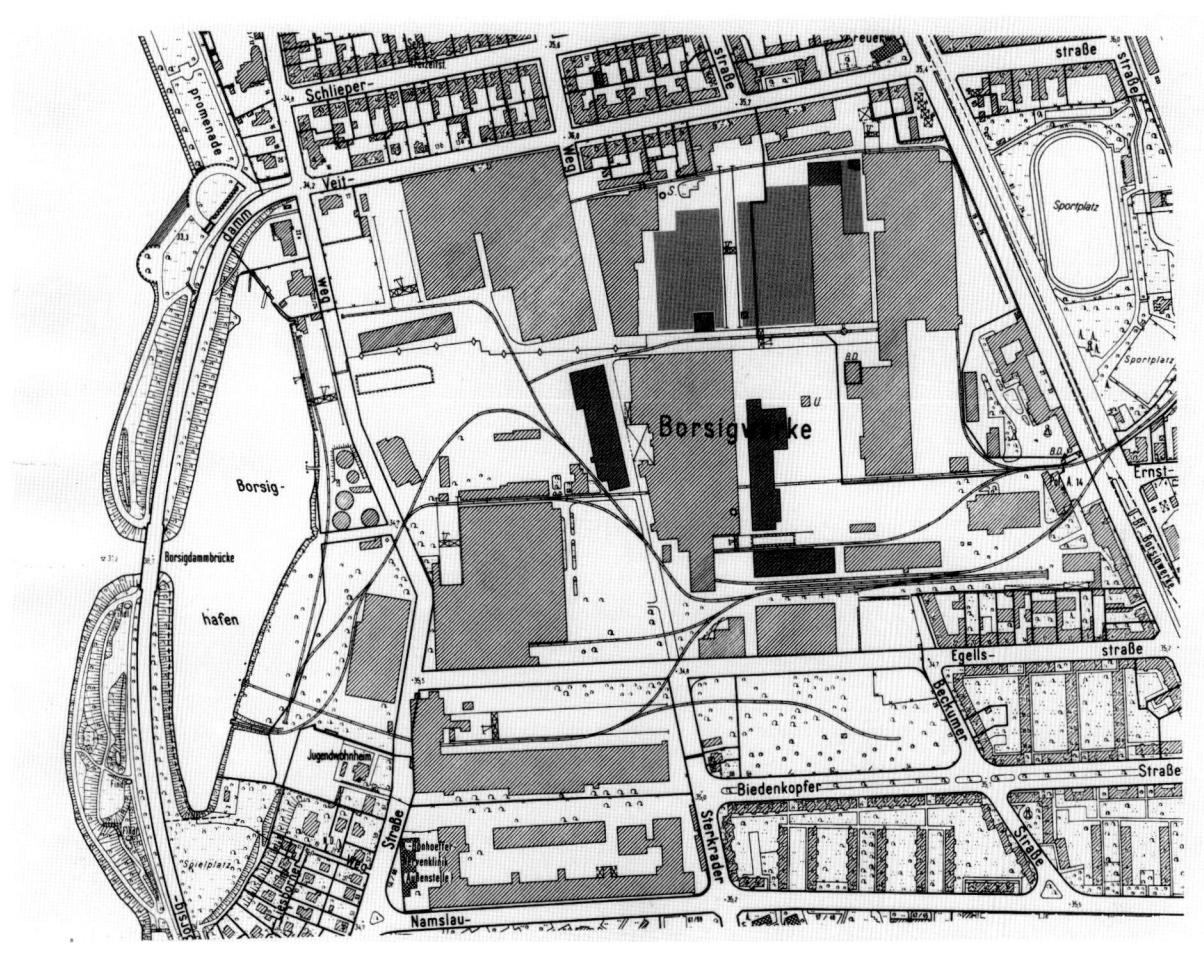

Abb. 2: Lageplan Borsig / Tegel, Bestand 1988 (graue Flächen: Abbrüche bis 1987)

Jahrelang als Lager bzw. Depot durch die Berliner Stadtreinigung genutzt, wird die Anlage z. Z. zu einem Architekturbüro umgebaut. Genutzt wird das Gebäude auch hierbei nur in einem geringen Umfang, da ein Architekturbüro und Binnenschiffahrt doch nur wenig miteinander zu tun haben.

Die Vorstellung, eine Nutzung zu finden, die sich die Verbindung der beiden Verkehrswege (Straße und Wasser) zunutze gemacht hätte, konnte leider nicht realisiert werden. Aber auch hierbei wäre sicherlich ein Betreiben der Entstaubungsanlage nicht notwendig gewesen, so

daß dieses Bauteil auch bei alternativen Nutzungen nur museal erhalten bleiben kann.

Die baulichen Maßnahmen für die neue Nutzung sind so konzipiert, daß sie ohne Reduzierung oder Eingriffe in den historischen Bau ein- bzw. hinzugefügt werden. Die Verladehalle z. B. wird zu einem Zeichensaal umfunktioniert. Die im Hallenfußboden befindlichen Schütt-Trichter werden durch einen neuen Fußbodenaufbau, in dem auch gleich die Heizung untergebracht wird, abgedeckt. Die Wärmedämmung der Außenwände wird durch innen in das Stahlskelettsystem einge-

Denkmale aus Industrie und Technik

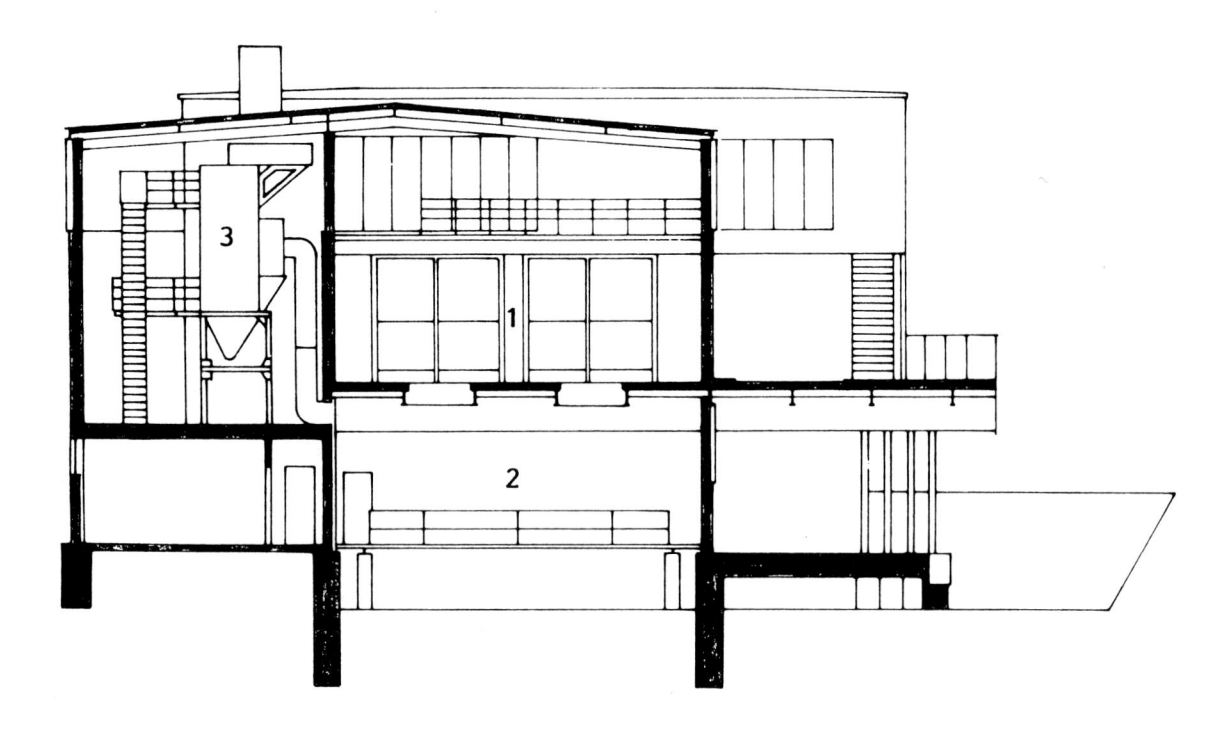

Abb. 3: Schnitt durch die Müllverladestation: 1 Verladehalle, 2 Wasserbecken, 3 Entstaubungsanlage

stellte Wandelemente verbessert, die originalen Fenster bleiben unverändert erhalten, sie werden nur neu eingeglast. Der originale Raumeindruck der Halle geht durch diese Maßnahmen verloren, trotzdem ist dies in diesem Fall auch aus denkmalpflegerischer Sicht tolerabel, da einerseits kein historisches Bauteil verlorengeht, andererseits mit dieser Nutzung mittelfristig das Denkmal in seinem Bestand gesichert ist.

2. Die Fabrikanlagen der *ehem. Optischen Anstalt C. P. Goerz* wurden ab 1897/98 in mehreren Bauabschnitten in der Friedenauer Rheinstraße 44/46 errichtet.

Für die Justierung der hier produzierten Entfernungsmesser für die Deutsche Wehrmacht mußte das Anpeilen weit entfernter Bezugspunkte möglich sein. Dies ergab die Notwendigkeit eines Turmaufbaus, dessen Bau 1914 begann und 1915 abgeschlossen war. Im Laufe des Krieges erfolgte noch eine Aufstockung um ein Geschoß.

Der Aufbau besteht aus einer Stahlkonstruktion, die in den beiden unteren Geschossen mit Ziegelmauerwerk verblendet wurde, die beiden oberen Geschosse zeigen sich als reiner Stahlbau mit großflächigen, umlaufenden Fensterbändern, deren untere Hälfte durch einen speziellen Öffnungsmechanismus nach außen aufgeklappt werden können (vgl. Abb. 4). Der gesamte Baukomplex wird seit vielen Jahren von den Eigentümern in der Art eines Gewerbehofes genutzt, in dem geschoßweise in mehr oder weniger großen Einheiten die unterschiedlichsten Nutzungen Platz gefunden haben. Im obersten Geschoß des Turmes befand und befindet sich z.B. die Werkstatt bzw. das Atelier eines Künstlers.

Der bauliche Zustand des Turmes machte es im Jahre 1985 notwendig, umfangreiche Sicherungs- bzw. Instandsetzungsmaßnahmen durchzuführen oder ihn abzureißen. Nachdem von der Eigentümerseite zunächst der Abbruch geplant war, konnte die Instandsetzung den-

Abb. 4: Goerz-Turm, Rheinstraße, 1987: bei der Instandsetzung erfolgte keinerlei Veränderung der charakteristischen Fenster- und Brüstungsbereiche

noch erreicht werden, da ein Teil der denkmalbedingten Aufwendungen durch eine öffentliche Förderung finanziell abgedeckt werden konnte.

Die Instandsetzungsmaßnahmen beinhalten keinerlei verändernde Eingriffe in die Substanz. Das konservatorische Konzept sah die Erhaltung und Reparatur der vorhandenen Konstruktion vor. Auch kam es zu keinerlei Änderungen an den charakteristischen Fenster- und Brüstungsbereichen, obwohl gerade die Einfachverglasung der Stahlfenster und die dünnen Blechbrüstungen wärmedämm-mäßig nicht den heutigen Bestimmungen des Baurechts entsprachen. So konnte eine Maßnahme zur Ausführung gelangen, die denkmalpflegerisch keine Verluste an Denkmalsubstanz beinhaltet. Vom Eigentümer und vom Nutzer mußte dagegen auf Verbesserungsmaßnahmen bezüglich der Dämmeigenschaft der Fassaden verzichtet werden. Hierbei spielt die bauordnungsrechtliche Regelung des Bestandschutzes einmal genehmigter baulicher Anlagen eine wesentliche Rolle.

3. Die Bauten der *Maschinenfabrik Herbert Lindner* in Wittenau (Abb. 5) zeichnen sich insbesondere durch die sehr transparent gehaltenen Glasfassaden aus. Die Umnutzung der Anlage ab 1984 führte dazu, daß die neuen Nutzer erhöhte Anforderungen an die Wärmedämmeigenschaften gerade der Außenfassaden stellten. Es bestand hier die Gefahr eines Totalverlustes der Entwurfskonzeption. Nach Überprüfung mehrerer Möglichkeiten entschloß man sich, die gesamte Stahlfensterkonstruktion auszuglasen, sie durchzureparieren, einen neuen Korrosionsschutz aufzubringen und mit Isolierglasscheiben neu einzuglasen. Auf diese Weise konnte ein Kompromiß gefunden werden, der einerseits die Dämmeigenschaften erheblich verbesserte, sich kostengünstiger gestaltete, der allerdings Abstriche bezüglich des Ausführungsstandards bezogen auf die Dichtigkeit der Fenster und der nicht vorhandenen thermischen Trennung der Fensterprofile, die nur durch Aufgabe der originalen Fensterkonstruktion erreichbar gewesen wäre, vom Nutzer abverlangte.

Die drei dargestellten Beispiele weisen deutlich auf eine Grundsatzproblematik einer angemessenen Nutzung der Denkmale allgemein hin.[3] Die Notwendigkeit der Nutzung von Denkmalen steht ihrer materiellen Erhaltung oft entgegen. Noch vor wenigen Jahren war einhellige Meinung der staatlichen Denkmalpflege, Baudenkmale möglichst einer Nutzung zuzuführen, auch wenn diese mit der ursprünglichen Nutzung nicht übereinstimmen. Um die Denkmale als solche zu erhalten, wurden hierbei große Kompromisse eingegangen. Historische Grundrißstrukturen und sonstige wichtige Bauteile im Inneren der Baudenkmale wurden neuen Nutzungen geopfert. Oft blieb nur die äußere Hülle, die Fassade des Denkmals, nach erfolgter sogenannter denkmalgerechter Sanierung übrig. Diese Praxis, die Denkmalerhaltung propagiert, dagegen Denkmalzerstörung praktiziert, führte dazu, daß in den letzten Jahren seitens der staatlichen Denkmalpflege zunehmend die Sicherung der Denkmale in die Diskussion gebracht wurde. Der Denkmalpflege muß gestattet sein, darauf hinzuweisen, daß auch Baudenkmale, für die zur Zeit keine geeignete Nutzung zur Verfügung steht, eine Existenzberechtigung haben.

»Ein nicht genutztes Denkmal ist kein nutzloses Denkmal«, muß demzufolge die zeitgemäße Forderung sein, obwohl die Denkmalpflege grundsätzlich daran festhält, Baudenkmale angemessen zu nutzen und auch umzunutzen. Dies kann und darf jedoch nicht soweit gehen, daß hierbei das Baudenkmal in seiner materiellen Substanz verloren geht. Als beliebtes Beispiel wird in diesem Zusammenhang immer wieder die Frage der Auswechslung einzelner Bauteile und hier insbesondere der Fenster diskutiert.

»Bei der Genehmigung von Instandsetzungen und Nutzungsänderungen von denkmalgeschützten Industriebauten muß stärker berücksichtigt werden, daß die Gebäude für die neuen Produktionsverfahren zu vertretbaren Kosten nutzbar bleiben müssen (...)«.[4]

Im industriellen Bereich ist, wie das Zitat zeigt, mehr als bei anderen Denkmalgattungen die Nutzungsänderung oft der einzige Weg, der eine Erhaltung überhaupt ermöglicht. Umso sorgfältiger muß seitens der staatlichen Denkmalpflege in jedem Einzelfall geprüft werden, ob die Eingriffe in die Denkmalsubstanz, so unumgänglich sie sein mögen, nicht zum Verlust der Denkmaleigenschaft führen.

AEG, Standort Brunnenstraße

Das Gelände am Humboldthain wurde von der AEG in den 90er Jahren erworben, da die existierende Fabrik in

Denkmale aus Industrie und Technik

Abb. 5: ehem. Maschinenfabrik Herbert Lindner, 1988

der Ackerstraße den Platzbedürfnissen nicht mehr entsprach. Nach den ersten kleinen Baumaßnahmen noch in den 90er Jahren begann mit der alten Fabrik für Bahnmaterial 1905 durch Architekt Johannes Kraaz die eigentliche Bautätigkeit. 1907 übernahm Peter Behrens die Tätigkeit als künstlerischer Beirat des AEG-Konzerns und es entstanden unter seiner Leitung nun in kurzer zeitlicher Folge das Hochspannungswerk (1909/10), die Kleinmotorenfabrik (1910/13), die neue Fabrik für Bahnmaterial (1911/12) und die Montagehalle (1912, 2. Bauabschnitt 1928 von E. Ziesel). Aufgrund des Geländezuschnitts entstand hier eine kompakte Blockrandbebauung mit im Hof plazierten Einzelobjekten. In den 20er und 30er Jahren kamen noch einige kleine Komplexe hinzu. Zwei größere Hallenbauten aus den 60er Jahren markieren den Endpunkt der baulichen Entwicklung dieses AEG-Standortes.

Im Jahre 1982 gab die AEG den gesamten Standort als Produktionsstätte auf. Das Land Berlin übernahm das Areal zum Zwecke der Neuansiedlung von Industrie und Gewerbe. Auf der nördlichen Hälfte der Blockfläche an der Brunnenstraße errichtete – nachdem das Gelände abgeräumt war – die Firma Nixdorf eine moderne Computerfabrik. Das Neubaukonzept knüpft nicht an die vorhandene Blockstruktur an, sondern setzt sich bewußt hiervon ab, indem eine Fabrik, eingebettet in einer begrünten Freifläche (Parkplätze), konzipiert wurde.

Im südlichen Bereich sind die historischen Bauten, insbesondere die Bauten von Peter Behrens, erhalten geblieben. Sie werden sowohl von Firmen des sogenannten innovativen Bereiches als auch von der Technischen Universität genutzt.

Das eindrucksvolle Ensemble der AEG-Bauten von Peter Behrens konnte so in seiner Homogenität baulich erhalten werden, obwohl durch die Umnutzung teilweise erhebliche Einbußen an den Baudenkmalen selbst hingenommen werden mußten (s. u.). So konnten in der Kleinmotorenfabrik Voltastraße die in der Straßenfas-

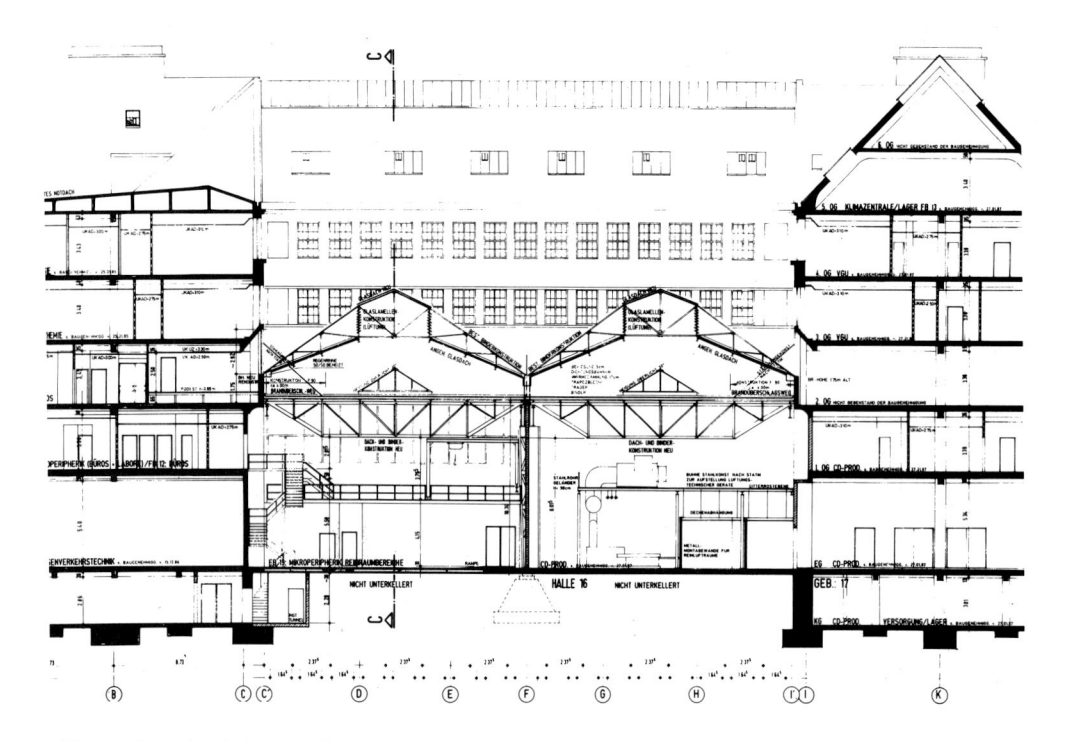

Abb. 6: Schnitt durch die Halle der Hochspannungfabrik AEG-Werk, Brunnenstraße (Planung: Architektengemeinschaft Fehr & Partner Köhn, Pfautsch, Tunnert)

sade noch weitgehend komplett erhalten gebliebenen originalen Fenster nicht gerettet werden, da auf Betreiben des Bauherrn aus wirtschaftlichen und funktionalen Gründen die Erhaltung und Umrüstung der originalen Fenster nicht durchgesetzt werden konnte. Die eingebauten neuen Fenster entsprechen in ihrem äußeren Erscheinungsbild zwar weitgehend den originalen Vorbildern, der Verlust an schützenswerter Denkmalsubstanz wird hierdurch jedoch nicht geschmälert. Nach erfolgter Eintragung in das Baudenkmalbuch im Jahre 1986 ist im denkmalpflegerischen Konzept für die Behandlung der folgenden instandzusetzenden Bauteile, die Erhaltung der originalen Fenster und gegebenenfalls deren Aufdoppelung durch eine zweite Fensterschale vorgeschrieben. Auch bei der Umnutzung der Hochspannungsfabrik mußte die Denkmalpflege weitgehenden Kompromissen bezüglich der Erhaltung der doppelschiffigen Halle ihre Zustimmung erteilen, da bereits vor der Eintragung in das Denkmalbuch die Nutzung für die Doppelhalle festgelegt worden war. Diese Nutzung (CD-Produktion und Institutsnutzung im Hochtechnologiebereich) machte es zwingend erforderlich, eine klimatisch und luftreinheitsmäßig optimale Produktionsfläche zu schaffen. Durch die sehr massiven und umfangreichen Einbauten ging der offene und transparente Hallencharakter leider völlig verloren. Die Beeinträchtigung des Denkmals ist enorm, und man kann nur hoffen, daß diese Nutzung auch einmal der Vergangenheit angehören wird und dann die ursprüngliche Raumkonstellation wieder zur Wirkung kommen kann (Abb. 6).

Eine grundsätzlich andere Lösung konnte in der Großmaschinenhalle entlang der Hussitenstraße ent-

Denkmale aus Industrie und Technik

Abb. 7: Innenansicht der Großmaschinenhalle AEG-Werk, Hussitenstraße, Aufnahme kurz nach Fertigstellung, ca. 1914

wickelt werden. Für den Transport der Produktionsteile (Turbinen usw.) waren den jeweiligen Anforderungen entsprechend in der Halle Krananlagen erforderlich, die den Transport der einzelnen Teile übernehmen konnten. Die Halle wurde demzufolge mit einem abgestuften Kransystem ausgestattet. Die Großteile konnten von dem 75 t-Kran (Ebene 1, s. Abb. 7) mit Laufbühne, in der der Kran in Querrichtung zur Halle sich bewegen kann, aufgenommen werden. Die Laufbühne selbst lagert auf Schienen an den beiden Längswänden, so daß dieser Kran jede Stelle der Halle erreichen kann. Auf einer darunter befindlichen Laufschiene, ebenfalls an den beiden Längswänden, befinden sich mehrere Kräne mit 5 t-Hublast, die mit ihren Kragarmen etwa ein Drittel des Hallenquerschnitts erreichen. Sie können jeweils mittelgroße Teile über die gesamte Länge der Halle transportieren (Ebene 2, s. Abb. 7). Auf einer dritten Ebene darunter befinden sich kleine, stationäre Schwenkkräne mit 2 t-Hublast, die je nach Produktionserfordernis von den Kränen der Ebene 1 oder 2 versetzt werden können. Sie haben ihren Standort an den im regelmäßigen Abstand von 10 m in den Außenwänden befindlichen Stahlbindern.

Eine Produktion von Großmaschinen in der Halle war nur mit diesem sehr differenzierten Kransystem möglich. Die Erhaltung der Krananlagen ist deshalb aus denkmalpflegerischer Sicht zwingend erforderlich, da sie integraler Bestandteil des Industriedenkmals sind und die Produktionsabläufe in der Halle erst verständlich machen können.

Nachdem die AEG den Standort Brunnenstraße in Berlin-Wedding im Jahre 1982 aufgegeben hatte, und die

Umnutzung durch die Technische Universität Berlin vorgesehen war, begannen konkrete Verhandlungen zwischen Nutzer und dem Landeskonservator. Die Nutzungsidee, die Großmaschinenhalle einem Institut zur Verfügung zu stellen, das große Betonteile prüft, fand schnell die Zustimmung der Denkmalpflege. Als jedoch vom Nutzer erhöhte Anforderungen an das Raumklima und die Luftreinheit in der Halle gestellt wurden, hierfür sämtliche historischen Fenster auszuwechseln gewesen wären und auch das Dach verändert werden sollte, mußte der Landeskonservator Einspruch erheben. Nach eingehender Erörterung konnte festgestellt werden, daß nicht der eigentliche Prüf- bzw. Meßvorgang in der Halle, sondern nur die computergesteuerten Meßgeräte die hohen Anforderungen an Klima und Luftreinheit stellten. Daraufhin plante man diese in Räume unmittelbar neben der Halle ein, wo ohne Probleme die entsprechenden Voraussetzungen geschaffen werden konnten. Die Anforderungen an das Hallenklima konnten so stark reduziert werden. Die Halle erhält nun eine neue, ganz normale Heizungsanlage, die denkmalpflegerisch unbedenklich ist. Außerdem bleiben sämtliche Hallenfenster als einfache Stahlrahmenfenster unverändert erhalten und werden durchrepariert. Die vorhandenen Krananlagen können weiterhin für den Transport der teilweise sehr großen Prüfteile benutzt werden. Das gesamte Prüffeld, eine 4,5 m hohe, 27 m mal 17 m messende Betonkonstruktion, ist im Hallenfußboden eingesenkt.

Somit erweist sich diese Umnutzung im Endergebnis als ein positives Beispiel für die Weiterverwendung von Industriebauten, da sie keine denkmalvernichtenden Auswirkungen hat, und darüberhinaus die maschinelle Ausstattung des historischen Baus weiterhin auch für die neue Nutzung beibehalten werden kann.

III.

Perspektiven für die Berliner Industriedenkmalpflege:

Verfolgt man den Wandel der Produktionsweisen der letzten 100 Jahre, so sind zwei Aspekte hier besonders interessant:

a) die Güterproduktion erfolgt mit immer weniger Arbeitskräften und immer größerem maschinellen Einsatz bis hin zu einer computergesteuerten Automation (CIM, Computer Integrated Manufacturing). Die schnell fortschreitenden Technologien lassen Produktionsabläufe immer schneller veralten.

b) Die neuen Technologien der Informationsauswertung und -übertragung schaffen gänzlich neue Produktionszweige und einen stark expandierenden Markt, der sehr flexibel auf Veränderungen reagieren kann.

Große industrielle Umwälzungsprozesse stehen offenbar bevor.

Was bedeutet dies nun für die Industriedenkmale?

Im produzierenden Bereich wird die Umnutzung bzw. Wiederverwendung historischer Produktionsgebäude nach wie vor auf große Schwierigkeiten stoßen. Der Hochtechnologiebereich bietet dagegen die konkrete Chance, als Nutzer für die freiwerdenden Flächen von Industrie- und Gewerbebauten aufzutreten.

Um dies jedoch in die Praxis umsetzen zu können, müßten eine Reihe von Voraussetzungen geschaffen werden:

1. Die industrielle bzw. gewerbliche Umnutzung von Industriedenkmalen muß steuerlich und förderungsmäßig eine vergleichbare Ausgangsbedingung erhalten wie Neubaumaßnahmen. So sind z.B. in Nordrhein-Westfalen 1983 die Möglichkeiten geschaffen worden, funktionslos gewordene Fabrikgebäude in die Städtebauförderung aufzunehmen. In Berlin ist durch eine Änderung der Modernisierungs- und Instandsetzungsrichtlinien eine öffentliche Förderung von Baumaßnahmen auch von Gewerbebauten ermöglicht worden.[6] Außerdem ist vom Berliner Senat ein Programm zur besseren Nutzung gewerblicher Bauflächen entwickelt worden, in dem auch besondere Förderungen bei der Weiterverwendung vorhandener Gewerbe- und Industriebauten auf landeseigenen Grundstücken aufgenommen sind.[7]

2. Für Investoren, Betriebe und Firmenneugründer wäre eine Beratungs- und Betreuungsgesellschaft von Nutzen, die nicht nur Grundstücke und umnutzbare Gebäude anbietet, sondern zusätzlich folgende Beratungstätigkeit übernehmen sollte: Bautechnik, Nutzungsplanung, Verträglichkeitsprüfungen, Kostenplanung, Finanzierung und Förderung.

Bei positiver Entscheidung für eine Nutzung eines Baudenkmals ist die Maßnahme von den gleichen Fachleuten zu betreuen. Neben Wirtschafts-, Immobilienfachleuten und Steuerexperten müssen insbesondere qualifizierte Architekten und Planer mit Erfahrungen im Umgang mit Denkmalsubstanz in der Gesellschaft vertreten sein. Die bisher existierenden Beratungseinrichtungen für die Industrieansiedlungen leiden darunter, daß in ihnen keine Bau- und Denkmalsachverständige vertreten sind.

3. Freiwerdende Industriekomplexe können vom Land übernommen und derart hergerichtet werden, daß sie von einzelnen Firmen auf Miet- oder Kaufbasis genutzt werden können. Im Bereich der Gewerbehöhe existiert bereits eine, wenn auch für die Denkmalsubstanz nicht immer zufriedenstellende, vergleichbare Praxis. Sinngemäß könnte sie auch bei richtiger Beratung und Betreuung (s. o.) für Industrieareale Anwendung finden. Ein erstes Beispiel befindet sich mit der Umnutzung der AEG-Bauten in der Brunnenstraße in der Durchführungsphase. Andere Länder bzw. Regionen verfügen hier bereits über reichhaltige Erfahrungen.[8] Gerade die großen, zusammenhängenden Hallenkomplexe, die in Berlin noch zahlreich vertreten sind, bieten sich hierfür an. Berlin, als größte Industriestadt des Kontinents, in der die »Industriekultur« des 19. und 20. Jahrhunderts in einem entscheidenden Maße mitentwickelt und geformt wurde, ist aufgerufen, dem unersetzbaren kulturellen Erbe, den Denkmalen der Industrie und Technik, die aufgrund ihrer Existenz Industriekultur veranschaulichen, eine Zukunft zu geben. Gerade an der Schwelle eines neuen industriellen Aufbruchs besteht in Berlin noch die einmalige Chance, diese neuen Inhalte in Gebäuden zu realisieren, die ebenfalls Träger einer vergangenen industriellen Revolution waren.

Anmerkungen

[1] Kühne, Günther, in: Schneider, Richard (Hrsg.), Berliner Denkmäler einer Industrielandschaft, Berlin 1978, S. 13.

[2] So ist es bei Neubauprojekten durchaus üblich, daß die Gebäudekosten oft weniger als 10 % der Gesamtinvestition ausmachen.

[3] Zur allgemeinen Nutzungsproblematik siehe auch Echter, Claus-Peter (Hrsg.), Ingenieur- und Industriebauten des 19. und frühen 20. Jahrhunderts, Nutzung und Denkmalpflege, Berlin 1985.

[4] Industrie- und Handelskammer Berlin 1988, Vorschläge zur Qualifizierung des Wirtschaftsstandortes Berlin.

[5] Vgl. hierzu: Giebler, Ulrich und Zinn, Ernst; Förderungsmöglichkeiten in Nordrhein-Westfalen, Bauwelt 1984, H. 10, S. 353 ff.

[6] Mod.-Inst.-Richtlinien 1985 des Landes Berlin in der Fassung vom 16.86, geändert am 15.7.1988 (Amtsblatt von Berlin).

[7] Vgl. hierzu: Dahlhaus, Jürgen; Recycling von Gewerbeflächen, in: Stadt & Umwelt, Heft Juli 1988, Hrsg.: Senator für Stadtentwicklung und Umweltschutz.

Abb. 1: ehem. SS-Siedlung Zehlendorf, Starkenburger Straße

Norbert Huse

Bauten des »Dritten Reiches«[1]

»Denkmalpflege ist ihrem Wesen nach immer zuerst eine Verhaltensweise zur Geschichte« A. Gebeßler

»Trotz des wachsenden zeitlichen Abstands ist der Nationalsozialismus, zumal aus deutscher Perspektive, kein ›normaler‹ Gegenstand der historischen Wissenschaft wie andere Epochen unserer neueren Geschichte.« M. Broszat[2]

I.

Wäre es nach dem Führer gegangen, dann wäre Berlin heute schon seit einem Menschenalter ein gigantisches Siegesdenkmal. Berlin, so hatte er am 25. Juni 1940, nach der französischen Kapitulation, aus dem Hauptquartier dekretiert, »muß in kürzester Zeit durch seine bauliche Ausgestaltung den ihm durch die Größe unseres Sieges zukommenden Ausdruck als Hauptstadt eines starken neuen Reiches erhalten. In der Verwirklichung dieser nunmehr *wichtigsten Bauaufgabe des Reiches* sehe ich den bedeutendsten Beitrag zur endgültigen Sicherstellung unseres Sieges. Ihre Vollendung erwarte ich bis zum Jahre 1950.«[3] Jahrtausende sollte sie halten, und selbst für die Zeit danach traf Albert Speer mit seiner »Theorie des Ruinenwertes« noch Vorsorge: »(…) undenkbar, daß rostende Trümmerhaufen jene heroischen Inspirationen vermittelten, die Hitler an den Monumenten der Vergangenheit bewunderte (…). Die Verwendung besonderer Materialien sowie die Berücksichtigung besonderer statischer Überlegungen sollten Bauten ermöglichen, die im Verfallszustand nach Hunderten oder (…) Tausenden von Jahren etwa den römischen Vorbildern gleichen würden.«[4]

Schon die Vorbereitungen Speers haben Berlin nachhaltig verändert: So ist die Stadtbrache im Spreebogen, in der dann die Kongreßhalle ihren Wirkungsraum fand, nicht durch die Zerstörungen des Krieges entstanden, sondern durch die Speer'sche Stadtplanung, die die hier weggeräumten Botschaften am anderen Ende des Tiergartens ansiedelte (vgl. S. 304-309), wo die Wohnungen der Juden leer wurden. Eine Aktennotiz vom April 1941 hält fest, daß »durch Neugestaltungsmaßnahmen (…) insgesamt 53.624 Wohnungen abgerissen werden«.[5]

Albert Speer wollte sich später nur an die Umforstung der märkischen Kiefernbestände erinnern und an die Zehntausende von Laubbäumen, die er im Grunewald setzen ließ, um den alten Reichswald wieder herzustellen, den Friedrich der Große zur Finanzierung der Schlesischen Kriege abgeholzt hatte: »Von dem ganzen riesigen Projekt der Neugestaltung Berlins sind diese Laubbäume alles, was geblieben ist (…)«.[6] Gemessen am Geplanten, sind tatsächlich nur Bruchteile erhalten. Was Krieg, Wiederaufbau und Stadtplanung übrig ließen, ist zudem heute meist vergessen oder aber »entnazifiziert«. Auch die Bruchteile sind jedoch, einmal ins Auge gefaßt, von beträchtlichem Umfang und von außerordentlicher Bedeutung als Denkmal. Zu den baulichen Zeugen des nationalsozialistischen Berlin gehören ja nicht nur die Reste der Repräsentationsbauten, sondern auch Dokumente ihrer Vorbereitung wie der gigantische *Betonpropf* an der Kolonnenbrücke (Abb. 2), mit dem Speer testen wollte, ob der Berliner Boden den geplanten Triumphbogen überhaupt würde tragen können, oder die im Evangelischen Waldkrankenhaus Spandau aufgegangenen Baracken der »*Stadt der Großen Halle*« (Abb. 3), in der 8000 Arbeiter wohnen sollten, oder auch die »*Speerplatte*« (vgl. S. 212) – alles Einrichtungen, in denen sich das Organisationsvermögen und die absolute, jeder Rücksicht bare Verfügungsgewalt manifestierten, ohne die Hitlers Baupläne schon an der Logistik gescheitert wären. Die architektonischen Zeugnisse des »Dritten Reiches« sind unbequeme Denkmale, und häßlich sind sie in der Regel ohnehin – ein Erbe, das niemand haben will und das doch nicht ausgeschlagen und nicht beschönigt werden darf. Die Versuchung, sich zum Beispiel aus übergeordneten Gründen der Stadtqualität solcher Erbstücke zu entledigen (Königsplatz München) ist groß, und doch muß ihr widerstanden werden.

»Drittes Reich«

Abb. 2: Großbelastungskörper im Bereich des geplanten Triumphbogens zur Prüfung der Bodenbelastbarkeit, nahe Kolonnenbrücke

Unter den vielen Städten, die Berlin nach Düttmans Diktum ist, ist auch eine nationalsozialistische. Ein Bewußtsein von der Existenz dieses Berlins scheint es kaum zu geben. Die Gebäude, sofern überhaupt zur Kenntnis genommen, werden isoliert oder im Kontext der jeweiligen Bauaufgabe studiert. Dabei treten dann vor allem Gemeinsamkeiten und Kontinuitäten mit den Jahren vor 1933 und denen nach 1945 hervor, die die neuere Forschung gelegentlich so stark und so ausschließlich ins Licht rückt, daß im Dunkel bleibt, wie eindeutig in Wirklichkeit die Zeitprägung gewesen ist. Man braucht seine Wege in Berlin nur einmal so zu legen, daß man mehrere Bauten der NS-Zeit am gleichen Tage sieht, um beklemmend zu erfahren, wie die Architektur dieser Zeit, der jedes belebende Ferment von Modernem entzogen wurde, auch im baulichen Alltag bis in Formen und Proportionen hinein vom Ungeist der Entstehungszeit infiziert ist.

II.

Den Einzelbauten allerdings ist Nationalsozialistisches oft gar nicht unmittelbar anzusehen. Häuser wie das in Abb. 1 hätten im Prinzip auch 1932 oder 1952 errichtet werden können. Der Zusammenhang aber, eine *Kameradschaftssiedlung*, die 1937 von der Gagfah für die SS gebaut wurde, wirkt auch auf den Einzelbau zurück: Es macht einen Unterschied, ob neben solchen Häusern (noch oder wieder) auch Modernes hätte stehen können und dürfen; und die so demonstrativ vorgetragene Bindung des Bauens an Volk und Boden hatte nach den Rassengesetzen endgültig ihre Unschuld verloren. Zum spezifischen, nationalsozialistischen Bezugsfeld dieser Anlage für die Elite des Regimes gehören die gleichzeitigen Wohnanlagen für die Massen. Die nur teilweise realisierte neue Stadt auf dem Schöneberger Südgelände sollte den Bedarf von 400 000 Berlinern decken. Diese wären in Blöcken wie denen am *Grazer Damm* »kaserniert« worden, die aufs nachdrücklichste demonstrieren, daß die Zeiten endgültig vorbei waren, in denen selbstbewußte Genossenschaften in den Siedlungen eines Bruno Taut ihre soziale Identität und ihre Zuversicht auch architektonisch zu artikulieren verstanden. Aber auch die sorgsam kalkulierte Heimelichkeit der SS-Kameradschaft sollte wohl am Grazer Damm gar nicht erst aufkommen. Volkswohnungen, so 1935 das einschlägige Gesetz, »(...) sind billigste Mietwohnungen in ein- oder mehrgeschossiger Bauweise, die hinsichtlich Wohnraum und Ausstattung äußerste Beschränkung aufweisen«, und 1940 heißt es ergänzend: »Der erfolgreiche Ausgang dieses Krieges wird das Deutsche Reich vor Aufgaben stellen, die es nur durch Steigerung seiner Bevölkerungszahl zu erfüllen vermag. Es ist daher notwendig, daß durch Geburtenzuwachs die Lücken geschlossen werden, die der Krieg dem Volkskörper geschlagen hat. Deshalb muß der neue deutsche Wohnungsbau in der Zukunft den Voraussetzungen für ein gesundes Leben kinderreicher Familien entsprechen.«[7]

III.

Für das Zentrum der Reichshauptstadt bedeutete das Jahr 1933 eine entscheidende Zäsur, wenn auch nicht den radikalen Neubeginn, den die Propaganda behauptete. Am *Fehrbelliner Platz* zum Beispiel waren auch vorher schon anspruchsvolle Verwaltungsbauten entstanden. Sie waren allerdings als Einzelgebäude konzipiert, die sich um eine grüne Mitte gruppierten. Das freilich konnte der neuen Zeit nicht genügen. Die ganze Bebauung schob sich nach vorn, um sich, unmittelbar am Platzrand, zu einer an drei Seiten geschlossenen Front zu formieren. Die Bauherren kamen aus der Wirtschaft und aus den Organisationen des Regimes. Ihre Architekten und deren Stil waren so verschieden, daß fast alle Ausprägungen des konservativen Spektrums zum Zuge kamen, nur eben nichts Modernes. Eine einheitliche Entwicklung gab es dabei nicht. Bauten der Industrie nähern sich 1935/36 der Staatsarchitektur an, während sich die Deutsche Arbeitsfront 1940-43 eine Zentrale bauen ließ (heute Rathaus Wilmersdorf), deren Fassaden auch vor dem Ersten Weltkrieg einem auf den Eindruck von Tradition und Seriosität bedachten Unternehmen des Bankgewerbes hätte gefallen können. Alle Neubauten aber unterwarfen sich dem Ziel, »einen der geschlossensten und monumentalsten Plätze Deutschlands zu schaffen«, so die Broschüre zur Eröffnung des Gebäudes der Nordstern-Versicherung. Im Ergebnis ist der Fehrbelliner Platz Denkmal solcher Urbanistik, aber zugleich auch Denkmal der weit vor 1933 zurückliegenden Verbindungen zwischen Teilen der deutschen Wirtschaft und den Nationalsozialisten.

Für viele freilich sind die Bauten des Fehrbelliner Platzes gar nicht mehr primär Bauten des »Dritten Reiches«. Auch in den publizistischen Kampagnen der Entstehungszeit haben sie, ganz anders als der *Flughafen in Tempelhof,* nur eine marginale Rolle gespielt. Die Planer des neuen »Weltflughafens«, den sie als »würdiges Eingangstor zur Reichshauptstadt« und Knotenpunkt des künftigen Weltluftverkehrs verstanden, legten das Dreißigfache des damals aktuellen Bedarfs zugrunde. Das erlaubte eine Anlage, die zum Flugfeld wie zur Stadt hin den globalen Herrschaftsanspruch des Regimes unmißverständlich zum Ausdruck brachte. Quadratkilometer von Natursteinplatten vor der Eisenbetonkonstruktion, das Stakkato der Fenster, der scharfe Schnitt der grobschlächtigen Profile und die alles durchwaltende Symmetrie hatte es, je für sich, auch vor der Machtergreifung gegeben, nicht aber in diesen Dimensionen, und nicht bei solchen Aufgaben. Heute ist diese Bedeutung von Tempelhof bei den meisten Berlinern wohl überlagert von der Erinnerung an die alliierte Luftbrücke, deren Denkmal den runden Vorplatz besetzt, der als städtebauliches Scharnier zur Nord-Süd-Achse hatte vermitteln sollen. Ein allerneuestes Denkmal schließlich erinnert vor dem Hauptgebäude nur deshalb an das »Dritte Reich«, um schließlich davon freizusprechen: Der Kopf

Abb. 3: ehem. »Arbeiterstadt Große Halle«, heute Evangelisches Waldkrankenhaus Spandau

des riesigen Adlers vom Mittelbau, den die Amerikaner als Kriegstrophäe entführt hatten, ist unlängst zurückgekehrt und in Sichtweite seines ursprünglichen Sockels als Denkmal neuer Waffenbrüderschaft aufgestellt worden.[8]

Von dem fast vollständig erhaltenen *Reichssportfeld* wird meist nur noch das Stadion wahrgenommen, und bei diesem denkt man trotz seines eklatant nationalistischen Aussehens meist weniger an Hitler als an Olympia. Dabei ist dem Stadion seine zeitspezifische Form vom Führer persönlich aufgeprägt worden. Der ideologische Charakter war Programm. Technische Strukturen, wie die moderne Eisenbetonkonstruktion, wurden auch sonst mit Naturstein verkleidet und dadurch verdeckt, wohl auch bewußt verleugnet. Der Steinkult des *Olympiastadions* jedoch, der sich, der verdeckten konstruktiven Effizienz komplementär, um den *Lange-*

»Drittes Reich«

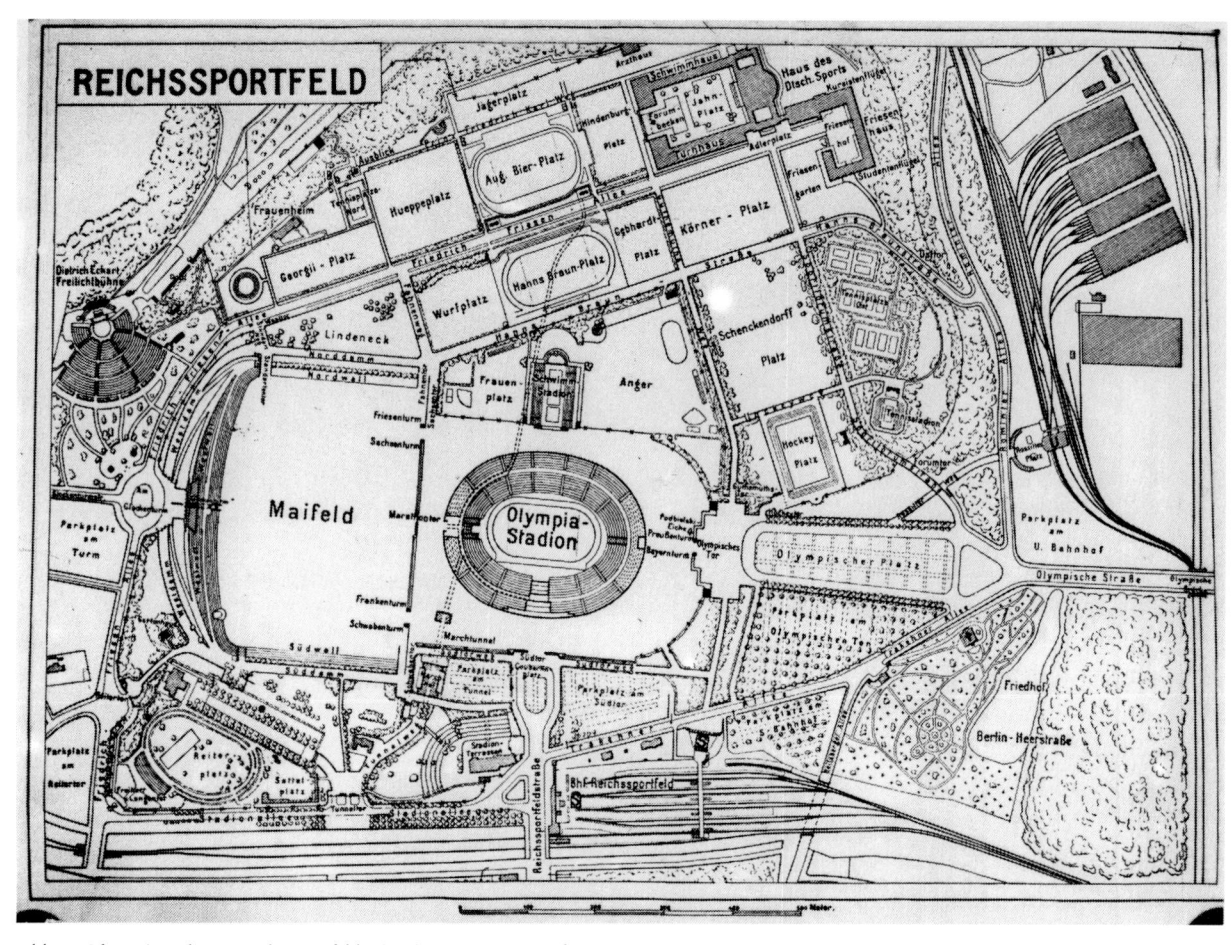

Abb. 4: Olympiastadion, Reichssportfeld mit seinen gesamten Anlagen, 1936

marckturm zum Fetischismus steigerte, war alles andere als selbstverständlich. Die in der Ausrichtung der ganzen Anlage auf diesen Turm kulminierende Verschränkung des Sportlichen mit dem Militärischen bedeutete in der Geschichte des Areals eine Zuspitzung, aber keine Vergewaltigung. Seit 1926 hatte Werner March, der Architekt des Reichssportgeländes, das *Haus des Deutschen Sports* errichtet, in dem Carl Diem, der spiritus rector des Unternehmens, Führermenschen heranwachsen sah, die, gegen Kommunismus und Intellektualismus immun, zu dem sittlichen Mut herangebildet werden sollten, im Trommelfeuer ihren Mann zu stehen und ihre Pflicht zu tun.

Die Olympischen Spiele waren bereits 1931 nach Berlin vergeben worden, ab 1933 aber wurde neu und in ungleich weiteren Dimensionen geplant, weil, so der Führer, Deutschland versuchen müsse, »durch große kulturelle Leistungen die Welt für sich zu gewinnen.«[9] Neue Dimensionen, Verdichtung der Verbindung Sport-Militär, die Verdeckung der modernen Strukturen durch Funktionalisierung auch noch der Tradition, machen die Sportanlage zum faschistischen Kultbereich, der das 1937 begonnene Reichsparteitagsgelände vorbereitete. Zu den wesentlichen Bestandteilen dieses Denkmalensembles (Abb. 4) rechnen nicht nur Sportfelder und Aufmarschplätze, sondern auch die *Freilichtbühne* und die überaus effizienten *Bahnhöfe von U- und S-Bahn*.[10] Werner March konnte sich rühmen, eine Gesamtanlage aus deutschem Geist geschaffen zu haben, »die in fast ähnlicher Weise wie das alte Olympia, Geistiges, Erzieherisches, Kämpferisches und Vaterländisches miteinander verbindet.«

Abb. 5: Flughafen Tempelhof, Flugfeldseite

IV.

Die großräumigen städtebaulichen Koordinaten für das neue Berlin sollte das gigantische Achsenkreuz liefern. Die eine der *Achsen* sollte von Osten nach Westen geschlagen werden, die andere von Norden nach Süden. »Die neue Achse«, so Hans Stephan im Juni 1939 in »Die Kunst im Dritten Reich«, »erfaßt das bisherige Berlin von 1600 bis 1933 gleichsam in einem großen Querschnitt. Sie fügt dieses gewordene Berlin am Fuße der Volkshalle zusammen mit den beherrschenden Achsen des Berlin von morgen, der Nord-Süd-Achse, und bindet es im Westen und Osten an das Autobahnnetz des großdeutschen Raumes.« Wie fast alle Planungen der Nationalsozialisten kam auch diese nicht aus dem Nichts: Die Nord-Süd-Achse griff eine in den Vorschlägen von Martin Mächler kulminierende Berliner Planungstradition auf, und die Ost-West-Achse verlängerte, verband und monumentalisierte die zwischen Brandenburger Tor und Heerstraße bereits vorhandenen Straßenzüge zu einer vom Rathaus bis zum Reichssportgelände reichenden Sequenz pompöser Straßen, Plätze und Prunkfassaden, die nicht nur dem Verkehr dienen sollte, sondern ebenso den Paraden und Aufmärschen des Regimes sowie der Einschüchterung der nach dem Endsieg erwarteten Staatsbesucher. Für diese spezifisch nationalsozialistischen Funktionen wurden alle Straßen auf 50 Meter verbreitert. Der Durchmesser des Großen Sterns wuchs von 80 auf 200 Meter, was wiederum eine Erhöhung der dorthin translozierten Siegessäule um 8 Meter notwendig machte. Nachdem die gewaltigen *»Kraftwagentunnelanlagen«* unter dem Großen Stern unzugänglich bleiben, sind die baulichen Veränderungen Berlins durch Speer heute in größerer Verdichtung nur noch zwischen dem *S-Bahnhof Tiergarten* und der *Charlottenburger Brücke* unmittelbar anschaulich: Mit der Straße mußte auch die Brücke breiter werden, was wiederum zu Veränderungen am alten Bahnhof führte. Den Weg zur Brücke begleiten die von Speer entwickelten Lampen, hinter denen sich die Fassade des heutigen *Ernst Reuter-Hauses* dehnt (Abb. 5), das erst 1952-56 fertiggestellt wurde und ursprünglich dem Deutschen Gemeindetag zugedacht gewesen war, dessen angestammter Sitz den Speer'schen Abrissen im Spreebogen zum Opfer gefallen war. Seine in der Planungszeit bereits völlig obsoleten Formen verdankt der Bau wohl seinem Architekten, seinen Platz aber und seine gewaltige Streckung den Nöten der Städtebauer Speer und Hitler, die eine kilometerlange Repräsentationsstraße architektonisch zu bestücken hatten. Den avisierten Marschkolonnen mußten auch die Teile des Charlottenburger Tores, die wie Kulissen beiseite geschoben wurden, den Vortritt lassen. Den Mittelstreifen hatte Speer mit 4 cm extrem niedrig gehalten, um die Geschlossenheit der auf der ganzen Breite der Straße paradierenden Formationen nicht zu beeinträchtigen. Sehr viel mehr Kopfzerbrechen bereitete die alte Brücke, deren Scheitel sich um 1,50 Meter über das Straßenniveau hob. Sie wurde unten mit so viel Stahl verstärkt, daß auch die Panzer unbesorgt hätten anrollen können, und oben so planiert, daß die Gleichförmigkeit der Marschkolonnen nicht mehr gefährdet war.

V.

Zu den Siegesparaden ist es nicht gekommen. Die Wirkung des Nationalsozialismus aber hört mit dem 8. Mai 1945 nicht auf. Auch die Trümmerstadt Berlin war, mindestens so sehr wie die Achsen-Planungen, ein gigantisch-makabres Denkmal der nationalsozialistischen Herrschaft. Wenn Teile davon dazu dienten, den am weitesten gediehenen Komplex der Ost-West-Achse zuzuschütten und die Erinnerung daran zu verwischen, die *Universitätsstadt* zuzuschütten und daraus einen der Erholungsorte des geteilten und eingeschlossenen Nachkriegsberlin zu machen (vgl. S. 218), dann hat auch das, der Akt wie seine Spuren, Denkmalcharakter. Komplementär – und nur scheinbar paradox – sind noch vorhandene Lücken an bedeutenden Orten wie am *Prinz-Albrecht-Gelände* wesentlich auch gerade dadurch Denkmal, daß dort über der Erde kein Gebäude mehr zu sehen ist.[11]

Eine andere, noch kaum gesehene Nachwirkung des nationalsozialistischen Bauens gibt es in der Architektur der Nachkriegszeit besonders in der von Hans Scharoun. Dessen Insistieren auf dem Unregelmäßigen, das fast anarchische Verweigern jedes vorgegebenen Ordnungszwangs und die unablässige Betonung des Individuellen und des Prozeßhaften in der Architektur sind nicht nur Zeichen von deutschem Irrationalismus, sondern auch Versuche präventiven Widerstands, Abwehr aller Elemente, die sich nationalsozialistisch gebrauchen oder gar in Speer'sche Städte integrieren ließen.

Als Scharoun das Kulturforum plante, war die Tatsache, daß dieses auf dem Gelände von Speers Rundem Platz stehen würde, nicht nur Wissen, sondern auch konkrete Anschauung, denn der Rohbau für das Haus des Fremdenverkehrs stand noch.[12] Und daß die Matthäuskirche für Scharoun ein so wichtiger Bezugspunkt wurde, mag auch damit zusammenhängen, daß sie das letzte Relikt eines Stadtviertels war, das dem Speer'schen Platz hätte weichen müssen und nur durch Zufall noch nicht an den vorgesehenen Ausweichplatz in Spandau transloziert worden war. Albert Speer hat das Haus des Fremdenverkehrs noch gesehen, als er am Morgen seiner Entlassung daran vorbeikam und »in wenigen Sekunden erkannte, was ich vorher in Jahren nicht bemerkt hatte: wir bauten maßstablos.«[13] So erschreckend begrenzt diese Einsicht angesichts des eigentlich zu Erkennenden auch gewesen sein mag – heute ist selbst sie aus der unmittelbaren Anschauung nicht mehr möglich, weil das Gebäude längst abgerissen ist.

Anmerkungen

[1] Mein Beitrag hat sehr von den Recherchen profitiert, die Antonia Gruhn-Zimmermann für die NS-Sektion der Ausstellung angestellt hat. Fachliche wie interpretatorische Mängel des Textes gehen jedoch auf Rechnung des Autors. Die Überlegungen überschneiden sich mit denen in meinem Aufsatz »Unbequeme Denkmale«, der 1989 in der Festschrift für August Gebeßler erscheinen soll. – Eine umfassende Darstellung der Bau- und Planungstätigkeit im nationalsozialistischen Berlin ist von Wolfgang Schäche angekündigt worden. Einführungen bieten: Reichhardt, Hans J./Schäche, Wolfgang, Von Berlin nach Germania; Über die Zerstörung der Reichs-

Abb. 6: Spuren der Ost-West-Achse: heutiges Ernst-Reuter-Haus, Speer-Lampen

hauptstadt durch Albert Speers Neugestaltungsplanungen, Berlin 1986; Schäche, Wolfgang, »Architektur und Stadtplanung während des Faschismus am Beispiel Berlin«, in: Um Bau Nr. 9 (1985) pp. 51-65, und: Engel, Helmut, »Die Architektur der dreißiger und vierziger Jahre in Berlin«, in: Berliner Forschungen, II (1987), pp. 203-234.

[2] Zitate nach: Gebeßler, August/Eberl, Wolfgang, Schutz und Pflege von Baudenkmälern in der Bundesrepublik Deutschland, Ein Handbuch, Stuttgart 1980, p. 62 und: Broszat, Martin, Nach Hitler, Der schwierige Umgang mit unserer Geschichte, 2. rev. Ausgabe, München 1988 (= dtv 4474), p. 227.

[3] Reichhard/Schäche, op.cit., Abb. 26, p. 32.

[4] Speer, Albert, Erinnerungen, Frankfurt/Berlin 1969, p. 69.

[5] Landesarchiv Berlin, Pr. Br. Rep. 107 Nr. 231; vgl. auch Reichhardt/Schäche, op.cit., Abb. 32, p. 77.

[6] Speer, op.cit., p. 92.

[7] Zitat nach: Berlin und seine Bauten IV B, p. 36.

[8] Inschrift: »Eagle square erhielt seinen Namen von einer Adlerstatue die sich von 1940-1962 auf dem Dach des Hauptgebäudes des Flughafens Tempelhof befand. Die Statue wurde 1962 abgebaut um Platz für ein Radargerät zu schaffen. Der Kopf der Adlerstatue wurde dann dem Museum der United States Military Academy in West Point, US Bundesstaat New York, übergeben. Von der 4,50 m hohen Adlerstatue, entworfen von dem Architekten E. Sagebiel und geformt von dem Bildhauer E. Lemke, ist nur noch dieser Kopfteil vorhanden. Die United States Air Force hat den Adlerkopf zurückgeholt, um ihn den Berlinern zu erhalten. Im August 1985 eingeweiht.«

[9] Zum Olympiagelände besonders Verspohl, Franz, Stadion und Stadionsbauten von der Antike bis zur Gegenwart, Regie und Selbsterfahrung der Massen, Gießen 1976, pp. 239 ff.

[10] March, Werner, »Die Bauten des Reichssportfeldes« (1936) zitiert nach: Teut, Anna, Architektur im Dritten Reich, 1933-1945, Frankfurt/M. u. a., 1967, pp. 200 ff.

[11] Rürup, Reinhard (Hrsg.), Topographie des Terrors, Gestapo, SS, Reichssicherheitshauptamt auf dem ›Prinz-Albrecht-Gelände‹ Eine Dokumentation, Berlin 1987.

[12] Reichhardt/Schäche, op.cit., Abb. p. 130 unten.

[13] Speer, op.cit., p. 149 und p. 535.

Abb. 1: Innenansicht des Konzertsaales der Musikhochschule, Blick von der Bühne in den Zuschauerraum

Dietrich Worbs

Offenheit und Transparenz
Vier Bauten der 50er Jahre im Zentrum von Berlin (West)

I. Rahmenbedingungen

Die Architektur der 50er Jahre in Berlin (West) ist die Resultante verschiedener, widerstrebender und unterschiedlich starker Kräfte, die aus den gesellschaftlichen, ökonomischen, politischen und architekturimmanenten Entwicklungen sich ergeben haben.

Die in den 50er Jahren tätigen Berliner Architekten, darunter auch die sechs Architekten, deren Bauten in diesem Beitrag analysiert werden sollen, gehören überwiegend der zwischen 1900 und 1910 geborenen Generation an; sie stammen zumeist nicht aus Berlin, haben aber hier in den 20er Jahren an der TH Berlin-Charlottenburg studiert oder ihre Studien abgeschlossen und danach bei namhaften Berliner Architekten ihre praktische Berufstätigkeit begonnen.

Dieses Herkunfts- und Professionalisierungsmuster ist auch für frühere Architekturgenerationen in Berlin typisch gewesen; neu ist nur die moderne Ausbildung der 20er Jahre an der TH Charlottenburg durch H. Poelzig und H. Tessenow und die anschließende, durch die politischen Rahmenbedingungen der 30er Jahre geprägte Berufstätigkeit unter dem NS-Regime.

Diese Gegensätzlichkeit von progressiver Berufsausbildung im Studium und repressiv bedrohter Berufstätigkeit hat tiefe Spuren in der Architekturauffassung der Berliner Architekten der Generation von 1900 hinterlassen; während ihre großen Vorbilder zumeist ins Exil gingen (so z. B. W. Gropius, L. Mies van der Rohe, E. Mendelsohn, B. Taut u. a.), sind sie in Deutschland geblieben und versuchten zu überleben in den Freiräumen, die für fortschrittliche Architekten geblieben waren: im Industriebau oder in der Bauwirtschaft.

Ihre Nachkriegstätigkeit nach der Kapitulation Deutschlands 1945 ist – in der 1948 geteilten Stadt, im 1949 geteilten Land – nicht einfach nur durch ein Wiederanknüpfen an die 20er Jahre bestimmt gewesen (und durch ein Verdrängen der NS-Herrschaftsarchitektur in ihren härteren und weicheren Varianten), sondern auch durch die schnelle Rezeption der europäischen und amerikanischen Architekturentwicklung. Hinzu kommt aber auch die scharfe Auseinandersetzung mit der Architektur der DDR, des »sozialistischen Realismus« spät-stalinistischer Prägung.

Vor allem aber sind die Berliner Architekten nach 1945 auf lange Jahre mit der ungeheuren Zerstörung und Verwüstung der Stadt konfrontiert, einer Trümmerwüste, die aber nicht zu Resignation, sondern vielmehr zu utopischer Aufbruchstimmung in Stadtplanung und Architektur führt. Baulichen Realisierungen sind in den ersten Nachkriegsjahren bis weit in die 50er Jahre hinein sehr enge Grenzen gesetzt durch Kapitalmangel, Sperrkonten, Zwangsbewirtschaftung von Baumaterialien wie Stahl, Zement, Glas und durch die sowjetische Blockade West-Berlins 1948/49.[1]

II. Architektur der 50er Jahre

Umso eindringlicher müssen uns die Bauten aus den 50er Jahren berühren wegen ihrer architektonischen und gesellschaftlichen Qualität, die sie unbezweifelbar besitzen und die ich hier analysieren will. Aus Raumgründen will ich mich auf vier Bauten im Zentrum des Berliner Westens beschränken; von sechs Architekten, deren Einfluß im Baugeschehen der 50er Jahre bestimmend gewesen ist, von Paul G. R. Baumgarten, von Paul Schwebes und Hans Schoszberger, von Hans Simon, von Franz Heinrich Sobotka und Gustav Müller. Zur Analyse und Interpretation der Bauten[2] ist es erforderlich, jeweils die wichtigsten biographischen Daten und Fakten der sechs Architekten zu vermitteln.

Paul Baumgarten:
Konzertsaal der Musikhochschule

Paul Gotthilf Reinhold Baumgarten[3], geboren 1900 in Tilsit als Sohn eines Architekten und späteren Stadtbaurats von Tegel, gestorben 1984 in Berlin, studiert zwischen 1919 und 1924 an den THs Danzig und Berlin-Charlottenburg. Er ist weder Poelzig- noch Tessenow-Schüler, da Poelzig und Tessenow nach seinem Diplom 1925 an die TH berufen werden. Er arbeitet 1924-31 im Büro von Paul Mebes & Paul Emmerich, einem führenden Berliner Architekturbüro, das vor allem im Großsiedlungsbau engagiert und in den 20er Jahren der Neuen Sachlichkeit verpflichtet ist. Baumgarten macht sich erst spät in der Wirtschaftskrise 1931 selbständig. Er ist als Freier Architekt durchaus erfolgreich, kollidiert aber wiederholt mit den Architektur-Richtlinien des NS-Regimes, vor allem 1935 beim BEMAG-Bürohaus in der Poststraße, wo er (selbst NSDAP-Mitglied) scharf angegriffen wird. 1937 tritt er deshalb in die Philipp Holzmann AG ein und bringt es bis zum Leiter der Hochbauabteilung der Berliner Niederlassung. Diese Tätigkeit gibt er erst Ende 1945 wieder auf, als er sich entschließt, wieder als Freier Architekt zu arbeiten. Einer seiner ersten großen Bauten nach dem Krieg wird der Konzertsaal der Hochschule für Musik. Er hat den Wettbewerb 1949 gewonnen und beginnt 1951 mit der Ausführung des Baus, der 1954 fertiggestellt und eröffnet wird. Nach einer langen Reihe bedeutender Bauten zieht sich Baumgarten 1975 ins Privatleben zurück und löst sein Büro auf.

Der zweigeschossige Bau des Konzertsaals der Hochschule für Musik an der Fasanenstraße 1 erhebt sich auf einer Grundfläche von 33 x 65 m an der Stelle des kriegszerstörten Kopfbaus der Hochschule für Musik (1898-1902 von den Architekten Kayser & von Großheim errichtet) auf dessen Fundamenten. Der kubische, geschlossene Baukörper des Neubaus schiebt sich im Norden zwischen die Eckpavillons des viergeschossigen Altbaus der Musikhochschule. Im Süden steht der Baukörper frei an der Straßenkreuzung Fasanen-/Hardenbergstraße. Der geschlossene Baukörper öffnet sich an der Südseite mit einer zweigeschossigen Glasfassade zwischen Stützen und Trägern des Stahlbetonskeletts des Foyers. Das Flachdach des Gebäudes wird überragt von dem zweifach gekrümmten, schalenförmigen Dach des innenliegenden Konzertsaals mit 1360 Plätzen, der auf drei Seiten von den zweigeschossigen Foyers umgeben ist. Im Norden wird der Bühnenbereich des Saals durch die Künstlergarderoben und Nebenräume von der Außenwelt abgeschottet.

Der Konzertsaal zeigt im Parterre einen langrechteckigen Grundriß, im Rang dagegen eine Ausbuchtung der Längsseiten zu einem langgestreckten sechseckigen Raum. Die seitlichen Ränge verdecken die Versprünge der Raumform zwischen Parterre und Rang. Die geknickten Wandscheiben, die den Saal seitlich im Obergeschoß begrenzen, sind so auf den geraden Wandscheiben des Saales im Erdgeschoß angeordnet, daß die unteren Wandscheiben zu fast zwei Dritteln als Auflager fungieren, daß also die Auskragung des ausgeknickten Wandbereichs minimal bleibt, der Raumgewinn und die Verbesserung der Akustik - durch die gebrochenen Wandflächen - aber optimal sind. Vervollständigt wird die berühmte Akustik des Saales durch die abgehängte Decke des Saales, die der Stahlbinderkonstruktion des Daches folgt, die dem Saal im Schnitt - zusammen mit dem fallenden Parkett-Boden - eine Ei-Form gibt. Der Fußboden der seitlichen Foyers folgt dem fallenden und wieder ansteigenden Boden des Parketts, dem Foyer-Fußboden folgen die Brüstungshöhen der Fenster, die in beiden Längsfassaden als geschwungene Kettenlinien erscheinen: »Form follows function (...).«

Aber es folgt nicht nur die Form des Gebäudes seiner Funktion, sondern die Funktion ist auch in einer Weise an der Form ablesbar, wie das selten der Fall ist. Transparent im Wortsinn ist nur die Foyer-Hauptfront, aber im übertragenen Sinne sind es auch die geschlossenen glatten Außenmauern der Längsfassaden mit ihren Lochfenstern. Es ist erstaunlich, daß der Architekt gerade diesem sorgsam abgeschirmten Konzertsaal soviel Transparenz und Offenheit verleihen konnte.

Paul Schwebes und Hans Schoszberger:
»Zentrum am Zoo«

Die Biographien der beiden Architekten Paul Schwebes und Hans Schoszberger sind anders als die von Paul Baumgarten verlaufen: Paul Schwebes[4], 1902 in Stargard/Pommern geboren und 1978 in Berlin gestorben, studiert in Berlin, Wien und Darmstadt. Er ist Schüler von Hans Poelzig an der TH Berlin-Charlottenburg und wird nach seinem Studienabschluß 1927 Mitarbeiter von Bruno Paul (gleichzeitig mit F.H. Sobotka). Er bleibt bis 1931 in diesem Büro und arbeitet an der Planung des Kathreiner-Hochhauses an der Potsdamer Str. 186 von

Offenheit und Transparenz – Bauten der 50er Jahre

Abb. 2: Konzertsaal der Musikhochschule, Straßenansicht von Süden

B. Paul 1929/30 mit. Er macht sich erst 1933 als Freier Architekt selbständig, baut 1933 das Franck-Haus, Potsdamer Str. 184, um und arbeitet für die Gaststätten-Kette Aschinger. 1948 gewinnt er einen der beiden 1. Preise des Wettbewerbs »Rund um den Zoo«, 1955 erhält er den Auftrag, das »Zentrum am Zoo« zu errichten.

Hans Schoszberger[4], geboren 1907 in Oderfurt/Mähren (noch in der K.u.K.-Monarchie), studiert an den Technischen Hochschulen in Wien, Brünn, Berlin. Während seines Studiums besucht er 1927 die Weißenhof-Siedlung in Stuttgart und versucht dann, beim Bau des Tugendhat-Hauses (1928-30) in Brünn eine Stelle als Mitarbeiter bei Mies van der Rohe zu finden, was ihm nicht gelingt. Er geht deshalb nach Berlin und schließt hier 1932 sein Studium ab. Er schreibt eine Dissertation über das Thema »Baulicher Luftschutz« und wird 1934 zum Dr.-Ing. promoviert.

Er baut als selbständiger Architekt ein Verwaltungsgebäude für die Deutsche Forschungsgemeinschaft an der Schloßstraße in Steglitz. In die Architektenliste der »Reichskammer für Bildende Künste« wird er 1933 nicht aufgenommen. Er hält sich mit kleinen Aufträgen über Wasser. Er geht 1940 ins Büro von Ernst Neufert und arbeitet dort die Pläne für den Bunkerbau im Wohnungsbau aus. Er macht sich erst wieder nach dem Krieg selbständig und bildet 1956 eine Architektengemeinschaft mit P. Schwebes, um das »Zentrum am Zoo« zu bauen. 1968 übergeben sie ihr Büro an jüngere Mitarbeiter. Sie

147

haben bereits jeder für sich reiche Erfahrungen mit Großbauten gesammelt.[5] Sie sind vor allem mit dem Stahlbetonskelettbau bestens vertraut.

Die Planung des »Zentrums am Zoo« steht im Zusammenhang mit der Vorbereitung der Interbau 1957; die Frage der »Zoo-Randbebauung« muß endlich gelöst werden. Viele Akteure sind bei der Planung im Spiel: Die »Gesamtvereinigung« der Damenoberbekleidungsindustrie (DOB) sucht einen zentralen Standort für 50 – 80 Firmen (Textilproduktion und -großhandel) im »Zentrum des Zentrums«; die Zoologische Garten-AG muß Gelände abtreten an das zu bebauende Grundstück, das unmittelbar südlich an den Zoo angrenzt; das Bauaufsichtsamt Charlottenburg wünscht eine ganz niedrige Bebauung, max. dreigeschossig (!), die ganz illusorisch ist angesichts der Geschoßflächenforderungen der DOB (ca. 28.000 m BGF!);[6] der Bausenator tritt als Vermittler auf; die planenden Architekten haben eine bestimmte architektonische Wirkung für ihren Entwurf im Kopf, sie wünschen ein großstädtisches Ensemble mit freier Raumgliederung, Durchblick zum Zoo und Tiergarten, Bildung von Platzwänden am Hardenberg- und Breitscheidplatz und einer kraftvollen, plastischen Formensprache der einzelnen Bauten in Sichtbeton. Ihr Vorbild ist Le Corbusier. Dieses Ensemble soll im Wettbewerb mit den Entwürfen für das Hansaviertel bestehen können.

Die DOB setzt das Hochhaus am Hardenbergplatz durch, ferner zur Erhöhung der Rentabilität ein zweites, kleines Hochhaus am östlichen Ende des Langbaus, der ebenfalls aufgestockt wird; ein Luftgeschoß wird im Langbau als Durchblick in das Grün des Zoologischen Gartens eingeführt. Die DOB fordert allseitige Zugänglichkeit des Zentrums für den Lieferverkehr, außerdem viele Wageneinstellplätze, die dann auf dem Tiefhof (130 WEP) im Norden der Anlage und in einer Hochgarage (500 WEP) am Ostende des Zentrums verwirklicht werden.

Das Doppelkino – eigentlich eine Idee des Pächters Max Knapp, zwei Kinos schalldicht isoliert übereinander anzuordnen – wird von Gerhard Fritsche entworfen. Er ist 1916 in Berlin geboren und vor allem als Architekt von Lichtspieltheatern hervorgetreten (»Ufa-Pavillon«, »MGM-Kino«, »Panorama« u.a.). So entsteht unter kompliziertesten Anforderungen und Bedingungen in einer heiklen städtebaulichen Situation ein Ensemble aus fünf Bauteilen: aus dem 16geschossigen Großen Hochhaus, dem Doppelkino »Zoo-Palast« (1 200 Plätze) und »Atelier am Zoo« (550 Plätze), dem 6geschossigen Langbau, dem 9geschossigen Kleinen Hochhaus und der 2- bis 3geschossigen Hochgarage. Dieses Ensemble ist durch zweigeschossige Flachbauten verbunden. Die Bauten sind teils parallel, teils im spitzen Winkel zueinander angeordnet: Das Große Hochhaus und das Doppelkino sind parallel zueinander gesetzt, sie stehen beide in einem Winkel von 62,5° schräg zum Langbau, der wiederum mit dem Kleinen Hochhaus parallel angeordnet ist; der fünfte Bauteil, die Hochgarage, ist wiederum im Winkel von 62,5° schräg zum Langbau gestellt, so daß sich vom Mittelpunkt des Breitscheidplatzes beim Blick nach Norden eine »symmetrische« Ansicht darbietet, allerdings komponiert aus sehr unterschiedlich hohen, breiten und tiefen Baukörpern. Der Grundriß dieser Komposition resultiert aus dem Schnittwinkel der beiden Straßenachsen Budapester Straße/Kurfürstendamm und Hardenbergstraße/Tauentzienstraße.

Die freie Massenbildung dieser Komposition überspielt die eigentlich nur im Plan ablesbare »Symmetrie«. Die beiden großen Baukörper bilden Platzwände: Das Große Hochhaus bildet für den S-Bahnhof Zoo ein Gegenüber, der Langbau für die aufgelöste Gruppe der Gedächtnis-Kirche, das Kleine Hochhaus eröffnet die Budapester Straße. Zwischen den Baukörpern sind drei kleine Plätze für die Fußgänger angeordnet, die durch die Kolonnade des Langbaus verbunden sind. Zwischen den Hochbaukörpern, unter ihnen und durch sie hindurch, wird der Naturraum des Zoos und des Tiergartens sichtbar. Die offene, aufgelockerte und gegliederte Körper- und Raumkomposition der Bauten gibt dem »Zentrum am Zoo« städtebauliche und architektonische Transparenz.

Franz H. Sobotka und Gustav Müller:
»Dorette-Haus«

Die Architekten Franz Heinrich Sobotka und Gustav Müller kommen beide aus Wien. F. H. Sobotka[7] ist 1907 in Wien geboren, er stammt aus einer Tischler-Familie, sein Vater arbeitet Möbel für Adolf Loos. Er spricht oft mit Loos und wird von seinen Maximen und Sentenzen

Offenheit und Transparenz – Bauten der 50er Jahre

Abb. 3: Zentrum am Zoo, Gesamtansicht von Südosten

Abb. 4: Südansicht des Doppelkinos und des Großen Hochhauses des Zentrums am Zoo

Offenheit und Transparenz – Bauten der 50er Jahre

Abb. 5: Dorette-Haus, Straßenansicht von Süden

früh beeindruckt. Er studiert nach der Lehre an der Wiener Kunstgewerbeschule bei Josef Hoffmann und Oskar Strnad. 1927 geht er nach Berlin und wird mit einem Empfehlungsschreiben von Josef Hoffmann sofort Mitarbeiter von Bruno Paul (gleichzeitig mit P. Schwebes), später bei Erich Mendelsohn. 1934 macht er sich als Architekt in Berlin selbständig. Während des Zweiten Weltkrieges errichtet er Industriebauten für die I. G. Farben in Oberschlesien, bei Bitterfeld und Wien. Hier wird deutlich, daß der Industriebau nicht nur Fluchtnische für moderne Architekten sein konnte, sondern auch Beteiligung am Ausbau der Rüstungswirtschaft des NS-Regimes in Gestalt der I.G. Farben bedeutete.

G. Müller[7] ist 1906 in Wien geboren, er absolviert wie F. H. Sobotka die Wiener Kunstgewerbeschule bei Oskar Strnad und Carl Witzmann, geht dann an die Akademie der Bildenden Künste Wien und studiert bei Clemens Holzmeister. Ende der 20er Jahre ist er im Architekturbüro von Adolf Loos tätig. 1929 geht er wie Sobotka zwei Jahre zuvor nach Berlin und ist nacheinander im Büro von Hans und Wassili Luckhardt und Alfons Anker, im Büro Bruno Paul und dann im Büro von F. H. Sobotka tätig. 1945 bilden Sobotka und Müller eine Architektengemeinschaft. Sie gewinnen 1951 den Wettbewerb um die Bauten der 1948 gegründeten Freien Universtiät Berlin (Hauptgebäude mit Auditorium maximum, Universitätsbibliothek), die sie 1952-54 ausführen. Danach folgt eine Fülle von Bauten: Geschäftshäuser, Bürobauten, Industriebauten, Messehallen, Wohnanlagen und Siedlungen, Hotels, Wohnhochhäuser, Landhäuser. Sie ziehen sich 1983 (Sobotka) bzw. 1971 (Müller) vom Büro zurück. G. Müller ist 1987 in Berlin verstorben.

Das »Dorette-Haus« (1955-56), Kurfürstendamm 67, ist ein Geschäftshausbau, der mit seinen Fensterbändern einerseits deutlich an die Architektur der 20er Jahre anschließt, andererseits sich durch den vertikalen Akzent des Risalits von den 20er Jahren distanziert und eine monumentale Betonung zeigt. Das Geschäftshaus ist - aufgrund seiner Ecklage - auf winkelförmigem Grundriß angelegt und als dreiständriger Stahlbetonskelettbau ausgeführt worden. Das Erdgeschoß ist Ladenlokalen vorbehalten. Unter dem Risalit am Kurfürstendamm befindet sich der Haupteingang, der zu einer natürlich belichteten Halle mit Treppenhaus und Aufzügen an der Hofseite führt; der Erschließungskern ist genau im stumpfen Winkel des Grundrisses angeordnet. Der Risalit birgt kein Treppenhaus, wie das im Geschäfts- und Bürobau der 20er Jahre üblich war, sondern nur einen großzügigen Raum in jedem Geschoß. Die Geschoßflächen in diesem Stahlbetonskelettbau sind ansonsten frei unterteilbar und für Produktion, Vertrieb und Handel oder als Büroflächen flexibel nutzbar.

Die Ecklösung für das »Dorette-Haus« mit dem vorspringenden und aufragenden Risalit ist künstlerisch spannungsvoller und ausdrucksstärker als die für das »GASAG-Haus«, das dieselben Architekten drei Jahre später (1959) am Kurfürstendamm 203 - 205 errichten: Hier wird die Ecke nur durch eine überhöhte sechsgeschossige Scheibe betont. Das Beispiel »GASAG-Haus« zeigt die Verflachung der »monumentalen Geste« (Sobotka), die die Architekten als Schüler von Adolf Loos stets für notwendig hielten; F.H. Sobotka paraphrasierte im Gespräch die berühmte Passage aus dem Loos-Aufsatz »Architektur« von 1910 über den charakteristischen Ausdruck von Gebäuden: »Loos hat immer schon gesagt, daß ein Bau sich zu erkennen geben muß, wenn man an ihn herankommt; eine Börse sieht anders aus als ein Gefängnis (...)!«

Diese spezifische Wiener Haltung, jedem Gebäude eine Ausdrucksgeste zu geben, haben die Architekten Sobotka und Müller in ihren Bauten der 50er Jahre immer wieder zu realisieren versucht - von den FU-Bauten bis zum »Dorette-Haus«.

Hans Simon: »Stiller-Haus«

Der Architekt Hans Simon[8] ist ebenfalls kein gebürtiger Berliner: Er wird 1909 in Bad Flinsberg in Schlesien geboren, wächst aber in Berlin auf, er stammt aus einer Architekten-, Baumeister- und Maurerfamilie. 1927 entschließt er sich, an der TH Charlottenburg Architektur zu studieren. Er wird Poelzig-Schüler. Er arbeitet während seines Studiums als Werkstudent ab 1929 bei Martin Punitzer, und zwar als Bauleiter beim Umbau der Komischen Oper und am Entwurf und an der Ausführung der Maschinenfabrik Lindner, die in mehreren Bauabschnitten 1932 - 1940 entsteht. Nach Arbeitsverbot 1935 und späterer Emigration 1938 von M. Punitzer hat H. Simon mit seinem Büropartner W. Hoppe die Fabrik fertiggestellt.[9] 1932 schließt H. Simon sein Studium an der TH Charlottenburg mit einer Diplomarbeit bei Poelzig über einen Theaterbau ab.

Während der 30er Jahre errichtet er als selbständiger Architekt mehrere große Industriebauten in Berlin, Mittel- und Westdeutschland, außerdem Landhäuser in Berlin. Während des Zweiten Weltkrieges ist er in der Deutschen Wehrmacht im Brückenbau in der Sowjetunion im Einsatz, aber auch als Architekt in der Rüstungsindustrie tätig (Fa. Diehl, Nürnberg-Fürth, 1942-43).

1946-1953 ist er Dozent für Innenarchitektur an der Meisterschule für das Kunsthandwerk in Berlin. Er gibt diese Stelle mit dem Wiedereinsetzen von Aufträgen wieder auf. Er tritt als Industrie-, Geschäfts- und Büro- sowie als Wohnungsbau-Architekt in Erscheinung, vor allem aber als »Firmenarchitekt« für Stiller Schuhwaren, Autohaus E. Winter, Wegena, Coca-Cola, Volkswagen usw., mit Bauten für die Produktion und den Handel in Berlin und Westdeutschland. Er ist 1982 verstorben. Seine »Paradebauten« sind die Geschäftshäuser für die Fa. Stiller und die Fa. E. Winter. Deshalb soll als letztes Beispiel von Bauten der 50er Jahre hier sein Geschäftshaus Stiller in der Wilmersdorfer Straße 58 dargestellt werden. Das Geschäftshaus Stiller (1955-57) erfüllt äußerlich, von der Straßenfassade her, alle Vorstellungen, die man von der Architektur der 50er Jahre hegt: Die sehr plastisch gestaltete Straßenfront zeigt eine konkav einschwingende Fassade in den Obergeschossen mit einer rasterförmigen Gliederung; über dem tief eingezogenen Ladenlokal im Erdgeschoß springt 4 m weit ein geschwungenes Vordach aus, ein ebensolches Vordach schirmt das zurückgesetzte Dachgeschoß; beide Vordächer sind durch jeweils fünf große, kreisrunde Öffnungen durchbrochen, durch die Licht für die Schaufenster und Vitrinen im Erdgeschoß bzw. für die Dachterrasse fallen kann. Prompt erhielt das Haus wegen seiner Fassade vom Berliner Volksmund den treffenden Namen »Regenschirmständer«.

Aber dieser Bau zeigt mehr als nur eine etwas bizarrextravagant gestaltete Fassade, er zeigt im Erdgeschoß eine sorgfältig gestaltete Raumfolge mit einem überraschungsreichen Bewegungsablauf: Von der Straße wurde man unter dem weit auskragenden Vordach über dem Erdgeschoß durch eine trichterförmige, offene Schaufensterzone zum Eingang in das Schuhgeschäft geführt. In der Mitte der Gebäudetiefe durchschritt man den Eingang und blickte durch einen offenen, weiten, stützenlosen Verkaufsraum, der in der Tiefe des Raumes dreimal portalartig durch beiderseits schräg in den Raum hineinstoßende Regalwände und Lichtvouten an der Decke gegliedert wurde. Der Verkaufsraum öffnete sich zum Hof durch ein lichtes, hohes, in den Hof sich kreisförmig hinauswölbendes Blumenfenster. In dieser Wölbung des Blumenfensters führt eine geschwungene Freitreppe in einen zylindrischen Pavillon auf der Terrasse im ersten Obergeschoß auf dem Ladenbau, der sich unter dem Geschäftshaus in den Hof hinausschiebt. Die Raumfolge mit ihrer »promenade architecturale« von der Straße durch das Geschäft hindurch auf die Terrasse ist ungewöhnlich, vor allem ihre sichere Inszenierung durch Raumelemente und Licht. Leider ist sie z. T. verändert.

Bei der Raumbildung des Geschäftslokals erkennt man ohne Schwierigkeiten den Einfluß der Vorbilder von H. Simon: Poelzig und Punitzer. Die Soffitten- und Vouten-Innenarchitektur des Ladens ist von der Raumgestaltung der Theater- und Kino-Räume von Poelzig und von Punitzer aus den 20er Jahren stark beeinflußt. Es sind aber nicht nur die freien, schwingenden, organischen Formen der Soffitten und Vouten, die H. Simon in persönlicher Handschrift umgeformt und weiterentwickelt hat, es ist das raumbildende und gestalterische Denken, das er von diesen Lehrern gelernt hat: Beide waren nicht auf den orthogonalen Formenkanon der Neuen Sachlichkeit eingeschworen, ihre Bauten waren oft ungewöhnlich geformt: Ich erinnere an den gekrümmten Hauptbau des I.G. Farben-Hauses in Frankfurt/Main von Poelzig oder an sein Haus des Rundfunks in Berlin, an die Fabrikbauten von Punitzer mit ihren gerundeten Ecken oder apsidialen Abschlüssen.

Wenn wir heute Bauten wie das Schuhhaus Stiller in der Wilmersdorfer Straße ungewöhnlich bizarr finden, dann nicht zuletzt deshalb, weil eine allzu sehr vereinfachte Architekturgeschichtsschreibung der 20er Jahre uns allzu sehr auf das Bild der »weißen Kiste« festgelegt hat.

Biographie und Werk

Die sechs hier betrachteten Architekten sind keine gebürtigen Berliner, haben aber – mit Ausnahme von Sobotka und Müller – in Berlin studiert. Ihr Berufsbeginn ist mit dem Eintritt in große Berliner Architekturbüros (Mebes & Emmerich, Bruno Paul, Martin Punitzer) verbunden, die ihnen später Großaufträge bei Beginn der Arbeit als selbständige Architekten Anfang der 30er Jahre verschaffen, so B. Paul für Sobotka & Müller oder M. Punitzer für H. Simon. Bis auf H. Schoszberger werden alle in die »Reichskammer für Bildende Künste« aufgenommen, deren Mitgliedschaft für die Ausübung des Architektenberufs ab 1933 unabdingbare Voraussetzung ist. Sie verwirklichen Bauten in den 30er Jahren, deren Umfang oft beachtlich ist, vor allem bei P. Baumgarten, aber auch bei H. Simon und insbesondere bei F. H. Sobotka. Alle sechs Architekten sind jedoch nicht mit offiziellen Bauten im »Dritten Reich« beauftragt worden; man darf annehmen, daß sie sich ferngehalten haben. Diese Distanz zum NS-Regime und die guten Verbindungen zur Industrie, die einzelne Architekten besaßen, ermöglichen ihnen nach 1945 den raschen Durchbruch zur beherrschenden Position im Berliner Baugeschehen der 50er Jahre, so vor allem den beiden Großbüros Schwebes & Schoszberger und Sobotka & Müller. Sie konnten sich aufgrund ihrer Distanz zur offiziellen Architektur der 30er Jahre und ihrer Ausbildung in den 20er Jahren durch intensives Studium der neuen Archi-

Offenheit und Transparenz – Bauten der 50er Jahre

Abb. 6: Stiller-Haus, Straßenansicht von Osten

tektur in Frankreich, Italien, England, USA, Skandinavien schon bald wieder architektonisch auf der Höhe der Zeit ausdrücken. Ihre Bauten zeigen alle Charakteristika einer modernen Architektur: offene Grundrisse und transparente Fassaden.

III. Thesen zur Berliner Architektur der 50er Jahre

Die Analyse von vier Bauten der 50er Jahre läßt die Formulierung von drei Thesen zu:
1. Städebauliche Offenheit und Durchlässigkeit:

Das »Zentrum am Zoo« zeigt eine aufgelockerte Komposition der frei verteilten Baumassen und damit eine endgültige Abkehr von der Blockrandbebauung des späten 19. Jahrhunderts und eine Hinwendung zur Theorie der »gegliederten und aufgelockerten Stadt«, zur »organischen Stadtbaukunst«, wie sie in den wichtigsten theoretischen Schriften in der Nachkriegszeit gefordert wird.[10]
2. Architektonische Transparenz:

Fast alle City-Bauten der 50er Jahre sind Skelettbauten, die vorwiegend verglast sind. Die Bauten zeigen alle eine Transparenz im ganz wörtlichen Sinne: Das Innere der Gebäude, ihre Skelettkonstruktion, ihre variable Aufteilung und Nutzung, all dies wird sichtbar.

Diese Transparenz, die die Architekten mit Leichtigkeit und Schwerelosigkeit auch großer Baukörper zu verbinden suchen, ist Tradition der Neuen Sachlichkeit der 20er Jahre, vom Bauhaus-Gebäude Walter Gropius' bis zum Columbushaus Erich Mendelsohns, die nach den düsteren Jahren des NS-Regimes wiederaufgenommen und weiterentwickelt wird. Dies ist nicht anders zu denken bei Architekten, die in den 20er Jahren studiert und die architektonischen Entwicklungen der späten 20er Jahre verfolgt haben.
3. Architektonische Unverwechselbarkeit:

Die Vielfalt der architektonischen Formensprache bei Bauten in der City »rund um den Zoo« ist erstaunlich, es gibt neben der Tendenz zur größtmöglichen Transparenz der Bauten auch eine zur Unverwechselbarkeit, zur Differenzierung, zum Kontrast der Bauten. Das Repertoire der städtebaulichen Raumbildung, der Baukörperformung und -gliederung, der Fassadengestaltung, der Grundrißlösungen wird in den 50er Jahren erheblich ausgeweitet und erlaubt eine immer stärkere Unverwechselbarkeit, ganz im Gegensatz zur vielzitierten »Rasteritis« der Bürogebäude und Geschäftshäuser mit ihren monotonen »Rasterfassaden«, die sich in Berlin erst mit den »Vorhangfassaden« in den 60er Jahren durchsetzen.

Wie diese Beispiele zeigen, sind städtebauliche Auflockerung, architektonische Transparenz und Unverwechselbarkeit die Ziele der Architektur der 50er Jahre in Berlin (West), die oft mit großen städtbaulichen und architektonischen Leistungen eingelöst worden sind. Diese Bauten sind als bauliches Erbe der Nachkriegszeit, als bauliche Zeugnisse der Rekonstruktion einer Demokratie zu schützen und zu erhalten.

Anmerkungen

1 Jannicke, Reinhard/Sulzer, Jürg/Worbs, Dietrich, Stadtrand in der Stadt. Stadtplanung der 50er Jahre: Theorie und Praxis am Beispiel von Berlin-Kreuzberg. In: Archithese, Zürich, 12. Jg. (1982), H. 5, S. 42-48.
2 Bei der Auswahl der Bauten stütze ich mich auf: Jung, Karin Carmen, Untersuchung der Bauten der 50er Jahre im City-Bereich und im Hansaviertel in Berlin (West). Im Auftrage des Senators für Stadtentwicklung und Umweltschutz - Landeskonservator - Berlin 1986.
3 Lux, Elisabeth/Wiedemann, Martin, Annäherungen an Paul Baumgarten mit »Erinnerungen und Notizen«. In: Akademie der Künste Berlin (Hrsg.), Paul Baumgarten - Bauten und Projekte 1924-1981. Schriftenreihe der Akademie der Künste Berlin, Bd. 19. Berlin 1988, S. 77-97.
4 Gespräch des Verfassers mit Dr. Hans Schoszberger am 3.2.1988.
5 Paul Schwebes: BEWAG-Haus 1954, Kiepert-Haus 1955, Deutschland-Halle 1955/56 u.a.m.; Hans Schoszberger: Wohnhochhaus Hauptstr. 92-93, 1955 (»Atomhochhaus«).
6 Sch.: Das neue DOB-Zentrum. In: Die Berliner Wirtschaft, 5. Jg. (1955) Nr. 46, S. 1431-1432.
7 Gespräch des Verfassers mit Professor Franz Heinrich Sobotka am 23. und 24.2.1988.
8 Gespräch des Verfassers mit Frau Ilse Simon am 4.12.1986; Schreiben von Frau Ilse Simon an den Verfasser vom 14.6.1988. Str.: Architekt Hans Simon und sein Schaffen. In: Allgemeine Bauzeitung - Bauwirtschafts-Blatt vom 20.10.1961, S. 5-6.
9 Lampeitl, Jürgen/Ude, Albert/Wendlandt, Wolf-Borwin, Martin Albrecht Punitzer, Architekt. Eine Collage. Berlin 1987, S. 19-20.
10 Vgl. Göderitz, Johannes/Rainer, Roland/Hofmann, Hubert, Die gegliederte und aufgelockerte Stadt. Tübingen 1957 (Erstfassung 1945); Reichow, Hans-Bernhard, Organische Stadtbaukunst. Von der Großstadt zur Stadtlandschaft. Braunschweig 1948.

Literatur

Oschilewski, Walther G./Scholz, Oscar, Berlin kommt wieder! Berlin 1950.
Hagemann, Otto, Das neue Gesicht Berlins. Ein Bildbuch. Berlin ^{1}1957, ^{2}1957, ^{3}1959.
Amt für Denkmalpflege (Hrsg.), Die Bauten und Kunstdenkmäler von Berlin. Stadt und Bezirk Charlottenburg. Bearb. v. Irmgard Wirth. Berlin 1961.
Sobotka, Franz H./Müller, Gustav, Bauten - Projekte II. Tübingen 1967.
Rave, Rolf/Knöfel, Hans-Joachim, Bauten seit 1900 in Berlin. Berlin 1968.
Architekten- und Ingenieur-Verein zu Berlin (Hrsg.), Berlin und seine Bauten. Teil IX (Industriebauten - Bürohäuser). Berlin - München - Düsseldorf 1971.
Ders. (Hrsg.), Berlin und seine Bauten. Teil VIII (Bauten für Handel und Gewerbe). Band A (Handel). Berlin - München - Düsseldorf 1978.
Jung, Karin Carmen, Untersuchung der Bauten der 50er Jahre im City-Bereich und im Hansaviertel in Berlin (West). Im Auftrag des Senators für Stadtentwicklung und Umweltschutz - Landeskonservator - Berlin 1986.
Akademie der Künste Berlin (Hsrg.), Paul Baumgarten - Bauten und Projekte 1924-1981. Schriftenreihe der Akademie der Künste Berlin. Bd. 19. Berlin 1988.
Gympel, Jan, Bunkerarchitektur contra Transparenz. In: Berliner Kunstblatt, Berlin, 17. Jg. (1988) Nr. 57, S. 55-58.

Abb. 1: Hausgruppe Bleibtreu-/Ecke Niebuhrstraße, Architekt und Bauherr Otto Harnisch, Bauzeit 1902–07
(Aufnahme Mai 1987, nach Renovierung durch Uli Böhme)

Robert Frank

Denkmalschutz oder Stadtverschönerung?

Die Denkmalpfleger haben Wert und Würde alter Bauwerke so nachhaltig ins öffentliche Bewußtsein gerückt, daß nun falschverstandene Nachfrage das Angebot repräsentabler Monumente weit übersteigt. Vertraktes Ergebnis des trügerischen Erfolges: jetzt werden gebaute Antiquitäten gesucht, zurechtgemacht, schließlich sogar hergestellt. Die allgemeine Erwartung führt auch zu einer »qualitativen und quantitativen Ausweitung des Denkmalbegriffes«[1], zur Überforderung der Konservatoren, zur Unschärfe der Aufgabenstellung. Weil oft über das gepflegte Stadtbild mehr Kulisse als Geschichtszeugnis gefragt ist, wird seit längerer Zeit schon ausgeweidet und ausgekernt (wie im Universum-Kino), aus dem Zusammenhang geschält (wie die Friedrichswerdersche Kirche), ausgegrenzt (wie der Große Stern), ausgestopft (wie der Gedächtsniskirchenturm), aufgeputzt (wie der Mexikoplatz), aufgestockt (wie das Schölerschlößchen), versetzt (wie das Ermelerhaus), verpflanzt (wie der Nußbaum), verdoppelt (wie der Kiosk von der Uhlandstraße), verdreht (wie das Gloria Kino), verschoben (wie der Dönhoffplatz), verdorben (wie das alte Reichsversicherungsamt). Berlin schmückt sich mit seinen »Denkmalen« – für das schöne, neue Stadtbild.

*Denkmale brauchen Denkmalschutz –
aber manchmal führt zuviel Denkmalpflege
zum Ruin des Denkmals*

Nicht schön und neu genug erschien einigen Politikern und Verwaltern von Bezirk und Stadt eine Hausgruppe Bleibtreu/Ecke Niebuhrstraße aus den Jahren 1902 bis 1907 (Architekt und Bauherr Otto Harnisch), das wie in Ehren ergraut in der Straßenflucht steht. Gerade diesem Denkmal ist die richtige, angemessene Pflege zugute gekommen: der hochaufragende, schiefergedeckte Turmhelm ist wieder aufgerichtet worden, die Obelisken auf den gestaffelten Renaissancegiebeln, die Hermenpilaster der Erker, der Rustikasockel, die Backsteinausfachungen und der mit Lehmwasser einmal zart eingetönte Putz wurden von oben bis unten mit klarem Wasser gewaschen (und nicht farbstark »renoviert«). Ohne jede auffällige neue Prächtigkeit hat Uli Böhme dieses Haus, im Auftrag der Denkmalbehörde, mit Sorgfalt in seiner ursprünglichen Fassung bewahrt, in exemplarischer, vorbildlicher Denkmalpflege.

In den Zustand des Einweihungstages sollte – nach Absicht des Landeskonservators – das ehemalige Kunstgewerbemuseum, der heutige Martin-Gropius-Bau versetzt werden, so weit das möglich ist. 1877-81 wurde dieses Museum nach Plänen von Martin Gropius und Heino Schmieden errichtet, und es umfaßte bis zum Bau der östlich anschließenden Kunstgewerbeschule zugleich die Lehranstalt »zur Weiterbildung des deutschen Kunstgewerbes«. Nach schweren Kriegsschäden schlachteten Buntmetall- und Souvenirsammler das Gemäuer aus. Erst 1977 beschloß man die Wiederherstellung. Nach eiligem Wiederaufbau standen dann im März 1981 die Gipsabgüsse der Figuren von der Schloßbrücke zur Ausstellung »Karl Friedrich Schinkel – Werke und Wirkungen« im Lichthof. Berlin hatte einen großartigen Ausstellungsraum gewonnen, noch mit der Großzügigkeit des Unfertigen. Der weiträumige Lichthof wurde inzwischen zum Teil »konsequent restauriert«[2], der Fußboden in vielerlei Mustern geschliffen, die Gewölbe mit Stuckrosetten verziert, die Kapitelle vergoldet. Stück für Stück wird das alte Kunstgewerbemuseum reproduziert. Die vollständige Reproduktion aber wäre heute – behaupte ich – ganz unerträglich. Das Museum von 1881 war Leistungsnachweis des deutschen Kunstgewerbes und Materialsammlung für den angeschlossenen Lehrbetrieb. Diese ursprünglichen Aufgaben fallen heute weg, und die ehemals überladene Ausstattung müßte alle neuen Aufgaben in einem offenen Ausstellungshaus behindern. Alle Spuren und Narben aus einem Jahrhundert über das Bauwerk hingegangener Geschichte würden überdies gänzlich verdeckt und ausgewischt. Ließen sich die Dekorationen im großen Lichthof und in den Ausstellungssälen noch rekonstruieren, so müßten weitere Bemühungen doch Stückwerk bleiben, denn zu umfassend wurde längst in die frühere Organisation des Bauwerkes eingegriffen. Vorwürfe treffen hier zuerst den Auftraggeber: ständig wechselnde Nutzungsvorstellungen waren nicht nur Ursache (oder Vorwand) für mehrfach veränderten Ausbau, sondern hatten auch merkwürdige Folgen. Im Sockelgeschoß verwandelten sich ausreichend tragfähige eckige Stützen in runde, originale runde Gußeisenstützen dagegen in eckig ummantelte, dabei verschwanden schöne, alte Gewölbekappen unter Rasterdecken. Klassizistisch nachgeschöpfte Bronzegriffe ersetzten alle bisherigen Türgriffe. Mangelnde Abstimmung mit den Nutzern verursachte schwerwiegende Funktionsmängel, vor allem – durch fehlenden äußeren Sonnenschutz – den sommerlichen Wärmestau in Ausstellungs- und Depoträumen, der sogar die eigentliche neue Bestimmung des Martin Gropius-Baues in Frage stellt. Das Mißverhältnis zwischen aufwendigen – aber überflüssigen – Dekorationen und notwendigen – aber mangelhaften – Funktionen wird hier offenkundig.

Im Laufe einer abwechslungsreichen Planungsgeschichte hat das Bauwerk zwei Haupteingänge bekommen. Der alte Eingang liegt auf der Nordseite, der ehemaligen Prinz-Albrecht-Straße zugewandt. Mitten auf dieser Straße (heute Niederkirchnerstraße) steht die Mauer. Der Antritt der großzügigen Freitreppe liegt noch im Bezirk Mitte (Hauptstadt der DDR), die geschwungenen Rampen der Vorfahrt aber gehören schon zu Kreuzberg (Land Berlin). Das Portal ist wieder hergerichtet, flankiert von aufpolierten Marmorsäulen und unter frisch montierten schmiedeeisernen Fahnenstangen. Ein neuer Eingang aber wurde längst in die Südfassade gebrochen, wo früher nur ein Türchen in den Gemüsegarten des Hausmeisters führte. Zur Jubiläumsfeier entstand hier, statt des bisherigen knappen Provisoriums, eine pompöse, granitverkleidete zweite Vorfahrt. Neue Rampe und breite Freitreppe aber führen zu einem Mauseloch von Eingangstür, das nun einmal im niedrigen Sockel der Südseite nicht zu vergrößern ist. Berlins zentrales Ausstellungshaus, der Martin-Gropius-Bau, ist in einen beklagenswerten Zustand geraten: zwischen »konsequenter Restaurierung« und willkürlicher Veränderung.

*Leerstand führt zu oft zum Abriß –
aber ein Denkmal ist kein Rohbau für neue Nutzung*

Ruinen sind schwierige Denkmale.[3] Auch zum Denkmal erklärte Ruinen sind nur mühsam zu erhalten (wie der Turm der Kaiser-Wilhelm-Gedächtniskirche). Andauernder Gebrauch ist ein bewährtes Mittel zur Erhaltung von Baudenkmalen. Je länger aber die Denkmalliste, desto langwieriger wird oft die Suche nach angemessener Nutzung. Ateliers im Krankenhaus (Bethanien), Theater im Kino (Schaubühne), Konzertsaal im Theater (Schauspielhaus), Industrieetagen als Wohnraum (in Kreuzberg), Wohnhaus als Galerie (Grisebachvilla), die Rubriken hergebrachter Gebäudelehre sind durcheinandergeraten, und fast jede Nutzungsänderung scheint heute möglich, solange nur »das Wesentliche am Denkmal«[4] nicht angegriffen wird. Was aber ist der Kern eines Denkmals? Die Schwierigkeiten einer Funktionsänderung wachsen offensichtlich noch mit Bauumfang und konstruktiver Spannweite von Gebäuden.

Beispiel Industriehallen: Seit Juli 1986 standen die Industriebauten an der Hussiten- und der Voltastraße in Wedding unter Denkmalschutz. Auf einer Teilfläche des ehemaligen AEG-Stammgeländes hatte die technische Universität (TUB) einen »Technologie- und Innovationspark« (TIP) eingerichtet. Im November verlautete aus der Bauabteilung der TUB, daß die »denkmalschützerische Maßnahme erhebliche Probleme«[5] mit sich bringe und technische Einbauten verhindere, ohne die der ganze Gebäudekomplex wertlos sei. Umstritten war vor allem der Einbau von geschlossenen Arbeitsräumen in die von Peter Behrens 1911 entworfene Montagehalle für Großmaschinen. Das konnten die Konservatoren verhindern.[6] Aber der Umbau einer zweischiffigen glasgedeckten Fertigungshalle der ehemaligen Fabrik für Hochspannungsmaterial war dann Anlaß zum öffentlich ausgetragenen Konflikt. Der Senator für Stadtentwicklung und Umweltschutz (vorher Präsident der TUB): »Die Bauarbeiten der TU in dem ehemaligen AEG-Werk Wedding müssen sofort eingestellt werden (...).«[7] Im Auftrag der Denkmalbehörde verordnete das Bauaufsichtsamt den Baustop. Der amtierende Universitätspräsident am nächsten Tag: »Der verfügte Baustop des Landeskonservators ist der TU Berlin völlig unbegreiflich (...)«.[8] Der Streit wurde durch Kompromiß

Abb. 2: Ehemalige Montagehalle für Großmaschinen der AEG an der Hussiten- und Voltastraße, Architekt Peter Behrens, Bauzeit 1912, 1. Bauabschnitt; 2. Bauabschnitt 1928, Architekt Ernst Ziesel (Aufnahme 1988)

beendet, doch konnten die Denkmalpfleger nur verhindern, daß die richtige Lösung nicht für alle Zukunft verbaut wird. Vorerst wurde das Falsche gemacht: Die Fertigungshalle, 1909 von Peter Behrens entworfen, ist zerteilt, und unter dem Dach der Halle ist eine zweite Decke eingezogen worden. Die Ursache der andauernden Auseinandersetzung zwischen Konservatoren und neuen Nutzern von Baudenkmalen wird hier offenbar: Solange der Wert – also auch die ursprüngliche Schönheit und die Brauchbarkeit eines alten Bauwerkes nicht erkennbar ist, trifft der Denkmalpfleger auf unzureichendes Verständnis für seine Aufgabe, das Denkmal zu bewahren. Er benötigt also mehr Zeit und Geld für Dokumentation und Darstellung. Es geht dabei nicht nur um Fassaden. Baudenkmale insgesamt dürfen für veränderte Funktionen nicht bedenkenlos zugeschnitten oder zurechtgestutzt werden. Der Entwurfsvorgang ist hier gerade umgekehrt wie beim Neubau: erfindungsreich muß eine neue Nutzung dem bestehenden Bauwerk angemessen werden. Der dafür erforderliche Arbeitsaufwand wird aber heute noch immer nicht vorgesehen.

Beispiel Bahnhof: Vier Jahrzehnte lag der ehemalige Hamburger Bahnhof im Abseits wie das Dornröschenschloß unter der Dornenhecke, bis das »Verkehrs- und Baumuseum« aus der Obhut der DDR-»Reichsbahn« entlassen wurde. Die Baugruppe an der Invalidenstraße bestand aus dem Portalbau von 1847 (verglast 1874, umgebaut 1905), aus der Museumshalle von 1906 (anstelle

Denkmalschutz oder Stadtverschönerung?

Abb. 3: Hamburger Bahnhof (Aufnahme 1985)

der 1884 abgerissenen Bahnhofshalle) und aus den Seitenflügeln des Museums von 1911 und 1916 (1922 und 1934/35 verändert und erweitert). Die ursprünglichen Empfangsgebäude des Hamburger Bahnhofs (seit 1886 für Büros und Wohnungen genutzt, seit 1906 als Teil des Museums), wurden nach Kriegsschäden noch 1960 abgeräumt. Berlin-West übernahm keine leichte Erbschaft.

Der Hamburger Bahnhof war – auch nach vielfachen Transformationen – ein Ort der Eisenbahngeschichte. Das Verkehrs- und Baumuseum war von Anfang an auch ein Lehrinstitut, dessen Sammlungen bis zuletzt auf den neuesten Stand gebracht worden waren. Das Schienenmuseum in einem Seitenflügel war um die Gleissammlung herumgebaut worden. Die Borsiglokomotive (ein paar hundert Meter weiter in der Chausseestraße gebaut), die einmal durch das Portal des Bahnhofs auf die Drehscheibe gefahren ist, hätte hier – auch als Nachbau – viel mehr bedeutet als nur ein Stück Technikgeschichte. Diese Lokomotive (die jetzt neben hundert anderen in Kreuzberg steht), hätte auf der Drehscheibe vor dem Hamburger Bahnhof einen anschaulichen Hinweis auf die Stadt- und Industriegeschichte an der Invalidenstraße geben können: Das Invalidenhaus wurde von Friedrich II. für die Krüppel der Schlesischen Kriege gegründet (und auf den Wiesen im Westen des Invalidenhauses wurde auf Vorschlag von Peter Josef Lenné der Hamburger Bahnhof angelegt), auf die Königliche Eisengießerei, die zu Anfang des 19. Jahrhunderts noch die Wasserkraft der Panke für Gebläse und Werkzeuge brauchte (das trockengelegte Flußbett liegt noch unter dem Pflaster der Invalidenstraße), auf die ersten Maschinenbauanstalten vor dem (längst abgerissenen) Oranienburger Tor, die durch die Dampfmaschinen zum ersten Mal von Wasserkraft unabhängig wurden. In der Invalidenstraße / Ecke Chausseestraße baute August Borsig seine erste Lokomotive im Jahre 1843, zwei Jahre später gewann er die Wettfahrt gegen englische Konkurrenz. 24 Lokomotiven lieferte Borsig für die Hamburger Bahn und auch die Eisenkonstruktion für die Bahnhofshalle. Mit der Gründung des Instituts für Bahntechnik, einer an die TUB angeschlossenen GmbH mit zwölf Gesellschaftern, ergab sich der Kern für eine sinnvolle Nutzung, noch einmal hätte sich der alte Bahnhof verwandelt: vom Museum zur Entwicklungsstätte mit Lehrsammlung, als überregionale Institution. Aber es kam ganz anders. Im beschleunigten Geschäftsgang der 750-Jahr-Feier beschloß der Senat den Ausbau ohne »abgesichertes Nutzungskonzept«[9] und die Auftragsvergabe freihand. Der Bund Deutscher Architekten forderte einen Architektenwettbewerb: »(...) Wir können und wollen nicht begreifen, daß die dem Erdboden gleichgemachten flankierenden Gebäude ›im historischen Gewande‹ wieder aufgebaut werden sollen (...).«[10] Der Architekten- und Ingenieurverein konterte umgehend: »Ein Wettbewerb – gleichviel welcher Zielsetzung – verhindert mit Sicherheit die historische Rekonstruktion, denn der auf dem Invalidenbahnhof begrabene Neuhaus (der Architekt des Bahnhofs von 1847) kann am Wettbewerb ja nicht mehr teilnehmen (...)«.[11] Die Denkmalbehörde verlangte Vorrang für Maßnahmen, »die der Erhaltung und Sicherung der vorhandenen Baulichkeiten dienen.«[12] Die einen (die Denkmalpfleger) forderten also den langfristigen Schutz des Denkmals, die anderen (Mitglieder des Senats) das tagespolitisch wirksame Schaustück. Der Hamburger Bahnhof ist inzwischen kein Ort der Eisenbahn- und Stadtgeschichte mehr, sondern eine Dependance der Neuen Nationalgalerie.

Beispiel Kirche: Gibt es einen prinzipiellen Unterschied zwischen einer romanischen Kirche und einer neu-romanischen Kirche aus der Zeit Wilhelms II., zum Beispiel zwischen dem Bonner Münster und der Lutherkirche in Spandau? Im Prinzip: nein. Sowohl das Münster in Bonn als auch die Lutherkirche in der Spandauer Neustadt sind funktionstüchtige, große Sakralbauten, und die Kunstwissenschaftler fordern, die Kirche mit den Stilelementen von 1896 geradeso als Denkmal zu pflegen, wie das ehrwürdige Münster aus dem 11. Jahrhundert. Nun wird das romanische Münster – nach dem jeweils neuesten Stand der Wissenschaft – erhalten, die neuromanische Lutherkirche aber soll »umgenutzt« werden: Unter Beteiligung des Landeskonservators plante die Gemeinde, neun Wohnungen in einen Teil des Kirchenraumes einzubauen. »Das muß einem Denkmalpfleger das Gedärm umdrehen«, sagte der Landesbaukonservator.[13] Ich denke, nicht nur einem Denkmalpfleger!

Abb. 4: Seitenflügel des ehemaligen Reichsversicherungsamtes am Reichpietschufer, Architekt August Busse, Bauzeit 1891-94 (Aufnahme nach dem Teilabriß im Juni 1982)

*»Eine Zukunft für unsere Vergangenheit« -
aber keine Denkmalpflege für die Flucht
aus der Gegenwart*

»Klein ist schön« - dieses Schlagwort war verständliche Reaktion auf die Brutalitäten der 60er und 70er Jahre. »Alt ist modern« - so könnte das Stichwort für die Ausflucht aus unserer Gegenwart heißen. Heute altertümelt es überall in der Stadt: Schmuckplätze komplett ausstaffiert wie anno kruck, gußeiserne Plumpen, Poller, Plunder, Straßenschilder frakturbeschrieben und Lampen von der Hardenbergstraße als Nachguß auf dem Kurfürstendamm. Jetzt sollen auch noch die schmiedeeisernen Vorgartengitter folgen. Doch es gibt noch Ärgeres als die zu falschem Glanz polierten Straßenbilder, als die revidierte Stadtgeschichte - das ist der Ersatz der Originale durch künstliche Historie, durch Bilderbuchdesign.

Am Landwehrkanal stehen jetzt anstelle der rückwärtigen Bauteile des alten Reichsversicherungsamtes von August Busse die Neubauten von James Stirling, erfundene Baugeschichte ersetzte die am Ort entstandene: die »Stoa« und die »Basilika«, die »Loggia« und der »Campanile«. Hergeholte Fiktion, »Big Jim's« bunte Unterhaltungsarchitektur verdrängte die berlinische Realität.

*Konservieren heißt bewahren -
aber Konservatoren sind keine Hilfstruppe
der Restauration*

Die Nachkriegsgeschichte der sieben noch fertig gewordenen Botschaften, diese Relikte des »Dritten Reichs«, summiert sich im sogenannten Botschaftsviertel am Tiergartenrand zu einem bemerkenswerten Katalog aller nur möglichen Maßnahmen im Umgang mit einer mißliebigen Erbschaft: Die Jugoslawische Gesandtschaft steht fast unverändert an der Drakestraße. Die Schweizer Gesandtschaft - im Areal der heutigen Zooerweiterung - wurde abgerissen. Die Spanische Botschaft an der Thomas-Dehler-Straße steht zum Teil als Ruine. In die Norwegische Gesandtschaft an der Rauchstraße sind verschiedene Büros eingezogen. Die Dänische Gesandtschaft an der Drakestraße wurde in Teilen bis zum Neubauzustand von 1940 restauriert. Die Italienische Botschaft an der Tiergartenstraße steht jetzt zur Debatte (s. S. 304-309).

Die Japanische Botschaft, gleich daneben, war aus angeblich wirtschaftlichen Gründen abgerissen und dann nach Plänen von 1938 wieder aufgebaut worden. Das ist nun Nazi-Architektur Baujahr 1987, wiedererstandenes nationalsozialistisches Monument zum Jubiläumsjahr. Der Gesandte des Japanischen Kaiserreiches begründete den originalgetreuen Wiederaufbau: »Der Erhalt wurde von der deutschen Seite gewünscht, weil es architekturhistorisch interessant ist. Wir haben dem Wunsch der Deutschen entsprochen.«[14]

1957 begannen die Bauarbeiten zur Wiederherstellung des Reichstagsgebäudes durch die Bundesbaudirektion Berlin. 1961 gewann Paul Baumgarten einen begrenzten Wettbewerb, ihm wurde auch der Entwurf für die Neugestaltung des Plenarsaales (s. S. 226) und der Repräsentationsräume anvertraut. Zugunsten eines ausreichend bemessenen Plenarsaales wurde der Mittelteil des Bauwerkes weitgehend entkernt. Es entstand hier eine großzügige Folge von Räumen in der knappen, spröden Ausstattung der 60er Jahre. Der Durchblick durch die großen Glaswände sollte die Offenheit der neu gegründeten Demokratie darstellen. Vom Plenarsaal aus hat man nach Westen den Ausblick in den Tiergarten, nach Osten zum Fernsehturm in Berlin-Mitte. Seit 1985 bestehen Pläne des Senats zur Rekonstruktion der Glaskuppel. Bundestagspräsident Jenninger hat die feste Absicht, »den Reichstag baulich so zu gestalten, daß er (...) sich in seiner Architektur an die Rekonstruktion des Stadtbildes in beiden Teilen Berlins anpaßt.«[15] Die politischen Beschlüsse werden ohne den Rat der Denkmalpfleger getroffen. Soll am Ende die vergoldete, mannshohe Kaiserkrone wieder auf die Spitze der Reichstagskuppel gesetzt werden wie am Sedanstag des Jahres 1891, als diese Krone feierlich enthüllt wurde?

*Wir brauchen Denkmalpflege -
aber Stadtverschönerung ist nicht Sache
der Denkmalpfleger*

Denkmale sind sichtbare Merkzeichen aus der Vergangenheit. Die Bewahrung bestehender Denkmale ist Aufgabe des Konservators. Bei sinkender Erwartung einer besseren Zukunft gewinnt Vergangenheit an Aufmerksamkeit. Jetzt wächst also der Bedarf an Geschichtszeug-

Abb. 5: Die Japanische Botschaft an der Tiergartenstraße, nach Abriß und Wiederaufbau aufgrund der Pläne von 1938, Architekt Ludwig Moshamer (Aufnahme April 1987)

Abb. 6: Kalksteinmauern des barocken Palais Vernezobre an der Wilhelmstraße. Schinkel ließ beim Umbau von 1832 den Mauerbogen der ursprünglichen Einfahrt bis zur Höhe seiner Arkadenfundamente (vorne) abtragen. (Aufnahme September 1986, nach Freilegung der Mauerreste)

nissen. Politiker – mit Gespür für Zeitströmungen – halten folglich Ausschau nach ansehnlicher Geschichte, nach neuen »Denkmalen«. Sind nicht genug repräsentable Monumente verfügbar, wird Reproduktion verlangt – wie am Römerberg in Frankfurt am Main, wie bei der Alten Waage in Braunschweig, wie beim Knochenhaueramtshaus in Hildesheim und Zum Fuchs I-III in Mainz. In Berlin-Ost stand der Neubau von Schinkels Bauakademie zur Debatte, in Berlin-West steht die Absicht, das Palais Prinz Albrecht – ex nihilo – wieder erstehen zu lassen in der Regierungserklärung: »Der Senat prüft (...) die Voraussetzungen für den Wiederaufbau«[16], und keiner der Senatoren hat bis heute Widerspruch erkennen lassen. Werden Historiker zu Handlungsgehilfen der Stadtverschönerer und Geschichtsverbesserer? Inzwischen verfallen bestehende, wirkliche Denkmale, oder sie werden endgültig zerstört wie Ludwig Hoffmanns »Gartenstadt für Kranke«, das Rudolf-Virchow-Krankenhaus.

Seit unsere Städte aufgebaut und längst zuviel Land verbaut worden ist, seitdem uns bewußt wird, daß Landschaft kostbar und Rohstoff endlich ist, beginnen wir – trotz wachsendem Anspruch und schnellem Wechsel der Anforderungen – Bestehendes zu schonen. Die angemessene neue Nutzung von ausgeräumten Bauwerken ist auch zum »Kernproblem der Denkmalpflege«[17] geworden. Ist es aber, bei allem Eifer der Wiederverwendung, ganz ohne Belang, wo und wofür ein Bauwerk einmal entstand, wer und wie in einem Stadtraum gelebt und gearbeitet hat? So sollte die Industriehalle von Peter Behrens eine unzerteilte Fertigungshalle, der Hamburger Bahnhof eine Stätte der Eisenbahnforschung und -entwicklung und der Kirchenraum der Lutherkirche ein öffentlicher Raum bleiben. So sollten Bauplätze nicht im Belieben irgendwelcher Bauherren stehen. Der Matthäikirchplatz zum Beispiel, der noch immer durch die alten Bordsteine erkennbar ist, muß Vorplatz der St. Matthäuskirche bleiben. Und was hat das »Carillon« neben der Kongreßhalle zu suchen, für die doch Ensembleschutz besteht? Übriggebliebene Brunnen oder Denkmale sollten nicht wie Nippes auf einem Vertiko in der Stadt hin- und hergeschoben werden. Der abgesägte Kopf des tonnenschweren NS-Reichsadlers über der Weltkugel, ehemals auf dem Dach des Zentralflughafens Tempelhof, steht noch immer als Kleinkunst auf dem »Eagle Square«.[18] Auch abgeräumtes Gelände ist ein Problem der Denkmalpflege. Ist denn ohne Bedeutung, daß das »Deutsche Historische Museum« nun gerade auf dem Bauplatz entstehen soll, der von Albert Speer für das monströse »Palais des Führers« ausersehen war?

Sprechen wir wieder mehr vom Wesen eines Denkmals und vom Geist eines Ortes!

Anmerkungen

1 Schmidt, Alfred, Präsident der Eidgenössischen Kommission für Denkmalpflege, warnte 1983 vor der Ausweitung des Denkmalbegriffs: »(…) wenn die Denkmalpflege hier nicht Maß hält, so verliert sie ihre Glaubwürdigkeit«. In: First International Congress on Architectural Conservation, University of Basle, Switzerland, March 1983. Proceedings printed by courtesy of the Heritage Trust, London, S. 18.

2 »Die sogenannte konsequente Restaurierung sieht bei der Analyse solcher Eigenschaften nur eine oder läßt nur eine gelten (…)«. Mörsch, Georg: Fragen der Denkmalpflege, Leitvorstellungen, Methoden und Begriffe. In: Schutz und Pflege von Baudenkmälern in der Bundesrepublik Deutschland, Köln 1980, S. 83.

3 Vgl. auch: Denkmaleigenschaft von ruinösen Bauwerken? Urteil des Bayerischen Verwaltungsgerichtshofs vom 22.09.1986, Nr. 14 B 85 A 707 in: DSI 1/88, 12. Jg., S. 33.

4 Gebeßler, August, Präsident des Landesdenkmalamtes Baden-Württemberg, sprach über das »Wesentliche am Baudenkmal«, nämlich den Hauskörper, von dem etwa durch Auskernen nur die Hülse bleibe, und er bezeichnete die Frage der Denkmalnutzung als das »Kernproblem der heutigen Denkmalpflege«. Vortrag anläßlich der Internationalen Tagung des Deutschen Nationalkomitees für Denkmalschutz in Merdingen/Tuniberg, Mai 1988: Das Dorf im Wandel.

5 TIP-Gebäude unter Denkmalschutz. BIG NEWS Nr. 2, November 86: »Früher AEG, heute TIP (…). Seit 15. Juli 1986 steht das Gelände des Technologie- und Innovationsparks (TIP) im Berliner Wedding unter Denkmalschutz (…). Für die Technische Universität aber, die das TIP langfristig gemietet hat, bringt diese denkmalschützerische Maßnahme erhebliche Probleme mit sich. Sie hat daher einen Forderungskatalog an den Landeskonservator geschickt, da nach ihrer Auffassung bestimmte technische Einbauten (…) unabdingbar sind. Können diese Einbauten nicht in irgendeiner Form vorgenommen werden, ist der Gebäudekomplex (…) wertlos (…).«

6 »Die Montagehalle hat in Berlin nicht ihresgleichen. Der Raum ist eine Sehenswürdigkeit, die äußere Gestaltung in ihrer harten Einfachheit bezeichnet einen entscheidenden Schritt auf dem Wege zu einer Fabrikarchitektur, mehr: zu einer neuen Architektur überhaupt.« Julius Posener in einem Gutachten vom 18.08.86, für den Beirat für Denkmalpflege.

7 Landespressedienst vom 14.01.87: »Bauarbeiten gestoppt– wird TU Bußgeld angedroht?«

8 Presseinformation der Technischen Universität Berlin vom 15.01.87: »Präsident der TU weist Vorwürfe zurück (…).«

9 Aus dem Brief des Senators für Bau- und Wohnungswesen an den Vorsitzenden des Hauptausschusses über den Präsidenten des Abgeordnetenhauses über Senatskanzlei vom 11.01.85 unter II. Nutzungskonzept: »Ein abschließendes abgesichertes Nutzungskonzept für den wiederaufzubauenden ehem. Hamburger Bahnhof liegt noch nicht vor«.

10 Brief des Bundes Deutscher Architekten Berlin e.V. an den Regierenden Bürgermeister von Berlin vom 27.08.1984.

11 Brief des Architekten- und Ingenieurvereins zu Berlin an den Regierenden Bürgermeister von Berlin vom 17.09.1984.

12 Der Senator für Stadtentwicklung und Umweltschutz am 04.01.1985: »Aus denkmalpflegerischer Sicht ist es nicht vertretbar, wenn die zur Verfügung stehenden Mittel nicht für Restaurierungs-, sondern für Neubaumaßnahmen verwendet werden (…). Priorität sollte den Maßnahmen eingeräumt werden, die der Erhaltung und Sicherung der vorhandenen Baulichkeiten dienen. Mit den zur Verfügung stehenden Mitteln ist es möglich, die vorhandenen Bauteile Portikus, Halle und beide Flügelbauten denkmalgerecht instandzusetzen und zu restaurieren.«

13 Aus einem Diskussionsbeitrag des Landeskonservators Helmut Engel anläßlich des »1. Berliner Gesprächs« über »Neue Nutzung für alte Kirchen« am 16.11.87 in der Lutherkirche zu Spandau.

14 Eine Brücke zwischen Japan und Europa. Tagesspiegel vom 8.11.87.

15 Ansprache des Präsidenten des Deutschen Bundestages vor dem Abgeordnetenhaus von Berlin. 50. Sitzung vom 29.04.1987.

16 Diepgen, Eberhard: Stadt der Chancen. Die Regierungserklärung vom 25. April 1985 des Regierenden Bürgermeisters von Berlin. Berliner Forum 6/85, S. 24.

17 Gebeßler, Gebeßler (s. 4).

18 Vgl. Bauwelt Heft 28/29, 1987, S. 1065 und Bauwelt Heft 35, 1987, S. 1257.

Berliner Baudenkmale

Antonia Gruhn-Zimmermann:
Beispiele

Kolonistenhaus

Koloniestraße 57–59, Wedding

Das unscheinbare Siedlerhaus von 1784 ist das letzte Zeugnis des friderizianischen Kolonisierungsprogrammes für den Berliner Norden. Als ältestes Weddinger Wohnhaus steht es für die Geschichte Preußens und die des Weddings gleichermaßen und vermittelt mit den ihm zugefügten Veränderungen und Alterungsspuren ein weitgehend unverfälschtes Bild von der Lebenswelt selbst seiner frühesten Bewohner und ihrer Nachfolger. Durch die mangelhafte Bauweise war allgemein ein rascher Verfall der Kolonistenhäuser vorgegeben. Reparaturen und Umbauten veränderten auch den schlichten Wohnungsgrundriß des letzten von ihnen. Vermutlich war es nach dem Standardmuster eines »halben« Kolonistenhauses mit Flur, Küche, Stube und Kammer aufgeteilt.[1]

Mit materieller Hilfe und Steuerprivilegien, gekoppelt an eine Reihe verpflichtender Auflagen, förderte Friedrich II. die Neuansiedlung ausländischer Gemüse- und Obstbauern nördlich der Akzisemauern, um die Versorgung der Hauptstadt zu verbessern. Weddinger Straßennamen wie »Garten-«, »Wiesen-«, »Plantagen-« und »Ackerstraße« erinnern noch heute an den Broterwerb der Zuwanderer. Entlang der Koloniestraße, die damals ein einfacher Sandweg war, hatten sich in der zweiten Hälfte des 18. Jahrhunderts Gärtner aus Böhmen ansässig gemacht. Einzig das traufseitig zur Straße stehende Siedlerhaus ist von ihrer »Colonie am Louisenbade« übriggeblieben. Das einst zu ihm gehörende Grundstück reichte bis zur Panke – sicherlich auch wegen des Wasserbedarfs der Gemüsekulturen. Als die agrarische Nutzung nicht mehr lohnte, baten Weißgerber, ihre Leder in der Panke spülen zu dürfen. Um 1868 wurde eine Leimsiederei auf dem Anwesen betrieben, allerhand Nebengebäude waren schon hinzugekommen. Die Nachbarn auf beiden Seiten nannten sich nach einer alten Berufsbezeichnung der Kolonisten noch »Viehhalter«. 1874/75 entstand der hochaufschießende dreiachsige Anbau in der Flucht der nun verbreiterten und gepflasterten Koloniestraße. Den früher häufigen Überschwemmungen des kleinen Flusses ist es wohl zu verdanken, daß das weiträumige Areal um das Kolonistenhaus unbebaut und ihm damit bis heute die angestammte Umgebung von Gärten bewahrt blieb. Selbst seine ursprünglichen Grundstücksgrenzen sind durch die neue Parzellierung nicht gänzlich verwischt worden. Der von städtebaulichen Entwicklungen fast unberührte Umraum des Siedlerhauses verdichtet zusätzlich dessen bildhafte Aussagekraft.

---

[1] vgl. dazu: BASD K. Westphal und Partner, Frank Pasche, Denkmalpflegerische Untersuchung zum Grundstück Koloniestraße 52–59, Berlin 1987 (beim Landeskonservator).

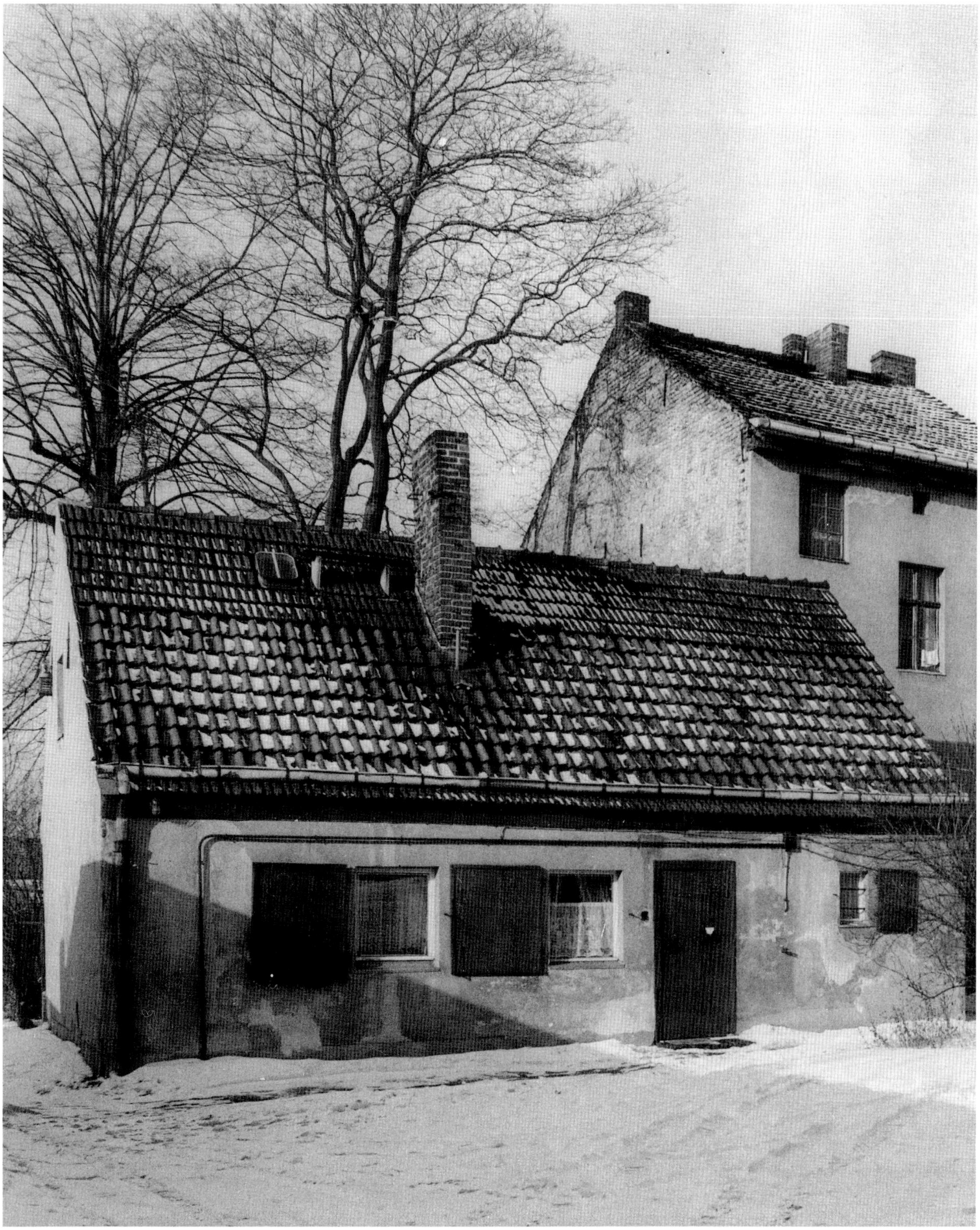

Lübars

Reinickendorf

Berlin ist erst 1920 durch die Eingliederung zahlreicher umliegender Ortschaften in die neugeschaffene Einheitsgemeinde zu seinen »Dörfern« gekommen. Heute zeigen sie sich oft bis zur Unkenntlichkeit von der Großstadt assimiliert. Von vielen sind nur die Fluchtlinien ihrer Anger, die alte Dorfkirche und vereinzelte bauliche Reste geblieben. Allen ist, bis auf geringfügige Ausnahmen, die ursprüngliche landwirtschaftliche Nutzung verloren gegangen.

In Lübars dagegen ist vieles anders: Es liegt an der Randböschung der Talaue des Tegeler Fließes, noch heute umgeben von Wiesen- und Ackerland. Seine dörfliche Physiognomie hat es fast unbeschadet bewahrt, die Straßenführung ist unverfälscht. Von der Angerstraße, die ein unbefestigtes Kopfsteinpflaster bedeckt, gehen keine nachträglich entstandenen Querstraßen ab. Im übrigen ist das Dorf, das bis ins 13. Jahrhundert zurückgeht, reich an alter Bausubstanz vorwiegend aus dem letzten Jahrhundert. Es gibt zwei Gastwirtschaften – den »Alten Dorfkrug« von 1896 und den »Lustigen Finken«, 1842 in einem alten Hirtenhaus eröffnet –, mehrere märkische Dreiseithöfe, die teilweise noch als bäuerliche Anwesen betrieben werden, ein reetgedecktes ehemaliges Hirtenhaus, Büdner- und Kosättenhäuser, einen der letzten Westberliner Maulbeerbäume und einen Findling vor der 1793 nach dem großen Brand wiedererbauten Dorfkirche. Dorfteich und ›Bäke‹ existieren dagegen nicht mehr. Von der City und den großen Ausfallstraßen von jeher abgelegen, blieb Lübars immer vom Durchgangsverkehr verschont und war darum auch nie dem Veränderungsdruck anderer eingemeindeter Ortschaften ausgesetzt. Der Mauerbau schob das Dorf 1963 vollends ins Abseits und kappte ihm seine sozialen Lebensfäden, die eher zu den Nachbardörfern Rosenthal und Blankenfelde als nach Berlin hin ausgerichtet waren. Fast zwangsläufig fiel es damit einer gewissen Schonung anheim. Seit Jahren sorgen sich auch Landschafts- und Denkmalschutz um das historisch gewachsene, bäuerlich-ländliche Bild des Dorfes und seiner näheren Umgebung. Ein Großteil der Bauten in Lübars steht unter Denkmalschutz, Findling und Maulbeerbaum gelten als Naturdenkmale, verschiedene Landschaftszonen werden bereits seit 1929 offiziell geschützt. Doch kommt auch dem Dorf im Ganzen der Rang eines Denkmals zu: die alten Grundstücksparzellen, das Kopfsteinpflaster, die Gärten samt ihren Zäunen, die übriggebliebenen Gräber des aufgelassenen Friedhofes wie der Kirchanger selbst, Struktur und Bausubstanz der Hofanlagen, ihr unverbautes Hinterland usw. sind unverzichtbare Teile des Denkmalensembles Lübars.

Als Westberliner Bilderbuchdorf muß Lübars heute allerdings auch herhalten als Ersatz und Stellvertreter für die vielen umliegenden märkischen Dörfer, die nicht mehr zugänglich sind. »Heute ergießen sich Besucherströme in das Refugium der Ländlichkeit, das zwangsläufig darunter leiden muß. In einem Museumsdorf läßt sich nicht rentabel wirtschaften, und die viel gepriesene Idylle verträgt sich nicht mit Massenerholung«.[1]

---

[1] Koischwitz, Gerd, Sechs Dörfer in Sumpf und Sand. Geschichte des Bezirks Reinickendorf von Berlin, Berlin, o.J., S. 130.

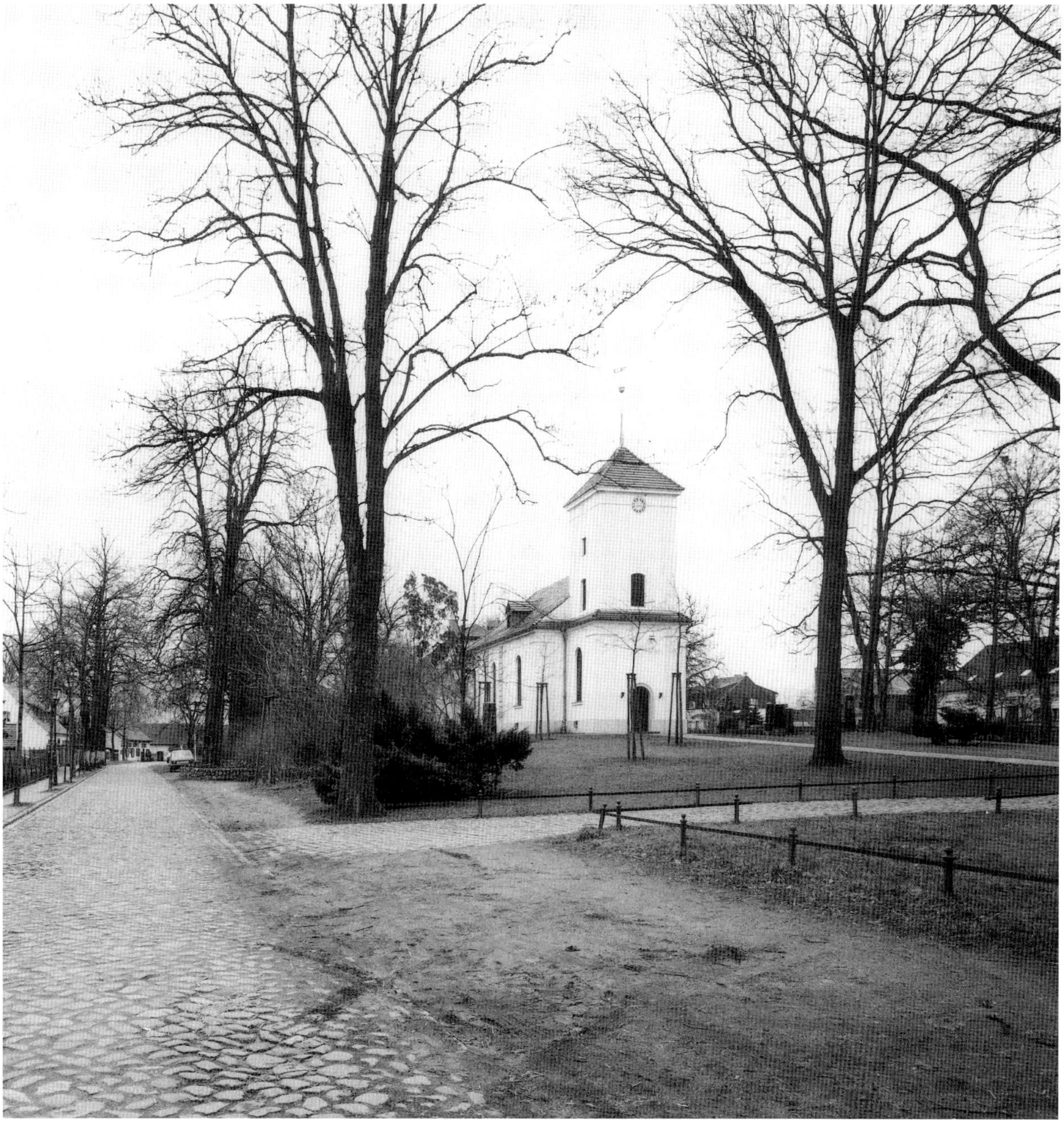

Schloß Tegel

Reinickendorf

1820-24 wurde das aus der Mitte des 16. Jahrhunderts stammende Herrenhaus des Gutshofes Tegel durch Karl F. Schinkel zu einem Landschlößchen für Wilhelm von Humboldt umgebaut. Nicht nur als ein Werk des mit Abstand bedeutendsten deutschen Architekten seiner Zeit, sondern auch wegen der in großem Umfang erhaltenen originalen Raumfassungen ist es ein Juwel unter den Berliner Baudenkmalen.

Nach seiner Demission aus dem Staatsdienst 1819 hatte der freisinnige Humanist und Kunstsammler Wilhelm von Humboldt Wohnung in Tegel bezogen, 1820 betraute er Schinkel erstmals mit seinem Umbauvorhaben, bei dem es ihm vor allem um die Errichtung eines »Antikensaales« ging. Ein modifizierter und erweiterter Entwurf Schinkels kam zur Ausführung. Auch wenn die Genese der Baugestalt noch nicht hinreichend erforscht ist, hat mit Sicherheit der Schinkel eng verbundene hochgebildete Bauherr seine Kenntnis der klassischen Antike – und im Austausch mit den gemeinsamen Künstlerfreunden Christian D. Rauch und Friedrich Tieck – auch seine idealisierten Lebensvorstellungen in den Entwurf eingebracht, der ebenso auf standesgemäße Repräsentation wie auf die spezifischen Bedürfnisse seiner Familie abgestimmt war.

Der klassizistischen Umgestaltung alter Herrenhäuser und Landschlösser widmeten sich zeitgleich mit Schinkel auch Architekten wie Klenze, Moller und Weinbrenner. In Preußen wurde eine Vielzahl von Gütern im Zuge der Landwirtschaftsreform zu reinen Wohnsitzen umgewandelt. Auch das Gut Tegel war nach 1820 nicht mehr bewirtschaftet worden. Der landschaftlichen Schönheit seiner Umgebung wegen und weil es Wilhelm von Humboldt das »Hübscheste, was es um Berlin gibt«[1], schien, blieb es bei einem Erbverfahren 1802 im Familienbesitz. Zum Erhalt der Wohnnutzung während der in Etappen geplanten Umbaumaßnahmen und wegen des sparsamst rechnenden Bauherrn wurde ein Teil des Altbaus an der östlichen Hofseite beibehalten. Den übrigen, teilweise wohl auch baufälligen Bestand ließ Schinkel abtragen, den erhaltenen Rest machte er ohne konservatorische Rücksichten dem Neubau gefügig.

Vier quadratische Türme, die in Analogie zum berühmten Turm der Winde des Andronikus in Athen Reliefplatten der acht Windgottheiten tragen, fassen als spiegelgleiche Eckpunkte den streng symmetrisch gegliederten Bau. Poseners Wort von Schinkel als dem »Mann der Baukörper«[2] bestätigt sich auch an ihm. Ebenso ist die Vermutung glaubhaft, die im 19. Jahrhundert Palladio zugeschriebene Villa Trissino in Cricoli könne den Entwurf in seinen Grundzügen inspiriert haben.[3]

In großer Anschaulichkeit ist im Schloßinneren Schinkels Synthese aus individueller Wohnlichkeit und einer kunstvoll inszenierten Präsentation der Humboldtschen Antikensammlung erhalten. Im Vestibül zu ebener Erde, in das in beziehungsreicher Ikonographie ein dorisches Säulenpaar gestellt ist, artikulierte Schinkel Architektur und Ausstattung idealtypisch im »griechischen« Stil. Von der Gartenseite, der eigentlichen Schauseite her betreten, war es das feierliche Entrée zu Humboldts gelehrter Bibliothek. Die Gesellschaftsräume im Obergeschoß – besonders ausgezeichnet der Blaue Salon und der Antikensaal – sind in einer szenographischen Folge vom Vestibül über das mit pseudo-pompejanischer Malerei dekorierte Treppenhaus erschlossen. Schinkel gestaltete sie als fein abgestimmte farbige Folien für die nach kompositionellen Gesichtspunkten angeordneten Skulpturen. Rückschauend muß Schloß Tegel vielleicht als »Generalprobe für den Museumsbau« verstanden werden, »jene im Bewußtsein Humboldts (...) gewiß immer gegenwärtige große nationale Aufgabe, die es noch einzulösen galt (...)«.[4]

[1] Zit. nach Schärf, Hartmann M., Die klassizistischen Landschloßumbauten Karl Friedrich Schinkels. Die Bauwerke und Kunstdenkmäler von Berlin, Beiheft 11, Berlin 1986, S. 86. / [2] Posener, Julius, Vorlesungen zur Geschichte der neuen Architektur V, in: Arch+, H. 69/70, 1983, S. 46. / [3] Vgl. dazu: Reelfs, Hella, Schinkel in Tegel, in: Zschr. d. Dt. Vereins für Kunstwiss./Sonderheft zum Schinkeljahr, Bd. 35, H. 1/4, 1980, S. 52. / [4] ebda, S. 48.

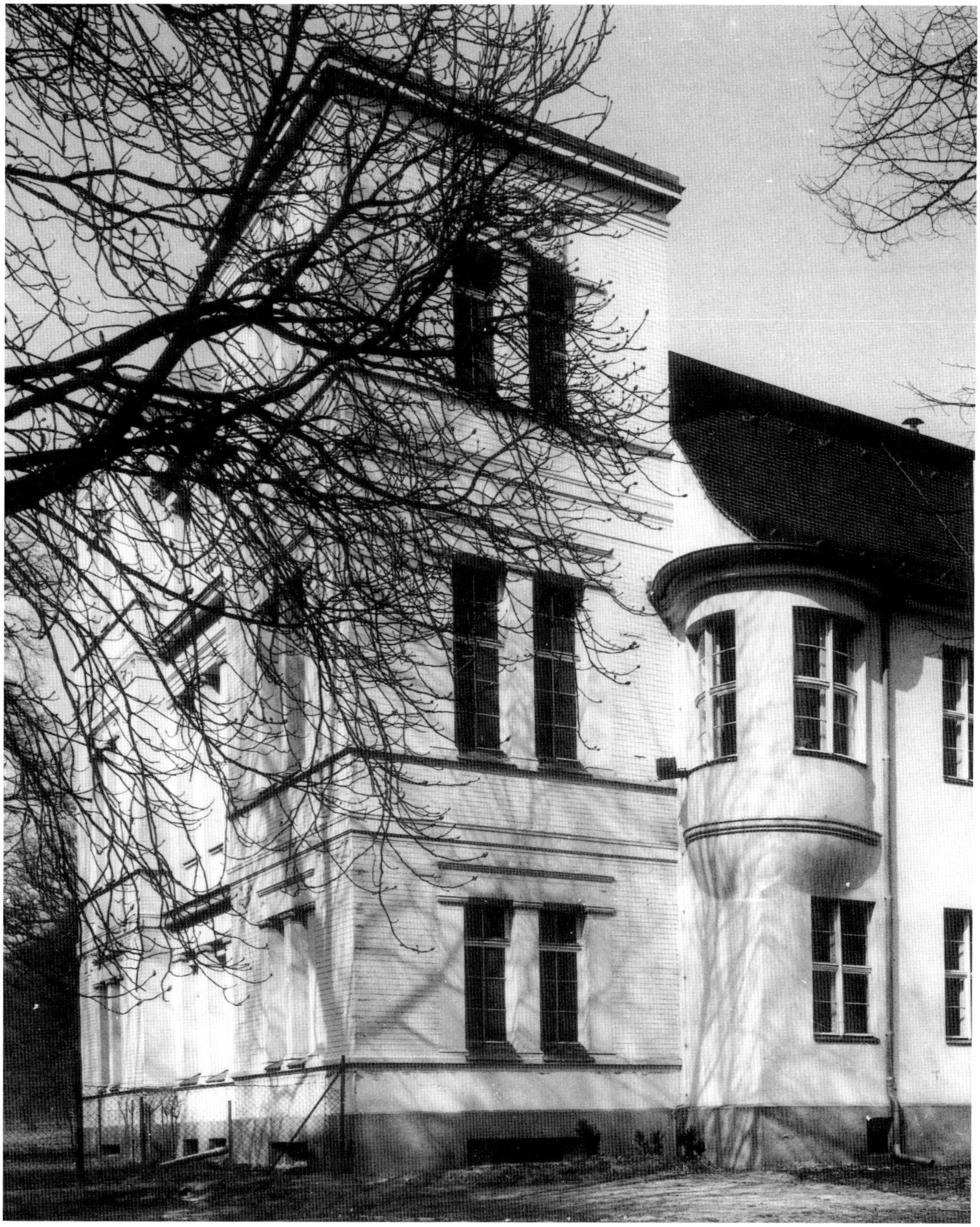

Miethausanlage für Arbeiter

Birkenstraße 31, Tiergarten

1872 und 1874/75 ließ Albert Borsig für seine Arbeiter an der noch weitgehend unbebauten Birkenstraße die firmeneigenen Miethäuser Nr. 49 und Nr. 31 errichten. Sie dokumentieren den Beginn des Berliner Werkwohnungsbaus, der wenig später infolge der wirtschaftlichen Hochkonjunktur eine gewisse Blüte erlebte.

In Einklang mit den bürgerlichen Häusern der Moabiter Vorstadt hatte man die Miethausanlage Nr. 31 viergeschossig gebaut und ihr straßenseitig nach dem Entwurf eines Maurermeisters eine spätklassizistische Fassade mit hierarchischer Stockwerksabfolge vorgeblendet. Die Grundrisse waren dagegen in allen Etagen des Vorderhauses und der beiden nach hinten gestaffelten Quergebäude ausnahmslos gleich. Mit Kleinstwohnungen und offenen Wohneinheiten aus Küche und Stube an einem Gemeinschaftskorridor folgten sie dem Muster der »klassischen« Mietskaserne. Die Kombination dieses Merkmals mit dem vorstädtischen Habitus der Fassade, bei gleichzeitigem Fehlen beengender Seitenflügel, macht die Wohnanlage zum Sonderfall. Zwar hatte sich Borsig nicht gescheut, auf freier Flur und in Moabit bis dahin nicht praktizierter Weise den Grundstücksrückraum verdichtet zu bebauen. Gleichwohl stehen die Miethäuser auch für seine philantropische Absicht, in einer Zeit größter Wohungsnot vor allem unter den Industriearbeitern einem »guten Zweck«[1] zu dienen. In ihrem für die Wohnungskategorie überdurchschnittlichen Belüftungs- und Besonnungsgrad, wie auch in der Paarung von Profitinteresse und sozialem Motiv seitens des Bauherren, ist die Miethausanlage in Berlin nur den Hauszeilen des Unternehmers Haberkern von 1872 im Blockinnenbereich der Sorauer Straße in Kreuzberg vergleichbar.

Als Werkwohnungsbauten stehen beide Borsig'schen Miethäuser auch in einer gewissen Familientradition. Um einen loyalen Stamm von Arbeitern heranzuziehen, hatte schon der Firmengründer August Borsig 1848 nach dem Umzug des Unternehmens von der Chausseestraße nach Moabit mit dem Werkwohnungsbau begonnen, der allerdings nicht weit gedieh. Zur Jahrhundertwende fand die paternalistische Wohnungsfürsorge der Fabrikherren ihren Ausdruck in der Kolonie Borsigwalde, nahe dem neuen Firmenstandort in Tegel.

Ungeachtet ihrer eigenständigen Erscheinung im Straßenbild und ihres anschaulichen Zeugniswertes für die früheste Besiedelung der Birkenstraße soll die Miethausanlage Nr. 31 abgetragen werden.

Nachtrag: Während der Drucklegung des Katalogs ist der Abriß bereits erfolgt.

---

[1] Neumeyer, Fritz, Der Werkwohnungsbau der Industrie in Berlin und seine Entwicklung im 19. und frühen 20. Jahrhundert, Berlin 1977/78, S. 77, Anm. 164.

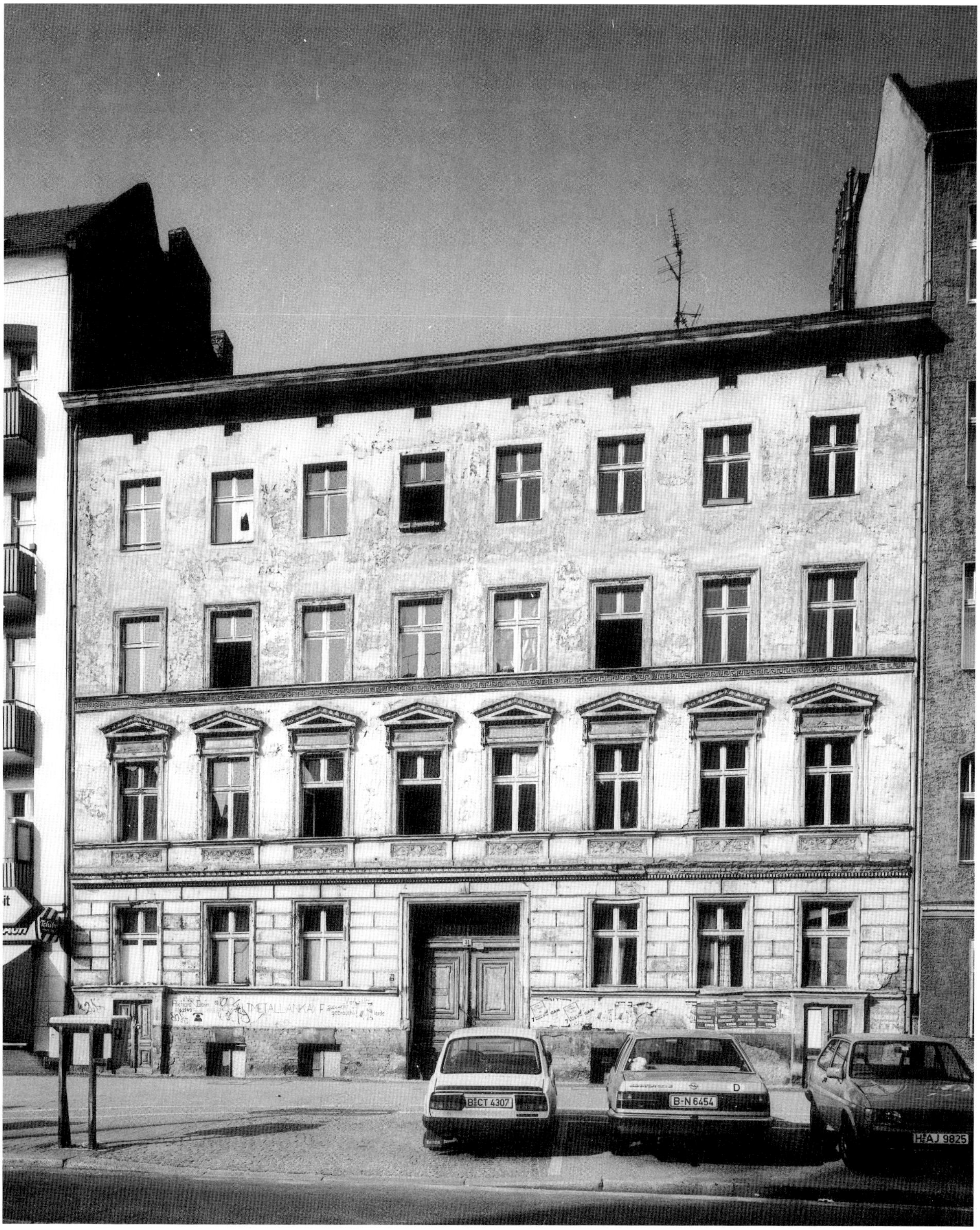
METALLANKAUF
B-N 6454

Meiereigebäude der Firma Bolle

Alt-Moabit 99-103, Tiergarten

Als letzte Zeugnisse des ursprünglich dichten Ensembles unterschiedlichster Betriebs- und Sozialgebäude der »Milchversorgungsfabrik« blieben – nach dem Verlust des Stallgebäudes 1959/60, des Kessel- und Maschinenhauses samt Schornstein 1983 und einschneidenden Umbauten – nur das ebenfalls schon dezimierte Meiereigebäude und ein an der Uferkante der Spree stehendes »Leutewohnhaus« übrig.

Vermutlich nach dem eigenhändigen Entwurf des Firmengründers Carl Bolle, der zuvor sein Glück im Baugeschäft versucht hatte, war 1886 auf dem Parkgrundstück des benachbarten Porzellanfabrikanten Schumann eine moderne Gebäudeanlage errichtet worden. Mit gründerzeitlichem Unternehmersinn etablierte Bolle dort seinen rationell arbeitenden Milchbetrieb, mit dem er, in kleinem Rahmen, schon seit 1879 die Berliner Bevölkerung gewinnbringend mit Frischmilch versorgt hatte. Strenge Hygiene- und Qualitätskontrollen sicherten dem Unternehmen über viele Jahre eine Monopolstellung unter den Berliner Meiereien, bauliche Erweiterungen bis in die 20er Jahre unseres Jahrhunderts begleiteten das florierende Geschäft.

Das erhaltene Meiereigebäude zählt heute zu den ältesten und architektonisch signifikantesten Gewerbebauten Berlins. Seine durch Lisenen streng gegliederte Ziegelfassade im »Rundbogenstil« steht in der von Schinkel herkommenden Berliner Architekturtradition. Als Stockwerksbau mit weiten Innenräumen, in einem regelmäßigen Stützensystem konstruiert und von einem internen Lastenaufzug vertikal erschlossen, ist es der sonst nur versteckt im Blockinnenbereich anzutreffenden Gewerbehofarchitektur eng verwandt. Bei einer Veränderung erhielt es an der Straße Alt-Moabit 1890 einen repräsentativen Kopfbau, dessen heutige Schauseite mit den hohen Feldern aus Glasbausteinen von einem Umbau 1954/55 herrührt.[1] Im Inneren waren ehemals Verwaltungs-, Sozial- und Gemeinschaftsräume und im obersten Stockwerk eine Kapelle für die Arbeiter eingerichtet. Deren Loyalität suchte Bolle durch patriarchalischen Führungsstil und ein breites Fürsorgeangebot gleichwohl zu fördern und zu honorieren. 1919 wurde der Kapellensaal in ein Kino umgewandelt, 1968 zogen dort die »Berliner Kammerspiele« ein.

Nicht nur für die traditionsreiche Berliner Firma stellt das Meiereigebäude ein letztes bauliches Dokument dar, sondern, gemeinsam mit dem gleichaltrigen Direktorenhaus der im übrigen 1987/88 vollkommen eliminierten Gebäude der Schütt'schen Mühle einen spärlichen authentischen Rest dieses Moabiter Industriestandortes aus dem frühen 19. Jahrhundert, der seinerseits wiederum Teil einer großräumigen Industrielandschaft entlang der Spree ist (vgl. S. 80-89). Die einstige Bedeutung einer direkten Anbindung der Betriebsgelände an die Wasserstraße belegen anschaulich die Ufermauern mit ihren Spuren früherer Nutzung und die schmalen, von Alt-Moabit zur Spree sich streckenden Grundstücksparzellen.

---

[1] Planergemeinschaft Hannes Dubach, Urs Kohlbrenner, Dokumentation der baulichen Entwicklung des ehemaligen Meiereigebäudes der Firma C. Bolle, Berlin 1986 (beim Landeskonservator).

Fahrzeuge
bis 3,5 t
Durchfahrtshöhe
3,30 m
Achtung
In der Durchfahrt
nur Schritt fahren

Obdachlosenasyl »Wiesenburg«

Wiesenstraße 55–59, Wedding

Die einst als »Tempel der Barmherzigkeit«[1] gerühmte Einrichtung des Berliner Asylvereins ist eine der letzten baulichen Erinnerungen an die eindrucksvolle Tradition privater Wohltätigkeit im Wedding. Mehr als in jedem anderen Stadtquartier war dort mit zunehmender Industrialisierung ein soziales Spannungsfeld aus Arbeitslosigkeit und Wohnungsnot entstanden. Mit der Gründung von privaten Volksküchen, Vereinen »(…) für Volksbäder«, »(…) gegen Verarmung und Bettelei«, »(…) Dienst am Arbeitslosen« usw. reagierte das liberale Bürgertum auf die zunehmenden gesellschaftlichen Mißstände, denen die kommunale Armenfürsorge nicht mehr gewachsen war. Der 1868 gegründete »Berliner Asylverein«, Bauherr und selbstverwalteter Betreiber der »Wiesenburg«, zu der die Polizei keinen Zutritt hatte, war eine der erfolgreichsten bürgerlichen Initiativen. In ihm hatten sich Persönlichkeiten wie Rudolf Virchow, Carl Bolle (vgl. Seite 176) und Louis Ravené zusammengefunden. 1886 wurde das von ihnen begründete Männer-Asyl eröffnet und der Leitung des Sozialdemokraten Paul Singer übergeben, 1907 erweiterte man es um eine Frauenabteilung.

Da man Ansammlungen von Obdachlosen auf der öffentlichen Wiesenstraße nicht duldete, führte eine Privatstraße zu der in der Grundstückstiefe liegenden Anlage. Der Architekt Georg Töbelmann hatte sie nach einem rationalisierten Grundrißkonzept organisiert: Von der einem Sakralraum gleichenden Sammelhalle, mit Heizung und 400 Sitzplätzen, wurden die Obdachsuchenden zur Verköstigung in die zentral gelegene Speisehalle geführt und von dort auf die zahlreichen angrenzenden Schlafsäle verteilt. Diese wie Werkhallen mit Shed-Dächern versehenen ebenerdigen Raumfolgen fügen sich mit Maschinen- und Kesselhaus, Kamin, Wasserturm und den schmucken Giebeln des »Beamtenwohnhauses« zum typischen Erscheinungsbild einer zeitgenössischen Fabrikanlage – in diesem Kontext nicht nur ein Synonym für die Hochindustrialisierung, sondern auch für das ihr komplementäre Massenelend. Die Folgerichtigkeit der Anwendung industrieller Effizienzmaßstäbe in einer caritativen Einrichtung mögen folgende Zahlen erhärten: »Das neue Männerasyl wurde in den ersten 3 Monaten seines Bestehens von 62374 Personen besucht, die insgesamt 7437 Wannen- und 16714 Brausebäder nahmen. Der Desinfektion unterwarfen 6810 Besucher ihre Kleider«.[2]

Das kirchlich-caritative Gegenstück zur »Wiesenburg«, die sogenannte »Schrippenkirche« in der Ackerstraße, wo für die Teilnahme am Gottesdienst Kaffee und Schrippen ausgegeben wurden, ist 1980 durch Abriß bereits verlorengegangen. Auch das Schicksal des Asyls ist ungewiß. Nachdem sich nach 1918 die gesellschaftlichen und politischen Verhältnisse grundlegend geändert hatten, war es schrittweise aufgelassen und von gewerblichen Nutzern übernommen worden. Heute ist die in ihrer sozialgeschichtlichen Anschaulichkeit einmalige Anlage dem Verfall preisgegeben.

---

[1] Deutsche Bauzeitung, H. 41, S. 255. / [2] a.a.O.

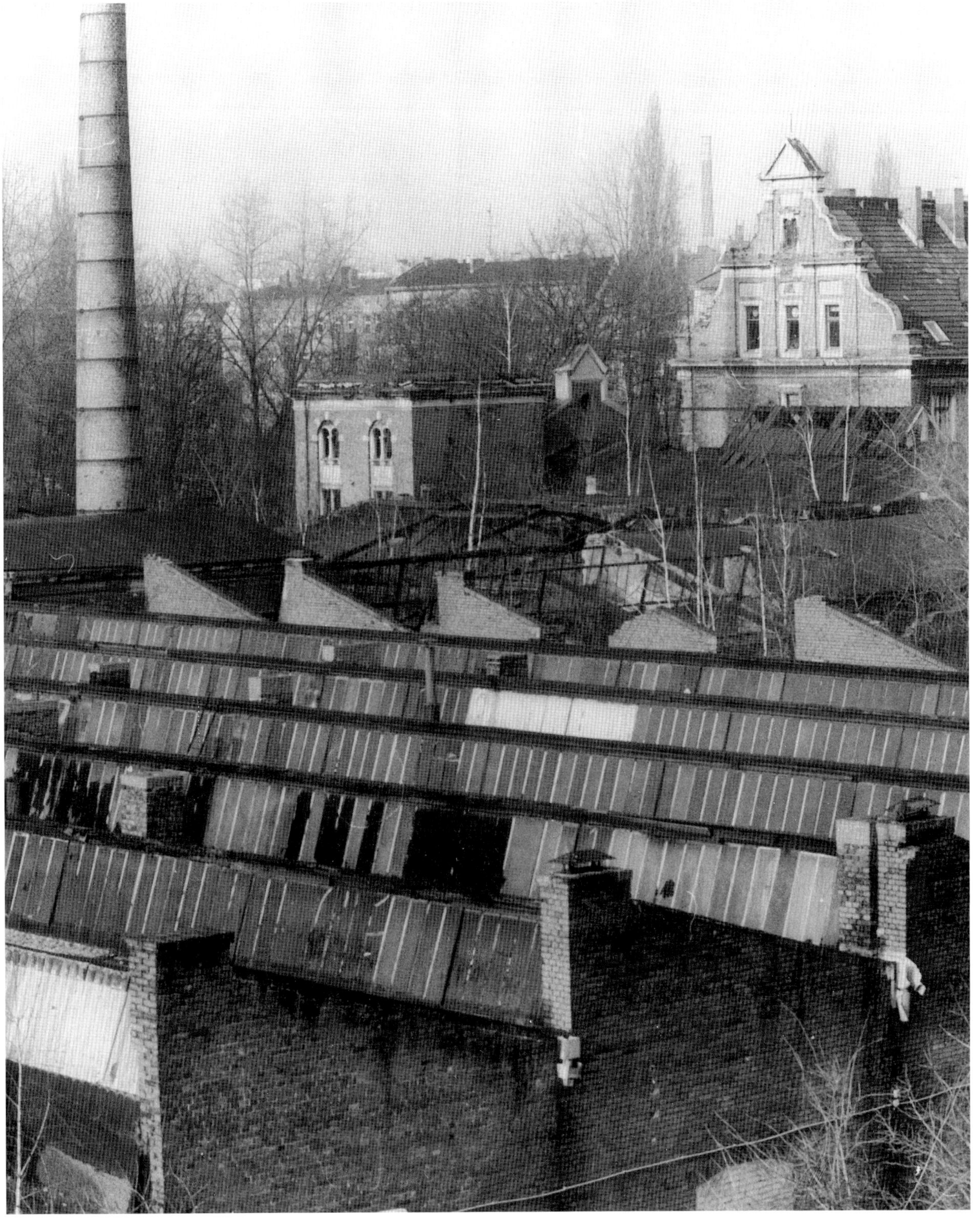

Reihenhäuser des späten 19. Jahrhunderts

Bassermannweg 7 b – 11 a, Steglitz

Die Lichterfelder Reihenhäuser von 1889/91 sind die ältesten und in ihrer Art auch einzigen in Berlin. Nicht allein deshalb besitzen sie Denkmalwert. Eine Besonderheit sind sie auch wegen ihrer Vorgärten, die, mit großen Bäumen und geschwungenen Wegen »landschaftlich«[1] angelegt, als schmales parkartiges Band die breiten baumbestandenen Straßen noch weiter und grüner erscheinen lassen. Zusammen mit der Architektur vergegenwärtigen sie das Bild, das Carstenn der von ihm gegründeten Kolonie zugedacht hatte.

Die Gartenvororte entstanden als »Korrelate« zur Mietskasernenstadt: Innerhalb der Ringbahn waren die steinernen Straßenschluchten, außerhalb die grünen Kolonien, beide in ihrer Ausdehnung und ihrem schroffen Gegeneinander einmalig in ganz Europa.[2] Gerade die unerträglich gewordene Mietskasernenstadt wollte Carstenn, der »solideste« und wohl deshalb am Ende auch bankrotte Spekulant, mit der Kolonie Lichterfelde zu beiden Seiten des Bäkegrundes (heute Teltowkanal) entgegenwirken. Er ließ sich dabei von der in England gewonnenen Idee leiten, auch weniger wohlhabenden Bürgern zum eigenen Haus zu verhelfen, wobei die Zinsen günstiger liegen sollten als »die Mieten der Großstadt in ungesunder schlechter Luft (...)«.[3]

Zur Reihenhausanlage, die sich der sonst nicht weiter bekannt gewordene Baumeister R. Hintz für den späteren Verkauf errichtet hatte, gehört neben der Zeile am Bassermannweg noch eine zweite, fast bis zur Unkenntlichkeit veränderte am parallelen Devrientweg. Die Rücken an Rücken zueinander liegenden und von einem gemeinsamen Wirtschaftsweg erschlossenen Nutzgärten beider sind ebenfalls Teil der damals neuartigen Bebauungsstruktur, die an das englische Cottage-System erinnert. Beeindruckt von den Londoner Vorstädten mit ihren Doppel- und Reihenhäusern war Carstenn vom anfangs festgelegten Prinzip des freistehenden Einzelhauses abgewichen. Dennoch blieb die Anlage zunächst der einzige Versuch, das traditionelle Einfamilienhaus zur effektiveren Grundstücksverwertung ins Zeilensystem zu übertragen.

Das Raumprogramm der drei in unregelmäßiger Folge aneinander gehängten Haustypen ist das der Stadtwohnung – der Stadtwohnung »in zwei Etagen im Grünen.«[4] Hauptmotiv ihrer flächigen, mit gelben Ziegeln verblendeten Fassaden sind die sorgfältig differenzierten Fenster und Wandöffnungen. Ein wenig klingt die Berliner Schule in der disziplinierten und für die Zeit eher ungewöhnlichen Schnörkellosigkeit an, alles in allem wirken aber auch sie außerordentlich englisch.

Trotz einzelner baulicher Veränderungen und dem bedauerlichen Verlust des rechten Kopfbaus (Nr. 7 a) zeigt die Reihenhauszeile ein weitgehend ursprüngliches Erscheinungsbild. Auch die Vorgärten, ihre alten Einfriedungen und Mosaikpflasterwege blieben von einer »Modernisierung« nahezu gänzlich verschont.

---

[1] Posener, Julius, Vorlesungen zur Geschichte der neuen Architektur IV, in: Arch+, H. 63/64, 1982, S. 56./ [2] Posener, a.a.O., S. 51./ [3] Posener, a.a.O., S. 54./ [4] Posener, a.a.O., S. 56.

Britzer Krankenhaus

Blaschkoallee, Neukölln

Das erste Krankenhaus für den Kreis Teltow, zu dem vor Schaffung Groß-Berlins auch die Gemeinde Britz gehörte, verdankt seine Existenz mittelbar den Bismarckschen Sozialgesetzen von 1883. Die damals eingeführte Sozialversicherung verbürgte zum ersten Mal eine stationäre ärztliche Versorgung für alle Bevölkerungschichten, was nur durch einen breit angelegten kommunalen Krankenhausbau eingelöst werden konnte.

Im Unterschied zu den meisten in dieser Reformphase der medizinischen Versorgung und öffentlichen Gesundheitspflege begründeten Einrichtungen zeigt sich das Britzer Krankenhaus in Struktur und Bausubstanz noch weitgehend unverändert. Ein Entwurf Heino Schmiedens, in Partnerschaft mit Rudolf Speer, lag der Ausführung in den Jahren 1894–96 zugrunde. Schmieden hatte sich mehrfach im Krankenhausbau hervorgetan: In Berlin errichtete er zusammen mit Martin Ph. Gropius 1868–74 das erste städtische Krankenhaus am Friedrichshain, 1875–78 das Garnison-Lazarett auf dem Tempelhofer Feld, heute Wenckebach-Krankenhaus. Dazu kamen eine Reihe auswärtiger Projekte, insbesondere Heilstätten.

Keines der Krankenhäuser Schmiedens, der sich auch theoretisch mit der Bauaufgabe auseinandersetzte, ist so authentisch wie die Britzer Anlage erhalten. Sie steht am Beginn einer durchgreifenden Wende im Krankenhausbau. Zugunsten wirtschaftlich vorteilhafterer mehrgeschossiger Gebäudekomplexe verließ man allmählich das schematische »Zerstreuungssystem« flacher Pavillons, für die es keine zwingenden hygienischen und medizinischen Gründe mehr gab. Es haftet ihr auch nicht mehr die separierende Strenge an, die in Berlin zum letzten Mal 1896/1906 durch Ludwig Hoffmann dem heute so schändlich verstümmelten Rudolf-Virchow-Krankenhaus zugrundegelegt worden war. Die gewollten Unregelmäßigkeiten der Wegeführung und die aufgelockerte Mischbebauung, die sich mit der ersten großen Erweiterung des Britzer Krankenhauses nach der Jahrhundertwende durchsetzten, folgen dem Vorbild des »malerischen Städtebaus«, der seit Camillo Sittes Buch »Der Städtebau nach seinen künstlerischen Grundsätzen« (1889) allgemein Schule gemacht hatte. Außerordentlich reizvolle Folgen wechselnder Architekturbilder sind durch die nach ihren Funktionen sehr individuell und differenziert charakterisierten Gebäude, ihren Reichtum an sorgfältig gearbeiteten Details und durch den spezifischen Sanatoriumscharakter der zwischen Bäumen verstreut liegenden Krankenpavillons mit verglasten Veranden und Loggien gegeben. Das vom Volksmund als »romantisches Schlößchen« titulierte Verwaltungsgebäude, mit dem sich das Krankenhaus zur Straße hin repräsentiert, ist ein Musterbeispiel des damaligen Stileklektizismus, der romanische Säulchen, gotisches Maßwerk und barocke Giebel unbekümmert zu modischem Zierwerk vermischte.

1988 wurde die Krankenhausnutzung aufgegeben, das Schicksal der Anlage ist ungewiß.

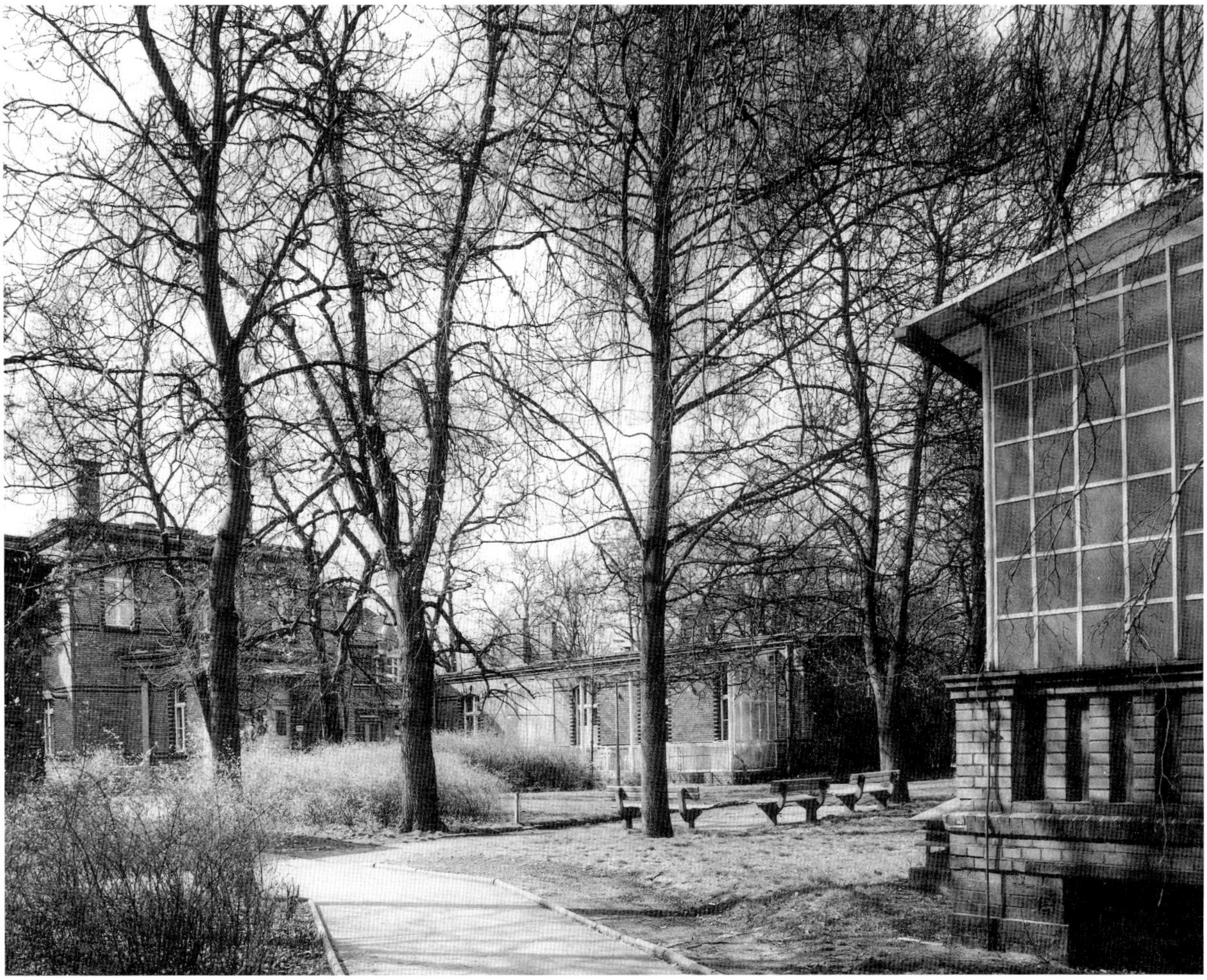

Orenstein & Koppel

Brunsbütteler Damm 144–208, Spandau

Aus dem unternehmerischen Pioniergeist der Gründerjahre ging 1876 die Firma Orenstein & Koppel hervor. Als »Hütten- und Bergwerksproduktionsgeschäft« spezialisierte sie sich bald auf die Herstellung von Feld- und Industriebahnen. Der mit der Hochindustrialisierung einhergehende allgemeine Ausbau des Transport- und Eisenbahnwesens brachte ihr eine ungeahnte Steigerung des Umsatzes. In Anbetracht dieser zukunftsträchtigen wirtschaftlichen Lage entstanden zur Jahrhundertwende gleich zwei Niederlassungen der Firma in Berlin: 1899 im südwestlichen Drewitz eine neue Lokomotivfabrik, 1900 im Nordwesten die »Waggon- und Weichen-Bauanstalt Spandau« für etwa 1000 Arbeiter.

Die Denkmalwürdigkeit des Spandauer Standortes liegt nicht allein in der architekturgeschichtlichen Bedeutung einzelner Gebäude, sondern vor allem in der einmalig dichten typologischen und zeitlichen Reihe von Fabrikationshallen auf ein und demselben Areal. Die ursprünglich in offener Bauweise errichteten Hallen wurden im Zuge des kontinuierlichen Wachstums der Firma nach und nach zu einem fortlaufenden Hallenverbund geschlossen. Ihre Stirnseiten, die anfänglich in den von der Sakralarchitektur herkommenden historischen Formen einer allgemeinen Konvention folgen, gewinnen zunehmend – analog zur wachsenden Modernität der Konstruktion – einen eigenen und unverwechselbaren architektonischen Charakter. An der heute so beeindruckenden Sequenz von Hallenfassaden lassen sich deshalb sowohl die Ausbaustufen des Firmenstandortes als auch die allgemeine Entwicklung des industriellen Zweckbaus nachbuchstabieren.

Der Zeugniswert der Fabrikbauten von Orenstein & Koppel äußert sich ebenso eindringlich in der Vielfalt und Variationsbreite ihrer inneren Trag- und Dachkonstruktionen. Wie weit das ausschließlich pragmatische Interesse der Firmeninhaber an fortschrittlicher Konstruktion ging, bezeugt das in der Tiefe des Produktionsareales liegende Magazingebäude aus den zwanziger Jahren. Als rein funktionale Stahlskelettkonstruktion mit Mauerwerksausfachung ist es »unzweifelhaft als das bedeutendste Bauwerk auf dem ganzen Fabrikgelände zu bewerten«.[1] Die Hand eines Architekten ist nicht mehr zu erkennen: »ein Fabrikschuppen (...), ohne irgendein Formproblem«.[2]

Die Wahl des Standortes in äußerster Stadtrandlage, aber mit Gleisanschluß zur Lehrter-/Hamburger-Bahn und einer Verladestelle an der Havel, war typisch für die »Randwanderung« der Industrie, als expandierende Betriebe in billiges Ackerland ausgriffen. Ohne besondere städtebauliche Ambitionen oder repräsentative Absichten, wie sie etwa bei Borsig in Tegel zu finden sind, situierte man bei Orenstein & Koppel die Fabrikgebäude nach einem rein innerbetrieblichen Zuordnungsmuster, das bis heute weitgehend ungestört von neuen und neuesten Entwicklungen erhalten ist. Dessen axiale Ausrichtung orientiert sich an der Gleisführung der Bahn und nicht an der Straßenflucht der früheren Hamburger Straße (= Brunsbütteler Damm). Dorthin hatte man traditionsgemäß das Verwaltungsgebäude gestellt.

Gegenwärtig plant man, große Teile der Fabrikanlage abzutragen.

---

[1] Neumeyer, Fritz, Bauhistorisches Gutachten zu den Industriebauten der Firma Orenstein & Koppel, Brunsbütteler Damm 144 – 208 in Berlin – Spandau, Berlin 1987 (beim Landeskonservator, S. 13. / [2] Posener, Julius, Vorlesungen zur Geschichte der Neuen Architektur III, Arch+, H. 59, 1981, S. 54.

ABUS
Materialbahnhof
Hier nur Abfahrt 141
keine Anlieferung
Qualität ohne Kompromisse
Qualität ohne Kompromisse
Thema der Woche
Gruppe

Rathaus Schmargendorf

Berkaer Platz, Wilmersdorf

Seiner repräsentativen Funktion gemäß war das Rathaus seit jeher die bedeutendste kommunale Bauaufgabe. Auch die 3000 Einwohner zählende Landgemeinde Schmargendorf, die gerade ein Jahr zuvor selbständiger Amtsbezirk geworden war, scheute weder Aufwand noch Kosten, im Schatten der Reichshauptstadt ihrem selbstbewußten Bürgerstolz Ausdruck zu geben. Zwischen 1900 und 1902 ließ sie sich von dem Potsdamer Architekten Otto Kerwien ein Rathaus errichten. Bereits 1920, als sie dem neugeschaffenen Verwaltungsbezirk Wilmersdorf einverleibt wurde, mußte sie ihren eben erst gewonnenen Geltungsanspruch wieder aufgeben. Heute ist der stolze Bau im Stil altmärkischer Backsteingotik auch ein Denkmal dieser kurzen Episode uneingeschränkter kommunaler Eigenständigkeit.

1903 konstatierte die »Berliner Architekturwelt«, daß »der Einfluß des wachsenden Berlin auf seine Vor- und Nachbarorte (...) sich fortgesetzt durch einen ganz erheblichen Aufschwung auch in baulicher Hinsicht vorteilhaft geltend« mache. Da das »idyllische« Schmargendorf keine nennenswerte Anbindung an Berlin besaß, wertete man den Rathausbau als schönen Beweis, »daß hier unter der ruhigen Oberfläche zielbewusste Kräfte mit schönem Erfolg am Werke sind.«[1] Seit etwa 1890 bildeten sich um Berlin, zusätzlich zu Köpenick, Charlottenburg und Spandau, eine Reihe von Stadtgemeinden. Neue Stadtmitten mit Rathäusern entstanden, zumindest gehörten diese zur infrastrukturellen Ausstattung. Mit Blick auf die Blütezeit der freien Reichsstädte wurde dem Stil der deutschen Renaissance und Spätgotik dabei der Vorzug gegeben.

In Schmargendorf hatte man den Kanon traditioneller Würdeformen für die prominente Bauaufgabe wörtlich genommen. Die baukünstlerischen Anstrengungen sparten innen wie außen keines der überlieferten Attribute aus. Alles wurde so eingerichtet, daß die signifikanten Teile – wie die drei Schauseiten mit ihren Treppen- und Staffelgiebeln, Turm und Ratssaaltrakt – zu uneingeschränkter Wirkung kommen konnten. Bei den roten Rathenower Handstrichziegeln begnügte man sich nicht mit dem gewöhnlichen »Reichsformat« und wählte stattdessen das größere »Klosterformat«. Die Geschichte des »Markgrafendorfes« wird im vielschichtigen heraldischen Programm an den Fassaden vorgeführt.

Das Rathaus des Kaiserreiches war auch Gegenstand der offiziellen nationalen Kunstpflege. In dieser Funktion waren ihm moralisierende und politische Implikationen eigen, mit denen es an den Patriotismus des Bürgers appellierte. Ihm sollte es Identifikationsobjekt sein, indem es seinen – durch den Rückgriff auf die Geschichte legitimierten – Machtanspruch zur Schau stellte. Und es suggerierte, was an tatsächlichem politischem Mitspracherecht und sozialer Wirklichkeit gar nicht gegeben war. So besehen, wurde in Schmargendorf in geradezu vorbildlicher Weise der Bauaufgabe genüge getan. Insbesondere der Ratssaal, heute ein hochfrequentierter »Trausaal«, legt als ikonographischer Höhepunkt des kommunalen Monumentalbaus Zeugnis davon ab: die Wappen Bismarcks und Moltkes – zu denen man sich die verlorenen Wappen der Schmargendorfer Grundherren denken muß –, ermahnende Spruchweisheiten aus Goethes »Faust«, das Kaminrelief einer erbaulichen Szene aus Wagners »Ring der Nibelungen«, bildliche Hinweise auf Bürgertugenden und die Kolossalbüsten Wilhelms I. und Friedrichs III. vermengen sich hier zu einer unmißverständlichen Aussage.

[1] Berliner Architekturwelt, J. 5, 1903, S. 13 f.

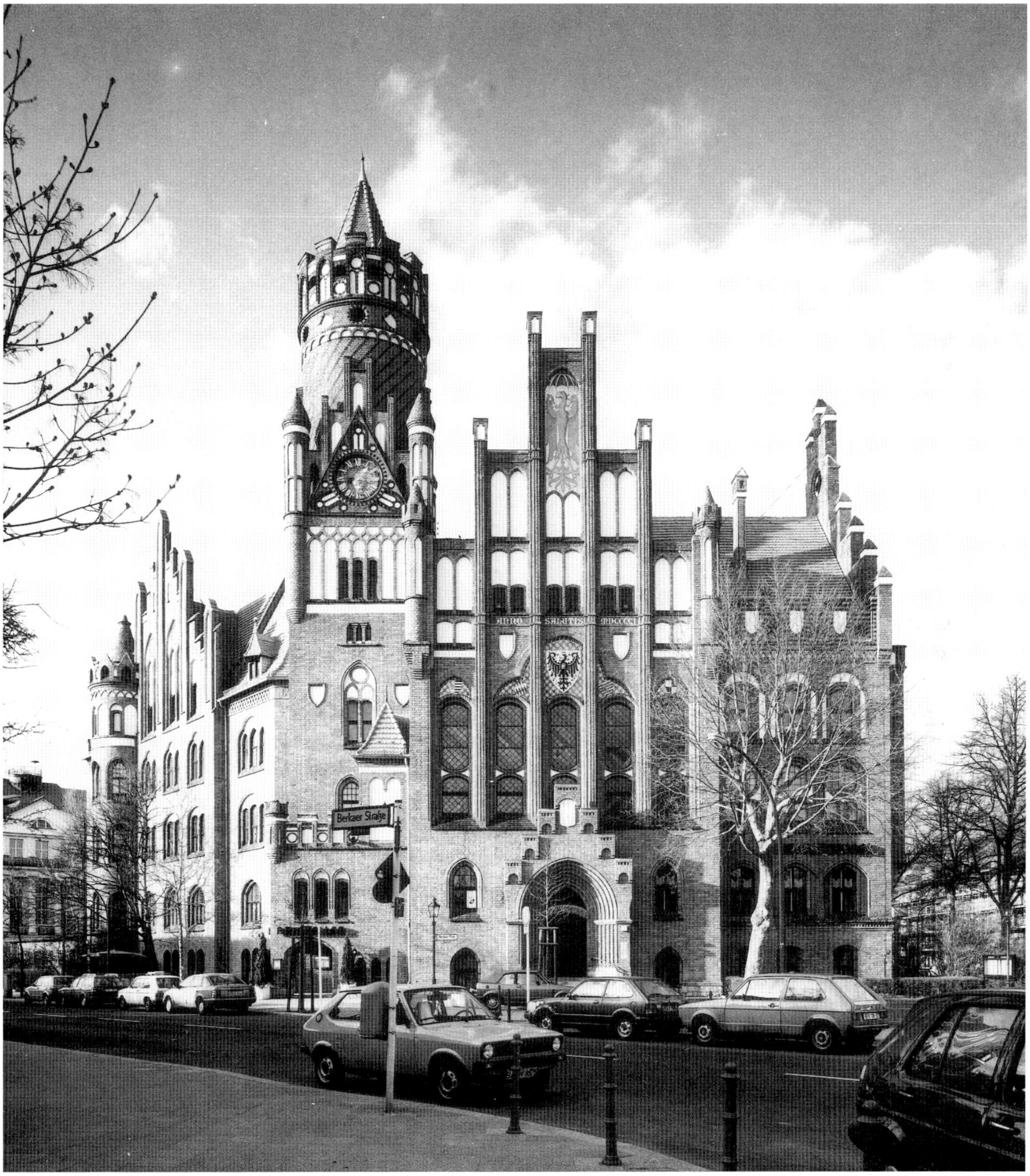

Passionskirche

Marheinekeplatz, Kreuzberg

Die vielen monumentalen Kirchen, die in rascher Folge im letzten Viertel des 19. Jahrhunderts in einer Art Gründerjahrereflex und noch weiter im ersten Jahrzehnt unseres Jahrhunderts in Berlin errichtet wurden, entsprechen vor allem aufgrund ihrer Dimensionierung nicht mehr den Anforderungen heutigen kirchlichen Lebens. Von den Gläubigen werden sie meist auch wegen ihrer baulichen Gestalt, mit der nur noch schwer eine Identifikation herzustellen ist, abgelehnt. Hohe Kosten müssen die auf kleine Gruppen geschrumpften Gemeinden außerdem für Bauunterhalt und Wartung der Gebäude ausgeben, deren »Nutzlosigkeit« wiederum zu ihrem beschleunigten Verfall beiträgt.

Wasserschäden, die von einem lecken Dach herrühren, eine verrottete und viel zu teure Heizung, zugige Fenster, abbröckelnder Putz und einiges mehr steht auch auf der Schadensliste der Passionskirche. Optimistisch stimmt die Denkmalpflege dagegen der seltene Fall einer gewandelten Inanspruchnahme des Gebäudes durch die Gemeinde, die es gelernt hat, mit einem sakralen Bauwerk aus einer Zeit heute geächteter eigener Geschichte zu leben. Sie hat die Qualitäten und Möglichkeiten des offenen großen Raumes und das räumliche Angebot der Seitenschiffe erkannt und ein breitgefächertes Spektrum neuer Nutzungen, das sich weit über den Gottesdienst hinaus erstreckt, in das Kirchengebäude eingebracht.

Erbaut wurde die Passionskirche 1905/08 für die dritte Tochtergemeinde der Kirche Zum Heiligen Kreuz an der Blücherstraße, der staatlichen Renommierkirche schlechthin. Der Kaiser hatte den Entwurf des Baurates Astfalck höchst persönlich mit eigenhändig eingetragenen Korrekturen genehmigt. Mit der Wucht eines Bollwerks steht der massige Backsteinbau in romanischem Stilverschnitt seitdem an der Platzecke, geziert von dem Luther-Spruch: »Eine feste Burg ist unser Gott«. 1944 wurde die Kirche bei einem Bombenangriff beschädigt, brannte jedoch nicht aus. Diesem Umstand ist die fast vollständig erhaltene Innenausstattung zu danken. Die Passionskirche gehört zu den sogenannten Großkirchen, die für Berlin architektur- und stadtgeschichtliche Denkmale ersten Ranges darstellen. Zu einem großen Teil waren sie den Gemeinden zur Missionierung und gesellschaftlichen Integration vornehmlich der proletarischen Massen als »Autoritätskirchen« vorgesetzt worden, weshalb sie auch Denkmalbedeutung hinsichtlich der preußischen Staatsgeschichte besitzen. Wie sehr man auf sie als politische Instrumente des staatlichen Sozialprogrammes setzte, macht allein ihre Zahl anschaulich. Aus dem Jahre 1896 ist überliefert, daß während der erst achtjährigen Regierungszeit Wilhelms II. an »größeren Andachtsstätten mit monumentalem Gepräge in Berlin 23 evangelische, 5 katholische Kirchen und eine Synagoge errichtet« wurden; von den damals »115 öffentlichen christlichen Cultusstätten« waren 99 evangelisch.[1] Die Größe der Gemeinden, die rein numerisch bestimmte räumliche Ordnungseinheiten waren und bis zu 120.000 Mitglieder zählen konnten, mußte für die Legitimation der gigantischen Bauwerke herhalten, die tatsächliche Bedürfnisfrage war dabei meist ein nachgeordneter Gesichtspunkt. Innen und außen repräsentativ ausgestattet, städtebaulich effektvoll situiert und nicht selten durch kaiserliches Patronat geadelt, wurden sie gezielt als sinnfällige Zeugen von Macht und Glanz der Verbindung zwischen Thron und Altar in Szene gesetzt. Die baukünstlerische Ähnlichkeit der ziegelsichtigen, oft mit glasierten Formsteinen verzierten und vorzugsweise in »germanischen« Baustilen gehaltenen Kirchenbauten beruhte vor allem auf dem Vorschiftenkatalog des Eisenacher Regulativs von 1861. Überraschend ist jedoch die schöpferische und qualitätvolle Gestaltvielfalt innerhalb einer doch weitgehend genormten Stillage, die heute noch von der großen Zahl der Kirchenbauten dokumentiert wird. Auch aus diesem Grunde ist jeder einzelne von ihnen ein unverzichtbares Baudenkmal.

---

[1] Berlin und seine Bauten, Band II, 1896, S. 142.

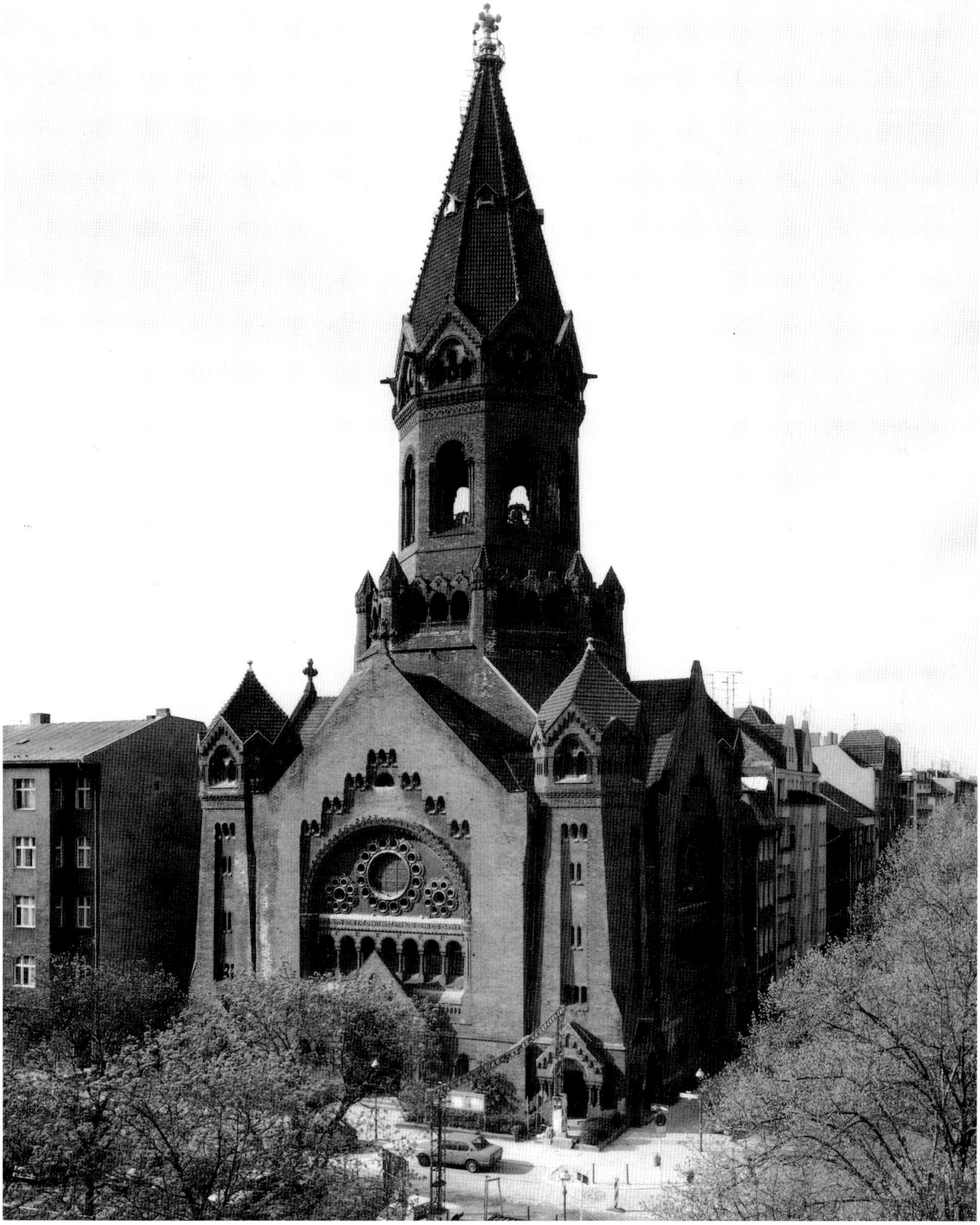

»Pferdeomnibusbetriebshof«

Schwedenstraße 14-15, Wedding

Verborgen hinter einer Fassadenfront steht in der Schwedenstraße noch das ehemalige »Pferdedepot« der »Allg. Berliner Omnibus Actien Gesellschaft« (ABOAG), 1807/08 von Franz Ahrens erbaut. Es ist neben einer verwandten Anlage in der Schöneberger Monumentenstraße das letzte erhaltene Beispiel einer um die Jahrhundertwende charakteristischen Berliner Einrichtung.

Im Erdgeschoß des innen wie außen rein funktional angelegten Ziegelbaus wurden die Wagen und im ersten Obergeschoß die Pferde eingestellt, darüber lag der »Körnerfutterboden«. Stützen und Unterzüge aus Eisen, »glutsicher ummantelt«, bilden das innen sichtbare konstruktive Gerüst. Die beiden Rampen, die früher zur ersten Galerie und den Pferdeständen führten, sind längst verschwunden. Ein Teil der hoch in der Wand sitzenden stereotypen Fenster, die aus der Tradition ländlicher Nutzbauten stammen, wurde im Zuge der Umnutzung nach Stillegung des Betriebshofes vergrößert, das Innere durch zahlreiche Einbauten verfremdet. Ungeachtet aller Veränderungen und Beschädigungen ist der Charakter der zweckgebundenen und ungeschönt sachlichen Architektur jedoch erhalten geblieben.

Das »Pferdedepot«, im Schatten der großen Verkehrsanlagen stehend, wurde bisher wenig beachtet. Durch seine Eigenart und seine Geschichte ist aber auch dieses eher unauffällige Bauwerk ein wichtiges Dokument des öffentlichen Berliner Verkehrswesens, das sich Hand in Hand mit der stürmischen Ausdehnung der Großstadt entwickelte. Wo vorher in einem der ältesten Siedlungsgebiete des Wedding schmal parzellierte Nutzgärten mit einzelnen Kolonisten- und Vorstadthäusern die Straßen säumten, fand sich billiges Terrain für eine schonungslose Ausbeutung von Grund und Boden. Letztendlich rührt auch die Mehrstöckigkeit des »Pferdedepots« aus eben dieser strukturellen Veränderung her, in deren Verlauf der Wedding dem »Steinernen Berlin« einverleibt wurde. Die vertikale Schichtung seiner verschiedenen Funktionsebenen, die schon von etwas älteren Betriebshöfen her bekannt war, hatte ihre Ursache in den von der Spekulation hochgetriebenen Bodenpreisen und der damit einhergehenden Optimierung der Grundflächennutzung. Komplementär zum Etagenstall, und deshalb unabdingbar für seinen Zeugniswert, ist das fünfgeschossige Mietshaus mit Durchfahrt zum Betriebshof und einer plastisch ausgebildeten, historisierend dekorierten Fassade an der Schwedenstraße. Es wurde gleichfalls 1908 von Ahrens, diesmal für die »Berliner Terrain und Bau Aktiengesellschaft«, errichtet. Eines der typisierten Doppelwohnhäuser der Unterschicht mit fünf Achsen, zwei Stockwerken, Satteldach und Nutzgarten – ein heute fast vollständig vernichteter Haustypus – mußte ihm weichen.

Zum Zeitpunkt der Erbauung dieses letzten Betriebshofes der ABOAG waren die Zeichen für das Ende der Pferdeomnibusse nicht mehr zu übersehen. Motorisierte Fahrzeuge waren jedoch noch nicht ausgereift genug, um Pferdebus und -bahn als erste Transportmittel des frühen Personennahverkehrs, der seit 1865 zunehmend zwischen den äußeren Stadtgebieten, dann auch zur Innenstadt hin bestand, endgültig abzulösen. 1928 mußte allerdings auch die lange Zeit außerordentlich leistungsstarke ABOAG den Pferdebusbetrieb einstellen. Sie selbst ging in der vom Magistrat gegründeten BVG auf. Das »Pferdedepot« ist seitdem Standort höchst unterschiedlicher Gewerbebetriebe gewesen, die mehr oder minder alle ihre Spuren in baulichen Veränderungen hinterlassen haben.

Werner Urland
Fabrikation feiner Wurstwaren
» speziell Kochwurst «
Brennholz
1 Sack 8,-

Niederdruck-Gasbehälter, Gaswerk Schöneberg

Torgauer Straße 12-15

»Allerdings ist der Gasometer ›nur‹ ein technisches Bauwerk; es dient dem praktischen Nutzen, aber es ist ein Bauwerk von außerordentlicher Kühnheit, ein technisches Wunder von klarer, sinnreicher Konstruktion, die auch dem Laien eine verständliche Sprache redet, der sofort beim Anblick dieser Konstruktion Zweck und Funktion der einzelnen Bauteile begreift und versteht. Ist es nicht erstaunlich, daß ein so gewaltiger Rundturm von 80 m Höhe während der Nacht verschwindet und während des Tages wieder emporgeblasen wird?«[1] Daß der Betrieb des Gasometers sich unmittelbar als öffentliches Erlebnis darbot, schien Bruno Möhring ebenso erwähnenswert wie die Schönheit seiner Konstruktion. Im Rahmen einer mehrjährigen Grundsatzdebatte über die Sicherheit des Gasbehälters, dessen Explosionskraft nach einem schweren Unglück in Hamburg besonders gefürchtet war, äußerte sich der renommierte Berliner Architekt 1912 in einem Gutachten zu dessen baukünstlerischem Wert.

Mit 160 700 m³ Rauminhalt gehörte der 1908/10 von der Berlin-Anhaltischen Maschinenbau AG (BAMAG) errichtete Gasometer lange Zeit zu den größten Europas. Er war der vierte des seit 1890/91 vollständig erneuerten Gaswerks im Dreieck zwischen Potsdamer Bahn und Ringbahn. Innerhalb eines Führungsgerüstes aus Stahlfachwerk-Masten mit diagonal sich kreuzenden Zugstäben hebt und senkt sich der eigentliche Gasbehälter aus genieteten Blechplatten. Je nach Füllungsgrad schieben sich seine vier Hübe teleskopartig zusammen bzw. auseinander.[2] Heute wird dieser letzte Gasometer des Schöneberger Standortes als Vorratsbehälter genutzt. 1993 will ihn die GASAG durch einen unterirdischen Erdgasspeicher ersetzen, für seinen Erhalt aber dennoch Sorge tragen.

Mit der 1871 gegründeten »Englischen Gasanstalt« besaß Schöneberg eines der ersten Vorortgaswerke im Berliner Raum. Für dessen rasch vonstatten gehenden Urbanisierungs- und Industrialisierungsprozeß war die Gasversorgung eine der Grundvoraussetzungen. Der beständig steigende Bedarf schlug sich in der kontinuierlichen Erweiterung und Erneuerung auch des Schöneberger Standortes nieder, auf dem heute ein schwer gestörtes Ensemble einstiger Werkbauten zurückgeblieben ist. Unweit des Gasbehälters steht noch das letzte der West-Berliner Retortenhäuser, die früher unabdingbar für jedes Gaswerk waren.

Aus fern und nah, und oftmals ganz überraschend, tritt der Gasometer als Orientierungsmarke und Großstadtsymbol ins Blickfeld. Er ist Erkennungs- und Wahrzeichen der »Roten Insel«, des dichtbebauten Arbeiterquartiers in seiner Nachbarschaft. Durch seine die Stadtsilhouette prägende Größe steht er aber auch in einer fast dialektischen Beziehung zum beschaulichen Teil Alt-Schönebergs und den Villen der sogenannten Millionenbauern.

---

[1] Möhring, Bruno, Gutachten zum Gasometer, 1912, zit. nach: Spath, Christian/Stimman, Hans, Die Bauwerke der Berliner Gasversorgung. Beiträge zur Berliner Denkmalpflege, Berlin 1986 (unveröffentlichtes Manuskript beim Landeskonservator). / [2] Alle Angaben nach: Spath, Christian/Stimman, Hans, a.a.O., S. 184.

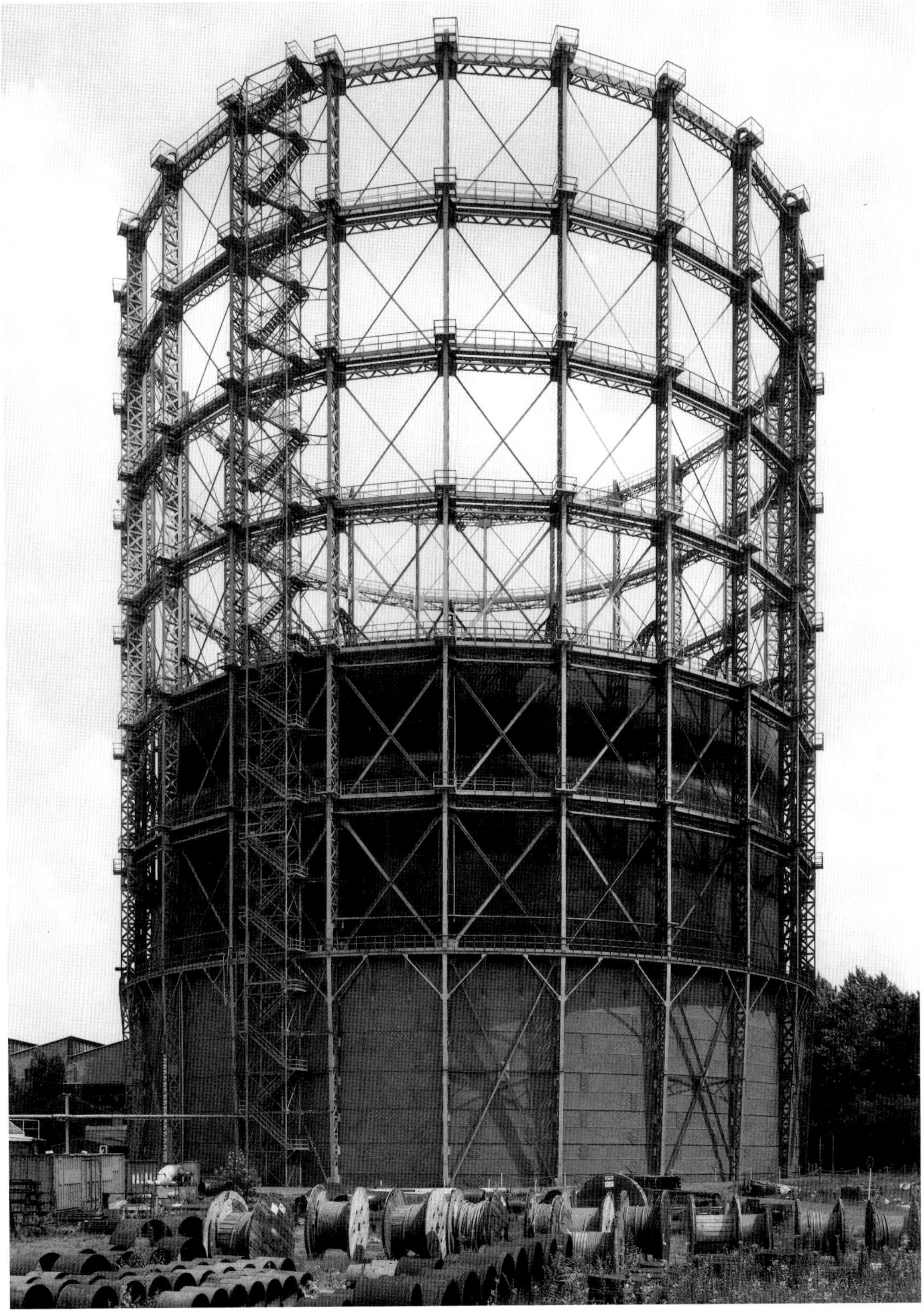

Landhausgruppe

An der Buche 17, 18, 19, 21, Reinickendorf

Die vier, in absichtlicher Ungezwungenheit zu einem malerischen Ensemble vereinigten Einfamilienhäuser, wurden miteinander in den Jahren 1910/11 durch Heinrich Straumer in der eben erst gegründeten »Gartenstadt Frohnau« errichtet. Es war nach Julius Posener wohl »das einzige Mal, daß einem Architekten Gelegenheit gegeben wurde, eine Gruppe von vier Landhäusern für den Verkauf zu entwerfen. Das Verfahren mag künstlich erscheinen, da die (...) Straumerschen Häuser so aussehen, als seien sie für bestimmte Bauherren geplant, was offensichtlich nicht der Fall gewesen ist. Die Häuser sind stark voneinander verschieden, dabei hat ein jedes einen gängigen Landhausgrundriß, wie er in der Zeit sich gut verkaufen ließ. Die Einheit der Gruppe wird durch Straumers Formensprache hergestellt, besonders durch die einfachen und gut geformten Fenster (...)«.[1] Die schmucklosen geputzten Ziegelbauten mit den steilen Dächern und ebenerdigen Wohnräumen, von denen aus man in den Garten gelangt, repräsentieren in exemplarischer Weise das im damaligen Sinne »moderne« Wohnhaus. Drei von ihnen liegen leicht erhöht um einen den Straßenraum erweiternden Platz und fügen sich mit den niedrigen Brüstungsmauern aus Bruchsteinen, dem sanft gekrümmten Zugangsweg und den Treppen, dem Brunnen und der Buche zu einem wie natürlich entstandenen Bild im Sinne der städtebaulichen Ästhetik Camillo Sittes.

Straumers Landhäuser gehören wie jene vom englischen Hausbau beeinflußten und weit über Berlin hinaus bekannt gewordenen Einfamilienhäuser des Landhaustheoretikers Hermann Muthesius zu den »Zeugen der bürgerlichen Kultur, welche Berlin in den Jahren vor dem Ersten Weltkrieg besessen hat« und die »eben darum, weil sie für Leute gebaut wurden, dergleichen es nicht mehr gibt, in Gefahr (sind), abgerissen zu werden. Viele sind bereits abgerissen. Ihr Verschwinden und die Umwandlung der Berliner Vororte in Allerweltsstadtteile, wie man sie um Paris sieht, würde für Berlin einen großen Verlust bedeuten«.[2] Das von Posener beklagte Schicksal dieser spezifisch berlinischen Architektur ist Straumers Häusergruppe durch umsichtige und verständige Besitzer erspart geblieben. Seine Befürchtungen bewahrheiteten sich dagegen für die schon weitgehend zersiedelte und verbaute Gartenstadt Frohnau, an deren Ausbau Straumer maßgeblich beteiligt war.

Kurz nach der Jahrhundertwende hatte in den Berliner Vororten die Villa der Gründerjahre dem Landhaus Platz gemacht, dessen zentrale Neuerung darin bestand, als »Architektur für das tägliche Leben« nicht primär zur gesellschaftlichen Repräsentation, sondern für den »Gebrauch« geplant zu sein.[3] Das Erdgeschoß lag nun niveaugleich mit dem Garten und nicht wie bei der Villa durch ein Sockelgeschoß von ihm abgehoben. Formale Mittel wurden sparsam eingesetzt, die einzelnen Elemente waren einfach gestaltet und die Fassadenkünste der Villa abgelegt. Straumer, der bei Wallot gelernt hatte und Mitglied des Deutschen Werkbundes war, gehörte zusammen mit Spalding, Grenander, Blunck, Campbell und allen voran Muthesius zu den führenden Architekten der modernen Berliner Landhausbewegung, wobei seinen »norddeutscher« Architektur verpflichteten Häusern zahlenmäßig der größte Anteil zufällt.

---

[1] Berlin und seine Bauten, Band IV C, 1975, S. 164. / [2] Posener, Julius, Berlin auf dem Wege zu einer neuen Architektur, München 1979, S. 161. / [3] Posener, Julius, Vorlesungen zur Geschichte der Neuen Architektur III, Arch+, H. 1981, S. 45.

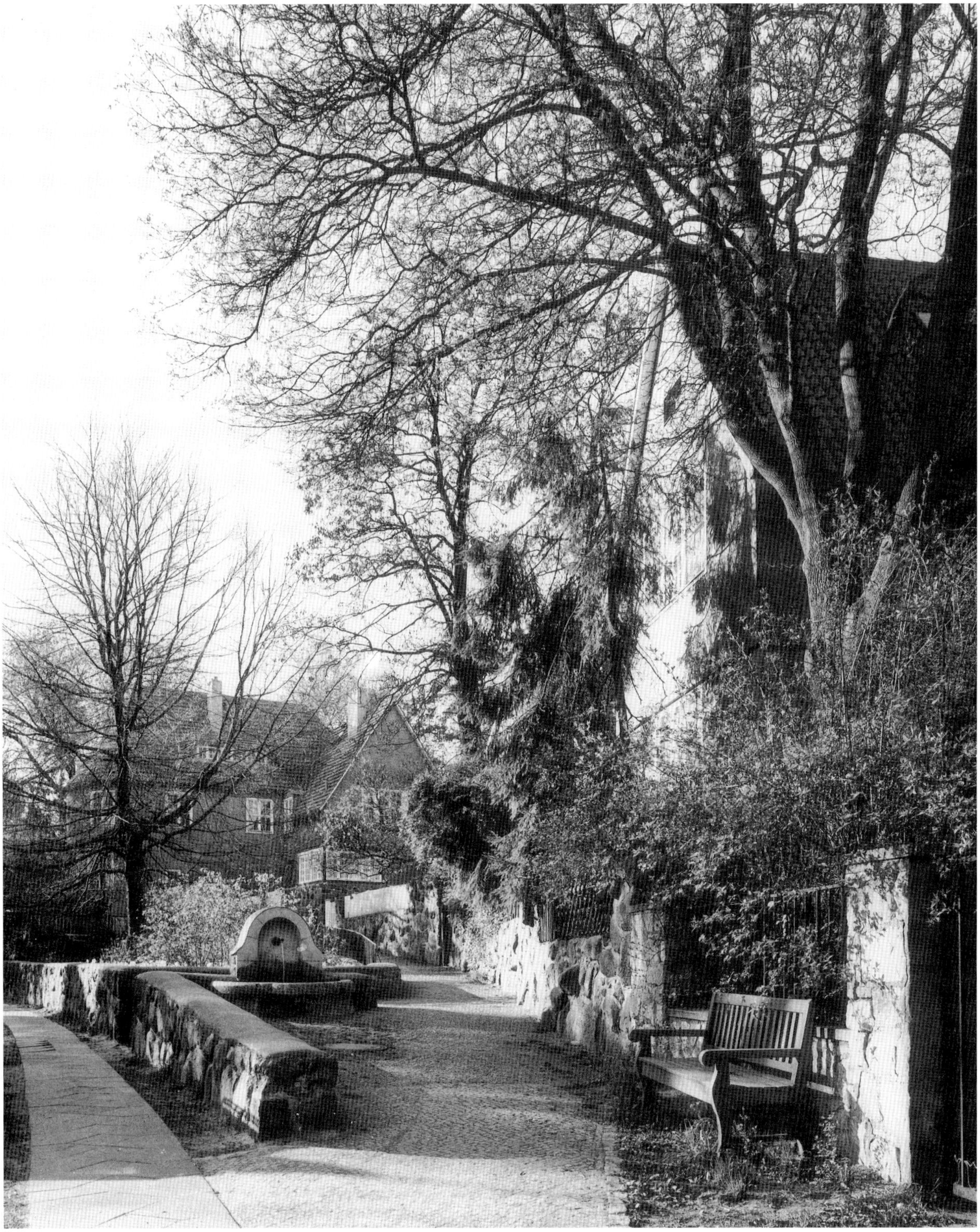

Stößenseebrücke

Heerstraße, Charlottenburg

Die Brücke über das Haveltal ist Teil der seit 1901 geradlinig nach Westen geführten Verlängerung der alten Achse zwischen dem Stadtschloß und Charlottenburg, mit der man die Berliner Garnison auf dem kürzesten Wege mit dem Truppenübungsplatz in Döberitz verband. Die seit ihrer Erbauung 1909 allgemein für die Schönheit ihrer Konstruktion gerühmte Brücke nach dem Entwurf Karl Bernhards erweist sich aus heutiger Sicht als hervorragendes Dokument ihrer Zeit. Der Konstrukteur der AEG-Turbinenhalle von Peter Behrens und der Halle der Seidenweberei von Hermann Muthesius in Nowawes »ist sicher einer der ersten Ingenieure gewesen, denen (…) die Ästhetik des Ingenieurbaues bewußt war«.[1] Die Stahlarchitektur der Brücke weit vor der Stadt überliefert die eine – moderne – Seite des wilhelminischen Bauens. Zur Nobilitierung der Prachtstraße steht ihr in der Stadt das 1908 eingeweihte Charlottenburger Tor im prunkvollen Gestus der offiziellen Architektur gegenüber.

Aus Rücksicht auf das malerische Bild der Havellandschaft schnürte man den tief eingeschnittenen, 370 m breiten Stößensee von Westen her ab und verringerte so die Spannweite der Brücke. Nahezu deren gesamte Last ruht auf den vier Mittelauflagern zwischen der belassenen schmalen Verbindung zum nördlichen Teil des Sees und der Havelchaussee. Die untere Gurtung des Fachwerkträgers wurde aus »Schönheitsrücksichten« stark gekrümmt, ihrem klaren Lineament sollte das »Auge des Beschauers« folgen.[2] Von der neuen »Eisenbaukunst« meinte Karl Bernhard, daß ihre »Kühnheit« eine »ästhetische Erhebung schon an sich« hervorrufe. Ihre »technische Schönheit« solle »auch noch in den Einzelheiten der Sache selbst liegen, in dem schönen Verhältnis der Linienführung (…)«.[3]

Der mächtige Mauerwerkspfeiler des östlichen Brückenkopfes weitet sich seitlich zu einer Aussichtskanzel, von der aus die Inszenierung des Ingenieurbauwerks in der Landschaft zu genießen ist. Die einstige Attraktivität der neuen Straße läßt sich daran ermessen, daß bereits 1908 Ausflugsbusse auf ihr verkehrten – nach Fertigstellung der Brücke bis zur Halbinsel Pichelswerder. Dort sollte zur Finanzierung des künstlichen Dammes eine Villenkolonie entstehen, deren Realisierung der Erste Weltkrieg vereitelte.

---

[1] Posener, Julius, Berlin auf dem Wege zu einer neuen Architektur, München 1979, S. 494. / [2] Zentralblatt der Bauverwaltung, H. 15, 1910, S. 98. / [3] Bernhard, Karl, Ingenieurbautechnik vor und nach dem Kriege, in: Die Bauwelt, H. 2, 1915, S. 1.

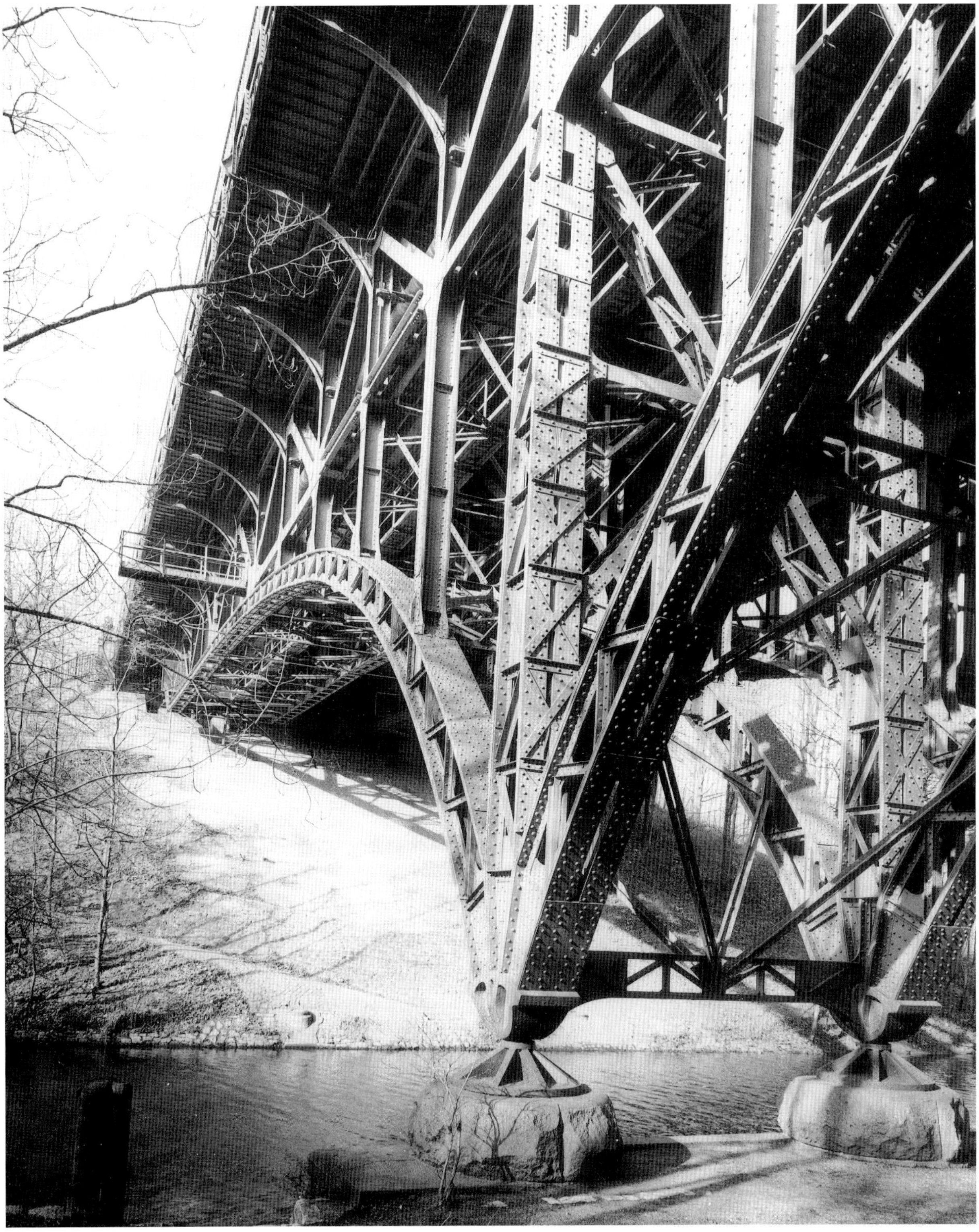

Westhafen

Tiergarten

Das kontinentale Berlin – eine Hafenstadt, sein westlicher Teil nach Hamburg und Duisburg im Besitz des drittgrößten deutschen Binnenhafens: Die besondere Topographie natürlicher Wasserläufe, der politische Rang der Stadt und zahlreiche Handelsprivilegien begünstigten seit altersher die Entwicklung des Berliner Hafenwesens. Der Bau von Schleusen, Packhöfen, Krananlagen, Ladestraßen und Kanälen markiert die Stationen dieses Weges. Am neugeschaffenen Landwehrkanal eröffnete 1852 der Schöneberger Hafen den beeindruckenden Reigen Berliner Hafenanlagen. Ihm folgten bald Humboldt- und Nordhafen (1859), etwas später der Urbanhafen (1891/96), nach der Jahrhundertwende der Südhafen Spandau (1906/11), der Tegeler Hafen (1907/08), der Osthafen (1907/13), dann die Häfen Britz, Tempelhof, Steglitz und Lichterfelde (1908), 1920 wurde der Neuköllner Hafen fertiggestellt. Schöneberger Hafen und Urbanhafen sind seit den 60er Jahren wieder zugeschüttet.

1914 wurde mit dem Bau des Westhafens begonnen. Ein kriegsbedingter Mangel an Materialien und Arbeitskräften führte 1917 zur Einstellung der Bautätigkeit. Erst 1923 war darum der erste Bauabschnitt vollendet, 1927 dagegen auch schon der zweite. Die Konzeption der Anlage geht auf Friedrich Krause, durch Hafenbauten in Stettin bekannt und 1897 zum Nachfolger Hobrechts als Stadtbaurat für Tiefbau berufen, zurück. Sie liegt günstig im Angelpunkt dreier Wasserwege und besitzt außerdem Anschluß an den Hamburg-Lehrter-Güterbahnhof. Über die Kanäle sind Spree und Havel und weiter Oder und Elbe zu erreichen.

Die Großanlage Westhafen – heute ein Denkmal für das Konkurrenzstreben und die Wirtschaftskraft der Metropole: Dafür stehen vor allem die imposanten raumgreifenden Speicher, Silos und Lagerhallen. Integrale und deshalb unverzichtbare Elemente des Hafenorganismus sind aber auch die Hafenbecken und Kaimauern, Kräne und Verladebrücken, Fuhrwerkswaagen und Gleisanlagen, Nutzflächen und technisches Zubehör. Nur im Wirkungsbezug zum Ganzen hat ihr spezifischer Zeugniswert Bestand, wie umgekehrt das Ganze nur aus der Verflechtung der einzelnen Teile die geschichtliche Dimension umfassend zu vermitteln vermag.

Von weiträumiger Signalwirkung ist der Turm des Verwaltungsgebäudes. Der Funktion nach Wasserturm der Hafeneisenbahn, weckt er in seiner Zeichenhaftigkeit Assoziationen gleichwohl an einen Rathaus- als auch an einen Leuchtturm. Als markante Wegmarke steht der monumentale Zollspeicher an der Hafeneinfahrt, in Entsprechung zu ihm ist der Verwaltungsbau am Ende des Hauptbeckens Zielpunkt und räumlicher Halt im axialen Gerichtetsein der Anlage. Alle Hochbauten der Stammanlage, nach dem Entwurf von Wolffenstein und Lorenz ausgeführt, sind von großer architektonischer Qualität. Sie zeigen sich in einem sachlich-traditionalistischen Stil, für die Konstruktion sind die Vorzüge des modernen Stahlbetons nur bedingt genutzt worden.

Die wechselvolle Geschichte Berlins mußte unweigerlich auch zum Schicksal seines zentralen Warenumschlagplatzes werden. So machte 1924 die Abwicklung der Reparationsauflagen die rasche Erweiterung des Westhafens erforderlich, dem »Reichsspeicherprogramm« des »Dritten Reiches« verdankt er das 30 000 t fassende Getreidesilo. Bei Kriegsende 1945 zu 60 % zerstört, diente der Hafen während der Blockade als Deponie für die Güter der Luftbrücke.

Unter den vielen Wasserwegen und Häfen Berlins gebührt dem Westhafen, trotz zwangsläufiger Funktionsänderungen im Laufe seiner Geschichte und der verschärften Konkurrenz zwischen Schiffs-, Lkw-Verkehr und Eisenbahn, nach wie vor ein herausragender Platz. Als Berliner »Versorgungshafen« wird er auch heute von der Wareneinfuhr und dem Umschlag von Massengütern in Dienst genommen. Der wesentlich bescheideneren Ausfuhr sind u. a. Aufgaben der Stadtentsorgung zugefallen.

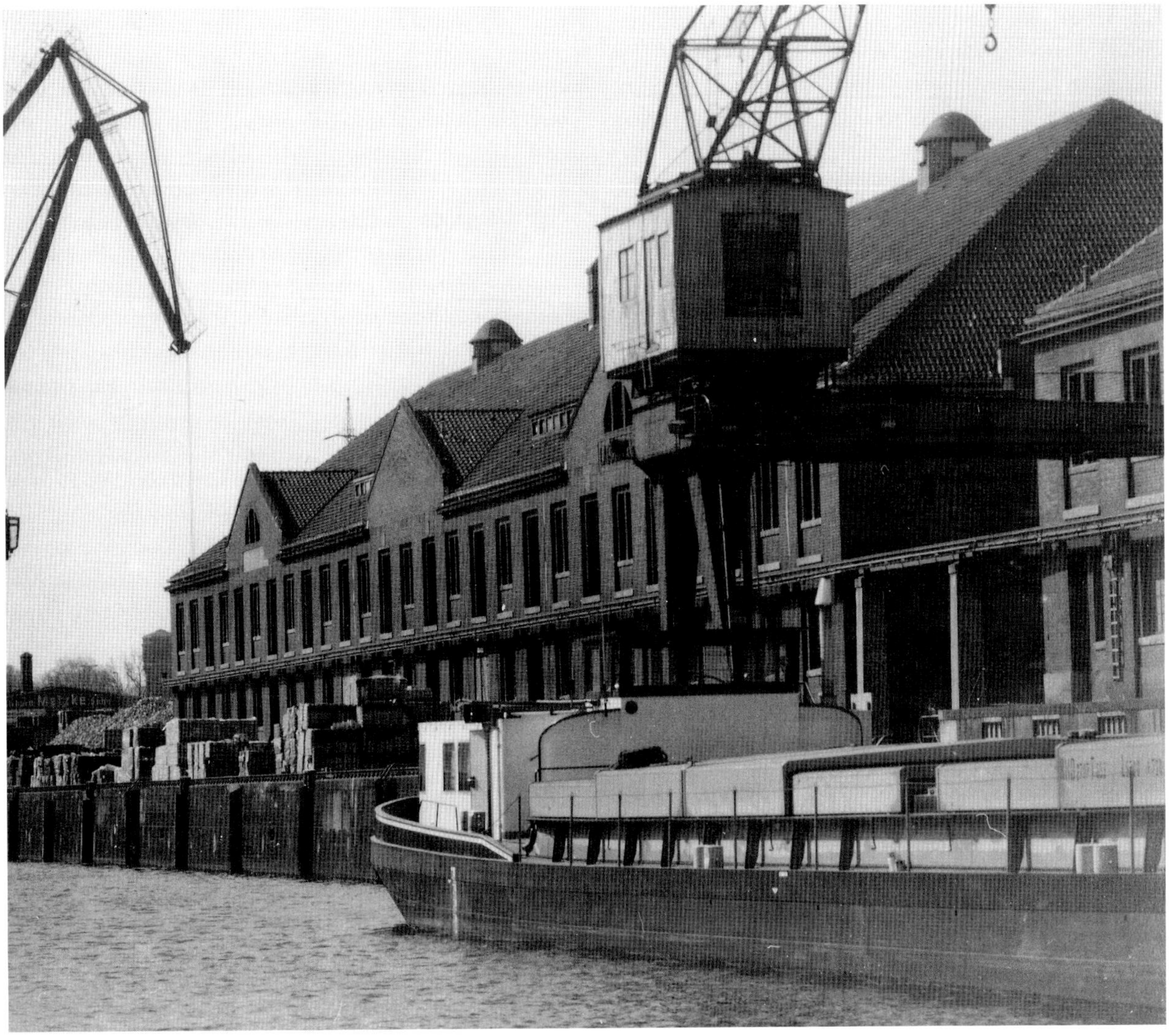

Siemens-Skyline

Charlottenburg/Spandau

Nicht nur den »besten und zweckmäßigsten Rahmen für die Werktätigkeit in jeder Form« wollte Hans Hertlein für seinen großindustriellen Auftraggeber schaffen. Seine Bauten sollten, so Hertlein, »auch sichtbare Zeichen der Siemens-Gemeinschaft sein (...) und mit den Werkserzeugnissen für den Namen unseres Hauses Ehre einlegen. Man hat oft von einem verwandten Geist der Siemens-Bauten gesprochen, und es hat sich auch der Begriff ›Siemens-Stil‹ gebildet. Wenn eine solche innere Verwandtschaft der Siemens-Bauten untereinander besteht, dann würde darin (...) auch ein erfreulicher Propagandawert liegen«.[1] Als »eindrucksvolle Industrielandschaft, (...) die in der Welt ihresgleichen sucht«[2], wird der Siemens-Standort bis heute wahrgenommen.

Hans Hertlein war nach dem Ausscheiden Karl Janischs von 1915 bis 1951 Chefarchitekt der Firma. In einmalig produktiver Zusammenarbeit mit dem »idealen« Bauherrn Carl Friedrich von Siemens entwickelte er ab Mitte der zwanziger Jahre eine eigene architektonische Handschrift für die gesamten Konzernbauten im In- und Ausland. Hertleins Stil, im Zeitvergleich zwischen »gemäßigt modern« und »aufgeklärt konservativ« anzusiedeln, repräsentieren am anschaulichsten die kubischen Geschoßbauten wie das Schaltwerk-Hochhaus und das Wernerwerk – in der Regel Stahlskelettkonstruktionen mit Klinkerummantelung. Ihre innovative und dauerhafte Bedeutung liegt noch mehr als in der sehr soliden architektonischen und konstruktiven Qualität der einzelnen Gebäude in ihrem Verbund zur einmaligen und unverwechselbaren Silhouette: Nicht »das Bauen an der vorhandenen Stadtgestalt« war das Thema, sondern »die Entfaltung der Industrie zur eigenen autonomen Stadt (...) – die Synthese hat allein Hertlein mit seinen Monumentalkomplexen der Jahre 1926 – 30 geschaffen. Die Abwesenheit von ornamentalen Details (...) ist bezeichnend. Alle Aufmerksamkeit ist auf die großen Kuben gerichtet, die ihrerseits ihre Lesbarkeit in der Fernsicht entfalten«.[3] An die Stelle der stadtbildprägenden Kirchen und Dome früherer Zeiten waren nun die Bauten der Privatwirtschaft getreten.

[1] Ribbe, Wolfgang / Schäche, Wolfgang, Die Siemensstadt. Geschichte und Architektur eines Industriestandortes, Berlin 1985, S. 192. / [2] Kühne, Günther, in: Der Tagesspiegel, 4.11.1973. / [3] Hoffmann-Axthelm, Dieter, Stadtbild-Baumeister, in: Boberg, J., Fichter T., Gillen, E. (Hrsg.), Die Metropole-Industriekultur in Berlin im 20. Jahrhundert, München 1986, S. 75.

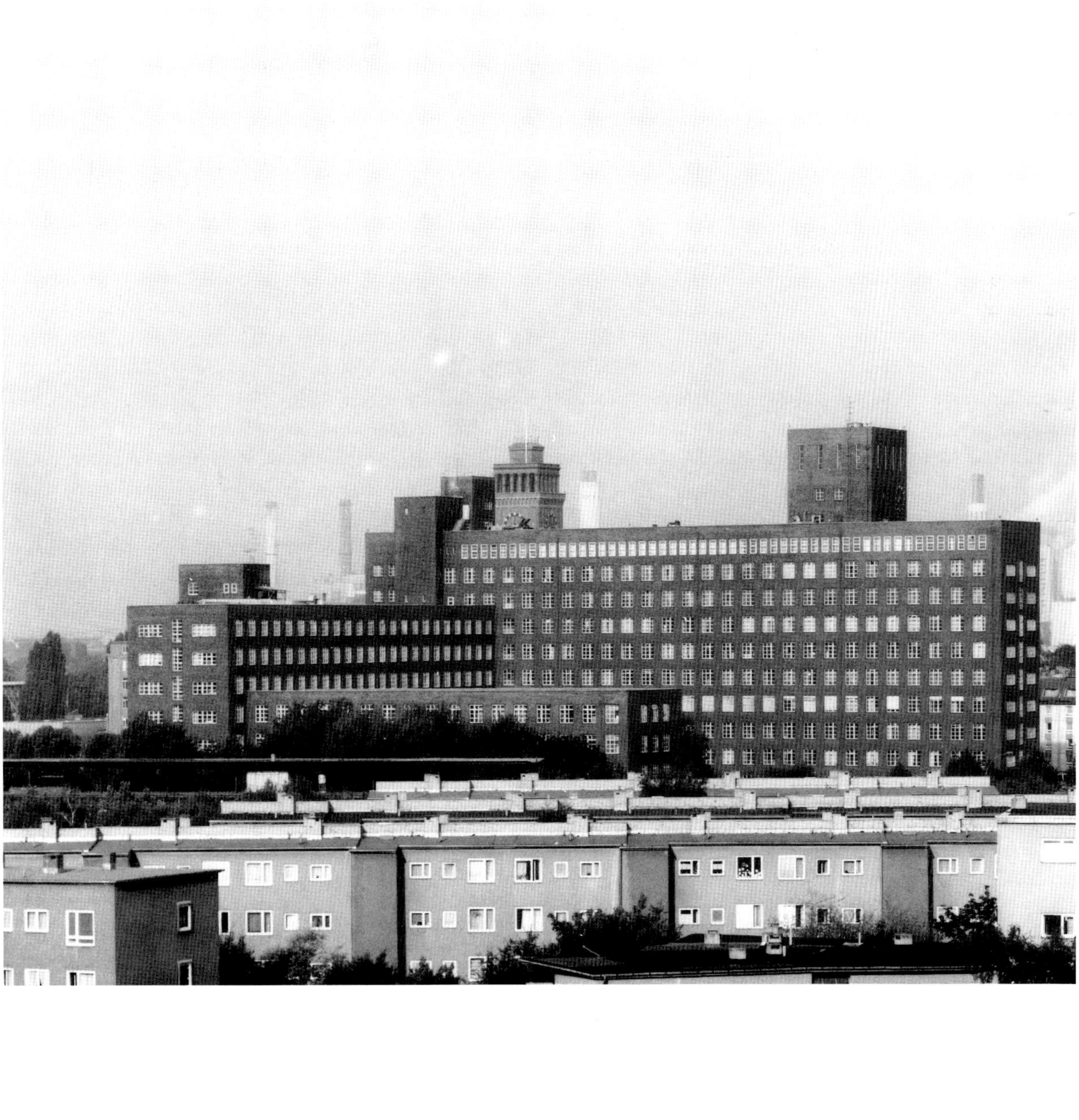

S-Bahnhof Priesterweg

Schöneberg

Am Haltepunkt Priesterweg gabelten sich früher zwei wichtige Berliner Vorortbahnen.[1] Nachdem die Linie nach Lichterfeld (Ost) längst stillgelegt ist und jene nach Zossen heute schon in Lichtenrade endet, büßte die Station am Priesterweg wesentlich an Bedeutung ein. Fernab jeder Wohnbebauung war sie ohnehin immer etwas abgelegen zwischen Tempelhofer Rangierbahnhof und Schrebergartenkolonie. Völlig überraschend erscheint deshalb die hohe baukünstlerische Qualität der Bahnhofsanlage, die als einziger Teil der Bebauungspläne für das Schöneberger Südgelände im Rahmen des Chapman-Projektes 1927/30 realisiert wurde. Ein kleiner Schmuckplatz, der portalartige Eingang und die überhöhte Ecke mit Uhr und Fahnenhalter verweisen auf die explizit urbanistische Disposition des heute als Solitär dastehenden Empfangsgebäudes, das keine adäquate bauliche Erwiderung fand.

1928 durch den Reichsbahnrat Günther Lüttich in der sachlichen Formensprache der Moderne errichtet, gehört die Anlage zu den ersten und auch stilbildenden Beispielen eines neues Typus des Vorortbahnhofes. Als »treffliche Lösung« anerkannte sie die zeitgenössische Kritik im Vergleich mit nur wenig älteren S-Bahnbauten, die als »Palästchen (…), bisweilen auch ausgewachsene Paläste mit thronsaalartigen Schalterhallen und Erfrischungsräumen«[2] ihre eigentliche praktische Funktion leugneten. Die streng voneinander geschiedenen Funktionsbereiche des Empfangsgebäudes am Priesterweg artikulieren sich dagegen klar in einzelnen Baukörpern. Von großer ästhetischer Qualität ist das Zusammenspiel ihrer blau-braun changierenden Klinkerschale mit einer an Bruno Taut erinnernden Farbigkeit insbesondere der Fenster und leicht expressionistischen Anklängen in den Details.

Von der zweigeschossigen zentralen Halle des Empfangsgebäudes gelangt man über einen Tunnel zu den beiden Bahnsteigen. Ein gemeinsames flaches Schutzdach zieht sich dort über Treppenschacht und beheizbaren Warteraum. Alle Aufbauten sind in modernem Eisenfachwerk konstruiert und mit graublauen Fliesen verkleidet, was ihnen eine heitere Leichtigkeit verleiht.

Zur Denkmalbedeutung gehört auch die geschichtsträchtige Nachbarschaft des S-Bahnhofs. Namengebend für ihn war der sogenannte »Priesterweg«. Seit 1756 nachgewiesen, bezeichnet dieser noch heute die ehemals kürzeste Verbindung zwischen dem Dorf Schöneberg und seiner Filialkirche in Lankwitz. Mit dem Bahnhof fast gleichaltrig ist der aufgegebene Wasserturm auf dem angrenzenden Rangierbahnhof, der – ein schönes Beispiel für die Ästhetik von Ingenieurbauten – als eigenwillige Landmarke weithin wirksam ist. Jüngstens der umgebenden Geschichtszeugnisse ist der »Insulaner«, ein auf Trümmerschutt angelegter Freizeitpark für die eingeschlossene Stadt.

[1] Schmidt, Hartwig / Tomisch, Jürgen, Die Bauwerke der Berliner S-Bahn. Die Vorortstrecke nach Zossen, Arbeitshefte der Berliner Denkmalpflege, Berlin 1985, S. 78 ff. / [2] Die Bauwelt, H. 2, 1929, S. 32.

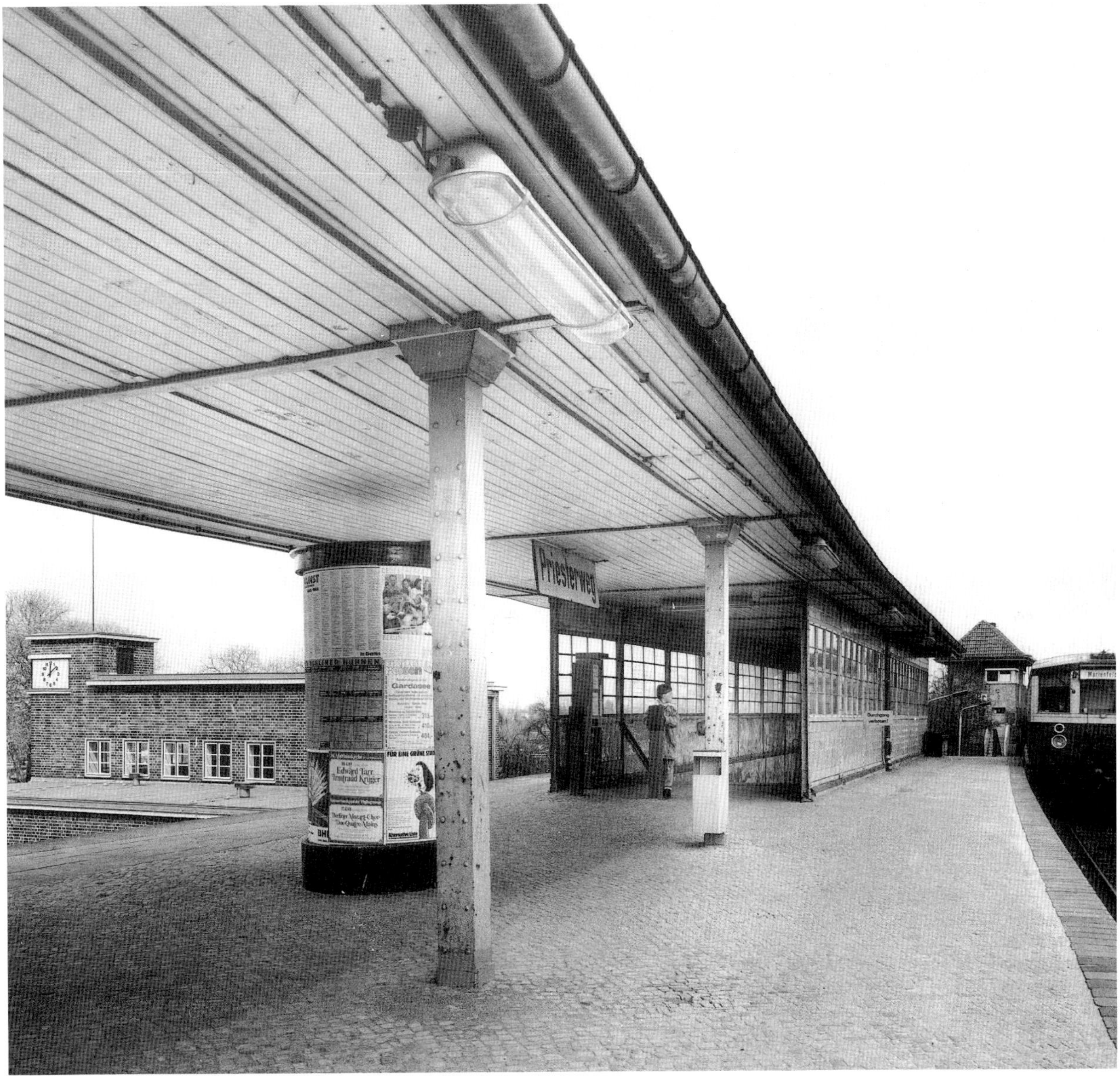

Bruno Tauts Musterklasse für eine Gesamtschule
Dammweg 216–228, Neukölln

Ironie der Geschichte: Der 1928 nur zur Erprobung für einen begrenzten Zeitraum errichtete Pavillon mit einem Musterklassenraum nach dem Entwurf Bruno Tauts überdauerte all jene Umstände und Ereignisse, die eine Verwirklichung des gesamten Schulprojektes verhinderten. Heute stellt er, versteckt auf dem Gelände einer Gartenarbeitsschule und selbst den meisten Taut-Experten nicht bekannt, den einzigen räumlich erlebbaren Beleg für das größte und programmatisch bedeutendste Schulbauvorhaben der Weimarer Republik dar.

»Der Schulbau als Abbild moderner Pädagogik« war die Devise, mit der in den zwanziger Jahren fortschrittliche Architekten und Pädagogen Hand in Hand den Versuch antraten, diese Bauaufgabe ähnlich dem Wohnbau von Grund auf zu reformieren. Zum wohl renommiertesten Team hatten sich Bruno Taut und der progressive Schulreformer Fritz Karsen zusammengetan und 1927 das Konzept einer Gesamtschulanlage für ca. 3000 Schüler entwickelt. Ihr rationalisierter Schulbetrieb sah an Stelle der konventionellen Stammklassen- nunmehr Fachklassenräume vor, was architektonisch durch Addition typisierter ebenerdiger Raumeinheiten an Mittelkorridoren gelöst werden sollte. Am einzelnen Klassenraum als der wichtigsten Grundeinheit ließ sich deshalb die Brauchbarkeit des Ganzen überprüfen. Die architektonische Gestalt ergab sich aus der unmittelbaren formalen Umsetzung der neuen Unterrichtsstrukturen, »abseits aller romantischen, ästhetischen und sonstigen Nebengedanken«.[1] Jede Bauform, jedes Fenster, jede Türe wollte Taut aus der Funktion der Schule selbst verstanden wissen. Sein einmalig konsequentes Aufgreifen pädagogischer Zielsetzungen beschrieb er im Hinblick auf den Klassenraum: »Die Schüler werden nach dem System der Arbeitsschule nicht an festen Bänken unterrichtet (…). Da sie also in keiner festen Richtung sitzen, (…) ist ein Stockwerksbau mit seiner einseitigen Beleuchtung für diesen Zweck nicht brauchbar. Die bauliche Notwendigkeit liegt (…) darin, die Schulräume durchweg mit einem Oberlicht zu versehen, damit sie mit einem gleichmäßigen Licht erfüllt sind. Nach den sehr weitgehenden Versuchen wird ein dreiseitiger hoher Lichtkranz vorgesehen (…)«.[2] Eine jedem Unterrichtsraum vorgelagerte überdachte Veranda konnte durch Öffnen der zimmerbreiten verglasten Türe zusätzlich als Außenraum für die Klasse dazugewonnen werden. Hierin folgt Taut der grundsätzlichen Forderung des modernen Schulbaus der zwanziger Jahre nach Luft und Aufenthaltsmöglichkeit im Freien auch bei schlechtem Wetter.

[1] Taut, Bruno, Die Anlage am Dammweg, in: Nydahl, Jens (Hrsg.), Das Berliner Schulwesen, Berlin 1928, S. 522./[2] a.a.O., S. 519.

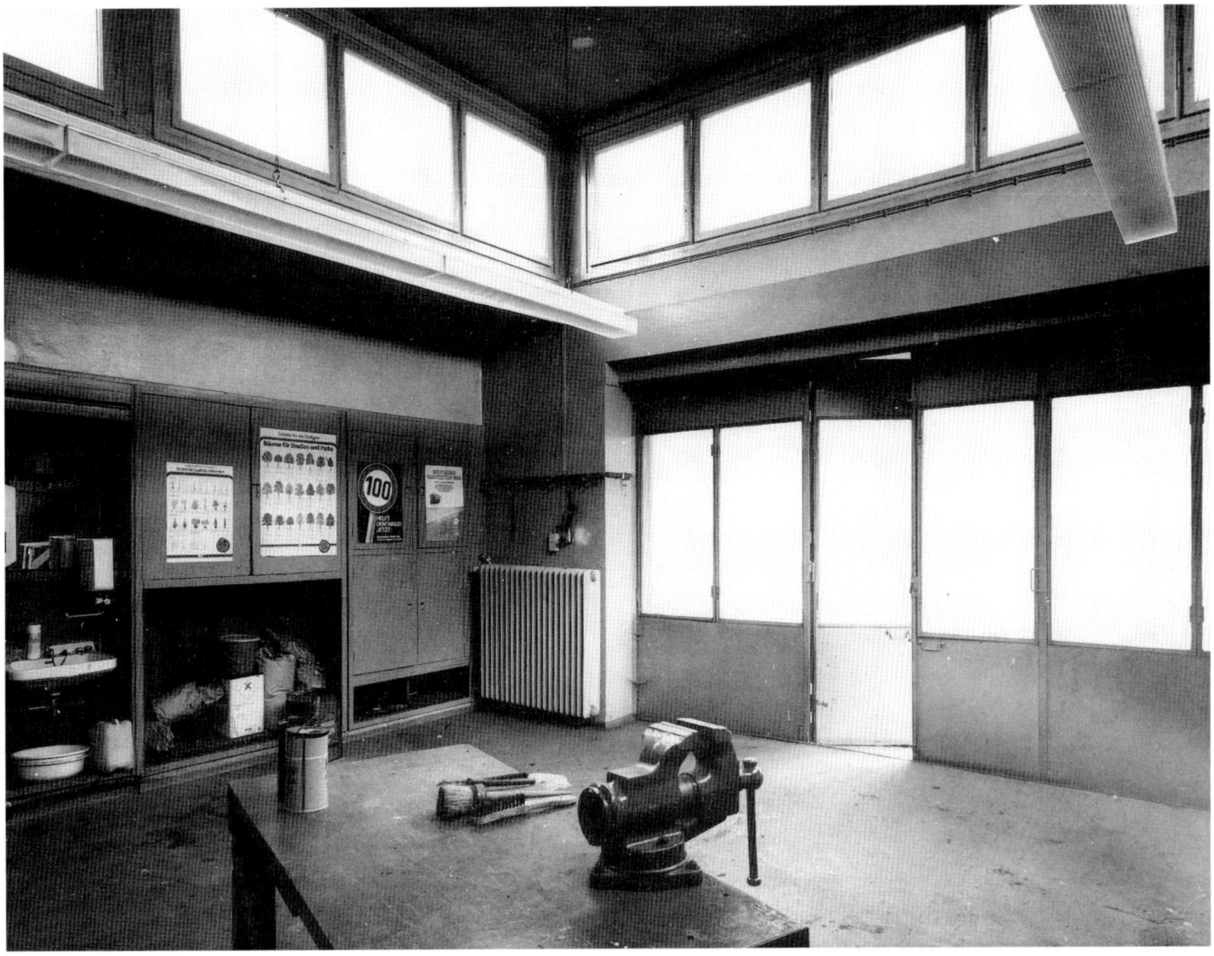

Sportanlagen Poststadion

Lehrter Straße, Tiergarten

1929 öffnete das erste vereinseigene Hallenbad Deutschlands. Errichtet hatte es der Berliner »Sportplatzarchitekt«[1] Georg Demmler für den Post-Sportverein.

Durch die spitzbogig aufstrebende Beton-Binderkonstruktion zeigt sich das Bad im Inneren als moderne »Schwimmkathedrale«, der die hohen Seiten- und Stirnlichte und die weiß/blaue Grundtönung der verschiedenartigen Fliesen eine kühle Klarheit verleihen. Obwohl der Raum heute durch die abgehängte Decke empfindlich gestört ist, vermittelt er als eines der letzten Beispiele in Deutschland das sachliche Erscheinungsbild des reformierten Volksbades, wie es während der Weimarer Republik programmatisch entwickelt worden ist. Gemäß dem Axiom der neuen Gesinnung wurde der monumentale Prunk früherer Bäder vermieden und an seine Stelle die Ästhetisierung der Hygiene gesetzt.

Generell strebte man in den zwanziger Jahren, zur umfassenden Verbesserung der Infrastruktur des Sportbetriebes als einem wichtigen Faktor der öffentlichen Wohlfahrtspflege, nach dezentralisierten, rein auf Zweckmäßigkeit und Ökonomie gründenden Sportbauten und Mehrzweckanlagen. So war auch das Hallenbad, dem Demmler noch eine Kastenruderanlage angeschlossen hatte, nur ein Element in einer ganzen Reihe von »Übungsstätten« der 1926-29 eingerichteten Mustersportanlage. Deren Herzstück, das zentral gelegene Leichtathletik-Stadion mit Tribünengebäude und flach ansteigenden Stehrängen, ist ebenfalls weitgehend unverändert erhalten. Der Verbund zahlreicher Tennis- und Fußballfelder wurde dagegen zugunsten großer Plätze aufgelöst, das alte Sommerbad mußte einem neuen weichen. Das Tribünengebäude diente früher mit Kegelbahn und Gesellschaftsraum als Vereinshaus. Die strenge Reihung der vertikalen Ziegelbänder seiner weithin sichtbaren Rückfassade »erinnert heute an den Genossenschaftsbau der Zeit«[2], die Konstruktionsästhetik des Tribünendaches steht in der Nachfolge von August Endells berühmter Mariendorfer Trabrennbahn.

Durch ihre Lage nahe dem dicht besiedelten Arbeiterwohnviertel Moabit und die vielfältige Sportstättenkombination erscheint die Anlage, selbst in der veränderten Form, wie die wortgetreue Umsetzung der »10 Gebote des Sportplatzbaues«[3] von 1926. Heute noch erfahrbar ist deren Forderung, »(...) Sportplätze um ihrer selbst willen, nicht zu geschäftlicher Ausnutzung« zu bauen und »sparsam mit Zuschaueranlagen« umzugehen. Darin spiegelt sich auch die Idee der »Volkssportstätte« für moderne Körperkultur wieder, wie sie der Berliner Stadtbaurat Martin Wagner (zusammen mit Richard Ermisch Erbauer des Strandbades Wannsee) in seiner sozial motivierten Freiflächenpolitik zur Linderung der Großstadtmisere und zur »Befreiung« des Weltstädters[4] zu etablieren versuchte.

Die Denkmalbedeutung von Stadion und Schwimmhalle erfährt eine zusätzliche Steigerung aus der Geschichtlichkeit des Ortes und seiner Umgebung. Entstanden sind die Sporteinrichtungen auf dem Gelände des im Zuge Lennéscher Stadtplanung 1846-48 ausgewiesenen Kavallerie-Exerzierplatzes, dessen teilweise noch erhaltene Kasernen- und Gefängnisbauten sie zur Lehrter Straße abschirmen. Zur anderen Seite hin ist das Stadion heute mit dem auf Trümmerschutt angelegten Fritz-Schloß-Park verwachsen. 1989 soll es in ein reines Fußballstadion verwandelt werden. Man denkt dabei an eine überdachte »Arena wie in Bochum«, »supermodern« »und möglichst nur Sitzplätze (...) für 22.000 Fans«.[5] Für die Schwimmhalle ist der Umbau in eine Turnhalle geplant.

[1] Neue Baukunst, H. 3, 1927, S. 8. / [2] Hoh-Slodczyk, Christine, Gutachterliche Stellungnahme zum Poststadion, Berlin 1988 (beim Landeskonservator), S. 3. / [3] Bauwelt, H. 33, 1926 nach Diem, Carl / Seifert, Johannes, Sportplatz und Kampfbahn, Berlin 1926. / [4] Wagner, Martin, Wohnungsbau und Weltstadtplanung, Kat. zur Ausstellung, Berlin 1985/86, S. 59 ff. / [5] Bild, 30.12.1987.

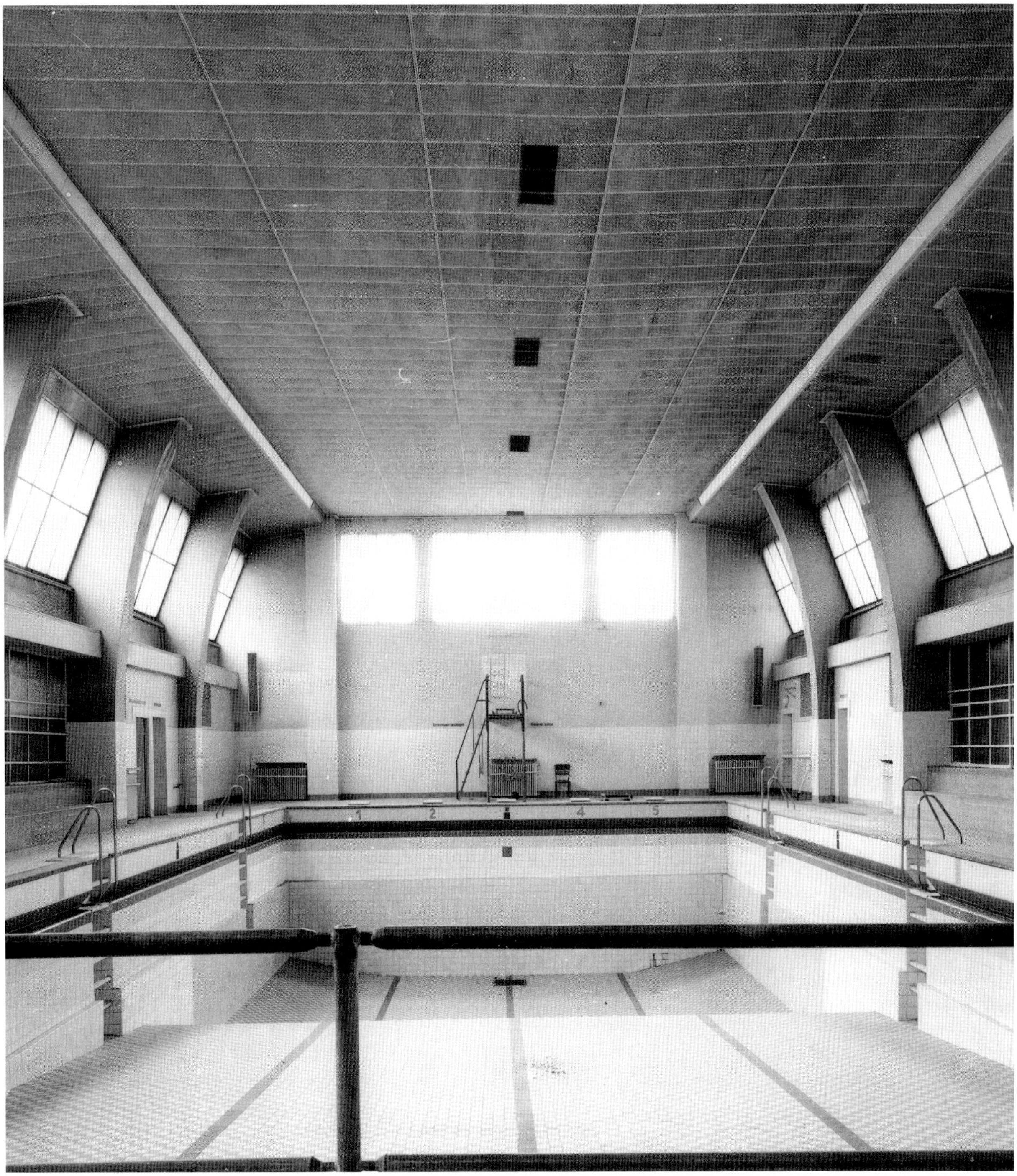

Eine Wohnanlage der 20er Jahre

Ollenhauer-/Pfahler-/Kienhorst-/Waldowstraße, Reinickendorf

»Langeweile und Unruhe (…) vermeiden, Ruhe und Lebhaftigkeit aber deutlich ausdrücken«! Als der Kunstpreis für Baukunst des Berliner Senats 1969 an Erwin Gutkind, den Erbauer der Reinickendorfer Wohnanlage ging, paraphrasierte Julius Posener in einer Laudatio das Diktum des bedeutenden, zu Unrecht viel zu wenig bekannten Berliner Architekten: »(…) denn eben dies empfindet man, wenn man seine Wohnhöfe (…) ansieht: sie sind zu großer Form zusammengefaßt, also ruhig; aber niemals langweilig; vielmehr sind sie durchaus lebhaft gegliedert, ohne je unruhig zu werden. Gutkind hat Anordnungen, Farben – den Gegensatz zwischen rotem Backstein und weißen Putzflächen –, Formen und Einzelheiten zu einem eigenen Vokabular entwickelt (…). Ihre Entschiedenheit, ihre kräftige Form, ihre guten Details sprechen unmittelbar an.«[1]

Gutkinds Bauten gehören neben denen von Gropius, Mendelsohn, Scharoun und den Gebrüdern Taut und Luckhardt zu den Höhepunkten der neueren Berliner Architekturgeschichte. Die in zwei Bauabschnitten 1927/28 errichtete Wohnanlage stellt für die Denkmalpflege einen besonderen Glücksfall dar. Bis in die Details erhalten, gestattet sie am authentischen Objekt das Studium einer herausragenden Architektur des Neuen Bauens und den unmittelbaren Vergleich der im Verlaufe des Projektes von Gutkind modifizierten formalen Elemente.[2]

Bezeichnend für Gutkinds Berliner Schaffen sind seine zahlreichen Variationen der Blockrandbebauung. In Reinickendorf umfängt ein hermetisch geschlossener, den Mietern vorbehaltener Innenhof schützend eine Kindertagesstätte. An der Hauptverkehrsachse des Quartiers, der Ollenhauerstraße, ist ihm in dialektischer Umkehrung und einer gewissen inszenatorischen Absicht ein ehrenhofartig angelegter öffentlicher Bereich mit Läden vorgeschaltet. Die sich daraus ergebende städtebauliche Figuration steht im Grundsatz den Gemeindebauten des »Roten Wien« weitaus näher als den progressiven Berliner Siedlungen der 20er Jahre, die den Zeilenbau favorisierten. Die lange Flucht der Wohnanlage an der Pfahler- und Kienhorststraße ist im kraftvollen Stakkato gestaffelter Hauskompartimente gebrochen, ihre Ostseite an der Waldowstraße dagegen als gerade Front gestaltet. Während die Hofseiten eine sehr schlichte Aufmachung erhielten, zeigen die Fassaden die für Gutkind charakteristische vielteilige horizontale Schichtung. Den ganzen Block umlaufende Putz- und Klinkerbänder suggerieren das kollektive Zusammenstehen der Bewohner. Dringende Sanierungsmaßnahmen stehen der Wohnanlage ins Haus. Besondere Sorgfalt muß dabei auf den Erhalt der originalen Fenster verwandt werden. Wie kaum ein anderer Architekt setzte sie Gutkind als zentrales Gestaltungsmittel ein. Mehr als 25 unterschiedliche Fenstertypen, durch Sprossen in eine Vielzahl von Einzelscheiben unterteilt, lassen sich zählen.[3] Äußerst empfindlich gegen jede Veränderung sind die allseits verglasten »Wintergärten« an den Stirnseiten der Flügelbauten zur Ollenhauerstraße. Das Mauerwerk ist hier auf bloße Brüstungsstreifen reduziert. Membranhafte Glaswände aus querrechteckigen Scheiben, von schlanken Stahlrahmen gefaßt, schließen den »Außenraum«. Die so erzielte filigrane Textur und Transparenz steht in effektvollem Kontrast zur kompakten Massigkeit der Baukörper. Selbst minimale Eingriffe bedeuten deshalb die Zerstörung der spröden Eleganz und des labilen ästhetischen Gleichgewichts der gesamten Straßenansicht.

---

[1] Posener, Julius, Laudatio in Erwinum, in: Bauwelt, H. 15, 1968, S. 407.
[2] Jaeggi, A./Oestreich, A./Weinkamm, W., Gutachten zu den Wohnanlagen an der Ollenhauerstraße. Bauteil IV, Berlin 1986/87 (beim Landeskonservator), S. 30 ff./ [3] Jaeggi, A./Oestreich, A./Weinkamm, W., a.a.O., S. 10.

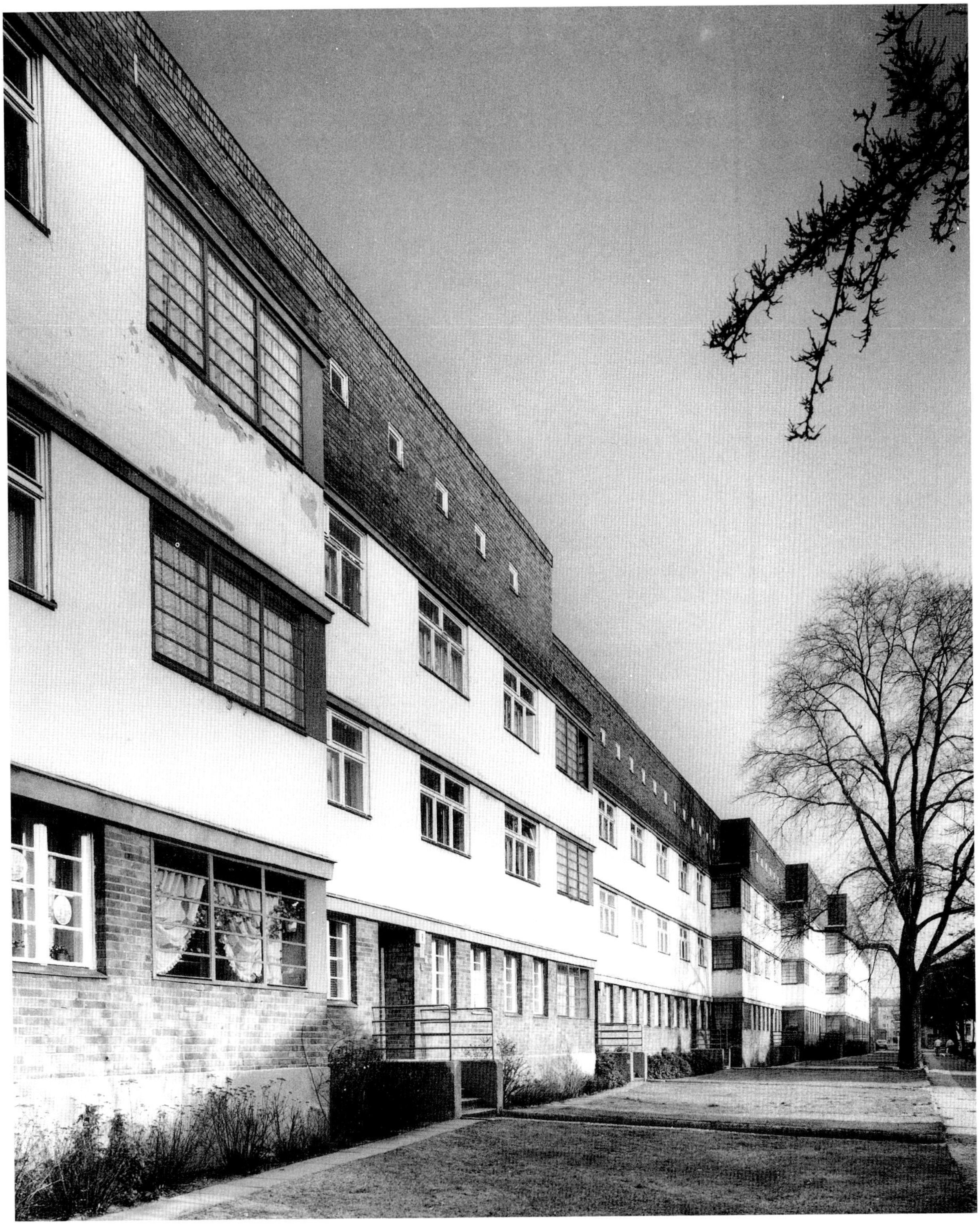

Müllverladestation

Helmholtzstraße 42, Charlottenburg

Als die Nationalsozialisten 1936 längst ihre antimodernen Architekturinhalte verkündeten, fortschrittliche Architekten dagegen noch gelegentlich Refugium im Industriebau fanden, errichtete Paul Baumgarten mit der Müllverladestation ein Bauwerk von höchster ästhetischer Qualität und innovativer Kraft. In seiner kompromißlos der Funktion folgenden Form vertritt es als eines von heute seltenen Beispielen ein von der Moderne propagiertes Ideal.

Dem Standort – Areal des aufgelassenen Charlottenburger Hafens am Kreuzpunkt von Spree, Charlottenburger Verbindungskanal und Landwehrkanal – gab Baumgarten mit der dem Wasser zugewandten Hauptansicht der Müllverladestation einen markanten und völlig neuartigen städtebaulichen Akzent. Einem Lastkahn gleich ist die Anlage in die Spree vorgeschoben, ihre Grundrißfigur jedoch rein aus dem Verladevorgang entwickelt. Als erste Einrichtung dieser Art weitestreichend rationalisiert, mechanisiert und hygienisch, dokumentiert sie auch die Leistungsfähigkeit der Großstadtentsorgung in den dreißiger Jahren: Vier Sammelwagen konnten in der Verladehalle gleichzeitig durch Schütt-Trichter ihre Ladung in die 600 t fassende Schute entleeren, die im Wasserbecken darunter lag. Danach verließen sie, um eine reibungslose Abwicklung zu gewährleisten, die Halle in Fahrtrichtung, wendeten auf der weit ausladenden halbrunden Rampe über der Spree und kehrten zur Ausfahrt an der Helmholtzstraße zurück. Von einem der Verladehalle vorgelagerten aufgeständerten Brückenbau aus wurden die Tore bewegt, die Entstaubungsanlage geregelt und die Pferdefuhrwerke beaufsichtigt. Etwa ein Viertel des gesamten Berliner Hausmülls konnte auf diese Weise kostengünstig in das stadtferne Sumpfland des Golmer Luch transportiert und dort nutzbringend zur Bodenverbesserung verspült werden.[1]

Die Spaltung Berlins trennte den Westteil der Stadt von den Deponien im Umland, die Zwischenverladung des Mülls auf Schiffe verlor damit Sinn und Zweck. 1953 wurde deshalb der unvermindert funktionstüchtige Verladebahnhof in seiner ursprünglichen Nutzung aufgegeben. Als Gesamtanlage ist er jedoch nahezu unverändert erhalten und für uns heute auch ein technisches Denkmal ersten Ranges.

---

[1] Informationen zu Technik und Verfahren der Müllentsorgung aus dem Gutachten der Architekten-Arbeitsgemeinschaft Lux, Wiedemann, Kalepsky, Steuernthal zur Müllverladestation, Berlin 1985 (beim Landeskonservator).

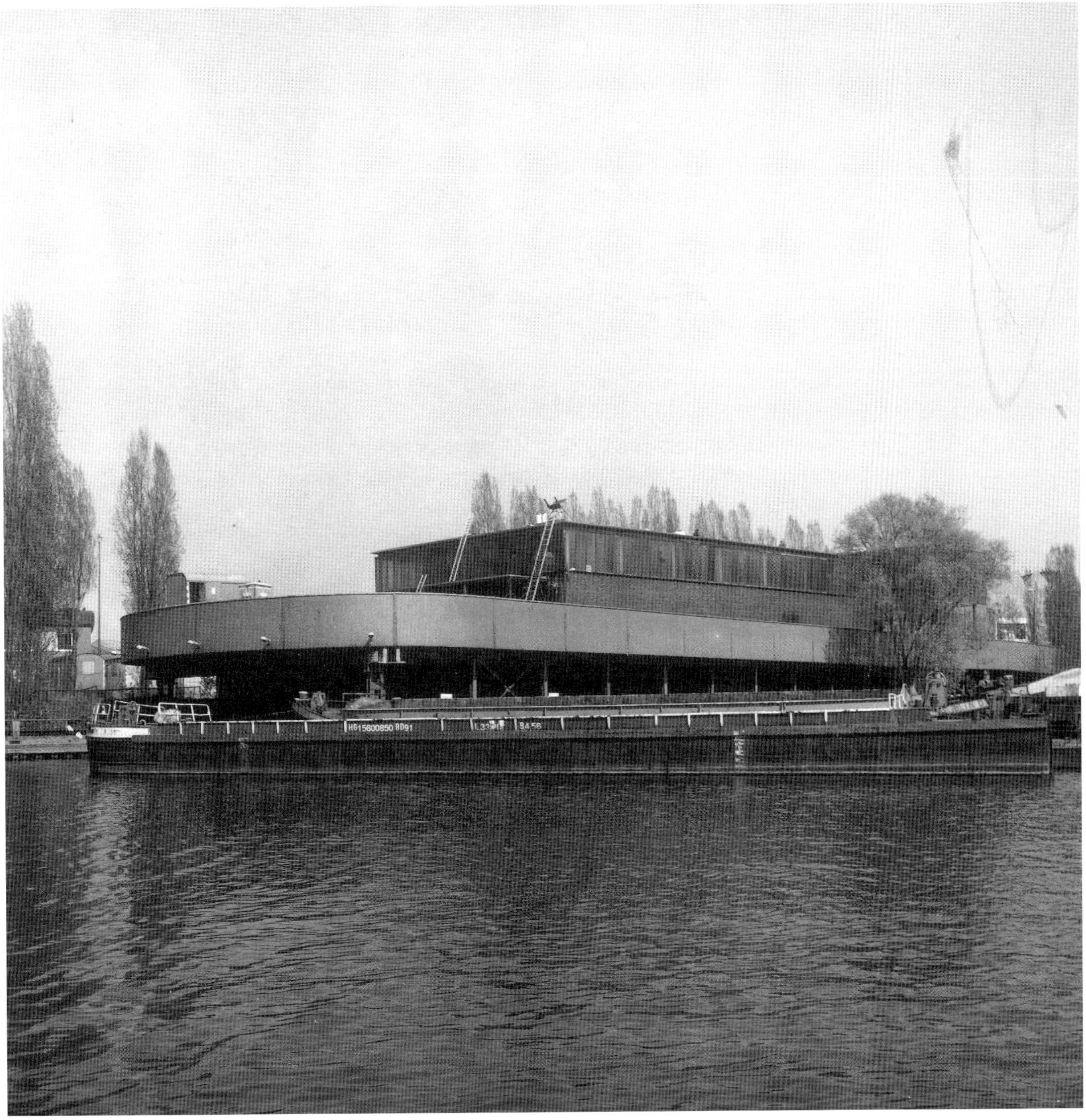
HG15600850 BD91
B4.56

»Speerplatte«

Friedrich-Olbricht-Damm 63 – 73, Charlottenburg

1937 war Albert Speer von Hitler zum Vollstrecker seiner herrischen Baupläne für die Umgestaltung Berlins in »Germania« berufen worden. Als Chef der eigens hierfür geschaffenen staatlichen Planungsbehörde »Generalbauinspektion« (GBI) war er mit uneingeschränkter Macht in allen Bauangelegenheiten ausgestattet und nur dem Führer verantwortlich. Um die gigantischen Maßnahmen überhaupt durchführen zu können, mußte ein entsprechend dimensionierter Produktionsapparat eingerichtet werden. Als eines seiner wirksamsten Instrumente sollte die »NSKK-Transportstandarte Speer (...) ausschließlich für Bauvorhaben der Neugestaltung der Reichshauptstadt sowie weiterer dem Generalbauinspektor zur Durchführung übertragener Großbauten im Reich eingesetzt werden«.[1] Für sie wurde 1942 nach Plänen des TU-Professors Carl Chr. Lörcher die sogenannte »Speerplatte« fertiggestellt: eine 300 m x 300 m große betonierte Fläche mit ca. 200 Lkw-Stellplätzen, dazu eine Reihe von kasernenartig angelegten Unterkunftsbauten für die Mannschaften der Fahrbereitschaft. Im Rahmen des »Luftschutz-Führerprogrammes« wurde das Erdgeschoß der dreigeschossigen Gebäudegruppen an der Nordseite der Platte als Bunker konstruiert.

Die beklemmende geschichtliche Aussage der »Speerplatte« offenbart sich vollends in der Zusammenschau mit anderen Dokumenten der vorbereitenden Maßnahmen für die Bauarbeiten: Ganze Stadtviertel wurden nach Plan abgerissen, so das heute noch gezeichnete Gebiet Kemperplatz/Reichstag, um Raum zu schaffen für die Neubauten. Den Verlust an Wohnraum milderte man durch requirierte Wohnungen jüdischer Bürger, die wiederum als KZ-Häftlinge in Steinbrüchen für die Beschaffung der immensen Mengen an Naturstein geschunden wurden. Neben der »Speerplatte« bezeugen auch die noch vorhandenen Wohnbaracken der ehem. »Arbeiterstadt Große Halle« (Abb. S. 139), heute Evang. Waldkrankenhaus Spandau, für die achttausend allein für dieses Projekt kasernierten Arbeiter und der »Großbelastungskörper« (Abb. S. 138) im Bereich des avisierten »Triumphbogens« nahe der Kolonnenbrücke die totalitäre Organisation von Speers megalomanischen Bauprogramm.

Die neun Hektar große Fläche der »Speerplatte« dient derzeit als Kohlendepot des Senats, eine Bebauung ist vorgesehen. In den Gebäuden sind Obdachlose und Asylbewerber untergebracht.

---

[1] Landesarchiv Berlin, Pr. Br. Rep. 107 Nr. 95: Aktenvermerk vom 3.12.1941 über »Wesen und Aufgabengebiet der NSKK-Transportstandarte Speer«.

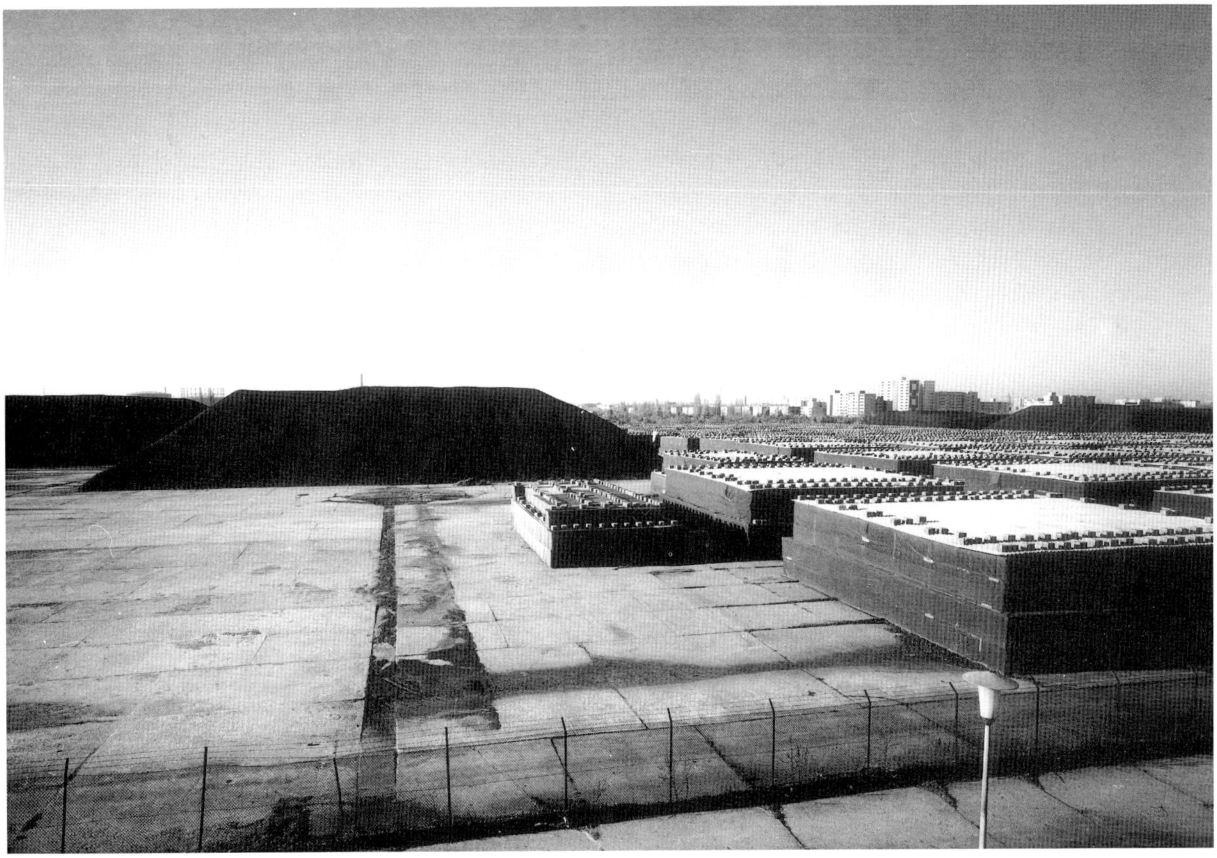

Ufa-Pavillon

Kurfürstendamm 225–226, Charlottenburg

Den großen, verführerisch in einem Überschwang von Materialien und Formen gestalteten Kinosaal, wie er in Deutschland nur wenige Jahre nach Kriegsende in Fortführung der Tradition des glanzvollen Lichtspieltheaters wieder entstand, gibt es heute so gut wie nicht mehr. Profitsucht und Rentabilitätszwänge im Zuge zunehmender Verhäuslichung des gesellschaftlichen Lebens teilten ihn in kleine Einzelkinos und vernichteten damit ein charakteristisches Element städtischer Massenkultur der fünfziger Jahre. Auch die Tage des Ufa-Pavillons, der bis ins Detail hinein fast unverändert erhalten ist, sind gezählt. Als eines von nurmehr ganz wenigen Beispielen, die heute noch in deutschen Großstädten zu finden sind, dokumentiert er die spezifische Erscheinungsform der sogenannten »Verdrängungskultur« der frühen Nachkriegszeit, die »mit hohem Unterhaltungswert von Einkehr und Trauer ablenken half«. Das prächtig ausgestattete und illuminierte Kino stellte »die luxuriöse Erweiterung der kargen eigenen vier Wände dar, in der der Film aus der erdrückenden Erinnerung an Krieg und Not in eine Traumwelt entführte«.[1]

1948 hatte man im Slevogt-Saal des »Berliner Kindl-Bräus« das Kiki-Kino (»Kino im Kindl«) eingerichtet, das schon bald nicht mehr genügte. Bereits 1951, als Berlin noch voller Ruinen war, erfolgte sein Ausbau zum großen Lichtspieltheater mit 668 Plätzen nach den Plänen des Architekten Gerhard Fritsche, auf den u. a. auch das 1977 abgebrochene MGM-Kino und in Zusammenarbeit mit Schwebes & Schoszberger das gigantische Doppelkino Zoo-Palast/Atelier am Zoo – alle von 1956/57 – zurückgehen. Mit großem Raffinement in Entwurf und Gestaltung gelang es Fritsche, in einen vorhandenen Altbau eine differenzierte Raumfolge von Eingangszone mit Kasse, Hofdurchgang, Foyer und Kinosaal zu integrieren. Keine großartige Filmpalastfassade, nur ein zungenförmiges Vordach über dem Eingang, dessen Unterseite abends hell zu erleuchten ist, sollte den Ku'damm-Flaneur überraschen und ihn im Vorübergehen »mit Mantel und Hut spontan zum Filmfreund«[2] werden lassen. Ein sanft verschwenkter langer Gang, an dem sich seitlich die Kasse befindet und dessen ohnehin sehr ausgeprägte Bewegungsrichtung durch geschickt inszenierte Deckenlichter (die heute keine Wartung mehr erfahren) zu einer fast suggestiven Sogwirkung gesteigert wird, lenkt den Besucher in das erst im Erdgeschoß des Quergebäudes liegende »Hofkino«. Über ein Foyer mit Garderobe und Verkaufstheke betritt er den weiten Kinosaal mit dem phantasievollen Deckengebilde aus Rabbitz, das dem Raum eine schwingende Leichtigkeit verleiht. Nurmehr ansatzweise zu ahnen dürfte heute sein, welch freundliche »Gegenwelt« in dieser dynamisch bewegten Architektur den Menschen gegenübertrat, die inmitten von Ruinen leben mußten und noch unter dem Eindruck der starren Massikgeit der Bauten des »Dritten Reiches« zu tragen hatten.

---

[1] Durth, Werner/Gutschow, Niels, Architektur und Städtebau der fünfziger Jahre. Schriftenreihe des Deutschen Nationalkomitees für Denkmalschutz, B. 33, o.J. (1988), S.115. / [2] Zechlin, H.J., Lichtspieltheater, 1. Das Kiki-Kino am Kurfürstendamm, in: Neue Bauwelt, H. 5, 1952, S. 17.

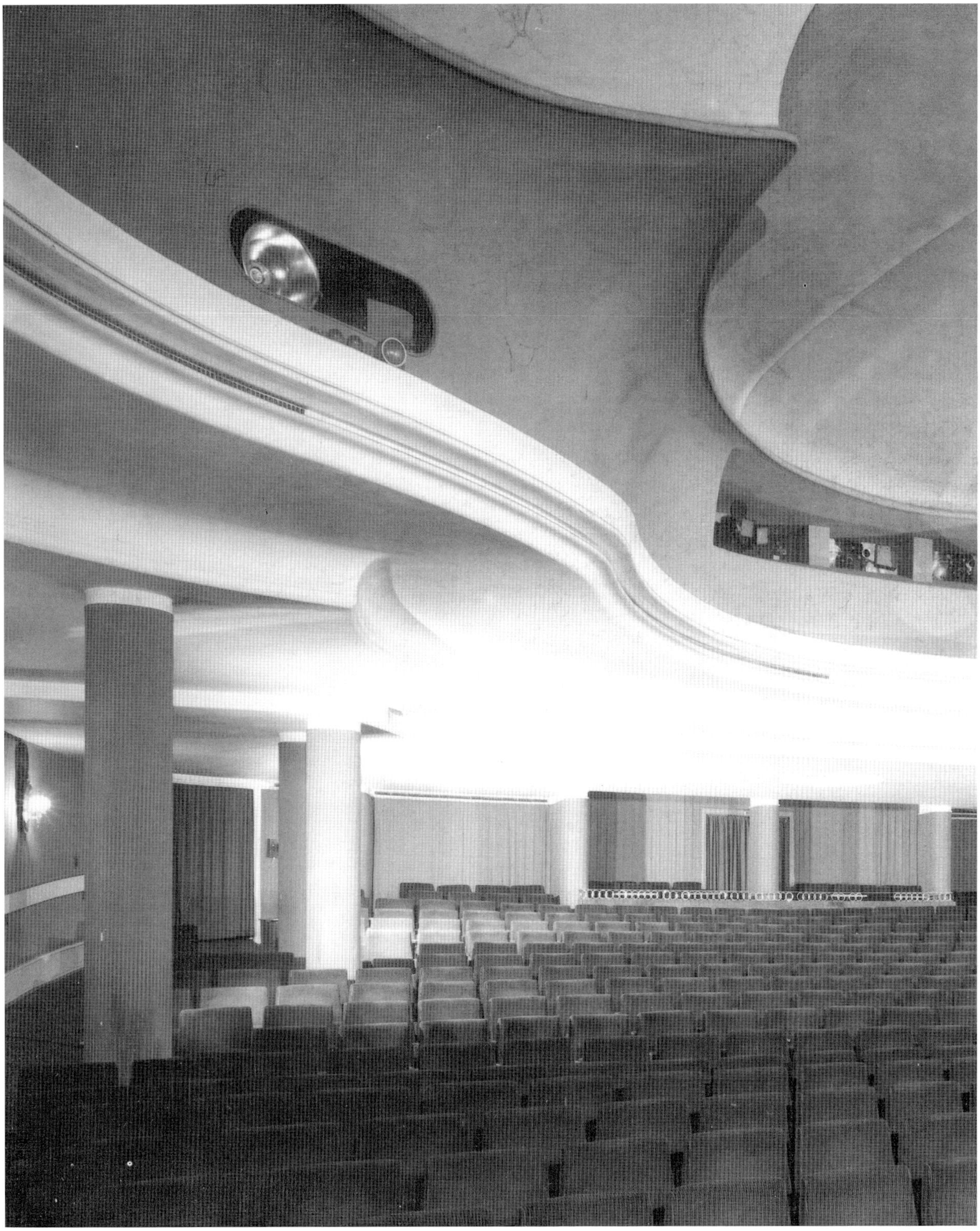

Gedenkstätte Plötzensee

Hüttigpfad, Charlottenburg

Die 1952 eingeweihte Anlage, neben dem Hof des Bendlerblocks in der Stauffenbergstraße dem öffentlichen Gedenken Berlins an die Opfer des Nationalsozialismus gewidmet, gestaltete Bruno Grimmek als »stillen« Ort der Erinnerung. Unter Verwendung vorhandener Mauern ist sie in der sakralen Würdeform eines halbrund schließenden Hofes, dessen Symmetrie und Achsenbezüge kaum merklich gebrochen sind, vom übrigen Gefängnisgelände abgegrenzt.

Im Durchgang zwischen dem schmalen Vorhof und dem leicht erhöht liegenden weiten Gedenkhof stellt sich ein alter Baum gleichsam als Chronist des Geschehens, an das die Erinnerung bewahrt werden soll, dem Eintretenden in den Weg. Ein anderer Baum ist seitwärts durch die dort ausbuchtende Umfassungsmauer in die Gedenkstätte aufgenommen. In deren Mitte steht das schmucklos wie eine Klagemauer gehaltene Mahnmal - sichtbares Zeichen der Trauer und des Wissens um die Untaten der nur wenige Jahre zurückliegenden Hitler-Diktatur. Dahinter verbirgt sich das eigentliche historische Dokument: die zentrale Richtstätte für die vom Volksgerichtshof und vom Berliner Kammergericht zum Tode verurteilten Frauen und Männer des Widerstandes.

Die absichtlich gewählte Verbindung der Gedenkmauer mit dem authentischen Ort nationalsozialistischer Gewaltherrschaft scheint wie ein vorweggenommenes Sinnbild der später von Alexander und Margerete Mitscherlich erhobenen Forderung: »Trauerarbeit kann nur geleistet werden, wenn wir wissen, wovon wir uns lösen müssen«.[1] Sie bezeugt auf diese Weise auch den bereits Geschichte gewordenen Versuch, in den frühen Nachkriegsjahren die Erinnerung an das langsam ins Vergessen zurücksinkende Grauen des Dritten Reiches für die Zukunft zu bewahren.

---

[1] Mitscherlich, Alexander und Margerete, Die Unfähigkeit zu trauern, München 1977², S. 82.

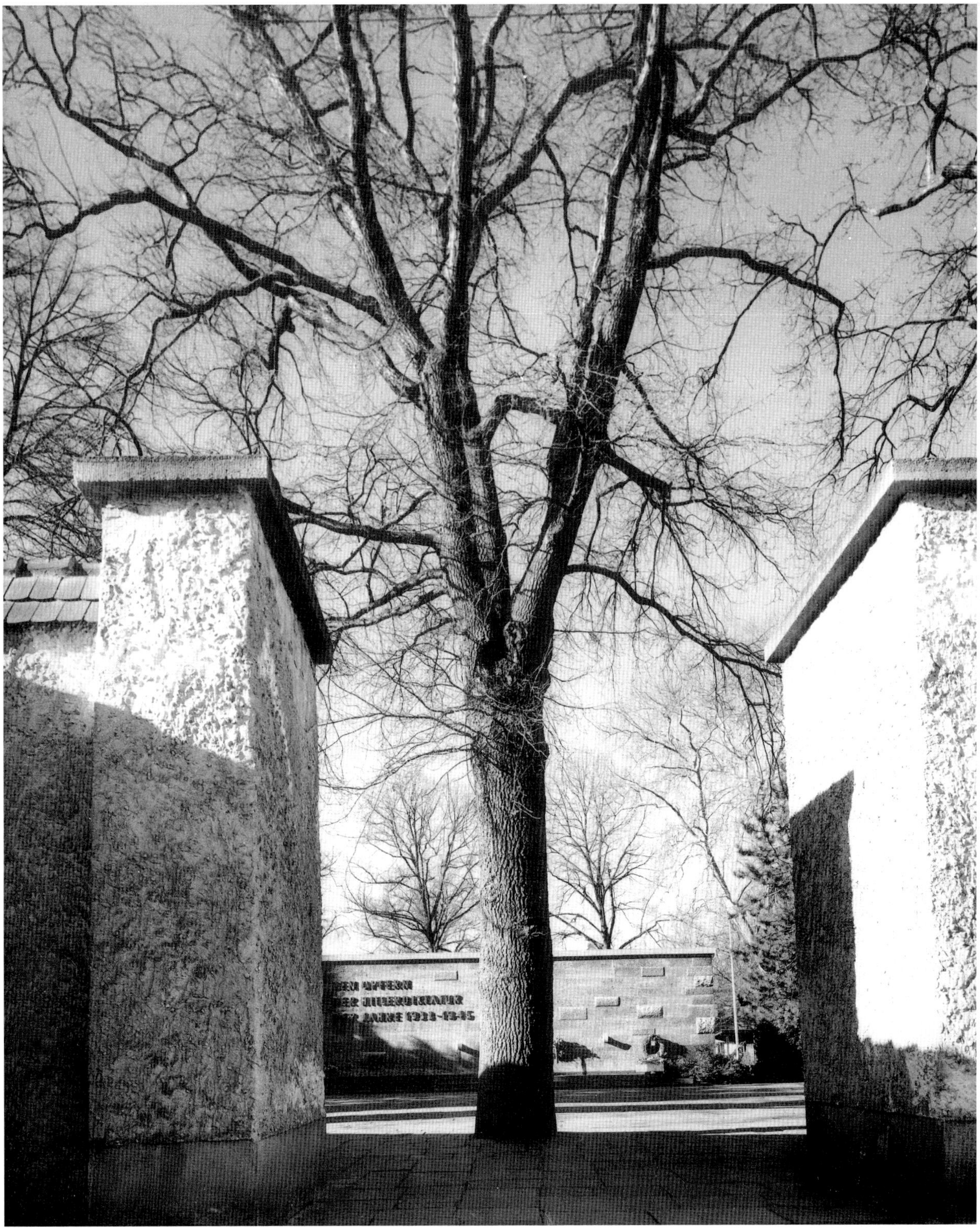

Teufelsberg

Wilmersdorf

»Aus der Not eine Tugend machen«[1] lautete in der Nachkriegszeit verständlicherweise das gängige Urteil über die Lösung, die unendlichen Mengen von Trümmerschutt auf riesigen Halden anzuhäufen und diese in Erwartung besserer Zeiten zu begrünen. Die Gruben und Steinbrüche außerhalb der Stadt, die wenigstens zu Teilen die Trümmermassen hätten aufnehmen können, waren dem Westteil Berlins ebenso unzugänglich geworden wie die einstigen Erholungsgebiete.

Das Ausmaß des Zerstörten lebt jedoch auf diese Weise in Aufwand und Ergebnis seines Umverwandelns fort. Allein zehn Jahre dauerte es, die zwölf Millionen Kubikmeter Schutt für den 120 m hohen Teufelsberg heranzufahren – der heutige Freizeitberg ist darum ein Denkmal des Zweiten Weltkrieges und des NS-Niedergangs. Aus der Distanz unserer Tage betrachtet sind die »Klamottenberge«, wie der Volksmund die Schuttkippen bald versöhnlich nannte, auch Denkmale der Vergangenheitsbewältigung, zumal der Teufelsberg, unter dem man ein Monument des Nazismus begrub. Die bereits im Rohbau fertige Universitätsstadt von Speers »Germania«-Planung war auf diese Weise unkenntlich gemacht worden.

Hunderttausende von Bäumen waren für die Gestaltung des Trümmerberges zum Freizeitberg erforderlich. »Einer der schönsten Aussichtspunkte der Mark (...)«[2], mit Ski- und Rodelhang und höher als die früher erreichbaren Müggelberge, wurde dabei mitten im eingeschlossenen Berlin geformt. Der Teufelsberg also auch ein Denkmal der Teilung der Stadt.

[1] Die Bundesrepublik Deutschland und ihre Länder. Sonderausgabe »Berlin beim Wiederaufbau«, Hamburg/Berlin 1955, o. S. / [2] Telegraf, Nr. 28, 2.2.1952.

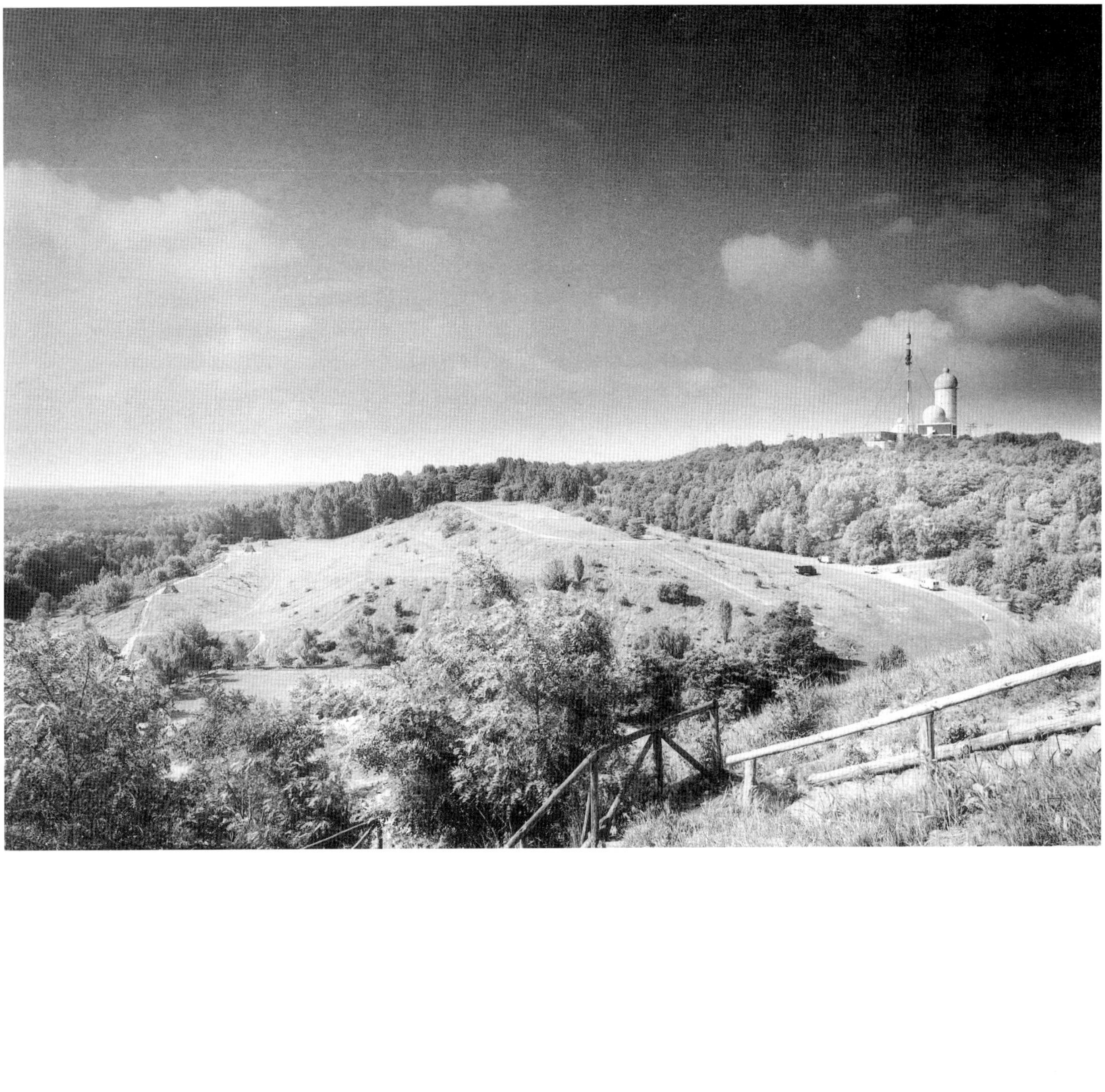

Verkehrskanzel

Joachimstaler Platz, Charlottenburg

Die Verkehrsarchitektur der fünfziger Jahre, die den wachsenden Anforderungen durch die unvorhersehbare Zunahme an Autos in den 60er Jahren schon bald nicht mehr standhalten konnte, ist heute bereits weitgehend vernichtet oder entstellt, ohne daß ihr zeitgeschichtlicher Zeugnischarakter und ihre ästhetischen Qualitäten wirklich erkannt worden wären.

»Bereits in den ersten Nachkriegsjahren stand der erwartete Anstieg des Pkw-Verkehrs im Mittelpunkt städtebaulicher Überlegungen. Der Straßenverkehr galt schlechthin als Sinnbild städtischen Lebens und wirtschaftlicher Dynamik«[1], als Ausdruck von Modernität und Zukunftsoptimismus, wie ja auch die Automobilindustrie der jungen Bundesrepublik entscheidend zum wirtschaftlichen Aufschwung verhalf. Den vielen notwendig gewordenen Einrichtungen rund um den Autoverkehr wurde ganz selbstverständlich eine große gestalterische Aufmerksamkeit entgegengebracht, und man scheute sich nicht, diese neue Bauaufgabe den tradierten ebenbürtig an die Seite zu stellen. So gehört das erste Parkhaus der Bundesrepublik – die Haniel-Garage in Düsseldorf, 1949/50 von Paul Schneider-Esleben – zu den Inkunabeln der Architektur der fünfziger Jahre in Deutschland. Prominente bauliche Zeugnisse damaliger Zukunftserwartungen in den Straßenverkehr sind in Berlin der viel geschmähte Verkehrskreisel des Ernst-Reuter-Platzes (vgl. Seite 222), der angegriffene Garagenbau und die vom Abriß bedrohte Tankstelle des »Zentrums am Zoo« in der Budapester Straße und der von den Stadtplanern ungeliebte Glaskörper des »Ausstellungspavillons für Kraftwagen« am Ehlersplatz in Nachbarschaft zum gotisierenden Steglitzer Rathaus.

Zu den heute schon als kostbar zu nennenden Dokumenten der Hoffung auf uneingeschränkte Mobilität, die in den Jahren nach dem Krieg in den Individualverkehr gesetzt wurden, gehört zweifellos auch die einzige Berliner Verkehrskanzel, 1954/55 nach Plänen Werner Klenkes unter der künstlerischen Oberleitung Bruno Grimmeks errichtet. Daß man ihr den einst notwendigen freien Blick auf die Kreuzung mit Bäumen verstellte und in bedrängender Nähe ein Kunstwerk placierte, zeigt unmißverständlich, wie sehr sie heutigen Vorstellungen regelrecht im Wege steht. Dabei weist sich die Verkehrskanzel durch eine große Originalität des Entwurfes und hervorragende architektonische und stadträumliche Qualitäten aus. Vortrefflich gelöst ist die »Verquickung mehrerer, sehr verschiedenartiger Aufgaben«, die »zu einem Ganzen zusammengewachsen und nicht eine Addition zusammenhangsloser Einzelteile geblieben« sind.[2] Durch Kiosk, Telefonzellen, Toilettenanlagen und Zugang zum damals neugeschaffenen U-Bahnhof werden öffentliche und halböffentliche, oberirdische und unterirdische Bereiche miteinander verknüpft. Gemeinsam beschirmt sie ein weit auskragendes Wetterdach, das von der Stahlbetonstütze, an der die allseitig verglaste, prismatisch geformte Verkehrskanzel hängt, durchstoßen wird. In einzigartiger Weise dokumentiert die gesamte Anlage durch die entmaterialisierte Leichtigkeit, die große Transparenz und Durchlässigkeit und den Anschein des »Schwebens« einzelner Teile zeittypische Gestaltungsabsichten.

Als Regieinstrument für den Autoverkehr mußte die Verkehrskanzel auch eine gewisse inszenatorische Aufgabe übernehmen, was in der stadträumlichen Fixierung als »Platzzeichen« des Kreuzungsbereiches Kurfürstendamm/Joachimstaler Straße zur Anschauung kommt. Als solches steht sie auch in einer formalen und städtebaulichen Wechselwirkung mit den beiden anderen Zeugnissen des Wiederaufbaus dieses »Brennpunktes der westlichen City«[3] – dem Kranzler-Eck von Hans Dustmann, 1957/58, und dem Allianz-Hochhaus von Paul Schwebes/Alfred Gunzenhauser, 1951/55 – und darf deshalb keinesfalls wie ein unliebsam gewordenes Möbel beseitigt werden.

[1] Durth, Werner / Gutschow, Niels, Architektur und Städtebau der fünfziger Jahre. Schriftenreihe des Deutschen Nationalkomitees für Denkmalschutz, B. 33, o.J. (1988), S. 40. / [2] Berlin und seine Bauten, Teil X, Band B, Berlin 1979, S.311. / [3] Bauwelt, H. 38, 1955, S. 745.

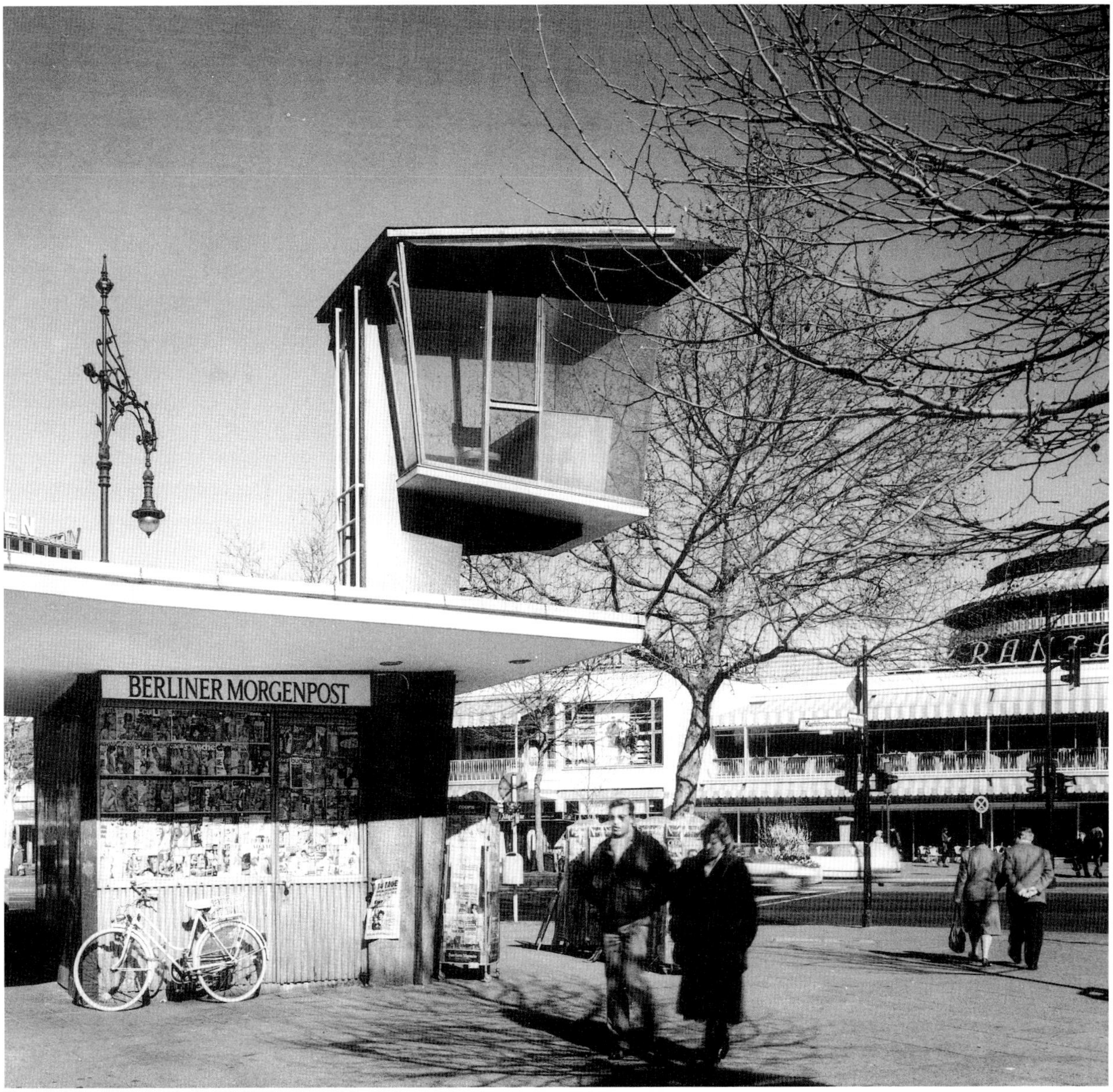
BERLINER MORGENPOST

Ernst-Reuter-Platz

Charlottenburg

Der nach dem Bürgermeister der Blockade benannte Platz wurde anfänglich seiner Größe, der nachts illuminierten modernen Fassaden, der achtstrahligen Lichtmasten und der tanzenden Fontänen wegen als Attraktion gefeiert, heute dagegen gilt er als »Nicht-Platz schlechthin«.[1] Trotz dieser Einschätzung und bereits erlittener Verluste und Eingriffe ist der Platz, der überdies auch niemals ganz in der ursprünglich konzipierten Form realisiert wurde, beredtes Zeugnis der paradoxen Nachkriegssituation, als man in West-Berlin für Gesamtberlin als »Hauptstadt im Wartestand«[2] plante, die beiden Teilstädte sich aber längst auseinandergelebt hatten.

1955 veranstaltete der Senat seinen einzigen Wettbewerb für das Gebiet der neuen City-West, die vor allem von privatwirtschaftlicher Seite gefördert wurde, und anerkannte damit halbherzig die realpolitische Lage der geteilten Stadt. Ungeachtet dessen wollte man die »stadträumliche« Lösung, die auf diesem Wege gesucht wurde, auch als Teil »hauptstädtischer Gesamtplanung«[3] verstanden wissen, desgleichen – mit umgekehrtem Vorzeichen – als städtebauliche Entgegnung zur Stalinallee, deren »sterile (...) Schaukasten«-Architektur lediglich geeignet schien, »dem ›kleinen Mann‹ zu imponieren«.[4]

Nicht zuletzt mußte die unmittelbare Vergangenheit mit dem neuen Gesicht des Platzes überwunden werden: »Es ist keine Spielerei, kein bloßes Zierat, daß Berlin durch Werner Düttmann die Ost-West-Achse am Ernst-Reuter-Platz durch Wasserkünste unterbrochen hat; denn das Bestehenlassen einer Achse wäre das Bestehenlassen einer solchen Straße der Verführung«.[4] In seinem 1955 preisgekrönten und der Neugestaltung des total kriegszerstörten Areals am früheren »Knie« als Bebauungsplan zugrundegelegten Wettbewerbsentwurf entwickelte Bernhard Hermkes eine Platzidee, die Mies van der Rohe bereits 1928 für den Alexanderplatz vorformuliert hatte: im Zentrum der Verkehrskreisel als optimaler Verteilermechanismus, die rahmenden Einzelbauten weiträumig auseinandergerückt unter strikter Vermeidung einer geschlossenen Platzwand. Das quadratisch gemusterte Mosaikpflaster, durch seine unregelmäßige Ausdehnung bis hinter die Randbauten jede Platzgrenze im herkömmlichen Sinne negierend, unterstützt die Wirkung des offenen Stadtraumes – ein auch für die Vogelperspektive berechneter Eindruck. Fortschrittsgläubig hatte man den künftigen Motorisierungsgrad der Bevölkerung mit 1 : 5 veranschlagt. Den Anforderungen dieses »modernen Weltstadtverkehrs«[4] sollte am westlichen Knotenpunkt der neuen City ein störungsfreies System Rechnung tragen. So führt der Zugang zur grünen Mittelinsel mit Bassin und Sitzbänken auch nur über den Tunnelgang. Mit dem zwanzigstöckigen Telefunken-Hochhaus als dem damals höchsten Bauwerk der Stadt in der Nachfolge des Pirelli-Hochhauses in Mailand erhielt der Platz 1960 seinen Superlativ. Platzbildbeherrschend stellt es seine Front dem Ostteil der Stadt entgegen.

Solchermaßen ein Unikat unter den deutschen Großstadtplätzen der Nachkriegszeit dokumentiert der Ernst-Reuter-Platz auch die autogerechten urbanistischen Leitvorstellungen der fünfziger Jahre und einen Ausschnitt der Zukunftsvision vom großen freien Berlin.

---

[1] Pehnt, Wolfgang, Der Anfang der Bescheidenheit, München 1983, S. 12. / [2] 750 Jahre Architektur und Städtebau in Berlin, Kat. zur Ausst. in der Nationalgalerie, Berlin 1987, S. 218. / [3] Otto Bartning als städtebaulicher Berater des Bausenators; Telegraf, 2. 11. 1955. / [4] Walter Gropius bei einem Besuch in Berlin, während dem er seine Mitarbeit an der Gestaltung einzelner Bauten anbot; Telegraf, 1. 10. 1955. / [5] Arndt, Adolf, Demokratie als Bauherr, Berlin 1984 (Vortrag 1960 in der Akademie der Künste). / [6] Der Tag, 24. 9. 1955.

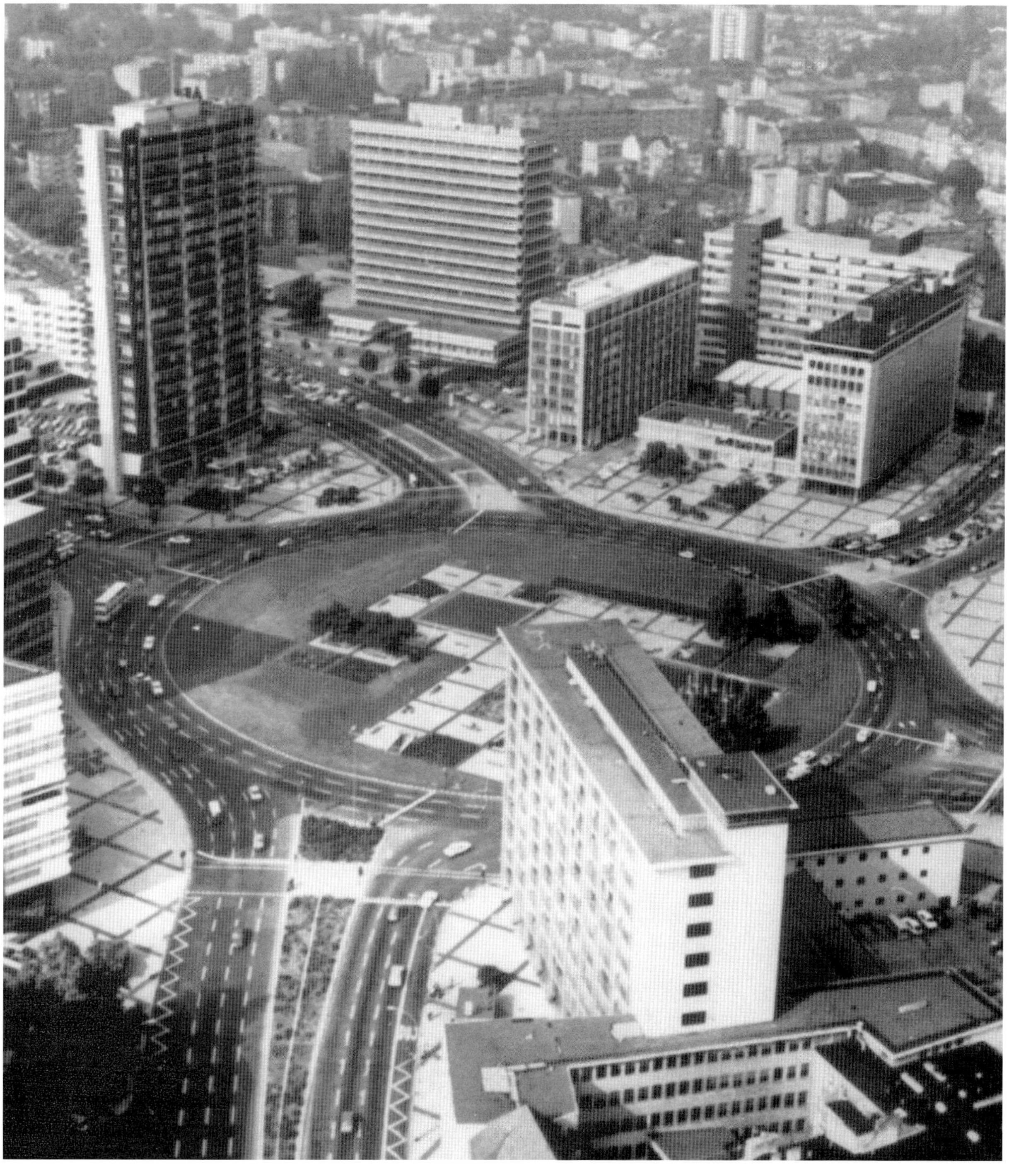

Kongreßhalle

John-Foster-Dulles-Allee, Tiergarten

Die Denkmalbedeutung der Kongreßhalle ist unauflöslich mit dem Nachkriegsschicksal der geteilten Stadt, des geteilten Landes verbunden. Alle maßgebenden Impulse zu ihrer Realisierung rührten von den vielfältigen politischen Ambitionen der Amerikaner in Berlin während des Kalten Krieges her. Durch eine »Stätte der freien Rede« sollte die Zugehörigkeit des Westteils der Stadt zur freien westlichen Welt gegenüber dem Osten architektonisch unmißverständlich zur Anschauung kommen und zugleich, im Vorgriff, die künftige Hauptstadt eines geeinigten Deutschland mit einem Gebäude von evident moderner Konzeption und Gestalt für internationale Begegnungen ausgestattet werden. Allein die Entscheidung für den Standort unweit der Sektorengrenze war Ausdruck sowohl des Bewußtseins der Trennung als auch des noch ungebrochenen Glaubens an die Wiedervereinigung: »Dieser Platz genau zwischen dem westlichen und dem östlichen Stadtzentrum ist das Herz Deutschlands und Brennpunkt des politischen Lebens nach einer Wiedervereinigung«.[1] Zur Bekräftigung des historischen Bezuges und des Anspruches für die Zukunft stellte man die Kongreßhalle in eine Achse mit dem Reichstag und erhob ihre spektakuläre Erscheinung, die im flachen Gelände des zerstörten Tiergartens damals noch weithin sichtbar war, zum ideologieschweren Symbol: So sprachen die amerikanischen Bauherren, die für ihre Unternehmung eigens eine Stiftung gegründet und ihr den beziehungsreichen Namen Benjamin Franklins gegeben hatten, von einem propagandistisch gen Osten gerichteten Signalfeuer.[2] Präsident Eisenhower verglich die Kongreßhalle mit einem Symbol und Werkzeug der Freiheit[3], Theodor Heuss sah in ihr ein »Symbol (...) übernationaler Gesinnung«.[4] Der stellvertretende Bürgermeister Amrehn nannte die Kongreßhalle ein »Denkmal deutsch-amerikanischer Gemeinschaftsarbeit, das in seinem kühnen Schwung (...) einen Ausdruck des freiheitlichen und fortschrittlichen Geistes darstellte«.[5] Das war auch die Intention des entwerfenden Architekten Hugh Stubbins, der dem Gebäude mit dem nur auf zwei Punkten aufliegenden Dach »Flügel« verleihen wollte, zur Erinnerung an die Luftbrücke und die eingeschlossene Lage der Stadt. Frei Otto, neben Pier Luigi Nervi einer der vehementesten Kritiker der architektonischen Lösung, hielt Stubbins Versuch, ein abstraktes Ideal in eine »gültige« bauliche Form bringen zu wollen, lakonisch entgegen: »Man kann das ›freie Gespräch‹ nicht bauen«.[6]

Obwohl die einst demonstrativ neuartige Konstruktion durch den Wiederaufbau nach dem Einsturz 1980 einschneidend verändert und große Teile der originalen Substanz nicht mehr vorhanden sind, bleibt der Symbolwert der von vornherein als Denkmal geschaffenen Kongreßhalle gewahrt. Gerade ihre geschichtliche Bedingtheit verbietet es auch, die Frage nach ihrem »Wert« zur Geschmacksfrage zu verengen. Keinesfalls ist sie nur ein im Wege stehender »Nierentisch« oder eine »liebenswürdige Nichtigkeit«.[7]

---

[1] Frei Otto, Bauwelt, H. 1, 1958, S. 13. / [2] Miller Lane, Barbara, The Berlin Congress Hall 1955–1957, in: Perspectives in American History, Vol. 1, 1984, S. 153. / [3] a.a.O., S. 133. / [4] Schriftenreihe zur Berliner Zeitgeschichte. Berlin. Chronik der Jahre 1957–1958, Berlin 1974, 26.4.58. / [5] a.a.O., 19.9.57. / [6] Bauwelt, H. 1, 1958, S. 16. / [7] Siedler, Wolf Jobst, in: Die Zeit, 16.9.83, S. 44.

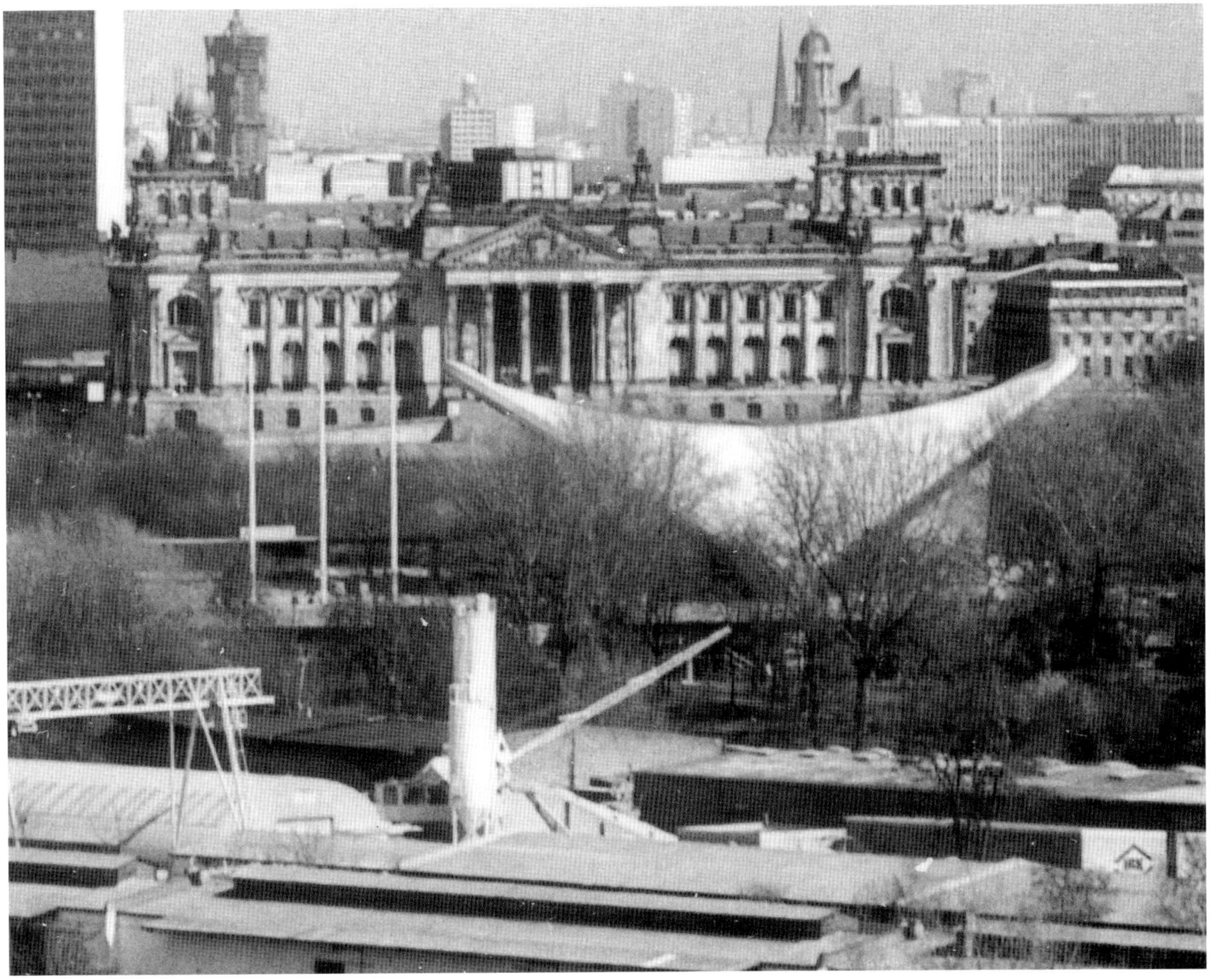

Reichstag

Tiergarten

Nach der Proklamation des Deutschen Reiches 1871 sollte dem ersten deutschen Parlament ein monumentales, ganz im Sinne der Zeit in einem »großartigen« Stil gehaltenes Haus errichtet werden. Von Anfang an kämpften rivalisierende Gruppen um den »künstlerischen Zweck« des Reichstagsgebäudes und versuchten auf die mehrfach grundlegend abgeänderten Entwürfe Paul Wallots Einfluß zu nehmen. Auch nach seiner Fertigstellung 1894 wurde der Bau mit der fortschrittlichen Glas-Eisen-Kuppel nur sehr zwiespältig aufgenommen und später seines auftrumpfenden Prunkes wegen allgemein verabscheut. Durch zahlreiche Erweiterungspläne in den zwanziger Jahren wurde das Verhältnis von Alt und Neu erstmals zum Problem. Cornelius Gurlitt nannte den gerade knapp 35 Jahre alten Bau in diesem Zusammenhang ein »Denkmal seiner Zeit« und plädierte für eine furchtlose Auseinandersetzung mit seinem »Wesen«.[1] Als Wahrzeichen deutscher Größe opferte Hitler das nach dem Reichstagsbrand 1933 funktionslos gelassene Gebäude Speers Achsenplänen nicht. Den Kampf um die Zerschlagung des benachbarten NS-Führungszentrums überstand es schwer beschädigt.

Als Symbol Deutschlands mit der Hauptstadt Berlin sicherte man in den fünfziger Jahren seinen Erhalt. Große Teile der noch vorhandenen üppigen Bauplastik wurden jedoch entfernt, die angegriffenen Kuppeln gesprengt; ihre Wiederherstellung erachtete man selbst im Hinblick auf den unangefochtenen Denkmalcharakter des Gebäudes für nicht gerechtfertigt.

Der Innenausbau seines westlichen Teils nach dem Entwurf Paul Baumgartens zum 1960 ausgeschriebenen Wettbewerb sollte das Gebäude wieder parlamentarischer Arbeit zuführen: »Die alte Monumentalität«, so Baumgarten damals, »die als ein Ausdruck vergangener Zeiten anzusehen ist, kann nicht beibehalten werden, vielmehr muß die neue Gestaltung die heutige Lebensauffassung und den Stil parlamentarischer Arbeit unterstreichen, wobei aber die geschichtliche Bedeutung des Bauwerkes in Bezug auf die Geschichte des deutschen Parlaments erhalten bleiben soll«.[2] Geradezu kontrapunktisch zur Schwere des zerstörten alten Plenarsaales und der angrenzenden Räume schuf Baumgarten weite Raumbezirke, licht und transparent, ohne Pathos und monumentale Ambitionen, und setzte damit ein sichtbares Zeichen des Willens zu demokratischem Neubeginn. Zur Zeit werden Pläne diskutiert, dem von seiner Geschichte gezeichneten Haus mit all seinen Verletzungen und Verstümmelungen am Außenbau zu seinem hundertsten Geburtstag mit einer rekonstruierten Kuppel ein unzeitgemäßes Hoheitszeichen zurückzugeben und dabei auch den Plenarsaal zur Disposition zu stellen.

In der kompromißlosen Thematisierung und Konfrontation von Alt und Neu stellt Baumgartens Innenausbau des Reichstages heute ein einmaliges Dokument der architektonischen Auseinandersetzung mit deutscher Parlamentsgeschichte dar. Bereits 1965 ließ eine Kritikerstimme dazu verlauten: »Es gehört fraglos auch von seiten des Bauherrn Mut dazu, ja zu einem Entwurf zu sagen, der aus dem alten Reichstag das modernste und kühnste Parlamentshaus macht. Die Mitglieder des Bundestages werden sich nur ganz allmählich an die Größenverhältnisse und die entwaffnende Einfachhheit gewöhnen, denn da ist alles Maß und Zahl, Verhältnismäßigkeit und Rhythmus (...)«.[3]

---

[1] Wasmuths Monatshefte, H. 7, 1930, S. 340 ff. / [2] Baumgarten, Paul, Erläuterungsbericht zum Wettbewerbsentwurf, in: Paul Baumgarten, Bauten und Projekte 1924 – 1981, Ausst. Kat. Akademie der Künste, Berlin 1988, S. 221 f. / [3] Grohmann, Will, FAZ 27.3.1965, zit. nach Paul Baumgarten, Ausst. Kat. 1988, S. 223.

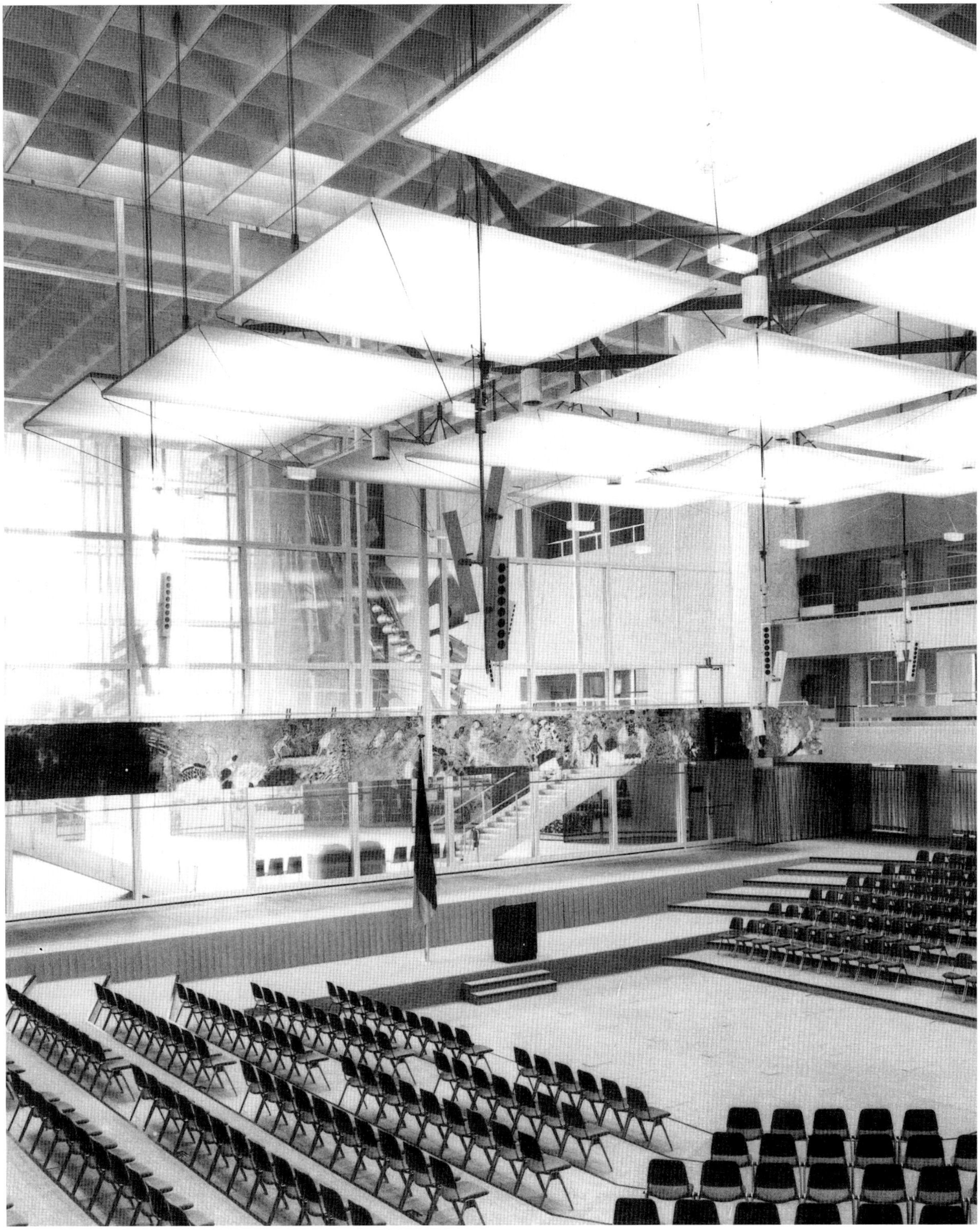

Zentrale der DLRG

Am Pichelsee 25, Spandau

Auch so junge Gebäude wie die 1969/71 am Haveluferdurch Ludwig Leo errichtete Zentralstation der Berliner Lebensrettungsgesellschaft samt Winterlager für 80 Boote können bereits Denkmale sein.

Der etwa 30 m hohe Dreiecksturm zeigt sich zur Straße hin als mächtiger Block in rostfarbenem Putz mit seitlichen Betonflanken, bekrönt von den Monumentalbuchstaben DLRG und dem hohen Sendemast – zur Wasserseite dagegen als metallenes Gerät von absolut konstruktiver und funktioneller Zweckmäßigkeit. Das in der Havellandschaft fast wie ein abstraktes Zeichen für Wasser und Schiff erscheinende Gebäude beschrieb Heinrich Klotz als »Transportmaschine«, die »eine Symbiose mit einem Bauwerk eingegangen ist. Das technische Moment ist an dieser Architektur ebenso hervorgehoben wie das architektonische Moment an der technischen Konstruktion«.[1]

Werden die Schiffe eingebracht, schwimmen sie in einem Kanal zwischen Havel und Gebäude auf einen Slip-Wagen, der sie dann auf Schienen die schräge Ebene hinauf zu den gleichsam übereinander gestapelten Decks befördert. Im Inneren vermitteln ein Aufzug und Treppen zwischen den Stockwerken, wo auch Werkstätten, Schulungs- und Mannschaftsräume, eine Tauchlehrstätte, Rettungseinrichtungen und eine Betriebs- und Fernmeldezentrale eingerichtet sind.

Neben der DLRG-Zentrale erregte insbesondere auch Leos ebenfalls gänzlich nach funktionalen Erfordernissen konstruierte Wasserversuchsanstalt der TU am Landwehrkanal von 1976 Aufsehen. Beide Werke mit dem optimierten Funktionszusammenhang einer Maschine würdigte Peter Cook als »heroische« Bauten und titulierte sie als »Berlin Mysteries«.[2] Ulrich Conrads reihte bereits ein Jahr nach seiner Fertigstellung das DLRG-Gebäude unter die Prominenz der Berliner Bauten ein: »Seit Martin Wagners Zeiten, seit dem Ende der 20er Jahre, seit dem Bau des Strandbades Wannsee und der Häuser am Rupenhorn (Hilberseimer, Hans und Wassili Luckhardt, Mendelsohn) hat die Havel eine so überzeugende bauliche Geste, einen solchen Einklang von Form und Funktion nicht mehr gesehen. Die neue DLRG-Zentrale ist ein Gebäude ohne Allüren, aber mit Haltung, außerordentlich in jedem Sinn«.[3]

---

[1] Heinrich Klotz, Moderne und Postmoderne, Braunschweig/Wiesbaden 1984, S. 380 f. / [2] Architectural Review, Juni 1981, S. 371 f. / [3] Bauwelt, H. 37, 1972, S. 1461.

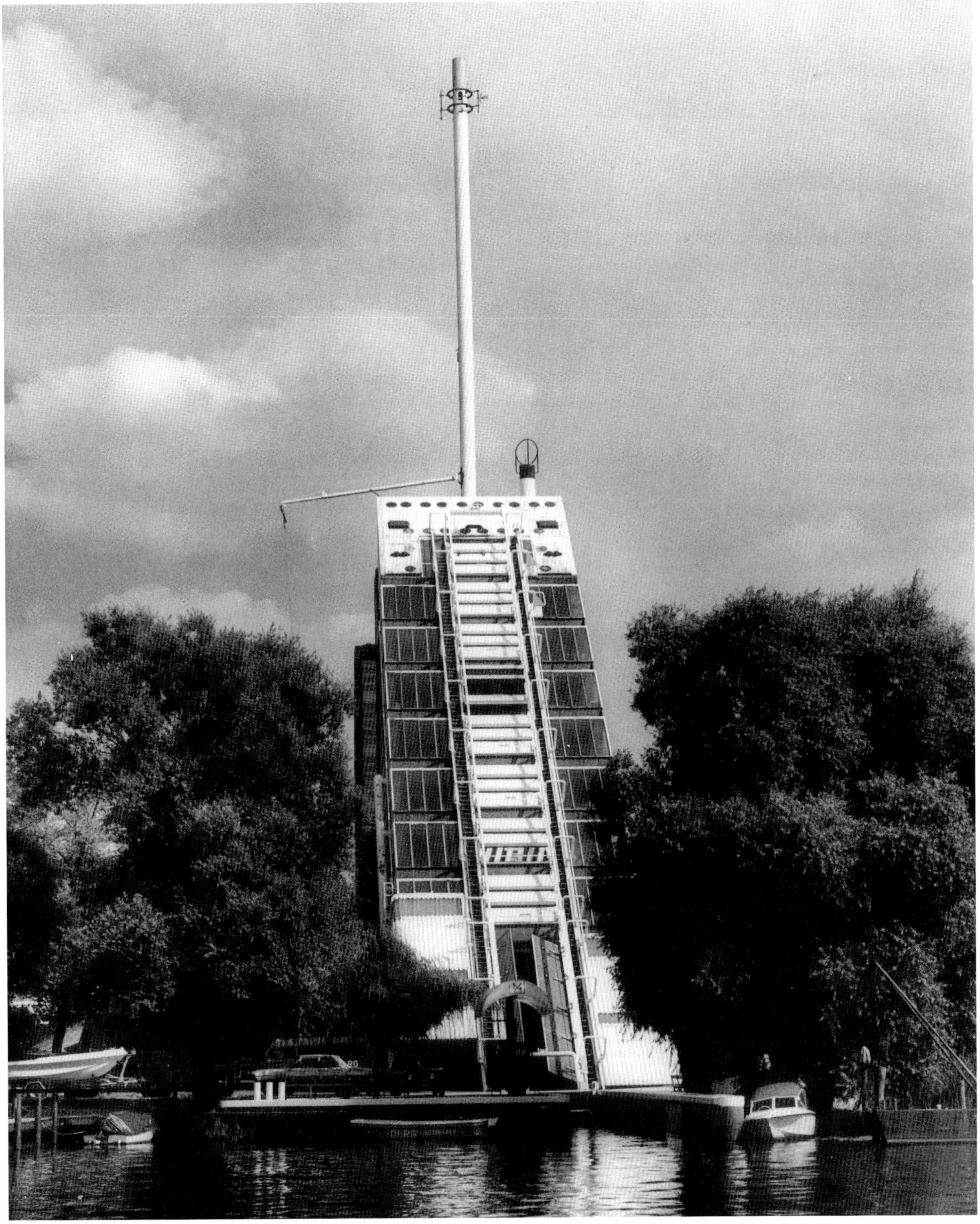

Aus der Praxis
der Berliner Denkmalpflege

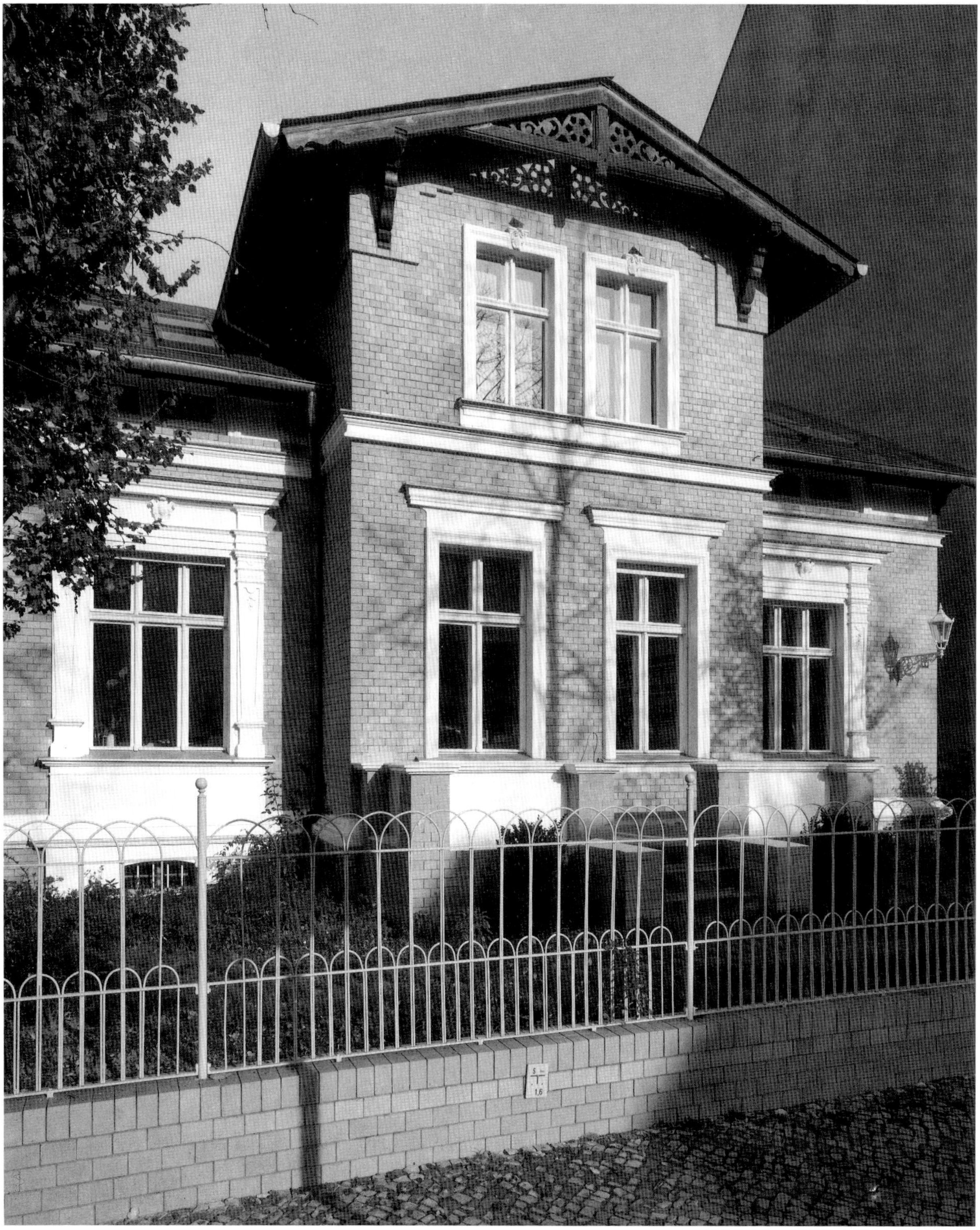

Henrik Schnedler

Viele Haken – wenige Ösen
Zehn Jahre Denkmalschutzverfahren nach dem Berliner Denkmalschutzgesetz von 1977

Bevor das Berliner Denkmalschutzgesetz am 1. Januar 1978 in Kraft trat, war der Baudenkmalschutz durch die Berliner Bauordnung geregelt und der Bodendenkmalschutz durch das Preußische Ausgrabungsgesetz vom 26. März 1914 (das in Teilen als Berliner Landesgesetz fortgalt). Die Berliner Bauordnung enthielt allerdings nur eine einzige materielle Bestimmung zum Baudenkmalschutz. Diese verpflichtete weder zur Erhaltung noch zur Pflege noch zur Erforschung von Baudenkmalen, sondern sie regelte allein deren Gestaltung. Die Bestimmung lautete: »An Baudenkmalen dürfen bauliche Änderungen nur unter Wahrung ihrer Eigenart und des besonderen Eindrucks, den sie hervorrufen, vorgenommen werden. Die bauaufsichtlichen Entscheidungen ergehen im Einvernehmen mit dem Landeskonservator« (§ 14, Absatz 5). Ein als Anlage der Bauordnung beigefügtes Verzeichnis enthielt die dem Denkmalschutz unterliegenden Baudenkmale. Als Bestandteil der Bauordnung besaß dieses Verzeichnis Gesetzeskraft. Durch Rechtsverordnung des Senats konnten Baudenkmale in das Verzeichnis aufgenommen oder gestrichen werden (§ 14, Absatz 6). Davon wurde jedoch nie Gebrauch gemacht. Stattdessen wurde die Denkmalliste dann überarbeitet, wenn eine Neufassung der Bauordnung beabsichtigt war. Man nahm jedoch nur Baudenkmale in die Liste auf, die sich im öffentlichen Eigentum befanden oder deren Eigentümer mit dem Denkmalschutz einverstanden waren. 1958 enthielt das Verzeichnis noch 141 Baudenkmale, 1966 immerhin 182. Als das Berliner Denkmalschutzgesetz in Kraft trat, umfaßte die damals gültige Liste der Bauordnung von Berlin in der Fassung vom 13. Februar 1971 die Anzahl von 193 Baudenkmalen. Über sieben Jahre lang war die Zahl der eingetragenen Baudenkmale unverändert geblieben. Nach den Bestimmungen des § 24 des neuen Denkmalschutzgesetzes galten diese 193 Baudenkmale nunmehr als in das Baudenkmalbuch eingetragen.

Zehn Jahre später, am 1. Januar 1988, umfaßten die Eintragungen im Baudenkmalbuch 602 bauliche Anlagen, Gärten und Parkanlagen, also über dreimal soviele Baudenkmale wie vor dem Inkrafttreten des Gesetzes. Diese zunächst durchaus respektabel erscheinende Zahl wird allerdings durch die Zahl von 5000 bis 10.000 Baudenkmalen relativiert, die Berlin vermutlich besitzt. Diese Zahl beruht allerdings auf Schätzungen, da eine systematische, flächendeckende Inventarisation aller Berliner Baudenkmale bisher nicht vorliegt. Bei einer durchschnittlichen jährlichen Eintragungsrate von 70 bis 100 Baudenkmalen, wie in den letzten Jahren, läßt sich leicht errechnen, wann bei Beibehaltung des jetzigen Eintragungsverfahrens schließlich das letzte Baudenkmal den Schutzvorschriften des Berliner Denkmalschutzgesetzes unterworfen sein wird.

Der Grund für die schleppende Eintragung ist einmal im Fehlen aktueller, wissenschaftlich fundierter Inventare der Berliner Baudenkmale (Großinventare) zu suchen, so daß praktisch die Frage, ob eine bauliche Anlage die Merkmale eines Baudenkmals erfüllt, oft erst nach eingehenden Untersuchungen beantwortet werden kann. Ein zweiter Grund ist die schmale Personaldecke bei der Berliner Baudenkmalschutzbehörde und ein dritter das komplizierte und langwierige Eintragungsverfahren. Davon soll hier eingehender die Rede sein.

Das Berliner Denkmalschutzverfahren schreibt in § 6 das konstitutive Eintragungsverfahren vor. Das bedeutet, daß die Eintragung eines Baudenkmals erst am Ende eines rechtskräftig abgeschlossenen Verwaltungsverfahrens stehen kann, dessen einzelne Schritte im wesentlichen die Anhörung des Verfügungsberechtigten zum beabsichtigten Denkmalschutz, der Erlaß eines entsprechenden Bescheides, ggf. die verwaltungsgerichtliche Überprüfung, ob die Denkmaleigenschaft tatsächlich

Abb. 1: Schmargendorfer Straße 14, 1882/83, von Franz Dreßler: Sechs Jahre nach Einleitung des Denkmalschutzverfahrens ist die Frage der Denkmaleigenschaft wegen einer noch nicht entschiedenen Klage vor dem Verwaltungsgericht nach wie vor offen.

vorliegt, und schließlich die Eintragung in das Denkmalbuch und die Veröffentlichung im Amtsblatt sind.

Für das Denkmalschutzverfahren ist bei der Berliner Baudenkmalschutzbehörde die Gruppe Inventarisation zuständig. Es muß vorausgeschickt werden, daß das auslösende Moment für die Prüfung, ob Merkmale eines Baudenkmals vorliegen, und für das bei positivem Ergebnis eingeleitete Denkmalschutzverfahren meist ein Antrag des Eigentümers auf Abriß oder sonstige bauliche Veränderungen beim zuständigen Bauaufsichtsamt ist, seltener ein Antrag auf Denkmalschutz bei der Denkmalschutzbehörde. Es wäre wünschenswert und auch möglich, die Eintragungsverfahren nach einer auf der Grundlage ihrer Bedeutung erstellten Rangliste der Baudenkmale und unabhängig von ihrer aktuellen Gefährdung durchzuführen. Bei der gegenwärtig begrenzten Personalkapazität würde dies jedoch bedeuten, daß man die aktuell gefährdeten Objekte in der Regel aufgeben müßte – ein Schritt zu dem man sich begreiflicherweise schwer entschließen kann, zumal das Berliner Denkmalschutzgesetz bei der Eintragung der Baudenkmale kein Ermessen kennt.

Das Denkmalschutzverfahren nimmt im einzelnen folgenden Verlauf: Der für ein bestimmtes Berliner Teilgebiet zuständige Inventarisator stellt durch Ortsbesichtigung, Einsicht in die Bauakte und Studium der einschlägigen Literatur im Einzelfall fest, ob und welche Merkmale eines Baudenkmals vorliegen, begründet seine Feststellung und legt den Umfang des beabsichtigten Denkmalschutzes fest. Nachdem er den oder die Verfügungsberechtigten (Eigentümer, Pächter usw.) des entsprechenden Baudenkmals ermittelt hat, übergibt er den Vorgang zur Durchführung des Eintragungsverfahrens an eine Verwaltungskraft. Diese richtet an den Eigentümer ein Anhörungsschreiben, in dem diesem die Absicht der Baudenkmalschutzbehörde, das entsprechende Objekt in das Baudenkmalbuch einzutragen, mitgeteilt wird. Dies geschieht mit der Bitte, sich zu den entscheidungsrelevanten Tatsachen zu äußern. Das Anhörungsverfahren ist durch den Verwaltungsgrundsatz begründet, daß der Bürger zu allen Verwaltungsentscheidungen, die in seine Rechte eingreifen, gehört werden muß, wie dies im § 11 des Verwaltungsverfahrensgesetzes, aber auch im Denkmalschutzgesetz (§ 6, Abs. 3) festgelegt ist.

Werden vom Eigentümer Tatsachen vorgebracht, die gegen den beabsichtigten Denkmalschutz sprechen, so sind diese bei der endgültigen Entscheidung zu berücksichtigen. Es werden aber nur die Einwände berücksichtigt, welche die im Denkmalschutzgesetz genannten Voraussetzungen zur Eintragung betreffen, also das von der Denkmalschutzbehörde festgestellte Vorliegen der Merkmale eines Baudenkmals. Andere, wie etwa der Einwand von der besseren wirtschaftlichen Verwertbarkeit bei nicht verfügtem Denkmalschutz oder das Argument vom durch den Denkmalschutz entgangenen Gewinn, bleiben bei der Entscheidung über die Eintragung außer Betracht. Erst in der zweiten Stufe des Denkmalschutzes, wenn auf der Grundlage der Eintragung über das weitere Schicksal des Baudenkmals zu entscheiden ist, werden die Eigentümer-Interessen gegen die Erhaltungsinteressen der Denkmalschutzbehörde abgewogen. Da im Rahmen der Anhörung vom Eigentümer oft wirtschaftliche Interessen gegen den beabsichtigten Denkmalschutz ins Feld geführt werden, muß sich die Denkmalschutzbehörde aus »Bürgernähe« auch mit diesen Argumenten auseinandersetzen, wenn sie keine Relevanz für die Entscheidung über die Eintragung haben.

Ist das Anhörungsverfahren, für das in der Regel dem Eigentümer eine Äußerungsfrist von einem Monat eingeräumt wird, abgeschlossen, und ist die Denkmaleigenschaft im Ergebnis nicht in Frage gestellt, so fertigt die Denkmalschutzbehörde einen Bescheid-Entwurf über die Anordnung zur Eintragung in das Baudenkmalbuch mit ausführlicher Begründung, Festlegung des Umfangs des Schutzes und Rechtsbehelfsbelehrung. In den Bescheid werden die Ergebnisse des Anhörungsverfahrens eingearbeitet. Der Bescheid-Entwurf geht an die Rechtsabteilung der Senatsverwaltung für Stadtentwicklung und Umweltschutz, die den Entwurf auf seine juristische Korrektheit überprüft.

Es darf zum Verständnis der in der Vergangenheit meist schleppenden Denkmalschutzverfahren nicht unerwähnt bleiben, daß die Verfahren fast fünf Jahre lang zusätzlich erschwert wurden. Vom 6. 9. 1983 bis zum 24. 5. 1988 galt nämlich der Senatsbeschluß Nr. 1697/83 über die Abstimmung zwischen dem Senator für Stadtentwicklung und Umweltschutz und dem Senator für Finanzen, der vor jeder Eintragung eines Baudenkmals in das Baudenkmalbuch die Beteiligung des Finanzsenators vorsah. Grund für diesen Beschluß war u. a. die Entscheidung des Verwaltungsgerichts im Fall des Hauses Fasanenstraße 24, in welcher die Denkmaleigenschaft des damals als Teilruine erhaltenen Gebäudes zwar bejaht worden, das Erhaltungsinteresse der Allgemeinheit aber als ein Tatbestandsmerkmal des Denkmalbegriffs von einer Wiederherstellung des ursprünglichen Zustandes durch das Land Berlin abhängig gemacht worden war. Um Berlin vor weiteren derartigen kostenintensiven Verpflichtungen bei der Eintragung von Baudenkmalen zu schützen, hatte der Senat die Beteiligung des Finanzsenators beim Denkmalschutzverfahren durch den oben genannten Beschluß festgelegt. Das Berliner Verwaltungsgericht und Berliner Oberverwaltungsgericht hatten zwar in einigen späteren Entscheidungen deutlich zu erkennen gegeben, daß der Senatsbeschluß durch das Berliner Denkmalschutzgesetz nicht gedeckt und daher rechtswidrig war, es hat aber immer noch Jahre gedauert, bis dieser schließlich am 24. 5. 1988 aufgehoben wurde.

Der Senatsbeschluß regelte, daß vor jeder Eintragung in das Denkmalbuch die Grundlagen für die Entscheidung dem Finanzsenator zur Unterrichtung zugeleitet wurden. Waren durch den Denkmalschutz bedingte Entschädigungsansprüche oder sonstige finanzielle Auswirkungen auf das Land absehbar, die über die dem Landeskonservator zur Verfügung stehenden Haushaltsmittel hinausgingen, erfolgte die Eintragung nur im Einvernehmen mit dem Senator für Finanzen. Gleiches galt für alle im Eigentum des Landes Berlin befindlichen Objekte.

Es liegt auf der Hand, daß der Senatsbeschluß der Denkmalschutzbehörde zusätzliche Ermittlungen über eventuelle finanzielle Auswirkungen in der zweiten Stufe des Denkmalschutzes auferlegte, die mit den im Denkmalschutzgesetz genannten Voraussetzungen für die Eintragung in das Baudenkmal nichts zu tun hatten. Ferner ist ohne weiteres ersichtlich, daß auch in Fällen, in denen absehbar war, daß der verfügte Denkmalschutz in der zweiten Stufe keine finanziellen Auswirkungen für das Land Berlin nach sich zog, das Denkmalschutzverfahren durch die Unterrichtung des Finanzsenators erheblich verzögert wurde. In allen Fällen, wo schnell gehandelt werden mußte, weil der Bestand eines Baudenkmals gefährdet war – beispielsweise bei Abrißanträgen, über die vom zuständigen Bau- und Wohnungsaufsichtsamt in einem vertretbaren Zeitrahmen entschieden werden mußte – konnte von dem Rechtsinstrument der sofortigen Vollziehung eines Bescheides über die Eintragung kein Gebrauch gemacht werden, weil das Abstimmungsverfahren den schnellen Erlaß eines Bescheides unmöglich machte. War absehbar, daß dem Eigentümer einer baulichen Anlage die Zustimmung zu deren Abriß von der Denkmalschutzbehörde verweigert werden würde, vermutete der Finanzsenator oft daraus abgeleitete Entschädigungsansprüche des Eigentümers, die über den Haushaltsrahmen des Landeskonservators hinausreichten, um seine in diesem Fall nach dem Senatsbeschluß erforderliche Zustimmung zum beabsichtigten Denkmalschutz zu verweigern. Da der vorläufige Schutz nach § 7 des Denkmalschutzgesetzes vom Abstimmungsverfahren mit dem Finanzsenator im Senatsbeschluß ausdrücklich ausgenommen worden war, verblieb der Denkmalschutzbehörde bei Gefahr im Verzuge oft nur der Erlaß eines Bescheides über die vorläufige Entscheidung – auch dann, wenn die in § 2, Absatz 2, des Gesetzes genannten Voraussetzungen zur Eintragung nach § 6 (endgültiger Schutz) gegeben waren. Dieser Weg bedeutete nahezu den doppelten Verwaltungsaufwand, da das Verfahren zum endgültigen Schutz in der Regel gleichzeitig eingeleitet werden mußte. Da der vorläufige Schutz nur für ein halbes Jahr gilt, reichte die Zeit meist nicht aus, um Übereinstimmung mit dem Finanzsenator über den Bescheid zu erzielen. Die Folge war ein unzulässiges Hinhalten des Betroffenen durch die Verwaltung, welches die Gefahr der Klage vor dem Verwaltungsgericht in sich barg.

Seit Mai dieses Jahres ist nunmehr der Senatsbeschluß über die Beteiligung des Finanzsenators am Denkmalschutzverfahren aufgehoben, so daß der Bescheidentwurf über die Eintragung in das Baudenkmalbuch ohne den Umweg über den Finanzsenator zu nehmen, nach der Überprüfung durch die Rechtsabteilung dem Staatssekretär zur Zustimmung vorgelegt werden kann. Die Vorlage erfolgt, weil nach dem Berliner Denkmalschutzgesetz nicht der Landeskonservator Baudenkmalschutzbehörde ist, sondern »das für die Baudenkmalpflege zuständige Mitglied des Senats« (§ 3, Absatz 1). Stimmt der Staatssekretär zu, kann der Bescheid erlassen werden. Der Adressat, also der Grundstückseigentümer oder sonstige gegenüber dem Baudenkmal Verfügungsberechtigte haben die Möglichkeit, innerhalb eines Monats nach Zustellung des Bescheides gegen diesen vor dem Verwaltungsgericht zu klagen. Die Klage hat aufschiebende Wirkung. Allerdings hat die Behörde die Möglichkeit, die sofortige Vollziehung des Bescheides anzuordnen, wenn durch die aufschiebende Wirkung der Klage der Bestand des Denkmals gefährdet ist. Da es sich um ein Ermessen der Behörde handelt, muß sie ihre Entscheidung begründen. Gegen die Anordnung der sofortigen Vollziehung steht dem Betroffenen ein Rechtsbehelf vor dem Verwaltungsgericht zu. Seit Bestehen des Berliner Denkmalschutzgesetzes sind in den vergangenen zehn Jahren bei der Denkmalschutzbehörde neununddreißig Klagen gegen die beabsichtigte Eintragung in das Baudenkmalbuch eingegangen (Stichtag: 1. Januar 1988). Dreimal wurde Berufung vor dem Oberverwaltungsgericht eingelegt. Am 1. Januar 1988 waren sechs Klagen vor dem Verwaltungsgericht gegen den endgültigen und eine gegen den vorläufigen Denkmalschutz sowie zwei Berufungen vor dem Oberverwaltungsgericht anhängig. Bisher war die Baudenkmalschutzbehörde in keiner gerichtlichen Auseinandersetzung um den verfügten Denkmalschutz unterlegen.

Ist die Klagefrist gegen den Denkmalschutz verstrichen, ohne daß eine Klage eingereicht wurde, oder hat das Gericht für das Land Berlin entschieden, wird das betreffende Baudenkmal in das Baudenkmalbuch eingetragen und die Eintragung im Amtsblatt von Berlin veröffentlicht. Mit der Eintragung unterliegt die bauliche Anlage (der Garten oder die Parkanlage) den Schutzvorschriften des Berliner Denkmalschutzgesetzes. Ein Denkmalschutzverfahren dauerte in der hier beschriebenen Weise von der Feststellung, daß die Merkmale eines Baudenkmals vorliegen, bis zur Eintragung etwa ein Jahr. Viele Verfahren dauerten jedoch noch länger. Einige Verfahren konnten noch vier Jahre nach ihrer Einleitung nicht abgeschlossen werden.

Einige juristische Erschwernisse des Verfahrens sollen noch erwähnt werden: Die Eintragung eines Baudenkmals in das Baudenkmalbuch ist ein dinglicher Verwaltungsakt, der sich auf eine Sache, nämlich das Baudenkmal, bezieht und dieser einen öffentlichen Status verleiht. Dieser dingliche Verwaltungsakt kann nur auf der Grundlage eines personenbezogenen Verwaltungsaktes ergehen, nämlich aufgrund des Bescheides, der gegen den Verfügungsberechtigten gerichtet ist. Wechselt aber während des Denkmalschutzverfahrens der Eigentümer, z. B. durch Verkauf des Grundstücks, so muß das Verfahren in der Regel mit der Anhörung des neuen Eigentümers wieder von vorn beginnen.

Steht der neue Eigentümer noch nicht fest, z. B. bei Tod des bisherigen Eigentümers, ruht das Verfahren. Bei einem Abrißantrag, der beispielsweise auch von einem Käufer gestellt werden kann, der noch nicht in das Grundbuch eingetragen ist, ist das Baudenkmal zunächst schutzlos, wenn der eingetragene Eigentümer nicht mehr lebt oder sein Wohnsitz nicht feststellbar ist. Von der gesetzlich für derartige Fälle vorgesehenen Möglichkeit, das Vormundschaftsgericht zu veranlassen, einen Vertreter von Amts wegen zu bestellen, hat die Baudenkmalschutzbehörde allerdings bisher noch keinen Gebrauch machen müssen.

Schwierig ist auch die Durchführung eines Denkmalschutzverfahrens für eine aus mehreren Einzelobjekten mit vielen Verfügungsberechtigten bestehende Mehrheit baulicher Anlagen, beispielsweise bei einer das Stadtbild prägenden Platzrandbebauung. Der Verwaltungsaufwand bei der Ermittlung der Eigentümer und ihrer Wohnorte, bei deren Anhörung und beim Erlaß der Bescheide ist außerordentlich groß. Dazu kommt, daß, wenn nur einer der Verfügungsberechtigten gegen den Denkmalschutz klagt, die Eintragung der ganzen Anlage nicht vollzogen werden kann. So ist der Denkmalschutz noch für keine Siedlung, die eine Vielzahl von Eigentümern hat – wie etwa eine aus vielen Einzelhäusern bestehende Einfamilienhaussiedlung – bisher in Angriff genommen worden. Der große Verwaltungsaufwand würde alle übrigen Denkmalschutzverfahren – und darunter möglicherweise wichtige – blockieren. Gleiches gilt für Friedhöfe. Das Denkmalschutzverfahren für den Städtischen Friedhof Dahlem – eine Mehrheit baulicher Anlagen mit mehr als dreißig erhaltenswerten Grabmälern – wurde zurückgestellt, als die Rechtsabteilung der Senatsverwaltung den Standpunkt vertrat, daß alle Grabstelleninhaber zum berechtigten Denkmalschutz angehört werden müßten.

Es war schon davon die Rede, daß die Eintragungspraxis bisher nicht das Ergebnis eines planvollen, wissenschaftlichen Verfahrens ist, sondern daß aufgrund der knappen Personaldecke die meisten Denkmalschutzverfahren erst eingeleitet werden können, wenn die betreffenden Baudenkmale durch Umbau- oder Abrißanträge oder durch einsetzenden Verfall bereits gefährdet sind. Aus dem dargestellten langwierigen und komplizierten Eintragungsverfahren ist ersichtlich, daß der Inventarisation keine Alternative bleibt, will sie die gefährdeten Objekte nicht aufgeben. So war bisher an die eigentliche Aufgabe der Inventarisation, nämlich die systematische, wissenschaftliche Erfassung der denkmalwerten Bausubstanz und ihrer Veröffentlichung in Inventaren nicht zu denken – ein Teufelskreis!

Aus der beschriebenen Praxis folgt auch, daß die bisher eingetragenen Baudenkmale weder eine repräsentative Auswahl der in Berlin vorhandenen Denkmalsubstanz darstellen, noch etwa eine Aussage über deren Verteilung im Berliner Raum ermöglicht. Dies soll ein Beispiel illustrieren: In der Fassung der Bauordnung von Berlin vom 13. Februar 1971 wies die Denkmalliste für den Bezirk Zehlendorf 19 Baudenkmale auf, während der Bezirk Tempelhof mit 33 Baudenkmalen damals am stärksten vertreten war. Heute (Stand: 1. Januar 1988) verzeichnet das Baudenkmalbuch für den Bezirk Tempelhof 38 Eintragungen, während Zehlendorf mit 134 an der Spitze aller Eintragungen rangiert. Der einzige Schluß, der daraus gezogen werden kann, ist der, daß der Veränderungsdruck in Zehlendorf in der Vergangenheit offensichtlich stärker war als in Tempelhof.

Die Kompliziertheit des Berliner konstitutiven Eintragungsverfahrens führt gegenwärtig zu Bestrebungen, das Eintragungsverfahren auf die nachrichtliche Liste umzustellen – ein Verfahren, das in einigen Bundesländern, wie beispielsweise in Bayern oder Niedersachsen, praktiziert wird. Beim Verfahren mit nachrichtlicher Liste unterliegt jedes Objekt, das die im Gesetz genannten Voraussetzungen eines Baudenkmals erfüllt, bereits durch das Inkrafttreten des Gesetzes dessen denkmalrechtlichen Schutzvorschriften, während beim konstitutiven Verfahren dazu erst ein rechtskräftiger Verwaltungsakt erforderlich ist, wie er hier beschrieben wurde. Die von der Denkmalschutzbehörde erstellte Denkmalliste dient dann nur der Unterrichtung der Öffentlichkeit. Ein Denkmalschutzgesetz mit nachrichtlicher Liste hat somit den Vorteil des geringeren Verwaltungsaufwandes, wobei festzustellen ist, daß der Verwaltungsaufwand in Berlin – wie dargestellt – außergewöhnlich hoch ist und vereinfacht werden könnte. Immerhin hat die Denkmalschutzbehörde in Köln mit dem konstitutiven Verfahren innerhalb einer relativ kurzen Zeit 8000 Baudenkmale eingetragen. Ein Nachteil der nachrichtlichen Liste besteht darin, daß diese nicht verwaltungsgerichtlich überprüfbar ist, da sie keinen eigentlichen Verwaltungsakt darstellt. Dies bedeutet, daß die Denkmaleigenschaft nie endgültig feststeht. Ein Denkmalschutzgesetz mit konstitutiver Liste hat dagegen den Vorteil der größeren Rechtssicherheit: Die Denkmaleigenschaft eines am Ende eines Denkmalschutzverfahrens einmal rechtmäßig eingetragenen Baudenkmals kann später nicht mehr in Zweifel gezogen werden. Beide Verfahren haben ihre Vorteile, beide ihre Schwächen. Es bleibt aber festzuhalten, daß in dem in Berlin praktizierten Verfahren eher die Schwächen als die Stärken des konstitutiven Verfahrens zum Ausdruck kommen.

(abgeschlossen im Mai 1988)

		GESCHOSS: EG-4.OG		
FARB-NR. MAT.-NR.	AUSGE-FÜHRT	ELEMENT	FARBTON / MATERIALFARBE	FARBTON-NR. HERSTELLER/RAL / MATERIAL
F5	X	Geländerstäbe, Schalenausschnitt	dunkelrot	SIKKENS 2021, S. 9, B2.20.30
F6	X	Geländergitter, oberste Geländerstange Dachterrasse	weiß	RAL 9010
F2a	X	Fassade Balkon außen	weiß	Granital Nr. 871
F3	X	Balkonschale innen, Rückwand (bis Balkontür)	ocker	durchgefärbter Putz
F7	X	Balkontür mit Fenster	ocker	SIKKENS 2o21, S. 46, E8.3o.6o
F9a	X	Decke	gelb	SIKKENS 2o21, S. 72, G0.4o.8o
F17	X	Fallrohr	ocker	SIKKENS 2o21, S. 46, E8.3o.5o
M5	X	Brüstungsabdeckung	grau	Zinkblech
	F6	Blumenkastenhalterung, Sichtblenden	weiß	s.o.

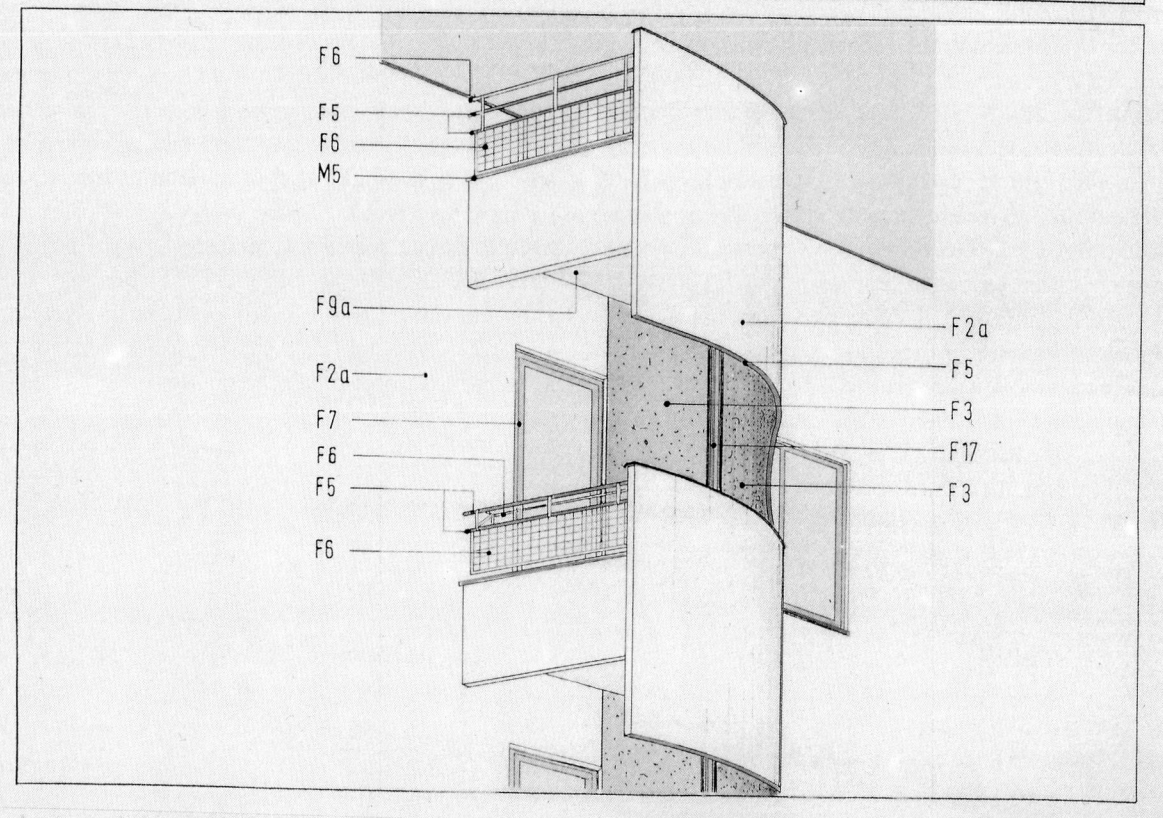

Abb. 1: Blattausschnitt Gebäudebuch Großsiedlung Siemensstadt, Bauteil Scharoun: Material- und Farbangaben Balkone (Pitz / Brenne)

Klaus Peter Kloß

Gebäudebücher – Ein Berliner Dokumentationskonzept

»Vorbeugen ist besser als heilen.« Dieser allgemein anerkannte Grundsatz gilt auch für die Denkmalpflege. »Einige Bleiplatten beizeiten auf ein Dach gelegt, ein paar Blätter und Zweige rechtzeitig aus einem Abflußrohr entfernt, werden sowohl Dach wie Mauer vom Verderben retten.«[1]

Nicht umfangreiche Sanierungsmaßnahmen in zeitlich großen Abständen gewährleisten eine optimale Denkmalerhaltung, sondern nur die kontinuierliche Bauunterhaltung. Denkmaleigentümer und Verfügungsberechtigte müssen aber hierzu in die Lage versetzt werden, d. h. ohne großen Verwaltungsaufwand und behördliche Genehmigungen müssen sie die Möglichkeit haben, selbständig die richtige Entscheidung im Rahmen von Bauunterhaltungsmaßnahmen treffen zu können.

Leider ist die Praxis hiervon noch weit entfernt und selbst bei umfangreichen, auch von der Denkmalpflege betreuten Instandsetzungen und Restaurierungen werden nach Abschluß der Maßnahmen die Baudenkmale und die Eigentümer bzw. Verfügungsberechtigten allein und ohne Hinweis darüber gelassen, wie denn nun der Bau in den nächsten Jahren richtig zu behandeln ist. Bereits nach wenigen Jahren, bei den nächsten notwendigen Farbanstrichen, fängt oft alles wieder von vorne an, weil keine Unterlagen beim Eigentümer vorhanden sind, die ihm den Hinweis geben, wie diese Anstriche beispielsweise auszuführen sind.

Um diesem Notstand abzuhelfen, hat die praktische Denkmalpflege in Berlin begonnen, Gebäudedokumentationen zu entwickeln, die zugleich Auskunft über die erfolgten Maßnahmen geben und Angaben zum zukünftigen Bauunterhalt enthalten.

Die Zielsetzung hierbei ist, wenigstens bei den Baudenkmalen, die denkmalpflegerisch in irgendeiner Weise behandelt worden sind, die Voraussetzungen für eine kontinuierliche denkmalgerechte Bauunterhaltung zu schaffen. Es ist hilfreich, den sehr komplexen Ablauf einer denkmalpflegerischen Betreuungsmaßnahme in seine einzelnen, voneinander abgrenzbaren Phasen aufzuteilen, um diese dann wiederum detailliert betrachten zu können. Drei Phasen sind zu unterscheiden:
- Voruntersuchungen, Planungen
- Durchführungsphase, Baumaßnahme
- Dokumentation der durchgeführten Maßnahmen.

Natürlich greifen die einzelnen Phasen mehr oder weniger stark ineinander, und man ist gut beraten, bereits zum Zeitpunkt der Voruntersuchungen ein klares Bild von der Art und Weise der späteren Dokumentation der durchgeführten Maßnahme zu haben, um einerseits fachlich korrekt, aber auch ökonomisch vertretbar zu arbeiten. Einige Erkenntnisse können zudem erst während der Durchführungsphase gewonnen werden. Dies ist bei der Planung zu berücksichtigen.

I. Voruntersuchungen

Die Voruntersuchungen gliedern sich wiederum in mehrere Arbeitsschritte, u. a:
- Grundlagenermittlung, Quellenstudium
- Bestandsaufnahme
- Bauforschung, Befunduntersuchungen, Zustandsermittlungen
- Auswertung, Konzeptentwicklung.

Bei der Grundlagenermittlung werden möglichst sämtliche Quellen (Archivalien) über das zu untersuchende Gebäude ausgewertet. Hierzu zählen schriftliche Dokumente wie z. B. Bauakten, Beschreibungen, Grund- und Steuerbücher usw., aber auch Bilddokumente wie Bauzeichnungen, Gemälde, frühere Bauaufnahmen und Fotografien. Je jünger ein Baudenkmal ist, desto ertragreicher kann die Archivalien-Forschung sein, da von Baudenkmalen des späten 19. und 20. Jahrhunderts oft sehr detaillierte Bauakten vorhanden sind, die auch über Konstruktion und Materialien umfassend Auskunft geben können.

Zum Abschluß dieses Arbeitsschrittes hat man je nach Quellenlage ein mehr oder weniger genaues Bild von der

Gebäudebücher

A 8.0 BAUAKTEN-DOKUMENTATION			BAND : I						DATUM: August 1986							BLATT
PROJEKT: Ossastraße			DATUM :						BEARB.: Ja.							1
BAUAKTE: Ossastraße 9 - 16			FUNDSTELLE: BWA Neukölln													
BAUAKTE		INHALT	MASSTAB	DATUM	VORLAGE				BLATT-GRÖSSE CM x CM	REPRODUKTION						
BAND NR.	BLATT NR.				SCHRIFTST	FOTO	PLAN	FARBIG		S/W	FARBE	DIA	MIKROF	PAUSE	VST	KOPIE
I		Einreichung des Vorprojektes		25.02.26	1											X
		Rücknahme des Vorprojektes		10.03.26	1											X
		Bauvoranfrage		26.03.26	1											X
		Bauantrag		02.07.27	1											X
		Dispensgesuch		21.07.27	6											X
		Dispenserteilung		27.06.27	1											X
	1	Lageplan	1:500	12.07.27			X	X	41 x 54							
	2	Ansichten Ossastr. (Vorder- u. Rückseite), Schnitt Fuldastr.	1:200	19.06.27			X		30 x 57							
	3	Ansichten Ossastr. (Vorder- u. Rückseite), Schnitt Weichselstr.	1:200	19.06.27			X		30 x 57							
	4	Ansichten Fuldastr. (Vorder- u. Rückseite), Schnitt Ossastr.	1:200	19.06.27			X		40 x 28							
	./.	Schnitte Ossastr.	1:100	07.04.26			X		34 x 46							
	9	Straßenperspektive Ossastr.		20.07.27			X		50 x 58	X					X	
	7	Grundriß DG Fuldastr. u. Ossastr. (Li)	1:100	19.06.27			X		53 x 110							
	7a	Grundriß DG Ossastr. (re) u. Weichselstr.	1:100	19.06.27			X		57 x 110							
	8	Grundriß 2., 3. u. 4. OG Fuldastr. u. Ossastr. (li)														
	8a	Grundriß 2., 3. u. 4. OG Ossastr. (re) u. Weichselstr.	1:100	19.06.27			X		57 x 110							
	./.	Grundrißtypen Ossastr. beidseitig u. Fuldastr. beidseitig	1:500	08.02.26			X	X	47 x 73	X					X	
	./.	Grundrißtypen (sämtliche)	1:200	08.02.26			X	X	46 x 68	X					X	
		Grundrißtypen (sämtliche)	1:200	08.02.26			X	X	46 x 68							
	5	Ansichten Weichselstr. (Vorder- u. Rückseite), Schnitt Ossastr.	1:200	19.06.27			X		41 x 28							
	6	Straßenansicht Fuldastr.	1:100	15.07.27			X		36 x 68							

Abb. 2: Bauakten-Dokumentation Ossastraße 9–16 / Neukölln (Pitz / Brenne)

Planung, Errichtung und den folgenden Veränderungen des Baudenkmals. Eine wertende Aussage ist jetzt allerdings noch nicht möglich, es können zu diesem Zeitpunkt nur Arbeitshypothesen aufgestellt werden, denn jede Quelle ist ehemals zu konkreten Zwecken erstellt worden. Die Darstellungen müssen demzufolge nicht immer den Tatsachen entsprechen. So sind Baueingabepläne nur in den wenigsten Fällen identisch mit der Ausführung des Baus usw.

Die Bauaktenauswertung ist so zu dokumentieren, daß nachvollziehbar ist, welches Material vorhanden ist, welche Teile für die Auswertung Bedeutung haben und deshalb reproduziert worden sind. Pläne werden grundsätzlich auf Mikrofilm übernommen.

Am Beispiel der Wohnanlage in Berlin-Neukölln, Ossastraße, von den Brüdern Taut und Hoffmann, ist ausschnittsweise eine derartige Dokumentation dargestellt (Abb. 2).

Die Dokumentation enthält eine komplette Inhaltsangabe, unterschieden nach Schriftstück, Foto, Plan, farbigen Darstellungen und in der letzten Spalte die Angaben, ob – und wenn ja, in welcher Art – eine Reproduktion erfolgt ist.

Als nächster Schritt ist nun die Überprüfung der Arbeitshypothesen erforderlich. Diese kann nur am Gebäude selbst erfolgen. Der sich logisch anschließende Arbeitsschritt beinhaltet deshalb die Bestandsaufnahme. Sie gibt schriftlich, zeichnerisch und fotografisch den vorgefundenen Zustand des Gebäudes wieder, ohne daß zu diesem Zeitpunkt irgendwelche Eingriffe bzw. Veränderungen am Gebäude erfolgen.

1975 entwickelte G. Mader im Bayerischen Denkmalamt eine Methode zur Untersuchung historischer Bauwerke in Sanierungsgebieten[2], indem er Aufmaß- und Bauaufnahmemethoden der Archäologie für die Baudenkmalpflege umsetzbar machte. Mit dieser Methode des »verformungsgetreuen Aufmaßes« und der »angewandten historischen Bauforschung« wurde die Forderung nach ausreichender denkmalpflegerischer Voruntersuchung zur Vorbereitung jedweder Eingriffe in Denkmalsubstanz verfahrensmäßig auf die Erfordernisse der praktischen Denkmalpflege ausgerichtet.

Der Grundsatz, zunächst möglichst umfassend das Baudenkmal kennenzulernen, bevor Umnutzungs- bzw. Modernisierungsplanungen erfolgen, ist jedoch jeweils auf die sehr unterschiedlichen Denkmale zu spezifizieren.

So ist allgemein nachvollziehbar, daß die Erforschung eines mittelalterlichen Bürgerhauses andere Arbeitsschwerpunkte haben wird, als die Erforschung eines Industriebaus aus den 20er Jahren unseres Jahrhunderts. Darüberhinaus sind auch die Phasen der Baudurchführung und die Dokumentation der durchgeführten Maßnahmen methodisch gleichgewichtig wie die Voruntersuchung zu behandeln.

Um die vielfältigen Informationen so zusammenzufassen, daß sie für die Forschung einerseits, aber auch für die Baudurchführung und die spätere Dokumentation andererseits zugänglich sind, ist von der Berliner Denkmalpflege ein Gebäudebuch konzipiert worden, in dem alle Informationen im Sinne eines »Findbuches« zusammenfließen. In ihm werden nicht nur die Bestandsaufnahmen, Quellenhinweise und Planungskonzepte aufgenommen, sondern auch die durchgeführten Maßnahmen einschließlich Materialangaben dokumentiert. Anregungen zur Entwicklung der Gebäudebücher gaben einerseits die umfangreichen Erfahrungen im Altbauerneuerungsbereich in Berlin[3], aber auch die in verschiedenen Denkmalämtern entwickelten sog. Raumbücher[4], die schwerpunktmäßig die Ausstattung eines Denkmals erfassen, um sie als Grundlage für eine Sanierungsausschreibung zu verwenden. Beschränken sich also die Raumbücher eindeutig auf die Ausstattung von Innenräumen, so ist das in Berlin entwickelte Gebäudebuch umfassender angelegt und beinhaltet den gesamten Bau sowohl innen als auch außen. Es bildet den formalen Rahmen für eine umfassende Baubeschreibung, die neben der Bestandszeichnung (Bauaufnahme) und der Fotodokumentation unverzichtbarer Bestandteil der Bestandsaufnahme ist.

Durchaus vergleichbar mit dem obengenannten Raumbuch werden für den Innenbau Raumblätter angelegt, und zwar je Raum drei Blatt.[5] In Blatt I ermöglichen der jeweilige Raumgrundriß und Fotografien die orientierende Übersicht, durch Bezeichnung der einzelnen Bauteile und Ausstattungsstücke ist deren eindeutige Identifikation gegeben. Diese Codierungssystematik wirkt auch über den Raum hinaus, da einerseits die Fensterbezeichnungen entsprechend am Außenbau wieder auftauchen und Türen, da sie in der Regel zwei Räumen zuzuordnen sind, jeweils raumbezogene Seitenbezeichnungen erhalten.

Im Blatt II, dem Bestands- und Zustandsblatt, werden alle Teile erfaßt und in ihrem Zustand beschrieben. Das Blatt III ist als Verweisblatt angelegt. Ihm kann entnommen werden, welche Planunterlagen, Fotodokumente, Befundberichte und sonstige Quellen zu diesem Raum vorhanden sind.

Für den Außenbau ist die Anlage der Blätter jeweils sinngemäß bezogen auf die einzelnen Fassaden des Gebäudes (Abb. 3).

Die zeichnerische Bauaufnahme ist jedoch der wesentliche Teil der Bestandsaufnahme. Das oben bereits erwähnte, verformungsgetreue Aufmaßverfahren ist grundsätzlich bei jeder Bauaufnahme anzuwenden, denn nur dieses Verfahren bietet die Gewähr, daß bei sorgfältiger Erarbeitung durch qualifizierte Fachkräfte alle notwendigen Informationen, die der Bau abgeben kann, auch nachvollziehbar dokumentiert werden (Abb. 4).[6]

Es unterscheidet sich von den früher üblichen, additiven Bauaufmaßen dadurch, daß die Reinzeichnung direkt im Objekt erstellt wird und hierbei Fehler sofort erkannt und weitgehend vermieden werden. Der Maßvorgang selbst bezieht sich jeweils auf ein vom Gebäude unabhängig eingerichtetes Koordinatensystem, um alle Verformungen exakt ermitteln zu können. Es gilt der Grundsatz, nur das zu zeichnen, was gemessen wird.

Gebäudebücher

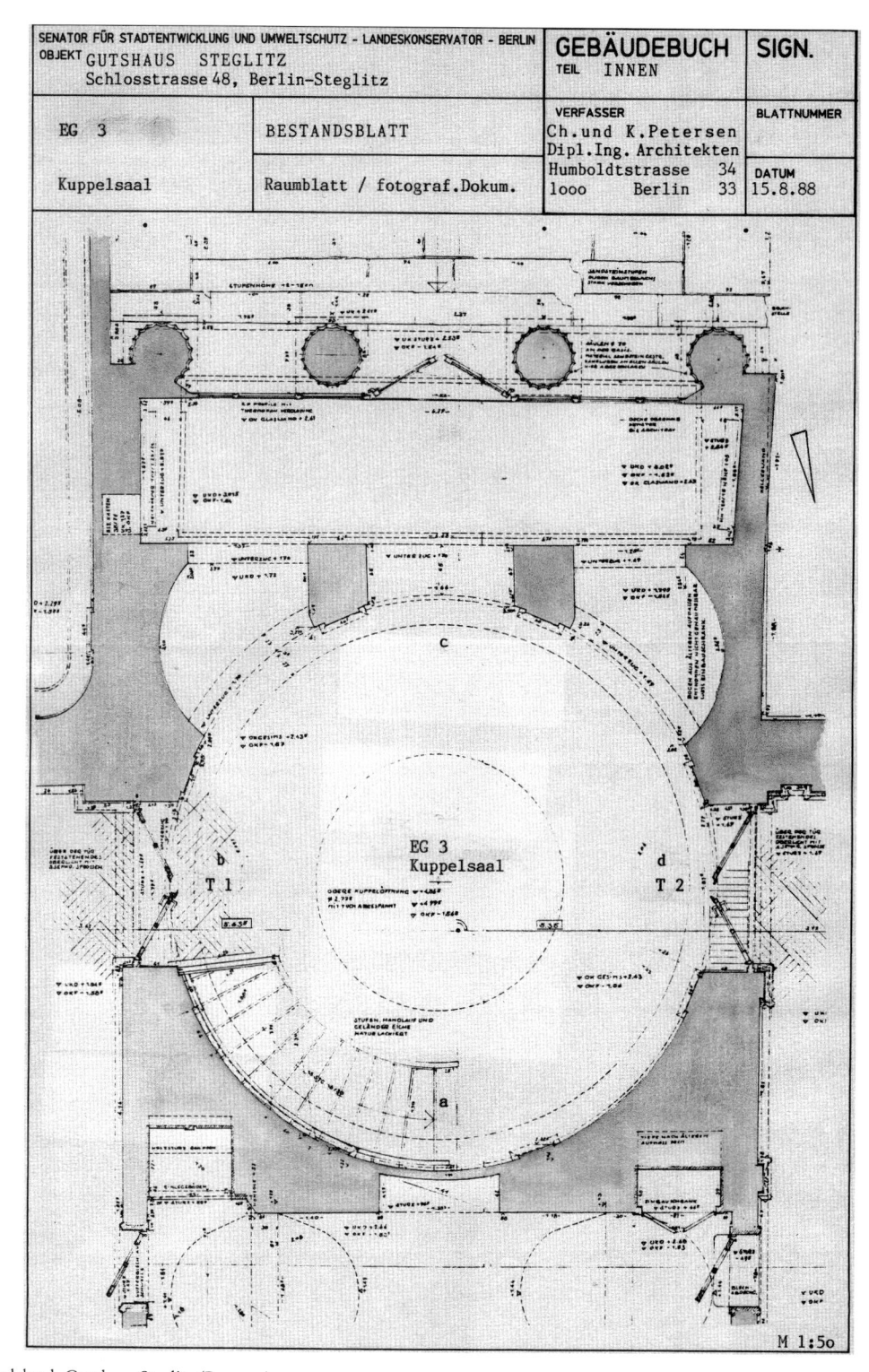

Abb. 3: Gebäudebuch Gutshaus Steglitz (Petersen)

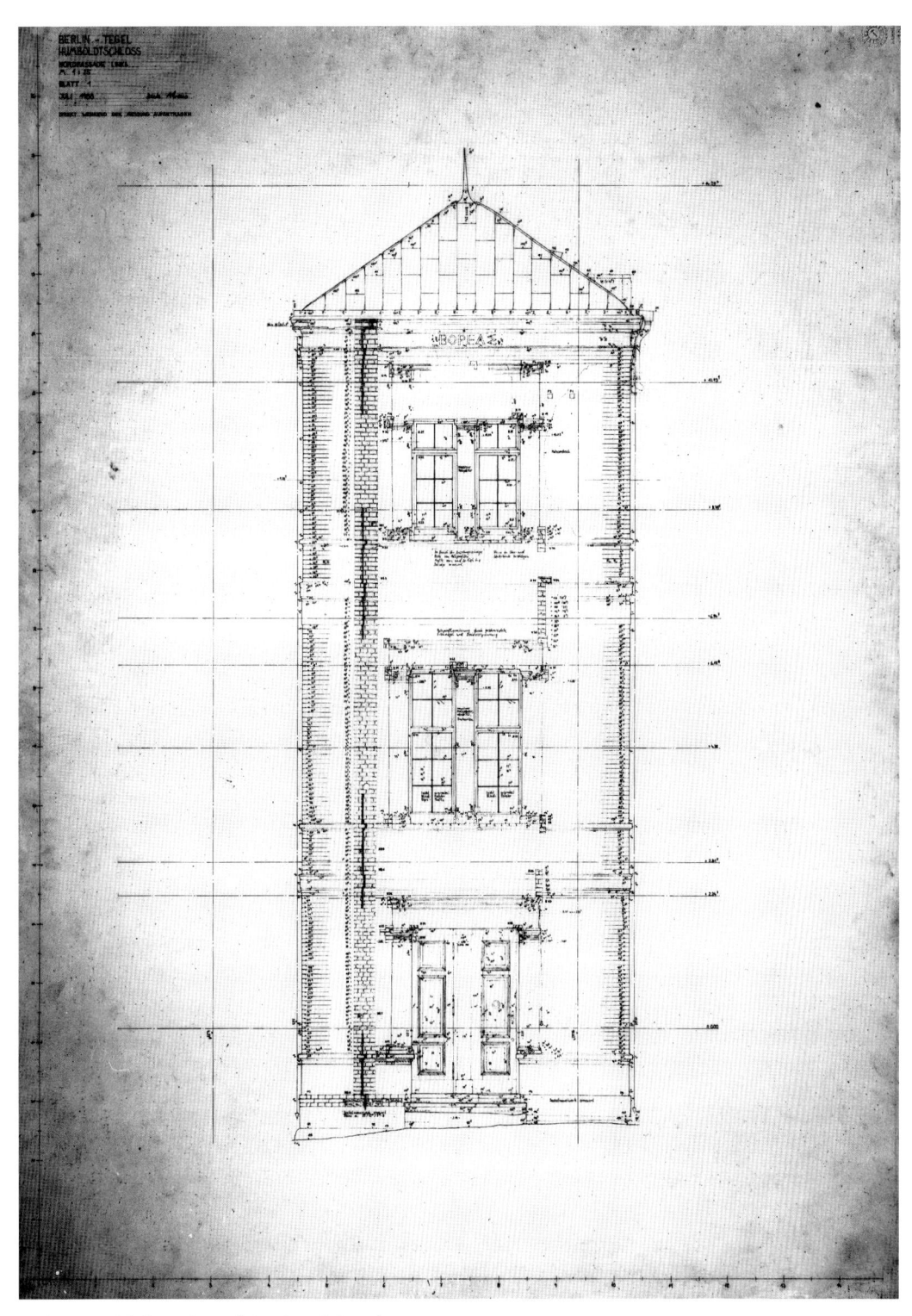

Abb. 4: Bauaufnahme Schloß Tegel, Nord-Ost-Turm (Ahrens)

Während des Meßvorgangs werden vom Bauaufnehmenden eine Fülle von zusätzlichen Wahrnehmungen gemacht, die je nach Wichtigkeit in die Bauaufnahmezeichnung mit aufgenommen werden. Insoweit erfolgt bereits hier eine erste interpretierende Wertung zur Erforschung des Bauwerks. Ungenauigkeiten und Fahrlässigkeiten sind hier nicht tolerabel, da die Bauaufnahme allen weiteren Entscheidungen der Planung und Durchführung von Maßnahmen als Informationsquelle zugrundegelegt wird. Fehler bei der Bauaufnahme wirken sich notwendigerweise negativ bei den Erhaltungsbemühungen aus.

Je älter bzw. unerforschter bestimmte Denkmalgattungen sind, desto bedeutungsvoller wird die Bauaufnahme, da oft nur das Gebäude selbst als einzige Informationsquelle zur Verfügung steht.

Andererseits stehen bei jüngeren Baudenkmalen oft zahlreiche Sekundärquellen wie Bauakten, statische Berechnungen usw. zur Verfügung. Darüberhinaus ist deren Bauweise von Wichtigkeit für die Entscheidung, in welcher Form die Bestandsaufnahme durchzuführen ist. Solange die Objekte individuell geplante, handwerklich erzeugte Einzelgebäude sind, ist deren exakte zeichnerische Bauaufnahme unumgänglich. Bei beispielsweise industriell gefertigten Typenentwürfen, die in mehr oder weniger großer Anzahl bzw. teilmaschinell produziert worden sind, bekommt die zeichnerische Bauaufnahme einen anderen Stellenwert. Dies bedeutet nun nicht, daß die Bauaufnahme und die Bauforschung vollständig von anderen Erfassungsmethoden ersetzt werden, der Prozeß der Informationsbeschaffung über das Objekt verlagert sich nur in andere Bereiche.

An einem Beispiel aus dem Industriebau kann dies verdeutlicht werden. Die Gebäude der Werksanlage der AEG in Berlin-Wedding (vgl. auch S. 124-135), zu Beginn unseres Jahrhunderts nach Plänen des Architekten Peter Behrens errichtet, bestehen aus additiv zusammengefügten Grundelementen in sogenannter Rasterbauweise.

Von den einzelnen Grundelementen wie z.B. Stahlbinderkonstruktionen und Feldausfachungen bei den Hallenbauten existierten detaillierte Ausführungs- bzw. Werksplanungsunterlagen – im Stahlbau üblicherweise millimetergenau –, so daß zunächst eine Überprüfung der Werksplanung mit der Ausführung erfolgte. Diese stichprobenartige Kontrolle ist unverzichtbar, da nur sie die Richtigkeit der Angaben in den Zeichnungen bestätigen kann. Bei Übereinstimmung von Planung und Ausführung, was hier stets der Fall war, erübrigte sich eine zeichnerische Bestandsaufnahme, da sie keine weiteren Erkenntnisse geliefert hätte. Die Aufgabenstellung definierte sich vielmehr dahingehend, Unterlagen zusammenzustellen, die einen Überblick über die ursprüngliche Ausführung und spätere Veränderung verschaffen können. Nach Bestanderhebungen wurden Schemagrundrisse von allen Geschoßebenen sowie Schemaskizzen von den Fassaden gefertigt. Die Ansichtsskizzen der Fassaden haben nicht den Anspruch, ein wirklichkeitsgetreues Abbild der Fassaden wiederzugeben, sondern sie zeigen schematisch durch unterschiedliche Tönungen von dunkel nach hell Störungen bzw. Veränderungen des historischen Zustandes auf. Je dunkler die Darstellungsart gewählt wurde, desto näher rückt dieser an den Originalzustand (Abb. 5). Damit werden die Einzelbefunde zusammengefaßt und schematisch dargestellt. Als drittes Dokumentationsmedium neben der Beschreibung und der Zeichnung ist stets auch die Fotografie heranzuziehen. Die Systematik des Gebäudebuches gibt den Rahmen der Fotodokumentation vor. Neben der kompletten Erfassung aller Bauteile, meist mit Orthogonalaufnahmen, sind Schrägaufnahmen und Übersichtsfotos nicht zu vergessen, da auch räumliche und ggf. städtebauliche Eindrücke vermittelt werden müssen. Als Negativformat sollten 9 x 12 cm nicht unterschritten werden, besser ist 13 x 18 cm. Mindestens zwei Abzüge je Aufnahme sind anzufertigen, wobei ein Abzugssatz als Arbeitsexemplar zur Verfügung steht, ein zweiter Abzugssatz, Mindestformat 18 x 24 cm, auf Baryt-Papier im Archiv des Denkmalamtes deponiert wird. Mit der Grundlagenermittlung, der zeichnerischen Bestandsaufnahme und der Fotodokumentation ist der Bereich der Voruntersuchung abgeschlossen, der ohne Eingriffe in die Denkmalsubstanz möglich ist. An dieser Stelle der Untersuchung wird man feststellen, daß noch eine ganze Reihe von Informationen zum Gebäude fehlen. So weiß man z.B. noch wenig über einzelne Renovierungen oder Erneuerungsmaßnahmen, die in der Vergangenheit bereits ausgeführt worden sind. Auch ist der baulich-technische Zustand der einzelnen Bauteile wie Dach, Fassaden, Decken usw. noch nicht bekannt.

Gebäudebücher

LEGENDE

Fassadenfläche nicht angelegt = Originalsubstanz

■ = originales Bauteil

▦ = neues Bauteil, dem Original angepaßt

▨ = originales Bauteil ersetzt

▨ = Bauteil hinzugefügt

Denkmalpflegerisches Konzept

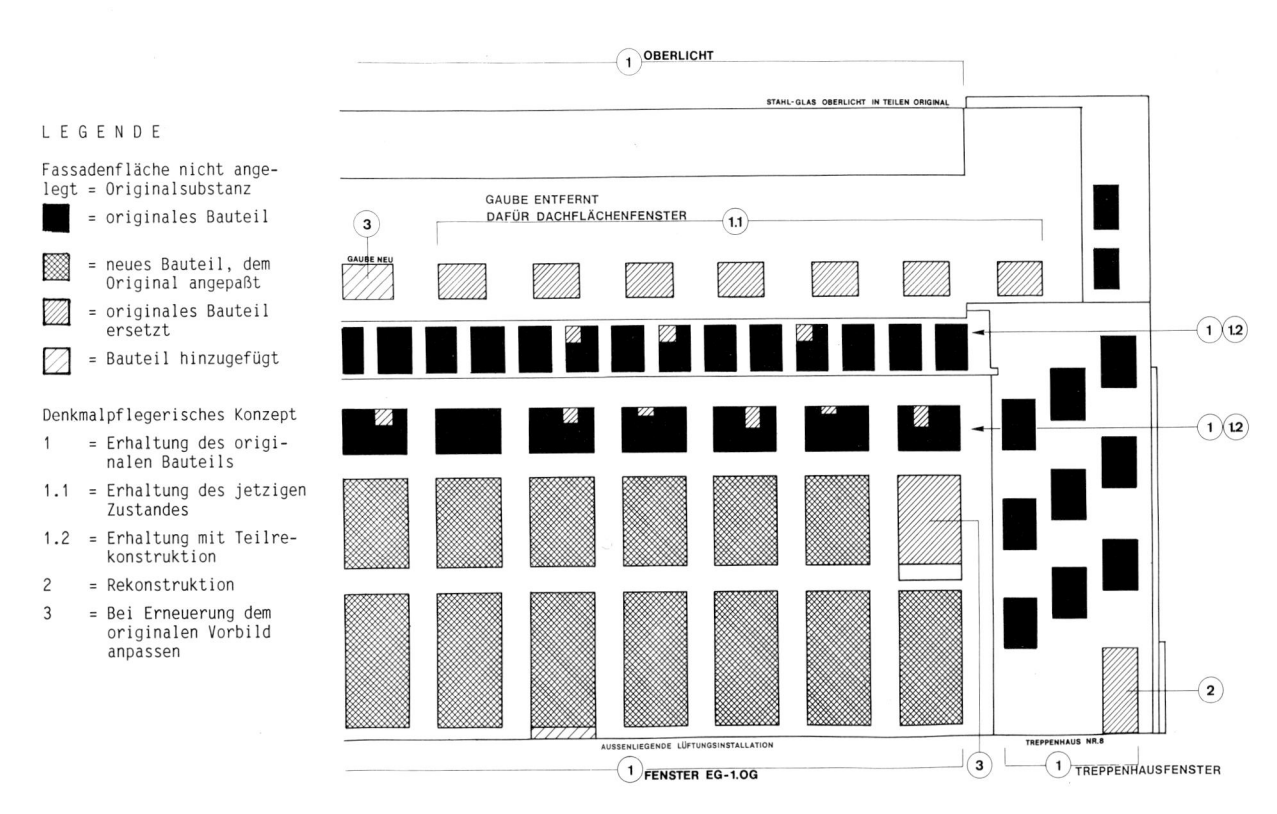

1 = Erhaltung des originalen Bauteils
1.1 = Erhaltung des jetzigen Zustandes
1.2 = Erhaltung mit Teilrekonstruktion
2 = Rekonstruktion
3 = Bei Erneuerung dem originalen Vorbild anpassen

Abb. 5: Schematische Bestandserfassung, ehem. AEG-Werke, Fassadenausschnitt (Kaufmann + P.)

Um weitere Informationen zu erlangen, sind Befunderhebungen, Bauzustandsermittlungen durchzuführen. Im Unterschied zur Bestandsaufnahme wird in dieser Phase in den Bau eingegriffen. Dies bedeutet, daß das Denkmal in seiner Authentizität beeinträchtigt wird. Jeder Untersuchungsschritt muß deshalb von dem Grundgedanken geleitet werden, bei möglichst wenigen Eingriffen in die Substanz eine möglichst umfassende Informationsdichte zu erlangen. Der Forscherdrang muß allerdings dann gestoppt werden, wenn bestimmte Erkenntnisse nur durch Verluste bedeutender Denkmalsubstanz gewonnen werden können, denn auch bei gewissenhaftester Dokumentation ist der Verlust des Originales in diesen Fällen nicht zu rechtfertigen, ist doch das Denkmal selbst das Dokument, das es zu erhalten gilt. Die Untersuchungsschritte, die nunmehr auch von speziellen Fachleuten wie Restauratoren, Statikern, Naturwissenschaftlern, Bauforschern usw. unter Anleitung der Denkmalpflege durchgeführt werden müssen, sind deshalb in ihrer Zielsetzung, in ihrem Umfang und in ihrer Vorgehensweise eindeutig zu formulieren und in einem Rahmengutachten niederzulegen. Alle Untersuchungen bedienen sich der im Gebäudebuch vorgenommenen Identifikation der einzelnen Bauteile. Nur damit wird gerade bei umfangreichen Objekten sichergestellt, daß die zahlreichen Einzeluntersuchungen nicht verloren gehen bzw. falsch interpretiert werden. Einzelne Untersuchungsbereiche sind sinnvollerweise in Stufen durchzuführen. So ist beispielsweise bei einer Farbuntersuchung durch einen Restaurator zunächst im Rahmen einer ersten Untersuchungsphase mit minimalen Freilegungsstellen festzustellen, ob überhaupt und wieviel Raumfassungen vorhanden sind, um dann nach einer Auswertung ggf. in einer weiteren Untersuchung, die sehr umfangreich sein kann, einer bestimmten Fragestellung auf den Grund zu gehen.

Materialanalysen und Zustandsermittlungen können bei bestimmten Fragestellungen äußerst hilfreich sein. Hier sind die Naturwissenschaften für die Denkmalpflege unverzichtbar geworden. Zum Beispiel ermöglichen Putzanalysen, die originale Rezeptur zu ermitteln, die Dendrochronologie erlaubt die Altersbestimmung von Bauhölzern, Untersuchungen zum Salzgehalt im Mauerwerk dienen als Grundlagen für richtige Sanierungsentscheidungen, Stahluntersuchungen können Auskunft über die Festigkeit geben usw.

Zum Abschluß dieser Untersuchungsphase erfolgt eine umfassende Auswertung und Interpretation der einzelnen Ergebnisse. Sie bildet die Grundlage für das zu formulierende denkmalpflegerische Konzept zur Behandlung des Denkmals.

Das Konzept gliedert sich wiederum in folgende Teile:
- Denkmalbedeutung auf der Grundlage der gewonnenen Erkenntnisse,
- Untersuchungen, die im Zusammenhang mit der Baudurchführung noch erfolgen müssen,
- Festlegung, wie die einzelnen Bauteile zu behandeln sind.

II. Durchführungsphase, Baumaßnahme

Nunmehr schließt sich die Durchführungsphase, die Baumaßnahme an. In der Praxis zeigt sich immer wieder, daß auch exzellent vorbereitete Projekte während der Baudurchführung großen Schaden erleiden müssen, weil es nicht verstanden wird, den hohen Qualitätsstandard der Voruntersuchung auch während der Baudurchführung zu halten. Dies fängt z. B. bereits bei der Baustelleneinrichtung an. Wenn die zu erhaltenden Bauteile nicht ordnungsgemäß gesichert werden, sind sie in kürzester Frist durch den Baustellenbetrieb derart in Mitleidenschaft gezogen worden, daß ihre Erhaltung und Konservierung oft gar nicht mehr möglich ist.

Welche Lösungsmöglichkeiten bieten sich hier an? Die Komplexität bereits der Voruntersuchungsphase hat gezeigt, daß dieses Programm nicht mehr von einer Person allein bewältigt werden kann. Es hat sich in der Praxis bewährt, für die Bearbeitung umfangreicher Objekte Teams in der Form von Projektgruppen einzurichten. In ihnen sollten von Fall zu Fall u. a. folgende Fachdisziplinen vertreten sein:

- Denkmalpfleger (Denkmalamt)
- Bauforscher (Denkmalamt/freischaffend)
- Restaurator (Denkmalamt/freischaffend)
- Kunsthistoriker (Denkmalamt/freischaffend) (Inventarisator)
- Architekt (freischaffend)
- Dokumentationsfotograf (Denkmalamt/freischaffend)
- Statiker (freischaffend).

In den 1970er Jahren mußte die staatliche Denkmalpflege feststellen, daß sie sowohl arbeitsmethodisch als auch personell nicht in der Lage war, dem im Zuge von Modernisierungs- und Umbaumaßnahmen an und in Baudenkmalen festzustellenden immensen Verlust an Denkmalsubstanz effektiv entgegenzutreten.

Mit der Entwicklung der Arbeitsmethodik war noch nicht deren praktische Umsetzung garantiert, da die entsprechenden Fachleute in den Denkmalämtern nicht zur Verfügung standen. So kam es zu der mehr oder weniger intensiven Einbindung von freischaffenden Fachleuten, die im Auftrage der Denkmalpflege tätig wurden.

Die o. g. Projektgruppe sollte möglichst von der Voruntersuchung bis zum Abschluß der Maßnahme das Projekt leiten, wobei je nach Aufgabenstellung die einzelnen Fachleute mehr oder weniger intensiv zur Mitarbeit herangezogen werden. Trotzdem ist es für den Projektverlauf von großer Bedeutung, daß z. B. bereits bei den Voruntersuchungen der Architekt mit eingebunden ist; denn er lernt auf diese Weise das von ihm instandzusetzende bzw. umzubauende Denkmal auf intimste Weise kennen.

Für eine gute Projektgruppenarbeit ist es wichtig, einer Person die Leitung der Projektgruppe zu übertragen. In der Regel ist dies der Denkmalpfleger, unter bestimmten Bedingungen bei bestimmten Projekten kann dies auch der Architekt oder/und der Bauforscher sein. Bei der Projektleitung müssen sämtliche Einzelinformationen zusammenfließen und verarbeitet werden, von ihr wird demzufolge auch der Fortgang des Projektes mitbestimmt.

Während der Durchführungsphase wird sich die Projektgruppe personell noch mit Bauleitung und Sonderfachleuten ausweiten, um sich dann zur Abschlußdokumentation wieder auf die ursprüngliche Besetzung zu reduzieren.

Während der Ausführung der Maßnahme sind die im denkmalpflegerischen Konzept aufgeführten Untersuchungen vorzunehmen. Die Firmen und Handwerker erhalten vor Beginn der Arbeiten eine Einweisung mit detaillierten Angaben, welche Bauteile wie zu sichern sind. Müssen bestimmte Bauteile ausgebaut und repariert werden, ist es sinnvoll, den Ausbau einschließlich der Reparatur einer Firma bzw. einem Handwerker zu übertragen, denn es ist sehr effektiv, demjenigen den Ausbau zu übertragen, der nachher auch das fertig reparierte Bauteil fachlich zu vertreten hat. Die gesamte Maßnahme ist baubegleitend zu dokumentieren. Sie knüpft nahtlos an die Voruntersuchung an und schreibt sie fort.

III. Dokumentation der durchgeführten Maßnahme

Nach Beendigung jeder Maßnahme ist eine Abschlußdokumentation zusammenzustellen. In ihr sind sämtliche Informationen über die ausgeführten Maßnahmen sowie der verwendeten Materialien aufzunehmen. Sie bildet einen gesonderten Abschnitt der Gesamtdokumentation und ist aus praktischen Erwägungen heraus auch separat aufzuarbeiten, da sie die Arbeitsgrundlage für den zukünftigen Bauunterhalt des Denkmals bildet. Bauteil für Bauteil werden die Maßnahmen, aufgegliedert nach

a) Erhaltung bzw. Reparatur des vorgefundenen Zustandes,
b) baugleiche Erneuerung, Instandsetzung des vorgefundenen Zustandes,
c) Erneuerung in veränderter Form

beschrieben sowie in Bestandszeichnungen des fertiggestellten Zustandes dokumentiert (Abb. 6).

Zusätzlich werden - soweit erforderlich - die Zusammensetzung der verwendeten Materialien, originale Farbaufstriche ggf. mit Herstellerangaben und der Bauteilbeschreibung hinzugefügt (Abb. 1). Die Gesamtarbeit, von der Voruntersuchung bis zur Abschlußdokumentation, wird in Dokumentationsberichten, den sogenannten Gebäudebüchern, in denen der Hauptteil sämtlicher Unterlagen in reproduzierter Form enthalten ist, zusammengefaßt. In der Regel werden zusätzlich zum Original zwei Exemplare erstellt, wobei eine Ausführung der Bauherr erhält und eine Ausführung im Denkmalamt verbleibt. Die sehr unterschiedlichen Einzelteile der Dokumentation werden den jeweiligen Archiven zugeordnet, die Fotodokumentation ins Fotoarchiv, Pläne werden nach ihrer kompletten Mikroverfilmung ins Planarchiv übernommen, die Farbuntersuchungen einschließlich der Befunde kommen in das Befundarchiv. Die formale Klammer aller Einzeluntersuchungen und Dokumentationen aus den unterschiedlichen Projektgruppen bildet somit das Gebäudebuch. Da es ein zeitlich nicht begrenztes Dokumentationssystem ist, wird es auch zukünftig weitergeführt.

Entsprechend der Eingangsformulierung, daß vorbeugen besser als heilen ist, kann das Gebäudebuch durchaus mit dem international gebräuchlichen Impfbuch der Weltgesundheitsorganisation verglichen werden. Werden dort alle Krankheiten und Impfungen kontinuierlich vermerkt und können somit zur Beurteilung des »Patienten« herangezogen werden, so ist das Gebäudebuch der »Gesundheitspaß« des Baudenkmals, in dem kontinuierlich die Konservierungs- und Sanierungsmaßnahmen dokumentiert und damit die Grundlagen für eine vorbeugende Denkmalpflege geschaffen werden. Auch, und ganz nebenbei, wird damit dem Artikel 16 der Charta von Venedig entsprochen:

»Die Konservierungs-, Restaurierungs- und Ausgrabungsarbeiten müssen stets Hand in Hand gehen mit einer genauen Dokumentation in Form von analytischen Berichten und illustrierten Kritiken, von Zeichnungen und Photographien. Alle Phasen der Arbeiten der Freilegung, Konsolidierung, Wiederzusammensetzung und Integration sowie die technischen und formellen Elemente, die im Verlauf der Arbeiten identifiziert werden, sind darin niederzulegen. Diese Dokumentation ist in den Archiven einer öffentlichen Organisation zu hinterlegen und den Forschern zur Verfügung zu stellen; ihre Veröffentlichung wird empfohlen.«

Gebäudebücher

Anmerkungen

[1] Ruskin, John, Die Sieben Leuchter der Baukunst, Leipzig 1904, zit. nach: Huse, Norbert, Deutsche Texte aus drei Jahrhunderten, München 1984, S. 91.

[2] Mader, G. Th., in: Jahrbuch der Bayerischen Denkmalpflege 31 (1977), S. 151-164.

[3] vgl. hierzu: »Altbauerneuerung in Sanierungsgebieten - Untersuchung von Modellvorhaben in West-Berlin«, Ergebnisbericht zum Forschungsauftrag »Kostenanalyse der Modellmodernisierung von Altbauten« Arbeitsgruppe Stadterneuerung - Altbauerneuerung - Berlin, Juli 1975.

[4] vgl. hierzu: Schmidt, Wolf
a) Das Erhalten historischer Bürgerhäuser als Bauaufgabe, Denkmalpflegeinformationen des Bayerischen Landesamtes für Denkmalpflege Nr. 46, München 1985.
b) Das Raumbuch, in: Bauaufnahme, Befunderhebung und Schadensanalyse an historischen Bauwerken, Arbeitshefte des Sonderforschungsbereiches 315, Universität Karlsruhe, Heft 8, 1988.

[5] vgl. hierzu: Richtlinie des Landeskonservators Berlin zur Anlage eines Gebäudebuches:
»Alle bei der Bestandserfassung anfallenden Informationen über das Gebäude werden auf Informationsträger gebracht. Das Gebäudebuch als zentraler Informationsträger hat den Charakter eines »Findbuches«.
Nicht alle Informationen über das Gebäude müssen unmittelbar aus dem Gebäudebuch zu entnehmen, aber durch entsprechende Querverweise auf die verschiedenen Archive (Bibliothek, Planarchiv, Fotoarchiv, Asservatenarchiv, Befundarchiv, Aktenarchiv) aufzufinden sein.
Daraus ergeben sich folgende Grundsätze für die Anlage des Gebäudebuches.
Das Gebäudebuch ist so anzulegen, daß es fortgeschrieben werden kann. Das heißt, es muß in allen Phasen der Untersuchung und der Durchführung zur Verfügung stehen und vervollständigt werden können.
Originalexemplar
Das Original ist als lose Blattsammlung anzufertigen und in Kassetten zu archivieren.
Kopieexemplar
Bei Erreichen von Zwischenständen (z.B. nach Abschluß der Bestandserfassung) werden gebundene Kopieexemplare angefertigt, die für die weitere Bearbeitung zur Verfügung stehen.
Bei weiteren Ergebnissen werden dem Original Ergänzungsblätter zugefügt, niemals jedoch in die vorhandenen eingegriffen.
(Ausnahme »Verweisblatt«)
Ordnungsprinzip
Die Numerierung der losen Blattsammlung muß die Möglichkeit der Fortschreibung gewährleisten, deshalb wird die abschnittsweise Numerierung mit fortlaufender Blattnummer festgelegt (z.B. I/3). Diese Numerierung ist mit den Aussagen über Verfasser und Datum zu verknüpfen. Für den Verfasser muß verbal der Fachbereich als übergeordnete Angabe genannt werden (z.B. Architekt, Restaurator, Statiker).

Für die Anlage des Gebäudebuches steht ein »Formblatt« zur Verfügung, das aber nur als Grundprinzip zu verstehen ist.
(Muster im Anhang)
Die Erfassung erfolgt raumbezogen (innen) und fassadenbezogen (außen).
Orientierungsschema
Das Orientierungsschema, welches bei Beginn der Bestandserfassung (Aufmaß) festzulegen ist, wird für die Einteilung des Gebäudebuches verwendet.
Das Orientierungsschema muß im Gebäudebuch enthalten sein.
Gliederung
Für jeden Gebäudeteil (Räume, Fassaden) ist die Beschreibung in 3 Teile aufzugliedern. Die Teile können jeweils aus mehreren Seiten bestehen.
1. »Deckblatt« mit Bezeichnung, Orientierungsschema, Daten (Abmessungen), Übersichtsfotografien oder Zeichnungen.
2. »Verweisblatt« mit allen Querverweisen auf die verschiedenen Archive, Untersuchungsberichte und Quellen. Das »Verweisblatt« wird zu Beginn der Bearbeitung angelegt und bis zum Abschluß im Originalexemplar fortgeschrieben.
3. Bestands-/Zustandsbeschreibung
Systematische und detaillierte Beschreibung der Elemente des Gebäudes und deren Zustand.
Die Beschreibung der Sache ist streng von der Beschreibung des Zustandes zu trennen, sie erfolgt verbal und fortlaufend.
Ergänzend dazu sind Fotografien und Skizzen einzuordnen.
Format
Als Format für das Gebäudebuch wird DIN A 4 empfohlen (Originalexemplar und Kopieexemplar).
Bezeichnungen
Alle Räume erhalten die Geschoßbezeichnung und eine Raumnummer. Vom Keller beginnend werden die Räume eines Objektes durchnumeriert. Die Geschosse werden mit den gängigen Abkürzungen (KG, EG, OG, Dach) bezeichnet. Die Geschoßbezeichnung wird nicht durch eine zusätzliche Zahl verschlüsselt.
Die Wände werden mit Buchstaben gekennzeichnet. Die Bezeichnung erfolgt nach der Himmelsrichtung (n = nord, s = süd, w = west, o = ost), beginnend im Norden.
Fenster, Türen und Ausstattungsteile erhalten sogenannte Positionsnummern, gekennzeichnet durch Buchstaben für die entsprechenden Elemente (Fenster = F, Tür = T). Bauteile, die zwei Räumen zuzuordnen sind (Türen z. B.) erhalten zwei Positionsnummern. Fassaden und Fassadenteile werden nach Himmelsrichtungen und Geschoß benannt und numeriert.
Fenster, Türen u. a. Elemente erhalten die gleichen Positionsnummern wie in den Räumen.
Fotografien
Die fotografische Dokumentation ist nur auszugsweise im Gebäudebuch enthalten, mit den entsprechenden Verweisen auf die Fotokartei, in der alle vorhandenen Aufnahmen des Gebäudes katalogisiert sind.

Für Fotografien, die direkt in das Gebäudebuch eingefügt werden, sind die Normformate 10/15 cm, 13/18 cm, 18/24 cm einzuhalten. Kleinere Formate werden nicht verwendet.

Archivierungsqualität

Das Originalexemplar des Gebäudebuches muß den Anforderungen an eine Langzeitarchivierung genügen, um auch für spätere Maßnahmen zur Verfügung zu stehen. Daraus ergeben sich einige Forderungen an die Archivierungsqualität, insbesondere an die zu verwendenden Materialien.

Papier/Karton

Für das Originalexemplar ist gepuffertes, säurefreies Papier, mindestens 120 g zu verwenden.

Die gleichen Anforderungen müssen an den Karton für die Archivierungskassetten gestellt werden.

Kleber und sonstige Hilfsmaterialien für die Kassetten müssen säurefrei sein und den Kriterien der Fotoarchivierung genügen.

»Formblätter«

Die »Formblätter« (Grundschema siehe Muster) werden gedruckt. (Keine Kopien verwenden.)

Beschriftung

Texte und Beschriftung im Gebäudebuch werden in der Regel mit Schreibmaschine oder Drucker geschrieben. Über Bandtyp (Karbon oder Textil) in Bezug auf Haltbarkeit liegen zur Zeit noch keine Informationen vor.

Fotografien

Alle Fotografien sind auf Barytpapier (kein PE-Kunststoff) anzufertigen. Die archivfeste Verarbeitung nach den Kriterien der Fotoarchivierung ist einzuhalten.

Aufziehen

Alle zu montierenden Materialien (Fotografien und Sonstiges) sind mit säurefreier, alterungsbeständiger Heißklebefolie aufzuziehen. Alle anderen Klebeverfahren sind nicht zulässig.

[6] vgl. hierzu: – Mader, G.: Angewandte Bauforschung als Planungshilfe bei der Denkmalinstandsetzung, in: Erfassen und Dokumentieren im Denkmalschutz, Schriftenreihe des Deutschen Nationalkomitees für Denkmalschutz, Band 16 (S. 37-53). – Cramer, Johannes, Handbuch der Bauaufnahme: Aufmaß und Befund, Stuttgart 1984.

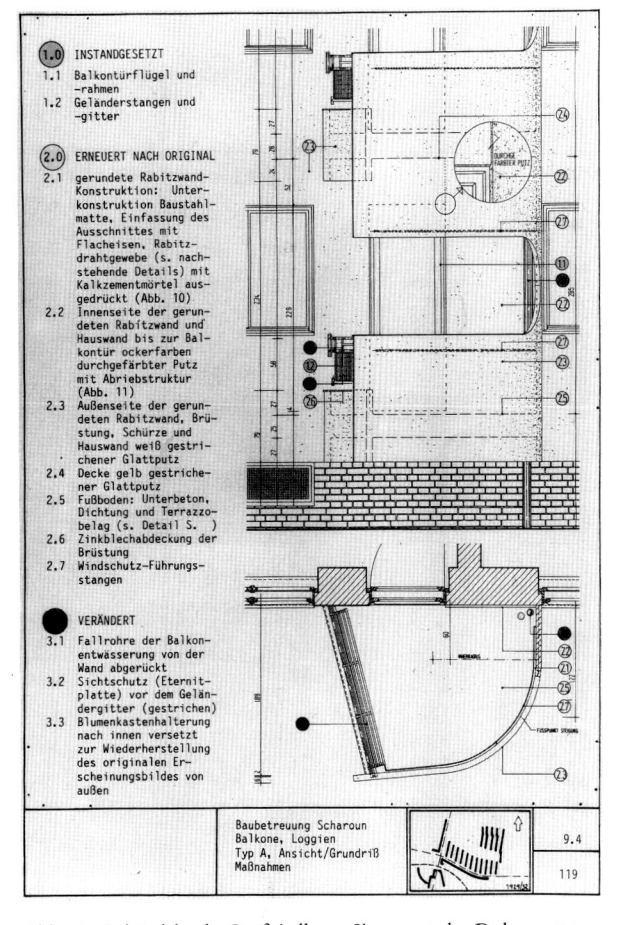

Abb. 6: Gebäudebuch Großsiedlung Siemensstadt, Dokumentation der ausgeführten Maßnahmen (Pitz / Brenne)

Abb. 1: Saalbau Neukölln, Karl-Marx-Straße: Decke des kleinen Saales von 1899 nach Öffnung der Rigips-Decke, Zustand 1988

Wilhelm A. Fuchs

Denkmalpflege von Ensembles in Neukölln: Rixdorf und Britz

Der folgende »Rundgang« durch Neukölln spricht stichwortartig die kultur-, bau- und stadtgeschichtlichen Zusammenhänge an, die in ihrem Zusammenwirken aus einer Gruppe von Gebäuden ein »Ganzes« bilden und so deren Erhaltung begründen. Diese werden im folgenden schwerpunktartig behandelt.

Seit 1920 gehört die Stadt Neukölln mit seinen Dörfern Britz, Buckow und Rudow zu Groß-Berlin und ist heute mit über 300.000 Einwohnern Berlins größte Gemeinde. Bereits 1899, als Neukölln noch Rixdorf hieß und Stadtrechte erhielt, zählte es zu den zehn größten Städten des Deutschen Reiches. 1912 bekam Rixdorf den neuen Namen Neukölln. Diese imponierende Entwicklung, beginnend im letzten Drittel des 19. Jahrhunderts, ließ Neukölln nicht nur zum einwohnerstärksten Bezirk, sondern auch zum größten Industriestandort Berlins werden. Dennoch hat Neukölln in Rixdorf und Britz sein historisches Ortsbild bewahren können.

Rixdorf, die Altstadt Neuköllns, gründet sich auf zwei Ansiedlungen, die schnell zusammengewachsen waren: das auf eine mittelalterliche Komturei des Tempelordens zurückgehende Deutsche Dorf und die in barocker Zeit am Rande dieses Dorfangers entstandene neue Siedlung, das Böhmische Dorf.

Böhmisch- und Deutsch-Rixdorf behaupteten sich wie selbstverständlich als räumlicher Kristallisationspunkt im Rahmen der im letzten Drittel des 19. Jahrhunderts stattfindenden städtebaulichen Erweiterungen, die entlang der Bergstraße, heute Karl-Marx-Straße, einsetzten. Diese baulichen Erweiterungen, die im ersten Jahrzehnt des 20. Jahrhunderts insbesondere mit dem Wirken des Rixdorfer bzw. Neuköllner Stadtbaurates Reinhold Kiehl verbunden sind, versorgten die aufstrebende Großstadt mit notwendigen Mietshausbauten und kommunalen Einrichtungen unter Beibehaltung des historischen ortstypischen Erschließungssystems.

In Rixdorf und in der südlichen Angerhälfte von Alt-Britz addieren sich die aus unterschiedlichen Bauzeiten und Zweckbestimmungen entstandenen Gebäude zu einem ganzheitlichen kulturellen Bauzeugnis. Die mittelalterliche Dorfkirche am Richardplatz in Rixdorf, um 1430 erbaut, ist Teil der östlichen Platzfassung mit gründerzeitlichen und repräsentativ stukkierten Ackerbürgerhäusern. Diese Häuser, wie auch einige am Nordrand des Platzes, besitzen noch Remisengebäude, Stall und Scheune und ihre Obstgärten auf den Grundstücken. Die Platzmitte wird von der Schmiede mit Wohnhaus eingenommen, die erstmals 1624 urkundlich erwähnt wird. Spritzenhaus und Löschteich sind nicht mehr vorhanden. Die ursprüngliche eingeschossige Bauweise zeigt das am Südrand gelegene Bauernhaus Richardplatz Nr. 18 von 1803, obwohl es im 20. Jahrhundert überformt wurde. Der Kiosk, einer griechischen Tolos nachempfunden, ebenfalls auf der Platzmitte gelegen, ist ein markanter architektonischer Hinweis auf die Platzneugestaltung unter dem Neuköllner Stadtbaurat Reinhold Kiehl. Dem Bau der Schudomastraße als östlicher Platzausfallstraße mußte 1909 am Richardplatz ein Bauernhaus weichen. Um diese Zeit entstehen hier auch fünfgeschossige Mietshausbauten. Trotzdem konnte die ursprüngliche Doppelplatzanlage von Richardplatz und dem kleineren westlichen Anhang, dem Karl-Marx-Platz, ihren dörflichen Charakter bewahren.

An das Deutsche Dorf, das sich um den Richardplatz gruppiert, der amtlich im Jahre 1890 mit diesem Namen angezeigt wurde, schließt sich mit dem Entstehungsjahr 1737 das Böhmische Dorf am nördlichen Rand an. Dort wurden vom Soldatenkönig böhmischen Glaubensverfolgten neun Doppelhäuser mit Wirtschaftsgebäuden zur Ansiedlung geschenkt. Entlang der Richardstraße, früher Berliner Straße, und der Kirchgasse, benannt nach dem dort gelegenen Betsaal der Brüdergemeinde, entstanden Kolonistenhöfe und Büdnerhäuser. Nachfahren der böhmischen Exilanten leben bis heute in diesen Häusern.

Trotz baulicher Veränderungen und Neubauten, die größtenteils nach dem Flächenbrand im Jahre 1849 erstellt wurden, hat dieses Dorf in wesentlichen Merkmalen seine historische Gestalt und Bauweise bis in die Gegenwart erhalten. Die historische Straßen- und Wegeführung und die vorhandene Altbausubstanz, bestehend aus Wohnhäusern, Innenhöfen und Nebengebäuden, läßt noch heute die ursprüngliche, dem Raster verpflichtete Planung erkennen.

Etwa um 1830 verlagert sich die bauliche Entwicklung von Rixdorf in ein dreieckiges Areal, das sich an die bestehenden Dorfkerne von Deutsch- und Böhmisch-Rixdorf entlang der Hauptverkehrswege in nördlicher Richtung anschließt, der Bergstraße, heute Karl-Marx-Straße, und der Berliner Straße, heute Richardstraße. Im Süden begrenzen die Mühlen- und die Dorfstraße, der spätere Karl-Marx- und Richardplatz, die Schmalseite des Dreiecks.

Seit 1875, als die Pferdebahn auch bis zur Bergstraße in Neukölln fährt, gibt es endlich eine direkte Verkehrsverbindung von Berlin nach Rixdorf. Von da an wächst in Neukölln der Anspruch an die Schaffung von großstädtischen Vergnügungs- und Versammlungsbauten: 1875/76 wird der Saalbau Neukölln errichtet, 1910 die Passage, die auch die kürzeste fußläufige Verbindung zwischen Richard- und Karl-Marx-Straße herstellt.

In der Bauphase der Jahre 1875-78 entwickelt sich hier eine für den zentralen Bereich von Neukölln beispielhafte Besiedlung, deren Gebäude auf fünf Grundstücken so gut wie vollständig erhalten sind. Charakteristisch ist dabei die Mischung von Mietwohnungen und Gewerbe. In kurzer Zeit wird die bäuerliche Nutzung der Grundstücke durch eine gewerbliche ersetzt, die an der Karl-Marx-Straße 135-139 wie an der Richarstraße 12-14 noch heute baulich-räumlich ablesbar ist:

Der älteste Einzelbau, Karl-Marx-Straße 137, ist eine Scheune aus dem Jahre 1840. Er dokumentiert die landwirtschaftliche Grundstücksnutzung. Daneben, auf den schmalen und tiefen Grundstücken finden sich Kleingewerbebauten wie eine Schmiede, und das Schlachthaus des Metzgermeisters Pasewald, daher auch der Name »Pasewald'sche Hof«, Metallwarenlagerhaus und weitere Gewerbebauten. Die jüngsten stammen aus den 20er Jahren unseres Jahrhunderts.

Die Vorderhäuser dieser Grundstücke sind bereits mehrgeschossige Mietshausbauten. Schließlich erhält mit dem Bau des Stadtbades in den Jahren 1912-14 in der Ganghoferstraße etwas weiter nördlich der Verstädterungsprozeß in diesem Bereich durch Reinhold Kiehl sein architektonisches Glanzlicht.

Für die Denkmalpflege waren diese historischen Baubereiche, die die Entwicklung Neuköllns »vom Dorf zur Großstadt« für uns heute noch nachvollziehbar machen, Ansatzpunkte für die Entwicklung eines örtlichen Arbeitskonzeptes mit dem Ziel der Konzentration auf die Gesamtanlage. Dabei wurden folgende Arbeitsschwerpunkte gebildet: Alt-Britz, Deutsch-Rixdorf, Böhmisch-Rixdorf und das Besiedlungsdreieck zwischen Karl-Marx-Straße und Richardstraße.

Im Beschluß über die Konzeption für das europäische Denkmalschutzjahr 1975 heißt es: »Denkmalschutz will das Ganze: Es gilt nicht nur Einzelheiten und nicht nur dem Dokumentarischen, sondern will Fülle und Vielfalt unserer Lebensbereiche erhalten. Das Ineinander von Gegenwart und Vergangenheit, das Sichtbarbleiben der Geschichte, die in uns und unserer Umwelt wirkt. Die Erhaltung historischer Bausubstanz und gewachsener Strukturen wird mehr und mehr zu einer Existenzfrage für jede Gemeinschaft. Sie verdeutlicht das historische, politische, soziale und geistige Selbstverständnis des Menschen und trägt wesentlich zur Individualität von Siedlungsstrukturen bei. Die Unverwechselbarkeit des Bildes von Stadt und Land ist eine der wichtigsten Grundlagen für die Bindung des Bürgers an seine Gemeinde und für ein intaktes kommunales Leben.«[1] Diese Gedanken bestimmten die denkmalpflegerischen und restauratorischen Maßnahmen in den Bereichen Alt-Britz, Deutsch- und Böhmisch-Rixdorf und den Gebäuden des Siedlungsdreiecks zwischen Karl-Marx- und Richardstraße, die im folgenden beschrieben werden:

Das Dorf Britz ist über 700 Jahre alt. Im Landbuch Kaiser Karls IV. aus dem letzten Drittel des 14. Jahrhunderts wird es bereits beschrieben. Es gilt heute als das am besten erhaltene Beispiel eines märkischen Rittergutes in Berlin. Herrenhaus, Gutshof und Park, Kirche, Pastorenhaus und Schule gruppieren sich eindrucksvoll um den Dorfteich. Die Gebäude dieses Ensembles sind durchweg in einem guten baulichen Zustand.

Seit dem Frühjahr 1988 sind die Restaurierungsarbeiten am Herrenhaus sowie am Gutshof und Gutspark abgeschlossen. Dabei hatte man sich zur Aufgabe gemacht, dieses Baudenkmal möglichst unverfälscht zu erhalten.

Ensembles in Neukölln

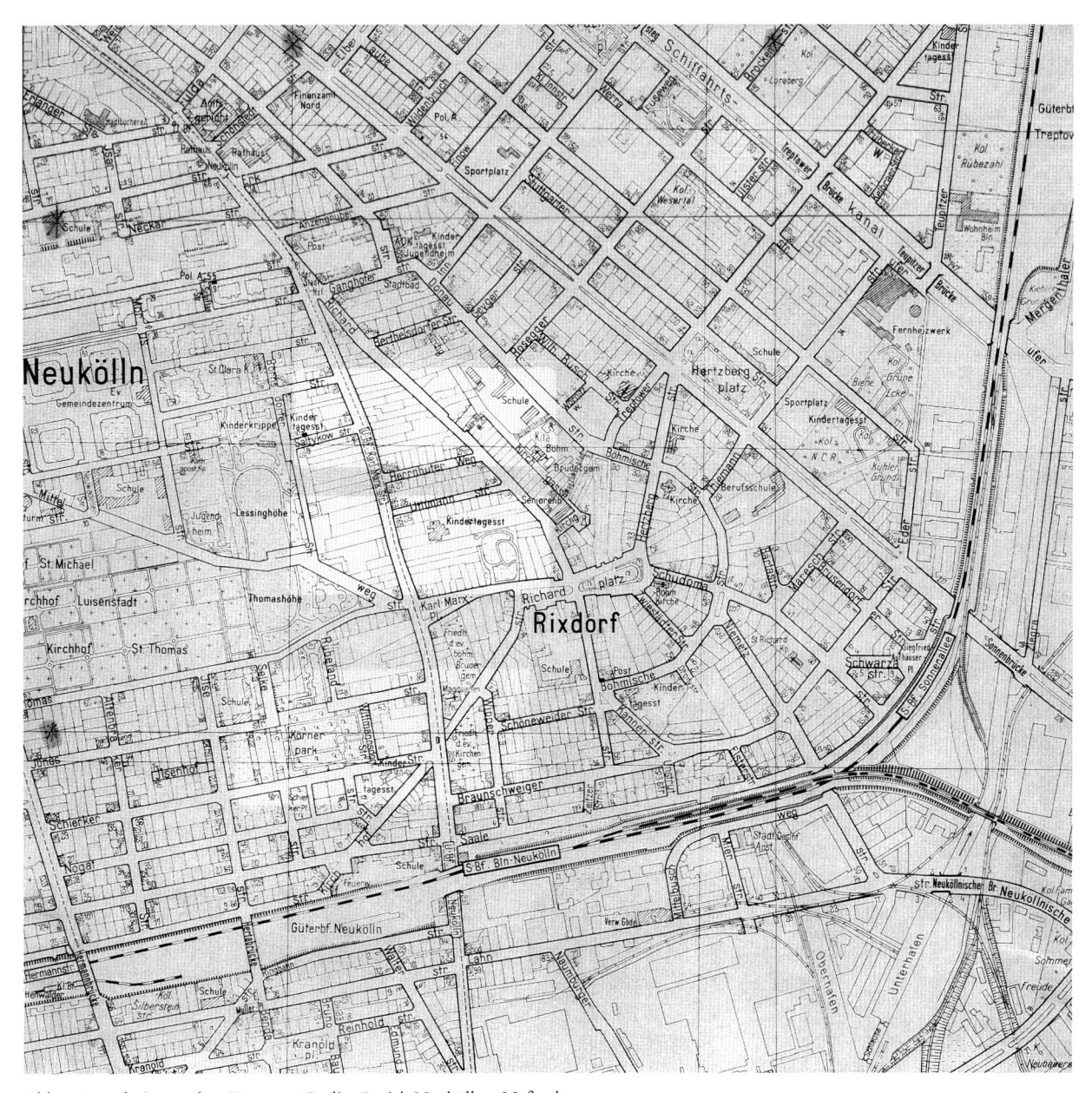

Abb. 2: Ausschnitt aus der »Karte von Berlin, Bezirk Neukölln«, Maßstab 1:10000

Im Namen der Denkmalpflege sollten sich nicht Verluste oder gar Zerstörungen an der überkommenen Bausubstanz einschleichen. So legte der Bauforscher, der den ursprünglichen barocken Kernbau im Haus lokalisieren sollte, die dazu erforderlichen Untersuchungsschnitte in Decken und Wänden so an, daß mit Gewißheit neuere Überformungen nicht gestört wurden. Forscherdrang endete dort, wo der Gewinn von neuen Erkenntnissen zur Zerstörung eines jüngeren, vermeintlich weniger bedeutenden baulichen Zustandes zur Folge gehabt hätte, auch wenn dabei auf weitere Erkenntnisse verzichtet werden mußte. Das ist übrigens eine seit langem aus der klassischen Archäologie bekannte Methode. Der Restaurator deckte Teilbereiche der originalen Wand- und Deckenfassungen mit einem reversiblen Untergrund sorgfältig ab und legte darauf die neue Farbfassung. Später können so geschlossene Flächen wieder geöffnet werden, um mit heute noch nicht zur Verfügung stehenden Verfahren wiederhergestellt zu werden. Sicher ist, daß hier auch in der Zukunft Restauratoren noch Funde machen können und nicht unwiederbringliche Verluste feststellen müssen. Es war nur konsequent, daß auch bauliche Veränderungen aus jüngerer Zeit erhalten wurden, so im Eingangsbereich die Trennwand zum heutigen Geschäftszimmer, die nach 1880 erstellt wurde oder die Pilasterkapitelle im Gartenzimmer, die in den 50er Jahren neu gestaltet wurden. Dennoch vermittelt dem Betrachter die dem restauratorischen Befund verpflichtete Wiederherstellung der Innenräume die gestalterische Absicht des ausgehenden 19. Jahrhunderts. Er erlebt die typische, vom großbürgerlichen Lebensstil geprägte Abfolge repräsentativer Räume: großzügiger Eingangsbereich mit gefaßtem und gelüstertem Deckenstuck, das holzgetäfelte Herrenzimmer mit lederimitierenden Prägetapeten, das Damenzimmer, dessen mit Frucht- und Blumenornamenten reich stukkierte Decke wieder die farbige Fassung von 1880 zeigt, den Salon, der in der Formensprache der Zeit eine Wandgliederung aus farbigen Mäanderbändern aufweist, das obligatorische Speisezimmer und das Gartenzimmer, ebenfalls mit reichem Deckenstuck und Schablonenmalerei.

Auch die in der Bautradition der Schinkelschule stehenden Wirtschaftsgebäude, Ochsen-, Kuh- und Pferdestall, Inspektoren- und Schweitzerhaus wurden denkmalgerecht restauriert. Das Hofpflaster behielt seine ursprünglichen Katzenkopfsteine.

In Deutsch-Rixdorf werden zur Zeit am *Richardplatz 3* Remisengebäude aus der Mitte des 19. Jahrhunderts wiederhergestellt. Scheune und Stall wurden vor zwei Jahren unter Denkmalschutz gestellt. In diesen Remisen werden jetzt aus wirtschaftlichen Erwägungen sieben Wohnungen eingerichtet, denn nur für eine solche Nutzung stehen staatliche Förderungsprogramme zur Verfügung. Die früher landwirtschaftlich genutzten Räume mußten leider aufgegeben werden. Das Restaurierungskonzept hatte sich diesen finanziell begründeten Umständen unterzuordnen. Die Außenwände an der West-, Süd- und Ostseite, deren tragende Teile aus Holz konstruiert und mit Ziegelsteinen ausgefacht sind, wurden in ihrem äußeren Erscheinungsbild erhalten. Einzelne verfaulte Holzteile, wie einige Riegel und Streben, wurden ausgewechselt. Die Gefache wurden zum Teil herausgenommen und unter Verwendung der alten Steine wieder eingesetzt. Eine zweite Mauerschale hinter diesen Außenwänden stellt die Wärmedämmung und Standfestigkeit sicher. Eine interessante Lösung für die ursprünglich bis zur Decke offene große Scheune zeigt der Einbau von freistehenden Naßzellen. So bleibt durch den Verzicht auf Zwischenwände der ursprüngliche Raumeindruck wenigstens teilweise erhalten.

Die Tenne gibt auch weiterhin den Blick auf ihre Dachkonstruktion frei. Der Einbau von Dachgauben gewährleistet den geforderten Tageslichteinfall. Zum selben Zweck ersetzen Glasscheiben einige Gefache in der südlichen Fachwand. Das Scheunentor wird in seiner ursprünglichen Größe wieder eingesetzt werden und die alte Tenne erschließen, die heute als Flur für die angrenzenden Wohnungen dient. Das Kehlbalkendach mit doppelt stehendem Stuhl wird nach der Restaurierung den Bewohnern Eindrücke von Raum und Konstruktion dieser alten Scheune vermitteln können.

Der Stall wurde prinzipiell nach dem gleichen methodischen Vorgehen wiederhergestellt. Soweit irgend möglich, blieben Altersspuren an beiden Gebäuden erhalten; auf Rück- und Umbauten wurde generell verzichtet. Die Denkmalpflege stimmte diesen Nutzungsänderungen zu, denn nur so konnten beide Häuser für das Rixdorfer Ortsbild erhalten werden. Für die Bevölkerung, die sich vehement für deren Erhaltung ausgesprochen hatte, wurde so ein bäuerliches, mit hohen Symbolwerten behaftetes Ensemble gerettet.

An der *Kirchgasse 6* im Böhmischen Dorf wurde im Frühjahr 1988 die Wiederherstellung eines mit deutlichen Verfallsspuren gezeichneten Büdnerhauses abgeschlossen. Dieses Haus dient nach wie vor zu Wohnzwecken. Das 1849 errichtete Gebäude wurde ursprünglich von mehreren Parteien bewohnt. Die Erschließung des Dachgeschosses erfolgte über eine nur vom Hof zugängliche Treppe, ein typisches Merkmal solcher Häu-

Abb. 3: Gesellschaftshaus (»Passage«) Neukölln, Karl-Marx-Straße: Decke des Kinosaales, Zustand 1988

ser im Böhmischen Dorf. Erd- und Dachgeschoß werden jedoch heute von einer Partei genutzt, was eine Umlegung der Treppe bedingte. Die Außentüre zu dieser Treppe hat nunmehr keine Funktion, wurde aber zur Wahrung des äußeren Erscheinungsbildes in der Außenwand belassen.

Die Bauarbeiten in der Passage und im Saalbau Neukölln an der Karl-Marx-Straße sind im vollen Gange. Der *Saalbau* ist ein augenfälliges Bauzeugnis für eine mit zunehmendem Selbstbewußtsein ausgestattete bürgerlich-städtische Öffentlichkeit. Diese auch nach repräsentativem baulichem Ausdruck verlangende Entwicklung findet ihren Niederschlag in der Errichtung und Erweiterung des Saalbaues in den Jahren 1876 und 1899. Der Bedarf an öffentlich zugänglichen Versammlungsstätten stieg damals stetig, wie die große Zahl der in ganz Berlin im letzten Drittel des 19. Jahrhunderts und um die Jahrhundertwende erbauten Fest-, Tanz- und Versammlungssäle belegen. Der Saalbau vermittelt bis in die Gegenwart das Bedürfnis nach Repräsentation dieser Zeit mit dem eklektischen Rückgriff auf den Formenkanon der Renaissance und des Barock in einzigartiger Weise. Eine wichtige Bauaufgabe des 19. Jahrhunderts, die Erstellung von öffentlichen Versammlungsräumen als baulich-räumliche Antwort des auf Mitbestimmung und Mitentscheidung drängenden Bürgertums, bezeugt der Saalbau durch seine weitgehende komplette Überlieferung. Ein 1968 beauftragtes Ingenieurbüro stellte Schäden an einzelnen Teilen der Dachkonstruktion bzw. unzureichende Bauausführungen fest. Daraufhin erfolgte noch im selben Jahr die Schließung des Gebäudes. Nach dreijährigen Instandsetzungs- und Restaurierungsarbeiten soll der Saalbau im Jahre 1990 für die Öffentlichkeit wieder zugänglich sein.

Gewiß ging der zwanzigjährige Leerstand nicht spurlos am Saalbau vorüber. Dennoch konnten die ursprünglichen Wand- und Deckenfassungen vom Restaurator erkannt und dokumentiert werden.

Das an der Karl-Marx-Straße traufständig errichtete viergeschossige Vorderhaus mit Wohnungsetagen und einer Gaststätte im Erdgeschoß wurde im Jahre 1875 von Ludwig Niesigk erstellt.

Schon ein Jahr später wird dazu auf dem hinteren Teil des Grundstückes ein Saal gebaut, der zusammen mit den Governmenträumen im selben Jahr eröffnet wird. 1877 ist auch die Bühne dieses Saales spielbereit. 1899 wird ein Verbindungstrakt zwischen Saal und Vorderhaus erstellt. 1915 baut man den Saal zu einem Lichtspieltheater um. Schließlich wird im Jahre 1919 der Zwischentrakt umgebaut, der Windfang erweitert und der Vorraum zum Hof vergrößert. Stadtbaurat Karl Bonatz gestaltet 1928 die Fassade des Vorderhauses neu. Über weitere Stationen findet im Jahre 1953/54 eine umfangreiche Erneuerung der Anlage statt. Weitere Veränderungen kommen bis zur Schließung 1968 hinzu.

Diese kursorisch dargestellten Umbauphasen zeigen die Problematik auf, unter denen das denkmalpflegerische Konzept festgelegt werden mußte. Ausgangspunkt war das Verständnis dieser Anlage, deren Erscheinungsbild über Jahrzehnte gewachsen war.

Im großen Saal stehen architravierte Rundbögen auf breiten Wandpfeilern, dazwischen sind geschoßhohe Pilaster angeordnet. An den beiden Längswänden sind die Arkaden mit Kämpfergesimsen erhalten. Dagegen sieht man an den Stirnwänden heute ihrer Kapitele beraubte und die Wand in drei Felder gliedernde Pilaster. Diese Kompositkapitele und Schlußsteine im Bogen fielen den Überformungen der 50er Jahre zum Opfer. Der Korbbogen, der die Öffnung der Guckkastenbühne zur Decke formte, wurde im Zuge dieser Maßnahme ebenfalls entfernt, so daß sich heute diese Öffnung rechteckig darstellt. Fünfzehn Kassetten, die die Decke in zehn quadratische und fünf rechteckige Felder teilt, blieben mit ihren stukkierten Unterzügen mit Perlstab und Zopfstuck erhalten. Unter einer Deckenabhängung aus Rigips entdeckte man im Zwischentrakt noch die reichstukkierte Decke von 1899. Die des großen Saales wurde 1899 neu gefaßt, die älteste Fassung von 1876 ist deshalb nur spurenhaft nachgewiesen.

Diese Eingriffe aus den 50er Jahren weisen nicht die Qualität auf, die es rechtfertigten, sich bei einem Restaurierungskonzept auf den Zustand von 1953 zu berufen. Gleichwohl war von der Denkmalpflege diese Möglichkeit diskutiert worden. Stattdessen wird nun angestrebt, über restauratorische Befunderhebungen die Farbigkeit des Jahres 1899 zurückzugewinnen unter Verzicht auf nicht zweifelsfrei zu klärende tektonische Rekonstruktionen.

Zwei giebelständige sechsgeschossige Gebäude, die mit brückenartigen Verbindungsbauten erschlossen werden, verbinden Richardstraße und Karl-Marx-Straße: die *Passage*. Im Erdgeschoß beinhalten sie Läden, in den Obergeschossen Wohnungen. Zwei mit drei repräsentativen Treppenhäusern verbundene große Säle, die in dem Brückenbau untergebracht sind, weisen auf die Funktion der Passage als Versammlungs- und Vergnügungsstätte hin. Der Erbauer dieser Anlage, Reinhold Kiehl, gestaltete einen dieser Säle als Kinoraum mit umlaufender Empore, der darüberliegende Saal wurde als Versammlungsraum genutzt. Die Jugendstildecke des Kinosaals zeigt einen herausragenden Erhaltungszustand, den sie auch dem Umstand verdankt, daß sie seit ihrer Entstehungszeit 1909 nicht überfaßt worden ist. Der darüberliegende Saal ist durch Pfeiler und umlaufendes Gebälk quadratisch ohne großen dekorativen Aufwand gegliedert. Die Rundbogenfenster mit dünner Sprossung sind wie auch der überwiegende Teil der Gesamtanlage aus dem Entstehungsjahr 1909.

In dem alten Kinosaal sollen zwei Vorführräume eingerichtet werden. Im Erdgeschoß und im Keller plant man zwei weitere Kinoräume, so daß dann in vier Räumen gleichzeitig Filme gezeigt werden können. Die mit dieser Nutzung verbundenen Auflagen sind erheblich. Aus akustischen Gründen mußte die Jugendstildecke hin-

Ensembles in Neukölln

Abb. 4: Karl-Marx-Straße 109–141: Straßenansicht von Passage und Saalbau

terschäumt werden, um bei einem gleichzeitigen Spielbetrieb von Neuköllner Oper und Kino Störungen zu vermeiden. In der »Neuköllner Oper« waren Belüftungs-, Entrauchungs- und ein neues Beheizungssystem einzubauen. Fluchtwege waren durch geeignete Umbauten sicherzustellen. Das äußere Erscheinungsbild dieser bedeutenden Anlage wird vom Eigentümer selbst unter beratender Mitwirkung des Denkmalpflegers handwerklich wiederhergestellt. Zwischen Passage und Saalbau Neukölln werden zur Zeit die Bauplanungsunterlagen unter Wahrung der denkmalpflegerischen Auflagen der dort unter Denkmalschutz stehenden dreizehn Gebäude erarbeitet. Es ist abzusehen, daß auch dort mit dem Einzug von Boutiquen, Wohnungen, einem Café, die Anforderungen an diese Gebäude steigen werden.

Mit dem Beharren auf Denkmalschutz für diesen Bereich zerschlugen sich Planungen, auf diesem Areal ein achtgeschossiges Kaufhaus zu errichten. Der Abbruch dieser Gebäude im »Büdnerdreieck« konnte so verhindert werden.

Mit dem Bau des *Stadtbades Neukölln* in der Ganghoferstraße von Reinhold Kiehl findet 1914 die baulichräumliche Entwicklung Neuköllns vom Dorf zur Großstadt ihren Höhepunkt und vorläufigen Abschluß. Der Außenbau dieser weiträumigen Anlage des Schwimmbades wird durch ein Pilastersystem mit eingestellten Rundbogenmotiven klar gegliedert und zu einer geschlossenen, rhythmisch betonten Front zusammenfaßt. Diese aus wenigen Elementen entwickelte Fassa-

Abb. 5: Stadtbad Neukölln, Ganghoferstraße: ehemalige Männerschwimmhalle nach der Restaurierung 1984

denkomposition eines gerüsthaften Pfeilersystems läßt den Charakter eines Hallenbaus auch in der äußeren Erscheinung anklingen. Das geschieht in der Weise, daß der axial auf die Donaustraße orientierte Erschließungsturm beidseitig von deutlich niedrigeren Baukörpern flankiert wird, die die jeweilige Frauen- und Männerbadehalle beinhalten. Von der Ganghoferstraße nicht sichtbar schließt sich, der Symmetrieachse folgend, einem turmartig erhöhten Mittelrisalit das Atrium als verbindendes Bauteil zwischen dem Stadtbad und dem Heimatmuseum (Bibliothek) an.

Im mittleren, erhöhten Baukörper ist unter anderem die Haupttreppenhalle untergebracht, die zur Erschließung aller Badeeinrichtungen dient. Sie hat einen gläsernen Deckenabschluß. In der Betonung der gliedernden Elemente und im Verzicht auf prunkhafte Ornamentierung zeigen die Fassaden- und die Innenbereiche des Stadtbades eine bemerkenswerte Unabhängigkeit vom zeitgenössischen Modegeschmack des auf Monumentalwirkung bedachten Neoklassizismus.

Die erhöhten Nutzungsanforderungen führten auch hier zur Beschränkung des denkmalpflegerischen Anliegens in den Bereichen Fassade, Haupttreppenhalle, Schwimmhalle, römisch-russische Abteilung, Atrium und einigen Übergangs- und Verbindungszonen. Die Vorstellung bei der Gestaltung von Übergangsbereichen war, die notwendigen Brüche zwischen neu und alt im Erscheinungsbild mit visueller Akzeptanz zu versehen. Die aus diesem Anliegen begründeten Kompromißlösungen können zum Teil ästhetisch nicht befriedigen. Leitlinie der Konzeption war, wenigstens die zum historischen Verständnis des Gebäudes unverzichtbaren Raumerlebnisbereiche gemäß dem historischen Erscheinungsbild zu erhalten. Nicht zuletzt führten Kosten-/Nutzungsberechnungen für ein Hallenbad, das nicht museal betrieben werden soll, zu diesem auf das gesamte Bauwerk bezogenen reduzierten denkmalpflegerischen Ansatz. Das Restaurierungsergebnis stellt sich im Stadtbad Neukölln dar als die Summe und der Kompromiß aller am Baugeschehen beteiligten Interessen und Einflußnahmen.

Denkmalpflegerische Vorgaben sind Bestandteil komplexer Entwicklungsprozesse. Diese mußten sich unter anderen gewichtigen Einflußgrößen behaupten: Nutzungsanforderungen, Finanzparameter, bauaufsichtliche Auflagen und baukonstruktive Vorgaben, um die entscheidensten zu nennen. Das Ergebnis zeigt die Gestaltungsbrüche nun auch dort, wo das ursprüngliche Erscheinungsbild bis zum Beginn der Arbeiten im Jahre 1978 intakt überkommen war. Sind diese auch schmerzlich bewußt, so mußten sie doch als notwendig hingenommen werden. Die Alternative hieße, die genannten anderen Einflußgrößen außer acht zu lassen und zu Ende gedacht, den Bestand des Baudenkmals als Ganzes zu gefährden, was im übrigen auch für alle anderen, hier beschriebenen Baudenkmale gilt.[2]

Die Erfahrung lehrt, daß es gewaltiger Anstrengungen bedarf für die denkmalgerechte Erhaltung von Deutsch- und Böhmisch-Rixdorf, Alt-Britz und dem Besiedlungsdreieck zwischen Richard- und Karl-Marx-Straße. Die Größe dieser Aufgabe und die aus neuen Zweckbestimmungen folgenden Anforderungen an diese Gebäude lassen bereits Gefährdungen erahnen, die nur durch eine Vergegenwärtigung der Bedeutung dieser Ensembles für die Kultur- und Baugeschichte Neuköllns abgewehrt werden können. Ziel der aus dem baulich-räumlichen Zusammenhang, dem Ensemble, konzipierten Denkmalpflege am Objekt ist nicht nur die fachliche und politische Bemühung um Denkmalerhaltung, sondern gleichermaßen die Erhaltung von kulturgeschichtlichen Zusammenhängen und Lebensräumen. Ein solches Verständnis von Denkmalpflege weist über fachliche Fragestellungen hinaus auf gesamtgesellschaftliche und politische Verantwortung; denn Bauzeugnisse der Vergangenheit haben nur eine Zukunft, wenn es gelingt, diese in unser Leben zu integrieren.

Anmerkungen

[1] Deutsches Nationalkomitee, Beschluß über die Konzeption für das Europäische Denkmalschutzjahr 1975, in: Eine Zukunft für unsere Vergangenheit, Prestel-Verlag, München 1975, S. 164.

[2] vgl. hierzu: Bezirksamt Neukölln (Hrsg.), Das Stadtbad Neukölln, S. 25 ff.

Literatur

Bezirksamt Neukölln (Hrsg.), Das Stadtbad Neukölln, Berlin-Neukölln, 1984.

Bezirksamt Neukölln (Hrsg.), Architekt Reinhold Kiehl. Stadtbaurat in Rixdorf bei Berlin, Berlin 1987.

Deutsches Nationalkomitee für das Europäische Denkmalschutzjahr, Eine Zukunft für unsere Vergangenheit, München 1975.

Freunde Neuköllns e. V. (Hrsg.), Das Böhmische Dorf in Berlin, Berlin 1983.

Geisler, Kurt, Schloß Britz – Geschichte eines Herrenhauses, Berlin 1988.

Korthaase, Werner (Hrsg.), Das Böhmische Dorf in Berlin-Neukölln. Dem Kelch zuliebe Exulant, Berlin 1987.

Neuköllner Kulturverein (Hrsg.), Junker, Land und Leute. Landwirtschaft in Brandenburg, das Beispiel Britz. Stätten der Geschichte Berlins, Bd. 9, Berlin 1985.

Schultze, Johannes, Rixdorf-Neukölln, Berlin 1960.

Abb. 1: »Familienhaus«, Ruppiner Chaussee 141, Straßenansicht 1987

Wolf-Borwin Wendlandt

Schulzendorf und sein »Familienhaus«
Ein Zeugnis preußischer Landbaukunst des 18. Jahrhunderts[1]

I. Ursprung und Entwicklung Schulzendorfs und des »Familienhauses«

Nördlich hinter dem Schlößchen Tegel, dem »Humboldtschloß«, beginnt die heutige Karolinenstraße und etwas weiter die Ruppiner Chaussee. Sie waren alte Postwege von Berlin nach Hamburg bzw. Rheinsberg und Neuruppin und im 19. Jahrhundert Chaussee.

Der heutige »Alte Fritz«, früher als »Neuer Krug« bezeichnet, war Haltepunkt, Ausspannung und Krug mit Bierausschank und lag am Ende einer Kolonistenansiedlung aus der Mitte des 18. Jahrhunderts (von der heute nur noch die »Alte Waldschänke« gegenüber erhalten ist), die anfangs Seidenraupenzucht betrieben hatte.

Auf diese Siedlung (Vorwerk) geht der »Königlich Preußische Oberconsistorialrath« Anton Friedrich Büsching[2] in der »Beschreibung seiner Reise von Berlin nach Kyritz in der Prignitz, welche er vom 26sten September bis zum 2ten October 1779 verrichtet hat«, ausführlich ein und zeigt die engen Zusammenhänge zum Schloß Tegel auf.

Die ca. einen Kilometer weiter liegende Siedlung Schulzendorf entstand aus einem Teerofen, der bereits 1739 auf der »Carte von d. Feldmark Heiligensee zum Königlich Preuß. Amte Mühlenbeck gehörig«[3] als »Neuer Teerofen« verzeichnet ist.

Ein Meilenstein[4] ist Zeugnis der besonderen Bedeutung dieser Region für die Verbindung Berlins mit dem Umland über die Havel bei Henningsdorf (Zoll = Haus Neubrück).

In der Reisebeschreibung Büschings[5] heißt es dann weiter: »Auf der oesfeldischen Charte von der Gegend um Berlin[6], steht der neue Krug zu weit von dem Schlößchen ab, und da, wo der Theer=Ofen bemerkt ist, ist nun der Ort Schulzendorf. Man rechnet, daß er 1 1/2 Meilen von Berlin entfernt sey. Er war ehedessen unter dem Namen des heilgenseeischen Theer=Ofen bekannt, und neben dem Theer=Ofen stund ein Krug oder Wirtshaus (...).«

Im Historischen Ortslexikon für Brandenburg[7] heißt es ebenfalls schon für das Jahr 1722, »der Teerbrenner bei Heiligensee hat 10 Morgen«. Für das Jahr 1729 findet sich der Eintrag »Teerbrenner Schultze auf der Heilgenseeischen Heide«. 1740 heißt es schon genauer »der Teerofen beim Eichelberg (heute Apolloberg); 2 Büdner« und für das Jahr 1744 »Teerofen beim Eichelberg, Teerschweler Christian Schultze hat Acker zu 3 Scheffel, 8 Metzen, Roggensaat, keine Wiese«.

Und weiter der Eintrag für das Jahr 1745: »1 Teerofen in der Heide beim Eichelberg, wobei einen Ruppiner Bierschank«, der erste Hinweis auf einen Bierausschank.

Diese Existenz eines Bierschankes bestätigt ja auch Büsching: »(...) ein Krug oder Wirtshaus, welches der Hofrath Schulze schon 1746 gepachtet hatte, und für die Erlaubnis, ruppiner Bier verkaufen zu lassen, Jährlich 8 Thaler an das Königliche Amt Mühlenbeck zahlte«.[8] Auch Wilhelm Dürks[9] nennt als eigentlichen Gründer der Kolonie einen Forstsekretär Schultze. Weiter berichtet Büsching: »(...) eben der selbe erlangte 1754 (nach Dürks 1753) ein Stück Landes und die Erlaubnis auf demselben 8 Tagelöhner-Familien anzusetzen. Er machte nun die Anlage zu einem ziemlich großen Garten, starb aber vor dessen Vollendung. Seine hinterlassene Witwe heiratete den Salz-Schiffahrts-Direktor, Herrn Andreas Wiesel, welcher nicht nur den Garten völlig ausführte, sondern auch 1761 alles, was zu dem genannten Theerofen gehörte, nebst noch einem Stück Landes in Erbpacht bekam, die Wohn- und Wirtschaftsgebäude und den Krug ganz neu baute, auch noch vier ausländische Tagelöhner-Familien ansetzte und sich den ganzen Ort, nebst dem Recht Bier zu brauen und Branntwein zu brennen und zu verkaufen und mit Unter=und=Ober= Gerichten als ein Erbzins-Gut, unter dem Namen Schulzendorf ertheilen ließ, worüber 1772 die Königliche Bestätigung erfolgte«.[10] Dürks gibt den gesamten Erbzins mit 81 Talern, 5 Groschen und 6 Pfennigen an, auch spricht er davon, daß »der Teerofen Mengels an Kien eingehen müsse« und weiter, daß der »Fleck Heide

Schulzendorf und sein »Familienhaus«

neben dem Teerofen (20 Morgen und 43 Qu=R) soll er roden und drei ausländische Familien ständig etablieren«.[11] Auch im Historischen Ortslexikon wird im Jahr 1772 kein Teerofen mehr erwähnt.

Interessant hierbei ist, daß Dürks von 2 Tagelöhnerhäusern zu je 4 Wohnungen spricht (1752) und Büsching von 8 Tagelöhnerfamilien (1754). Auch spricht er vom Neubau des Kruges und der Wohn- und Wirtschaftsgebäude (unter Wiesel 1761-1772). Eine Neubauplanung nach so kurzer Zeit (ca. 10-15 Jahre) ist sicherlich aus dem Wunsch nach höherem Anspruch oder aber wegen des baulichen Zustandes zu erklären. Eine mögliche Hypothese ist, daß die Schulzeschen Gebäude in Fachwerk errichtet und schon sehr heruntergekommen waren und von Wiesel als Ziegelbauten neu errichtet wurden. Einen vergleichbaren »Umbau stellt auch Rudolf Skoder[12] an den Häusern Brunnenstraße 26/27 der Rosenthaler Vorstadt in der zweiten Hälfte des 18. Jahrhunderts fest.

Eine Bestätigung für die recht umfangreiche Bebauung zeigt der »Plan von dem Heiligensee und Hermsdorfer Forstrevier von 1767«[13], auf dem mindestens 6 Gebäude zu erkennen sind. Ein weiterer Hinweis auf die relative Größe der Siedlung gibt auch der Vergleich mit der Einwohnerzahl. Die Eintragungen des seit dem Jahre 1705 geführten Heiligenseeischen Kirchenbuchs verzeichnen für den Zeitraum von 1773-1776 9 Geburten aus 7 Familien. Die erste zuverlässige Wiedergabe der Bebauung Schulzendorfs ist der »Brouillon Plan der Gebrüder Bein von 1785«.[14] Durch eine Projizierung dieser Karte auf den Maßstab 1:2000 sind beim Vergleich mit der heutigen »Karte v. Berlin« drei wesentliche Übereinstimmungen festzustellen:
- Die heutige Straße »Am Tegelgrund« und die Fortführung als Waldweg hinter den heutigen Bahndamm ist fast deckungsgleich mit der Wegeführung im Brouillon Plan. Bis heute hat sich nichts an der geografischen Situation geändert (z.B. Einschnitt in die Hügelkette bzw. den heutigen Bahndamm). Ein Vergleich aller zugänglichen Karten seit 1785 bis heute bestätigt diesen Befund.
- Der ehemalige Platz vor dem Krug lag vermutlich an der Stelle des heutigen Knickes der Ruppiner Chaussee.
- Das »Familienhaus« Ruppiner Chaussee 139/141 steht an der Stelle, an der auf dem Brouillon Plan ein längliches Gebäude eingetragen ist.

Wenn man annimmt, daß es sich hierbei um das gleiche Gebäude handeln könnte, sind weitere Indizien aufzuführen:
- Die Beschreibung Büschings, die bis zum Jahr 1772 über insgesamt 12 angesiedelte Familien (8 einheimische und 4 ausländische Familien) berichtet, wobei 8 Familien auf einem Stück Land schon 1754 angesetzt wurden (unter Schulze), bestätigt eine hohe Dichte und läßt zwei Wohngebäude vermuten.
- Auf den beiden Karten aus dem Jahr 1767 und 1785 erkennt man relativ wenige Wohnhäuser im Verhältnis zu den Wirtschaftsgebäuden (Hof und Krug). Auch ein Vergleich mit den zeitlich nachfolgenden Karten des Gutes unterstreicht dies.[15]
- Dürks spricht von 2 Wohnhäusern für je 4 Familien, dies würde dem heutigen Doppelhaus entsprechen und weiteren 4 (3 + 1) ausländischen Familien.
- Die Bebauung entspricht ganz den damaligen Anforderungen an ein Gut mit Arbeiterwohnhäusern und eine Station mit Pferdewechsel, Poststation und ausgedehnten Stallungen und einem Krug (einschließlich Brauerei und Brennerei).
- Im Historischen Ortslexikon heißt es für das Jahr 1791 »Vorwerk, Krüger, Kolonie, 4 Büdner, 2 Hausleute oder Einlieger, 12 Feuerstellen und Einwohnerzahl 46«.[16] Bratring gibt im Jahr 1805 an: »Erbzins=Vorwerk u. Kolonie, 1 Büdner, 6 Einlieger, Krug an der Hamburger=Straße, 7 Feuerstellen, 35 Menschen, 3 Hufe, Besitzer der geheime Kriegs=Rath Wiesel in Berlin«.[17]
Diese zitierten Einwohnerzahlen können aber noch wesentlich höher gewesen sein, da für die Zeit vor 1800 nur die eigentliche bäuerliche Bevölkerung und nicht die tatsächliche Einwohnerzahl erfaßt wurde.
- Dies würde heißen, daß im Jahr 1791 vermutlich mindestens 46 Einwohner und mindestens 12 Feuerstellen zu einem Krug und 2 bzw. 3 Wohngebäuden zu zählen waren.

Büschings Beschreibung Schulzendorfs endet mit den Worten: »Der Ort liegt ganz angenehm. Auf drei Seiten ist er mit Wald eingeschlossen, gegen Nord=Westen aber ist freyes Feld, über welches man von hier bis nach Heiligensee und an der Havel eine gute Aussicht hat. (...) Endlich erreichen wir das Zoll=Haus Neubrück an der Havel«.[8] Zusammengefaßt ergibt sich also folgender Erkenntnisstand:

Schulzendorf und sein »Familienhaus«

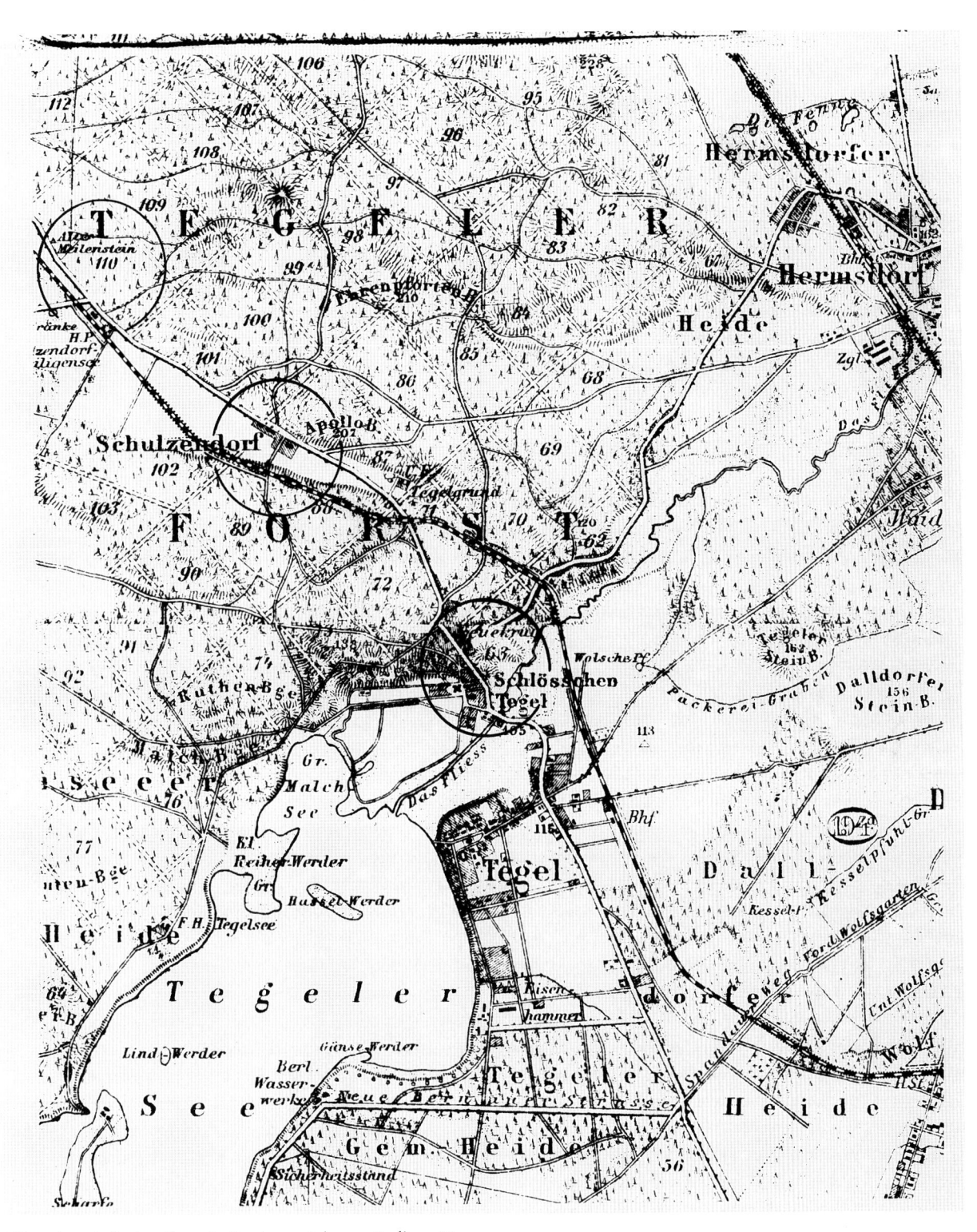

Abb. 2: Ausschnitt der »Karte des Landes zunächst um Berlin«, 1865

– Im Jahr 1779 stand das von Wiesel neu errichtete Gebäude für 8 Familien als Teil des Erbzins-Gutes Schulzendorf, welches Büsching gesehen haben muß (Büsching: »Schulze setzte 8 Familien auf ein Stück Land an, Wiesel ließ alles neu errichten nebst noch einem Stück Landes und noch vier ausländischen Familien anzusetzen«[19], also 12 Familien). Dürks widerspricht dem im Grundsatz nicht: Zwei Wohnhäuser für 8 Familien. Da Büsching die früheste (fast zeitgleiche) Primärquelle ist (und als ein qualifizierter Statistiker und Berichterstatter zu bezeichnen ist, der sich auch als Topograf einen Namen gemacht hatte), kann bei seiner Beschreibung eine große Genauigkeit angenommen werden.
– Sämtliche in Frage kommenden historischen Karten belegen diese geschichtliche und topografische Entwicklung Schulzendorfs und des Gebäudes Ruppiner Chaussee 139/141.
– Die hohe Einwohnerzahl gegenüber den relativ wenigen Häusern unterstützt das Vorhandensein von Arbeiterhäusern (»Familienhäusern«) mit dichter Belegung.
– Die damalige Bebauung und die heute sichtbare Situation entsprechen einer Gutsanlage mit Krug und Ausspannung usw.
– Es sind keine sich grundsätzlich widersprechenden Erkenntnisse aufgetreten.

Dies ermöglicht die Aussage – ausgehend von der Tatsache, daß Wiesel 1772 die königliche Bestätigung für sein Erbzins-Gut und seine Anlagen erhielt – daß das vorläufige wahrscheinliche Entstehungsjahr um 1770 liegen muß (jedenfalls aber zwischen 1761 und 1779). Die Entwicklung Schulzendorfs wird, wie die Preußens, um 1800 nicht nur von den wirtschaftlichen, sondern auch von den politischen Problemen beeinflußt. Der Krieg gegen Frankreich und die Niederlage 1806 sind wohl die wesentliche Ursache des Bevölkerungsrückganges (Kriegsdienst, Land-Stadt-Flucht) in den Kolonien. So ist für Schulzendorf im Jahr 1801 ein Rückgang auf 35 Einwohner und 7 betriebene Feuerstellen zu registrieren. Diese Angabe macht das Historische Ortslexikon[20] und verwendet dabei die Statistik von Bratring, der aber nur die steuerlich veranlagten Hufe und betriebenen Feuerstellen und nicht die tatsächlich vorhandenen erfaßte. Dies ändert sich erst nach Beendigung der militärischen Auseinandersetzungen (1813-1815). Für diese Zeit wird für die Kolonie Schulzendorf in der topographisch-statistischen Übersicht eine Einwohnerzahl von 40 angegeben.[21] 1840 waren es bereits 5 Wohnhäuser mit 58 Einwohnern. Auch zu dieser Zeit wohnen relativ viele Einwohner in nur wenigen Häusern, wie schon in den Jahren 1772-1791. Der Ausbau des letzten Teilstückes der alten Poststraße zur Chaussee wird im Jahr 1848 abgeschlossen. Dies und der allgemeine Bevölkerungszustrom in den Berliner Raum führt bis ins Jahr 1860 zu einer nochmaligen Steigerung der Einwohnerzahl auf 67. Aus ungefähr dieser Zeit findet sich in der Bauakte Ruppiner Chaussee 139/141 ein »Situationsplan der projektierten Chaussee-Geld-Hebestelle bei Schulzendorf an der Berlin-Ruppiner Chaussee«. Dieses Gebäude ist mit einiger Sicherheit nicht in diesem betrachteten Gebiet errichtet worden. Aber es ist aus der Tatsache, daß an dieser Chaussee an anderer Stelle eine solche Anlage geplant und wohl auch errichtet worden ist, auf die Bedeutung dieser Verkehrsader zu schließen. In der zweiten Hälfte des 19. Jahrhunderts erlebt Schulzendorf einen umfassenden Strukturwandel. Eine erste, nicht ausgeführte Konzeption als Rittergut mit der völligen Parzellierung des umliegenden Landes ist erstes Indiz (1876/1877). Auf diesem Plan finden sich nachträgliche handschriftliche Eintragungen zur Geländenutzung auf dem gegenüberliegenden Forstgelände durch die Eigner Neye, Wagner und Müller, die Betreiber gastronomischer Betriebe waren, und diese Grundstücke vermutlich ebenfalls gastronomisch nutzen wollten. Diverse Bauaktivitäten in den Jahren 1876-1887 belegen den Strukturwandel vom Guthof zu einem Ausflugsziel mit mehreren »Einkehrmöglichkeiten«. Diese Entwicklung setzt sich bis ins Jahr 1911 durch umfangreiche Erweiterungs- und Baumaßnahmen fort, aber konzentriert nur noch auf die Grundstücke der Familien Neye und Müller.

Diese beiden gastronomischen Betriebe werden immer mehr zum Zentrum der Kolonie, und der Guthof verliert an Funktion und Bedeutung.

Zwischen den Jahren 1890 und 1905 verschwinden alle hinteren Stallgebäude des Gutes, ebenfalls auch der straßenseitige Reitstall und das Brennereigebäude. Dieser entscheidende Eingriff ist nicht in der Bauakte dokumentiert, sondern nur aus dem Vergleich historischen Kartenmaterials herzuleiten. Da dieser Verlust als substantiell zu bezeichnen ist, ist dies nicht nur das bauliche

Ende, sondern auch das eigentliche Ende des seit 1754 (bzw. urkundlich seit 1772) bestehenden Gutes Schulzendorf.

Nach der Eingliederung zum Raum »Groß-Berlin« im Jahr 1920 wurde von der neu gegründeten »Gemeinnützigen Baugenossenschaft Schulzendorf« ein Bauantrag zum Bau von 41 Siedlungshäusern gestellt und die Umwandlung der einstigen Kolonie zu einer Wohnansiedlung vollzogen. Die rechtliche Auflösung erfolgte im Jahr 1929 (wie bei allen Gutsbezirken in Brandenburg). Die ehemaligen Gutshofgrundstücke, die der Verwaltung des Forstfiskus unterstanden, wurden dabei teilweise von den Anliegern erworben. So wurden die Grundstücke westlich des Weges »Am Tegelgrund« (ehem. alter Holzweg) mit dem einzigen erhaltenen Gebäude aus der Gründungszeit der Kolonie, der heutigen Ruppiner Chaussee 139/141, vom Gastronom Neye im Jahr 1930 erworben.

Die ursprüngliche Nutzung des Gebäudes (Waldarbeiterhaus / Familienhaus / Kolonistenhaus) blieb im Kern bestehen. Kein Veränderungsdruck oder gar Modernisierungsvorstellungen belasteten diesen historischen Bau.

Diese unveränderte Situation, ein Wohnen in Stube, Kammer und Küche für 8 Familien (Mietparteien), blieb auch nach dem 2. Weltkrieg erhalten. Bis auf die Elektrifizierung des Gebäudes sind bis heute keine »Modernisierungen« zu verzeichnen. Reparaturen, Austausch von Substanzen u. ä. sind nur in geringem Maße vorgenommen worden, so daß sich annähernd ein Originalzustand der Entstehungszeit erhalten hat.

Der allgemeine bauliche Zustand führte dann Mitte der 70er Jahre zum vollständigen Leerstand des Gebäudes.

II. Beschreibung und baugeschichtliche Einordnung des »Familienhauses«

Da die ursprüngliche Bausubstanz nur unwesentliche Veränderungen und Eingriffe erfahren hat, kann die heutige Beschreibung zugleich die Darstellung des historischen Zustandes sein.[22]

Vernachlässigt man an dieser Stelle die Diskussion, ob es sich hier um ein Gebäude (für 8 Familien) oder zwei Gebäude (Doppelhaus für je 4 Familien) handelt, muß man von einer zehnachsigen, symmetrischen Anlage, die aus acht Fensterachsen und zwei Eingangsachsen besteht, ausgehen. Es handelt sich um einen Haustyp, der zu der umfangreichen Gruppe der Landarbeiterhäuser (bzw. »Familienhäuser« oder »Kolonistenhäuser«) zu rechnen ist. Die Entwicklung dieses Haustyps durchzieht weite Teile des 18. und 19. Jahrhunderts. Es ist ein zweigeschossiger Bau mit Satteldach, das an beiden Enden halb abgewalmt ist und eine Länge von 24,46 m bei einer Breite von 8,18 m hat. Vor 1900 waren zur Straße hin noch drei symmetrisch angeordnete Gaupen vorhanden. Die Dacheindeckung ist aus Biberschwänzen, die um 1900 wohl erneuert wurden. Die Seite zur Straße hin ist gestalterisch als »Schaufassade« gegliedert. Sie wird durch mittelbetonte, rustizierte (Quaderung) Putzlisenen von ca. 2,5 cm Stärke entscheidend geprägt. Zwei Lisenen von 1,17 m Breite flankieren die beiden Mittelachsen mit den Eingängen, zwei schmalere von 1,10 m Breite markieren das Ende des Baukörpers, eine 1,76 m breite Mittellisene die jeweiligen separaten inneren Wohnbereiche für jeweils 4 Familien. Alle Lisenen besitzen einen knapp vorgezogenen glatten Sockel von 26 cm Höhe, die auf einem heute weitgehend unter dem Niveau des Bürgersteiges liegenden, das ganze Haus umlaufenden Sockelvorsprung stehen. Ein horizontal durchlaufendes 31 cm breites flach vorspringendes Band, exakt in der Höhe der Geschoßdecke, gliedert die Fassade zum zweigeschossigen Bau. Die Lisenen stoßen oben ohne Andeutung eines Kapitells auf das gerade durchlaufende profilierte Traufgesims. Die Fenster sind nahezu quadratisch und glatt in die Putzflächen eingeschnitten. Sie sind nur durch die profilierten, vorspringenden Sohlbänke leicht akzentuiert. Entsprechendes gilt für die Türen, die allerdings hinter ein ausgeschrägtes Gewände etwas zurückgesetzt sind. Giebelwände und Rückfassade sind glatt verputzt.

Die äußere Farbigkeit zeigt sich im jetzigen Zustand in unterschiedlichen Grautönen. Die Straßenfassade weist ein schmutziges dunkleres Grau auf, das über drei bis vier weiteren Fassungen liegt (Erstfassung wohl ein helles Graugrünlich, dann weitere im Ockerbereich). Der Ostgiebel hat nur noch relativ wenige Putzreste, die alle sehr dünn über das Mauerwerk gezogen sind und gräuliche sowie ockerige Farbreste zeigen. Vergleichbares gilt für die Hoffassade. Der Westgiebel ist in diesem

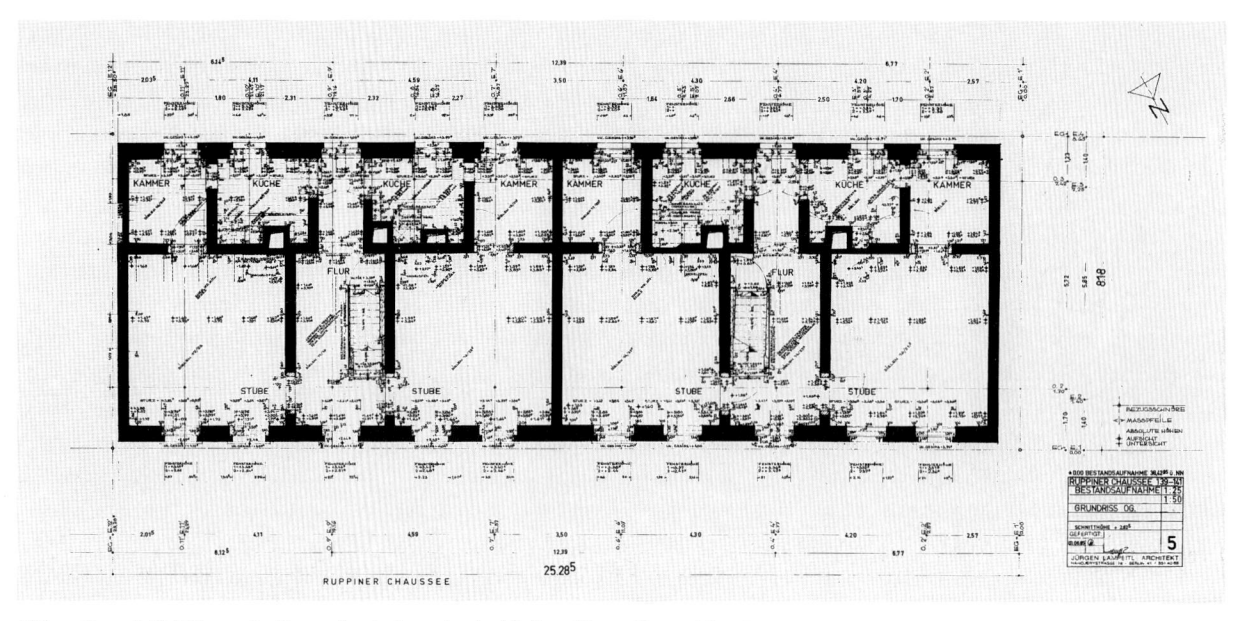

Abb. 3: Grundriß OG, aus der Bestandsaufnahme des Architekten Jürgen Lampeitl, 1985

Jahrhundert mit Zementputz neu geputzt und kaum farblich behandelt worden (einige mittlere Putzschäden).

Hinter den beiden Eingangstüren erstreckt sich ein durchgehender, nur im hinteren Teil durch die Küchen leicht eingeschnürter Mittelflur mit jeweils einer Tür zum Hof. Im weiteren wird nur noch ein Wohnteil (übereinanderliegend) betrachtet. Von diesen Fluren gehen im vorderen Bereich zwei gegenüberliegende Türen vor der einläufigen Geschoßstiege zu den Stuben ab. Vor der Hoftür befinden sich die jeweiligen beiden Küchentüren (gegenüberliegend). Eine Wohneinheit, die sich auf der gegenüberliegenden Seite spiegelbildlich wiederholt, besteht aus der für diesen Haustyp typischen Aufteilung (Stube, Kammer, Küche). Die Stube hat zwei Fenster zur Straße und mißt 4,40 m auf 4,70 m. Von ihr ist durch eine (in Gestalt und Größe) untergeordnete Tür die Kammer (2,20 x 2,35 m) mit einem Fenster zum Hof zu erreichen. Die Küche (2,35 m x 2,55 m), ebenfalls mit einem Fenster zum Hof (Rauchküche mit querliegendem, die ganze Raumbreite überspannendem Rauchfang), kann nur (spätere einzelne Durchbrüche von der Stube zur Küche ausgenommen) vom Mittelflur erreicht werden. Zum Verständnis dieser Ofenanlagen ist die Veröffentlichung von 1792 von J. F. Colberg[23] sowie Gillys »Sammlung nützlicher Aufsätze über die gewöhnliche Bauart der Schornsteinröhren (…)«[24] heranzuziehen. Die gradlinige einläufige Holzstiege erschließt das Obergeschoß mit der gleichen symmetrischen Anordnung von zwei Wohnungen. Im Mittelflur sind jeweils statt der Türen zwei Fenster angeordnet (baugleich mit den übrigen). Die Fortsetzung (später eingehaust) der Stiege erschließt den nun über beiden Wohnbereichen (die gesamte Länge des Gebäudes) liegenden gemeinsamen Dachraum. An den beiden Giebeln ist jeweils eine Stube mit zwei Kammern angeordnet, die durch ein mittleres größeres und rechts und links zwei kleinere Fenster belichtet werden.

Dieses vorliegende Gebäude charakterisiert die konsequente und einfache Funktionalität eines zweiseitig erschlossenen und belichteten Hauskonzeptes, das sich in beliebiger Anzahl reihen ließe, ohne daß diese Art der Einfachheit auf Kosten einer guten Architektur ginge. Hier ist zu sagen, daß es ein hervorragendes Zeugnis der »preußischen Landbaukunst«, wie sie von David Gilly in weiten Teilen mitbestimmt wurde, darstellt.

Abb. 4: Ansicht Süd/West (Hofansicht), aus der Bestandsaufnahme des Architekten Jürgen Lampeitl, 1985

Der Typ des Hauses hat sich aus dem mitteldeutschen Doppelstubenhaus entwickelt, um dann über das fünfachsige 2-Familien-Kolonistenhaus (in der Regel mit dem Typengrundriß Stube/Kammer/Mittelflur/Küche) zum »Familienhaus« (ein- und zweigeschossig) zu werden (für mehrere in frühen Produktions- bzw. Industriestätten arbeitende Familien) und weiter als extreme Variante als »Langhaus« (mit bis zu Hunderten von Bewohnern, wie zum Beispiel die Wiesecklischen Häuser vor dem Hamburger Tor) zu pervertieren.[25]

Eine ähnliche mehrgeschossige Bauform war bereits in der ersten Hälfte des 18. Jahrhunderts als Kasernenbau üblich. Die zweigeschossigen »Familienhäuser« waren schon im letzten Drittel des 18. Jahrhunderts gebräuchlich, dies soll hier mit drei Beispielen belegt werden:
- Darstellung von J. G. Rosenberg, »Vor dem Rosenthaler Tor, 1780«: Ansiedlung mit überwiegend zweigeschossigen reihenhausartigen Familienhäusern, nur noch wenige als eingeschossige Bauten.[26]
- Familienhaus Brunnenstraße 26/27; es wurde 1752 als zweigeschossiges, zehnachsiges »Doppelhaus« gebaut, 1782 wurden die Fachwerkwände durch massive Wände ersetzt.[27]
- Zeichnung von D. Siebicke, 1789, »Zu einem Wohngebäude für 20 Familien für die Stahlfabrik und die sogenannte Schleif-Mühle vor dem Oranienburger Tor«[28] (später auf gleichem Standort die königliche Eisengießerei Berlin) als zweigeschossiges Gebäude. Es ist besonders darauf hinzuweisen, daß das dargestellte Objekt (EG-Grundriß, Schnitt, Ansicht) mit dem »Familienhaus« Ruppiner Chaussee 139/141 – wenn man nur zwei separate Eingangsachsen betrachtet – vollkommen in seinen wesentlichen Punkten übereinstimmt, und zwar:
1. Grundrißlösung, 2. Zweigeschossigkeit, 3. Achsenstellung und -anzahl (bei zwei Eingängen ergibt das 10 Achsen), 4. Konstruktion (Mauerwerksbau, Krüppelwalmdach, Gliederung, Dachkonstruktion, lange Aufschieblinge, hoch angesetzter Stuhl), 5. Rauchküchenanlagen (vergl. Colberg, Gilly, Mellin), 6. Lage und Art der Geschoßtreppe.

Der einzige Unterschied besteht in den Details der Fassadengestaltung und dem Fehlen von Gaupen, wie sie bei den üblichen Kolonistenhäusern und Familienhäusern nicht anzutreffen war. Für den staatlichen Qualitätsanspruch mit den entsprechenden Auflagen spricht ein etwas späterer Briefwechsel zwischen dem Ober-

Schulzendorf und sein »Familienhaus«

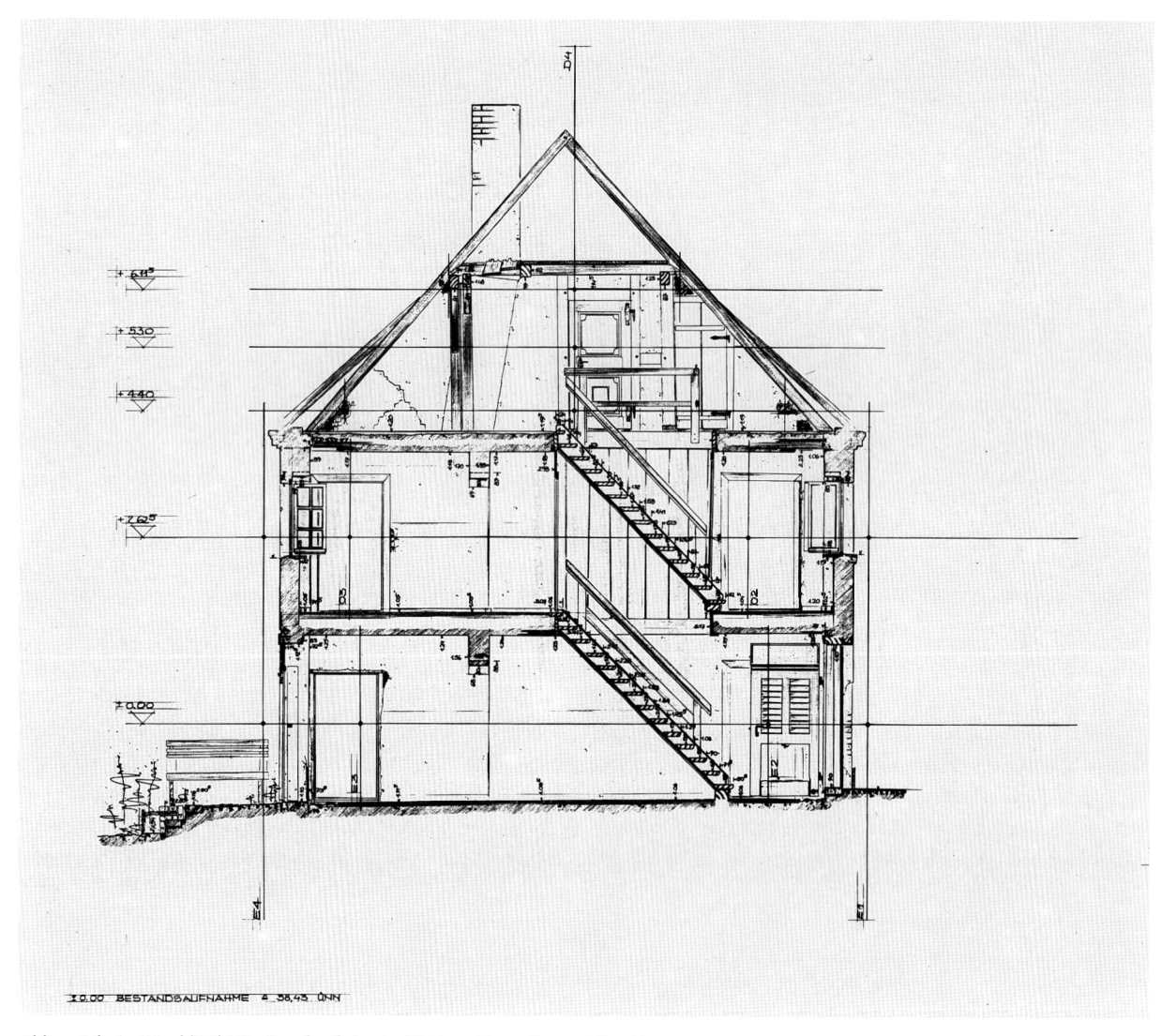

Abb. 5: Schnitt Nord/Süd, Direktaufmaß des Architekten Jürgen Lampeitl, 1988

bergamt und der begutachtenden Oberbaudeputation aus dem Jahre 1818 zum Bau eines Familienhauses von zwei Stock für acht Familien (zur Unterbringung von Arbeitern für die königliche Eisengießerei Berlin) eine deutliche Sprache.[29] Dies gilt vermutlich in dieser Form nur für besonders wichtige und prägnante Standorte bzw. wie überhaupt in dieser Zeit der Umbau vom Fachwerk zum Steinbau zur Eindämmung der Brandgefahr betrieben wurde. Dies würde auch auf den Betrieb des Teerofens und des Kruges im Wald an der wichtigen Ausfallstraße Berlins (Postweg nach Hamburg) zutreffen.

Ein Vergleich des »Familienhauses« Ruppiner Chaussee 139/141 mit den Entwürfen von David Gilly (1748-1808) läßt bis ins Detail der formalen und farblichen Gestaltung sowie der konstruktiven Qualität sehr große Übereinstimmungen erkennen. Dies gilt insbesondere für die Fassaden, für die alle Einzelelemente der Anlage von Paretz (erbaut vor 1799) herangezogen werden können (insbesondere mittelbetonte Putzlisenen,

Schulzendorf und sein »Familienhaus«

Abb. 6: Hofansicht, 1987

glatt eingeschnittene Rechteckfenster, Krüppelwalmdach mit symmetrisch angeordneten Fledermausgaupen, vergleichbare Farbigkeit). Dies spricht sehr stark für die Handschrift David Gillys oder seines Umkreises.

Bei den ersten Befunderhebungen an der Straßenfassade sind umfangreiche Reste der unter dem sichtbaren Grauton liegenden Altfassungen sichtbar geworen. Als vorläufige Erstfassung zeigt sich ein relativ helles Graugrünlich und darüber mehrere unterschiedliche Ockertöne, die auch am Ostgiebel noch besonders gut zu erkennen sind.

Auch diese Farbigkeit läßt durchaus einen Vergleich mit den Häusern in Paretz zu (David Gilly, ca. 1799), deren Farbigkeit aus zeitgenössischen Aquarellen bekannt ist. Eine vergleichbare Farbigkeit zeigen auch die architektonischen aquarellierten Zeichnungen von Mellin um 1800.[30] Lammert beschreibt die Farbigkeit von Paretz folgendermaßen: »Der Putz hat meist eine gelbliche Tönung, die von einem hellen lichten Gelb über einen warmen Gelbton und Ocker bis zu Sepiatönen reicht. Seltener werden auch graue bis blaugraue Töne und ein Rot verwendet«.[31]

269

Da Gilly erst 1788 seine Berufung als Oberbaurat des Oberbaudepartments zu Berlin erhalten hatte und unser Objekt (wie bereits dargelegt) um das Jahr 1770 datierbar erscheint, wird Gillys Urheberschaft oder Einfluß wohl nicht aus dieser Berliner Zeit stammen (wenn man nicht einen späteren – dritten – Ersatzbau zwischen 1770 und 1810 in Betracht zieht).

Aber da Gillys Tätigkeit (1770 wurde er Landbaumeister in Stargard) in den Jahren davor sowie jährliche Dienstreisen nach Berlin sehr stark die barocke und frühklassizistische Landbaukunst Preußens bestimmt und beeinflußt hat, ist es nicht auszuschließen, daß Typus, Qualität von Entwurf und Konstruktion sowie die barocke vertikale Gliederung in diesem Kontext der Landbaukunst gesehen werden müssen. Hierzu können der Examensentwurf Gillys zu einem Vorwerk aus dem Jahre 1770[32] und die diversen Entwürfe zu ländlichen und forstwirtschaftlichen Bauten Mellins[33] herangezogen werden.

Ohne weiterer Forschung vorzugreifen, ist zu diesem Zeitpunkt festzuhalten, daß nichts gegen eine Datierung um 1770 spricht, Entwurf und Gestaltung (konstruktive und stilistische Merkmale) mit Gilly vergleichbar sind und das Gebäude in jedem Fall die hohe Qualität der preußischen Landbaukunst der zweiten Hälfte des 18. Jahrhunderts besitzt. Auch »Modernität« und Funktionalität sowie Bauausführung widersprechen nicht dieser frühen Datierung.

III. Zusammenfassende Bewertung

Der Erhaltungszustand der ursprünglichen Erscheinung, der Struktur sowie sämtlicher Details ist fast als einmalig zu bezeichnen. Die bautechnische und architektonische Qualität ist außergewöhnlich hoch, und als zweigeschossiges »Familienhaus« des 18. Jahrhunderts ist es von größter Seltenheit.

So muß konstatiert werden, daß dieses historische Gebäude architektonisch, stadtgeschichtlich und sozialgeschichtlich in jeder Hinsicht ein Denkmal von herausragender Bedeutung ist. Eine künftige Nutzung, die Veränderungen voraussetzt, wie sie etwa ein »zeitgemäßes Wohnen« verlangen würde, ist deshalb aus denkmalpflegerischer Sicht unter keinen Umständen zu verantworten. Es muß vielmehr alles getan werden, die bei diesem Gebäude in geradezu sensationeller Authentizität erhaltene historische Substanz zu bewahren. Deshalb muß an erster Stelle die Forderung nach einer konsequenten Konservierung und behutsamen Restaurierung stehen. Dies allerdings wird von allen Beteiligten ein hohes Maß an Verantwortungsbewußtsein verlangen.

Anmerkungen

1. Dieser Text stellt eine vom Autor aus redaktionellen Gründen gekürzte Fassung einer umfangreichen Arbeit dar.
2. Büsching, Anton Friedrich, Königl. preuß. Oberconsistorialrath »Beschreibung seiner Reise von Berlin nach Kyritz in der Prignitz, welche er vom 26ten September bis zum 2ten October 1779 verrichtet hat«, Leipzig 1780.
   ders., Vollständige Topographie der Mark Brandenburg, Berlin 1775.
   ders., Geschichte des Berlinischen Gymnasii im Grauen Kloster, nebst einer Einladung zum Jubelfest desselben, Berlin 1774.
   ders., Beschreibung seiner Reise von Berlin über Potsdam nach Rekahn unweit Brandenburg, welche er vom dritten bis achten Junius 1775 gethan hat, Frankfurt u. Leipzig 1780, 2. Auflage.
3. »Carte von der Feldmark Heiligensee zum Königl. preuß. Amte Mühlenbeck gehörig«, 1739.
4. »Karte des Landes zunächst um Berlin«, aufgem. vom Königl. preuß. Generalstab, 1865 mit Nachträgen - Eintrag eines Meilensteines nord-westlich von Schulzendorf (»Alter Meilenstein«). Der »Tegeler Meilenstein« steht vermutlich seit 1911/12 auf der Westseite der Karolinenstraße am Rande des Schloßparkes. Er ist in der Form eines Obelisken gearbeitet und wird in die Zeit um 1730 datiert. In der Zeit vor 1911 stand er mit Sicherheit an der Zufahrt zum Schloß in Richtung Tegeler Fließ (Standort auf Karten um 1900 und entsprechenden Postkarten). Ob er in der Zeit davor noch einen anderen Standort hatte, ist zur Zeit nicht mit Sicherheit festzustellen, und ob es sich hierbei um den in der o. g. Karte eingetragenen Meilenstein handelt, bzw. ob es sich um einen zweiten gehandelt haben könnte, ist noch offen. In jedem Fall stand dort ein »Alter Meilenstein«, da dieser Karte eine große Genauigkeit zuzubilligen ist. Außerdem findet sich in der Umgebung des Schlosses keine entsprechende Eintragung.
5. Büsching, a.a.O. S. 27ff.
6. Oesfeld, Carl Ludwig, Gegend bey Berlin und Potsdam, 1778. Vergleiche auch Büsching, S. 29. Diese Karte ist offiziell erst im Jahre 1782 veröffentlicht worden. Büsching geht hier im näheren auf diese Karte ein, indem er sich bei Oesfeld für die Überlassung eines Exemplares bedankt.
7. Enders, Liselott, Historisches Ortslexikon für Brandenburg, Teil VI Barnim, Weimar, 1980, S. 125.
8. Büsching, a.a.O. S. 29
9. Dürks, Wilhelm, Zwischen See und Havel, das sagenumwobene Heiligensee, in: Pauls, Walter/Tessendorf, Wilhelm (Hrsg.), Der Marsch in die Heimat, Frankfurt a. M., 1937, Kap. XII. S. 496ff.
10. Büsching, a.a.O. S. 29f.
11. Dürks, a.a.O. S. 496ff.
12. Skoda, Rudolf, Wohnhäuser und Wohnverhältnisse der Stadtarmut, dargestellt insbesondere an der Rosenthaler Vorstadt von Berlin zwischen 1750 und 1830, Weimar, 1967, Band 2, S. 241ff.
13. »Plan von dem Heiligensee und Hermsdorfer Forstrevier«, 1767.
14. »Carte des im Königlichen Amtes Mühlenbeck Heiligenseeischen Forste«: Brouillon Plan der Gebrüder Bein, 1785.
15. Situationsplan 1885 aus der Bauakte Ruppiner Chaussee 137, Skizze ca. 1876/77 zum Gut und seiner Parzellierung aus der Bauakte Ruppiner Chaussee 139/141.
16. Enders, a.a.O. S. 516.
17. Bratring, F.W.A., Statistisch-topographische Beschreibung der ges. Mark Brandenburg, Berlin 1805, 2. Band, dritter Abschnitt, S. 216, Nachdruck der Histor. Kommission z. Berlin, Band 22, 1968.
18. Büsching, a.a.O. S. 13.
19. Büsching, a.a.O. S. 29.
20. Enders, a.a.O. S. 516.
21. Heinrich, Gerd, Historischer Handatlas von Brandenburg und Berlin, Berlin, 1980.
22. Lampeitl, I., Substanzaufnahme - Ruppiner Chaussee 139/141 mit historischer Bewertung von T. Bitter, K. Kiem, unveröffentliche Arbeit, Landeskonservator 1986.
23. Colberg, Johann-Friedrich, Abhandlung über die Ausmittlungs= Gründe, Größe und Anlage der Unterthanen=Gebäude auf die Verfassung der Unterthanen, Berlin 1792, S. 83ff und Tafel IV.
24. Gilly, David (Hrsg.), Sammlung nützlicher Aufsätze und Nachrichten, die Baukunst betreffend. Für angehende Baumeister und Freunde der Architektur., Berlin 1797ff, 1. Band, S. 68 und Tafel IV.
25. Skoda, a.a.O., 1. Band S. 197ff (sie werden auch Wülknitz'sche Familienhäuser genannt).
26. Geist, J.F., Kürvers, K., Das Berliner Mietshaus 1740-1862, München, 1980, S. 56-B 29.
27. Skoda, a.a.O. S. 241ff.
28. Vogel, W./Lindner, K., Preußen im Kartenbild, Kat. zur Ausstellung des Geheimen Staatsarchivs u. d. Staatsbibliothek Preußischer Kulturbesitz, Berlin-Dahlem, 1979, Nr. 61.
29. Geist, a.a.O. S. 65f.
30. Mellin, Graf A.W. von, Sammlung von architektonischen Originalentwürfen zu ländlichen und forstwirtschaftlichen Bauten und Jagd- und Landschloßbauten, um 1800.
    ders., Versuch einer Anweisung zur Verbesserung und Nutzung der Wildbahnen sowohl im Freyen als in Tiergärten, (mit entspr. Darstellungen), Berlin 1779.
    ders., Unterricht eingefriedete Wildbahnen oder große Tiergärten anzulegen und zu behandeln, um dadurch das Wildbret nützlicher und unschädlicher zu machen (mit entsprechenden Darstellungen), Berlin 1800.
31. Lammert, Marlies, David Gilly, ein Baumeister des deutschen Klassizismus. Die Bauwerke und Kunstdenkmäler von Berlin, Beiheft 6, Berlin 1981, S. 92.
32. Lammert, a.a.O. S. 4ff, S. 29ff, Abb. 10 - S. 39.
33. Mellin, a.a.O.

Abb. 1: Blick in das Innere des Maschinenhauses mit der Dampfkolbenpumpe von 1873, Aufnahme 1988

Kurt Eckert

Das Wasserwerk Teufelssee

Inmitten des Grunewaldes, am Ufer des Teufelssees, liegt das ehemalige Wasserwerk Teufelssee. Die baulichen Anlagen sind weitgehend so erhalten, wie sie seit 1872 – durch Zusatzbauten von 1895 und 1890/92 erweitert – bis 1968 in Betrieb waren. Auch wesentliche Teile der technischen Ausstattung sind noch vorhanden. Es ist das älteste als Gesamtanlage erhaltene Wasserwerk Berlins und daher als Dokument für die Industriegeschichte der Stadt von herausragender Bedeutung.

I. Rahmenbedingungen

Der seit 1868 in Westend ansässige Unternehmer und Bankier Heinrich Quistorp, dessen Vereinsbank Quistorp & Co. neben zahlreichen industriellen Unternehmungen auch den Bau der Villenkolonie Westend bei Charlottenburg betrieb, ließ 1871/72 das Wasserwerk am Teufelssee planen und bauen.

Quistorp hatte 1868 die durch den Fabrikanten A. Werckmeister zwei Jahre zuvor gegründete Kommanditgesellschaft auf Aktien »Westend« übernommen. Nach dem Vorbild Londons wollte Werckmeister auf dem Spandauer Berg, südlich der von Charlottenburg nach Spandau führenden Straße, auf einem ca. 250 Morgen großen Terrain einen vornehmen Villenvorort mit etwa 400 Parzellen errichten. Diese älteste spekulative Gründung einer Villenkolonie in der Umgebung Berlins geriet – zunächst durch bürokratische Hemmnisse und dann auch durch finanzielle Probleme – in Schwierigkeiten, so daß Werckmeister, kaum nachdem die ersten Villen erbaut waren, von der Leitung des Unternehmens zurücktrat und die Gesellschaft aufgelöst wurde. Quistorp nahm sich nun der Gründung an, bildete die neue »Westend-Gesellschaft H. Quistorp & Co. zu Berlin« und leitete mit großem unternehmerischen Geschick eine rege Bautätigkeit ein. Von erheblicher Bedeutung für das Gelingen des Unternehmens war eine ausreichende Versorgung der Villenkolonie mit Trinkwasser. Das etwa um 25 m höher als seine Umgebung gelegene Gelände der Kolonie wies einen entsprechend tiefen Grundwasserstand auf, was wiederum die Anlage aufwendiger Tiefbrunnen erforderlich machte. Schon in der Planung Werckmeisters war deshalb ein kleines Wasserwerk für den Bedarf Westends vorgesehen. Der Unternehmer Quistorp sah im Bau eines Wasserwerks sofort die Möglichkeit einer gewinnversprechenden größeren Investition. Da zu dieser Zeit außer dem seit 1856 von einer englischen Aktiengesellschaft betriebenen Wasserwerk vor dem Stralauer Tor an der östlichen Weichbildgrenze Berlins kein weiteres Wasserwerk vorhanden war und dieses Werk den gestiegenen Bedarf nicht mehr ausreichend erfüllen konnte, beabsichtigte Quistorp, mit einem neuen Werk nicht nur Westend, sondern auch Charlottenburg und darüber hinaus vor allem die nach seiner Erwartung in nächster Zeit im Südwesten Berlins entstehenden Vororte mit Wasser versorgen zu können. Das von seinem neu gegründeten Unternehmen – dem »Wasserwerk der Westend-Gesellschaft H. Quistorp & Co. zu Berlin« – 1872 gebaute Wasserwerk am Teufelssee wurde somit die zweite bedeutende Versorgungsquelle innerhalb der Grenzen des heutigen Berlin und ist, nachdem das Wasserwerk vor dem Stralauer Tor 1893 stillgelegt und bald darauf abgebrochen wurde, das älteste erhaltene, wenn auch nicht mehr funktionsfähige Wasserwerk Berlins.

II. Der Bau und die weitere Entwicklung des Wasserwerks

Mit dem Bau des Wasserwerks wurden die Hamburger Oberingenieure Hanshent und Schmetzer beauftragt. Sie errichteten 1872 zunächst den Kern der Anlage: einen Gebäudekomplex, in dem sich Maschinenhaus, Kesselhaus und Kohlenschuppen befanden. In geringem Abstand zum Gebäude wurde nordwestlich des Kohlenschuppens die Esse für das Kesselhaus erbaut und südwestlich vom Maschinenhaus ein Schachtbrunnen angelegt. Das hier gewonnene Wasser wurde zu einem

Abb. 2: Hauptgebäude, aufgenommen 1974 von der bewachsenen Decke des Reinwasserbehälters

auf der Höhe Westends errichteten Wasserturm gepumpt und von dort in das Versorgungsnetz eingespeist. Es folgte 1873 im Nordwesten des Geländes der Bau eines Beamtenwohnhauses.

Nachdem Quistorp im Strudel des »Gründer-Krachs« im November 1873 mit allen seinen Unternehmungen in Konkurs gegangen war, übernahmen Gläubiger 1878 aus der Konkursmasse das Werk am Teufelssee und gründeten die »Charlottenburger Wasser- und Industriewerke AG«. Das Wasserwerk wurde in der Folgezeit in einzelnen Bauabschnitten – dem steigenden Bedarf entsprechend – ausgebaut und der Entwicklung der Technik angepaßt. Als 1885 Charlottenburg durch Vertrag Anschluß an die Versorgung durch die »Charlottenburger Wasser- und Industriewerke AG« erhalten hatte, wurde das Werk in seiner Förderkapazität erweitert. An das Maschinenhaus wurde ein Vorpumpenhaus angebaut, der Brunnen erhielt die Funktion eines Sammelbrunnens, dem das aus den auf dem Gelände verteilten Rohrbrunnen geförderte Wasser zugeführt wurde. Gleichzeitig wurde der Brunnen mit einem Rundbau überbaut; zwischen diesem neuen Brunnenhaus und dem Maschinenhaus wurde in Form eines untergeordneten Verbindungsbaus ein Maschinenmeisterhaus errichtet.

Eine durchgreifende technische Verbesserung der Wasseraufbereitung führte in den Jahren 1891/92 zu einer umfangreichen Erweiterung des Werks. Das aus dem Grundwasser gewonnene Trinkwasser wies einen hohen

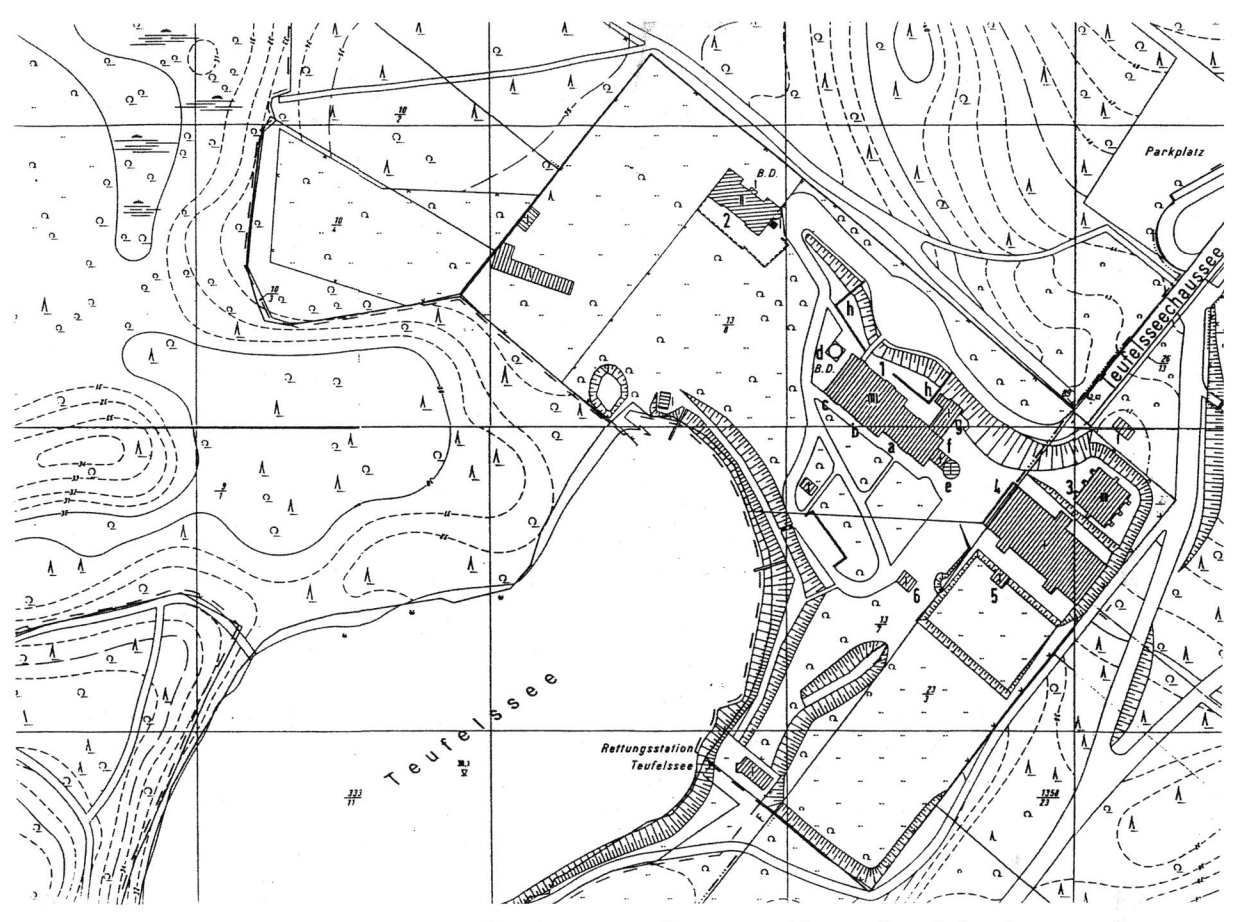

Abb. 3: Lageplan des ehemaligen Wasserwerkes am Teufelssee (Karte von Berlin 1:1000, Bezirksamt Wilmersdorf, 1986)
1. Hauptgebäude, von 1972:
   a) Maschinenhaus, b) Kesselhaus, c) ehemaliger Kohlenschuppen, seit ca. 1920 »Sozialtrakt« mit Aufenthaltsräumen und Werkstätten, nach Umbauten seit 1985 vom Naturschutzzentrum am Teufelssee genutzt, d) Esse, e) Sammelbrunnen (1985 mit Brunnenhaus überbaut), f) Maschinenmeisterbüro, 1858, g) Vorpumpenhaus, 1885, h) Kohlenschütte und -bunker, nach 1920
2. Beamtenwohnhaus, 1873
3. Rieseler-Gebäude, 1892
4. Langsamfilter, 1892
5. Reinwasserbehälter 1890/92 mit Zugangsgebäude (vermutlich) nach 1945
6. Sandwäsche (vermutlich) 1892

Anteil an Eisen auf und enthielt Algen. Diese Verunreinigungen führten zu Schlammbildung im Rohrnetz und hatten eine unansehnliche gelb-bräunliche Trübung des Trinkwassers zur Folge. Um 1890 gelang es durch ein kombiniertes Belüftungs- und Filtrierverfahren, die im Grundwasser enthaltenen Stoffe auszufällen und filtriertes Trinkwasser zu produzieren. Zur technischen Anwendung dieses Verfahrens wurden auf dem Gelände des Wasserwerks am Teufelssee 1892 das Rieselergebäude, die Sandfilter mit der Sandwäsche und die Reinwasserbehälter erbaut.

Die »Charlottenburger Wasser- und Industriewerke AG« hatten sich zu dieser Zeit bereits durch Verträge mit vielen Gemeinden ein großes Versorgungsgebiet ge-

Abb. 4: Fassadenausschnitt mit Maschinenmeisterglocke der südöstlichen Giebelwand des Hauptgebäudes, aufgenommen 1974

Abb. 5: Blick von der Zufahrt auf das Hauptgebäude, aufgenommen 1988

sichert, das von Charlottenburg bis nach Neukölln und Zehlendorf reichte. Das Förderpotential wurde durch Neubau weiterer Werke in Beelitzhof am Wannsee (1888 und 1893/94), in der Jungfernheide (1896) und später in Johannisthal (1901) und Tiefenwerder (1913/14) erhöht. Das Werk Teufelssee wurde 1906 zusammen mit dem Werk Jungfernheide an die Stadt Charlottenburg verkauft. Nach der Bildung von Groß-Berlin wurden die örtlichen Wasserwerke mit den Berliner Wasserwerken 1923 unter der Bezeichnung »Berliner Städtische Wasserwerke« zusammengeschlossen. Die »Charlottenburger Wasser- und Industriewerke AG« blieben ein eigenständiges Wirtschaftsunternehmen mit einem eigenen Versorgungsbereich innerhalb Berlins. Das Wasserwerk am Teufelssee erhielt nun die Bezeichnung »Werk Grunewald«. Im Zuge der Eingliederung in die »Berliner Städtischen Wasserwerke« wurden im Bereich des Kohlenschuppens in den zwanziger Jahren Umbauten durchgeführt. Die Lagerung der Kohlen verlegte man ins Freie – vor die Nordostfront des Hauptgebäudes; die Geländeböschung befestigte man dabei als Kohlenschütte. Im frei gewordenen Kohlenschuppen wurde eine Zwischendecke eingezogen, das Erdgeschoß für Sozialräume und Werkstatt umgenutzt. Für die Nutzung des Obergeschosses mußte die nordwestliche Außenwand etwas aufgemauert und das Dach leicht angehoben werden. Durch eine über das Kohlenlager führende Brücke wurde das Obergeschoß von außen erschlossen. Hier richtete man zwei Lagerräume für Geräte, Werkzeuge und Ersatzteile ein.

In der folgenden Zeit blieb das Wasserwerk in baulich unverändertem Zustand in Betrieb – sieht man von Instandsetzungen und Erneuerungen geringen Umfangs ab. Mit der Begründung, das Wasserwerk Grunewald am

Teufelssee genüge seit langem nicht mehr den hygienischen und technischen Ansprüchen, wurde das Werk 1969 von den Berliner Wasserwerken nach fast hundertjähriger Betriebszeit stillgelegt.

III. Die Bauten des Wasserwerks

Das herausragende Bauwerk des Wasserwerks am Teufelssee ist das 1872 errichtete Hauptgebäude. In seiner architektonischen Fassung steht der einfache steinsichtige Bau aus Rathenower Ziegeln deutlich in der Tradition frühindustrieller Zweckbauten. Trotz der nach funktionalen Anforderungen vorgenommenen Unterteilung in unterschiedlich große Hallenbauteile (Maschinenhaus, Kesselhaus und ehemaliger Kohlenschuppen) und der Solitärstellung der Esse, ist der Gebäudekomplex durch die Anwendung gleicher Baumaterialien, Schmuckelemente und Details zu einer einheitlich wirkenden Gesamtanlage zusammengefügt. Die Außenwände sind durch die axial angeordneten Risalite und die jeweils auf gleicher Höhe umlaufenden Sockel und Traufgesimse gegliedert.

Mit ihren geringeren Baumassen sind die zurückhaltender gestalteten und später angefügten Nebengebäude (Brunnenhaus, Maschinenmeisterhaus und Vorpumpenhaus) dem Hauptgebäude deutlich untergeordnet. Sockellinie, Mauerwerksöffnungen für Fenster und Türen, Dachneigung, Materialien und Detaillierung sind an das ältere Gebäude angeglichen. Die maschinelle Ausstattung im Maschinenhaus und im Vorpumpenhaus ist fast vollständig erhalten. Besonderen Wert hat hier die Dampfmaschine der Bauart »Woolf« aus der »Fr. Wöhlert'sche(n) Maschinenbauanstalt und Eisengiesserei AG, Berlin« von 1873. Sie ist die älteste erhaltene Maschine der Berliner Wasserwerke.

Neben der wertvollen technischen Ausstattung ist noch die Fachwerkbinderkonstruktion des Maschinenhauses zu erwähnen. Während das Eisenfachwerk der Binder im Kesselhaus – wie im Zweckbau der zweiten Hälfte des 19. Jahrhunderts üblich – aus Winkel- und Flachstählen zusammengesetzt ist, wurde im Maschinenhaus als Dachtragwerk ein Binder mit säulenartig gegossenen Druckstäben und schlanken schmiedeeisernen Zugbändern verwendet. Dieses Konstruktionssystem, der sogenannte »Wiegmann-Polonçeau- oder auch Französischer Binder«, ist leichter als konventionelle Fachwerkträger und der zur selben Zeit verwendete englische Fachwerkbinder und erreicht mit einem Minimum an Materialaufwand eine hohe Tragfähigkeit. Eine weitere Besonderheit im Dachtragwerk des Maschinenhauses sind die zwischen den Fachwerkträgern angebrachten Aussteifungsverbände mit geschmiedeten Spannringen an den Knoten.

Gegenüber dem Hauptgebäudekomplex treten die anderen Bauten auf dem Gelände des ehemaligen Wasserwerks am Teufelssee in ihrer Gestaltung merklich zurück.

Das etwas abseits im Nordwesten des Grundstückes errichtete Beamtenwohnhaus ist ein zweigeschossiger Bau, dessen ziegelsichtige Fassade als einzigen Schmuck glatt geputzte Fenstereinfassungen erhielt. Der symmetrische Baukörper ist durch angedeutete Seitenflügel untergliedert und mit flach geneigtem, weit überstehendem Dach versehen. Im Erdgeschoß sind die Maschinenmeister- und eine um ein Zimmer kleinere Försterwohnung untergebracht, während das Obergeschoß vier kleinere Wohnungen für Maschinisten enthielt.

Bei dem Rieseler-Gebäude handelt es sich um einen auf quadratischem Grundriß errichteten unverputzten schmucklosen Ziegelbau mit geschlossenen Außenwänden und flachgeneigtem Satteldach, das auf dem First mit einem Dachreiter versehen ist. Das Filtergebäude ist ein eingeschossiger Mauerwerksbau, der ca. 3,50 m in das Erdreich abgesenkt ist und dessen mit einem Trockenrasen bewachsenes Flachdach ca. 2,40 m über dem umliegenden Terrain liegt. Die Reinwasserbehälter aus Beton liegen fast ganz im Erdreich; der nur wenig über das Geländeniveau reichende Teil dieses Bauwerks ist mit Erdboden angeböscht, die flache Decke ist ebenfalls mit Trockenrasen bewachsen. In der Vegetation der Trockenrasen wurden Pflanzen der kontinentalen Steppen nachgewiesen, die sonst im Berliner Raum nicht vorkommen. In ihrem funktionalen Zusammenwirken verdeutlichen die Bauten des ehemaligen Wasserwerks am Teufelssee den schnellen Fortschritt der großtechnischen Trinkwasseraufbereitung im letzten Drittel des 19. Jahrhunderts von den Anfängen bis zur Entwicklung eines dann für lange Zeit als Standard angewendeten Produktionsverfahrens. Der Hauptgebäudekomplex steht in seiner zurückhaltenden, aber ausdrucksvollen Architektur zeitlich zwischen den Bauten der frühindustriellen Epoche, die in Berlin mit erhaltenen Bauten kaum noch zu belegen ist, und dem gründerzeitlichen Industriebau, der eine stärkere Betonung ornamentaler Schmuckformen aufweist und sich historisierender Formen bedient. Das Gebäude ist darum ein baugeschichtliches Zeugnis mit besonderem Stellenwert.

IV. Stillegung und Umnutzung

Wie weiter oben bereits dargestellt, wurde das Werk Grunewald 1969 stillgelegt, weil es nicht mehr den hygienischen und technischen Anforderungen genügte. Vom Bezirksamt Wilmersdorf wurde die Dienststelle des Landeskonservators im November 1974 davon unterrichtet, daß die Berliner Wasserwerke den Abbruch des Werks im Rahmen des Programms der öffentlichen Abräumung für 1975 (das auch als Europäisches Denkmalschutzjahr in Erinnerung ist) beantragt hätten. Da die Berliner Wasserwerke keine Möglichkeit zur Erhaltung des alten Werks sahen, wurde, fünf Jahre nach der Stillegung, der Abbruchantrag gestellt, weil zu befürchten war, daß das Programm der öffentlichen Abräumung, in deren Rahmen das Werk kostenlos abgebrochen würde, in Kürze beendet gewesen wäre! Die Dampfkolbenpumpe der Firma Wöhlert aus dem Jahre 1873 sollte vor dem Wasserwerk Jungfernheide als »Museumsstück« aufgestellt werden. Der Hinweis der Abräumungsstelle des Bezirksamtes Wilmersdorf war mit der Bitte an den Landeskonservator verbunden, das Werk zu besichtigen und weitere Teile von musealem Werk zur Bergung zu benennen.

Für die Denkmalpflege begann damit ein langwieriger Kampf um die Erhaltung des Wasserwerks am Teufelssee. Die naheliegende Lösung des Problems, das alte Werk selbst als Museum zu nutzen, stieß bei den Berliner Wasserwerken auf Ablehnung; da das Werk sehr abgelegen und mit öffentlichen Verkehrsmitteln nicht zu erreichen sei, dürfte der Besuch eines solchen Museums nicht sehr groß sein, wurde argumentiert.

Als der bevorstehende Abbruch bekannt wurde, regte sich dagegen in der Öffentlichkeit sofort Widerstand und Protest. Von den Berliner Wasserwerken wurde daraufhin im Sommer 1975 zunächst der Abbruch des Hauptgebäudes, dann auch der der Gesamtanlage zurückgestellt.

Aus den vielen, von unterschiedlichen Interessen und Gruppen vorgeschlagenen Projekten für eine neue Nutzung wurde in dieser Situation von den Wasserwerken und den beteiligten Verwaltungen der Vorschlag eines Gastronomen aufgegriffen. Danach sollte das Hauptgebäude zu einer Ausflugsgaststätte umgebaut werden, wobei die Dampfmaschinenanlage und weitere betriebstechnische Anlagen erhalten bleiben und dem Publikum zugänglich gemacht werden sollten. Auf den Freiflächen sollten Bereiche für Kinderspiel, Freizeitaktivitäten und Liegewiesen eingerichtet und bei Bedarf die übrigen Betriebsgebäude in diese Nutzung einbezogen werden. Das Projekt wurde bis zur Ausführungsplanung weiterentwickelt. Auf deren Grundlage wurden 1978 dann die Heizkessel – ohne eine vorherige Dokumentation – aus dem Kesselhaus herausgerissen und verschrottet. Während des dreijährigen Planungsprozesses erweiterte der zukünftige Betreiber der Gastronomie das Programm zur Nutzung der Freifläche immer mehr zu einem kommerziellen Angebot. Unter dem Schlagwort »Erholungszentrum« wurden u. a. folgende Nutzungen ins Auge gefaßt: Tennis, Tischtennis, Minigolf, Reiten, Musikveranstaltungen im Freien und in den vorhandenen Räumen, Kinderkarussell, Schwimmbad, »Ungeheuer von Loch Ness«, Walt-Disney-Figuren, Kinderspiele, Märchenwald, Squash-Anlage und Go-cart-Piste. Es ist bemerkenswert, daß die beteiligten Verwaltungen – bis auf eine Ausnahme – in der wohlmeinenden Absicht, die Erhaltung des ehemaligen Wasserwerks durch Umnutzung zu ermöglichen, bereit waren, dieses Programm zu akzeptieren.

Nachdem die obere Naturschutzbehörde in Verbindung mit dem Landesbeauftragten für Naturschutz die genannten Nutzungsvorschläge im Hinblick auf ihre Verträglichkeit mit den Vorschriften des Natur- und Landschaftsschutzrechts überprüft hatte und sie mit der Begründung, »alle Vorschläge seien absurd«, strikt ablehnte, war dem gesamten Projekt ein wesentlicher Teil seiner ökonomischen Basis entzogen. Zur gleichen Zeit erwies sich dann, daß das Umnutzungskonzept für das Hauptgebäude zu seiner Realisierung auch noch hoher Zuschüsse aus öffentlichen Mitteln bedurfte, diese aber nicht zur Verfügung gestellt werden konnten. Nach vier-

Abb. 6: Rieseler: Rohwasserzuleitung und Durchlüftungskammern

jähriger Planungszeit mußte das Projekt im Frühjahr 1980 aufgegeben werden. Im Laufe des Jahres 1980 wurde dann von der Berliner Landesarbeitsgemeinschaft Naturschutz e. V. eine neue Nutzungskonzeption unter dem programmatischen Titel »Wasserwerk Teufelssee – Ökowerk Teufelssee« vorgelegt. Kern dieses Vorschlags war es, die Gebäude und das Gelände des ehemaligen Wasserwerks zukünftig als Informations- und Bildungseinrichtung zur Förderung des Natur- und Umweltschutzgedankens in der Bevölkerung zu nutzen. Aus dieser Initiative, die in der Öffentlichkeit und von der Verwaltung allgemein begrüßt wurde, entstand der »Förderverein Ökowerk«, der dann auch 1983 hier seine Tätigkeit aufnahm. Zwischenzeitlich, im August 1981, wurde das Wasserwerk wegen seiner technikgeschichtlichen Bedeutung als Baudenkmal in das Baudenkmalbuch eingetragen. Der Denkmalschutz erstreckt sich bisher nur auf das Beamtenwohnhaus und den Hauptgebäudekomplex mit Esse, Wohlfahrtsräumen und Lager, Werkstatt, Kesselhaus, Maschinenhaus, Vorpumpenhaus, Vorpumpenschacht, Büro sowie Kohlenbunker und Sammelbrunnen.

Das Bezirksamt Wilmersdorf übernahm mit Beginn des Jahres 1982 die Gebäude und das Gelände in sein allgemeines Grundvermögen und hat seit März 1983 – auf der Grundlage einer Nutzungsvereinbarung – dem Förderverein Ökowerk das ehemalige Wasserwerk zur Verfügung gestellt. Mit Sondermitteln des Bezirksamtes wurden im Hauptgebäude die früheren Sozial- und Werkstatträume des Erdgeschosses zu Arbeitsräumen umgebaut. Hier installierte man auch eine Teeküche und Toiletten. Eine interne Wendeltreppe verbindet das Erdgeschoß mit dem Obergeschoß, das nun aus einem großen Mehrzweckraum besteht, der für Ausstellungen, Informationszwecke und Seminarveranstaltungen genutzt wird. Um hier die erforderliche Raumhöhe zu erreichen, wurde der in den zwanziger Jahren über dem erhaltenen Gesims aufgemauerte Fassadenteil abgebrochen und höher und mit veränderten Fensteröffnungen neu aufgebaut. Dieser Fassadenteil ist mit einer flächigen Stahlkonstruktion abgedeckt. Anstelle des flachen Pultdachs erhielt dieser Gebäudeteil ein Satteldach, dessen First mit einem durchgehenden Oberlicht versehen ist.

Seit der offiziellen Eröffnung des »Naturschutzzentrums am Teufelssee« am 1. Mai 1985 wird das Kesselhaus als Ausstellungshalle genutzt. Es wurde für die Anlage von Besuchertoiletten und eines Stuhllagers teilweise unterkellert. Die Arbeit des »Ökowerks am Teufelssee« hat sich in den vergangenen dreieinhalb Jahren kontinuierlich entwickelt und verstegt. Sie konzentriert sich bisher auf die Information und Beratung zum Natur- und Umweltschutz, Umwelterziehung und den praktischen Naturschutz durch Seminare, Ausstellungen, Fortbildungsveranstaltungen anhand von Lehr- und Demonstrationsprojekten. Im Jahr 1987 wurden 60 000 Besucher gezählt, für 1988 werden ca. 80 000 Besucher erwartet. Trotz der Tatsache, daß das Naturschutzzentrum schon gegenwärtig unter den beengten räumlichen Verhältnissen leidet und insbesondere der Mangel an ganzjährig nutzbaren Innenräumen spürbar die Arbeit beeinträchtigt und die Ausstattung mit Personal- und Finanzmitteln mangelhaft ist, wird die Entwicklung weiterer Aufgabenfelder vorangetrieben. So steht z. B. die Anlage einer »Artenschutzstation« auf dem Gelände unmittelbar bevor, und es ist von der mittelfristigen Einrichtung einer »grünen Volkshochschule« die Rede.

V. Denkmalschutz und Umnutzung

Allgemeine Grundvoraussetzung für die Erhaltung von Baudenkmalen ist ihre Nutzung. Wird die ursprüngliche Nutzung aufgegeben und nach einer neuen Funktion gesucht, muß sichergestellt werden, daß durch die Umnutzung das Denkmal weder in seiner historischen Substanz noch in seiner spezifischen inhaltlichen Bedeutung beeinträchtigt wird. Bei der Suche nach einer sinnvollen neuen Nutzung müssen also bestimmte Merkmale und Eigenschaften des Denkmales Berücksichtigung finden. Notwendige Änderungen im Zusammenhang mit der Umnutzung haben dort ihre Grenze, wo in ihrer Konsequenz die bauliche Substanz, das historische bzw. das vorgefundene Erscheinungsbild und die Eigenart des Baudenkmales verfremdet oder zerstört werden.

In Berücksichtigung dieser Grundsätze wurde seinerzeit die Umnutzung des stillgelegten Wasserwerks am Teufelssee zum Naturschutzzentrum auch von der Denkmalpflege begrüßt und unterstützt. Sollte doch, wie die »Berliner Landesarbeitsgemeinschaft Naturschutz e. V.« erklärte, für die neue Funktion der Grundsatz gelten, daß weder der ursprünglichen Anlage noch der umgebenden Landschaft Schaden zugefügt werden dürfe. Gemäß dem bereits zitierten programmatischen Titel »Wasserwerk Teufelssee - Ökowerk Teufelssee« wollte man zudem die sich hier bietende einmalige Gelegenheit nutzen und das ehemalige Wasserwerk mit seiner erhaltenen technischen Ausstattung in die didaktische Konzeption einbeziehen, um »Technik und Ökologie - Zivilisation und Natur« in ihrer Interdependenz darzustellen und den Fortschritt von alter zu ökologischer Technik anschaulich zu machen. In diesem Konzept wurde in allgemeiner Übereinstimmung die Chance gesehen, Ziele des Denkmalschutzes mit denen des Natur- und Umweltschutzes auf vorbildliche Weise zu verbinden.

Durch die Initiative des Fördervereins Ökowerk zur Errichtung des Naturschutzzentrums war für das Baudenkmal eine allseitig akzeptierte Nutzung gefunden und damit die obengenannte Grundvoraussetzung zu seiner Erhaltung erfüllt. Von nicht geringer Bedeutung ist dabei, daß die Arbeit des Ökowerks dem zunehmenden Problembewußtsein in der Gesellschaft für die Belange des Natur- und Umweltschutzes entspricht und daher weitgehend als notwendig anerkannt ist. Darüberhinaus konnten die Aktivitäten des Ökowerks bisher durch Mitgliedsbeiträge, Spenden und die Bereitstellung öffentlicher Mittel finanziell abgesichert werden. Nachdem nun über fünf Jahre vergangen sind, seit das Wasserwerksgelände dem Förderverein Ökowerk zur Nutzung überlassen wurde, zeigt sich, daß, entgegen den ursprünglichen Erwartungen, auch diese Nutzung aus denkmalpflegerischer Sicht nicht unproblematisch ist.

Der ursprüngliche Charakter der Gesamtanlage des Wasserwerks, der wesentlich von der funktionalen Einheit der technischen Bauten und der in ihre Werksfunktion einbezogenen Nutzung der Freiflächen des Geländes geprägt war, wird durch das Naturschutzzentrum, mit seinem Hauptaugenmerk auf Aspekte des Natur- und Umweltschutzes, zunehmend verfremdet und in den Hintergrund gedrängt. Einzelne Maßnahmen – oder auch Unterlassungen -, die für sich allein betrachtet nur geringe Auswirkung auf die Substanz oder das Erscheinungsbild der Anlagen haben, führen in ihrer Summierung zu einer nicht mehr unerheblichen Beeinträchtigung der zu bewahrenden Eigenart des Wasserwerks. Die intensiven und vielfältigen Nutzungen der Freiflächen des Geländes durch die bereits angelegten Demonstrationsobjekte und die für die nächste Zukunft geplanten Erweiterungen und Neuanlagen zu Lehr- und Unterrichtszwecken bewirken eine durchgreifende Um-

Abb. 7: Die größere der drei Kammern des Reinwasserbehälters (Fassungsvermögen insgesamt 3000 m²)

Abb. 8: Beamtenwohnhaus

gestaltung des Freiraumes und führen zum Verlust der Identität des Ensembles aus Bauwerken und funktionalen Außenbereichen. Der schon heute gegebene und der sich abzeichnende weitere Bedarf an ganzjährig nutzbaren Räumlichkeiten zeigt einen anderen typischen Umnutzungskonflikt auf. Den sich, aus einer inzwischen eingetretenen Eigendynamik heraus, stetig weiter entwickelnden Aktivitäten des Ökowerks im Naturschutzzentrum am Teufelssee stehen keine entsprechenden Raumreserven zur Schaffung neuer Arbeitsräume in den dem Ökowerk zur Nutzung überlassenen Gebäuden gegenüber. Aus denkmalpflegerischen Gründen und in Übereinstimmung mit dem oben zitierten Grundsatz, daß durch die neue Funktion weder der ursprünglichen Anlage noch der umgebenden Landschaft Schaden zugefügt werden dürfe, kommen Zusatzbauten zur Erfüllung des entstandenen Raumbedarfs auf dem Gelände nicht in Betracht. Langfristig gesehen bietet sich im ehemaligen Beamtenwohnhaus die einzige Möglichkeit, hier zusätzliche Räume für das Ökowerk zu gewinnen. Das Gebäude ist zur Zeit jedoch von fünf Mietparteien bewohnt; aus rechtlichen und sozialen Gründen ist eine Umnutzung nur möglich, wenn es zwischen den betroffenen Mietern, dem Landesforstamt als Vermieter und dem Förderverein Ökowerk als Interessenten zu einer einvernehmlichen Lösung kommt.

Die erklärte Absicht, das ehemalige Wasserwerk und seine erhaltene technische Ausstattung in das didaktische Konzept des Naturschutzzentrums einzubinden, konnte bisher nicht in die Tat umgesetzt werden, da die hierfür erforderlichen Mittel für Sach- und Personalaufwendungen fehlen.

Angesichts der beschriebenen Situation sah sich die Denkmalpflege vor die Notwendigkeit gestellt, eine Dokumentation zur Baugeschichte und dem gegenwärtigen Zustand des Wasserwerks erarbeiten zu lassen, um auf deren Grundlage ein denkmalpflegerisches Konzept für die zukünftige Behandlung der Gesamtanlage zu entwickeln. Für den Hauptgebäudekomplex liegt diese Dokumentation vor, und es ist beabsichtigt, in Ergänzung hierzu auch die anderen Bauten des Wasserwerks dokumentieren zu lassen. Auf der Basis der Dokumentation und des denkmalpflegerischen Konzeptes wird ein Maßnahmenkatalog aufgestellt, der als Richtlinie für die erforderlichen Instandsetzungsarbeiten dient.

Als Ergebnis der Auseinandersetzung mit der Umnutzungsproblematik und der vorliegenden Teildokumentation lassen sich für die weitere Nutzung und die zukünftige Behandlung des ehemaligen Wasserwerks folgende denkmalpflegerische Leitsätze formulieren:

– Nutzungsanforderungen an Gebäude und Gelände sind auf ein angemessenes Maß zu beschränken, sie haben ihre Grenze dort zu akzeptieren, wo historische Substanz und Erscheinungsbild beeinträchtigt oder zerstört werden.

– Es folgt daraus, daß weitere durchgreifende Umnutzungen, wegen der mit ihnen verbundenen notwendigen baulichen Maßnahmen, nicht möglich sind.

– Zur Bewahrung des ursprünglichen Erscheinungsbildes sollen bauliche Instandhaltungsmaßnahmen in kleinen Schritten und unbedingt in angepaßter traditioneller Handwerkstechnik anstatt in Form einer Rundumerneuerung erfolgen.

– Die bisher nicht gelungene Einbeziehung der erhaltenen Bauten und technischen Anlagen des ehemaligen Wasserwerks Teufelssee in die didaktische Arbeit des Naturschutzzentrums muß sichergestellt werden, da ihre Erhaltung langfristig nur durch ihre sinnvolle Einbindung in die Nutzung der Gesamtanlage gewährleistet ist.

Nur die Beachtung dieser Leitsätze und ihre Umsetzung in die Realität wird die umfassende Bewahrung der Authentizität des Baudenkmals als Dokument für die Geschichte der Technik und die stürmische Entwicklung Berlins zur größten Industriemetropole Europas gewährleisten.

Literatur

Bark, Willy, Chronik von Alt-Westend, Berlin 1937, S. 31 ff.
Berlin und seine Bauten, Berlin 1896, S. 320 f.
Borgelt + Keckstein, Das Wasserwerk Grunewald 1872-1987, unveröffentlichte Dokumentation im Auftrag des Senators für Stadtentwicklung und Umweltschutz – Denkmalschutzbehörde, Berlin 1988.
Ingenieurwerke in und bei Berlin, Festschrift zum 50jährigen Bestehen des Vereins Deutscher Ingenieure, Berlin 1906, S. 204.
Technische Sehenswürdigkeiten in Deutschland, Band 5 Berlin, ADAC Reiseführer, München 1980, S. 48.

Abb. 1: Fasanenstraße 23-25, »Wintergarten-Ensemble«

Norbert Heuler

Das Instrument des »geschützten Baubereiches« – Beispiel Kurfürstendamm

I.

Das Denkmalschutzgesetz Berlin (DSchG-Bln) ermöglicht, neben dem Schutz der Baudenkmale durch Eintragung in das Baudenkmalbuch, mit § 17 »zum Schutz von Baudenkmalen oder zur Bewahrung der Eigenart eines Stadtbildes von geschichtlicher, künstlerischer oder städtebaulicher Bedeutung« durch Rechtsverordnung »geschützte Baubereiche« auszuweisen, »in denen besondere Anforderungen an bauliche Anlagen, an unbebaute Flächen sowie an Werbeanlagen oder Automaten gestellt werden« können. »Die besonderen Anforderungen können sich insbesondere erstrecken auf Gestaltung und Farbe der Außenwände, die Gebäudehöhe, die Traufhöhe, die Dachausbildung, die Baustoffe, die Gestaltung der unbebauten öffentlichen und privaten Flächen. Ferner kann die Notwendigkeit, Art und Ausbildung und Höhe von Einfriedungen geregelt oder die Errichtung von Einfriedungen ausgeschlossen werden. Werbeanlagen und Automaten können auf alle Teile baulicher Anlagen und auf bestimmte Größen und Farben beschränkt werden; bestimmte Arten von Werbeanlagen können ausgeschlossen werden. Die bauaufsichtlichen Entscheidungen über Vorhaben in geschützten Baubereichen ergehen im Einvernehmen mit der Baudenkmalschutzbehörde, soweit die Vorhaben das Erscheinungsbild des geschützten Baubereiches betreffen.«

Das Instrument des »geschützten Baubereiches« unterscheidet sich mit dieser Festlegung in seiner Zielsetzung und rechtlichen Wirkung grundsätzlich vom Denkmalschutz. Die Möglichkeit der denkmalpflegerischen Einflußnahme beschränkt sich auf Gestaltungsvorgaben für konkrete Bauvorhaben, die nur im Rahmen des bauaufsichtlichen Genehmigungsverfahrens durchgesetzt werden können. Geschützt wird nicht die historische Bausubstanz, sondern das ursprüngliche Erscheinungsbild, die charakteristische Eigenart des Stadtbildes. Der Abbruch von baulichen Anlagen kann mit dem geschützten Baubereich ebensowenig verhindert werden wie die ordnungsgemäße Erhaltung durchgesetzt oder beeinträchtigende Nutzungen unterbunden werden. Andererseits kann – und damit geht der geschützte Baubereich juristisch über den Denkmalschutz hinaus – im Rahmen von konkreten Maßnamen die Wiederherstellung eines bereits nicht mehr vorhandenen ursprünglichen Zustandes gefordert werden.

II.

Das Gebiet des geschützten Baubereiches Kurfürstendamm umfaßt grob umrissen den Kurfürstendamm vom Breitscheidplatz bis zum Adenauerplatz und seine Seitenstraßen zwischen der S-Bahn-Trasse im Norden und der Lietzenburger Straße im Süden und damit einen wesentlichen Teil der heutigen Berliner City. Der Stadtgrundriß des Gebietes geht zurück auf den sog. Hobrechtplan von 1862, der nach mehreren Änderungen 1884 endgültig festgesetzt wurde. Die Bebauung setzt um 1870 mit der Errichtung von Villen ein. Bereits um 1890 vollzog sich der Umschwung zur geschlossenen Blockrandbebauung. Noch vor dem ersten Weltkrieg war das Gebiet nahezu vollständig bebaut. Entstanden war ein vornehmes Wohnviertel mit großbürgerlichen Mietwohnhäusern. Die Entwicklung des Kurfürstendammes zur luxuriösen Kauf- und Vergnügungsstraße setzte um 1910 ein. Die Erdgeschosse der Mietwohnhäuser wurden mehr und mehr zu Läden, Cafés, Bars und Restaurants umgebaut, die tiefen Vorgärten entfernt oder als Schankgärten genutzt. An Neubauten entstanden die heutige Filmbühne Wien, das Marmorhaus, das Geschäftshaus Kaisereck an der Ecke Rankestraße und der Boarding-Palast, Haus Cumberland. Die Bautätigkeit der 20er Jahre beschränkte sich im wesentlichen auf den Ladenbau und den Umbau vorhandener Mietwohnhäuser zu Büro- und Geschäftshäusern. Die Fassaden wurden dabei teilweise entsprechend dem Zeitgeschmack umgestaltet. Eines der wenigen erhaltenen Beispiele ist das ehem. Salamanderhaus am Kurfürstendamm 28.

»Geschützter Baubereich« Kurfürstendamm

Abb. 2: Kurfürstendamm 29, 1896/97 von Ferdinand Döbler: durch Ladenarchitektur und Werbeband sowie Verlust des repräsentativen Eingangs gestörte Fassade

Der Wiederaufbau war entscheidend davon geprägt, daß der Kurfürstendamm nach der Teilung der Stadt City-Funktion übernehmen mußte. Entsprechend dieser Bestimmung entstanden in den 50er Jahren nahezu ausschließlich Büro- und Geschäftshäuser, ein Gebäudetyp, der vor 1945 die Ausnahme bildete und heute in einigen Teilbereichen das Straßenbild beherrscht. Beispielhaft sei hier das Allianz-Hochhaus, das Viktoria-Areal mit dem Café Kranzler, der Abschnitt zwischen Uhlandstraße und Bleibtreustraße und das sog. Dorette-Haus am Kurfürstendamm 67 genannt.

Gemeinsam war bzw. ist der Bebauung insgesamt der hohe Anspruch an die Gestaltung, vom großbürgerlichen Wohnviertel bis hin zur als »Schaufenster der freien Welt« errichteten neuen City.

Nach den Bestimmungen der Verordnung über den geschützten Baubereich Kurfürstendamm vom 26. April 1977 sind »die bis zum Jahre 1920 errichteten Gebäude (...) in ihrem ursprünglichen Erscheinungsbild, durch das die Eigenart des geschützten Baubereiches geprägt wird, zu erhalten. Veränderungen an den Gebäudefronten und Dächern, die in den öffentlichen Straßen- und Platzraum wirken, dürfen nur vorgenommen werden, wenn sie der Eigenart des geschützten Baubereiches entsprechen (...). An Gebäuden, die nicht mehr ihrem ursprünglichen Erscheinungsbild entsprechen, dürfen Veränderungen der Gebäudefronten und Dächer nur durchgeführt werden, wenn das ursprüngliche Erscheinungsbild weitgehend wiederhergestellt wird oder die Maßnahme der Eigenart des geschützten Baubereiches entspricht«. Durch Maßnahmen an nach 1920 errichteten Gebäuden, durch die Anbringung und Veränderung von Werbeanlagen und durch Neubauten und Erweiterungsbauten darf »die Eigenart des geschützten Baubereiches nicht beeinträchtigt« werden. Bewertungsmaßstab sind die bis zum Jahre 1920 errichteten, in ihrem ursprünglichen Erscheinungsbild erhaltenen Gebäude, durch die die Eigenart geprägt wird.

Eine nähere Bestimmung der »Eigenart« erfolgt lediglich unzureichend durch die Forderung, daß Neubauten und Erweiterungsbauten »in geschlossener Bauweise und an den Blockecken mit einer architektonischen Eckbetonung errichtet werden« müssen und sich »in der Verteilung der Baumassen, der Dachausbildung und den Traufhöhen (...) an die bis zum Jahre 1920 errichteten Gebäude angleichen« und sich »in der architektonischen Gliederung, den Baumaterialien und der Farbgebung an die durch ihre Wohnnutzung charakterisierten, bis zum Jahre 1920 errichteten Gebäude anpassen« müssen.

Mit der Beschränkung auf das äußere Erscheinungsbild und auf die Mitwirkung im bauaufsichtlichen Genehmigungsverfahren, wie in § 17 DSchG Bln festgelegt, sind z.B. Instandsetzungs- und Umgestaltungsmaßnahmen in Innenhöfen und Blockinnenbereichen, in Innenräumen und vor allem auch in den Treppenhäusern und den Eingangshallen, dem Einfluß der Denkmalschutzbehörde entzogen. Dabei bestimmen gerade die Treppenhäuser und Eingangshallen entscheidend den repräsentativen Charakter der großbürgerlichen Mietwohnpaläste und damit des gesamten Bereiches mit. Durch sie werden die Gebäude als Baukörper erlebbar, für den Besucher wie für den abendlichen Passanten, wenn er durch die erleuchteten Fenster und Türen die Innenräume mit ihrer oft aufwendigen Gestaltung wahrnimmt. Wie wichtig die portalartigen Eingänge und die Eingangshallen für den repräsentativen Charakter der Gebäude sind, wird besonders deutlich, wo sie durch spätere Umbauten, z.B. zu Läden, bereits verschwun-

»Geschützter Baubereich« Kurfürstendamm

Abb. 3: Kurfürstendamm 213, 1897/98 von Otto Schnock

den sind und die Gebäude nun völlig unscheinbar aus der Durchfahrt oder durch Seiteneingänge erschlossen werden.

Das charakteristische Straßen- und Stadtbild wird mit der Verordnung über den geschützten Baubereich Kurfürstendamm auf das äußere Erscheinungsbild der baulichen Anlagen beschränkt. Eine Einflußnahme auf die Erhaltung bzw. die Gestaltung der Straßen- und Platzräume, die Straßenpflasterung, Straßenmöblierung, Straßenbeleuchtung usw. sieht die Verordnung nicht vor. Der Konflikt um den Austausch der Peitschenmaste der 50er Jahre gegen nachgebildete historische Leuchten, die nie am Kurfürstendamm gestanden haben – trotz negativer Stellungnahme der Baudenkmalschutzbehörde –, dürfte in diesem Zusammenhang bekannt sein.

Problematisch im Hinblick auf die allgemeine Zielsetzung der Erhaltung eines charakteristischen Straßen- und Stadtbildes ist auch die Begrenzung des geschützten Baubereiches, die teilweise nur eine Straßenseite umfaßt. Für einen Antragsteller ist nur schwer nachvollziehbar, warum ihm mit der Begründung der Erhaltung des Stadtbildes Maßnahmen versagt werden, die auf der gegenüberliegenden Straßenseite möglich sind.

Die Definition der Eigenart durch die bis zum Jahre 1920 errichteten Gebäude und die wenig konkrete Forderung, daß diese Eigenart durch Maßnahmen an nach 1920 errichteten Gebäuden nicht beeinträchtigt werden darf, zeigt sich vor allem im Hinblick auf die Architektur der 50er Jahre als Problem, deren Bedeutung, gerade für den City-Bereich, heute immer mehr ins Bewußtsein rückt. Mit dem aus den Zielsetzungen der Verordnung abgeleiteten Anspruch an die gestalterische Qualität läßt sich lediglich verhindern, daß ein in sich geschlossenes Gestaltungskonzept durch Veränderung erheblich gestört, verunstaltet wird. Ein wirkungsvoller Schutz der Architektur der 50er Jahre, die gerade entscheidend von der Ausbildung der Details geprägt wird, ist durch den geschützten Baubereich nicht möglich.

III.

Die fehlende Möglichkeit, Abbrüche zu verhindern, spielt für den geschützten Baubereich Kurfürstendamm, im Gegensatz zu den geschützten Villen- und Landhausgebieten und auch zu den geschützten Altstadtbereichen Spandau und Charlottenburg, eine eher untergeordnete Rolle, da die Grundstücke durch die vorhandene Bebauung weit über das zulässige Maß ausgenutzt sind und die Substanz verhältnismäßig gut ist. Der einzige konkrete Problemfall, der geplante Abriß des sog. Wintergarten-Ensembles, Fasanenstraße 23-25, konnte durch die zusätzliche Eintragung als Mehrheit baulicher Anlagen in das Baudenkmalbuch verhindert werden. Wenn Gebäude, die durch ihre Gesamtgliederung und Maßstäblichkeit den geschützten Baubereich entscheidend mitprägen, aber für sich betrachtet, als Einzelgebäude, nicht denkmalwert sind, kann ein Abbruch nicht verhindert werden, da sich eine zusätzliche Unterschutzstellung ausschließt.

Zur Durchsetzung denkmalpflegerischer Belange im geschützten Baubereich spielt die zusätzliche Eintragung von Gebäuden und Bauteilen nicht nur eine Rolle bei drohendem Abbruch, sondern auch z. B. bei der Erhaltung von Originalsubstanz, bei der Erhaltung von Bauteilen, die durch die Beschränkung des geschützten Baubereiches auf das äußere Erscheinungsbild nicht erfaßt sind, wie z. B. Innenräume usw. und bei der Erhaltung von Gebäuden und Bauteilen, die nach der in der Verordnung festgelegten Zeitgrenze errichtet wurden.

Beispiel hierfür ist u. a. das 1905 errichtete Mietwohnhaus Bleibtreustraße 17 (Abb. S. 156). Nur durch die Eintragung des Gebäudes als Baudenkmal konnte eine geplante Instandsetzung der Fassaden durch großflächige Putzerneuerung und anschließenden Anstrich bzw. Beschichtung verhindert und eine denkmalgerechte Restaurierung durch die weitgehende Erhaltung und fachgerechte Ergänzung des originalen, ungestrichenen Naturputzes durchgesetzt werden.

Ebenfalls nur durch die Unterschutzstellung konnte die geplante Umgestaltung eines typischen Ladeneinbaus bzw. einer Schaufensteranlage aus den frühen 50er Jahren in dem 1905/06 errichteten Mietwohnhaus Kurfürstendamm 188/189 verhindert werden. Der Text der Verordnung hätte hier sogar die Rückführung in den ursprünglichen Zustand geboten.

Eines der entscheidenden organisatorischen Probleme bei der Betreuung des geschützten Baubereiches Kurfürstendamm ist die direkte Beteiligung an jedem Baugenehmigungsverfahren, soweit das äußere Erscheinungsbild betroffen ist, unabhängig von der denkmalpflegeri-

»Geschützter Baubereich« Kurfürstendamm

Abb. 4: Kurfürstendamm 213, Vestibül: Denkmalwerte Innenräume werden von der Verordnung über den geschützten Baubereich nicht berücksichtigt.

schen Relevanz der Maßnahme. Die Mehrzahl der Bauanträge betreffen Neu- und Umgestaltungen, vor allem Ladenumbauten und Werbeanlagen, Fassadeninstandsetzungen und Dachgeschoßausbauten. Die anzustrebende gestalterische Qualität erfordert in der Regel eine intensive Betreuung, die durch die Vielzahl der Vorgänge kaum zu leisten ist.

Die Beteiligung am Genehmigungsverfahren beschränkt sich selten auf eine einmalige Stellungnahme. Meist finden bereits im Vorfeld Abstimmungsgespräche und Ortstermine mit Bauherren und Architekten statt. Ablehnungen und Auflagen führen zu oft mehrmaliger Überarbeitung der Planungen, die jeweils erneut geprüft werden müssen. Die Erfüllung von Auflagen muß vor Bauabnahme überprüft und der Bauaufsicht mitgeteilt werden.

Der Denkmalpfleger steht im ständigen Konflikt zwischen dem umfassenden Anspruch der Verordnung, mit Gestaltungsvorgaben den Gebietscharakter zu bewahren, gestalterische Qualität durchzusetzen und seinen ureigensten Aufgaben, die historische Bausubstanz zu erhalten und zu pflegen. Er steht damit im Spannungsfeld zwischen Stadtbildpflege und Denkmalpflege. Der Konflikt wird deutlich, wenn Zeit, die die Auseinandersetzung um die gestalterische Qualität z.B. einer Werbeanlage oder einer Schaufensteranlage in Anspruch nimmt, bei der Betreuung eines Baudenkmales fehlt. Die Erfahrung zeigt, daß der Druck, der gerade aus dem Bereich gewerblicher Antragsteller kommt, eine inhaltliche Schwerpunktsetzung erschwert, da die Erledigung eines Vorganges, d.h. eines Bauantrages, verwaltungstechnisch greifbarer ist, als die fachlich richtige Durchführung z.B. einer Restaurierungsmaßnahme. Andererseits ist die Durchsetzung der Gestaltungsvorgaben des geschützten Baubereiches eine dem Denkmalpfleger übertragene Aufgabe. Er muß das Ergebnis vertreten, nicht zuletzt im Sinne der Gleichbehandlung der Antragsteller. Die Erfahrung z.B. mit dem Wintergarten-Ensemble und den Mietwohnhäusern Bleibtreustraße 17 und Niebuhrstraße 2 zeigt, daß die Schwerpunktsetzung, die beispielhafte Restaurierung herausragender Baudenkmale, von besonderer Bedeutung für die Erhaltung und Stärkung des Gebietscharakters ist.

Der Einfluß der Denkmalpflege auf Baumaßnahmen im geschützten Baubereich durch Gestaltungsvorgaben z.B. bei Neubauten, Fassadenneugestaltungen, Ladenumbauten und Werbung usw. ist für die Allgemeinheit kaum nachvollziehbar. Gestaltung, die sich in Vorhandenes einfügt, wird als selbstverständlich angesehen; bewußt wahrgenommen wird eher das negative Beispiel. Demgegenüber wird durch die beispielhafte denkmalgerechte Erhaltung und Restaurierung von Baudenkmalen den Bürgern vorhandene Qualität nähergebracht und verdeutlicht. Die restaurierten Gebäude wirken als Marksteine und setzen Maßstäbe.

Durch den besonderen Stellenwert des Kurfürstendammes für Berlin, für das Berlin-Image, für die öffentliche Diskussion, ist hier besonders das oft gegensätzliche Engagement der unterschiedlichen zuständigen Verwaltungen und des politischen Bereiches zu spüren. Entscheidungen, die aus übergeordnetem Interesse gefällt werden, die jedoch die angestrebten einheitlichen gestalterischen Grundsätze des geschützten Baubereiches nicht berücksichtigen, belasten oft erheblich die alltägliche Arbeit. Bürgern ist nur schwer verständlich zu machen, warum in Einzelfällen Baumaßnahmen genehmigt wurden, die ihnen versagt werden. Die Eigenart des geschützten Baubereiches Kurfürstendamm muß aus heutiger Sicht konkreter definiert werden. Sie beruht auf der durch die vorhandene Bausubstanz nachvollziehbare Entwicklung des Bereiches vom großbürgerlichen Wohnviertel zum vornehmen Wohn-, Kauf- und Vergnügungsviertel, bis hin zur heutigen Berliner City. Der historische Stadtgrundriß, die historische Parzellenteilung, die geschlossene Blockrandbebauung, die Traufhöhe und die Maßstäblichkeit der bis zum Jahre 1920 errichteten Gebäude sind die wesentlichen Gestaltungsmerkmale des Bereiches. Die Eigenart wird vor allem durch die großbürgerlichen Mietwohnhäuser mit ihren repräsentativen Fassaden, portalartigen Eingängen, aufwendig gestalteten Treppenhäusern und Eingangshallen und den oft erst später eingebauten Läden und gastronomischen Betrieben geprägt, aber auch durch die Neubauten der 50er Jahre, soweit sie sich in die historische Bebauung einfügen.

Zielsetzung des geschützten Baubereiches kann deshalb nicht das Zurückdrehen der Entwicklung sein, sondern die Weiterentwicklung unter Respektierung und Einbeziehung der vorhandenen Bausubstanz. Grundlage der Weiterentwicklung muß dabei die vorgegebene

Maßstäblichkeit und ein hoher Anspruch an die gestalterische Qualität sein.

Die Bewahrung der Eigenart eines Stadtbildes von geschichtlicher, künstlerischer und stadtgeschichtlicher Bedeutung ist mit den in § 17 DSchG-Bln festgelegten rechtlichen Möglichkeiten nur eingeschränkt durchsetzbar. Andererseits ist ein Bereichsschutz im denkmalpflegerischen Sinne gerade in Berlin von besonderer Bedeutung.

Die Eigenart eines Bereiches wird durch das Zusammenwirken baulicher Anlagen geprägt, die für sich betrachtet nicht unbedingt denkmalwert sein müssen. Ein sinnvoller und wirksamer Bereichsschutz setzt voraus, daß alle diese baulichen Anlagen vor Abbruch und Veränderung und vor Zerstörung durch unterlassene Instandhaltung geschützt werden können. Der Schutz muß dabei die Gebäude in ihrer vorhandenen Substanz, als Baukörper umfassen und darf nicht auf das äußere Erscheinungsbild und die Wirkung in den Straßenraum begrenzt sein. Die Einflußmöglichkeit muß über bauordnungsrechtlich relevante Maßnahmen hinausgehen und die Möglichkeit beinhalten, Eigentümer zu notwendigen Instandsetzungsmaßnahmen zu verpflichten. Die Instandsetzungsanordnungen durch das Bau- und Wohnungsaufsichtsamt sind hierfür kein Ersatz, da sie in der Regel nur im Zusammenhang mit Gefahrenabwehr erfolgen können.

Bei der Ausweisung zu schützender Denkmalbereiche muß deren besondere Eigenart und die Zielsetzung des Schutzes deutlich definiert, die Begrenzung des Gebietes nachvollziehbar festgelegt und die denkmalpflegerischen Schwerpunkte konkret benannt werden. Es muß festgelegt werden, welche Bedeutung bestimmten Gebäuden und Bauteilen im Zusammenhang mit dem zu schützenden Bereich zukommt und worauf sich der Schutz im einzelnen bezieht. Darüberhinaus muß ausgeführt werden, in welchem Rahmen bauliche Änderungen möglich und welche Vorgaben bei Neu- und Umgestaltungen von Gebäuden, die nicht den Bereich mitprägen, bei Neubauten einzuhalten sind.

Abb. 5: »Grünes Haus« Niebuhrstraße 2, 1905/06 von Albert Geßner: Fassadenrenovierung 1987/88

Der Schwerpunkt der Betreuung der Baudenkmalschutzbehörde sollte auf die denkmalpflegerisch relevanten Gebäude konzentriert werden. Die Beurteilung und Betreuung von Neugestaltungsmaßnahmen und Neubauten ist keine ureigenste Aufgabe der Denkmalpflege. Sie sollte deshalb, auf der Grundlage der denkmalpflegerischen Vorgaben und in Abstimmung mit der Baudenkmalschutzbehörde, von für die Planung und Gestaltung fachlich kompetenten Fachabteilungen erfolgen.

Abb. 1: Treppenhalle Haus Mendel, Zustand 1987

Henrik Schnedler

Unbekannte Innenräume von Walter Gropius
Geschichte einer Entdeckung

I. Die Entdeckung

Nach der im Jahre 1986 gefällten Entscheidung des Berliner Senats, die Villa Marlier am Großen Wannsee, in der 1942 die berüchtigte »Wannseekonferenz« stattgefunden hatte, zu einer Gedenk- und Erinnerungsstätte umzugestalten, mußte man nach einem Ersatzstandort für das Neuköllner Schullandheim suchen, das seit Kriegsende Nutzer der Villa Marlier war. Man fand ihn in einer ebenfalls am Großen Wannsee gelegenen und im Eigentum des Landes Berlin befindlichen Villa, die im Zweiten Weltkrieg zeitweilig der Organisation Todt gedient hatte und danach als Kinderheim und Asylantenheim genutzt worden war.

Diese, auf dem Grundstück Am Sandwerder 37 gelegene Villa war 1892 von einem Maurermeister Albert Brandt für den Berliner Heizungsfabrikanten David Grove in stilistischer Anlehnung an Formen der Spätgotik und Renaissance errichtet worden. Ihre etwas blasse, mit den zeittypischen Krüppelwalmgiebeln, Erkertürmchen und Blendfachwerkwänden geschmückte Architektur bot dem Denkmalpfleger wenig Aufregendes. Bei einer durch die geplante Umnutzung veranlaßten Besichtigung stellte Rainer Pohl, zuständiger Denkmalpfleger für den Bezirk Zehlendorf, jedoch fest, daß das Innere der Villa in den zwanziger Jahren z. T. durchgreifend verändert worden war. Insbesondere das Treppenhaus hatte man seinerzeit einer konsequenten Umgestaltung unterzogen. Der expressionistische Wanddekor aus flächigen Zickzackbänderungen, die spitzen, zackenartig abgestuften Treppenwangen und der Deckenspiegel mit ebenfalls gezackten, abstrakt-lilienartigen Mustern waren von beachtlicher Qualität und schienen baugeschichtliche und baukünstlerische Bedeutung zu besitzen. Der Verfasser dieses Beitrags, zuständig für Inventarisation und Denkmalschutz im Bezirk Zehlendorf, wurde daher von dem Fund unterrichtet. Auffällig waren stilistische Ähnlichkeiten der Treppenhalle mit der des Blockhauses, das Walter Gropius und Adolf Meyer 1920/21 für den Bauunternehmer Adolf Sommerfeld in Lichterfelde errichtet hatten. Das Haus Sommerfeld ist heute nicht mehr erhalten; nach Auskunft von Zeitzeugen wurde es bald nach der Machtergreifung der Nationalsozialisten angezündet – es ist jedoch in zeitgenössischen Publikationen gut dokumentiert.[1] Hinweise auf eine Verbindung zwischen diesem und dem Haus Am Sandwerder 37 fanden sich in der Bauakte des Hauses am Wannsee jedoch nicht. Der Zeitpunkt des expressionistischen Umbaus ließ sich darin ohnehin nicht völlig zweifelsfrei ermitteln. Immerhin fand sich dort eine von einem Architekten Arthur Ziese vom Baugeschäft W. Ruhle, Wannsee, eingereichte und mit Datum vom 16. 3. 1921 von der Zehlendorfer Baupolizei genehmigte Zeichnung des Erdgeschoßgrundrisses (Abb. 3), bei dem es sich um den in Frage stehenden Umbauantrag handeln konnte, da die dort rot eingezeichneten Türdurchbrüche und -verengungen in der Treppenhalle und besonders die ebenso markierten Eckabschrägungen im Windfang mit dem expressionistischen Umbau in Verbindung gebracht werden konnten. Der Umbauantrag sah ferner den Ausbau einer an der Straßenseite gelegenen offenen Veranda zu einem Frühstückszimmer und einer an der Gartenseite befindlichen offenen Halle zu einer Veranda vor, wobei das Frühstückszimmer heute gestalterische Ähnlichkeiten mit dem sonstigen inneren Umbau aufweist. Die Gebrauchsabnahme fand laut Bauakte am 15. 5. 1921 statt, sodaß man davon ausgehen kann, daß die expressionistische Umgestaltung des Hausinnern auf das Jahr 1921 zu datieren ist. Unbeantwortet blieb jedoch die Frage nach dem eigentlichen Urheber des Umgestaltungsentwurfs, für dessen Qualität das für die Bauausführung verantwortlich zeichnende Baugeschäft Ruhle & Ziese kaum in Frage kam. Nicht in Erwartung einer konkreten Erklärung, aber in der Hoffnung, auf einen bisher übersehenen Umstand zu stoßen, schilderte der Verfasser das Problem seinem für Denkmalpflege in Steglitz zuständigen Kollegen Kurt Eckert. Dieser mußte zu seiner Überraschung feststellen, daß er die Lösung des Rätsels kannte – suchte er doch seit längerem aufgrund eines im Zentralblatt der Bauverwaltung vom Dezember 1922 erschienenen Artikels von Adolf Behne[2] in Lichterfelde nach einem angeblich dort befindlichen Haus Mendel, dessen Treppenhalle von Walter Gropius stammen sollte. Die kleine, dem Artikel von Adolf Behne beigefügte Abbildung und die Aufnahmen des Hauses Am Sandwerder zeigten das gleiche Treppenhaus – die innere Umgestaltung des Hauses am Wannsee war demnach eine bisher unbekannt gebliebene Arbeit von Walter Gropius aus dem Jahre 1921. Auch die Verfasser der beiden Werkverzeichnisse von Walter Gropius hatten den Artikel von Adolf Behne übersehen.

II. Die Quellenlage

Wenn auch Adolf Behne das Haus Mendel irrtümlicherweise in Lichterfelde ansiedelt, besteht doch an Walter Gropius' Urheberschaft der Umgestaltung des Hauses Am Sandwerder 37 (laut Bauakte früher Friedrich-Karl-Straße 18) kein Zweifel. Anders als beispielsweise beim ebenfalls expressionistischen, 1921/22 erbauten Haus Otte in Zehlendorf-West enthält zwar die Bauakte keinen Hinweis auf Gropius oder das Bauhaus in Weimar, dies fällt jedoch weniger ins Gewicht, da es sich beim Haus Am Sandwerder im wesentlichen um eine innere Umgestaltung handelt, für die eine baupolizeiliche Zustimmung nicht erforderlich war. Die (leider spärlichen) Angaben in Adolf Behnes Aufsatz wirken zusammen mit anderen Fakten überzeugend, zumal der 1921 in den Umbauplänen genannte Bauherr den Namen Albert Mendel trägt. Dazu finden sich im Gropius-Nachlaß des Berliner Bauhaus-Archivs fünf mit »Haus Mendel« bezeichnete Fotografien einer Treppenhalle, die mit der des Hauses Am Sandwerder identisch ist.[3] Eine der Aufnahmen entspricht der von Adolf Behne seinerzeit publizierten.[4] Weiter finden sich im gleichen Nachlaß Aufnahmen eines Arbeitszimmers, die bauliche und räumliche Hinweise auf eine Identität mit einem Eckzimmer Am Sandwerder enthalten, das im Baueingabeplan von 1921 als Arbeitszimmer Dr. Mendel bezeichnet wird.[5] Während Winfried Nerdinger das Haus Mendel in seinem Werkverzeichnis von Walter Gropius nicht aufführt[6], zeigen Probst/Schädlich in ihrem Werkverzeichnis ein Eßzimmer mit Inneneinrichtung, das sie auf 1913/14 datieren und einem Haus Mendel in Wannsee zuordnen.[7] Auch diese Abbildung findet sich im Gropius-Nachlaß des Bauhaus-Archivs.[8] Trotz frappierender Ähnlichkeiten mit dem ehemaligen Speisezimmer des Hauses Am Sandwerder – worüber noch zu berichten sein wird – handelt es sich nicht um das dortige Speisezimmer. Zur Lokalisierung des Raumes ist hilfreich, daß Cornelius Stechner in seinem Buch über bedeutende Grabmäler in Berlin[9] von einer Familie Mendel berichtet, die im Leben von Gropius eine wichtige Rolle gespielt habe, da dieser vor dem Ersten Weltkrieg »die Innenarchitektur des Wohnhauses Mendel am Lützowplatz in Berlin ausgestaltet und sich damit dem Großherzog von Sachsen-Weimar-Eisenach bei seiner Bewerbung als Nachfolger von Henry van de Velde empfohlen« habe. Somit dürfte es sich bei der obengenannten Abbildung um eben jene Stadtwohnung handeln, zumal sich Raumgestaltung und Ausstattung mit der Zeitangabe in Einklang bringen ließen. Anlaß für Stechners Erwähnung der Beziehungen zwischen Gropius und der Familie Mendel ist ein von Gropius entworfenes Grabmal für Albert Mendel auf dem Friedhof der Jüdischen Gemeinde in Weißensee. Dieses Grabmal ist auch im Werkverzeichnis von Probst/Schädlich abgebildet.[10] Danach ist der Kaufmann Albert Mendel, wohnhaft in Berlin-Wannsee, Friedrich-Karl-Straße 18, am 10. Oktober 1922 gestorben. Verbindungen zwischen Albert Mendel in Wannsee und Walter Gropius sind also nachgewiesen. Der Tod Albert Mendels im Jahre 1922 stützt die Datierung des Umbaus des Hauses Mendel auf 1921. Das Grabmal, das einen Sarkophag mit einer vorspringenden Rückwand und einer in eine waagerechte Verdachung übergehende Seitenwand zeigt, weist in der Gestalt des Sarkophags ähnliche prismatische Formen auf, wie sie im Hause Mendel zu finden sind.

III. Der Befund

Aus dem in der Bauakte befindlichen Baueingabeplan von 1921 (der sich nur auf das Erdgeschoß bezieht Abb. 3), läßt sich entnehmen, daß beim Umbau des ehemaligen Hauses Grove durch Albert Mendel die frühere Grundrißkonzeption beibehalten wurde. Abgesehen vom Umbau der offenen Terrasse zu einem Frühstückszimmer und der rückwärtigen Halle zu einer Veranda,

Innenräume von Walter Gropius

Abb. 2: Treppenhalle Haus Mendel, Zustand 1921

Innenräume von Walter Gropius

erstreckte sich der Umbau im wesentlichen auf eine dekorative Neufassung der Wände und Decken und auf eine Umgestaltung der Türen in der zentralen Halle, im vorgelagerten Windfang und in den Hauptwohnräumen. Von diesen umfaßte die Neugestaltung die drei von der Halle erschlossenen Wohnräume, nämlich das links an die Halle grenzende Wohnzimmer (im Plan als Wohnzimmer Dr. Mendel bezeichnet), das in der Mitte liegende ehemalige Herrenzimmer (Wohnzimmer A. Mendel), das rechts an die Halle grenzende Speisezimmer (Speisezimmer A. Mendel) und das zwischen beiden Wohnzimmern als gefangener Raum gelegene frühere Damenzimmer mit Alkoven (Arbeitszimmer Dr. Mendel). Im Obergeschoß wurden nur das links von der Halle über einen Zwischenflur erreichbare Zimmer (1892 als Zimmer der Töchter bezeichnet) und das in der Hallenachse liegende, zum Garten ausgerichtete Schlafzimmer umgestaltet. An den weiteren, über einen Stichflur erreichbaren Wohnräumen sind kaum Spuren einer Umgestaltung zu erkennen.

Seit 1921 wurden an dem Haus durch die späteren Nutzer weitere Veränderungen vorgenommen. So ist heute die Farbfassung von 1921 in allen Räumen überstrichen oder die Tapeten sind entfernt, ebenso die Holzpaneele oder sonstige Wand- und Fußbodenbespannungen. Die plastischen Einzelheiten der Umgestaltung von Walter Gropius sind jedoch weitgehendst vorhanden, und man erhält noch immer ein eindrucksvolles Gesamtbild:

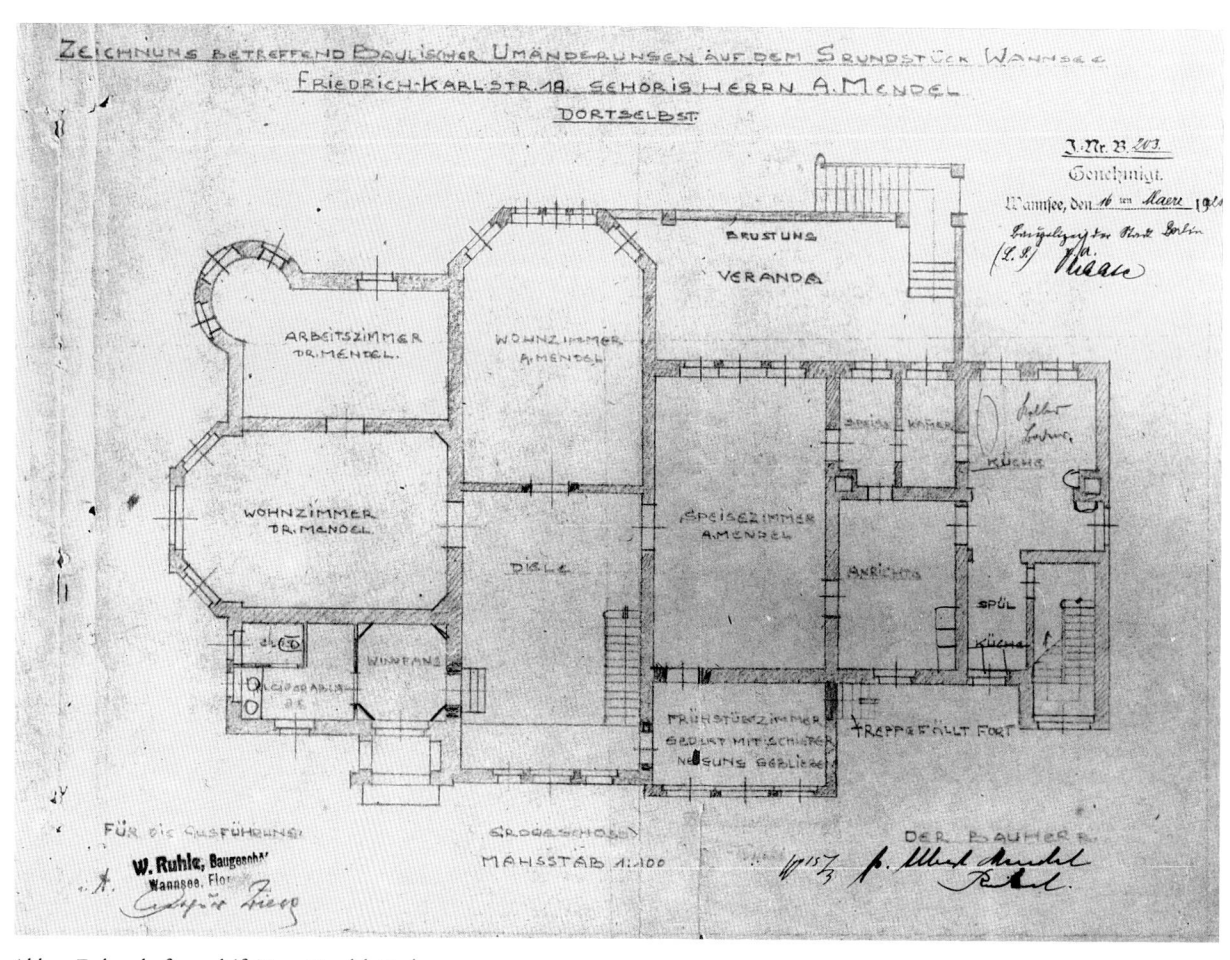

Abb. 3: Erdgeschoßgrundriß Haus Mendel, Umbauantrag von 1921

Mittelpunkt der Gropius'schen Umgestaltung ist die Halle mit ihrer umlaufenden Treppe (Abb. 1, 2, 5, 7). Deren Wangen bilden mit den Brüstungen geschlossene Wandscheiben, die beim zweiten Treppenlauf und bei den Treppenpodesten bis auf einen kopfhohen, U-förmigen unteren Umgang heruntergezogen wurden, wo sie auf Holzpfosten mit quadratischem Querschnitt und kapitellartigen, prismenförmigen Bekränzungen ruhen. Die Treppenwange des ersten Treppenlaufs reicht dagegen bis auf den Fußboden. Auf diese Weise bilden die Treppen- und Podestbrüstungen bzw. -wangen eine optisch von den Wänden gelöste und teilweise auch vom Fußboden abgehobene, kastenartige zweite Wandschale. Die Umgänge unter den galerieartig ausgebildeten Treppenpodesten verbinden Eingang und Frühstückszimmer bzw. – an der Stirnseite der Halle – die beiden Wohnzimmer und das Speisezimmer. An der linken Hallenseite enthält der Umgang einen Kamin. Die Hallenwände und die aus Treppen- und Galeriebrüstungen gebildete innere Wandschale sind mit flachen, waagerecht verlaufenden, gekehlten Zickzackreliefbändern aus Hartputz überzogen, die an den Treppen- und Galeriebrüstungen mit widerhakenähnlichen Zacken versehen sind. Die Zickzackbänder der inneren Wandschale enden an den stufenartigen, spitzen Zacken der Treppenbrüstungen, die dort anstelle des sonst üblichen Handlaufs ausgebildet sind. Auf den aus dem Gropius-Nachlaß stammenden Abbildungen ist zu erkennen, daß sich die Zickzackbänder ursprünglich in der Bleiverglasung des großen, dreigeteilten Hallenfensters fortsetzten (Abb. 5). Dem Sturz des höher gezogenen Mittelteils hat Gropius eine spitze Form gegeben, deren Zackenmotiv von der Bleiverglasung aufgenommen wurde. Die Bleiverglasung ist heute nicht mehr erhalten.

Die Hallenwände gehen in ein dreimal abgestuftes Schmiegengesims über, aus dem auf die Deckenmatte gerichtete, spitze, lilienformähnliche Zacken wachsen (Abb. 5). Die alten Aufnahmen zeigen, daß die Zackenränder ursprünglich Reihen von Glühbirnen trugen. Bemerkenswert ist auch die Deckenform des unter der oberen Galerie liegenden Verbindungsganges zwischen den Wohnzimmern und dem Speisezimmer als ein dreiseitiges, langgezogenes Prisma (Abb. 4). Eine ähnliche Form hat der Sarkophag am Grabmal Albert Mendels in Weißensee. Ursprünglich war die zeltförmige Decke quer zur Längsrichtung mit einem ziegelverbandähnlichen farbigen Streifenmuster bemalt – ein Muster, das in veränderter Form als Relief am Sarkophag wiederkehrt. Wie auf der Archivaufnahme zu erkennen ist, war auf der Dreiecksfläche über der Tür zum Speisezimmer (und vermutlich auch über der zum gegenüberliegenden Wohnzimmer) eine auf die Spitze des quadratischen Sockels gestellte prismenförmige Wandlampe angebracht, die heute nicht mehr erhalten ist. Weiter ist zu sehen, daß sich die unter den Galerien liegenden Umgänge von der Halle durch einen Vorhang abtrennen ließen, deren den Gängen zugewandte Seite hell, die der Halle zugewandte Seite jedoch dunkel ausgebildet war, so daß sich die hell gestrichene Wandschale der Treppenanlage bei geschlossenen Vorhängen vom dunklen Untergrund abhob.

Der Kamin wurde mit einem (ehemals dunklen, heute überstrichenen) Holzpaneel umkleidet, das in leicht geknickter Grundrißform auf die Kaminöffnung zuläuft, über der es eine stumpfe Kante bildet. Die Öffnung selbst ist mit einer schnabelähnlichen, mehrfach geknickten und nach vorn spitz zulaufenden Messinghaube abgedeckt. Ein dazugehöriger schmiedeeiserner Holzrost hat Trapezform, bildet aber nach vorn einen stumpfen Winkel und ist mit zwei seitlichen spitzen Prismenaufsätzen versehen.

Die übrigen Räume wurden im Verhältnis zur Halle weniger aufwendig umgestaltet. Die Zackenformen des Deckengesimses und die Zickzackreliefbänder blieben auf die Halle beschränkt. Stilistische Übereinstimmungen – etwa in der Form der Schmiegengesimse – lassen vermuten, daß auch diese Räume gleichzeitig mit der Halle von Gropius verändert wurden.

Eine mit einfachen Mitteln erzielte expressionistische Raumform hat dabei der vor der Treppenhalle gelegene, quadratische Windfang erhalten. Er bekam abgefaste Ecken und eine zeltdachähnliche Decke mit abgefasten Kanten, deren Spitze in einer nach unten gerichteten, prismaförmigen Lampe aus Messingrahmen und Opalglas buchstäblich umgestülpt wurde.

Die Wände der beiden im Erdgeschoß liegenden Wohnzimmer zeigen unterhalb der Decke ein abgeplattetes Balkengesims mit darüberliegendem, in Viertelkreisform kräftig ausladendem Soffittengesims, das der Beleuchtung des leicht vertieften und gerundet in die

Innenräume von Walter Gropius

Abb. 4: Haus Mendel, Zustand von 1921, Gang zum Speisezimmer

Abb. 5: Treppenhalle Haus Mendel, Zustand von 1921, Hallenfenster

Wand übergehenden Deckenspiegels diente. Die Längswände des als Wohnzimmer Dr. Mendel bezeichneten Raumes sind unterhalb des Balkengesimses in ganzer Breite – möglicherweise zur Aufnahme eines eingebauten Bücherregals – nischenartig vertieft, während die Wände des in der Hallenachse liegenden Wohnzimmers von A. Mendel unterhalb eines in Schulterhöhe umlaufenden flachen Gurtgesimses glatt ausgebildet, oberhalb desselben durch feine Nuten in hochrechteckige Felder unterteilt sind. Auf der linken Wand hört diese Wandgliederung in der Nähe des Fensters auf. Stattdessen ist dort ein liegendes, rechteckiges, vertieftes Feld angeordnet, das möglicherweise zur Aufnahme eines Gemäldes diente.

Ein ähnliches, allerdings in Türsturzhöhe umlaufendes flaches Gurtgesims findet sich im Eßzimmer. Die Wand ist unterhalb dieses Gurtgesimses glatt ausgebildet, während die Zone zwischen Gurtgesims und flachem, unterhalb der Decke umlaufenden Balkengesims durch eingestellte flache Lisenen unterteilt wird. Das Deckenfeld ist durch in Wandnähe umlaufende flache Stufungen dreifach abgesetzt und weist in der Mitte eine Rosette mit Schneckenwindungen auf. Gegenüber der von der Halle in den Raum führenden Tür ist das türhohe Gurtgesims zwischen zwei Lisenen um ein Geringes vorgezogen. Auch hier ist zu vermuten, daß das darüberliegende, vertiefte Feld früher durch ein Gemälde ausgefüllt wurde.

Es wurde schon erwähnt, daß der Werkkatalog von Probst/Schädlich die Abbildung eines von Gropius gestalteten Eßzimmers der Familie Mendel zeigt, das sich angeblich in Wannsee befindet und dem Eßzimmer des Hauses Am Sandwerder verblüffend ähnlich sieht.[11] Die Lage der Türen und Fenster im Haus Mendel und die unterschiedliche Ausbildung der handwerklichen Details schließt eine Identität mit diesem jedoch aus. Auch scheint es sich bei der Abbildung um ein »Berliner Zimmer« zu handeln, was eher auf eine Stadtwohnung schließen läßt. Dennoch bleiben erstaunliche Übereinstimmungen, wie die Linsengliederung, der dreifach abgestufte Deckenspiegel und die (nur auf der im Bauhaus-Archiv befindlichen Originalabbildung erkennbare) Deckenrosette, über deren Ursachen man z. Zt. nur spekulieren kann. Möglicherweise beabsichtigte die Familie Mendel die von Gropius entworfene Eßzimmerausstattung ihrer Stadtwohnung in das Haus am Wannsee zu übernehmen und wünschte dazu eine ähnliche Gestaltung des neuen Raumes.

Der von den beiden Wohnzimmern im Erdgeschoß gefangene Raum, das Arbeitszimmer Dr. Mendels, weist heute nur noch geringe Spuren der Umgestaltung durch Gropius auf: Über dem Alkoven ist eine Deckenellipse ausgebildet, die gegenüber dem übrigen Deckenspiegel heruntergesetzt ist, wobei ihr Rand durch eine oben angesetzte Rundung in diesen übergeht. Ferner ist eine unterhalb der Decke in der Wand umlaufende Nut zu erkennen. Die Heizkörperverkleidungen gehen mit ihren waagerecht angeordneten Hölzern ebenfalls auf den Umbau zurück. Hierzu findet sich – wie bereits erwähnt – eine Abbildung im Bauhaus-Archiv[12], die sich aufgrund der Tür- und Fensteranordnung als der gleiche Raum identifizieren läßt.

Demnach waren die Wände mit einem etwas über schulterhohen Bücherregal versehen bzw. mit einem Holzpaneel bekleidet, dessen schräg verlaufende Maserung sich durch spiegelbildliche Wiederholung im benachbarten Paneelstreifen zum Zickzackmuster entwickelte. Von der Ausstattung ist heute nichts mehr erhalten. Die vorgefundene Wandbekleidung aus Rahmen und Füllhölzern ist nicht original.

Auch das ehemalige Frühstückszimmer zeigt sich heute als nackter Raum, der unterhalb der gerundeten und gegrateten Decke ein kräftig auskragendes Soffittengesims zur indirekten Deckenbeleuchtung besitzt. Die Umgestaltungen im Obergeschoß sind erheblich einfacher gehalten als im Erdgeschoß. Der in der Hallenachse liegende Raum und der hinter der linken Längswand befindliche besitzen ein unter der Decke umlaufendes Schmiegengesims. Der seitliche Raum weist die gleichen wandgroßen nischenartigen Vertiefungen auf wie das Wohnzimmer Dr. Mendel. Mit der Umgestaltung der Räume wurden auch die Türen geändert. Die Türblätter erhielten Aufdoppelungen durch glatte Holzpaneele mit gerundeten Abdeckleisten, die Türrahmen der einflügeligen Türen ein schmales, umlaufendes prismenförmiges Dreiecksprofil. Die Doppeltüren bekamen dagegen flache Türsturzbekrönungen und an den Seiten breite gerundete und abgetreppte Bekleidungen.

IV. Die Bedeutung

Nach dem Ersten Weltkrieg hatte Walter Gropius an seinen Vorkriegsbauten kein Interesse mehr und bezeichnete sie als »alte Gäule«.[13] Sein Nachkriegs-Schaffen war geprägt von der Suche nach einem neuen Stil.[14] Bis etwa 1923 wurde diese Suche stark vom Expressionismus beeinflußt. Die Umgestaltung des Hauses Mendel gehört stilistisch in diesen, innerhalb des Gesamtwerks von Gropius relativ kurzen Zeitabschnitt des Umbruchs. Nachdem Gropius seinen Stil in der Ästhetik der Neuen Sachlichkeit gefunden hatte, und nachdem dieser zum Stil einer ganzen Epoche geworden war, störten die vorangegangenen Versuche mit dem expressionistischen Formenvokabular die Legende einer konsequenten Fortentwicklung von den Faguswerken zu den Dessauer Bauhaus-Bauten und wurden von Gropius selbst und der ihm nahestehenden Kritik verdrängt.[15] Erst in jüngerer Zeit gerieten sie wieder stärker ins Blickfeld. Die Werksverzeichnisse von Nerdinger und Probst/Schädlich führen sieben Bauten und Entwürfe von Gropius aus dieser Zeit mit expressionistischen Einflüssen auf: Das Haus Sommerfeld (1920/21) und das Projekt eines Verwaltungszentrums für den Sommerfeld-Konzern (1920), beide am Asternplatz in Lichterfelde, die Reihenhäuser in der Kamillenstraße in Lichterfelde (1920/21), das Haus Otte in Zehlendorf-West (1921/22), das Weimarer Denkmal für die Märzgefallenen (1921/22), das Projekt für das Haus Kallenbach (1922) und das Grabmal für Albert Mendel in Weißensee (1923). Diese Liste ist nunmehr um die Umgestaltung des Hauses Mendel von 1921 zu ergänzen, welches die zeitliche und stilistische Nähe zu diesen Werken des Umbruchs nicht leugnet. Besonders mit dem Haus Sommerfeld besitzt das Haus Mendel viele stilistische Gemeinsamkeiten, so die Ausbildung der Haupttreppe mit dem eigentümlichen Motiv der stufenartig ausgeschnittenen Treppenwangen, so die schmalen

Türblendrahmen mit ihren prismenförmigen Dreiecksprofilleisten und das die ganze Halle überziehende dekorative Zickzackmotiv, wenngleich dieses bei beiden Häusern im einzelnen unterschiedlich ausgebildet ist (Abb. 7). Expressionistische Dreiecks- und Prismenformen finden sich beim Haus Sommerfeld im Treppenhausfenster und in den Holzschnitzarbeiten der Türblätter und Treppenwangen. Die dreieckigen Deckenleuchten ähneln den prismenförmigen Wandleuchten (bzw. der Deckenleuchte) des Hauses Mendel. Kristallartig ist das Dach des Hauses Otte geformt, das im Traufbereich ähnliche Schmiegengesimse aufweist wie das Treppenhaus oder die Obergeschoßräume des Hauses Mendel. Auch beim Haus Sommerfeld hat Gropius das Motiv der Traufenschmiegen verwendet, hier jedoch auf den Kopf gestellt.

Alle diese kristallartigen Zickzack-, Dreiecks- und Prismenformen finden sich auch bei den zeitgenössischen Werken anderer Architekten – ja, man gewinnt den Eindruck, daß das expressionistische Vokabular von diesen oft konsequenter zu einheitlichen Raumgebilden verarbeitet wurde, als dies beim Haus Mendel der Fall ist. So lösen sich beispielsweise im Innern des Scala-Restaurants von Walter Würzbach und Rudolf Belling (1921)[16] die als Träger für die indirekte Beleuchtung dienenden Zackenkörper von der Decke, stoßen spitz in den Raum und formen mit den konisch nach oben zulaufenden Wänden und der prismenförmigen Decke ein kristallartiges Raumgebilde, vor dem die Treppenhalle des Hauses Mendel relativ trocken wirkt. Ähnlich konsequent durchgebildet ist die Ehrenhalle der Farbwerke Hoechst von Peter Behrens (1920-24)[17], wo stalaktitenartige Ziegelpfeiler von prismenartigen Oberlichtern bekrönt werden, deren Zackenformen im Fußbodenmuster und – ähnlich dem Haus Mendel – als gezackte Deckenschmiegen in den Decken der Zwischengeschosse der Halle wiederkehren. Im Vergleich dazu scheint aus den Räumen des Hauses Mendel trotz allem expressionistischen Überschwang in der Treppenhalle eine gewisse Reserve seines Schöpfers gegenüber dem Expressionismus zu sprechen. Interessant ist, daß alle von Gropius – auf seiner Suche nach einem neuen Stil – wie in einer Experimental-Reihe hervorgebrachten expressionistischen Schöpfungen weder Wiederholungen noch Fortentwicklungen erkennen lassen.[18] Jedes dieser Werke blieb wie das Haus Mendel ein Unikat. Der Expressionismus war offenbar nicht der von Gropius gesuchte Weg zum neuen Stil.

Beim Haus Mendel kann nur die Gestaltung der Treppenhalle und des Windfangs als ausgesprochen expressionistisch bezeichnet werden. Die übrigen Räume zeigen expressionistisch gestaltete Einzelheiten, wie Türgewände, Soffitten- oder Schmiegengesimse, bleiben aber in ihren Bauformen vom Expressionismus wenig berührt. Mit Sicherheit wirkt hier das Behrens-Erbe noch nach. So ist die Wand- und Deckengestaltung des Speisezimmers mit seiner Lisenengliederung und dem abgestuften Deckenspiegel ohne Zweifel stark davon ausgeprägt. Auch die Wandgliederung des mittleren Wohnzimmers im Erdgeschoß (Wohnzimmer A. Mendel) mit den von Nuten gerahmten Wandfeldern erinnert an Innenräume von Peter Behrens.[19] Doch auch bei der Treppenhalle ist unter der Oberfläche der expressionistischen Formenwelt ein von dieser unabhängiges Gestaltungsziel erkennbar. Bei der aus Treppenwangen und -brüstungen gebildeten inneren Wandscheibe und bei den aus dieser Wandscheibe herausgeschnittenen Flächen des Umgangs ist Gropius' Bestreben zu spüren, möglichst geschlossene Kuben und Rechteckflächen zu bilden, um diese zueinander und zu den Negativflächen in räumliche Beziehung zu setzen. So erklärt sich, warum die ehemaligen Vorhänge zur Hallenseite dunkel gehalten waren.

Diesen orthogonal konzipierten Gesamtrahmen störten offensichtlich die schräg auszubildenden Treppenbrüstungen. Sie wurden in expressionistische Zackenstufen aufgelöst und ließen sich geschickt mit dem übrigen expressionistischen Dekor verbinden. Das gleichsam von der expressionistischen Dekorationsschicht verdeckte Konzept des Architekten, sich in orthogonalen Flächen und Kuben zu artikulieren, ließe sich sowohl als Nachklang seiner Behrens-Zeit deuten, wie als Beginn von etwas Neuem – den ersten Anzeichen seiner Hinwendung zur Neuen Sachlichkeit. Plausibel ist das letztere, dies ist aber ohne das erstere nicht denkbar.

Die Innenraumgestaltung des Hauses Mendel ist eines der wenigen erhaltenen Zeugnisse der Übergangszeit im Werk von Walter Gropius nach dem Ersten Weltkrieg und damit ein nicht unbedeutendes Dokument der Baugeschichte. Es enthält noch letzte Erinnerungen an das

Innenräume von Walter Gropius

Abb. 6: Walter Würzbach / Rudolf Billing, Scala-Restaurant, Berlin 1921

Innenräume von Walter Gropius

Abb. 7: Treppenhalle Haus Mendel, Zustand 1987

Behrens-Erbe, aber auch den Ansatz zur Neuen Sachlichkeit. Beides verbindet der Architekt geschickt mit einem zurückhaltenden Expressionismus, den er dem flächigen Aufbau der Räume angleicht. Sie sind die einzigen bekannten expressionistischen Innenräume dieser Art in Berlin.

(abgeschlossen im Mai 1988, vor Ermittlung des Farbbefundes)

Innenräume von Walter Gropius

Abb. 8: Walter Gropius, Blockhaus Sommerfeld, Diele

Anmerkungen

[1] Das Haus Sommerfeld ist u. a. dargestellt in: WMB 7. Jg. 1922/23, S. 334 f., und Hajos, Elisabeth Maria/Zahn, Leopold, Berliner Architektur der Nachkriegszeit, Berlin 1928, S. 39 f.
[2] Behne, Adolf, Entwürfe und Bauten von Walter Gropius, in: ZdB 41. Jg. 1922, Heft 104, S. 637 ff.
[3] BHA Berlin, Inv. Nr. 6720/1-5.
[4] a.a.O., Inv. Nr. 6720/1.
[5] a.a.O., Inv. Nr. 6725/7, 8 u. 10.
[6] Nerdinger, Winfried, Walter Gropius, Berlin 1985.
[7] Probst, Hartmut/Schädlich, Christian, Walter Gropius, Bd. 2, Berlin 1986, S. 134.
[8] BHA Berlin, Inv. Nr. 6721/1, 2 u. 3 (identische Abbildungen).
[9] Stecker, Cornelius, Museum Friedhof – Bedeutende Grabmäler in Berlin, Berlin 1984, S. 130 f.
[10] Probst/Schädlich, a.a.O., S. 18.
[11] s. Anmerkung 7.
[12] BHA Berlin, Inv. Nr. 6725/7.
[13] Nerdinger, Winfried, a.a.O., S. 44.
[14] Huse, Norbert, Neues Bauen 1918 bis 1933, 2. Auflage, Berlin 1985, S. 53.
[15] Probst, Hartmut/Schädlich, Christian, Walter Gropius, Bd. 1, Berlin 1985, S. 47 und: Huse, Norbert, a.a.O., S. 53.
[16] WMB 6. Jg. 1921/22, S. 237 ff.
[17] Cremers, Paul Joseph, Peter Behrens, Essen 1928, S. 5 ff.
[18] Huse, Norbert, a.a.O., S. 53.
[19] Vgl. z. B. Raum »Peter Behrens« i. d. Haupthalle d. Kölner Werkbundausstellung von 1914, in: Karnatz, Hans-Joachim, Peter Behrens, Leipzig 1977, S. 84.

Abb. 1. Italienische Botschaft, Tiergartenstraße 21a–23, Hofansicht

Wolfgang Wolters

Die ehemalige italienische Botschaft im Tiergarten

Die ehemalige italienische Botschaft, von Friedrich Hetzelt 1939 entworfen, ist aufgrund ihrer geschichtlichen, wissenschaftlichen, künstlerischen und städtebaulichen Bedeutung ein Baudenkmal im Sinne des Berliner Denkmalschutzgesetzes. Sie ist ein herausragender Bestandteil des sogenannten Diplomatenviertels, dessen Baubestand im Zweiten Weltkrieg schwer dezimiert wurde.

Von den ehemals zahlreichen Botschaftsgebäuden wurde bisher einzig die dänische Botschaft instandgesetzt. Nach dem Abbruch der japanischen Botschaft und dem schwer verwahrlosten Zustand der übrigen Botschaftsgebäude ist das Bauwerk mit seiner Ausstattung ein unverzichtbares, auch weil im Innern noch unverfälschtes Zeugnis der Baugesinnung des Dritten Reichs. Für die Wissenschaft und ein lernwilliges Publikum ist es eine wichtige, anschauliche Quelle für die Rolle der Architektur in der Selbstdarstellung des Staates, städtebaulich kommt ihm eine herausragende Rolle zwischen Kulturforum und den angrenzenden Gebieten zu. Erhaltenswert sind nicht nur der Außenbau, dem das Bauamt 1941 ein »römisches Gesicht voll imperialer Würde« attestierte, sondern ebenso die Abfolge der Räume im Inneren, vom Eingang bis zum Festsaal, dazu eine kryptaartige Kapelle im Kellergeschoß sowie eine Reihe von weiteren Räumen, die durch zum Teil kostbare Spolien (italienische Renaissance-Portale) unterschiedlicher Herkunft in den letzten Kriegsjahren eilends aufgemöbelt wurden. Liktorenbündel an den Pfosten der Durchgänge von der Lobby zu den Seitenflügeln sprechen eine ebenso deutliche Sprache wie die Proportionen, Lichtverhältnisse und Raumfolgen. Alles in allem eine in Berlin nicht noch einmal erfahrbare Inszenierung eines Wegs durch dunkle, fast grottenartige Bereiche, Vorhallen, hinauf über eine zweiläufige Treppe in die lichten Hallen, in denen Gäste empfangen und Feste gefeiert werden konnten. Keine »schöne«, wohl auch keine »gute« Architektur, sondern ein wichtiges Dokument einer Bauweise, die dem Selbstverständnis und den propagandistischen Zielen der Bauherren entsprach.

Was hätte näher gelegen, als dieses Bauwerk zu einem Gehäuse der Geschichtserfahrung zu machen, Exponate aus der Geschichte des Dritten Reichs, auch des an Widersprüchen so reichen deutsch-italienischen Verhältnisses zu zeigen und auf die Rolle der Architektur im Dritten Reich hinzuweisen?

Die ehemalige italienische Botschaft bleibt ein geradezu idealer Ort für eine Sektion eines historischen Museums, als Sitz der Akademie der Wissenschaften zu Berlin bleibt sie für alle Beteiligten ein Danaergeschenk.

Die Mitglieder der Akademie der Wissenschaften und deren Gäste werden weiter vor der Entscheidung stehen, ob sie dieses Haus und seine Raumfolgen nutzen wollen. Hier zu wohnen und zu arbeiten bedeutet nicht nur eine tägliche intensive Architekturerfahrung, die in der Abstumpfung oder der Verweigerung enden kann, sondern ebenso, daß die Selbstdarstellung der Akademie, soweit sie sich in öffentlichen Veranstaltungen äußert, einen Rahmen erhält, der, vorsichtig gesagt, beklemmend ist. Architektur hat eine den Menschen und seine Haltung prägende Kraft. Will man sich diesen Einwirkungen entziehen, setzt dies kontinuierliche Reflexion über Architektur voraus. Dies bedeutet auch, sich mit dem Gehäuse des Wirkens nicht identifizieren zu können, Fremder bleiben zu müssen. Auch wenn das Bauwerk, wie so viele andere Baudenkmäler in Berlin, bei der Nutzungsentscheidung nicht eingetragen war und somit de jure nicht den besonderen Schutz genießt, der im Berliner Denkmalschutzgesetz fixiert ist, so ist unter Fachleuten unbestritten, daß das Bauwerk der italienischen Botschaft und seine Ausstattung Denkmalschutz verdient. So ist mit guten Gründen seit 1987 eine mustergültige, auch finanziell aufwendige Voruntersuchung veranlaßt worden, die in fünf Bänden vorliegt. Die bequeme Lösung des Auskernens kommt somit nicht in Frage, wenn das Denkmalschutzgesetz Anwendung findet.

In Berlin sind noch zahlreiche Architekturen erhalten, die der Selbstdarstellung der Machthaber des Dritten Reichs dienten. Ernste Probleme scheint es, soweit

Italienische Botschaft

Abb. 2: Italienische Botschaft, oberes Foyer: Geländer mit vergoldeten Greifen, Liktorenbündel seitlich der Türen

ich weiß, für die Nutzer und das Publikum – oft sind beide identisch – nicht zu geben. Und dennoch, seit den Anfängen des Bauens wissen Nutzer und Architekten, daß ein Gebäude mehr ist als ein Gehäuse, daß sein Gesicht etwas über den Bauherrn verrät oder im Rahmen erprobter Konventionen verraten soll. Architektur und Ideale der Bewohner oder Nutzer in Einklang zu bringen, ist eine wesentliche Aufgabe, nicht nur für den Architekten. Sie ist auch dem gestellt, der eine Nutzung für bestehende, erhaltenswerte Gebäude sucht. So ist es in der Regel die Nutzentscheidung, die die Zukunft des Denkmals bestimmt.

Nun könnte man sagen, daß Japan mit seiner direkt daneben neu gebauten Botschaft, faschistische Architektur im Außenbau kopierend, einen Weg gewiesen habe, unbeschwert mit dem architektonischen Erbe umzugehen. Bei der neuen japanischen Botschaft handelt es sich, wie nicht jeder weiß, um die maßstabsgetreue Kopie eines kürzlich abgebrochenen Denkmals, eine Kopie, die mit Sicherheit einmal ein sehr bezeichnendes Denkmal für das Denkmalverständnis und Architekturtrends der 80er Jahre werden wird.

Für einen Abbruch des Baudenkmals Italienische Botschaft wird derzeit nicht plädiert. Nachdem die Denkmalpflege keinen bestimmenden Einfluß auf die Nutzungsentscheidung nehmen konnte, scheint ihr damit nur das übliche Rückzugsgefecht auf dem Weg zum Kompromiß zu bleiben, der, in vielen Bereichen des Lebens notwendig, im Bereich Denkmalpflege in der Regel das Denkmal (schließlich ein kostbares Gut der Allgemeinheit) teuer zu stehen kommt. Während bei der Revision der Nutzungsentscheidung, über die leider nicht

Abb. 3: Italienische Botschaft, Kapelle im Keller: Kaschierung des Luftschutzbunkers

mehr nachgedacht wird, das Bauwerk in allen seinen Aspekten als Lehrstück (nicht als Mahnmal) erhalten und sinnvoll genutzt werden könnte, müssen bei der Nutzung durch die Akademie zwangsläufig Eingriffe vorgenommen werden. In einigen Bereichen sind Eingriffe mit den Grundsätzen der Denkmalpflege vereinbar. Das vorliegende Gutachten hat die erhaltenswerten von den übrigen Räumen und Raumfolgen deutlich getrennt. Veränderungen, die das Geschichtsdokument zerstören, müssen unter allen Umständen vermieden werden. Letzteres auch im Hinblick auf einen, wie ich immer noch hoffe, späteren Ortswechsel der Akademie in ein angemessenes Haus.

Im November 1987 hat im Rahmen der »vergleichenden Vorplanung« ein Auswahlgremium mit knapper Mehrheit einem Entwurf von Gae Aulenti und Partnern den 1. Rang zuerkannt. Das denkmalpflegerische Gutachten, das zu den Vorgaben der Auslobung gehörte, und in dem die zu schützenden Bereiche genau und überzeugend definiert wurden, wurde nicht nur von Aulenti und Partnern keine Beachtung geschenkt. Diese Einschätzung denkmalpflegerischer Vorgaben läßt den Schluß zu, daß die Vorgaben der Auslober, soweit sie die Denkmalpflege betreffen, als eine Art Pflichtübung oder Alibi des Veranstalters mißverstanden werden, hinter der die Bereitschaft steht, weitgehende »Kompromisse« zu Lasten des Denkmals einzugehen.

Bei dem Entwurf von Aulenti und Partnern wird das Gebäude durch ein gläsernes »Messer« in zwei ungleich große Teile zerschnitten, eine Teilung, die allerlei Interpretationen ermöglicht, ohne daß diese im Sinne eines schriftlich fixierten Programms in einer allgemein gülti-

Abb. 4: Italienische Botschaft, Galerie im 1. OG

gen Sprache fixiert und somit ernstens diskutierbar wären. So reicht das denkbare Spektrum des Verstehens oder Mißverstehens vom nicht mehr ganz taufrischen architektonischen Gag bis hin zum Zerschneiden eines Symbols faschistisch-nazistischer Herrschaft durch architektonische Elemente einer späteren, nämlich »unserer« Zeit. Abgesehen einmal von der Tatsache, daß die Auslober den Schutz des Bauwerks und wesentliche Teile seiner Ausstattung festgelegt hatten, stellt sich die bange Frage, ob eine faschistische Mumie, in der das gläserne Messer steckt, als Symbol der Auseinandersetzung mit der unbewältigten Nazi-Vergangenheit sinnvoll ist. Ist es nicht ehrlicher, angemessener, das Bauwerk und seine erhaltenswerten Raumfolgen zu konservieren, seine bedrückende Sprache nicht zu entschärfen, den Eingangsbereich nicht, wie vorgeschlagen, zum Café und zur Begegnungsstätte mit der Berliner Bevölkerung umzubauen oder oberflächlich umzudekorieren, kurz: mit dem Bau, solange man nichts Angemeseneres findet, zu leben?

Bleibt die Frage, wie mit dem Bestehenden bei einer neuen Nutzung umzugehen sei. Sollte man sich für die Konservierung der noch erhaltenen originalen Substanz einsetzen (auf die Idee, eine Renovierung vorzunehmen, nach der die Räume »im neuen Glanz erstrahlen«, wird wohl ernstens niemand kommen), bleibt nur die behutsame Instandsetzung, bei der die Spuren des Krieges (sofern sie nicht die Nutzung einschränken) nicht beseitigt werden, sondern als Spuren oder Verletzungen erhalten bleiben. Daß dies auch von den Kosten her vernünftig ist, bleibt ein wichtiges, jedoch hier zweitrangiges Argument. Eine Renovierung könnte dem Mißverständnis, man wolle sich mit dem Gestern identifizieren, Tür und Tor öffnen.

Bei Gesprächen über den Umgang mit historischen Architekturen wird immer wieder auf die große Selbstverständlichkeit der Auftraggeber vergangener Epochen verwiesen, sich Gebäude überwundener Kulturen, Religionen oder auch einzelner Persönlichkeiten anzueignen und sich in ihnen einzurichten. Dabei wurden in der Regel die vorgefundenen Zeichen eliminiert und durch eigene ersetzt, die räumliche Situation eigenen Bedürfnissen angepaßt. Eine ähnliche Aneignung durch Überformung ist natürlich auch bei der italienischen Botschaft denkbar, nur sollte man nicht verschweigen, daß ein solcher Umbau nichts mehr mit Denkmalpflege zu tun hat. Die Verantwortung lag und liegt auf politischer Ebene. Auch an dieser Entscheidung wird das Verhältnis Berlins zu seiner Geschichte gemessen werden.

Das Gebäude, so wie es heute nach Jahrzehnten der unnötigen Vernachlässigung und Plünderungen auf uns gekommen ist, bleibt auch ein Dokument deutsch-italienischer Geschichte während des Dritten Reichs. Die in der Sitzung des Auswahlgremiums (keiner Jury) nach heißen Debatten gegebene Grundsatzerklärung des Akademie-Präsidenten, Professor Albach, macht aus der fast unerträglichen Spannung zwischen diesem Ort, dessen geplante, sehr weit gehende Veränderungen auch im Inneren er befürwortet, und den Aktivitäten der Akademie ein Programm.

Albach versteht das Botschaftsgebäude als eine »Herausforderung an die Akademie, sich der Verantwortung der Wissenschaft stets bewußt zu sein und zu verhindern, daß Wissenschaftler, wie seit 1933 vielfach geschehen, vor Situationen wie einem totalitären System versagten«. Wäre es dann aber nicht konsequent, die Herausforderung ungemindert bestehen zu lassen? Eines ist sicher: Die neu anstehenden Entscheidungen über den Umgang mit diesem Bauwerk werden für die Akademie, die Berliner Denkmalpflege und die Reputation des Landes Berlin als Denkmalstadt weitreichende Konsequenzen haben.

Zum Bau vergl.: Schäche, Wolfgang, Das Gebäude der ehemaligen italienischen Botschaft in Berlin-Tiergarten, Berlin 1984 sowie die im Auftrag des Senators für Bau- und Wohnungswesen von U. Wolff und W. Peters erstellte, in fünf Bänden vorliegende Dokumentation: Ehemalige italienische Botschaft, Berlin 1987. Die Stellungnahme von Prof. Albach entnehme ich dem Protokoll der Sitzung des Auswahlgremiums vom 13.–14.II.1987.

Abb. 1: Tauentzienstraße 13, Defaka: Einbau eines neuen Musterfensters aus Kunststoff mit breiten Profilen und veränderter Fensterstellung

Norbert Heuler

Architektur der 50er Jahre als Aufgabe der praktischen Denkmalpflege

I.

Die ersten Gebäude der 50er Jahre sind in Berlin inzwischen als Baudenkmale eingetragen. Mit der Unterschutzstellung ist jedoch nur die rechtliche Voraussetzung geschaffen, Zerstörung von Denkmalsubstanz zu verhindern, die technischen Probleme der denkmalgerechten Erhaltung sind damit noch nicht gelöst.

Die aktuelle Diskussion um die Architektur der 50er Jahre als Gegenstand des Denkmalschutzes und der Denkmalpflege konzentriert sich im wesentlichen auf die grundsätzliche Frage der Denkmalwürdigkeit. Die Probleme der denkmalgerechten Erhaltung, Instandsetzung und Restaurierung sind bisher kaum thematisiert. Die konkreten Erfahrungen beschränken sich hauptsächlich auf das Erkennen der Probleme, nicht auf deren Lösung.

Die bestürzenden Ergebnisse der an vielen Bauten der 50er Jahre in der Vergangenheit bereits durchgeführten Instandsetzungen und Umbauten führen oftmals die Problemfelder drastisch vor Augen. Gerade die charakteristischen Details, die den besonderen Gestaltungswillen dieser Architektur ausmachen, die schlanken Konstruktionen, die Feingliedrigkeit der Fassadenelemente und Fensterprofile, die optische Leichtigkeit, die Transparenz, die differenzierte Farbigkeit, die gestalterische Eleganz fallen den Maßnahmen zum Opfer. Schmale Sichtbetonraster verschwinden hinter breiten Fassadenverkleidungen, dünne, frei auskragende Dächer und Vordächer werden durch Wärmedämmung und breite, vorgesetzte Blenden zu massiven Bändern, die Fenster, mit ihren oft extrem schlanken Profilen und den typischen Schwing- und Wendeflügel werden durch Aluminium- und Kunststoffenster mit breiten, ungegliederten Rahmen und Dreh- und Kippbeschlägen ersetzt. Das lebendige Farbspiel der Mosaikverkleidungen und die differenzierte farbliche Gestaltung der Baukörper werden durch neue Fassadenverkleidungen und Anstriche zerstört.

Nicht zuletzt diese entstellenden Veränderungen und der zu befürchtende weitere Verlust haben in den letzten Jahren den Denkmalschutz verstärkt mobilisiert.

Besondere Probleme bei der denkmalgerechten Erhaltung treten vor allem dort auf, wo bautechnische Mängel bzw. bautechnisch fehlerhafte Ausführungen eine Konservierung bzw. Restaurierung erschweren, wo geeignete Ersatzmaterialien z. B. für notwendige Reparaturen nicht mehr beschafft werden können, oder wo die ursprünglichen Konstruktionen die gestiegenen Anforderungen z. B. an den Wärme- und Schallschutz nicht erfüllen usw.

So allgemein benannt sind dies sicher keine spezifischen Probleme der Erhaltung der Architektur der 50er Jahre. Die Besonderheit zu den vorangegangenen Bauepochen liegt in der Entwicklung der damaligen Bautechnik begründet, in der zunehmenden Anwendung neuerer Baustoffe und Baumaterialien, industriell gefertigter Halbzeuge und Bauteile, Kunststoffe usw. und dem oft kühnen Einsatz der neuen technischen Möglichkeiten.

Es liegt in der Natur der Sache, daß mit natürlichen Baumaterialien in handwerklicher Fertigung hergestellte Bauteile leichter zu reparieren und auch zu reproduzieren sind, als industriell hergestellte Bauteile, deren Produktion längst ausgelaufen ist. Die Schwierigkeit liegt dabei weniger in den technischen Möglichkeiten als in den durch die Herstellungstechnik bedingten Mengen und den damit verbundenen Kosten. Ein Holzfenster kann, sofern die Notwendigkeit zum Austausch besteht, tischlermäßig bis ins kleinste Detail wieder hergestellt werden. Die Wiederherstellung eines Aluminium- oder Stahlfensters stößt dagegen schon auf erhebliche Probleme. Die Reparatur eines Parkettfußbodens ist sicher einfacher als die Wiederherstellung eines Bodenbelages z. B. aus Linoleum, wenn das entsprechende Material, das Muster und der Farbton nicht mehr lieferbar sind. Dazu kommt, daß das bisher wenig ausgeprägte Bewußtsein für die Bedeutung und die gestalterische Qualität der Architektur der 50er Jahre Architekten und auch die Bauindustrie wenig motiviert, für die aufgetretenen bautechnischen Probleme Lösungsansätze im Sinne einer denkmalgerechten Erhaltung zu erarbeiten.

II.

Im folgenden möchte ich einige der Probleme anhand konkreter Beispiele darstellen.

Das *Palais am Funkturm* wurde 1956/57 nach Entwurf des Leiters der Hochbauabteilung beim Senator für Bau- und Wohnungswesen, Bruno Grimmek, errichtet. Das zweigeschossige Gebäude wurde in einer Kombination von Stahlskelett- und Stahlbetonbauweise ausgeführt.

Die von großen Öffnungen durchbrochene Zwischendecke ist mit Zugstangen an die den Raum überspannenden Dachbinder aufgehängt. Die Außenwände sind weitgehend in Glas aufgelöst, die geschlossenen Fassadenteile mit farbigem italienischem Glasmosaik verkleidet.

Die Einfachverglasung der Glasfassade führt zu wärmetechnischen Problemen, die Profile der Fensterkonstruktion zeigen teilweise erhebliche Schäden durch Rost. Das Glasmosaik hat sich teilweise von der Fassade gelöst bzw. wurde mitsamt den Putzflächen durch das durch eingedrungene Feuchtigkeit aufgequollene Heraklith abgesprengt.

Um die wärmetechnischen Probleme der großen Glasfront zu beheben, soll eine Thermopenverglasung eingebaut werden. Eine zweite Fensterebene wurde aus denkmalpflegerischer Sicht ausgeschlossen, da hierdurch die angestrebte Transparenz erheblich eingeschränkt würde.

Inwieweit Profile in den vorhandenen Abmessungen für die schwereren Thermopenscheiben ausreichen, muß untersucht werden. Als Problem zeigt sich jedoch bereits, daß Scheiben, in der hier verwendeten Größe, heute nicht mehr hergestellt werden, auch nicht als Einfachverglasung. Das Originalmaterial des Glasmosaikes kann durch den verwendeten Spezialkleber nach dem Ergebnis der Prüfung durch eine Fachfirma nicht vom Mörtelbett getrennt und damit nicht wiederverwendet werden. Die Glasmosaiksteine, welche in Qualität und Format den ursprünglichen entsprechen, sind noch lieferbar. Zu klären ist jedoch, inwieweit mit dem neuen Material das ursprüngliche Farbspiel erreicht werden kann.

Die Erhaltung der Mosaikverkleidung zeigt sich auch beim 1958/60 nach Entwurf der Architekten Paul Schwebes und Hans Schoszberger errichteten *Telefunken-Hochhaus* am Ernst-Reuter-Platz als Problem. Die Mosaiksteine lösen sich großflächig von der Fassade. Neben der Beschaffung des Ersatzmaterials stellt sich hier vor allem die Frage der sicheren Befestigung, da sich lösende Mosaiksteine, bei der Höhe des Gebäudes, eine ernstzunehmende Gefahrenquelle darstellen.

Als weiteres Problem zeigen sich an diesem Gebäude der mangelhafte Wärmeschutz der Außenwände und die vom heutigen Besitzer angestrebte hinterlüftete Fassade. Das Erscheinungsbild des Gebäudes würde vor allem durch die veränderten Anschlußpunkte z. B. zwischen Fenster und Brüstung, im Bereich der auskragenden Deckenplatten und an den sich nach oben hin verjüngenden Außenstützen erheblich beeinträchtigt.

Eines der schwierigsten aktuellen Probleme bei der denkmalgerechten Erhaltung, vor allem der Büro- und Geschäftshäuser, sind die Fenster. Der Wunsch nach Veränderung wird hier in der Regel durch gestiegene Anforderungen an den Wärme- und Schallschutz ausgelöst. Der bautechnische Zustand der Fenster spielt bisher nur eine untergeordnete Rolle.

Das denkmalpflegerische Prinzip der Konservierung der Originalsubstanz stößt dort an Grenzen, wo die ursprüngliche Konstruktion, obwohl in bautechnisch einwandfreiem Zustand, erhöhte Anforderungen an den Wärme- und Schallschutz nicht erfüllt und die Denkmalpflege sich den erhöhten Anforderungen nicht gänzlich verschließen kann. Mit ›erhöhten Anforderungen‹ ist hier nicht die Anpassung an aktuelle Normen und Richtlinien gemeint, sondern im Einzelfall nachvollziehbare Anforderungen aufgrund geänderter Rahmenbedingungen wie z. B. erheblich erhöhte Lärmbelästigung usw...

Mit ihren großen, ungeteilten Glasflächen, den fein gegliederten, in ihren Abmessungen auf ein Minimum reduzierten Profilen und den typischen Schwing- und Wendeflügeln, prägen Fenster entscheidend die architektonische Gestaltung der Fassade. Dies trifft sowohl zu für die Einzelfenster in den Rasterfassaden und in den Lochfassaden der frühen 50er Jahre, für die Fensterbän-

Abb. 2: Kurfürstendamm 12, Gloria-Palast; neue Drehflügel-Fenster oben: die alten Abmessungen sind zwar eingehalten, die charakteristische Öffnungsart (Wendeflügel) ist jedoch verloren.

der und die geschoßhohen, zwischen die Deckenplatten der Skelettbauten eingestellten Glaswände, wie auch für die vorgehängten Leichtbaufassaden.

Die besonderen Öffnungsarten sind durch die angestrebte ungeteilte Glasfläche und die Schlankheit der Profile bedingt. Statt des in den 20er Jahren häufig eingebauten Schiebefensters kommt in den 50er Jahren meist das Wende- oder Schwingflügelfenster zur Anwendung. Durch die versetzten Anschläge werden die Lasten besser verteilt. Flügelrahmen und Beschläge können dadurch schlanker dimensioniert werden. Durch die Öffnungsart wird außerdem eine Störung durch weit in den Raum ragende Fensterflügel vermieden.

Das *Bürohaus Kurfürstendamm 12 (Gloria-Palast)* wurde 1952/53 nach Entwurf der Architekten Siegfried Fehr und Gerhard Jäckel als Stahlbetonskelettbau errichtet. Die tragenden Stützen sind hinter der Fassade angeordnet. Die Rasterfassade entsteht aus den zwischen die auskragenden Deckenscheiben eingestellten, nicht tragenden, mit Naturstein verkleideten Fensterpfeilern und dazwischen, etwas zurückliegend angeordneten großflächigen Fenstern mit massiven Brüstungselementen. Der gleichbleibende Rhythmus der Fensterpfeiler deckt sich nicht mit dem Rhythmus der tragenden Konstruktion.

Die Fenster treten in geschlossenem Zustand nur als feine, zweifarbige Kontur in Erscheinung. In geöffnetem Zustand durchbrechen die aus der Ebene der Fassade herausschwingenden Wendeflügel die Starrheit der Fassadengliederung und geben ihr trotz des massiven, mit Naturstein verkleideten Rasters, eine verspielte Leichtigkeit.

Vorhanden sind bzw. waren Stahlverbundfenster mit ca. 35 mm Luftzwischenraum und 2 x 3-4 mm Glas. Dichtungselemente zwischen Flügel- und Blendrahmen sind nicht vorhanden; weder Flügel- noch Blendrahmen besitzen Falze zur Aufnahme von Dichtungen.

Wie im Prüfbericht des beauftragten Akustik-Ingenieurbüros ausgeführt, wurden bei einer Messung der Verkehrsgeräusche auf dem Kurfürstendamm zwischen 11.00 Uhr und 11.30 Uhr ein Mittelungspegel von 71,1 dB festgestellt. Einschließlich eines Zuschlages von 0,5 dB gemäß den Vorschriften über die Anwendung der »Richtlinien für bauliche Maßnahmen zum Schutz gegen Außenlärm – ergänzende Bestimmungen zur DIN 4109«, ergibt sich damit ein maßgeblicher Außenlärmpegel von 72 dB. Die Straßenfassade des Gebäudes Kurfürstendamm 12 ist damit in den Lärmpegelbereich V einzustufen. Gemäß DIN 4109 Teil 6, Entwurf Oktober 1984, Tabelle 2, müssen im Lärmpegelbereich V die Fenster von Übernachtungsräumen ein bewertetes Bau-Schalldämm-Maß von mindestens 45 dB aufweisen.

Das Gebäude soll künftig als Hotel genutzt werden. Erst nachdem die Bauarbeiten bereits weit fortgeschritten waren, stellte der künftige Betreiber einen Antrag zum Austausch der Stahlverbundfenster, da diese, trotz einer zwischenzeitlich eingebauten stärkeren Verglasung, den für ein Hotel notwendigen Schallschutz nicht erreichen.

Auf Initiative der Denkmalschutzbehörde wurden in Zusammenarbeit mit einer Fensterbaufirma zwei alternative Lösungsvorschläge erarbeitet, die beiden Gesichtspunkten, der Erhaltung bzw. partiellen Erhaltung der Fenster in ihrer originalen Substanz und der Verbesserung des Schallschutzes, gerecht werden sollten.

Alternative 1: Umrüstung des vorhandenen Fensters durch Einbau einer Spezialisolierglasscheibe und einer Mitteldichtung (Bürstendichtung) zwischen Fensterflügel und Fensterrahmen, sowie Verbesserung der umlaufenden Randdämmung des Stahlfensterrahmens.

Alternative 2: Einbau einer Schiebefensterkonstruktion hinter das vorhandene, unveränderte Fenster, so daß eine Art Kastenfenster entsteht.

Beide Lösungsvorschläge wurden in jeweils verschiedenen Räumen modellhaft eingebaut, um die Wirksamkeit der Maßnahmen hinsichtlich der Verbesserung des Schallschutzes durch Messungen vor Ort eindeutig bestimmen zu können.

Die durchgeführte Luftschalldämmessung nach Einbau der beiden Alternativlösungen brachte folgende Ergebnisse:

Mit der Alternative 1, dem Einbau einer Spezialisolierglasscheibe und Verbesserungen der Dichtung, wurde laut Prüfbericht ein bewertetes Bau-Schalldämm-Maß von 34 dB erreicht, was der Schallschutzklasse 2 entspricht. Mit der Alternative 2, dem Einbau einer zweiten Fensterebene, wurde ein bewertetes Bau-Schalldämm-Maß von 40 dB und damit Schallschutzklasse 4 erreicht.

Das mit der Umrüstung des Fensters durch Einbau einer Spezialisolierglasscheibe erreichte Ergebnis muß unter Berücksichtigung der Nutzung des Gebäudes als Hotel als nicht befriedigend bezeichnet werden, eine Einschätzung, die auch durch den subjektiven Eindruck vor Ort nachvollziehbar ist.

Der Einbau der zweiten Fensterebene erbrachte dagegen ein Ergebnis, das hinsichtlich der erreichten Schalldämmung vor dem Hintergrund der Zielsetzung als durchaus akzeptabel angesehen werden kann, wenn auch die angestrebte Schallschutzklasse 5 nicht erreicht wurde.

Unabhängig vom befriedigenden Ergebnis der Schalldämmung zeigten sich nach dem Einbau der zweiten Fensterebene, bedingt durch die besondere Situation des Gebäudes, praktische Probleme, die hier den Einbau einer zweiten Fensterebene als Lösungsmöglichkeit ausschließen. In einem Großteil der Räume wird durch die sich zur Fassade hin in ihrer Höhe verjüngenden, auskragenden Deckenträger die notwendige Konstruktionshöhe für die zweite Fensterebene eingeschränkt. In diesen Räumen kann einer der Schiebeflügel nur teilweise geöffnet werden. Ihre Zugänglichkeit und die Möglichkeit, die Wendeflügel zu öffnen, ist damit eingeschränkt. Außerdem ist die Außenseite der Schiebeflügel durch den geringen Abstand zwischen den Fenstern nicht mehr erreichbar und damit eine Reinigung ausgeschlossen. Ein Einbau von Drehflügeln wurde untersucht, schließt sich jedoch durch die notwendigen Profilabmessungen bei der Größe der Flügel und vor allem auch durch die fehlende Konstruktionshöhe aus.

Da aufgrund der besonderen Situation keine befriedigende Lösung gefunden werden konnte, mußte im Bereich der künftigen Hotelzimmer dem Einbau von neuen Fenstern zugestimmt werden. Im Bereich des Treppenhauses und des Kinofoyers im 1. Obergeschoß bleiben die ursprünglichen Wendeflügel erhalten. Das neue Fenster ist ein Drehfenster mit integriertem Flügel. Mit dieser Konstruktion wird zumindest in geschlossenem Zustand das äußere Erscheinungsbild erreicht, d. h. das neue Fenster unterscheidet sich in seinen sichtbaren Abmessungen nur wenig vom ursprünglichen Fenster. Verloren ist jedoch die für die 50er Jahre typische Öffnungsart und damit ein wesentliches Charakteristikum dieser Architektur.

An dieser Stelle möchte ich auf einen Widerspruch hinweisen, der sich aus den Ergebnissen der durchzuführenden Luftschalldämmessung der vorhandenen Stahlverbundfenster des Gebäudes Kurfürstendamm 12 und Angaben über die Luftschalldämmung von Stahlverbundfenstern in der 1940 erschienenen Veröffentlichung »Das Stahlfenster in der Bauwirtschaft« ergibt. In dieser Veröffentlichung wird die Luftschalldämmung von Stahlverbundfenstern mit 47 dB angegeben. Nach darin enthaltenen Detailzeichnungen entsprechen die dort angenommenen Stahlverbundfenster den Fenstern im Gebäude Kurfürstendamm 12.

Der Widerspruch konnte bisher nicht geklärt werden. In Ergänzung der durchgeführten Untersuchung der beiden Alternativen müßte deshalb der Einfluß der Ausbildung der Anschlußpunkte zwischen Fensterrahmen und Gebäude und z. B. der Fensterbrüstung auf den erreichten Luftschalldämmwert bzw. der Luftschalldämmwert des Fensters unter optimalen Bedingungen geprüft werden.

Das sog. *Dorette-Haus*, Kurfürstendamm 67, wurde 1955/56 nach Entwurf der Architekten Franz Heinrich Sobotka und Gustav Müller errichtet. In seiner formalen Gestaltung, den strengen, ungeteilten horizontalen Fensterbändern, die nur im Bereich des Haupteinganges durch vertikale Fensterbänder durchbrochen werden, nimmt es bewußt Gestaltungselemente der 20er Jahre auf. Der Eigentümer beabsichtigte, die ursprünglichen Stahlverbundfenster durch Kunststoffenster zu ersetzen. Ein bereits eingebautes Musterfenster veranlaßte den Landeskonservator zur sofortigen Einleitung des Unterschutzstellungsverfahrens. Das Musterfenster unterschied sich von den ursprünglichen Fenstern durch erheblich breitere Profile, andere Fensterformate und eine geänderte Lage des Kämpfers. Durch die sofortige Unterschutzstellung konnte der Einbau der Kunststoffenster verhindert, aber nicht die Erhaltung der ursprünglichen Fenster durchgesetzt werden. Um die Beeinträchtigung der Gesamtgestaltung so gering wie möglich zu halten und der ursprünglichen Entwurfsidee so weit als möglich gerecht zu werden, wurde für die neuen Aluminiumfenster gefordert, daß der gleichbleibende Rhythmus der Fensterbänder durch die im Bereich der innenliegenden Stützen notwendigen Anschlußpunkte von Zwischenwänden an die Fensterkonstruktion nicht durch breitere Profile gestört wird, daß die ursprünglichen Formate der Fenster und die Lage des Kämpfers eingehalten werden und daß die Fenster den durch Befund ermittelten ursprünglichen grünen Anstrich erhalten.

Das *Deutsche Familienkaufhaus (Defaka)* wurde 1955 nach Entwurf des Architekten Paul Schwebes errichtet. Die konvex gekurvte Fassade des Stahlbetonskelettbaus wird geprägt durch die vortretenden, horizontalen Deckenstreifen und die zurückliegenden, geschoßhohen, nahezu quadratischen Fensterelemente zwischen schlanken Stützen.

Die asymmetrisch geteilten Fenster sind einfach verglast, die Stahlprofile extrem schlank. Eine Öffnung der durch die Größe in sich instabilen Fenster war, entsprechend der ursprünglichen Nutzung als Kaufhaus, nur zum Zwecke des Putzens vorgesehen.

Das Gebäude wird seit einigen Jahren in den Obergeschossen von Büros genutzt. Die geschoßhohe Einfachverglasung erfüllt dabei weder die Anforderungen an den Schall- noch an den Wärmeschutz. Der Eigentümer bemängelt außerdem die Transparenz der Brüstungsfel-

Abb. 3: Tauentzienstraße 13, Defaka (vgl. Abb. 1)

der. Der Einbau eines Musterfensters führte zur Einleitung des Unterschutzstellungsverfahrens für das Gebäude.

Ein Lösungsansatz ist für die Fassade des Defaka bisher nicht gefunden. Der Einbau einer dickeren Verglasung ist durch die Schlankheit der Profile ausgeschlossen. Andererseits kann die Schlankheit der vorhandenen Profile mit einer neuen Fensterkonstruktion nicht annähernd erreicht werden. Der Einbau einer zweiten Fensterebene wirft bisher nicht gelöste Probleme auf. Der Drehflügel des vorhandenen Fensters läßt im geöffneten Zustand nur einen geringen Abstand zur Decke, der als Konstruktionshöhe für den Rahmen einer zweiten Fensterebene nicht ausreicht. Eine zweite Fensterebene würde außerdem die Transparenz der vorhandenen Fensterelemente und damit die beabsichtigte gestalterische Wirkung des Gebäudes erheblich beeinträchtigen.

Abb. 4: Kurfürstendamm 32, Hamburg-Mannheimer-Versicherung; oben die ursprünglichen Schwingflügel, unten neue Dreh-Kipp-Fenster mit Oberlicht

III.

Die dargestellten Beispiele zeigen einen Ausschnitt aus dem Problemfeld der denkmalgerechten Erhaltung der Architektur der 50er Jahre; sie zeigen, daß die Probleme vor allem dort liegen, wo es gilt, unleugbare bautechnische Schwachstellen zu beheben, ohne die Gebäude in ihrer Denkmalsubstanz und ihrer Gestaltung erheblich zu verändern.

Um entsprechende Lösungsansätze zu entwickeln, ist der Denkmalpfleger auf die Mitarbeit und das Wissen engagierter Architekten und Fachleute angewiesen. Engagement im denkmalpflegerischen Sinne setzt wiederum das Bewußtsein für die Bedeutung und gestalterische Qualität und die Notwendigkeit der denkmalgerechten Erhaltung der Architektur der 50er Jahre voraus.

Literatur

- Dürr, Hermann Rupprecht, Das Stahlfenster in der Bauwirtschaft, Berlin 1940.
- Gutachten im Auftrag des Landeskonservators Akustik-Ingenieurbüro Moll, 1000 Berlin 37, Elvirasteig 11.

Abb. 1: Luftaufnahme 1984, Ausschnitt Sanierungsgebiet SO 36

Manfred Hecker

Sanierung und Denkmalpflege in Kreuzberg –
Stadterhaltung statt Kahlschlagsanierung

Das heute auch in den Bauverwaltungen fast selbstverständliche Interesse an der Erhaltung der historischen Bausubstanz im Sinne der von der Internationalen Bauausstellung (IBA) propagierten behutsamen Stadterneuerung ist das Ergebnis eines langwierigen Prozesses. Obwohl von der Fachöffentlichkeit kaum registriert, hat auch die Denkmalpflege in den 70er Jahren z. B. in Kreuzberg entscheidend zu dieser Entwicklung beigetragen. Dies führte zu einer Neustrukturierung der denkmalpflegerischen Tätigkeit. Statt der bis dahin üblichen Betreuung bauhistorisch herausragender Gebäude verlagerte sich der Schwerpunkt der Arbeit auf die Erhaltung der Profanarchitektur. Die Forderung nach Milieuerhaltung verlangte eine Zusammenarbeit mit Stadtplanern und die Erweiterung des Arbeitsgebietes über das Einzelobjekt hinaus auf das Ensemble, den Straßenbereich und das Quartier.

Trotz der Umorientierung der Baupolitik zur Innenstadt ab 1974, nachdem die Großprojekte wie Märkisches Viertel zunehmend in die Kritik der Öffentlichkeit geraten waren, hielt man an den Prinzipien der Siedlungsarchitektur – Licht, Luft und Sonne – fest. Dies führte zu einer weitgehenden Verfremdung der Innenstadtbereiche durch Entkernung der Baublocks. Auf diese Entwicklung, die man bereits in den fünfziger Jahren in den USA als »death of the cities« bezeichnete, wurde auch von Ilse Balg bereits 1958 anläßlich der Interbau-Wochen Berlin 1958 mit mahnenden Worten hingewiesen: »Ihr habt gebaut, was man überall bauen konnte, ihr habt zerstört, was einzigartig war.«[1] Sie schloß ihren Vortrag mit der Definition Wohnen: Das gotische »wunjan« sei »gleichbedeutend mit ›zufrieden sein, einfrieden‹, und das heißt zugleich: Ein Ding in seinem Wesen belassen, es schonen.«[2] Hiermit stellte Ilse Balg zum erstenmal die dringende Forderung nach historischer Kontinuität innerhalb der Stadtstruktur, was jedoch in Anbetracht der pauschalen Ablehnung des 19. Jahrhunderts und des wiedergewonnenen wirtschaftlichen Selbstvertrauens keine Resonanz hatte.

Ernst Heinrich forderte 1962 in Hinblick auf das hundertjährige Bestehen des Hobrechtplanes eine differenzierte Beurteilung des Plans und der Miethausbebauung des 19. Jahrhunderts und sprach sich für den Erhalt der historischen Straßen und Plätze aus.[3]

1963 wandte sich Peter Koller in einem Sanierungsgutachten für den Wedding gegen die gängige Behauptung, daß es sich bei dem Sanierungsgebiet um ein Slumviertel handele. Sanierung durch Abriß und Neubau sei die ungünstigste Lösung, da hierdurch der vorhandene Sozialkörper aufgelöst werde, unentbehrliche und preiswerte Gewerbeflächen vernichtet und öffentliche Gelder verschwendet würden.[4]

1967 entwickelten Ilse Balg und Werner March im Rahmen des Gutachtens für das ehemalige Exportviertel Ritterstraße Alternativen zur kahlschlagartigen Entkernung, indem sie die Gewerbehöfe weitgehend erhielten. Wie in dem früheren Gutachten bezieht sich Ilse Balg auf die Kontinuität als Grundlage städtischer Erneuerungsmaßnahmen.[5]

Die neue Aufgabe der Denkmalpflege im Rahmen der Stadtentwicklung wurde in Deutschland zum ersten Mal 1972 in Wiesbaden in der Zusammenarbeit von Jörg Jordan als Stadtentwicklungsdezernent mit dem Landeskonservator Hessens Gottfried Kiesow programmatisch dargestellt nach der Devise, die Bewahrung von Bausubstanz als Stadterhaltung in den Rahmen der Stadtentwicklung sinnvoll zu integrieren.

Das politische Selbstverständnis der Denkmalpflege definierte Jörg Jordan wie folgt:

»1. Wir wollen zwar die sinnvolle Fortentwicklung unserer Stadt. Wir wollen aber auch die Erhaltung ihres ästhetisch reizvollen unverwechselbaren Charakters. Wir verstehen die Gegenwart als Teil eines geschichtlichen Prozesses. Die Bauten einer Vergangenheit sind Zeugen der historischen Veränderungen, Dokumente der Produktionsverhältnisse und Klassensituationen der Vergangenheit. Jede frühere Phase hat in dieser Sicht ihre historische Berechtigung. (...) Deshalb ist es unsere

Aufgabe, die Hinterlassenschaft früherer Epochen zu schonen und zu pflegen.

2. Die Zerstörung unserer Umwelt – und dazu gehört die Zerstörung der historischen Stadtbilder und Bau-Kunstwerte – ist das Ergebnis der kapitalistischen Anarchie, (...) auf Kosten aller anderen Gewinne zu machen. Wir wollen demgegenüber die größtmögliche Entfaltung der schöpferischen Kräfte aller Menschen, z. B. ihre größtmögliche Beteiligung an der Gestaltung ihrer Umwelt, ihrer Stadt.

3. Für die geistige Entwicklung des einzelnen ist aber die Vielfalt der äußeren Eindrücke wesentlich. In einer gleichförmigen Umgebung erlahmt die Vorstellungskraft. Wenn das Bild einer Stadt für ihre Bewohner beliebig austauschbar wird, mit dem Bild aller anderen Städte, wenn überall die gleiche Eintönigkeit der kapitalistischen Betonarchitektur sich durchsetzt, wird es noch weniger gelingen, die Bürger am Schicksal gerade ihrer Stadt, ihrer Umwelt zu interessieren.«[6]

Diese gezielte Zusammenarbeit zwischen Stadtplanung, politischer Führung und Denkmalpflege konnte in Berlin nicht entstehen. Die Voraussetzungen waren eher konträr, was im Flächennutzungsplan von 1965 deutlich wird. Dort war z. B. in der Achse des Leuschner/Segitzdamm die Ostangente des Autobahnsystems vorgesehen. Im Bereich der Oranien- und Naunynstraße sollte die Südtangente entstehen, wobei beide Trassen am Oranienplatz in einen großen Kreisel zusammengeführt wurden. Die Realisierung der Autobahntangenten hätte zwangsläufig das Ende der stadthistorisch herausragenden Planung Lennés bedeutet. Auch mit der Durchsetzung der Geschoßflächenzahl (GFZ) von 1,0 wäre die historische Bausubstanz erheblich beeinträchtigt worden. Es bedurfte deshalb eines unabhängigen Untersuchungsansatzes für die Entwicklung der innerstädtischen Sanierungsgebiete, um diesen Gegensatz zu relativieren.

Bereits 1970/71 wurde zwischen Vertretern des Senators für Bau- und Wohnungswesen und dem Architekten J. P. Kleihues vereinbart, einen Berlin-Atlas für die Stadtbildqualitäten zu verfassen. Aufgrund der Absicht, räumliche und bildhafte Qualitäten der Stadt darzustellen, rückte die im Flächennutzungsplan festgelegte Planung der Verkehrsstraßen, die den historischen Stadtgrundriß in Kreuzberg negierte, in den Hintergrund.

Dieser Gegensatz wurde jedoch in dem Atlas nicht erwähnt. Vielmehr sollte der Berlin-Atlas eine Ergänzung zu dem bereits etablierten und ständig in Fortschreibung befindlichen Kartenmaterial, u. a. Flächennutzungs- und Bebauungspläne, sein. Darüberhinaus sollte durch den Berlin-Atlas analysiert werden, »welche Denkmodelle und Arbeitsgrundlagen entwickelt werden können, damit über die spärlichen Beispiele des klassischen Denkmalschutzes und der primär restaurativ konservierenden Stadtbildpflege hinaus das lebendige Spektrum vorhandener Stadtbildqualitäten und damit verbundenen Chancen stärker als bisher in der Bau- und Stadtbildplanung berücksichtigt werden.«[7]

Ohne die gesellschaftsbezogene Absicht entsprachen die Intentionen des Berlin-Atlas den Zielsetzungen der Wiesbadener Stadtplanung. Der Anspruch des Atlas auf Erhaltung der historischen Bausubstanz der Profanarchitektur wurde wie folgt begründet:

»Aus dem mangelnden Interesse an der Architektur des späten 19. Jahrhunderts resultiert die heute überall zu beobachtende Unsicherheit. Die gründerzeitliche Bausubstanz wird als Stileklektizismus abgelehnt oder zum Stilkarneval degradiert. Das Tabu ›Gründerzeit‹ muß durchbrochen, der ästhetische und baugeschichtliche Stellenwert des Berliner Stadtbildes muß endlich erkannt werden. So wenig wie Rom den Barock negiert, Paris auf Haussmanns Boulevards und Wien auf die Ringstraße verzichtet, darf Berlin seinen gründerzeitlichen Charakter verleugnen.«[8]

Die Darstellung des gesamten Stadtbereichs des ehemaligen Köpenicker Feldes mit dem Oranienplatz als stadträumlicher Dominante ohne Rücksicht auf die noch gültige Verkehrsplanung rückte zwangsläufig die Bedeutung des historischen Stadtgrundrisses in den Vordergrund. Der Berlin-Atlas gab damit den ersten offiziellen Anstoß, die historische Planung wieder in das Bewußtsein von Planern und Architekten zu bringen, wobei die Ästhetik des Plans in der Darstellung in brillanter Form zum Ausdruck kam.

In der Bewertung der Straßen ging die Untersuchung jedoch nicht von dem historischen Stadtgrundriß als Raster aus, sondern unterschied in sechs Raumklassen. Das Kriterium Profil und räumliche Geschlossenheit traf wie die Karte der Fassadenbeschaffenheit für fast alle Straßen zu. Die Dimension als Kriterium sowie Präg-

Abb. 2: Naunynstraße 60/Adalbertstraße (Baujahr 1861)

nanz im Stadtgrundriß beziehen sich ebenfalls auf viele Straßen. Eine Ausnahme bildete die Dresdener Straße als historisch bedeutende Achse im Rahmen des Straßenrasters. Sie erhielt jedoch nur die Raumklasse III. Die Mehrzahl der Straßen in Kreuzberg wurde in der schlechtesten Raumklasse eingeordnet.

Bei der Beurteilung der Fassaden – auch teilweise im Hofbereich – ging man von den damals üblichen Kriterien der visuellen Wahrnehmung aus, was dazu führte, daß die Dominanz der Eckpunkte als Erwiderung auf das Straßenraster oder die Konche des Mariannenplatzes als nicht erhaltenswert eingestuft wurden. Mit dem Bewertungskriterium des unverzichtbaren Bestandteils eines Ensembles erweiterte man den herkömmlichen, auf das Einzelobjekt bezogenen Denkmalbegriff.

Der Berlin-Atlas bildete die Grundlage eines internationalen Wettbewerbs unter sechs Architekten. Eine weitere Vorgabe für die Planer war die Sanierungsabsicht, die auch in den Altbaugebieten von dem Prinzip Licht, Luft und Sonne geprägt wurde. In der Einleitung

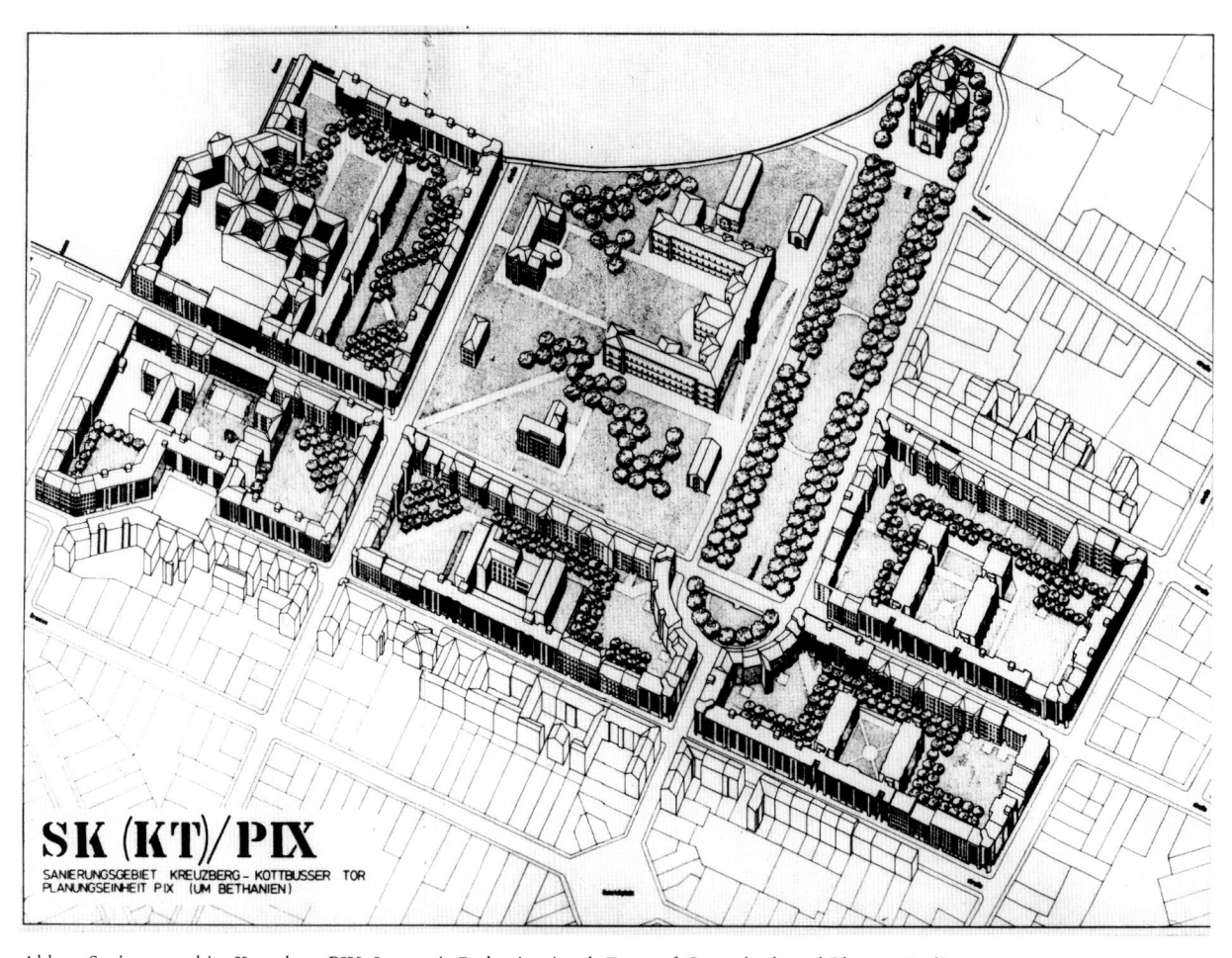

Abb. 3: Sanierungsgebiet Kreuzberg PIX, Isometrie Bethanienviertel, Entwurf Grötzebach und Plessow, Berlin 1974

der Stadtsanierungsbroschüre rund um Bethanien (SKN/P IX) im Sanierungsgebiet Kreuzberg – Kottbusser Tor heißt es dementsprechend für die Altbaugebiete allgemein: »Die dichte Bebauung läßt eine ausreichende Besonnung und Belüftung nicht zu, und viele Wohnungen sind zu dunkel. Gewerbebetriebe belästigen die Bewohner durch Geruch und Lärm und sind in ihren Produktionsmöglichkeiten beengt.«[9] Unter dieser Maxime war es nicht verwunderlich, daß bei der Zwischenbeurteilung der Wettbewerbsentwürfe nur Grötzebach und Plessow, die späteren Preisträger, von einer geschlossenen Blockrandbebauung ausgingen. Darüberhinaus wurde die bestehende Bausubstanz in großem Maße erhalten und der Stadtgrundriß in seiner ursprünglichen Form respektiert. Demgegenüber war in den übrigen Entwürfen die geschlossene Bauflucht durch die Integration von Parkhäusern, breite Öffnungen als Zugang zum Blockinnenbereich, differenzierte Öffnungen zu allen Seiten oder durch fünfeckige Einbuchtungen durchbrochen worden.

Zu den Entwürfen hat der Landeskonservator eine eindeutige Stellungnahme abgegeben:

«Erhaltung des geschlossenen Straßenraums, typisch für das 19. Jahrhundert, manifestiert in der Bauordnung von 1853, in welcher Abweichen von Bauflucht nicht erlaubt. Hierin äußert sich Ästhetik des frühen 19. Jahrhunderts, nämlich der Übereinstimmung zwischen Fassaden und Straßenraum. Typisches Merkmal der Häuserfassaden fast gleiche Traufhöhe, zurückhaltende Darstellung des individuellen Charakters der einzelnen

Fassaden durch Versetzen der Geschoßgesimse und individuelle Gestaltung der Fassade innerhalb eines Kanons, bestimmt durch Fertigteiledekoration und stilistischen Bezug zu klassischen Epochen, wie z. B. Hellenismus und Renaissance. – Hieraus Forderung an neue Baustruktur, im Sanierungsgebiet nicht von der Bauflucht abzuweichen und keine Trennung der Baukörper.«[10]

Nur mit geringer Mehrheit konnten die Vorstellungen des Landeskonservators im Preisgericht gegenüber denen, die eine neue Wohnform favorisierten, durchgesetzt werden. Letztlich gab die Jury folgende Empfehlungen:

»(...) Untersuchungen und Überlegungen während der Programmphase sowohl als auch die Wettbewerbsarbeiten haben erkennen lassen, daß das leitende Prinzip der Neugestaltung im Gebiet die Erhaltung des historischen Stadtgrundrisses mit seinen Raumprofilen sein sollte. (...) Um die Wechselwirkung der unterschiedlichen räumlichen Qualitäten des Gebietes zu erhalten, wird empfohlen, durch Sanierung vorhandener Altbausubstanz entsprechend den Empfehlungen des Landeskonservators und des Berlin-Atlasses sowie durch Eingliederung von Neubauten auf der alten Bauflucht unter Beachtung von Struktur, Farbigkeit, Traufhöhe und anderer wichtiger Kriterien das einheitliche Straßenbild wiederherzustellen.«[11]

Entsprechend dem Planungskonzept, große Teile der Altbausubstanz stehen zu lassen, ging es den Architekten Grötzebach und Plessow um eine harmonische Integration der Neubebauung in die Altbaustruktur.

»Dabei sollte das Nebeneinander von Alt und Neu differenziert und die Hausgruppen sollten unterschiedlich groß sein, damit es nicht zu einem schematischen Gegenüber am Straßenraum kommt. (...) Die alten Häuser waren bei prinzipiell ähnlicher Fassadenstruktur durch unterschiedliche Ornamente und geringfügige Differenzen in der Höhe individuiert. Diese historischen Differenzierungsmittel stehen nicht mehr zur Verfügung; trotzdem sollte auch für die Neubauten die Individuation, die Segmentierung der Neubautrakte angestrebt werden, weil damit eine der Voraussetzungen der formalen Integration von Alt in Neu oder von Neu in Alt gegeben sein könnte. Es wird deshalb vorgeschlagen, die Neubaufassaden durch flache Erker oder Risalite soweit physiognomisch zu gliedern, daß die Häuser einzeln ab-

Abb. 4: Sanierungsgebiet Kreuzberg PIX, Fassadenentwurf Grötzenbach und Plessow, Berlin 1974

lesbar werden. Farbliche Differenzierungen kann diese Intention stützen.«[12]

Durch die großflächigen Fenster und die niedrigen Fensterbrüstungen und Risalitausbildungen nahmen die Architekten die historische Baustruktur auf. Die Anlage ist ohne Zweifel einer der besten Versuche der Integration von Neubauten in Altbaustruktur. Trotzdem lassen sich einige Mängel nachweisen, z. B. daß die Erdgeschoßzone nicht durch Läden belebt wird und die Eckpunkte entsprechend der diagonalen Blockerschließung außer an der Kreuzung mit der Adalbertstraße durch Neubauten ersetzt werden sollten. Im Unterschied zu der ursprünglichen Planungsabsicht kam es in der Waldemarstraße gegenüber dem Bethanienbereich zu einer weitgehenden Neubebauung, ebenfalls im Ostteil der Naunynstraße, was eine ungünstige Massierung von Neubauten in diesen Bereichen bewirkte. Auch die ursprünglich beabsichtigte farbige Differenzierung der Gebäude wurde nicht realisiert. Stattdessen wurden die Fassaden in der Mariannenstraße und am Mariannenplatz in einem einheitlichen Rotton gestrichen. Es kam hierdurch zu einer unsensiblen Angleichung von Alt- und Neubauten auf Kosten der Struktur der Altbaufassaden. Zusätzlich wurde das Sanierungsgebiet in auffälliger Weise von dem angrenzenden Altbaugebiet abgehoben.

Die Tendenz der eigenständigen, von der historischen Farbigkeit losgelösten Farbgebung wurde in dem 1976 veranstalteten Wettbewerb »Farbe im Stadtbild« auch auf das angrenzende Altbaugebiet des Bethanienviertels übertragen. Die eigenwilligen Farbkonzepte mit teilweiser Anlehnung an die Farbgebung der Siedlungsarchitektur des 20. Jahrhunderts hätte bei einer Realisierung zu einer Verfremdung der Altbaustruktur geführt. H. W. Hämer kritisierte diese Tendenz zu Recht:

»In der öffentlichen Diskussion um die gegenwärtige Stadterneuerung stellt man fest, daß der Auseinandersetzung um die farbliche Gestaltung der Gebäude eine außerordentlich hohe Bedeutung beigemessen wird. Der ›Farbenstreit‹ ist bisweilen heftig und lenkt ab von anderen Problemen der Sanierung, er überspielt vor allem die wirtschaftlichen und sozialen Auswirkungen von Renovierungen, Neuausstattungen.«[13]

Eine deutliche Aufwertung und eine neue Betrachtungsweise erfuhr die Miethausbebauung des 19. Jahrhunderts durch das 4. Symposium des Europarats 1976 in Berlin, was Georg Kahn-Ackermann bereits in seinem Grußwort erläuterte:

»(…) Dieses ›steinerne Berlin‹ nämlich ist ebenso Geschöpf und Ursache gesellschaftlicher Mißstände wie es Trägerin von Qualitäten ist, die wir heute wieder zu entdecken beginnen. Seine Bewohner wollen es erhalten, weil es ihre Heimat ist; die Soziologen finden darin den Ort, der Identifikation erlaubt; die Planer sehen Modelle für den Stadtraum von morgen; dem wirtschaftlich Denkenden ist es eine Substanz, die nutzbar ist; der Besucher ist überrascht von der Vielfalt und schöpferischen Kraft, die diese Häuser und Stadtviertel zeigen. Der Politiker muß es daher als sein Mandat ansehen, sich für die Erhaltung dieses architektonischen Erbes einzusetzen.«[16]

Hiermit war die Aufforderung erteilt, sich mit der Stadt des 19. Jahrhunderts auch als Modell für eigene städtische Probleme auseinanderzusetzen. Diese Phase der Stadtgeschichte wurde somit nicht mehr allein in ihrer dokumentarischen Bedeutung als historische Entwicklungsstufe der heutigen Stadt gesehen.

Auf dem Symposium legten Karin Carmen Jung und Dietrich Worbs die Ergebnisse einer Bürgerbefragung in zwei Sanierungsgebieten Kreuzbergs von 1975 vor, wonach eine Umkehr der gegebenen Sanierung als dringend notwendig erschien. Denn im Unterschied zu der gängigen Meinung wollten 60 bis 70 % der Betroffenen in ihrem Wohngebiet bleiben, sahen sich aber gezwungen wegzuziehen, wenn ihr Wohnviertel entweder »kahlschlagsaniert« oder »erhaltend erneuert« werde, und nur die, die sich einen Umzug in Wohnungen mit höheren Mieten hätten leisten können, wären in der Lage gewesen, zu bleiben.[15]

Dieses Problem bezog sich vor allem auf die Blockinnenbereiche, die durch die radikale Entkernung als soziales und nachbarschaftliches Gefüge aufgelöst wurden. Im Rahmen der Strategien für Kreuzberg 1977 machte dann das Amt des Landeskonservators den Versuch, das Tabu des Kahlschlags der Blockinnenbereiche zu durchbrechen. Die Voraussetzungen waren günstig, da das Konzept für den Wettbewerb Strategien für Kreuzberg im Bereich SO 36, dem Gebiet zwischen Manteuffelstraße im Westen, Spree im Norden und Landwehrkanal im Südosten und Süden unter der Beteiligung der Bürger von der Berücksichtigung der sozialen und stadthistorischen Strukturen ausging. Die Vorstellung des Senats, daß in diesem sozialen Problembereich die herkömmliche Sanierung nicht zum Zuge kommen konnte, unterstützte diese Absicht. Eine Entkernung der Blockinnenbereiche war jedoch weiterhin fast dogmatisches Ziel, zumal die Förderungsbedingungen, wie ZIP (Zukunftsinvestitionsprogramm) auf dem Prinzip basierten, nur die Vorderhäuser zu erhalten. Der Gedanke, auch die Hinterhäuser zu erhalten, wurde aus dem sozialen Engagement des SPD-Senats heraus abgelehnt, man wolle die Sünden des 19. Jahrhunderts beseitigen.

Im Unterschied zu dem Vorurteil, daß es sich hier um ein Slumgebiet handelte, ließen sich ähnlich wie im Bethanienviertel besondere stadträumliche Qualitäten darstellen. Als östliche Erweiterung der Luisenstadt stammte auch die ursprüngliche Planung dieses Gebietes von P. J. Lenné, sie war jedoch durch den Bau des Görlitzer Bahnhofs verändert worden. Seine Anlage, die teilweise großen Baublocks und die Nähe zur Spree und zum Landwehrkanal bewirkten die Entwicklung zu einem lokalen Gewerbegebiet. Die Darstellung der Freiflächen sowie die Nutzungen in den Blockinnenbereichen, die vorhandenen übergeordneten Durchlässe zum Straßenbereich und die Markierung enger Hinterhöfe sollte die Wettbewerbsteilnehmer auf die unterschied-

Sanierung und Denkmalpflege in Kreuzberg

Abb. 5: Bildmitte rechts: Zeile der Haberkernblöcke in Blockinnenbereichen zu beiden Seiten der Sorauer Straße (Baujahr 1872–74)

liche Bedeutung der Blockinnenbereiche und eine mögliche Verbesserung ihrer Struktur hinweisen.

Ausgangspunkt hierfür waren die Haberkernblöcke an der Sorauer Straße, die durch die fehlenden Seitenflügel als Hinterhofzeilen, eine Sonderform der Blockinnenbebauung, darstellen. Hartwig Schmidt hat die Haberkernblöcke und die Geschichte des Spekulanten Haberkern wiederentdeckt.[16] Im Unterschied zu der in Arbeitergebieten üblichen engen Hinterhofbebauung hatte Haberkern die Hintergebäude an beiden Seiten der Sorauer Straße 1872-74 als lange zwei- und viergeschossige Bauzeilen errichtet. Schmidt sieht in den langgestreckten Quergebäuden reine Mietskasernen im negativen Sinne, die allein auf die Wohn»bedürfnisse« der Arbeiterklasse zugeschnitten waren. Emil Paul Haberkern betrachtet er als einen der betrügerischen Spekulanten. Die Stellung Haberkerns ist jedoch in Hinblick auf die damaligen Verhältnisse neu zu bewerten. Durch den Kauf des noch nicht parzellierten Landes von den Erben des Gutsbesitzers Cuvry war Haberkern in der Lage, die Parzellen an der Lübbener und Oppelner Straße großzügig als Doppelgrundstücke mit gemeinsamen Höfen zu bebauen, was für diese Zeit in Berlin noch eine Seltenheit darstellte. Die langgestreckte Zeilenbebauung war ursprünglich von Haberkern in Verbindung mit einer Privatstraße gedacht, die jedoch vom Staat abgelehnt wurde. Erst danach nutzte Haberkern die Bauordnung dahin aus, daß er die Zeilen als lange Seitenflügel titulierte, was durchaus rechtens war. Die Zeilenanlage wurde auch nach der Vorderhausbebauung in den 80er Jahren zu einem für die Blockinnenbebauung des 19. Jahrhunderts einmaligen Phänomen mit dem Vorteil der ausreichenden Belichtung und Belüftung. Zu Beginn des 20. Jahrhunderts schlug z. B. der Neuköllner Stadtbaurat Kiehl den zeilenförmigen Miethaustyp als Beispiel für die rationelle Aufteilung tiefer Blocks durch Miethäuser ohne Seitenflügel vor.[17] Die Ausnahmesituation der Haberkernblöcke mit ausreichender Belichtung und Belüftung durch die Zeilenbauweise nahm der Landeskonservator zum Anlaß, diese Blöcke zu erhalten und eine differenzierte Betrachtung der Höfe in Gang zu setzen. Der Erfolg – vorwiegend ein Verdienst des Vereins SO 36, der im Rahmen des Wettbewerbs Strategien für Kreuzberg gegründet worden war – motivierte, auch bei anderen Blockinnenbereichen in SO 36 flexibel vorzugehen. Bereits in der Ausschreibung zum Wettbewerb »Strategien für Kreuzberg 1977« hat die Denkmalpflege in dem Plan Nr. 19 die verschiedenen Funktionen und die Freiräume der Blockinnenbereiche sowie das Problem der engen Hinterhöfe dargestellt. Der Plan sollte Anstoß für eine differenzierte Behandlung der Blockinnenbereiche sein mit der Absicht, aus den gegebenen Strukturen und Funktionen Blockkonzepte zu entwickeln.

Durch den positiven Einfluß der IBA Altbau unter der Leitung H. W. Hämers hat sich im Hinblick auf eine behutsame Stadterneuerung auch die Zusammenarbeit der Denkmalpflege mit der Baubehörde erheblich verbessert.

Die veränderte Einstellung zur historischen Profanarchitektur beruht jedoch noch auf einem vorwiegend gefühlsmäßigen Bezug, was bei Entscheidungen über Erhalt oder Abriß zu einer gewissen Unsicherheit führt, so daß herkömmliche Kriterien wie schlechte Bausubstanz oder ungünstige Belichtung dann mitunter der Anlaß für den Abriß von Hintergebäuden sind. Als ein aktuelles Beispiel dafür dient die denkmalwerte Miethausanlage Oranienplatz 5, deren Kern aus den dreißiger Jahren des 19. Jahrhunderts stammt. Das Gebäude besteht aus einem fünfgeschossigen Vorderhaus und zwei gleichhohen Seitenflügeln der frühen siebziger Jahre sowie einem Quergebäude aus den achtziger Jahren, das ursprünglich als Badeanstalt diente und heute gewerblich genutzt wird. Die ehemaligen großen herrschaftlichen Wohnungen wurden nach dem Zweiten Weltkrieg aufgrund der Wohnungsnot unterteilt. Eigentümer und Bauverwaltung plädierten aufgrund der schlechten Belichtung des Hinterhofes auf Abriß eines Seitenflügels, wodurch die historische Geschlossenheit der Anlage verlorengehen würde.

In der Diskussion um den Erhalt, der auch von der IBA Altbau befürwortet wurde, machte der Landeskonservator den Vorschlag, die alte Grundrißorganisation mit großen Wohnungen wiederherzustellen, wodurch die schlechte Belichtung der hinteren Räume durch die Orientierung des Wohnbereiches zum Oranienplatz umgangen werden kann und eine für Großfamilien sinnvolle Nutzung ermöglicht wird. Aufgrund der Einbeziehung historischer Aspekte können somit Mängel ohne große Eingriffe beseitigt werden.

An diesem Beispiel wird deutlich, daß es auch für die Zukunft eine wichtige Aufgabe der Denkmalpflege sein wird, durch historische Analyse klärend einzuwirken, um die Wohnqualität des 19. Jahrhunderts zu erhalten und eine sensible Stadtreparatur auch im Blockinnenbereich zu gewährleisten.

Abb. 6: Miethauszeile im westlichen Haberkernblock zwischen Sorauer und Lübbener Straße

Anmerkungen

1 Die Interbau wird diskutiert, Berlin 1960, S. 10.
2 Ebenda, S. 15.
3 Heinrich, Ernst, Der »Hobrechtplan«, in: Jahrbuch für Brandenburgische Geschichte, Berlin 1962.
4 Koller, Peter, Sanierungsgutachten Berlin-Wedding, Berlin 1963.
5 March, W./Balg, Ilse, Umsetzung von Gewerbebetrieben im Sanierungsgebiet Kreuzberg von Berlin, Berlin 1967, S. 8.
6 zitiert nach Steinbach, Hartmut, Stadtentwicklung und Denkmalpflege in Wiesbaden, in: Die Kunst unsere Städte zu erhalten, Stuttgart 1976, S. 132-133.
7 Berlin-Atlas zu Stadtbild und Stadtraum, Heft 2 (Kreuzberg), Berlin 1973, Vorbemerkungen, S. 7.
8 Berlin-Atlas, Heft 3 (Charlottenburg), Berlin 1973, S. 62.
9 Grötzebach, D./Plessow, G., Kreuzberg, Bethanien-Viertel, Städtebaulicher Entwurf und Planung der Neugestaltung für PIX im Sanierungsgebiet Kreuzberg (Kottbusser Tor), Berlin 1974.
10 Interner Vermerk des Amtes für Denkmalpflege, Berlin, Mai 1974.
11 Grötzebach, D./Plessow, G., a.a.O., S. 2.
12 Ebenda, S. 30.
13 Machnow, H., u. a., Farbe im Stadtbild, Werkstadt 2, Berlin 1976, S. 71.
14 Grußwort des Generalsekretärs des Europarats Georg Kahn-Ackermann, Symposium 4, 26. 4.-29. 4. 1976, S. 3.
15 Jung, C./Worbs, D., Altbaumodernisierung – mit oder ohne Bürgerbeteiligung?, Symposium 4, Berlin 1976, S. 1.
16 Schmidt, H., Haberkerns Hof – Berliner Mietskasernenbau 1872-1875, in: Festschrift Ernst Heinrich (Hrsg. Peschken, G. u. a.), Berlin 1974, S. 75-111.
17 Hegemann, W., Der Städtebau, Berlin 1911, S. 38.

Zum Ausstellungsort

Abb. 1: Halle der »Ständigen Abteilung für Arbeiterwohlfahrt« vor der Erweiterung von 1906, Blick in das Hauptschiff der Halle

Fritz Neumeyer

Industriegeschichte im Abriß –
Das Deutsche Arbeitsschutz-Museum in Berlin-Charlottenburg

(Im folgenden handelt es sich um vom Herausgeber ausgewählte Auszüge aus Neumeyer, Fritz: Industriegeschichte im Abriß – Das Deutsche Arbeitsschutz-Museum in Berlin-Charlottenburg, in: Buddensieg, Tilmann/Rogge, Henning (Hrsg.), Die nützlichen Künste, Kat. zur Ausstellung, Berlin 1981, S. 186 ff.)

»(...) Für ein zusammenhängendes, sinnliches Begreifen von Industriegeschichte sind (...) bauliche Dokumente deshalb von besonderem Wert, weil sie aus der Radikalität ihrer jeweiligen Ausprägung den stürmischen Verlauf des Industrialisierungsprozesses komplementär in seiner sozialpolitischen Konsequenz nachzeichnen. Industriegeschichte läßt sich nur einseitig erfassen, wenn ihre Aneignung auf einige wenige auserwählte, aus dem sozialhistorischen Zusammenhang entlassene Exponate aus der Welt der Technik beschränkt bleibt. Den Rang von Kronzeugen der Industriegeschichte darf man daher solchen Denkmälern zuerkennen, die technische und soziale Informationen als historische Kodierung gleichermaßen vermitteln.

Einer dieser raren Bauten ist das in Vergessenheit geratene ehemalige Deutsche Arbeitsschutz-Museum in Berlin-Charlottenburg, dessen Baugeschichte zusammenfällt mit der sozialpolitischen Geschichte der Technikrezeption, nämlich dem Kampf um einen menschlicheren Arbeitsplatz. Ein Bauwerk in der Mischung aus Fabrik- und Ausstellungshalle, Ingenieur- und Kirchenbau, der Mission überantwortet, die am Arbeitsplatz herrschende, vom Wirtschaftswachstum diktierte Technik in ihrer Gefährlichkeit zu entschärfen und somit menschlicher (selbstverständlich auch rentabler) zu gestalten. Dieses Museum für Arbeitsschutz konnte 1900-1906 an der Fraunhoferstraße in Charlottenburg für die ›Ständige Ausstellung für Arbeiterwohlfahrt‹ durch das Reichsamt des Innern mit vom Reichstag bewilligten Mitteln erbaut werden. Über das Kernthema Unfallverhütung hinaus sollte sich die Ausstellung auf die gesamte ›Gewerbewohlfahrt‹ erstrecken, bis hin zur Volksernährung und Arbeiterwohnungsfrage, aufgebaut in einer Art eines Sozial-Museums, wie es bereits 1893 in Paris und Amsterdam gegründet worden war. Ein Museum für die arbeitenden Klassen, in dem alles zusammengetragen werden sollte, was geeignet wäre, das Leben der Arbeiter zu erleichtern, hatte bereits 1852 der Engländer Twinning gefordert, und sein eingehendes Programm von damals war um 1900 immer noch vorbildlich.[9] In Preußen bemühte sich die 1853 eingesetzte Gewerbeaufsicht, die Hersteller von Maschinen und Betriebseinrichtungen von vornherein zum Einbau der erforderlichen Sicherheitsvorrichtungen zu veranlassen, jedoch ohne den gewünschten Erfolg. Aus den Jahresberichten der Fabrikinspektoren war immer wieder die Klage zu entnehmen, »daß nicht nur kleinere, sondern auch bedeutende Maschinenfabriken den Bestrebungen wenig Neigung entgegenbrächten.«[10]

Der Geschichte des Deutschen Arbeitsschutzmuseums voran geht eine sozialpolitische Akzentverlagerung, wie sie sich nach dem Scheitern der Bismarckschen Sozialistengesetze mit dem Beginn einer Sozialgesetzgebung abzeichnete, die erstmals dem deutschen Industriearbeiter Kranken- und Unfallversicherungsschutz gewährte. Diese Arbeiterschutzgesetzgebung, nicht ohne den Widerstand des Zentralvereins Deutscher Industrieller zustande gekommen[11], legte den Trägern der Unfallversicherung, den Berufsgenossenschaften, die Pflicht auf, ihrerseits für Unfallschutz in den Betrieben zu sorgen. Nach zehnjähriger Verhandlung zwischen Reichstag und Regierung konnte zur Jahrhundertwende schließlich dieser neu- und eigenartige Museumsbau in Angriff genommen werden[12], mit dessen Durchführung der Geheime Kaiserliche Regierungsrat Hückels betraut wurde. Die Quellenlage läßt offen, wer für den architektonischen Entwurf und wer für die ingenieursmäßige Konstruktionsarbeit zeichnete, auch ist nicht belegt, welcher Anteil an diesen Leistungen dem Regierungs- und Baurat Hückels selbst zuzuschreiben ist.[13] Vom Staat getragen, einerseits um der Industrie hier im eigenen Interesse ein Forum anzubieten, den mit dem Ar-

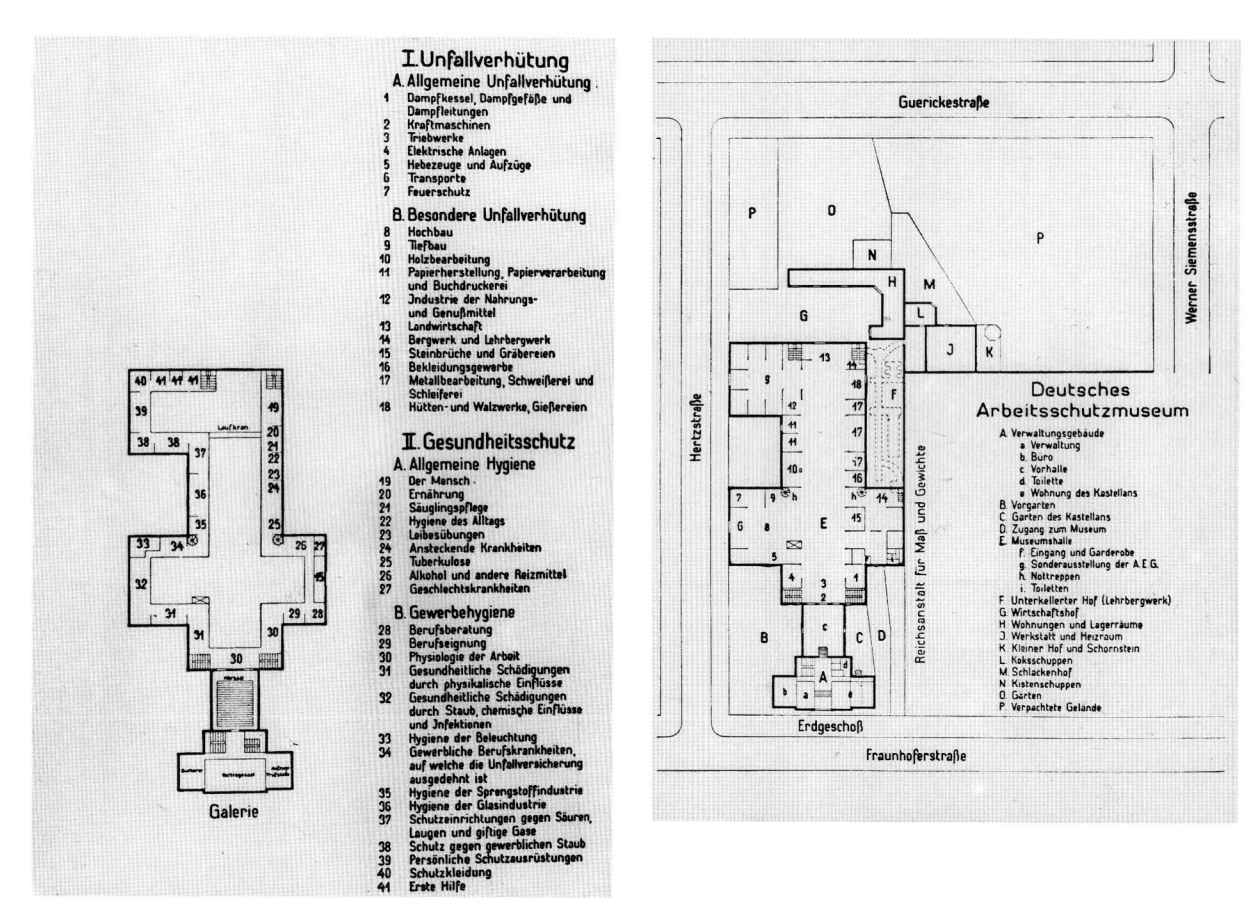

Das Arbeitsschutzmuseum in Berlin-Charlottenburg

Abb. 2, 3: Schemagrundriß mit Übersicht über die Ausstellungsabteilungen, 1928

beitstempo nicht Schritt haltenden Arbeitsschutz im Sinne einer Intensivierung der Produktionsmethoden zu entwickeln, andererseits zu verstehen als ein Zeichen des Reformwillens einer beginnenden staatlichen Sozialpolitik, die den Arbeiter nicht allein durch politische Unterdrückung, sondern auch durch Rechtsansprüche an den Staat zu binden trachtete, erscheint dieses Museum der Industriearbeit mit seiner vor 1914 als »reichhaltigste Sammlung dieser Art der Welt«[14] gerühmten Ausstattung wie ein Sozial-Denkmal, das sich die Wilhelminische Ära selbst gesetzt hat. (...)

Wenden wir uns nun der Betrachtung des Ausstellungs- und späteren Museumsgebäudes selbst zu. Die Verteilung der Baumassen folgt dem ›klassischen‹ Zuordnungsprinzip von Westbau (dem 1900 als erstem Gebäudeteil in Mauerwerk ausgeführten Verwaltungsgebäude mit einer Wohnung für den Kastellan und einem Vortragssaal als Zwischenbau) und anschließendem basilikalen Hallenraum, der eigentlichen Ausstellungshalle, die von einem Querschiff mit Vierungsturm stilgerecht durchdrungen wird. Ein zweites Querschiff wird der Halle, deren Längsschiff von einer Kranbahn als Rückgrat durchzogen ist, bei der Erweiterung 1906/08 zugefügt.

Bereits diese Disposition verweist auf ein zur ästhetischen Bewältigung des technischen Baus herangezogenes, eine Einheit suchendes Kompositionskonzept, das sich zwar unpathetisch, aber doch von unüberhörbarer

Das Arbeitsschutzmuseum in Berlin-Charlottenburg

Abb. 4: Verwaltungsbau an der Fraunhoferstraße, Zustand nach Fertigstellung der Erweiterung von 1906

Mythologie-Präsenz durchdrungen einstellt. In seinem symbolischen Gehalt wird das Kreuz des Grundrisses durch das konstruktive Gerüst des Innenraumes bestätigt, zugleich aber auch ausgegrenzt. Weit heruntergeführte Zugbänder der Korbbogenbinder, die wie Dienste des gotischen Strebepfeilers an das Gitterwerk der Stütze heranlaufen, reichern das Spektrum sakraler Assoziation mit den erforderlichen Spurenelementen historischen Stils an, ohne jedoch die technische Botschaft der Hallenkonstruktion zu verwässern. Als Schnittpunkt von Achsen und Produktionsabläufen veranschaulicht das Kreuz der dem Industriebau zugewandten Halle die industrielle Technik selbst[20], ihre filigrane, konstruktive Feinheit verkörpert ein besonderes Kapitel aus der Geschichte des modernen Ingenieurwesens. Im Gegensatz zur architektonischen Behandlung des äußeren Erscheinungsbildes, das sich in der Übernahme der für die Berliner Maschinenbau-Industrie schon selbstverständlichen Tradition der märkischen Backsteingotik bescheidet, widersetzt sich die technische Struktur der Halle eindeutiger mythologischer Fixierung, indem sie die historische Rückversicherung zugleich auch auf den entsprechend nüchternen, technischen Tatbestand reduziert. Das aus der Tiefe des Hallenraumes dem Besucher feierlich mit steilem Lichteinfall entgegentretende Triforium-Motiv, in der abschließenden Wand des Hochschiffes in Höhe der Galerien plaziert, bleibt als mittelalterlich-sakrale Anleihe auf einem Hintergrund bezogen, der durch ein technisch-geometrisches Raster von Eisenbändern gebildet wird, die das Mauerwerk durchziehen. Der grafischen Wirkung des Inkrustations-Stils vergleichbar setzen sich ihre Linien gegen die Fläche ab, geben dem schwebenden Fenstermotiv den notwendigen konstruktiven und optischen Halt und stehen dafür ein, daß das angeschlagene sakrale Pathos nicht aus dem Rahmen des technischen Rasters herausfällt. Auf diesen Fluchtpunkt zu gleitet der Kran über die volle Länge des Mittelschiffes zu, und diese langsame Be-

Abb. 5: Vortragssaal im Zwischenbauteil, ca. 1920

wegung durch Chorkreuz und Seitenarme zum Hallenende hin wird als technischer Prozeß unter dem vollen Eindruck der räumlichen Stimmungswerte in ihrem inszenatorischen Habitus einer Prozession zum Altar ähnlich. Eine wahrhaftige ›Kathedrale der Arbeit‹[21], gewidmet dem Glauben an den technischen Fortschritt, die in ihren Jochen, was die Maßstäblichkeit des Ganzen und die Ausbildung des technischen Gerüstes betrifft, durchaus Verwandtschaften zu einem wenig bekannten Kirchenbau erkennen läßt, der 1898/1901 in einer der ärmsten Gegenden von Paris als ›Notre Dame du Travail‹ in Eisenfachwerk errichtet wurde.[22] Bereits die Dimensionierung des Hallenquerschnittes ruft beim Betrachter Raumvorstellungen hervor, die stärker von historischen Bautypen, weniger durch die Maßstäbe des zeitgenössischen Hallenbaus genährt werden. Verglichen mit der Galerie des Machines, die 1889 auf der Weltausstellung in Paris mit der sensationellen Spannweite von 115 m einen epochalen Höhepunkt des Eisenbaus markierte, nehmen sich die Dimensionen des Charlottenburger Ausstellungsbaus mit einem nur bescheidene 12 m überspannenden Mittelschiff für eine Industrie-Ausstellungshalle häuslich-intim aus. Die sich während des Ausstellungsbetriebes bald einstellende Enge paßte auch eher zu den Basaren und Passagen aus den frühindustriellen Anfängen des Eisenbaus als zur lichten Weite kühner Maschi-

Abb. 6: Halle des »Deutschen Arbeitsschutzmuseums«, ca. 1930, Blick in Richtung Vorhalle

nenhallen aus dem Zeitalter der Großindustrie. Hieran vermochte die bereits drei Jahre nach Eröffnung in Angriff genommene Erweiterung in der Längsachse und das Zufügen eines zweiten Querschiffs nichts zu ändern.[23]

Es war dies der adäquate Maßstab, mit dem die architektonische Hülle den ihr zugewiesenen Inhalt übersetzte: Arbeiterwohlfahrt und Unfallschutz waren nicht die Themen, die um 1900 in der Industrie groß geschrieben wurden und solange diese Bemühungen weit hinter der technischen Entwicklung des Produktionsprozesses hinterherliefen, ist ihre Darstellung in einem bescheidenen, von frommen Wünschen begleiteten Rahmen im Gegensatz zur imposanten Ingenieursleistung ehrlich und zutreffend.

Und doch ist der Charlottenburger Eisenhalle auch als technischem Denkmal eine über Berlin hinausweisende Bedeutung für die nationale Baugeschichte zuzusprechen. Gläserne Ausstellungshallen, wie sie in der Folge des Londoner Kristallpalastes der Weltausstellung von 1851 Schule machten, blieben im deutschsprachigen Raum singuläre Erscheinungen. Das Deutsche Reich, das sich aus dem aufwendigen und kostspieligen Betrieb der Beteiligung an Weltausstellungen nach und nach zurückzog und schließlich den Plan, zur Jahrhundertwende eine solche Schau auf seinem Boden zu veranstalten, absagte, wirkte kaum ermutigend. Der Bau des von August Voit entworfenen Münchener Glaspalastes für die Industrie-Ausstellung von 1854 entstand aus der anfänglichen Begeisterung der Jahrhundertmitte[24] und fand erst 1882 einen Nachfolger durch den von Carl Scharowsky konstruierten Berliner Ausstellungs-Palast, der anläßlich der Ausstellung für Hygiene und Rettungswesen eröffnet wurde. Außer München und Berlin ist im 19. Jahrhundert keine weitere Stadt des Reiches mit einem ähnlichen Bau hervorgetreten.[25]

Im Gegensatz zu Frankreich, das auf dem Gebiet des Eisenbaus führend war, blieb der Beitrag Deutschlands im wesentlichen auf theoretische Anregungen beschränkt.[26] Die praktische Anwendung ging über Dachkonstruktionen, Kuppelaufbauten (Reichstag), den Gasometer- und Brückenbau nicht hinaus. Lediglich bei Bahnhofshallen läßt sich eine gewisse formkünstlerische Beeinflussung der Architektur durch die Eisenkonstruktion nachweisen.[27] Die unter konsequenter Verwendung des ›modernen‹ Materials Eisen und Glas errichteten Ausstellungshallen bildeten einen frühen Höhepunkt des Ingenieurbaus. In ihnen spiegelt sich als »Versuchsstellen des industriellen Bauens«[28] die Geschichte der Eisenkonstruktionen. Ihr neues System eines schwebenden Gleichgewichts vermittelte durch Transparenz, Leichtigkeit und die additive Reihung maschinell gefertigter Elemente zugleich auch eine neue ästhetische Raumerfahrung: ein Raum, der von fast Nichts umgrenzt wird, eine »künstlich geschaffene Umgebung« ohne eigentliches Innen und Außen, die »schon wieder aufgehört hat, ein Raum zu sein« - so beschrieb Richard Lucae seinen Zeitgenossen den Zauber von Sydenham.[29] 1931 brannte der Münchner Glaspalast aus, der Berliner Ausstellungs-Palast wurde bis auf die Grundmauern im Krieg zerstört. Als einer der letzten, noch weitestgehend erhaltenen Bauten, der diese baugeschichtliche Tradition des 19. Jahrhunderts anschaulich werden läßt, ist die Ausstellungshalle des Deutschen Arbeitsschutzmuseums heute von unersetzlichem Wert. Dies gilt für das technische Denkmal und ebenso für das sozialgeschichtliche Dokument ›Arbeitsschutz-Museum‹. Einen Ausstellungsbau errichten, in dem nicht nur - wie auf Industrieausstellungen üblich - Maschinen, sondern Ausschnitte des Produktionsprozesses und ihre soziale Wirklichkeit zu Exponaten erhoben werden, diese Konstellation markiert eine grundlegende Etappe in der Geschichte des Arbeitsschutzes und der wilhelminischen Sozialpolitik.

Wenn auch weniger von sozialen als von antisozialistischen Motiven geleitet, beginnt der Staat sich seiner sozialen Verantwortlichkeit allmählich bewußt zu werden.

Auch ist der Bau dieser Ausstellungshalle im Zusammenhang mit einer um 1900 einsetzenden bürgerlichen Reformbewegung zu sehen, die durch eine ästhetische und hygienische Verbesserung aller Lebensäußerungen einen Beitrag zur Hebung der nationalen Kultur leisten wollte und in ihrer künstlerischen Praxis eine Bandbreite umfaßte, die vom Kunstgewerbe bis hin zum Städtebau reichte und den Villen- und Landhausbau gleichermaßen wie die Arbeitersiedlung oder den Industriebau betraf. Die Moderne des 20. Jahrhunderts nimmt hier ihren Ausgang.

Der Zivilisationsoptimismus der Jahrhundertwende blieb von nur kurzer Dauer: 1903 eröffnet, wurden die Pforten der »Ständigen Ausstellung für Arbeiterwohlfahrt und Unfallschutz« bei Kriegsausbruch geschlossen. Dieser nationale ›Betriebsunfall‹ verwandelte den Ausstellungsbau zunächst in eine Musterungsanstalt und - in konsequenter Folge - wenige Jahre später, nachdem der Maschinenbestand zu Rüstungszwecken fast vollständig verwertet war, in eine »Anlernwerkstatt für amputierte Soldaten. (...)«

Anmerkungen:

(...)

9 Zur Geschichte des Arbeitsschutz-Museum-Gedankens siehe: 25 Jahre Deutsches Arbeitsschutz-Museum 1903-1928 von Oberregierungsrat (Paul) Bertheau, Berlin 1928 und Deutsches Arbeitsschutzmuseum. Entwicklung seit 1924, Berlin 1927

10 ebenda S. 18

11 So verhinderte der Zentralverband, daß 1884 in den Regierungsentwurf für die Unfallversicherung die Mitwirkung von Arbeiterausschüssen aufgenommen wurde, wie es von liberalen Sozialpolitikern gefordert wurde. Vgl. Heinrich Herkner, Die Arbeiterfrage. Eine Einführung, Berlin 1908, S. 203 f.

12 hierzu Bertheau Kap. III

13 Die Bauakten weisen Hückels als den verantwortlichen Unterzeichner aus, was jedoch keineswegs die Urheberschaft als Planverfasser bedeuten muß. Weitere Namen von am Entwurf beteiligten Personen sind dort nicht aufgeführt. Es fehlen ferner in den Bauakten die statischen Berechnungen, die Rückschlüsse auf den Konstrukteur zulassen könnten. In den Druckschriften des Museums (siehe Anm. 9) und bei Wilhelm Gundlach, Geschichte der Stadt Charlottenburg, Bd. I, Berlin 1905, S. 638, sind keine Angaben über den Entwurfsverfasser gemacht. Daher erscheint es unzulässig, wie im Inventarwerk Die Bauwerke und Kunstdenkmäler von Berlin, Stadt und Bezirk Charlottenburg, Berlin 1961, S. 268 f., Hückels den Entwurf allein zuzuschreiben. Vermutlich zog sich Hückels im Rahmen seiner Planungs- und Leitungsaufgaben Architekten und Ingenieure zum Entwurf heran, wie es auch im Fall des Neubaus des Kaiserlichen Gesundheitsamtes geschehen ist, das nach Plänen von August Busse 1894/97 in der Klopstockstr. 19/20 unter der Oberleitung von Hückels errichtet wurde; hierzu Zeitschrift für Bauwesen, 50. 1900, Sp. 19-40

14 P. Martell, Die ständige Ausstellung für Arbeiterwohlfahrt zu Berlin, in: Der Bautechniker 35. 1915 (Wien) S. 395

15 Scharowsky, Deutsche allgemeine Ausstellung für Unfallverhütung in Berlin, in: Schweizerische Bauzeitung, 13. 1889, S. 381 f. Zum Ausstellungsbau siehe auch: Wochenblatt für Architekten und Ingenieure 5. 1883, S. 245, Baugewerks-Zeitung 15. 1883, S. 121, 124, Deutsche Bauzeitung 17. 1883, Nr. 14, S. 80 ff. 20. 1886, Nr. 41, S. 244 ff., Zentralblatt der Bauverwaltung 3. 1883, S. 56-58 fortg. i. F. Berlin und seine Bauten 1896 II, S. 241-244, Baukunde des Architekten (Deutsches Bauhandbuch) 2. Band 5. Teil, 2. Aufl. 1902, S. 478, Die Bauwerke und Kunstdenkmäler von Berlin, Bezirk Tiergarten, Berlin 1955, S. 82 f. Ausstellungshallen 1945 vollständig zerstört.

16 Die Architekten Kyllmann & Heyden, seit 1868 in Arbeitsgemeinschaft, wurden durch den Bau der ersten Berliner Passage, der Kaiser-Passage Unter den Linden (1869-1873), bekannt. Es folgten 1873 Bauten für die Wiener Weltausstellung. Weitere Hauptwerke in Berlin: Wohnhäuser am Karlsbad, Palais der Bayerischen Gesandtschaft Voß-Straße, Gewerbekomplex Spindlershof. Vgl. Thieme-Becker, Allgemeines Lexikon der bildenden Künstler Leipzig i. F. 1907-1947. In dem hier angesprochenen Zusammenhang von Bedeutung: Entwurf zu einem Welt-Ausstellungsgebäude von Kyllmann und Heyden 1876 als Vorbereitung einer damals angeregten Weltausstellung für Berlin, siehe Baukunde des Architekten a. O. S. 478

17 Burkhard Bergius, Entwicklungsstrukturen der Eisenarchitektur im 19. Jahrhundert vom Brückenbau zum Hallenbau, in: Eisen Architektur. Die Rolle des Eisens in der historischen Architektur des 19. Jahrhunderts, Mainz 1979 (Deutsches Nationalkomitee ICO-MOS), S. 40 ff.

18 Deutsche Bauzeichnung 13.1879, S. 367; siehe auch a. O. 15.1881, Nr. 60, S. 342, Beteiligung an der Mainzer Rheinbrücken-Konkurrenz

19 K. Scharowsky, (Regierungs-Baumeister und Civil-Ingenieur in Berlin) Musterbuch für Eisen-Constructionen, 3. Aufl. Leipzig 1895, ferner C. Scharowsky und L. Seifert (Hrsg.), Tabellen zur Gewichtsberechnung von Walzeisen und Eisenkonstruktionen. Hauptsächlich verwendbar im Brückenbau, Schiffbau und Hüttenfache, 6. Aufl. Hagen 1911. – Berlin und seine Bauten 1896 I weist Scharowsky als Entwerfer weiterer Industriebauten aus: Erweiterungsbau der Berliner Elektro Werke Spandauer Straße (S. 543), Fabrikgebäude der Fabrik für Central-Heizung und Sanitär-Einrichtungen David Grone in Charlottenburg (S. 567 f.); in beiden Fabrikbauten wurde, ähnlich der Montagehalle der Fa. Schwartzkopff, eine »Oberlicht-Ventilationsvorrichtung nach Patent Scharowsky« vorgesehen. Ferner in Zusammenarbeit mit den Architekten Haseloff und Kurtz die Fa. Mix und Genest, Bülowstr. 67 (S. 576). Auch an größeren Wettbewerben beteiligte sich Scharowsky mit Erfolg, so an der »Concurrenz um den Centralbahnhof Frankfurt a. M.«, siehe Wochenblatt für Architekten und Ingenieure 3.1881, S. 149 f. Beil. zu H. 24 mit Det., und dem Wettbewerb für ein Ausstellungsgebäude in Dresden, Brühlsche Terrassen, prämiiert mit dem 2. Preis. Hierzu: Blätter für Architektur und Kunsthandwerk 1.1888, H. 6, S. 64, Taf. 33 f., Zentralblatt der Bauverwaltung 8.1888, S. 306. Das umfassende Tätigkeitsfeld läßt sich auch aus einer Firmenannonce der neunziger Jahre ablesen: »C. Scharowsky Ingenieurbureau Berlin. Bureau für Fabrik- und Speicherbauten, für industrielle Anlagen, Brückenbauten und Eisenkonstruktionen jeder Art; für Ausstellungsgebäude, Circusbauten u. a. – Anfertigung von Entwürfen, Kostenanschlägen, Berechnungen und Gutachten, sowie Übernahme von Ausführungen nach eigenen Entwürfen. Patent - Ventilationsvorrichtung für große Räume«

20 Eine auf die Welt des modernen Verkehrs bezogene Aussage läßt sich in der von Alfred Grenander entworfenen Eingangshalle des U-Bahnhofs Wittenbergplatz ablesen, die als kreuzförmiger Hallenbau über dem Schnittpunkt von Straßenachsen und unterirdischen Verkehrslinien 1911 errichtet wurde.

21 Die Entwicklungsgeschichte diese Begriffes ist noch ungeschrieben. Anregungen und Bezüge aus dem Sakralbau lassen sich in der Geschichte des Industriebaus seit den Anfängen nachweisen. Bekanntestes Beispiel hierfür ist die 1824-1830 errichtete Eisenhütte in Sayn, vermutlich die erste Halle ihrer Art, deren Konstruktion vollständig in Gußeisen gefertigt wurde und die ohne direktes Vorbild ist. In der dreischiffigen Basilika, in der ein Hochofen den Platz des Altars einnimmt, verschmelzen Formen des gotischen Sakralbaus mit technischen Details des Brückenbaus zu einer faszinierenden Synthese.

Abb. 7: Verwaltungsbau an der Fraunhoferstraße mit veränderter Fassade, Zustand 30er Jahre

Rainer Slotta, Technische Denkmäler in der Bundesrepublik Deutschland, Bochum 1975, S. 209 ff. sieht hier einen »Dom der Arbeit«. Vgl. Paul-Georg Custodis, Die Sayner Hütte und ihre baugeschichtliche Einordnung, in: Eisen Architektur, a. O. S. 46-51, Günter Drehbusch, Industriearchitektur, München 1976, S. 83 ff. An Theorien, die zwischen der aufgelösten Wandfläche und den feingliedrigen Pfeilern der Hochgotik eine Verbindung zur technischen Eisenarchitektur herstellen, mangelt es nicht. Sie reichen von Violet le Duc, der die Gotik als Beispiel für konstruktive Weiterentwickelbarkeit verteidigte, über Paul Girkons Hymnen auf Glas und Eisen als Träger einer neuen Gotik und des neuen Sakralen (Paul Girkon, Die Stahlkirche, Berlin 1928 mit einem Vorwort von Paul Bartning), bis hin zu Konrad Wachsmann, der sein System des räumlichen Knotenpunktes in der Spätgotik entwickelt sieht (Wendepunkt im Bauen, Wiesbaden 1959, S. 20). Dazwischen liegen Äußerungen wie die von Hans Poelzig, der 1909 die Epoche der jungen Gotik zur Stützsicherung seiner funktionalistischen Thesen zitierte. (Der neuzeitliche Fabrikbau, 1911 veröffentlicht, in: Julius Posener (Hrsg.), Hans Poelzig, Berlin 1970, S. 38 ff.) Im Zusammenhang mit den Industriebauten von Peter Behrens fällt schließlich der Begriff »Kathedrale der Arbeit«, den Paul Cremers, Peter Behrens, Essen 1928, S. 9, auf die AEG-Hochspannungsfabrik von 1910 bezieht. Fritz Hoeber, Peter Behrens, München 1913, S. 81, hatten zuvor die neuen AEG-Bauten in der »Stärke kultureller Verdichtung jener gotischen Kathedralen des feudalen und kirchlichen Mittelalters« verglichen. Seither hat sich dieser Begriff zur Charakterisierung des modernen Industriebaus bis in die jüngste Vergangenheit behauptet, zuletzt 1964 im Zusammenhang mit der von Walter Gropius entworfenen Rosenthal-Porzellanfabrik in Selb.

22 Erich Schild, Zwischen Glaspalast und Palais des Illusions, Frankfurt, Berlin 1967, S. 128 f.

23 Öffnung der Halle für den Publikumsverkehr am 18. Juni 1903. Die Ausstellungsfläche betrug 1610 qm für die Halle und 818 qm für die Galerien. Durch den 1908 fertiggestellten Erweiterungsbau vergrößerte sich die Bodenfläche auf 2513 qm zu ebener Erde und 1213 qm auf der Galerie. Angaben nach 25 Jahre Deutsches Arbeitsschutz-Museum, Berlin 1928

24 Volker Hütsch, Der Münchener Glaspalast 1854-1931, München 1980

25 Vgl. Franz Jaffé, Ausstellungsbauten, in: Handbuch der Architektur IV. Teil, Halbband 6, Heft 4, 2. Aufl., Stuttgart 1906, S. 559-744, Baukunde des Architekten (Deutsches Bauhandbuch), 2. Band, 5. Teil, 2. Aufl. 1902

26 Vgl. Hans Straub, Die Geschichte der Bauingenieurkunst, 2. Aufl., Basel 1964, S. 244 ff.; ein Überblick der Konstruktionsarten wird von Volker Hütsch a. O. S. 61 ff. zusammengestellt.

27 Grundlegend hierzu: Wolfgang Herrmann, Deutsche Baukunst des 19. und 20. Jahrhunderts, Von 1840 bis zur Gegenwart, 3. Abschnitt: Eisenbauten, Basel Stuttgart 1977, S. 30 ff. Vgl. auch Franz Hart, 170 Jahre Bauen in Eisen und Stahl in Berlin, in: Stahlbauten in Berlin, hrsg. v. Deutscher Stahlbau-Verband, München/Stuttgart (o. J.), S. 11 ff.

28 Siegfried Giedion, Bauen in Frankreich, Eisen, Eisenbeton, 2. Aufl. Leipzig/Berlin (1928), S. 36 f.

29 Richard Lucae, Über die Macht des Raumes in der Baukunst, Zeitschrift für Bauwesen, 1869 H. 4-7, S. 15 f.

(...)

Pressestimmen

Der Tagesspiegel, 1. Juni 1979:

Industriebau in Gefahr –
Ein Beispiel für Denkmalschutz in der Behördenpraxis

Wer da glauben sollte, daß die Forderungen eines vom Parlament verabschiedeten Denkmalschutzgesetzes in die Praxis umzusetzen bei einem der Öffentlichkeit gehörenden Bau kaum Probleme aufwirft, findet sich bald auf dem Holzweg. Noch ist die Argumentation »Arbeitsplätze sichern!« in Erinnerung, mit der der Abbruch der Schwartzkopffschen Bauten am Wedding begründet wurde – nach Tische las man's dann ganz anders. Und eine der seltenen frühen Industriehallen ist vom Berliner Erdboden verschwunden.

Solche Bauten sind Dokumente eines wichtigen Teiles unserer Geschichte, der Arbeits- und Sozialgeschichte, die allzu lange Zeit nicht gesehen worden ist; das 19. Jahrhundert wurde oft genug nur von seiner politischen oder auch künstlerischen Seite her betrachtet. Das Einbeziehen der Arbeits- und Sozialgeschichte in die Stadtgeschichte ist noch relativ neuen Datums; das Bemühen der Architekten und Ingenieure um eine angemessene Gestalt der Industriebauten wurde nicht ernst genommen oder abwertend mit dem Etikett »Maskerade« bedacht. Man sollte meinen, daß Behörden qua Amt einsichtiger sein müßten und die Verantwortung gegenüber dem Auftrag, Geschichte auch durch gebaute Dokumente aus allen Lebensbereichen anschaulich zu machen, ernster nehmen.

Es geht um die Bauten des früheren Arbeitsschutzmuseums in der Fraunhofer- und Kohlrauschstraße in Charlottenburg, einer Einrichtung, die sang- und klanglos verschwunden ist, nachdem die Gebäude im Verlauf des Zweiten Weltkrieges schwer beschädigt worden waren. Zur Zeit sind dort eine Werkzeugmaschinenfabrik und ein TU-Institut (Verfahrenstechnik) untergebracht. Das Grundstück ist vor einigen Jahren mit einem an der Fraunhoferstraße liegenden, zugehörigen Kleingartengelände aus dem Besitz der Sondervermögens- und Bauverwaltung des Bundes auf die Berliner Filiale der (in Braunschweig ansässigen) Physikalisch-Technischen Bundesanstalt übergegangen, die schon vorher eine Option darauf besessen hatte. Die Bundesanstalt muß nun erweitern und will dazu einen Neubau errichten; der TU hat sie gekündigt, immerhin den Termin zum 31. Dezember 1982 verlängert. Doch auch zu diesem Zeitpunkt ist die TU noch nicht in der Lage, das Institut auf einen anderen Standort zu verlagern – es müßte dann, so hart das klingt, geschlossen werden. Das kann niemand wollen.

Zwar steht nun der TU für eigene Erweiterungen ein Gelände im Moabiter Spreebogen in Aussicht, doch dürften die Vorbereitungen zur Inbesitznahme einige Jahre beanspruchen: Grunderwerb, Vorbereitung eines Planungswettbewerbs und die Planung selbst erfordern Zeit, will man nicht auf diesem hervorragenden Gelände ein auf Dauer unbefriedigendes, weil übereilt zustandegekommenes, Ergebnis erzielen. Die TU ist bereit, die Umplanung des Charlottenburger Geländes den Erfordernissen des Denkmalschutzes anzupassen – doch die Bundesanstalt wehrt sich dagegen, das Bauwerk unter Denkmalschutz stellen zu lassen. Der Landeskonservator hat ebenfalls sein Desinteresse bekundet – offenbar, weil von einigen Stellen befürchtet wird, die Bundesanstalt könnte »abwandern«. Dies ist nun ein Argument, mit dem – nicht nur in Berlin – Politiker oft schon unter Druck gesetzt worden sind, als daß man es noch ernst nehmen könnte. Eine solche Entscheidung ist zu wichtig, als daß sie allein hinter den verschlossenen Türen der Amtsstuben gefällt werden sollte. Sie gehört daher in die öffentliche Erörterung. Für den Denkmalschutz (im besonderen) gilt genauso der Satz, der für die Planung (im allgemeinen) seine Richtigkeit längst erwiesen hat: Diese Dinge sind zu wichtig, als daß man sie allein den Fachleuten überlassen könnte. Es steht hier mehr auf dem Spiel als nur ein alter Bau, es geht um die Erhaltung eines wichtigen Dokumentes aus einem bisher allzusehr vernachlässigten Lebensbereich. Schlechte Beispiele könnten schnell Schule machen.

Günther Kühne

Der Tagesspiegel, 7. Juni 1979:

Was wird aus dem alten ›Arbeitsschutz-Museum‹?

Charlottenburg:
Wertvolles Industrie-Denkmal ist gefährdet

Was ist ein Baudenkmal und wann beginnt es, zu einer Ruine zu werden? Diesem dauernden Streit in der Denkmalpflege kommen viele Hausbesitzer dadurch zuvor, daß sie erhaltenswerte Gebäude einfach zu Ruinen verkommen lassen.

Daß diese leidvolle Erfahrung allerdings nicht nur für private Eigentümer, sondern auch für die öffentliche Hand gilt, zeigt das Beispiel des früheren »Deutschen Arbeitsschutzmuseums« in der Charlottenburger Fraunhoferstraße. Wenn nicht noch ein kleines Wunder geschieht, überlebt der Bau den 31. Dezember 1982 nicht und wird abgerissen.

Bis zu diesem Zeitpunkt ist das Institut für Verfahrenstechnik der Technischen Universität gemeinsam mit einer kleinen Werkzeugmaschinenfabrik in Teilen des reizvollen Backsteinbaus untergebracht. Das »Schmuckstück« des gesamten Komplexes aber, eine große, mit einer filigranen Eisenkonstruktion ausgestattete Halle, wurde bereits im Jahre 1971 von der Charlottenburger Bauaufsicht gesperrt – auf Betreiben des heutigen Eigentümers, der Physikalisch-Technischen Bundesanstalt. Der Grund: Nach einem Brand während des Zweiten Weltkrieges weist die wohl einzigartige Dachkonstruktion schwere Schäden auf.

Neubau geplant

Doch diese Bauschäden waren wohl nicht das einzige Argument für die Sperrung: Schon seit einigen Jahren möchte die Physikalisch-Technische Bundesanstalt einen Neubau an die Stelle des kurz vor der Jahrhundertwende vom Geheimen Regierungsrat Hückel konstruierten Bauwerks setzen. Jetzt hat die Bundesanstalt vor, im Jahre 1982 neue Gebäude für die Prüfung medizinisch-technischer Geräte auf das Gelände des früheren Arbeitsschutzmuseums zu stellen.

Gegen einen eventuellen Abriß und den Neubau wendet sich die Technische Universität, und das nicht nur aus Eigennutz: »Hier wird die Baufälligkeit eines erhaltenswerten Denkmals systematisch hergestellt«, beklagt Gottfried Kupsch, Abteilungsleiter für Bauplanung der Technischen Universität. Er bietet der Physikalisch-Technischen Bundesanstalt ein Ersatzgelände auf dem »Spreebogen« in Charlottenburg an, wenn die TU das »Arbeitsschutzmuseum« übernehmen und ausbauen kann.

Auf diese Diskussion läßt sich der Leiter der Bundesanstalt, Professor Günter Sauerbrey, nicht ein: »Wir brauchen den Neubau in unmittelbarer Nähe unseres Geländes. Wenn wir auf den Spreebogen ziehen sollten, wäre der Neubau im besonderen und unsere Präsenz in Berlin im allgemeinen gefährdet.«

Auf dieses immer wieder strapazierte Argument scheint, so merkwürdig es klingt, auch der Landeskonservator eingegangen zu sein: Nachdem der Denkmalbuchführer im Frühjahr dieses Jahres das frühere Museum unter Denkmalschutz stellen wollte und damit bei der Bundesanstalt Widerspruch erntete, visitierte Landeskonservator Professor Engel das Haus bei einem Ortstermin. Auf eine Restaurierung und neue Nutzung angesprochen, winkte der Denkmalschützer ab.

Noch eine Chance?

Etwas versöhnlicher zeigte sich dagegen der Leiter der Physikalisch-Technischen Bundesanstalt: »Noch ist nicht darüber entschieden, ob das neue Institut in einem Neubau oder in der renovierten alten Halle untergebracht wird«, meinte Professor Sauerbrey. Aber er läßt keinen Zweifel daran, mit welchen Schwierigkeiten die Installation von technischen Präzisionsmaschinen in einer fast 100 Jahre alten Halle verbunden ist.

Die Technische Universität gibt sich jedenfalls im Kampf um das frühere Arbeitsschutzmuseum noch nicht geschlagen: Eine Gruppe von Architekten und Studenten arbeitet zur Zeit an Plänen, die reizvolle Halle zu einer Kultur- und Begegnungsstätte nach dem Vorbild der Hamburger »Fabrik« umzugestalten. Vielleicht eine Idee, die einem der wenigen erhaltenen Industriedenkmäler Berlins eine neue Zukunft geben könnte? Gefragt wäre jetzt eine Initiative des Bezirks Charlottenburg, solche Gedanken mit Inhalt zu füllen.

Michael Böhm

Berliner Morgenpost, 1. Mai 1984:

Streit um Neubau oder Wiederaufbau im alten Stil

In den Regenrinnen wachsen Birken. Selbst aus Mörtelfugen sprießen sie hervor. Fensterhöhlen sind vermauert oder mit Brettern vernagelt. Wo Scheiben waren, stecken Splitter in rostigen Rahmen. Eine gewöhnliche Ruine? Nein, ein Berliner Baudenkmal von Rang.

Denn das ehemalige »Deutsche Arbeitsschutzmuseum« an der Kohlrausch- und Fraunhoferstraße in Charlottenburg gilt – so der Landeskonservator – als »der letzte Glaspalast« in dieser Stadt. Professor Dr. Helmut Engel: »Der Backsteinbau aus dem Jahre 1906 gehört exemplarisch in die vielschichtige Architekturlandschaft der späten Kaiserzeit.«

Eigentümer der desolaten Ausstellungshalle ist die Physikalisch-Technische Bundesanstalt (PTB), das nach eigener Definition »natur- und ingenieurwissenschaftliche Staatsinstitut und die technische Oberbehörde der Bundesrepublik Deutschland für das Meßwesen«.

Die PTB gehört zum Dienstbereich des Bundesministeriums für Wirtschaft und ist aus der 1887 in Berlin gegründeten Physikalisch-Technischen Reichsanstalt hervorgegangen. Initiatoren waren Werner von Siemens und Hermann von Helmholtz.

Seit 1950 ist Braunschweig mit rund 1150 Mitarbeitern der PTB-Hauptsitz. Berlin bildet mit etwa 200 Mitarbeitern und den Forschungsgebieten Mechanik, Wärmetechnik, Vakuumphysik, Meßtechnik und Festkörperphysik nur noch eine Art Zweigstelle.

Mit zwei dieser Arbeitsgruppen – der medizinischen Meßtechnik und der Wärmeenergietechnik – möchte sich die PTB ausdehnen. Die modernen Laboratorien sollen nach PTB-Plänen just dort gebaut werden, wo heute jenes Glaspalast-Wrack vor sich hin rottet.

Im März 1983 bestätigte das Verwaltungsgericht die ein Jahr zuvor manifestierte Schutzwürdigkeit als Baudenkmal. Damit ist die PTB in erster Instanz gescheitert. Ein Berufungsverfahren vor dem Oberverwaltungsgericht läuft derzeit. Mit dem Urteil rechnet Dr. Reinhard Dittmann, Leiter des PTB-Referats »Technische Dienste«, für den Frühsommer dieses Jahres.

Was steht auf dem Spiel? »Ein Bauwerk in der Mischung aus Fabrik- und Ausstellungshalle, Ingenieur- und Kirchenbau.« So umreißt der Architekturhistoriker Fritz Neumeyer den baukünstlerischen Wert des kränkelnden Gemäuers. »Das Schutzwürdige ist die einzigartige Glasarchitektur«, ergänzt Landeskonservator Prof. Engel.

Die PTB hält dagegen, daß eine denkmalgerechte und historisch getreue Wiederherstellung im Vergleich zum projektierten Neubau nicht nur unvergleichlich viel teurer, sondern für die beabsichtigte Nutzung in hohem Maße unpraktisch wäre. »Wenn wir wirklich mit der bestehenden Baulichkeit auskommen müßten, stellt sich uns die Frage, ob ein Erweiterungsbau an völlig anderer Stelle nicht zweckmäßiger wäre«, erklärt Dr. Dittmann und argumentiert, daß die unmittelbare Angliederung an die existierenden PTB-Bauten in der Abbestraße und die räumliche Nähe zur Technischen Universität unbedingt für den Charlottenburger Standort spricht.

»Wir wehren uns nicht prinzipiell gegen Denkmalschutz«, fügt der Referatsleiter hinzu, »aber es ist doch wohl verständlich, daß wir zunächst nichts unversucht lassen, diesen Hemmschuh abzustreifen.« An eine Umsiedlung der betroffenen Ressorts nach Braunschweig sei zwar noch nicht gedacht. »Aber absolut ausschließen wollen wir diesen Schritt ebensowenig«, bemerkt Professor Dr. Günter Sauerbrey, Direktor der PTB Berlin.

»Die mit der Denkmalpflege verbundenen Kosten sind ein oft ins Feld geführtes Argument«, versetzt Professor Engel abwinkend. »So immens wie auf den ersten Blick sind sie keineswegs, wenn man ins Detail geht. Man hätte gemeinsam überlegen können, wie das Gebäude zu erhalten und dennoch für PTB-Zwecke zu nutzen wäre«, sagt Berlins ranghöchster Denkmalschützer. »Solche Überlegungen sind mir nicht bekannt.«

Stadtgeschichtliches Dokument

Deutschlands nach wie vor größte Industriemetropole ist nach den Bomben des Krieges und – genauso schlimm! – nach der Ignoranz des Nachkrieges arm geworden an baulichen Zeugnissen der Ingenieurskunst. Das gewesene Arbeitsschutzmuseum, ein quasi sakraler Hallenraum mit zwei Querschiffen und einem Vierungsturm, ist von bemerkenswertem stilistischem Reichtum. Als Reminiszenz an den im Kriege zerstörten, ebenfalls von »Civil-Ingenieur« Carl Scharowsky entworfenen »Berliner Ausstellungs-Palast« von 1882/83 in Alt-Moabit ist er zudem ein stadtgeschichtliches Dokument.

Der ursprüngliche Daseinszweck ist seinerseits Historie: Das Museum sollte die damals erkannte Notwendigkeit von Arbeitshygiene und Unfallverhütung populär machen.

Im Zweiten Weltkrieg zerstörte Feuer ein Teil der Stahlkonstruktion. Sie wurde dann baustatisch unzulänglich instandgesetzt. Bis vor kurzem dienten die Räumlichkeiten einer Firma für Werkzeug und Blechbearbeitung sowie dem TU-Institut für Verfahrenstechnik, das gleichfalls mit einem nochmaligen Einzug in die Kohlrauschstraße liebäugelte.

Die Konfliktparteien verharren nun in Wartestellung. Berlin aber braucht seine bauhistorischen Originale. Es gibt nur noch Restbestände, die das Verbliebene umso kostbarer machen. Ohne aktive Funktion allerdings bleibt jedes Denkmal sinnlos.

Hans Michael Peus

Der Tagesspiegel, 12. Mai 1985:

Das Ausstellungsgut ging schon im Krieg verloren

Oberverwaltungsgericht bestätigt Denkmalschutz für ehemaliges Arbeitsschutzmuseum in Charlottenburg

Mit einem Erfolg für das Land Berlin ging gestern vor dem 2. Senat des Oberverwaltungsgerichts ein Rechtsstreit zwischen der Physikalisch-Technischen Bundesanstalt und dem Landeskonservator zu Ende, bei dem die Bundesbehörde als Eigentümerin gegen die Eintragung des ehemaligen Arbeitsschutzmuseums in der Fraunhofer/Ecke Kohlrauschstraße in Charlottenburg ins Denkmalbuch geklagt hatte. Das Gericht unter seinem Vorsitzenden Professor Albrecht Grundei bestätigte auch die Entscheidung des Verwaltungsgerichts, das bereits im März 1983 die Klage der Bundesanstalt abgewiesen hatte.

Die Erhaltung des ehemaligen Museums, so führte das Gericht zur Begründung aus, liege wegen seiner geschichtlichen und künstlerischen Bedeutung im Interesse der Allgemeinheit. Es markiere den Beginn der modernen Sozialpolitik und des Arbeitsschutzes in Deutschland und lege Zeugnis ab vom Kampf um einen menschlichen Arbeitsplatz. Die gemauerten Teile des Gebäudes ließen die märkische Backsteingotik erkennen. Die Ausstellungshalle vermittle eine Assoziation an gotische Sakralbauten.

Nach den Ausführungen des Gerichts haben finanzielle Erwägungen bei der Beurteilung der Denkmalwürdigkeit außer Betracht zu bleiben. Es sei höchst bedenklich, wenn dem Finanzsenator ein Mitspracherecht beim Schutz von Baudenkmälern eingeräumt werde. Das wenige an Kulturdenkmalen, das in Berlin über den Krieg hinweg gerettet wurde, müsse sorgsam gepflegt und den nachfolgenden Generationen erhalten werden. Da es sich im vorliegenden Fall um Landesrecht handle, sei Revision nicht möglich.

»Unverhältnismäßig hohe Kosten«

Die Physikalisch-Technische Bundesanstalt hatte den Denkmalwert des Gebäudekomplexes bestritten und besonders auf die schweren, meist aus dem Krieg stammenden Schäden verwiesen, die nur unter unverhältnismäßig hohen Kosten zu beheben seien. Bei der Verhandlung wurden hierzu Summen zwischen 10 und 20 Millionen DM genannt. Auch sei der Bau für die Pläne der Bundesanstalt, die sich im Bereich der medizinischen und der Wärmetechnik erweitern will, wirtschaftlich nicht nutzbar. Man werde jetzt versuchen, erklärte der Leiter des Berliner Instituts der in Braunschweig ansässigen Behörde, Dr. Günter Sauerbrey, das Gebäude in die vorliegenden Raumpläne einzupassen. Dabei hoffe man, daß der Landeskonservator den erforderlichen Umbauten zustimmen werde. Das ehemalige Museum sei aber so schwer beschädigt, daß die jetzt verfügte Erhaltungspflicht einer Wiederherstellungspflicht gleichkomme.

Nachgebautes Bergwerk

Die Errichtung einer »Ständigen Ausstellung für Arbeiterwohlfahrt« war 1900 vom Reichstag beschlossen worden. Nicht allein die Möglichkeiten der Unfallverhütung wurden gezeigt, sondern etwa auch ein naturgetreu nachgebautes Steinkohlebergwerk mit Förderturm, in dem unterschiedliche Stollen wie auch Förder- und Rettungseinrichtungen gezeigt wurden.

Das 1903 eröffnete Museum erhielt einen zweigeschossigen Verwaltungsbau an der Fraunhoferstraße, mit reich verzierten, inzwischen teilweise zerstörten Giebeln, ausgeführt aus Backstein und Putz im damals üblichen gotisierenden Stil. Ein Verbindungsbau mit Vortragssaal im Obergeschoß führte in die Ausstellungshalle. Durch deren an eine Basilika erinnernden Grundriß, dreischiffig mit Querschiffen, ihre massiven Außenwände mit einer verglasten Eisenkonstruktion wurde eine fast sakrale Wirkung erzielt. Sie gilt als ein letztes Beispiel der gläsernen Ausstellungshallen des 19. Jahrhunderts.

Die Gebäude wurden im Krieg durch Brandeinwirkung schwer beschädigt, wobei das Ausstellungsgut verlorenging. Nach Kriegsende zog eine Privatfirma ein, die dort Werkzeugmaschinen herstellte. 1978 ging der Komplex ins Vermögen der Bundesanstalt über. Alle Gebäudeteile stehen derzeit leer. ac

Frankfurter Allgemeine Zeitung, 24. Oktober 1985:

Die eiserne Reserve

Pflegefälle: Berlin räumt auf, und eine Ingenieur-Kathedrale gerät in Gefahr

In vielen Städten der Welt hat der Abriß großer Nutzbauten des 19. Jahrhunderts als Schock gewirkt. Jetzt erst hat man sich der überlebenden Bauten erinnert: Der Abriß der Euston Station 1962 beschleunigte die spektakuläre Renaissance der Londoner Bahnhöfe. In wenigen Jahren wird man zur St. Pancras Station pilgern wie zu Stationskirchen in Rom.

Das Verschwinden der Markthallen in Paris 1971 und der umkämpfte Abschied von der Pennsylvania Station in New York am 30.10.1963 haben über Nacht die Ingenieurarchitektur des 19. Jahrhunderts in das Bewußtsein der Bevölkerung gehoben und zu stürmischen Aneignungen geführt. Der umgebaute Gard d'Orsay in Paris wird alle noch so spektakulären Museumsneubauten der letzten Jahre in den Schatten stellen. Die riesige Central Station in Manchester wird soeben zu einer herrlichen Kongreß- und Ausstellungshalle umgebaut. Sie wäre nur durch einen gleichermaßen umgebauten Anhalter Bahnhof übertroffen worden.

Das neue Kunstgewerbemuseum wird die Liebe nicht finden, die dem Hamburger Bahnhof in Berlin jetzt schon sicher ist. In Ostberlin hat der Langzeitschock der Schleifung des Stadtschlosses im Sommer 1951 und der Vernichtung der Bauakademie von Schinkel im Spätherbst 1962 den Neubau des Staatsratsgebäudes wie mit einer prächtig blühenden Allergie der Trostlosigkeit befallen und dem Berliner Dom die lang entbehrte Aura geschichtlicher Wahrhaftigkeit geschenkt. Die Auferstehung des Schauspielhauses von Schinkel und das Überleben seiner Werderschen Kirchen lassen sich nur aus einem wachsenden Schuldgefühl über schlimme Fehler erklären.

Und in Westberlin? Hier ist eine fieberhafte Raum- und Bodenpflege ausgebrochen. Bis 1987 wird ein Schandfleck nach dem anderen bereinigt und beseitigt sein. Allerorten werden Fassaden geliftet und die Flügel üppiger Musen an der Akademie der Künste ergänzt. Nicht weniger als die zweistelligen Millionen hierfür soll die Ausweidung des Schlosses Bellevue, des Amtssitzes des Bundespräsidenten, kosten, die in schöner Regelmäßigkeit das bescheidene Schloß des sparsamen Prinzen Ferdinand von 1786 seit 1935, 1939, 1954 bis 1986 heimsuchen. Da nichts mehr an den alten Bau erinnert, kann man ihn auch jetzt wieder wie schon 1939 getrost nach »repräsentativ-politischen Richtlinien« inszenieren.

Da wird die stürmische Liebe der Berliner für den mit knapper Not davongekommenen Gropius-Bau zu einer geradezu traumatischen Kompensation für die lähmende Langeweile, auch noch in den großen Bauschöpfungen der Vergangenheit der eigenen Lebenswelt nicht entfliehen können. Die mächtigen Maße, die großen Formen und die düstere Bildersprache des Reichstages, sind zu einer »Götterdämmerung« in Hintertupfingen verdorben worden, in die gleichförmige Verständlichkeit von jedem und allem überall. Lustig kann man sich über diesen schreienden Widerspruch zwischen Inhalt und Form gar nicht mehr machen. Nur Verhüllung mag hier den Unsinn offenlegen, erklären und verändern. »Ihr habt etwas gebaut, was Ihr oder andere auch anderswo hättet bauen können. Ihr habt aber zerstört, was einzig war auf der Welt«, so kritisierte Kaiser Karl V. 1530 im spanischen Cordoba entsetzt den Neubau des Chores in der maurischen Moschee. Vergebens hatte die Stadtverwaltung jeden mit dem Tode bestraft, der dem

Abb. 8: Verwaltungsbau an der Fraunhoferstraße, Kriegsschäden im Dachbereich, Zustand 1979

Bischof beim Abbruch von 63 Säulen helfen würde. Ein solches einziges und letztes Bauwerk rostet unterdessen unweit des Ernst-Reuter-Platzes als Berlins jüngstes und unbekanntestes Baudenkmal in einer Sackgasse von Zuständigkeiten, Besitzansprüchen und gleichermaßen legitimen Neubauwünschen und Denkmalpflege hin: Es ist von der eisernen Ausstellungshalle die Rede, die der seinerzeit bekannte Dresdner Zivil-Ingenieur C. Scharowsky im Jahre 1900 für das Kaiserliche Reichsamt des Inneren mit Unterstützung des Reichstages als weithin bahnbrechende »Ständige Ausstellung für Arbeiterwohlfahrt« errichtete.

Verborgen zwischen Landwehrkanal und Ernst-Reuter-Platz fügt sich die bröckelnde Backsteinfassade in die arbeitsame und zugleich idyllische Umgebung der Physikalisch-Technischen Bundesanstalt unweit der Technischen Universität ein. Diese zartgliedrige Museumskathedrale hatte den Zweiten Weltkrieg viel besser überstanden als das nahe Charlottenburger Schloß. »Vollständig ausgeglüht« und unbezahlt ist sie nur für jene, die jahrelang ihr Verschwinden erhofften. Dreihundertfünfzigtausend Mark veranschlagte statt dessen ein Gutachten von 1982 für die Instandsetzung der Stahlkonstruktion. Heute, nach nur drei Jahren unterlassener Schutzmaßnahmen, wird nur der zehnfache Betrag reichen.

Teilweise Nutzung durch eine Werkzeugmaschinenfabrik und die Technische Universität führten zu Einbauten, die viel verdarben. Erst als Bau und Grundstück als Eigentum des ehemaligen Deutschen Reiches im August 1979 in den Besitz der benachbarten ehemaligen Physikalisch-Technischen Reichsanstalt überging, verführte der langsame Verfall der nassen Ziegelwände und der rostenden Eisenkonstruktion zur verstohlenen Hoffnung, das ungeliebte Erbe ginge von selbst seiner Ummünzung in den real existierenden Nutzwert von leerem Grund und Boden entgegen. Doch dafür war es 1979 zu spät.

Seit 1971 ist die Halle auf Betreiben des Eigentümers baupolizeilich gesperrt, ein Neubau an ihrer Stelle sollte für dringend notwendige Labore der Bundesanstalt 1982 in Angriff genommen werden, doch erhob die Denkmalpflege 1979 Einspruch, der nun auch in zweiter Instanz von kunstverständigen Richtern, sicher zur tiefinnerlichen Erleichterung des nicht minder kunstsinnigen Anwalts der Gegenseite, bestätigt wurde.

Doch ist damit niemandem geholfen. Die Bundesanstalt wird den ungeliebten und nur mit Gewalt brauchbaren Bau ihren Zwecken anpassen können. Das wird dann ein noch unbekannter Zwitter, ein Laboratoriumsdenkmal.

Eine leicht vorhersehbare triumphale Rückkehr des Bauwerks in das Patrimonium Charlottenburgs und Berlins rechtfertigen alle Anstrengungen der angesehenen und traditionsreichen Bundesanstalt zu einem brauchbaren Neubau zu verhelfen. Ein Grundstückstausch mit der Technischen Universität steht zur Debatte. Der Rang des Bauwerkes macht die Hinnahme gewisser Unbequemlichkeiten zu einem Gebot der Einsicht und Vernunft. Auf einem Boden, den Siemens 1886 schenkte, der mit Helmholtz eine nunmehr hundertjährige Forschungsanstalt schuf, haben auch Nachbarbauten als Zeugen dieses technischen Zeitalters das Schutzrecht der Tradition und zusammen mit den Bauresten der Technischen Universität das Schutzrecht eines einzigartigen, noch gar nicht wahrgenommenen städtischen Ensembles.

Schon die gewiß nicht mehr rekonstruierbare Zweckbestimmung des Gebäudes ist »einzig«: Es war die reichhaltigste Sammlung eines »Sozialmuseums« auf der Welt, bahnbrechend und einflußreich im Kampf um eine staatlich organisierte »Arbeiterwohlfahrt«, um einen menschlichen Arbeitsplatz. Dies wurde jüngst noch in der Nürnberger Ausstellung »Leben und Arbeiten im Industriezeitalter« gewürdigt.

Nach dem Verschwinden des Anhalter Bahnhofs und der Montagehalle der Lokomotivfabrik Schwartzkopff von 1890 ist dieser Museumsbau eine der letzten gläsernen Hallen, die im Gefolge des Londoner Glaspalastes von 1851 auch in Deutschland in großer Zahl errichtet wurden. Ein paar Markthallen und der Hamburger Bahnhof sind übriggeblieben von jener Durchlichtung des Raumes und seiner Öffnung für Produktion, Verkehr und Verkauf, Volksbelehrung und Besuchervergnügen, die diese »Palaces of the People«, die Bahnhöfe, Passagen, Ausstellungspaläste, Panoramen, Gewächshäuser, Wintergärten und Lichthöfe in die vorindustrielle Stadt eingeführt hatten. Und alles kann man an diesem Bau über jenes Kapitel der Baukunst des 19. Jahrhunderts erleben, sehen und lernen, deren Hauptwerke in Deutschland vollständiger versunken sind als die jeder anderen Epoche unserer Geschichte.

Der basilikale Hallenraum mit zwei Querschiffen und lichten Vierungskuppeln übersetzt mit gläsernen Dachbahnen, filigranem Eisenfachwerk und zarten Gitterstrukturen die Lichtfülle der gotischen Dome in eine jener Kathedralen der Arbeit, die in großer Zahl in England und Frankreich stehen. Solcher kirchenähnlicher Charakter war in der Liverpool Street Station in London von 1875 oder im Oxforder University Museum von 1855 ausdrücklich verlangt. Zugbänder und Binder laufen in das Gitterwerk der Stützen wie Dienste und Rippen in gotischen Gewölben und Pfeilern. Triforien und Emporen, Seitenkapellen und Apsiden sind in einen transparenten, masselosen geometrischen Raster eingefügt und zur Collage mit einer dünnen Ziegelhaut gebracht.

Der Betrachter erlebt leibhaftig statt aus gelehrten Büchern einen der Grundkonflikte in der Baukunst des 19. Jahrhunderts: das strukturale Denken des Ingenieurs Scharowsky wird eingebettet, außen vollkommen verhüllt von der geschlossenen Form einer typischen Berliner Backsteinarchitektur von dem geheimen Baurat Hückels. Seit Ruskin wurde das Eisen nur als Hilfsmittel für Innenkonstruktionen geduldet, das Gerüst »aus Haut und Knochen« blieb im Bewußtsein der Architekten vorkünstlerische Konstruktion, brauchbar nur an technischen Bauten. Noch 1913 stieß der Ingenieur Basch auf den heftigen Widerstand der Architektenschaft, als er Bauten forderte, »die das Leichte, das Graziöse, das Silhouettenhafte zum Ausdruck bringen, den kinematographischen Charakter der Zeit«. Gleichzeitig mit Scharowsky haben Messel, Möhring und Grenander in Berlin eine Versöhnung von Konstruktion und Form durch die jugendstilige Verzierung der technischen Materialien zugunsten der Architektur versucht. Berlage in Amsterdam und Otto Wagner in Wien fanden überlegenere Lösungen in der Börse und der Postsparkasse. Doch erst Behrens, Gropius und Mies van der Rohe haben in der Turbinenhalle an der Huttenstraße unweit vom Arbeitsschutzmuseum die Lösung des 20. Jahrhunderts gefunden. Das »gotische« Raster des Ingenieurs wird zu den »griechischen« Elementen einer neuen räumlich geschlossenen Baukunst gemacht, in gleichem Glas und Stahl. An die Stelle der Ingenieurkathedrale in der Fraunhofer Straße tritt der Architektentempel in der Huttenstraße – und die Nationalgalerie an der Potsdamer Straße.

Unmittelbarer Erlebniswert, topographische Verwurzelung, geschichtliche Bedeutung und endlich eine unerschöpfliche Fülle von Nutzungsmöglichkeiten sollten dieses ungeliebte Geschenk der Wilhelminischen Zeit an den Bund der Berliner Bevölkerungen zurückgeben – zum Jubiläum. Tilmann Buddensieg

Der Tagesspiegel, 8. April 1986:

Neue Meßtechniken im alten Arbeitsschutzmuseum

Bundesbehörde plant Restaurierung des Komplexes an der Fraunhoferstraße für 40 bis 60 Millionen DM

Auf eine Summe zwischen 40 und 60 Millionen DM schätzt die Physikalisch-Technische Bundesanstalt die geplante Wiederherstellung des kriegsbeschädigten ehemaligen Arbeitsschutzmuseums in der Fraunhofer-/Ecke Kohlrauschstraße in Charlottenburg. Die genauen Kosten werden aber derzeit erst ermittelt, teilte der Leiter des Berliner Instituts der in Braunschweig ansässigen Bundesanstalt, Dr. Günter Sauerbrey, auf Anfrage mit. Die Behörde ist Eigentümerin des zwischen 1900 und 1903 errichteten Gebäudekomplexes.

Dessen Eintragung ins Denkmalbuch wurde jetzt im Amtsblatt für Berlin offiziell mitgeteilt. Wie seinerzeit berichtet, hatte es deswegen zwischen der Bundesbehörde und dem Landeskonservator einen langjährigen Rechtsstreit gegeben, der im Frühjahr letzten Jahres vor dem Oberverwaltungsgericht mit einem Erfolg für das Land Berlin zu Ende gegangen war.

Die Bundesanstalt hatte in dem Verfahren den Denkmalwert des Gebäudeensembles bestritten und dabei besonders auf die schweren Schäden verwiesen, die nur unter unverhältnismäßig hohen Kosten zu beheben seien. Die zu früherem Zeitpunkt in der Auseinandersetzung genannten Zahlen für die bauliche Reparatur, zwischen 10 und 20 Millionen DM, werden jetzt bei weitem überschritten.

Die Bundesanstalt hatte ursprünglich den Komplex abreißen und durch Neubauten ersetzen wollen. Nunmehr müssen die alten Nutzungsvorstellungen in den alten Bauten verwirklicht werden. Die Pläne zielen auf einen Ausbau der Bereiche Wärmemeßtechnik und Medizinische Meßtechnik, die nun in den historischen Gemäuern unterkommen sollen.

Man werde die Bauten weitgehend selbst nutzen, doch sei eine »gewisse Öffentlichkeit« denkbar, erklärte Sauerbrey. So könnten etwa der vorhandene Hörsaal und die Galerie in der zentralen Ausstellungshalle für Veranstaltungen genutzt werden. Die Bausumme umfasse die Mittel für die Restaurierung der Halle wie auch des Verwaltungsgebäudes an der Fraunhoferstraße.

Die Hallenkonstruktion hatte auch bei der denkmalpflegerischen Bewertung des Komplexes eine erhebliche Rolle gespielt. Sie gilt als ein letztes Beispiel der gläsernen Ausstellungshallen des 19. Jahrhunderts. Durch deren an eine Basilika erinnernden Grundriß, dreischiffig mit Querschiffen, die massiven Außenwände mit einer verglasten Eisenkonstruktion, wurde eine fast sakrale Wirkung erzielt. Das Gesamtensemble ist deutlich der märkischen Backsteingotik verpflichtet.

Die ehemalige »Ständige Ausstellung für Arbeiterwohlfahrt« ging auf einen Reichstagsbeschluß von 1900 zurück. Möglichkeiten der Unfallverhütung am Arbeitsplatz wurden dort gezeigt, aber etwa auch ein naturgetreu nachgebautes Steinkohlebergwerk samt Förderturm. Das ehemalige Museum markierte den Beginn der modernen Sozialpolitik und des Arbeitsschutzes in Deutschland, hieß es damals in der Urteilsbegründung des Gerichts.

Das Ausstellungsgut ging bereits im Krieg verloren. Das vorübergehend privat genutzte Gebäude steht derzeit leer.

Volksblatt Berlin, 30. August 1986:

50 Millionen für ehemaliges Arbeitsschutzmuseum

Umfangreiche Restaurierungsarbeiten stehen für das ehemalige Arbeitsschutzmuseum an der Fraunhoferstraße in Charlottenburg an. Der 1903 als betriebsfähige Unfallschutz-Lehrschau eingeweihte Bau wurde im vergangenen Februar nach einem Rechtsstreit zwischen dem Bund als Eigentümer und dem Landeskonservator unter Denkmalschutz gestellt. Nur notdürftig nach Kriegsschäden wiederhergerichtet, wurde das einstige Museum eine Zeitlang von der Physikalisch-Technischen Bundesanstalt in Berlin genutzt. Für rund 50 Millionen Mark soll das alte Museum jetzt wiederhergerichtet werden. Wie der Leitende Direktor der Bundesanstalt, Professor Günter Sauerbrey, auf Anfrage mitteilte, befindet man sich derzeit in der Planungsphase. Entstehen sollen hier als Erweiterungsbau der Anstalt Laboratorien für Wärmetechnik und medizinische Meßtechnik. Vorstellungen der Berliner SPD, in dem aus einer Halle und einem Kopf bestehenden Komplex erneut ein Arbeitsschutzmuseum einzurichten, hält Sauerbrey für wenig realistisch.

Angegliedert an die Bundesanstalt für Arbeitsschutz und Unfallforschung in Dortmund sei bereits ein derartiges Museum im Aufbau, so daß sich der Bund kaum dazu entschließen werde, ein gleichartiges Museum auch in Berlin zu erstellen. Die umfangreichen finanziellen Mittel für die Restaurierung des Baudenkmals seien durch eine entsprechende Ministererklärung aus Bonn gesichert, so Sauerbrey. Er hofft, daß die Arbeiten Anfang der neunziger Jahre abgeschlossen sein werden.

Abb. 9: Giebel des Erweiterungsteils der Halle von 1906 an der Kohlrauschstraße, Zustand 1981

Pressestimmen zum Arbeitsschutzmuseum

Die Entscheidung des Gerichts

VG 16 A 13.83

»Verkündet am 1. März 1983

In der Verwaltungsstreitsache der Bundesrepublik Deutschland, diese vertreten durch den Bundesminister für Wirtschaft, dieser vertreten durch den Präsidenten der Physikalisch-Technischen Bundesanstalt, Bundesallee 100, 3300 Braunschweig, Klägerin, (...) gegen das Land Berlin, vertreten durch den Senator für Stadtentwicklung und Umweltschutz - Landeskonservator -, Lentzeallee 12-14, 1000 Berlin 33, Beklagten, hat das Verwaltungsgericht Berlin, 16. Kammer, aufgrund der mündlichen Verhandlung vom 1. März 1983 (...) für Recht erkannt:
Die Klage wird abgewiesen.
Die Klägerin trägt die Kosten des Verfahrens.
Das Urteil ist wegen der Kosten vorläufig vollstreckbar.

Tatbestand

Die Parteien streiten um die denkmalschutzrechtliche Behandlung des ehemaligen Deutschen Arbeitsschutzmuseums auf dem Grundstück Kohlrauschstraße 2-16/Ecke Fraunhofer Straße 11-12 in Berlin Charlottenburg.

Das in den Jahren 1900 und 1901 vom Deutschen Reich (Reichsamt des Innern) errichtete Gebäude des Museums besteht aus einem gemauerten Kopfbau, der die Verwaltung und Bibliothek enthielt, sowie der in Stahl- und Glasbauweise errichteten großen Ausstellungshalle, die 1908 erweitert wurde; der Verbindungsteil (Mittelteil) enthielt über dem Haupteingang einen Hörsaal. Im Jahre 1903 wurde in dem Gebäude die »Ständige Ausstellung für Arbeiterwohlfahrt« eröffnet, die 1927 in »Deutsches Arbeitsschutzmuseum« umbenannt wurde. Während des Zweiten Weltkrieges ging das gesamte Ausstellungsmaterial verloren; auch die Baulichkeiten selbst erlitten Schäden. In der Folgezeit wurden an der Halle verschiedene Stützungsmaßnahmen getroffen, so daß diese für Fabrikationszwecke, und zwar die Herstellung von Werkzeug- und Blechbearbeitungsmaschinen der Firma Plum, genutzt werden konnte; die Räume des Kopfbaues dienten der Firma Plum zu Bürozwecken. Zusätzlich nutzte die Technische Universität Berlin von 1961 bis 1982 einen abgeteilten Bereich der Halle für universitäre Zwecke. (...)

Gegenwärtig stehen alle Teile des Gebäudekomplexes leer.

Die Mitteilung des Beklagten vom 16. Februar 1979, die die Ankündigung der geplanten Unterschutzstellung des Gebäudes als Baudenkmal enthielt, beantwortete die PTB mit Schreiben vom 5. März 1979; sie führte hierin aus, sie beabsichtige auf dem Grundstück eine bauliche und sachgebietsmäßige Erweiterung ihres Berliner Instituts vorzunehmen, wobei eine Denkmalschutzwürdigkeit des Gebäudes des ehemaligen Deutschen Arbeitsschutzmuseums nicht in Betracht gezogen worden sei.

Mit Bescheid vom 19. März 1982 verfügte der Beklagte die Eintragung des Gebäudes in das Baudenkmalbuch Berlins. Zur Begründung berief er sich darauf, diesem Bauwerk des ausgehenden 19. Jahrhunderts, das für eine einzigartige Einrichtung des Wilhelminischen Reiches geplant worden sei, komme als Dokument der Sozial- und Industriegeschichte eine über Berlin hinausgreifende geschichtliche Bedeutung zu. Ferner sei ihm eine besondere architekturgeschichtliche Bedeutung zuzusprechen, da es sich hier um das wohl letzte erhaltene Beispiel einer glasgedeckten, in Eisen konstruierten Ausstellungshalle in der Tradition des 19. Jahrhunderts auf deutschem Boden handele. Nach der Zerstörung des Münchener Glaspalastes und der Berliner Ausstellungshalle sei diese im Jahre 1851 durch Paxton in London gegründete Tradition des Glaspalastes, die auf die Entwicklung der modernen Architektur nachhaltigen Einfluß genommen habe, durch bestehende Bauten nicht mehr unmittelbar verkörpert. Dem Ausstellungsgebäude des Arbeitsschutzmuseums, das auf dem künstlerischen Niveau seiner Zeit errichtet worden sei und sich in der Grundrißgestaltung und konstruktiven Detaillierung als eigenständige Schöpfung behaupten könne, sei daher die Eigenschaft eines Baudenkmals in besonderem Maße zuzusprechen. Es handele sich hier um ein Baudenkmal ersten Ranges, dessen Bedeutung als nationales Kulturgut über die Grenzen von Berlin hinaus zu sehen sei.

Gegen diesen Bescheid wendet sich die Klägerin mit der am 8. Juni 1982 erhobenen Klage, zu deren Begründung sie vorträgt: Der Bescheid des Beklagten sei rechtswidrig, weil das Gebäude des ehemaligen Deutschen Arbeitsschutzmuseums weder von geschichtlicher noch künstlerischer Bedeutung sei. Die geschichtliche Bedeutung sei durch den Untergang des Museums entfallen; künstlerische Bedeutung komme dem Gebäude nicht zu, weil sein geistiger Urheber nicht feststellbar sei und das Gebäude in keiner baugeschichtlichen Tradition stehe. Unabhängig hiervon könne aber hier der Pflicht zur Erhaltung selbst nicht genügt werden; der jetzige Zustand des Gebäudes, der durch Teilabriß und Reparaturen ohne Rücksicht auf die Eigenarten der ursprünglichen Konstruktion gekennzeichnet sei, unterscheide sich wesentlich von dem früheren Zustand. Außerdem sei bei der Halle nicht einmal die Standfestigkeit selbst gewährleistet. Eine äußerst kostspielige Rekonstruktion des Gebäudes unter denkmalschützenden Gesichtspunkten sei der Klägerin auch nicht zumutbar, weil sich eine Halle nicht für die geplante Errichtung von Laborräumen für medizinische Meßtechnik und Wärmeenergietechnik der PTB verwenden lasse. (...)

Entscheidungsgründe

Die zulässige Klage ist unbegründet; der angefochtene Bescheid des Senators für Stadtentwicklung und Umweltschutz (Landeskonservator) ist rechtmäßig und verletzt die Klägerin nicht in ihren Rechten.

Rechtsgrundlage ist § 6 Abs. 3 des Gesetzes zum Schutz von Denkmalen in Berlin (Denkmalschutzgesetz Berlin -DSchG Bln-) vom 22. Dezember 1977 (GVBl. S. 2540). Danach werden auf Antrag der Verfügungsberechtigten oder von Amts wegen nach deren Anhörung Baudenkmale in das Baudenkmalbuch eingetragen. Ein Baudenkmal ist nach der Legaldefinition des § 2 Abs. 2 DSchG-Bln eine bauliche Anlage, deren Erhaltung wegen ihrer geschichtlichen, künstlerischen oder wissenschaftlichen Bedeutung oder wegen ihrer Bedeutung für das Stadtbild im Interesse der Allgemeinheit liegt. Bei den Tatbestandsvoraussetzungen des § 2 Abs. 2 DSchG Bln, d.h. den Begriffen der Erhaltung im Interesse der Allgemeinheit wegen der Bedeutung der baulichen Anlage in geschichtlicher, künstlerischer oder wissenschaftlicher Hinsicht sowie ihrer Bedeutung für das Stadtbild handelt es sich um unbestimmte Rechtsbegriffe ohne Beurteilungsspielraum, d.h. die von der Behörde vorgenommene Ausfüllung des Begriffes ist vom Gericht voll nachprüfbar (BVerwGE 24, 60 (63); OVG Lüneburg, Verwaltungsrechtsprechung 1979, Nr. 47; VG Berlin, Urteil vom 12. Mai 1981 - VG 13 A 642.80; vgl. auch Moench, Denkmalschutz und Eigentumsbeschränkung, NJW 1980, S. 1545 ff.). (...) Der Beklagte hat zu Recht erkannt, daß das Gebäude des ehemaligen Deutschen Arbeitsschutzmuseums in geschichtlicher und künstlerischer Hinsicht von Bedeutung ist und deshalb im Interesse der Allgemeinheit erhalten werden muß.

Die geschichtliche Bedeutung folgt aus der ehemaligen Funktion des Gebäudes als Museum für Arbeiterwohlfahrt und Arbeitsschutz, die diesen Bau zum sozialgeschichtlichen Dokument für die Humanisierung der Arbeitsverhältnisse erhebt. Die Errichtung eines Ausstellungsgebäudes, in dem nicht nur - wie auf Industrieausstellungen, z.B. den im 19. Jahrhundert beliebten zivilisationsoptimistischen Weltausstellungen, üblich - Maschinen, sondern Ausschnitte des Produktionsprozesses und ihre soziale Wirklichkeit zu Exponaten wurden, bezeichnet eine bestimmte Etappe in der Geschichte des Arbeitsschutzes in der Wilhelminischen Sozialpolitik: Der Bau legt Zeugnis ab von der in den letzten Jahrzehnten des 19. Jahrhunderts gewachsenen Einsicht des Staates in seine soziale Verantwortlichkeit, die mit der um 1900 einsetzenden privaten bürgerlichen Reformbewegung in Richtung auf eine ästhetische und hygienische Verbesserung der Lebensbedingungen des arbeitenden Volkes konvergiert (...). Dem Gebäude kommt Bedeutung auch in künstlerischer (architekturgeschichtlicher) Hinsicht zu. Dies ergibt sich in erster Linie aus dem Bau selbst, d.h. seinem Konzept von massivem Kopfbau und anschließendem basilikalen Hallenraum, der eigentlichen Ausstellungshalle, die unter Verwendung der seinerzeit »modernen« Materialverbindung von Glas und Eisen errichtet ist. Dieses Kompositionskonzept lebt aus der Spannung der in den Gesamtbaukörper gebundenen Teile. Es führt bei der architektonischen Behandlung des Kopfbaues die für die

Berliner Maschinenbauindustrie des späten 19. Jahrhunderts bestehende Tradition der märkischen Backsteingotik phantasievoll weiter und verkündet bei der Ausstellungshalle die technische Botschaft der Moderne, verkörpert in der »transitorischen« Bauten vorbehaltenen Verwendung der Materialien Eisen und Glas, die in ein System schwebenden Gleichgewichts maschinell gefertigter und additiv gereihter Einzelelemente gefügt werden. Der Wechsel zwischen verglasten und fest eingedeckten Flächen im Dachbereich, der breite symmetrisch geordnete Lichtbänder bildet, fesselt den Betrachter durch den Eindruck von Spannung, Abwechslung und Großzügigkeit. Überhaupt schaffen die Transparenz und Leichtigkeit der verwendeten Materialien die Erfahrung eines Raums, der durch Offenheit und minimale Begrenzung bestimmt ist und der hinsichtlich seiner diaphanen Struktur und der Gliederung des Baues (in Hauptschiff, Seitenschiffe mit darüberliegenden Emporen sowie Querschiffe mit Vierungszonen) die Assoziation an gotische Sakralbauten zuläßt - ohne doch pathetisch zu werden, d. h. aus dem Rahmen des technischen Rasters herauszufallen (vgl. hierzu im einzelnen Neumeyer, a.a.O., S. 191/192).

Die Frage, wer als der Schöpfer, der geistige Urheber des Gebäudes, anzusehen ist, ist angesichts des beschriebenen Befundes von untergeordneter Bedeutung. (...)

Die Erhaltung des Gebäudes liegt auch im Interesse der Allgemeinheit. Die Frage, ob dem Tatbestandsmerkmal »Erhaltung im Interesse der Allgemeinheit« eigenständige - und sei es auch nur im Sinn eines Korrektivs - Bedeutung zukommt oder ob es - wofür der Gesetzeswortlaut zu sprechen scheint - stets schon erfüllt ist, wenn eine oder mehrere der in § 6 Abs. 3 DSchG Bln genannten vier Möglichkeiten der »Bedeutung« gegeben ist, kann hier unbeantwortet bleiben: Die Erhaltung eines geschichtlich und künstlerisch bedeutsamen Gebäudes, das zu den letzten erhaltenen Beispielen der in der Tradition der in Glas- und Eisenbauweise im 19. Jahrhundert errichteten Ausstellungsgebäude (beginnend mit Paxtons Londoner Halle) gehört, (...) liegt ohne weiteres im Interesse der Allgemeinheit.

Die Qualität als Baudenkmal kommt dem Gebäude auch in seinem gegenwärtigen Zustand zu; hiervon hat sich die Kammer anläßlich der Ortsbesichtigung überzeugt. Zwar ist nicht zu verkennen, daß das Gebäude durch Kriegseinwirkung und anschließende unsachgemäße, d. h. an der Bedeutung des Baues nicht orientierte Instandsetzung zum Zweck industrieller Fabrikation gelitten hat. Die Schäden, die das Äußere und die Innenräume des Gebäudes betreffen, beeinträchtigen jedoch nicht seinen Charakter als Baudenkmal. (...) Die große Ausstellungshalle, die den für denkmalschutzrechtliche Zwecke wichtigsten Teil des gesamten Bauwerks darstellt und deren Raumgefüge auch heute noch beim Betrachter einen überwältigenden Eindruck hinterläßt, ist in ihrer Gesamtheit erhalten; (...) Unwesentlich leidet der Gesamteindruck der Halle auch nur dadurch, daß die Dacheindeckung der Seitenschiffe an vielen Stellen durch provisorische Stützen aus Holz und Stahl gesichert worden ist.

Die Ansicht der Klägerin, der jetzige Zustand des Gebäudes habe mit dem ursprünglichen nicht viel gemeinsam, erweist sich aufgrund des beschriebenen Befundes, den die Kammer durch eigene Wahrnehmung während der Ortsbesichtigung festgestellt hat, als unzutreffend. (...) Daß diese Denkmalqualität dem gegenwärtigen Zustand des Gebäudes des ehemaligen Deutschen Arbeitsschutzmuseums innewohnt und nicht aus der Analyse der aufgrund gedanklicher Rekonstruktion gewonnenen ehemaligen Substanz resultiert, erhellt auch der Umstand, daß das Gebäude, so wie es gegenwärtig vorhanden ist, in den letzten Jahren Gegenstand wissenschaftlicher Publikationen durch namhafte Fachleute gewesen ist: (...) Nur nebenbei sei angemerkt, daß das Gebäude des ehemaligen Deutschen Arbeitsschutzmuseums im gegenwärtigen Zustand in letzter Zeit auch Gegenstand von Presseveröffentlichungen gewesen ist; hier sind zu nennen der Artikel von Günther Kühne in der Berliner Tageszeitung »Der Tagesspiegel« vom 1. Juni 1979 unter dem Titel »Industriebau in Gefahr - Ein Beispiel für Denkmalschutz in der Behördenpraxis« sowie der mit zwei Fotografien des jetzigen Zustandes bebilderte Artikel von Michael Böhm in der Berliner »Der Abend« vom 7. Juni 1979 unter dem Titel »Was wird aus dem alten Arbeitsschutzmuseum? - Charlottenburg: Wertvolles Industrie-Denkmal ist gefährdet«. Auch der weitere Einwand der Klägerin, eine Präsentation des Gebäudes in einem dem ursprünglichen vergleichbaren Zustand könne nur durch einen Abriß und erneuten Wiederaufbau der Halle erreicht werden, geht an der hier zu behandelnden Sache vorbei. Die Ausführungen des Bauingenieurs Günter Weber, die dieser in seinem im Auftrag der PTB erstellten Gutachten (...) gemacht hat, befaßten sich mit der Frage, unter welchen Voraussetzungen die ehemalige Ausstellungshalle weiter für Zwecke der industriellen Produktion, hier dem Bau von Werkzeugmaschinen, dienen könne. (...) Die in dieser Beziehung skeptischen, d.h. auf die Erfüllung einer Reihe von Auflagen abzielenden Ausführungen des Gutachters, können also für die Beantwortung der denkmalschutzrechtlich allein relevanten Frage, ob die Halle als solche erhalten werden kann - und zwar ausgehend von dem jetzigen Zustand, d.h. ohne zwischenzeitlichen Abriß und anschließenden Wiederaufbau - keine Rolle spielen; es liegt auf der Hand, daß die Gewährleistung industrieller Zweckausrichtung, bei der es beispielsweise um den Betrieb des mit großen Schubkräften arbeitenden Laufkrans geht, an die Belastungsresistenz einer Stahlkonstruktion ganz besondere Anforderungen stellt. Bieten schon die Ausführungen des Gutachters Webers keine Handhabe zur Stützung der Ansicht der Klägerin, so wird dies erst recht deutlich nach den Ausführungen der Architekten Wolff, Peters und Hagemann in ihrem »Gutachten zur Wiederherstellung und Instandsetzung des ehemaligen Deutschen Arbeitsschutzmuseums in Berlin-Charlottenburg« vom Juni 1982. (...) Hinsichtlich der Ausstellungshalle kamen diese Gutachter zu dem Ergebnis, daß die Stahlkonstruktion des Daches teilweise durch Brand und Korrosion beschädigt sei; an den feingliedrigen Bindern über den Seitenschiffen seien die Hauptbrandschäden vorhanden, während die höherliegenden Binder über den Hauptschiffen mit ihren größeren Einzelstababmessungen fast keine Brandschäden aufwiesen. Korrosionsschäden beträfen überwiegend einzelne Pfetten und seien an den Fachwerkbindern fast nicht mehr vorhanden. Den Umfang der Instandsetzungsarbeiten gaben die Gutachter mit 8% der vorhandenen Stahlkonstruktionen an. Abschließend führten die Gutachter aus, der optische Eindruck der vorhandenen Brandschäden dürfe nicht zu einer Überbewertung der Schäden insgesamt führen, da der Schadensumfang, gemessen am gesamten Bauwerk der Halle (Stahlkonstruktion, Wände und Fundamente) gering sei; deshalb sei die Instandsetzung der Halle zu befürworten (...).

Bei dieser gesamten Sachlage hat der Beklagte die Eintragung des Gebäudes des ehemaligen Deutschen Arbeitsschutzmuseums als eines gegenwärtig vorhandenen und in seiner Standfestigkeit nicht bedrohten Baudenkmals in das Denkmalbuch zu Recht verfügt. Dies hinzunehmen ist der Klägerin als der Eigentümerin (Art. 134 GG) des Baudenkmals bzw. der PTB als der Nutzungsberechtigten auch zuzumuten.

Die Zumutbarkeit betrifft zunächst den Umfang dessen, was der Beklagte künftig an Maßnahmen zur Erhaltung (§ 9 Abs. 2 DSchG Bln) anordnen wird; dies wird die Konkretisierung der den Verfügungsberechtigten eines Baudenkmals als Ausdruck der Inhaltsbestimmung und Sozialbindung des Eigentums (Art. 14 Abs. 1 Satz 2 und Abs. 2 GG) treffenden Pflicht sein, das Denkmal in einem denkmalgerechten Zustand zu erhalten und sachgemäß zu unterhalten (§ 9 Abs. 1 DSchG Bln). Für die Klägerin zumutbar ist die Unterschutzstellung aber auch insoweit, daß hierdurch das von der PTB entwickelte neue Nutzungskonzept für das Grundstück unmöglich gemacht wird. Der mit der Unterschutzstellung verbundene Eingriff in die Baufreiheit, zu der grundsätzlich auch die Befugnis des Eigentümers zum Abriß vorhandener Baulichkeiten gehört, fällt angesichts der außerordentlichen Bedeutung, die dem Gebäude als Baudenkmal zukommt, in den Bereich der Sozialbindung des Eigentums. Da diese Pflicht hier bereits jeden privaten Eigentümer treffen würde, bedarf es keiner Entscheidung darüber, ob der Bundesrepublik Deutschland bzw. der PTB als »öffentlichen« Rechtsträgern nicht ohnehin jedes aus der Unterschutzstellung resultierende »Opfer« abverlangt werden könnte; immerhin gilt selbst für den fiskalischen Bereich, in dem der Staat und die öffentlichen Körperschaften und Anstalten tätig werden, daß sie sich nicht auf den Schutz von Grundrechten wie Art. 14 GG berufen können (ständige Rechtsprechung des Bundesverfassungsgerichts, vgl. zuletzt den in NJW 80, S. 1093, abgedruckten Beschluß vom 20. Dezember 1979 - »Stromboykott«).

Nach alledem werden die Klägerin und die PTB gehalten sein, als Eigentümerin bzw. Nutzungsberechtigte bei jeder wie auch immer gearteten künftigen Nutzung des Grundstücks die Denkmalqualität der vorhandenen Baulichkeiten zu beachten. Die Kammer hat keinen Zweifel, daß sich hierfür - sofern die Erkenntnis von dem hohen Denkmalwert des Gebäudes sich erst einmal voll durchgesetzt haben wird – Mittel und Wege – auch in dem von Rechtsträgern der öffentlichen Hand zu fordernden beispielgebenden Sinn – finden werden.«

OVG 2 B 123.83

»Verkündet am 10. Mai 1985

In der Verwaltungsstreitsache der Bundesrepublik Deutschland, diese vertreten durch den Bundesminister für Wirtschaft, dieser vertreten durch den Präsidenten der Physikalisch-Technischen Bundesanstalt,
Klägerin und Berufungsklägerin,
gegen das Land Berlin, vertreten durch den Senator für Stadtentwicklung und Umweltschutz – Landeskonservator –, Lindenstraße 20-25, 1000 Berlin 61, Beklagten und Berufungsbeklagten,
hat der 2. Senat des Oberverwaltungsgerichts Berlin auf die mündliche Verhandlung vom 10. Mai 1985 (...) für Recht erkannt:
Akten-Z.: OVG 2 B 134.83
VG 16 A 13.83
Bekanntgabe freigestellt
Stichworte:
Denkmalschutzrecht
Interesse der Allgemeinheit
Erhaltungszustand
Rechtsnormen:
DSchG Bln § 2 Abs. 2, §§ 6, 9 ff.
Schlagworte:
»ehem. Deutsches Arbeitsschutzmuseum«
Leitsatz:
Bei der nicht im Ermessen stehenden Entscheidung über die Eintragung einer baulichen Anlage in das Denkmalbuch ist nur zu prüfen, ob deren Erhaltung wegen der geschichtlichen, künstlerischen oder wissenschaftlichen Bedeutung oder wegen ihrer Bedeutung für das Stadtbild im Interesse der Allgemeinheit liegt; auf den Erhaltungszustand sowie auf die Höhe der Erhaltungs-, Instandsetzungs- oder Wiederherstellungskosten kommt es bei der Eintragung grundsätzlich nicht an.
Urteil des 2. Senats vom 10. Mai 1985 – OVG 2 B 134.83 –

Die Berufung der Klägerin gegen das Urteil des Verwaltungsgerichts Berlin vom 1. März 1983 wird zurückgewiesen. (...)
Die Revision wird nicht zugelassen.

Tatbestand

Die Klägerin wendet sich gegen einen Bescheid, mit dem der Beklagte die Eintragung des auf ihrem Grundstück in Berlin-Charlottenburg gelegenen ehemaligen Deutschen Arbeitsschutzmuseums in das Denkmalbuch angeordnet hat. (...)

Nachdem der Beklagte unter dem 16. Februar 1979 die geplante Unterschutzstellung des Gebäudes als Baudenkmal angekündigt hatte, wies die PTB auf ihre Absicht hin, auf dem Grundstück ihr Berliner Institut baulich und sachgebietsmäßig zu erweitern; das durch Kriegsschäden erheblich zerstörte Bauwerk repräsentiere nicht mehr den historischen Zustand; sachliche und finanzielle Konsequenzen würden entstehen, wenn das Gebäude unter den Bedingungen des Denkmalschutzes wiederhergestellt werden müßte. Die Technische Universität Berlin hatte dem Beklagten mitgeteilt, daß das Gebäude wegen seiner günstigen Lage zur TU und wegen der großen Halle für Lehr- und Forschungszwecke außerordentlich gut geeignet sei.

Mit Bescheid vom 19. März 1982 ordnete der Beklagte die Eintragung des Gebäudes wegen seiner geschichtlichen und künstlerischen Bedeutung in das Baudenkmalbuch an und führte zur Begründung aus, als Dokument der Sozial- und Industriegeschichte komme diesem Bauwerk des ausgehenden 19. Jahrhunderts, das für eine einzigartige Einrichtung des Wilhelminischen Reiches geplant sei, eine über Berlin hinausgreifende geschichtliche Bedeutung zu. Ferner sei ihm eine besondere architekturgeschichtliche Bedeutung zuzusprechen, da es sich hier um das wohl letzte erhaltene Beispiel einer glasgedeckten, in Eisen konstruierten Ausstellungshalle in der Tradition des 19. Jahrhunderts auf deutschem Boden handele.

Mit ihrer gegen diesen Bescheid gerichteten Klage hat die Klägerin vorgetragen, die geschichtliche Bedeutung sei durch den Untergang des Museums entfallen; künstlerische Bedeutung habe das Gebäude nicht, weil sein geistiger Urheber nicht feststellbar sei und das Gebäude in keiner baugeschichtlichen Tradition stehe. Selbst wenn der Bau denkmalschutzrechtliche Bedeutung hätte, fehle das Interesse der Allgemeinheit an der Erhaltung. Seit dem Wegfall der Museumsfunktion sei das Gebäude der Öffentlichkeit nicht mehr zugänglich gewesen, so daß der Allgemeinheit durch einen Abriß oder Umbau keine öffentliche Einrichtung verlorengehe. Da zudem der Pflicht zur Erhaltung nicht genügt werden könne, weil eine solche Halle sich nicht für die geplante Entwicklung von Laborräumen für medizinische Meßtechnik und Wärmeenergietechnik der PTB verwenden lasse, sei sie auch in ihrem Recht aus Artikel 14 GG verletzt.

Das Verwaltungsgericht Berlin hat die Klage durch Urteil vom 1. März 1983 abgewiesen (...).

Gegen dieses Urteil richtet sich die Berufung der Klägerin, mit der sie weiter vorträgt, das Gebäude, das Zweckbestimmung und Funktion in keinem Bereich mehr erkennen lasse und seinem Ursprung weder zugeführt werden könne noch solle, sei kein Baudenkmal aus historischen Gründen. Die moderne Materialverbindung von Glas und Eisen reiche nicht aus, die künstlerische Bedeutung bejahen zu können. Jedenfalls sei das Gebäude deshalb kein Kulturdenkmal, weil es wegen seines Erhaltungszustandes objektiv nicht erhalten werden könne. Es liege nicht im Interesse der Allgemeinheit, durch Erneuerung der Stahlkonstruktion, Auswechseln der Mauern, des Glases und Wiederanbringen eines Giebels ein Gebäude zu errichten, das zwar den Anschein eines Originals habe, dem aber alle Originalteile genommen seien; bei dem neuen Gebäude würde es sich um ein aliud handeln.

Die Klägerin beantragt, das Urteil des Verwaltungsgerichts Berlin vom 1. März 1983 zu ändern und den Bescheid des Senators für Stadtentwicklung und Umweltschutz vom 19. März 1982 aufzuheben.

Der Beklagte beantragt, die Berufung zurückzuweisen.

Der Beklagte trägt vor, das Arbeitsschutzmuseum solle aufgrund des Zweckes, zu dem es damals errichtet worden sei und jetzt gewürdigt werde, unter Schutz gestellt werden. Die künstlerische Bedeutung folge aus dem Bau selber, in dem sich die Tradition des Glaspalastes verkörpere. Verfall könne einem Kunstwerk nicht seinen Kunstwert nehmen.

Entscheidungsgründe

Die Berufung kann keinen Erfolg haben; denn der Bescheid des Beklagten ist rechtmäßig und verletzt die Klägerin nicht in ihren Rechten (§ 113 Abs. 1 Satz 1 VwGO).

Rechtsgrundlage der Entscheidung ist § 6 Abs. 1 Satz 1 in Verbindung mit Abs. 3 des Gesetzes zum Schutz von Denkmalen in Berlin vom 22. Dezember 1977 (GVBl. S. 2540) – DSchG Bln –, wonach auf Antrag des Verfügungsberechtigten oder von Amts wegen Baudenkmale in das Baudenkmalbuch einzutragen sind. (...) In seinem Beschluß vom 14. Februar 1985 (OVG 2 B 142.83) hat sich der Senat der herrschenden Meinung angeschlossen, daß es sich bei der Begriffsbestimmung des Baudenkmals in § 2 Abs. 2 DSchG Bln um unbestimmte Rechtsbegriffe wertenden Inhalts handelt, die der uneingeschränkten verwaltungsgerichtlichen Prüfung unterliegen (vgl. schon BVerwG, Urteil vom 22. April 1966, BVerwGE 24, 60 (63); OVG Rheinland-Pfalz, Urteil vom 26. April 1984, DVBl. 1985, 406 (407); vgl. weiter Hönes, DVBl. 1984, 413 (417); Moench, NVwZ 1984, 146f. Anmerkung 6 mit weiteren Nachweisen).

Die geschichtliche Bedeutung des ehemaligen Arbeitsschutzmuseums folgt aus der früheren Funktion des Gebäudes als ständige Ausstellung für Arbeiterwohlfahrt und als Museum für Arbeitsschutz. (...) Die Gründung einer derartigen Einrichtung wurde sozial und politisch für so wichtig gehalten, daß der Reichstag im Jahre 1900 die Mittel für die »Ständige Ausstellung für Arbeiterwohlfahrt« einstimmig bewilligte. Die Ausstellung sollte sich nicht auf die Unfallverhütung beschränken, sondern sich auf die gesamte Gewerbewohlfahrt erstrecken, die Volksernährung und den Bau von Arbeiterwohnungen behandeln, die Fachliteratur sammeln und einen Hörsaal für Vorträge erhalten. Es handelt sich um ein Denkmal der deutschen Industrie- und Sozialgeschichte; denn es markiert den Beginn der modernen staatlichen Sozialpolitik und des Arbeitsschutzes in Deutschland, und es dokumentiert die Bestrebungen zur Humanisierung der Arbeitsverhältnisse. Darüber hinaus ist das Eisentragwerk ein charakteristisches Beispiel für die auch sonst um 1900 für Bahnhofshallen, Ausstellungsgebäude und Gewächshäuser typische Eisen-Glas-Verbindung.

Das Gebäude ist auch künstlerisch bedeutsam. Dies ist nicht nur dann der Fall, wenn sich künstlerische Phantasie in ihm zweckfrei entfaltet hat, sondern seinem Gestalter kann es auch allein darum gegangen sein, daß Form und Zweck des Bauwerks sich möglichst vollkommen entsprechen (vgl. Grosse-Suchsdorf/Schmaltz/Wiechert, Niedersächsische Bauordnung/Niedersächsisches Denkmalschutzgesetz, 3. Auflage 1984. § 3 NDSchG RdNr. 9). (...) Die Ausstellungshalle mit ihrer Gliederung in Hauptschiff, Seitenschiffe mit den darüberliegenden Galerien und den Querschiffen erweckt – wie das Verwaltungsgericht treffend formuliert hat – Assoziationen an gotische Sakralbauten. Die filigranhafte Ausführung der Dachkonstruktion und insbesondere auch der Geländer der Galerien spricht selbst in ihrem heutigen Zustand das ästhetische Empfinden des Betrachters in hohem Maße an. Auffallend ist auch die besondere Verbindung der gemauerten Teile, insbesondere der reich verzierten Giebel in der Kohlrauschstraße mit dem Mittelteil und dem Hörsaal sowie der aus Eisen und Glas errichteten Ausstellungshalle. Für die Frage der künstlerischen Bedeutung einer baulichen Anlage kommt es nicht entscheidend darauf an, wer der geistige Urheber ist. (...)

Die Erhaltung des geschichtlich und künstlerisch wertvollen Gebäudes liegt auch im Sinne von § 2 Abs. 2 DSchG Bln im Interesse der Allgemeinheit. Hierbei handelt es sich um ein eigenständiges Tatbestandsmerkmal, das zu der künstlerischen oder geschichtlichen Bedeutung hinzukommen muß (vgl. OVG Lüneburg, Urteil vom 4. Juni 1982, NVwZ 1983, 231 (233); Moench, NVwZ 1984, 146 (148); Finkelnburg, Zum Schutz von Baudenkmalen in Berlin, in: Festschrift zum 125jährigen Bestehen der Juristischen Gesellschaft zu Berlin, 1984, 129 (139). Ein solches Interesse der Allgemeinheit ist anzunehmen, wenn eine allgemeine Überzeugung von der Denkmalwürdigkeit einer baulichen Anlage und der Notwendigkeit ihrer Erhaltung besteht. Das ist nach ständiger Rechtsprechung der Fall, wenn die Denkmalwürdigkeit in das Bewußtsein der Bevölkerung oder mindestens eines breiten Kreises von Sachverständigen eingegangen ist (vgl. BVerwG, Urteil vom 24. Juni 1960, BVerwGE 32 (37); OVG Lüneburg, a.a.O.; OVG Rheinland-Pfalz, Urteil vom 26. April 1984, DVBl. 1985, 406 (408). Entgegen der Auffassung der Klägerin kommt es auch auf die Möglichkeit der tatsächlichen Wahrnehmung durch jedermann nicht an; entscheidend ist die Überzeugung jedenfalls eines weiteren Kreises von Sachverständigen von der Denkmalwürdigkeit einer baulichen Anlage. Das Bauwerk war und ist Gegenstand von Darstellungen und Erörterungen nicht nur in Gutachten, in der Fachliteratur und in der Tagespresse, sondern auch in allgemeinen Informationen. (...) Das Interesse der Allgemeinheit an der Erhaltung des Gebäudes und die Denkmaleigenschaft selbst werden durch den gegenwärtig teilweise schlechten baulichen Zustand und die umfassende Renovierungsbedürftigkeit insbesondere der Ausstellungshalle und des Mitteltraktes mit dem Hörsaal nicht in Frage gestellt (vgl. den genannten Beschluß des Senats vom 14. Februar 1985 sowie insbesondere VGH Baden-Württemberg, Urteil vom 1. Dezember 1982, BRS 39 Nr. 134; BayVGH, Urteil vom 27. März 1979, VGHE 32, 140 (143); Moench, NVwZ 1984, 146 (148). Auch ein schlecht erhaltenes Baudenkmal ist erhaltenswert, wenn es in diesem Zustand als historische Bausubstanz noch die besondere in § 2 Abs. 2 DSchG Bln enthaltene Bedeutung vermitteln kann. Das ist hier insbesondere hinsichtlich der gemauerten Teile des Gesamtgebäudes der Fall; entgegen der Auffassung der Klägerin gilt dies aber auch für die Eisenkonstruktion der Ausstellungshalle. Daß es für die Denkmalwürdigkeit auf den baulichen Zustand und die umfassende Renovierungsbedürftigkeit eines Baudenkmals nicht ankommt, wird durch § 10 Abs. 1 DSchG Bln bestätigt. Danach geht der Gesetzgeber gerade davon aus, daß bei einem Baudenkmal nicht nur eine Instandsetzung, sondern sogar eine Wiederherstellung in Betracht kommt. Die Erhaltung einer geschichtlich, künstlerisch, wissenschaftlich oder für das Stadtbild bedeutsamen baulichen Anlage wird grundsätzlich nur dann nicht im Interesse der Allgemeinheit liegen, wenn das Original nicht mehr vorhanden, die bauliche Anlage beseitigt worden ist (vgl. Hönes, DÖV 1983, 332 (334).

Auch auf die Höhe der Erhaltungs-, Instandsetzungs- oder Wiederherstellungskosten – im vorliegenden Fall ist die Rede von 10 bis 20 Millionen DM – und auf die Frage, von wem diese Kosten aufzubringen sind, kommt es im vorliegenden Verfahren, in dem Streitgegenstand allein die Denkmaleigenschaft und damit die Rechtmäßigkeit der Eintragung des ehemaligen Deutschen Arbeitsschutzmuseums in das Baudenkmalbuch ist, nicht an (vgl. OVG Lüneburg, Urteil vom 16. Januar 1984,

NVwZ 1984, 741 (743) und dazu BVerwG, Beschluß vom 3. April 1984, NVwZ 1984, 723). Zwischen der Begründung des Denkmalschutzes durch die Eintragung nach § 6 und der Wirkung des Denkmalschutzes, die in den §§ 9 ff. DSchG Bln geregelt wird, ist zu unterscheiden. Eine Abwägung der Interessen findet nach § 6 Abs. 1 Satz 1 DSchG Bln bei der Entscheidung über die Eintragung nicht statt; die Eintragung muß erfolgen, wenn eine bauliche Anlage geschichtlich, künstlerisch oder wissenschaftlich oder für das Stadtbild bedeutsam ist und ihre Erhaltung im Interesse der Allgemeinheit liegt. Ein Ermessensspielraum besteht nicht (vgl. auch die Begründung, AH-Drucks. 7/780, S. 7). Erst wenn die Klägerin einen Antrag auf Erteilung einer Genehmigung zur Beseitigung oder Veränderung des Baudenkmals stellen sollte, ist im Rahmen der Entscheidung nach § 10 DSchG Bln zu prüfen, ob Gründe des Denkmalschutzes den Interessen der Klägerin entgegenstehen. Der Grundsatz der Verhältnismäßigkeit ist bei der Abwägung zu beachten, bei der Beurteilung der Denkmalwürdigkeit haben finanzielle Erwägungen außer Betracht zu bleiben (vgl. Finkelnburg, a.a.O., 140, 149). Ist es somit unzulässig, die Entscheidung über die Unterschutzstellung von finanziellen Erwägungen abhängig zu machen, so erscheint es bedenklich, wenn einer anderen Dienststelle ein dahingehendes Mitspracherecht eingeräumt wird. Im Stadium der Eintragung ist noch offen, ob und in welchem Umfang die Denkmalschutzbehörde von den Gebots- oder Verbotsvorschriften des Denkmalschutzgesetzes Gebrauch macht; darüber ist nach Unanfechtbarkeit der Eintragung (vgl. § 6 Abs. 4 DSchG Bln) zu entscheiden. Auch wenn sich die Klägerin auf Artikel 14 GG nicht berufen kann (vgl. BVerfGE 61, 82 (101, 105 ff.); Urteil des Senats vom 10. November 1983 – OVG 2 B 101.80 –), wäre bei einem etwaigen Genehmigungsantrag zu prüfen, ob der Erhaltungsaufwand außer Verhältnis zum Wert des Baudenkmals steht (vgl. Hessischer VGH, Urteil vom 29. Mai 1981, BRS 38 Nr. 142). Auf die Frage, ob der Beklagte unter den Voraussetzungen des § 13 Abs. 4 DSchG Bln eine Übertragung oder die Klägerin nach Abs. 5 dieser Vorschrift eine Übernahme des Grundstücks verlangen könnte, kommt es hier nicht an.

Da somit nur diese zweistufige Ausgestaltung des Schutzes von Baudenkmälern, erst Eintragung, dann konkrete Entscheidung über das weitere Schicksal des Baudenkmals – dem Sinn und Zweck des Denkmalschutzgesetzes entspricht (vgl. zuletzt insbesondere Dieterich/Dieterich-Buchwald, ZfBR 1984, 63 (68), bedarf es für die Entscheidung im vorliegenden Verfahren auch nicht der Einholung eines Sachverständigengutachtens über die Frage, welche Veränderungen an der historischen Bausubstanz bei einer späteren Renovierung vorgenommen werden müßten und welche Kosten entstehen. Dies alles wird in einem etwaigen Verfahren nach den §§ 9 und 10, § 11 in Verbindung mit § 67 der Bauordnung für Berlin vom 28. Februar 1985 (GVBl. S. 522) zu klären sein.«

Abb. 10: Fassadenausschnitt der Halle, Hofbereich, Zustand 1982

Klaus-Peter Kloß

Das ehemalige Arbeitsschutzmuseum als Baudenkmal

»Die leidvollen Erfahrungen der Vergangenheit geben wenig Anlaß zum Optimismus: ›Wenn nicht noch ein Wunder geschieht, überlebt der Bau den 31. Dezember 1982 nicht und wird abgerissen‹.«[1]

Trotz dieser seinerzeit berechtigten pessimistischen Einschätzung ist der Bau noch nicht abgerissen, – im Gegenteil – sind im Sommer 1988 nach Substanzuntersuchungen, die den baulichen Zustand der Ausstellungshalle als befriedigend und sanierungsfähig einschätzten, Sicherungsmaßnahmen durchgeführt worden. Der weitere Verfall konnte damit aufgehalten werden. Die Instandsetzung und denkmalgerechte Nutzung des Denkmals durch die Physikalisch-Technische Bundesanstalt ist beschlossen, die vorbereitende Planung mit den Beteiligten abgesprochen, die Durchführung der Maßnahme ab 1990 vorgesehen.

Wie ist der Wandel von 1982 bis 1988 zu erklären?

I. Das Unterschutzstellungsverfahren

Nachdem bereits 1979 seitens der Denkmalschutzbehörde das Unterschutzstellungsverfahren eingeleitet worden war, erfolgte im März 1982 die Anordnung zur Eintragung in das Baudenkmalbuch.

Als Begründung für die Denkmaleigenschaft wurde angeführt:
1. Die geschichtliche Bedeutung
    Als Dokument der Sozial- und Industriegeschichte manifestiert sich in dem Bauwerk die beginnende Einsicht des Staates in seine soziale Verantwortung gegenüber den arbeitenden Menschen. Hierdurch erhält das Gebäude Symbolcharakter und exemplarische Bedeutung auch über Berlin hinaus.
2. Die künstlerische Bedeutung
    Als letztem erhaltenen Beispiel einer glasgedeckten, in Eisen konstruierten Ausstellungshalle in der Tradition des 19. Jahrhunderts auf deutschem Boden, wegen der Grundrißgestaltung, der konstruktiven Detaillierung sowie der dadurch erzielten Raumwirkung, ist dem Bauwerk eine hohe baukünstlerische Bedeutung zuzumessen.

Die Physikalisch-Technische Bundesanstalt als Verfügungsberechtigte der Liegenschaft erhob hiergegen Klage beim Verwaltungsgericht, da sie die Denkmaleigenschaft anzweifelte. Das Erhaltungsinteresse der Allgemeinheit – Voraussetzung für die Anerkennung der Denkmaleigenschaft – wurde mit der Begründung bestritten, daß einerseits die ursprüngliche Museumsnutzung seit langem weggefallen sei und außerdem das Objekt nur eine sehr mangelhafte Popularität genieße. Das Hauptargument war jedoch der bauliche Zustand des Denkmals. Es sei nur der Abbruch und ein erneuter Wiederaufbau möglich, hieß es in der Klagebegründung. Bereits notdürftige Instandsetzungsmaßnahmen würden 10 Millionen DM kosten.

Klägerin in den nun folgenden Gerichtsverfahren war die Bundesrepublik Deutschland, vertreten durch die Physikalisch-Technische Bundesanstalt, Beklagte war das Land Berlin, vertreten durch den Senator für Stadtentwicklung und Umweltschutz als Denkmalschutzbehörde.

Die Verhandlung vor der 16. Kammer des Berliner Verwaltungsgerichtes erfolgte am 1. März 1982. Das Gericht bestätigte die Denkmaleigenschaft des ehemaligen Arbeitsschutzmuseums und wies damit die Klage der PTB zurück. »Die Frage, ob dem Tatbestandsmerkmal ›Erhaltung im Interesse der Allgemeinheit‹ eigenständige – und sei es auch nur im Sinn eines Korrektivs – Bedeutung zukommt oder ob es – wofür der Gesetzwortlaut zu sprechen scheint – stets schon erfüllt ist, wenn eine oder mehrere der in § 6 Abs. 3 DSchG Bln genannten vier Möglichkeiten der ›Bedeutung‹ gegeben ist, kann hier unbeantwortet bleiben: Die Erhaltung eines geschichtlich und künstlerisch bedeutsamen Gebäudes, das zu den letzten erhaltenen Beispielen (...) gehört, deren deutsche Beispiele, (...) inzwischen untergegangen sind, liegt ohne weiteres im Interesse der Allgemeinheit.«[2]

Auch auf den baulichen Zustand geht das Urteil ein: »Schäden und Beeinträchtigungen der einzelnen Gebäudeteile, deren Vorhandensein nicht geleugnet werden soll, gehen bei einer Gesamtschau nicht über das Maß des Zustandes hinaus, in dem historisch und künstlerisch bedeutsame und im Interesse der Allgemeinheit erhaltenswerte Bausubstanz in vielen Fällen angetroffen wird.«[3]

Darüberhinaus wird ausführlich auf die Zumutbarkeit der Unterschutzstellung für die Physikalisch-Technische Bundesanstalt eingegangen: »Die Zumutbarkeit betrifft zunächst den Umfang dessen, was der Beklagte künftig an Maßnahmen zur Erhaltung (...) anordnen wird; dies wird die Konkretisierung der den Verfügungsberechtigten eines Baudenkmals aus Ausdruck der Inhaltsbestimmung und Sozialbindung des Eigentums (...) treffenden Pflicht sein, das Denkmal in einem denkmalgerechten Zustand zu erhalten und sachgemäß zu unterhalten (...). Der mit der Unterschutzstellung verbundene Eingriff in die Baufreiheit, zu der grundsätzlich auch die Befugnis des Eigentümers zum Abriß vorhandener Baulichkeiten gehört, fällt angesichts der außerordentlichen Bedeutung, die dem Gebäude als Baudenkmal zukommt, in den Bereich der Sozialbindung des Eigentums. Da diese Pflicht hier bereits jeden privaten Eigentümer treffen würde, bedarf es keiner Entscheidung darüber, ob der Bundesrepublik bzw. der PTB als »öffentlichen« Rechtsträgern nicht ohnehin jedes aus der Unterschutzstellung resultierende »Opfer« abverlangt werden könnte; immerhin gilt selbst für den fiskalischen Bereich, in dem der Staat und die öffentlichen Körperschaften und Anstalten tätig werden, daß sie sich nicht auf den Schutz von Grundrechten wie Art. 14 GG berufen können (...)«.[4]

Gegen dieses Urteil legte die Physikalisch-Technische Bundesanstalt am 6. 7. 1983 Berufung beim Oberverwaltungsgericht Berlin ein. In der Berufungsbegründung wird wiederholt die Denkmaleigenschaft angezweifelt und unter Hinweis auf den angeblich nicht reparablen baulichen Zustand die Möglichkeit der Unterschutzstellung grundsätzlich infrage gestellt, da sämtliche konstruktiven Teile wie die Tragkonstruktion, das Mauerwerk, Glaseindeckung usw. nach Abbruch zu erneuern seien und danach nur noch der »Anschein eines Originals« vorhanden sei, dem jegliche Denkmalqualität richtigerweise abzusprechen ist.

Mit Urteil des 2. Senats des Oberverwaltungsgerichts Berlin vom 10. Mai 1985 wird die Berufungsklage der PTB ebenfalls zurückgewiesen und damit die Denkmaleigenschaft endgültig bestätigt. Der Leitsatz des Urteils hat folgenden Wortlaut:

»Bei der nicht im Ermessen stehenden Entscheidung über die Eintragung einer baulichen Anlage in das Denkmalbuch ist nur zu prüfen, ob deren Erhaltung wegen der geschichtlichen, künstlerischen oder wissenschaftlichen Bedeutung für das Stadtbild im Interesse der Allgemeinheit liegt; auf den Erhaltungszustand sowie auf die Höhe der Erhaltungs-, Instandsetzungs- und Wiederherstellungskosten kommt es bei der Eintragung grundsätzlich nicht an.«[5]

In der Urteilsbegründung geht der 2. Senat auch ausführlich auf die Frage der Beurteilung des baulichen Zustands und der zu erwartenden Instandsetzungsaufwendungen ein.

»Die Erhaltung einer geschichtlich, künstlerisch, wissenschaftlich oder für das Stadtbild bedeutsamen baulichen Anlage wird grundsätzlich nur dann nicht im Interesse der Allgemeinheit liegen, wenn das Original nicht mehr vorhanden, die bauliche Anlage beseitigt worden ist. (...) Auch auf die Höhe der Erhaltungs-, Instandsetzungs- oder Wiederherstellungskosten (...), kommt es im vorliegenden Verfahren, in dem Streitgegenstand allein die Denkmaleigenschaft und damit die Rechtmäßigkeit der Eintragung in das Baudenkmalbuch ist, nicht an (...).

Erst wenn die Klägerin einen Antrag auf Erteilung einer Genehmigung zur Beseitigung oder Veränderung des Baudenkmals stellen sollte, ist im Rahmen der Entscheidung nach § 10 DSchG Bln zu prüfen, ob Gründe des Denkmalschutzes den Interessen der Klägerin entgegenstehen. Der Grundsatz der Verhältnismäßigkeit bei der Abwägung ist zu beachten, bei der Beurteilung der Denkmalwürdigkeit haben finanzielle Erwägungen außer Betracht zu bleiben.«[6]

In diesem Zusammenhang wird vom OVG auch darauf hingewiesen, daß bei der Prüfung der Denkmaleigenschaft keiner anderen Dienststelle ein Mitspracherecht einzuräumen sei, es kritisierte damit eine Berliner Verwaltungspraxis, die von 1983 bis 1988 der Finanzbehörde ein Mitspracherecht beim Unterschutzstellungsverfahren einräumte.[7]

Abb. 11: Hallenlängsfront an der Kohlrauschstraße mit Vorgarten, Zustand 1982

»Da somit nur diese zweistufige Ausgestaltung des Schutzes von Baudenkmälern – erst Eintragung, dann konkrete Entscheidung über das weitere Schicksal des Baudenkmals dem Sinn und Zweck des Denkmalschutzgesetzes entspricht,« (...) bedürfe es nach Auffassung des 2. Senats auch keiner weiteren Überprüfung möglicher Instandsetzungskosten. Eine Revision wurde nicht zugelassen. Am 13. 2. 1986 erfolgte dann die Eintragung in das Denkmalbuch und ebenfalls noch im Februar 1986 eine erste Grundsatzbestimmung auf der Basis planerischer Vorüberlegungen, die die Bundesbaudirektion im Auftrage der PTB durchgeführt hatte.

II. Die Nutzung durch die Physikalisch-Technische Bundesanstalt

Die PTB hatte die Bundesbaudirektion um Prüfung gebeten, ob das Raumprogramm für die vorgesehenen Nutzungen der Medizinischen Meßtechnik und Wärmeenergiemeßtechnik im vorhandenen Gebäude untergebracht werden kann, da nach der Urteilssprechung des OVG die Erhaltung der Halle und deren Umnutzung verbindlich war. Zu dieser Zeit gingen die Fachleute noch davon aus, daß die vorhandene Stahlkonstruktion überwiegend auszutauschen sei und auch die in den

Das Arbeitsschutzmuseum als Denkmal

Abb. 12: Bildmitte rechts: Zugang zur Halle von der Vorhalle aus; Schäden am Dach, verschiedene Einbauten aus der Nachkriegszeit, Zustand 1987

Umfassungswänden eingemauerten Stahlstützen allseitig freigelegt und eine Rostschutzbehandlung erhalten müssen, was zu einer weitgehenden Erneuerung auch der Außenwände geführt hätte. Zur Vorbereitung der Bauplanungsunterlage für die Herrichtung des Gebäudes durch die Bundesbaudirektion waren also zunächst sehr ausführliche Untersuchungen des Zustandes der Stahlkonstruktion sowie eine statische Berechnung ihrer Tragfähigkeit erforderlich. Hierfür wurden die Bundesanstalt für Materialforschung und -prüfung sowie das Statikbüro Dr. Franke eingeschaltet.

Bei der Untersuchung der Materialbeschaffenheit des Stahls ging es in erster Linie darum, die weitere Verwendbarkeit der Stahlkonstruktion, den Korrosionszustand und die Festigkeitskennwerte zu ermitteln, war doch in den ersten Gutachten auch im Zusammenhang mit der Unterschutzstellung die Verwendungsfähigkeit der Stahlkonstruktion grundsätzlich infragegestellt. Es erfolgten Zugproben, Kerbschlagbiegeproben sowie chemische Analysen, die in ihrem Ergebnis eine vergleichbare Stahlsorte St 37-1 mit einer zulässigen Spannung von 140 N/mm2 ergaben. Bis auf die Einschränkung, daß dieser Stahl nicht schweißbar ist, konnte also eine ausreichende Stabilität der Stahlteile ermittelt werden.

Die Untersuchung über den Korrosionszustand des Stahls vom 4. 1. 1988 kam zu dem Ergebnis, »daß auf Grund fehlender Sicherungsmaßnahmen Feuchtigkeit durch undichte Decken und Fassaden in verschiedene Bereiche des Bauwerks eindringen konnte und an exponierten Stellen Träger deutliche Korrosionserscheinungen bis hin zu vereinzelten Korrosionsschäden aufweisen. Der Korrosionszustand der Stahlkonstruktion in ihrer Gesamtheit ist aber zum jetzigen Zeitpunkt noch als gut zu bezeichnen. Eine sofortige Einleitung von Maßnahmen gegen das Eindringen von Feuchtigkeit zur Verhinderung der Korrosionsvorgänge wird dringend empfohlen. Nach erfolgter Sanierung von Mauerwerk und Stahlkonstruktion und Anwendung üblicher Korrosionsschutzmaßnahmen zur Fernhaltung der Feuchtigkeit sind langfristig keine Korrosionsschäden zu erwarten. Der Stahlträgerkonstruktion kann dann eine übliche Lebenserwartung bezogen auf einen vergleichbaren Neubau zugerechnet werden.«[8]

Auch die Untersuchung des Statikers ergab, daß die Konstruktion für eine weitere Nutzung ausreichend sei und nur an wenigen Stellen – insgesamt nicht mehr als ca. 25 % – eine Erneuerung der Stahlteile erforderlich sei. Schwerpunktmäßig sind hiervon Teile betroffen, die durch Brandeinwirkung stark deformiert worden waren.

Zusätzlich stellte sich als problematischer Bereich die vorhandene Deckung mit dünnen Betonplatten im oberen Dachbereich heraus. Die sehr schweren Platten haben nur wenige Zentimeter Auflagefläche, so daß durch den Alterungsprozeß die Platten nicht mehr ausreichend verankert sind und ggf. herunterfallen könnten. Vorläufig sind sie durch Absteifungen gesichert, bei der endgültigen Sanierungsmaßnahme wird wohl das Auswechseln eines großen Teiles dieser Platten unumgänglich sein.

Materialuntersuchungen und Zustandsermittlungen ergaben zusammenfassend jedoch ein durchweg positives Bild von der Beschaffenheit der Halle. Trotz des jahrelangen Leerstandes und der damit im Zusammenhang zu sehenden Durchfeuchtung der gesamten Konstruktion konnte ein »ruinöser« Zustand, wie er beispielsweise noch in den Gerichtsverhandlungen behauptet wurde, nicht festgestellt werden. Andererseits verwiesen sämtliche Gutachter auf die dringende Notwendigkeit, die Durchfeuchtung des Mauerwerks und der Stahlkonstruktion umgehend zu beenden, da ansonsten sich der Zustand kurzfristig drastisch verschlechtern würde.

Im Sommer 1988 wurden deshalb von der PTB die erforderlichen Sicherungsmaßnahmen, die kostenmäßig weniger als 5 % des seinerzeit mit 10 Millionen DM geschätzten Maßnahmenvolumens ausmachten, durchgeführt. Eine Erneuerung der Gesamtkonstruktion steht nicht mehr zur Diskussion.

Das Berliner Architekturbüro AGP erhielt von der Bundesbaudirektion den Auftrag, die beabsichtigte Nutzung in den vorhandenen Bau zu integrieren. Nach ersten Vorüberlegungen konnte ein auch aus denkmalpflegerischer Sicht akzeptabler Lösungsvorschlag entwickelt werden.

Es waren zwei sehr unterschiedliche Nutzungseinheiten – einerseits die hochsensible Medizinische Meßtechnik, andererseits die Wärmemeßtechnik, die eine über 30 m lange Meßstrecke mit Druckrohren benötigt – unterzubringen.

Der Vorentwurf der Architekten sieht den Einbau der Medizinischen Meßtechnik im hinteren Querschiff der Halle vor, wobei die eigentliche Meßkammer direkt in der Mittelachse der Halle unter der nördlichen Laterne ihren Standort haben wird. Diese Meßkammer besteht aus einem Würfel, der 3 x 3 x 3 m mißt, dieser ist wiederum von einem offenen Metallgerüst 9 x 9 x 9 m umgeben. 6 m dieses Gerüstes werden oberhalb des Hallenbodenniveaus herausragen. Ähnlich wie ein Ausstellungsexponat wird dieser Körper frei in die Halle hinein gestellt.

Die Wärmemeßtechnik benötigt ein über 30 m langes Druckrohr, das besondere Sicherheitsvorkehrungen erforderlich macht. Es ist deshalb vorgesehen, diese Prüfeinheit in einem Keller, der zwischen den Galeriestützen, also nur im mittleren Bereich der Halle in der Ausdehnung des vorderen Querschiffs eingebaut werden soll, unterzubringen. Ohne die Fundamente der Hallenkonstruktion und damit die Halle selbst zu beeinträchtigen, wird er in einer Art Schottenbauweise in den von Stützen freien Raum eingebracht. Diese Meßeinrichtung wird somit optisch in der Halle kaum in Erscheinung treten.

Die Galerieflächen bleiben unverbaut, nur die Flächen unterhalb der Galerien werden von der PTB für Funktionsräume benötigt, wobei der Vorentwurf einen sehr transparenten Abschluß noch im Galeriebereich hinter der Stützenreihe zur Halle hin vorsieht.

Der Vortragssaal im Obergeschoß des Zwischenbauteils und die angrenzenden vorderen Galeriebereiche sollen von der Institutsnutzung getrennt werden und für öffentliche Veranstaltungen und ggf. Ausstellungen separat zugänglich sein. Die bauaufsichtlichen Sicherheitspakete sind noch nicht endgültig entschieden. Es zeichnet sich jedoch ab, daß eine feuerbeständige Ummantelung der Stahlkonstruktion nicht erforderlich sein wird, sie wäre aus denkmalpflegerischer Sicht auch nicht akzeptabel. Vermutlich wird bei der Sanierung ein feuerhemmender Anstrich auf die Stahlkonstruktion aufzubringen sein. Eine Unterteilung der Halle in mehrere Brandabschnitte, denkmalpflegerisch unvertretbar, wird gleichermaßen nicht erforderlich sein, da durch die nur ebenerdige Nutzung der Halle stets gute und ausreichende Rettungswege zur Verfügung stehen.

III. Das denkmalpflegerische Konzept

Nach Auswertung der Bauakten und der Literatur durch das Denkmalamt sowie einer zeichnerischen Bestandsaufnahme durch die Architekten (AGP) und einer photogrammetrischen Bestandsaufnahme der Fassaden durch Prof. Schultz (TFH) im Maßstab 1:50 ergab sich folgendes Bild:

Das Verwaltungsgebäude in der Fraunhofer Straße wurde bereits in der Zwischenkriegszeit in seinem äußeren Erscheinungsbild stark verändert, in dem der dominierende Mittelteil der Straßenfassade einschließlich des großen Giebels in seiner Gestaltung stark vereinfachend renoviert wurde. Während des Krieges ging das gesamte Dach verloren. Das denkmalpflegerische Konzept sieht hier die Instandsetzung der vorhandenen Fassade vor. Das neu zu errichtende Dach soll die vorhanden gewesene Kubatur des ehemaligen Daches wieder übernehmen, sich gestalterisch aber als Neubauteil zu erkennen geben. Die Halle ist in ihrem äußeren Erscheinungsbild instandzusetzen. Hierbei sind die nur provisorisch geschlossenen Fenster wieder zu öffnen, die Schäden zu beseitigen und Fehlstellen zu ergänzen. Der Zwischenbau ist in seiner räumlichen Disposition zu erhalten. Der im Obergeschoß befindliche Hörsaal ist im Kriege weitgehend ausgebrannt. Eine eingehende Bestandsaufnahme der noch vorhandenen Baudetails sowie eine restauratorische Befunderhebung wird die Grundlage für die denkmalpflegerische Behandlung des Saales bilden. Seine Gestaltung wird jedoch nicht die Rekonstruktion der weitgehend vernichteten historischen Innenraumgestaltung zum Ziel haben, sondern vielmehr die Integration der noch vorhandenen Bauteile, die konservatorisch bzw. restauratorisch zu behandeln sind, in eine neue Gesamtgestaltung verfolgen. Der Hallengrundriß zeichnet sich durch sehr willkürliche Einbauten hauptsächlich aus der Zeit nach dem Zweiten Weltkrieg aus; die zum größten Teil als Provisorien anzusehenden Einbauten sind denkmalpflegerisch belanglos, teilweise stören sie den Halleneindruck erheblich, wie beispielsweise die auf der westlichen Galerie befindliche Aufmauerung aus Kalksandsteinen. Diese Einbauten können entfernt werden, um somit wieder den offenen Halleneindruck zurückzugewinnen. Die gesamte Stahlkonstruktion ist grundsätzlich zu erhalten. Nur die Teile, die aufgrund von Brandeinwirkung bzw. Korrosionsschäden derart geschwächt sind, daß sie statisch nicht mehr tragfähig sind, können ersetzt werden. Dies gilt auch für die Teile der Konstruktion, die bereits ausgetauscht worden sind und formal beispielsweise bei einigen Stützen nicht den originalen Bauteilen entsprechen. Da diese Teile nach Abschluß der Sanierungsmaßnahme die einzigen Bestandteile der Halle sein werden, an denen die Kriegseinwirkung und Reparaturzustände nach wie vor ablesbar sind, besteht ein großes denkmalpflegerisches Interesse an deren Erhaltung. Auch die vorhandene Krananlage ist ein unverzichtbares Ausstattungsstück der Halle, da sie bereits für die ehemalige Ausstellungsnutzung für den Transport der Exponate notwendig war. Sie soll auch für die neue Nutzung, insbesondere für die Wärmemeßtechnik, weiterhin betrieben weden. Zur Festlegung der Innenraumgestaltung sind neben der Bestandsaufnahme sämtlicher Bau- und Ausstattungsdetails auch restauratorische Befunderhebungen durchzuführen. Diese vorbereitenden Arbeiten werden noch das Jahr 1989 beanspruchen, so daß mit der eigentlichen Sanierungsmaßnahme dann ab 1990 begonnen werden kann.

Abb. 13: Blick von der Galerie über dem Halleneingang in das Hauptschiff, Zustand 1988

IV. Schlußbemerkung

Das ehemalige Arbeitsschutzmuseum bündelt wie der Fokus eines Brennglases viele Merkmale, die für die Behandlung der Berliner Denkmalsubstanz in der Nachkriegszeit charakteristisch sind. In einer Zeit gebaut, in der Berlin den Weg zur Metropole beschritt und sich baulich qualitativ und quantitativ am rasantesten entwickelte, mußte es mit vielen Denkmalen aus dieser Zeit das gleiche Schicksal teilen, das bis in die 70er Jahre von Mißachtung, Ablehnung und Ignoranz geprägt war. Seine Erhaltung bis zu diesem Zeitpunkt verdankte es ausschließlich seiner abgelegenen Situation, indem es keiner Verkehrsplanung oder städtebaulich attraktiven Neunutzung im Wege stand sowie der Tatsache, daß es als gewerblicher Nutzbau durchaus noch seine Dienste erbringen konnte. Als die Substanz scheinbar verbraucht war, sollte es konsequenterweise einem Neubau weichen.

Stimmen, die sich gegen Ende der 70er Jahre für den Erhalt des Gebäudes erhoben, konnten sich in der Öffentlichkeit kaum Gehör verschaffen. Die das öffentliche Interesse an der Erhaltung begründende sozial- und auch architekturgeschichtliche Bedeutung des Denkmals wurde grundsätzlich angezweifelt. Hieran zeigte sich, daß die historischen Gebäude, die Bestandteil des industriellen Entwicklungsprozesses im ausgehenden 19. und dem 20. Jahrhundert sind, noch nicht im ausreichenden Maße als Denkmale im Bewußtsein der Öffentlichkeit verankert waren. In diesem Fall konnte erst eine höchstrichterliche Entscheidung eine Wende in der Betrachtungsweise erwirken. Dieser Umdenkungsprozeß führte nun auch dazu, daß der als völlig desolat eingestufte bauliche Zustand, der zusätzlich die Abbruchnotwendigkeit begründen sollte, sich bei genauer Überprüfung als durchaus sanierungsfähig herausstellte. Bleibt zu hoffen, daß die ausdauernde Überzeugungsarbeit und der respektvolle Umgang mit der Denkmalsubstanz die endgültige Rettung des ehemaligen Arbeitsschutzmuseums bewirken und darüberhinaus die noch im Schatten des öffentlichen Bewußtseins stehenden Denkmale der Industriemetropole Berlin ins Rampenlicht der öffentlichen Zuneigung rücken werden.

Anmerkungen

[1] Neumeyer, Fritz, Industriegeschichte im Abriß – Das Deutsche Arbeitsschutz-Museum in Berlin-Charlottenburg (zitiert nach: Der Abend, 7.6.1979), in: Buddensieg, Tilmann/Rogge, Henning (Hrsg.), Die nützlichen Künste, Katalog zur Ausstellung aus Anlaß des 125jährigen Jubiläums des VDI, Berlin 1981, S. 186 ff.

[2] Aus der Urteilsbegründung der 16. Kammer des Verwaltungsgerichtes Berlin vom 1.3.1983, VG 16 A 13.83; Bundesrepublik Deutschland gegen Land Berlin.

[3] ebda.

[4] vgl. Anm. 2.

[5] Aus der Urteilsbegründung des 2. Senats des Oberverwaltungsgerichts Berlin vom 10. Mai 1985 Akten-Z.: OVG 2 B 134.83; Bundesrepublik Deutschland gegen Land Berlin.

[6] vgl. Anm. 5.

[7] vgl. hierzu den Artikel von H. Schnedler, Viele Haken, wenig Ösen, S. 232 ff.

[8] Auszug aus dem Gutachten der Bundesanstalt für Materialforschung und Prüfung (AZ 2.2/22264; 1.3/11888) vom 4.1.1988.

Abb. 14: Vorderes Querschiff, Zustand 1988

Christine Becker, Birte Ladegaard

Ausgewählte Literatur

Die vorliegende Bibliographie konzentriert sich auf Berlin. Sie soll dem Benutzer dieses Buches Hinweise auf weiterführende Literatur geben. Vollständigkeit war in keiner Hinsicht erstrebt.

Die Titel sind nach Sachgebieten zusammengefaßt. Innerhalb der Sachgebiete sind sie chronologisch geordnet, damit auch hier etwas von der Entwicklung der Berliner Denkmalpflege erkennbar wird.

Beim Landeskonservator sind nach Absprache Gutachten einzusehen, die als Grundlagen zur Unterschutzstellung von Baudenkmalen und zur Durchführung von Bau- und Restaurierungsmaßnahmen erstellt wurden, desgleichen eine Sammlung von Grundsatzurteilen.

I. Zur Geschichte Berlins

Streckfuß, Adolf: 500 Jahre Berliner Geschichte. Von Fischerdorf zur Weltstadt. Geschichte und Sage. Berlin 1900.
Gundlach, Wilhelm: Geschichte der Stadt Charlottenburg. Bd. 1-2. Berlin 1905.
Kaeber, Ernst: Beiträge zur Berliner Geschichte. Ausgewählte Aufsätze. Berlin 1964 (Veröff. d. Hist. Komm. zu Berlin. 14).
Berlin und die Provinz Brandenburg im 19. und 20. Jahrhundert. Hrsg. v. Hans Herzfeld. Berlin 1968 (Veröff. d. Hist. Komm. zu Berlin. 25).
Holmsten, Georg: Die Berlin-Chronik. Daten. Personen. Dokumente. Düsseldorf 1984.
Berlin und Brandenburg. Hrsg. v. Gerd Heinrich. 2. verb. u. erw. Aufl. Stuttgart 1985 (Handbuch d. hist. Stätten Deutschlands. 10). (1. Aufl. 1973.)
Geschichtslandschaft Berlin. Orte und Ereignisse. Hrsg. v. Helmut Engel (u. a.). Bd. 1-3. Berlin 1985-87. Bd. 1: Charlottenburg. Die historische Stadt. 1986. Bd. 2: Charlottenburg. Der neue Westen. 1985. Bd. 3: Tiergarten. Moabit. 1987.
Geschichte Berlins. Hrsg. v. Wolfgang Ribbe. Bd. 1-2. München 1987. Bd. 1: Von der Frühgeschichte bis zur Industrialisierung. Bd. 2: Von der Märzrevolution bis zur Gegenwart.

II. Zur Baugeschichte Berlins

Woltmann, Alfred: Die Baugeschichte Berlins bis auf die Gegenwart. Berlin 1872.
Schmitz, Hermann: Berliner Baumeister vom Ausgang des achtzehnten Jahrhunderts. Berlin 1914.
Hilberseimer, Ludwig: Berliner Architektur der 20er Jahre. Hrsg.: Hans Maria Wingler. Mainz 1967.
Reuther, Hans: Barock in Berlin. Meister und Werke der Berliner Baukunst 1640-1786. Berlin 1969.
Börsch-Supan, Eva: Berliner Baukunst nach Schinkel. 1840-1870. München 1977.
Posener, Julius: Berlin auf dem Wege zu einer neuen Architektur. Das Zeitalter Wilhelms II. München 1979.
Wendland, Folkwin: Berlins Gärten und Parke von der Gründung der Stadt bis zum ausgehenden neunzehnten Jahrhundert. Das klassische Berlin. Berlin 1979.
Bohle-Heintzenberg, Sabine: Architektur der Berliner Hoch- und Untergrundbahn. Planung, Entwürfe, Bauten bis 1930. Berlin 1980.
Geist, Johann Friedrich; Klaus Kürvers: Das Berliner Mietshaus. Bd. 1-2. München 1980-84. Bd. 1: 1740-1862. 1980. Bd. 2: 1862-1945. 1984.
Gut, Albert: Das Berliner Wohnhaus des 17. und 18. Jahrhunderts. Berlin 1984. (Neuaufl. d. Ausg. v. 1917.)
Hegemann, Werner: Das steinerne Berlin 1930. Geschichte der größten Mietskasernenstadt der Welt. Berlin 1984. (1. Aufl. 1930.)
Industriekultur deutscher Städte und Regionen. Hrsg. v. Hermann Glaser. Bd. 1-2. München 1984-86. Bd. 1: Exerzierfeld der Moderne. 1984. Bd. 2: Die Metropole. 1986.
Pomplun, Kurt: Berlins alte Dorfkirchen. 3. Neuaufl. Berlin 1984.
Ribbe, Wolfgang; Wolfgang Schäche: Die Siemensstadt. Geschichte und Architektur eines Industriestandortes. Berlin 1985.
Hoffmann-Tauschwitz, Matthias: Alte Kirchen in Berlin. 33 Besuche bei d. ältesten Kirchen im Westteil d. Stadt. Berlin 1986.
Die Straßenbrücken der Stadt Berlin. Hrsg.: Magistrat der Stadt Berlin. Düsseldorf 1986. (Neuaufl. d. Ausg. v. 1902.)
Baumeister, Architekten, Stadtplaner. Biographien zur baulichen Entwicklung Berlins. Hrsg.: Wolfgang Ribbe (u. a.). Berlin 1987.
Bodenschatz, Harald: Platz frei für das Neue Berlin. Geschichte der Stadterneuerung in der »größten Mietskasernenstadt der Welt« seit 1871. Berlin 1987.
Rave, Paul Ortwin: Berlin in der Geschichte seiner Bauten. 4. veränd. u. verb. Aufl. München 1987. (1. Aufl. 1960.)

Inventare

Borrmann, Richard: Die Bau- und Kunstdenkmäler von Berlin. Berlin 1893.
Berlin und seine Bauten. Hrsg. v. Architekten-Ver. zu Berlin u. d. Vereinigung Berliner Architekten. Bd. 1-2. 2. Aufl. Berlin 1896. (1. Aufl. 1877.)
Die Bauwerke und Kunstdenkmäler von Berlin. Hrsg.: Sen. Bau. Wohn., LKS. Berlin. Bd. 1-4. (5.). Berlin 1955-80. Bd. 1: Bezirk Tiergarten. 1955. Bd. 2: Charlottenburg. 1. Schloß Charlottenburg. 1970. 2. Stadt und Bezirk. 1961. Bd. 3: Stadt und Bezirk Spandau. 1971. Bd. 4: Be-

zirk Kreuzberg. 1980. Beiheft 1-16. Hrsg.: Sen. Stadt. Um., LKS. Berlin 1980-87.
Berlin und seine Bauten. Hrsg.: Architekten u. Ingenieur-Ver. zu Berlin. Bd. 2-11. Berlin 1964-1987.
Beseler, Hartwig; Niels Gutschow: Kriegsschicksale deutscher Architektur, Wiederaufbau. Eine Dokumentation für das Gebiet der Bundesrepublik Deutschland. Bd. 1. Neumünster 1988.

Kunst- und Architekturführer

Nicolai, Friedrich: Beschreibung der königlichen Residenzstädte Berlin und Potsdam, aller daselbst befindlicher Merkwürdigkeiten, und der umliegenden Gegend. 3. erw. Aufl. Berlin 1786. (1. Aufl. 1769.)
Berlin. Kunstdenkmäler und Museen. Von Eva Börsch-Supan (u. a.). 3. Aufl. Stuttgart 1980 (Reclams Kunstführer Deutschland. 7).
Voß, Karl: Reiseführer für Literaturfreunde. Berlin vom Alex bis zum Kudamm. Frankfurt/M. 1980.
100 Berliner Bauten der Weimarer Republik. Berlin. Hrsg. v. Sen. Bau. Wohn. 2. Aufl. Berlin 1981.
Rave, Rolf; Hans-Joachim Knöfel; Jan Rave: Bauen der 70er Jahre in Berlin. 3. Aufl. Berlin 1981.
Hoff, Sigrid: Streifzüge durch Berlin. Denkmale der Vergangenheit für die Stadt von morgen. Bd. 1-2. Berlin 1985.
Rave, Rolf; Hans-Joachim Knöfel: Bauen seit 1900 in Berlin. 5. Aufl. Berlin 1985.
Der große Baedecker Berlin. Stadtführer von Karl Baedecker. Überarb. v. Sabine Bohle-Heintzenberg. Freiburg 1986.
Kühne, Günther; Elisabeth Stephani: Evangelische Kirchen in Berlin. Mit e. Einführ. v. Oskar Söhngen. 2. Aufl. Berlin 1986.

Bildbände, Stadtpläne und Kartenwerke

Die Architektur Berlins. Sammlung hervorragender Bauten der letzten zehn Jahre. Hrsg. v. Hugo Licht. Berlin 1877.
Pabst, Arthur: Berliner Bauten aus dem 17. und 18. Jahrhundert. Berlin 1885.
Rückwardt, Hermann: Berliner Neubauten. Originalaufnahmen in Lichtdruck. Berlin 1890-98.
Frecot, Janos; Geisert, Helmut: Das alte Berlin. In Fotografien von 1850 bis 1940. Berlin 1983.
Levi, Lucien: Berlin um 1900. Hrsg. v. Archiv f. Kunst u. Geschichte. Ismaning b. München 1986.
Schulz, Günther: Die ältesten Stadtpläne Berlins 1652 bis 1757. Weinheim 1986.
Die Städtebauliche Entwicklung Berlins seit 1650 in Karten. Erarb. v. B. Aust im Auftrag d. Sen. Stadt. Um. Berlin 1987. (Nebst Beih.)
Topographischer Atlas Berlin. Entwicklung und Struktur der Stadt Berlin in 55 Karten und 20 Luftbildern mit erläuternden Texten. Hrsg. v. Sen. Bau. Wohn. Abt. Vermessung. Berlin 1987.

Ausstellungskataloge

Berlin: Von der Residenzstadt zur Industriemetropole. Ein Beitr. d. Techn.Univ. Berlin zum Preußenjahr 1981. Hrsg. v. Karl Schwartz. Bd. 1-3. Katalog zur Ausstellung in d. Techn. Univ. Berlin. Berlin 1981.
Berlin im Abriß. Beispiel Potsdamer Platz. Ausstellung d. Berlinischen Galerie 1981. Ausstellung u. Katalog: Janos Frecot (u. a.) Berlin 1981.
Straßenmöbel in Berlin. Veranst. d. Ausstellung d. Sen. Bau. Wohn. Bearb.: Hans-Werner Klünner (u. a.) Berlin 1983. Synagogen in Berlin. Zur Geschichte einer zerstörten Architektur. Hrsg. v. Rolf Bothe. Bd. 1-2. Katalog zur Ausstellung im Berlin-Museum 1983. Berlin 1983. Die Zukunft der Metropolen. Paris, London, New York, Berlin. Ein Beitr. d. Techn. Univ. Berlin zur Internationalen Bauausstellung Berlin. Berichtjahr 1984. Hrsg. v. Karl Schwartz. Bd. 1-3. Katalog zur Ausstellung in d. Techn. Univ. Berlin. Berlin 1984.
Siedlungen der zwanziger Jahre – heute. Vier Berliner Großsiedlungen 1924-1984. Ausstellung im Bauhaus-Archiv, Museum f. Gestaltung Berlin 1985. Katalog. Hrsg.: Norbert Huse. Berlin 1985.
Von Berlin nach Germania. Über die Zerstörungen der Reichshauptstadt durch Albert Speers Neugestaltungsplanungen. Katalog: Hans Reichhardt (u. a.). Eine Ausstellung d. Landesarchivs Berlin. 3. verb. u. veränd. Aufl. Berlin 1985. (1. Aufl. 1984.)
Stuck in Berliner Stadtbild. Veranst. d. Ausstellung d. Sen. Bau. Wohn. Bearb.: Hans-Joachim Arndt (u. a.). Berlin 1986.
Bürger, Bauer, Edelmann. Berlin im Mittelalter. Hrsg.: Museum f. Vor- und Frühgeschichte, Staatl. Museen Preuß. Kulturbesitz. Red.: G. Saherwala (u. a.) Katalog zur Ausstellung in der Zitadelle Spandau, Berlin 1987.
»O ewich is so lanck« Die historischen Friedhöfe in Berlin-Kreuzberg. Ein Werkstattbericht. Ausstellung im Landesarchiv Berlin 1987. Katalog. Hrsg.: Christoph Fischer. Berlin 1987.
750 Jahre Architektur und Städtebau in Berlin. Die Internationale Bauausstellung im Kontext der Baugeschichte Berlins. Ausstellung in d. Neuen Nationalgalerie 1987. Katalog. Hrsg.: Josef Paul Kleihues. Stuttgart 1987.

III. Denkmalpflege allgemein

Utecht, Elke Marion: Denkmalschutz im Städtebau. Eine Literaturdokumentation 1965-75. Hrsg.: Inst. f. Wohnungs- u. Planungswesen, Gottlob-Binder-Inst. Köln-Mühlheim 1975 (Veröff. d. Inst. f. Wohnungs- u. Planungswesen. 22).
Baudenkmäler. Erhaltung, Sanierung, Pflege. Eine Literaturdokumentation. Hrsg.: Informationszentr. Raum u. Bau d. Fraunhofer Ges (IRB). Red. Bearb.: Terje Nils Dahle. Stuttgart 1986 (IRB-Themendokumentation. 14).
Technische Denkmale. Eine Literaturdokumentation. Hrsg.: IRB. Red. Bearb.: Terje Nils Dahle. Stuttgart 1986 (IRB-Literaturauslese. 1000).
Industriedenkmäler. Hrsg.: IRB. Red. Bearb.: Ulrich Rombock. Stuttgart 1987 (IRB-Literaturauslese. 1478).

Schinkel, Karl Friedrich: Memorandum zur Denkmalpflege. In: Die Denkmalpflege. 1901 (3) H. 1. S. 6-7. (Abdr. d. Textes v. 1815.)
Quast, Ferdinand von: Pro memoria in Bezug auf die Erhaltung der Altertümer in den Königlichen Landen. In: Deutsche Kunst u. Denkmalpflege 1977 (35) H. 2. S. 132-136. (Abdr. d. Textes v. 1837.)
Kugler, Franz Theodor: Die Kunst als Gegenstand der Staatsverwaltung (1847). In: ders.: Kleine Schriften. Bd. 3. Stuttgart 1854. S. 594.
Wussow, A. v.: Die Erhaltung der Denkmäler in den Culturstaaten der Gegenwart. Bd. 1-2. Berlin 1885.
Clemen, Paul: Die Verhandlungen über Denkmalschutz und Denkmalpflege auf der Hauptversammlung der Gesamtsver. der deutsch.

Geschichts- u. Altertumsver. in Straßburg. In: Die Denkmalpflege. 1899 (1) H. 13. S. 106.

Reimers, Jakobus: Handbuch für die Denkmalpflege. Hrsg. v. d. Prov. Komm. z. Erforschung u. Erhaltung d. Denkmalpflege i. d. Prov. Hannover. Hannover 1899.

Sarazin, Otto; Oskar Hossfeld: Zur Einführung. In: Die Denkmalpflege. 1899 (1) H. 1. S. 1-2.

Wallé, Peter: Zur Frage eines Conservators für Berlin. In: Die Denkmalpflege. 1899 (1) H. 5. S. 40-42.

Zelle (d. i. Peter Wallé): Zur Organisation der Denkmalpflege in Berlin. In: Mitt. d. Ver. f. d. Geschichte Berlins. 1899 (16) H. 1. S. 11-12.

Dehio, Georg; Alois Riegl: Konservieren, nicht restaurieren. Streitschrift zur Denkmalpflege um 1900. Mit e. Komm. v. Marion Wohlleben u. e. Nachw. v. Georg Mörsch. Braunschweig 1988 (Bauwelt-Fundamente. 80). (Abdr. Texte um 1900.)

Lange, Konrad: Die Grundsätze der modernen Denkmalpflege. Tübingen 1906.

Heyer, Karl: Denkmalpflege und Heimatschutz im Deutschen Recht. Berlin 1912.

Blunck, Erich: Schinkel und die Denkmalpflege. In: Die Denkmalpflege. 1916 (18), H. 4. S. 25-27.

Dvořák, Max: Katechismus der Denkmalpflege. Wien 1918.

Clemen, Paul: Die deutsche Kunst und die Denkmalpflege. Ein Bekenntnis. Berlin 1933.

Ein Aufruf »Grundsätzliche Forderungen«. In: Baukunst u. Werkform. 1947 (1). S. 29.

Behnt, Adolf: Baudenkmale und Wiederaufbau. Versuch einer Ordnung. Stuttgart 1948.

Lill, Georg: Die Situation der deutschen Denkmalpflege. In: Kunstchronik. 1948 (1) H. 4/5. S. 1-3.

Schalburg, Robert von; Rudolf Kleeberg: Die steuerliche Behandlung von Kulturgütern. Heidelberg 1968.

Meckseper, Cord: Stadtbild, Denkmal und Geschichte zur Funktion des Historischen: In: Zeitschr. f. Stadtgeschichte, Stadtsoziologie u. Denkmalpflege. 1974 (1) Nr. 1. S. 3-22.

Denkmalpflege in der Bundesrepublik Deutschland. Geschichte, Organisation, Aufgaben, Beispiele. Ein Beitrag zum Europäischen Denkmalschutzjahr 1975. München 1975.

Gebeßler, August: Die Denkmalpflege. In: Das Münster. 1975 (28) Nr. 1/2. S. 1-8.

Klotz, Heinrich; Roland Günter; Gottfried Kiesow: Keine Zukunft für unsere Vergangenheit? Denkmalschutz und Stadtzerstörung. Gießen 1975.

Mielke, Friedrich: Die Zukunft der Vergangenheit. Grundsätze, Probleme und Möglichkeiten der Denkmalpflege. Stuttgart. 1975.

Grundmann, Günther: Unsere Städte in Gefahr. Denkmalpflege in der alten Stadt. Ihre Vergangenheit und ihre Zukunft. Hamburg 1976.

Breuer, Tilmann: Probleme der Feststellung und Festlegung von Ensembles im Großstadtbereich München. In: Deutsche Kunst u. Denkmalpflege. 1977 (35) H. 2. S. 193-210.

Guber, Hans Martin: Industriearchäologie. Versuch einer Begriffsbestimmung. In: Archithese. 1980 (10) Nr. 5. S. 5-11, 22.

Hoffmann-Axthelm, Dieter: Plädoyer für die Abschaffung der Denkmalpflege. In: Arch+ 1980 (12) Nr. 54. S. 44-50.

Schutz und Pflege von Baudenkmälern in der Bundesrepublik Deutschland. Ein Handbuch. Hrsg. v. August Gebeßler Köln 1980.

Das Baudenkmal. Zu Denkmalschutz und Denkmalpflege. Tübingen 1981 (Glossarium artis. 8).

Breuer, Tilmann: Baudenkmalkunde, Versuch einer Systematik. In: Denkmalinventarisation in Bayern. Anfänge und Perspektiven. München 1981 (Arbeitsh. d. Bayer. Landesamtes f. Denkmalpflege. 9). S. 6-12.

Denkmalpflege: Schützen und Gebrauchen – ein Widerspruch? Briefwechsel zwischen Julius Posener und Dieter Hoffmann-Axthelm. In: Arch+ 1981 (13) Nr. 56. S. 7-10.

Kummer, Michael: Denkmalschutzrecht als gestaltendes Baurecht. Zur Vollzugseignung des Denkmalschutzrechtes. München 1981.

Mörsch, Georg: Zur Differenzierbarkeit des Denkmalbegriffes. In: Deutsche Kunst u. Denkmalpflege. 1981 (39) H. 2. S. 99-108.

Deutsche Denkmalschutzgesetze. Bearb. v. Wolfgang Brönner. Bonn 1982 (Schriftenr. d. Deutsch. Nat. Kom. f. Denkmalschutz 18)

Kiesow, Gottfried: Einführung in die Denkmalpflege. Darmstadt 1982.

Mader, Gert Thomas: Angewandte Bauforschung als Planungshilfe bei der Denkmalinstandsetzung. In: Erfassen und Dokumentieren im Denkmalschutz. Red.: Juliane Kirschbaum (u. a.). Bonn 1982 (Schriftenr. d. Deutsch. Nat. Kom. f. Denkmalschutz. 16). S. 37-53.

Mörsch, Georg: Erforschen und Erhalten, oder: Die Wissenschaftlichkeit der Denkmalpflege. In: Unsere Kunstdenkmäler. 1982 (33) H. 1. S. 90-96.

Slotta, Rainer: Einführung in die Industriearchäologie. Darmstadt 1982.

Breuer, Tilmann: Denkmallandschaft. Ein Grenzbegriff und seine Grenzen. In: Österr. Zeitschr. f. Kunst u. Denkmalpflege. 1983 (37) H. 3/4. S. 75-82.

Kiesow, Gottfried; Martin Neuffer; Wolfgang Eberl: Zur Lage des Denkmalschutzes und der Denkmalpflege in der Bundesrepublik Deutschland. Memorandum. Bonn 1983 (Schriftenr. d. Deutsch. Nat. Kom. f. Denkmalschutz. 20).

Stich, Rudolf: Denkmalrecht der Länder und des Bundes. Ergänzbare Sammlung mit Erläuterungen, Rechts- u. Verwaltungsvorschriften, amtlichen Informationen, Rechtsprechung u. Literatur. Berlin 1983.

Denkmalpflege. Deutsche Texte aus drei Jahrhunderten. Hrsg. v. Norbert Huse. München 1984.

Müllejans, Paul: Denkmalschutz und Denkmalpflege. Rechtsprechung und Schrifttum. Bonn 1985.

Gebeßler, August: Zur Lage. Inflation des Denkmalpflegens. In: Deutsche Kunst u. Denkmalpflege. 1986 (44) H. 2. S. 146-147.

Bauforschung und Denkmalpflege. Umgang mit historischer Bausubstanz. Hrsg. v. Johannes Cramer. Stuttgart. 1987.

Hönes, Ernst-Rainer: Die Unterschutzstellung von Kulturdenkmalen. Köln 1987.

Mörsch, Georg: Denkmalpflege zwischen Wissen und Gewissen. Die Möglichkeiten einer postmodernen Denkmalpflege. In: Archithese. 1987 (17) H. 5. S. 49-52.

Zeitschriften

Die Denkmalpflege. Zentralblatt f. Bauverwaltung. Jg. 1. 1899-24. 1922 (in d. Folge:)

Denkmalpflege u. Heimatschutz. Jg. 25.1923-31.1929 (in d. Folge:)
Die Denkmalpflege. Jg. 32.1930-35.1933 zugl. Zeitschrift f. Denkmalpflege u. Heimatschutz. Jg. 4.1930-7.1933 (in d. Folge:)
Deutsche Kunst u. Denkmalpflege. Jg. 36.1934-44.1944 (in d. Folge:)
Die Kunstpflege. Jg. 45.1948 (in d. Folge:)
Deutsche Kunst u. Denkmalpflege (N.F.) Jg 10. (46) 1952-24. (60) 1966; Jg. 25.1967-
Zeitschrift f. Stadtgeschichte, Stadtsoziologie u. Denkmalpflege. Jg. 1.1974-4.1977 (in d. Folge:)
Die alte Stadt. Jg. 5.1978-

IV. Denkmalpflege in Preußen und Berlin

Allgemeines Landrecht der Preußischen Staaten. Teil 1. Titel 8 von 1794. In: Reimers, Jakobus: Handbuch für die Denkmalpflege. Hannover 1899. S. 433-434. (Abdr. d. Textes v. 1794.)
Zur Geschichte der Organisation der Denkmalpflege in Preußen. In: Die Denkmalpflege. 1899 (1) H. 5. S. 37-39, 45-46.
Kohte, Julius: Zur Geschichte der Denkmalpflege in Preußen. In: Die Denkmalpflege. 1901 (3) H. 1. S. 6-7.
Lezius, H.: Das Recht der Denkmalpflege in Preußen. Berlin 1908.
Goecke, Theodor: Schutz für Berlins Kunstdenkmäler. In: Der Städtebau 1909 (6) Nr. 9. S. 119-120.
Schultze, Friedrich: Das Berliner Ortsstatut zum Schutze des Stadtbildes. In: Die Denkmalpflege. 1910 (12) H. 1. S. 6-7.
Kohte, Julius: Die Pflege der staatlichen Denkmäler in Berlin während der letzten Jahre. In: Denkmalpflege u. Heimatschutz 1925 (27) H. 4/6. S. 49-54.
Rave, Paul Ortwin: Die Anfänge der Denkmalpflege in Preussen. Ein Urkundenbericht aus der Zeit vor 100 Jahren. In: Deutsche Kunst u. Denkmalpflege. 1935 (37) H. 1. S. 34-44.
Peschke, Walter: Aufgaben der Denkmalpflege in Berlin. In: Zeitschr. d. Ver. f. d. Geschichte Berlins 1938 (55) Nr. 3. S. 81-97.
Grundmann, Günther: Die Bedeutung Schinkels für die deutsche Denkmalpflege. Zum 100. Todestage Karl Friedrich Schinkels am 9. Oktober 1941. In: Deutsche Kunst u. Denkmalpflege. 1940/41 (42) H. 5/6. S. 122-29.
Scheper, Hinnerk: Zehn Jahre Denkmalpflege in Berlin. In: Deutsche Kunst u. Denkmalpflege 1957. (15) H. 1. S. 56-60 (Abdr. aus »Der Tagesspiegel« v. 21. 15. 55).
Peschken, Goerd: Ketzerische Bemerkungen zur Denkmalpflege und Stadtplanung in Berlin. In: Deutsche Kunst u. Denkmalpflege. 1970. (28) H. 1/2. S. 65-74.
Engel, Helmut: Historische Stadtlandschaften der Berliner Innenstadt und ihre Bedeutung für die Denkmalpflege. In: Bau-Handbuch 1974. S. 45-51.
Sanieren heißt heilen, dargestellt am Beispiel des Berliner Sanierungsgebietes Kreuzberg. Bearb. v. Helmut Engel (u. a.). In: Deutsche Bauzeitung. 1974. (108) Nr. 7. S. 633-648.
Berlin. Historische Stadtgestalt und Stadterneuerung. Hrsg. v. Sen. Bau. Wohn. Berlin 1975.
Europäisches Denkmalschutzjahr 1975 Berlin. Eine Zukunft für unsere Vergangenheit. Hrsg. v. Deutsch. Nat. Kom. f. d. Europ. Denkmalschutzjahr 1975. Bearb. v. Ulrich Conrads u. a. 12. Berlin 1975.

Grasshoff, Herbert; Heinrich Limann: Berlin. Beispiele historischer Stadtgestaltung und Stadterneuerung. Charlottenburg, Schöneberg, Kreuzberg. Hrsg. v. Sen. Bau. Wohn. Berlin 1976.
Stadtidee und Stadtgestalt. Beispiel Berlin. Aufsätze v. Helmut Engel (u. a.). Hrsg. v. Sen. Bau. Wohn. Berlin 1976.
Gesetz zum Schutze von Denkmalen in Berlin (Denkmalschutzgesetz Berlin - Dsch. G. Berlin) vom 22. Dez. 1977. In: Gesetz- u. Verordnungsblatt für Berlin. 1977 (33) Nr. 93 v. 30. 12. 1977. S. 2540-2543.
Kloß, Klaus-Peter: Großsiedlungen der Weimarer Republik als denkmalpflegerische Aufgabe. In: Deutsche Kunst u. Denkmalpflege 1980 (38) H. 1/2. S. 105-109.
Weber, Klaus-Konrad: Industriebau-Denkmalpflege. Hrsg. v. Sen. Bau. Wohn., LKS. Berlin 1980.
Buch, Felicitas: Ferdinand von Quast und die Inventarisation in Preußen. In: Kunstverwaltung, Bau- und Denkmal-Politik im Kaiserreich. Hrsg.: Ekkehard Mai (u. a.). Berlin 1981. S. 361-382.
Kadatz, Hans-Joachim: Karl-Friedrich Schinkel und die Anfänge der Denkmalpflege in Preußen. In: Architektur d. DDR. 1981 (30) Nr. 2. S. 113-117.
Sanierung und Denkmalpflege in der Altstadt Spandau. Materialien und Beiträge zur aktuellen Diskussion. Red.: Thomas Biller u. u. a. 12. Hrsg. v. Inst. f. Arch. u. Stadtgeschichte u. d. LKS Berlin. Berlin 1982.
Hoffmann-Axthelm, Dieter: Vergleichweise - die Industriedenkmäler Berlins. In: Bauwelt 1983. (74) H. 43. S. 1731-1734.
Engel, Helmut: Begriff und Probleme der Großstadtdenkmalpflege am Beispiel Berlin. In: Deutsche Kunst u. Denkmalpflege 1984. (42) H. 2. S. 102-103.
Engel, Helmut: Industrie-Denkmalpflege in Berlin. In: Deutsche Kunst u. Denkmalpflege. 1984. (42) H. 2. S. 115-120.
Finkelnburg, Klaus: Zum Schutz von Baudenkmalen in Berlin. In: Festschr. z. 125jährigen Bestehen d. Juristischen Gesell. zu Berlin. Berlin 1984. S. 129-150.
Die Kurfürstendamm-Rolle. Hrsg. v. Sen. Stadt. Um. Berlin 1984 (Schriftenr. d. Sen. Stadt. Um. z. Kurf.damm 2).
Lineares Regelwerk Kurfürstendamm. Hrsg. v. Sen. Stadt. Um. Berlin 1984 (Schriftenr. d. Sen. Stadt. Um. z. Kurf.damm. 1).
Schmidt, Hartwig: Denkmalschutz und Inventarisation in Berlin. In: Deutsche Kunst u. Denkmalpflege 1984. (42) H. 2. S. 104-114.
Schmidt, Hartwig; Eva-Maria Eilhardt: Die Bauwerke der Berliner S-Bahn. Die Stadtbahn. Hrsg. i. A. d. Sen. Stadt. Um. Berlin 1984 (Arbeitsh. d. Berliner Denkmalpflege. 1).
Verzeichnis der Baudenkmale von Berlin. Hrsg. v. Sen. Stadt. Um. Berlin 1985.
Berlin Monument Berlin. Hrsg. v. Jürgen Eckhardt. Berlin 1985.
Gartendenkmalpflege Berlin 1978-1985. Ergebnisse und Ziele dargestellt an ausgewählten Beispielen. Hrsg. v. Sen. Stadt. Um. Abt. III Natur, Landschaft, Grün. 2. erw. Aufl. Berlin 1985. (1. Aufl. 1982.)
Kühne, Günther: Zum Umgang mit techischen Denkmälern. In: Der Bär v. Berlin 1985 (34) S. 69-98.
Die Plätze am Kurfürstendamm. Hrsg. v. Sen. Stadt. Um. Berlin 1985 (Schriftenr. d. Sen. Stadt. Um. z. Kurf.damm 3).
Schmidt, Hartwig; Jürgen Tomisch: Die Bauwerke der Berliner S-Bahn. Die Vorortstrecke nach Zossen. Hrsg. i. A. d. Sen. Stadt. Um. Berlin 1985 (Arbeitsh. d. Berliner Denkmalpflege. 2).

Wimmer, Clemens Alexander: Die Gärten des Charlottenburger Schlosses. Hrsg. v. Sen. Stadt. Um. Abt. III Natur, Landschaft, Grün. Berlin 1985.
Kühne, Günther: Über das gebrochene Verhältnis der Berliner zur Pflege ihrer Baudenkmäler. In: Der Bär v. Berlin. 1987 (36) S. 137-160.
Baudenkmale in Berlin. Bezirk Reinickendorf, Ortsteil Reinickendorf. Hrsg. v. Sen. Stadt. Um., LKS. Bearb.: Jürgen Tomisch. Berlin 1988 (Denkmaltopographie Bundesrepublik Deutschland).
Hildebrandt, Werner; Peter Lemburg; Jörg Wewel: Historische Bauwerke der Berliner Industrie. Hrsg. v. Sen. Stadt. Um. Berlin 1988 (Beitr. zur Denkmalpflege in Berlin. 1).

Zeitschriften

Der Bär. Berlinische Blätter f. vaterländische Geschichte u. Alterthumskunde. Jg. 1.1875-(28.1904) (mit div. Untertitel) (in d. Folge:)
Jahrbuch d. Ver. f. d. Geschichte Berlins. Jg. 1.1951-3.1953 (in d. Folge:)
Der Bär v. Berlin. Jg. 4.1954-
Mitteilungen d. Ver. f. d. Geschichte Berlins. Jg. 1.1884-50.1933 (mit d. Titel: Alt Berlin. Jg. 26.1909-27.1910) (in d. Folge:)
Zeitschrift d. Ver. f. d. Geschichte Berlins. Jg. 51.1934-60.1943 (in d. Folge:)
Mitteilungen d. Ver. f. d. Geschichte Berlins. (N. F.) Jg. 1. (61) 1965-

V. Denkmalpflege in Berlin: Beispiele

Heikamp, Detlef: Desinteresse, Unwissenheit, Trägheit führten zum Abbruch. In: Bauwelt. 1973 (64) H. 14. S. 567-572.
Berlin-Dahlem, Pacelliallee 18-20. Wiederaufbau eines Landhauses von Hermann Muthesius. Hrsg. v. Sen. Bau. Wohn. Berlin 1977.
Spandau – Behnitz 5. Instandsetzung, Modernisierung, Restaurierung. Hrsg. v. Sen. Bau. Wohn. u. LKS. Berlin 1977.
Baller, Hinrich: Im Umgang mit einem Baudenkmal und dem Amtsschimmel. Alfred Grenanders Umformwerk von 1928 in Berlin-Wedding. Bauwelt. 1979 (70) H. 43. S. 1836, 1841-1843.
Heikamp, Detlev: Dokumente der Architektur des 20. Jahrhunderts. Was der Bombenkrieg nicht schaffte, die Senatsverwaltung machts möglich. – Der Abriß des Mendelsohnbaues am Kurfürstendamm. In: Der Architekt 1979 (12) Nr. 4. S. 184.
Wiegand, Heinz; Klaus von Krosigk: Rekonstruktionen – nun auch in den historischen Gärten. Gartendenkmalpflege in Berlin – dargestellt am Beispiel Glienicke. In: Neue Heimat 1979 (26) Nr. 6. S. 24-29.
Wiegand, Heinz: Historische Parks und Gärten in Berlin. Eine neue Aufgabe der Denkmalpflege. In: Gärten u. Landschaft 1979 (89) Nr. 3. S. 153-161.
Arndt, Hans-Joachim: Erneuerung historischer Stahlbauten. Zwischen konservierendem Bewahren und behutsam qualitätvollen Ergänzen und Anpassen am Beispiel des großen Tropenhauses im Botanischen Garten in Berlin. In: Baukultur 1980. Nr. 5 (o. S.).
Karte der Baudenkmale und geschützten Baubereiche Berlin. Stand 31. 12. 1980. Hrsg. v. Sen. Bau. Wohn. Berlin 1981.
Wiegand, Heinz; Klaus von Krosigk: Zwei wiederhergestellte Landhausgärten in Berlin. In: Garten u. Landschaft 1981 (91) Nr. 3 S. 183-187.
Informationen zum geschützten Baubereich. Waldsiedlung Zehlendorf. Hrsg. v. Sen. Stadt. Um. u. Sen. Bau. Wohn. Berlin 1982.
Krosigk, Klaus von: Schinkel als Gartenkünstler. Aspekte und Hinweise im Zusammenhang mit gartendenkmalpflegerischen Maßnahmen in Glienicke. In: Das Gartenamt 1982 (31) Nr. 6. S. 357-365.
Brommer, Christina: Postamt Berlin 44 Neukölln. Restauration, Modernisierung, Neubau. In: Bauverwaltung 1983 (56) Nr. 9. S. 366-368.
Dokumentation zum Gelände des ehemaligen Prinz-Albrecht-Palais und seine Umgebung. Hrsg.: Bauausstellung Berlin. Berlin 1983.
Gartendenkmalpflegerischer Umgang mit historischen Friedhöfen. Untersucht am Beispiel der Friedhöfe der Jerusalem und Neue Kirche I und II sowie Dreifaltigkeitsfriedhof in Berlin-Kreuzberg. Inventarisation, Restaurierungs- und Gestaltungsvorschläge. Bearb. v. Clemens Szamatolski (u. a.). 2. überarb. Aufl. Berlin 1983 (Arbeitsh. d. Gartendenkmalpflege Berlin. 2). (1. Aufl. 1982.)
Schäche, Wolfgang: Fremde Botschaften. Bd. 1-2. Berlin 1984. Bd. 1: Das Gebäude der ehemaligen italienischen Botschaft in Berlin Tiergarten. Bd. 2: Das Gebäude der ehemaligen japanischen Botschaft in Berlin-Tiergarten.
Jung, Karin Carmen: Provinz Berlin. Zum geplanten Abriß des Gloria-Palastes am Kurfürstendamm. In: Bauwelt 1985 (76) H. 37. S. 1514.
Baier, Rosemarie; Leonore Koschnick: Der Martin-Gropius-Bau. Geschichte und Gegenwart des ehemaligen Kunstgewerbemuseums. Berlin 1986.
Stadtvilla Griesebach und Käthe-Kollwitz-Museum. Hrsg. v. d. Deutschen Bank Berlin AG. Berlin 1986.
Das Blockhaus Nikolskoe. Geschichte, Zerstörung, Wiederaufbau. Red.: Helmut Engel (u. a.). Hrsg. v. Sen. Bau. Wohn. Berlin 1987.
Der Lichthof im Haus des Rundfunks. Hrsg. SFB. Berlin 1987.
Topographie des Terrors. Gestapo, SS und Reichssicherheitshauptamt auf dem »Prinz-Albrecht-Gelände«. Eine Dokumentation. Hrsg. v. Reinhard Rürup. 3. Aufl. Berlin 1987.
Posener, Julius: Warum wollen wir das, was vom Rudolf-Virchow-Krankenhaus noch steht, erhalten? In: Bauwelt 1988 (79) H. 3. S. 126-127.
Seiler, Michael: Umgang mit historischem Grün. In: Bauwelt 1988 (79) H. 15/16. S. 652-655.

Danksagung

Der Physikalisch-Technischen Bundesanstalt als Hausherrin ist ein besonderer Dank für die Bereitwilligkeit, das ehem. Arbeitsschutzmuseum für die Ausstellung zur Verfügung zu stellen, auszusprechen.
Folgenden Institutionen, Personen und Firmen ist ebenfalls für das Zustandekommen dieses Projektes zu danken:

Bauhaus-Archiv Berlin, Fotostelle
Bundesbaudirektion Berlin, Herrn Misol
Heimatmuseum Charlottenburg
Heimatmuseum Neukölln, Herrn Stolzenwald
Landesarchiv Berlin, Herrn Dettmer
Landesbildstelle Berlin

Frau Beate Ahrens, Herrn Ulrich Böduel, Herrn Uli Böhme, Frau Christiane Borgelt, Herrn Winfried Brenne, Herrn Helmut Engel, Herrn Christian Haebringer, Herrn Hans Karl Herr, Herrn Matthias Hoffmann-Tauschwitz, Frau Veronika Keckstein, Herrn Knud Peter Petersen, Herrn Wolfgang Reuss, Herrn Thomas Schröder, Frau Silvia Seifert, Herrn Jürg Steiner, Herrn Gerhard Weiss

Architekturbüro AGP, Herrn Polenski, Herrn Vogel, Herrn Zeumer
Architektengemeinschaft Fehr + Partner, Herrn Tunnat
Architekturbüro Reinhard Müller GmbH
Architekturbüro Axel Oestreich / Werner Weinkamm mit Achim Dirks und Susanne Sander
Modellbauwerkstätten: Rüdiger Hammerschmidt, Michael Milde, Monath + Menzel
Fa. Wayss + Freytag AG (Berlin)
Fa. Wert-Konzept GmbH (Köln)

Für die Führung des Ausstellungssekretariats ist Frau Irene Schubert zu danken. Frau Antonia Gruhn-Zimmermann hat alle Aktivitäten koordiniert. Ohne ihr großes Engagement und ihre Umsicht wären Ausstellung und Katalog nicht fertig geworden. Ihr gilt unser ganz besonderer Dank.

Der Planungsstab

Autorenverzeichnis

Klaus Duntze, Pfarrer, Berlin
Kurt Eckert, beim Landeskonservator, Berlin
Helmut Engel, Landeskonservator, Berlin
Robert Frank, Architekt, Berlin
Wilhelm Fuchs, beim Landeskonservator, Berlin
Antonia Gruhn-Zimmermann, Kunsthistorikerin, Berlin
Manfred Hecker, beim Landeskonservator, Berlin
Norbert Heuler, beim Landeskonservator, Berlin
Christine Hoh-Slodczyk, beim Landeskonservator, Berlin
Norbert Huse, TU München
Karl Kiem, Bauhistoriker, Berlin
Klaus-Peter Kloß, beim Landeskonservator, Berlin
Günther Kühne, Journalist, Berlin
Michael Kummer, Hessisches Ministerium für Wissenschaft und Kunst, Wiesbaden
Fritz Neumeyer, Architekturhistoriker, Berlin
Henrik Schnedler, beim Landeskonservator, Berlin
Jürgen Tomisch, Bauhistoriker, Berlin
Wolf-Borwin Wendlandt, beim Landeskonservator, Berlin
Wolfgang Wolters, TU Berlin
Dietrich Worbs, beim Landeskonservator, Berlin

Bildnachweis

— Beate Ahrens, Berlin *243*
— AG Lux, Wiedemann, Kalepky und Steuernthal, Berlin *128*
— 25 Jahre Deutsches Arbeitsschutz-Museum 1903-1928, Berlin 1928, S. 24 *330, 332 (links, rechts)*
— Der Bär von Berlin, Jahrb. d. Vereins f. d. Geschichte Berlins (32), 1983, Abb. 5 *140*
— BASD, Karl Kiem, Berlin *68 (o. rechts, u. links), 70 (o. links, u. links), 72 (o. links, u. links)*
— Bauhaus-Archiv Berlin, Inv.-Nr. 6720/1 *295*, Inv.-Nr. 6720/2 *298 (rechts)*, Inv.-Nr. 6720/5 *298 (links)*
— Berlin im Abriß – Beispiel Potsdamer Platz, Ausst.-Kat. Berlin 1981 Abb. 29 *30*, Abb. 26 *34 (rechts)*
— F. P. Berson: Instruktion für Bau- und Werkmeister über die Einrichtung und Anlage der bürgerl. Wohnhäuser in d. Provinzstädten (...), Berlin 1804, Tafel II *70 (o. rechts, u. links)*
— Bezirksamt Neukölln (Hrsg.), Karte v. Berlin, 1:10 000, 1979 *253*
— Bezirksamt Wilmersdorf (Hrsg.), Karte v. Berlin, 1:1000, 1986 *275*
— Bezirksamt Zehlendorf, Bauaufsicht *296*
— Richard Borrmann: Das Fürstenhaus und die alte Münze am Werderschen Markt in Berlin, in: Zschr. f. Bauwesen (38), 1888, Atlas Bl. 43 *31*, S. 293 *34 (links)*
— Harald Brost, Laurenz Demps: Berlin wird Weltstadt, Stuttgart 1981, Abb. 115 *22*, Abb. 100 *33*
— Büro Fehr + Partner, Berlin *132*
— Ferdinand und Reimers, Berlin *250*
— Robert Frank, Berlin *154, 162, 164*
— Freie Universität Berlin, AEG-Archiv *133*
— Gesetz- und Verordnungsblatt für Berlin, 33. Jg., Nr. 93, 30. 12. 1977 *36, 41*
— Wolfgang Gottschalk: Altberliner Kirchen in historischen Ansichten, Leipzig 1985, Abb. 27 *25*
— Grötzebach und Plessow, Berlin *322, 323*
— Grundbuchamt Spandau, Bd. 28, Nr. 1081 *72 (u. rechts)*
— Peter Grunwald, Berlin *107, 112*
— Silvia Hahn, Berlin *123*
— Elisabeth M. Hajos, Leopold Zahn: Berliner Architektur der Nachkriegszeit, Berlin 1928, S. 39 *303*
— Manfred Hecker, Berlin *321, 327*
— Heimatmuseum Charlottenburg *333, 334, 338*
— Jochen Heyermann, Veronika Keckstein, Berlin *279, 281*
— Kaufmann + P., Berlin *245*
— Karl Kiem, Berlin *68 (u. rechts)*
— Karl Kiem, TU Berlin, Inst. f. Arch.- u. Stadtgeschichte *74 (o. links, o. rechts, u. links, u. rechts)*
— Günther Kühne, Berlin *58*
— Landesarchiv Berlin *98, 99*
— Landesbildstelle Berlin *13, 63, 147*
— Landeskonservator Berlin *144, 160, 274, 276 (links), 313, 316, 317, 335*
— Jürgen Lampeitl, Berlin *266, 267, 268, 269*
— Adriaan von Müller: Berlin vor 800 Jahren, Berlin 1968 *61*
— Christina Petersen, Berlin *242*
— Knud Peter Petersen, Berlin *8, 10, 15, 16, 114, 117, 120, 124, 129, 138, 141, 143, 159, 163, 189, 193, 215, 232, 304, 306, 307, 308*
— Helge Pitz, Winfried Brenne, Berlin *238, 240, 249*
— Privatbesitz *263*
— Wolfgang Reuss, beim Landeskonservator Berlin *46, 93, 102, 131, 136, 169, 171, 173, 175, 177, 179, 181, 185, 187, 191, 197, 201, 203, 205, 207, 209, 213, 217, 219, 221, 225, 227, 229, 255, 257, 258, 260, 272, 276 (rechts), 282, 284, 286, 287, 289, 291, 292, 302, 310, 345, 349, 358, 359, 361, 362, 365*
— Deutsche Reichsbahn, Eisenbahndir. (Hrsg.), 1938, Nachdruck 1987 *105*
— Sen. Bau. Wohn. V (Hrsg.) *90, 109, 127, 318, 325*
— Sen. Bau. Wohn. Städtebauarchiv *149 (oben)*
— F. H. Sobotka, Berlin *150*
— Verwaltg. d. Staatl. Schlösser und Gärten Berlin *95, 97*
— Der Städtebau, Berlin 1920 *100*
— Der Tagesspiegel, 9. 10. 1988, S. 17 *76*
— Jürgen Tomisch, Berlin *108*
— Ullstein Bilderdienst, Berlin *223*
— Wasmuths Monatshefte für Baukunst (6), 1921/22, S. 237 *301*
— Werner Weinkamm, Berlin *111, 113*
— Gerhard Weiss, München *17, 18, 80, 82, 83, 85, 86, 87, 88, 139, 199, 211*
— Dagmar Westphal, Berlin *66, 68 (o. rechts), 72 (o. rechts)*
— Irmgard Wirth: Berlin 1650-1914. Von der Zeit des Großen Kurfürsten bis zum Ersten Weltkrieg, Hamburg 1979, Abb. 107 *24*
— Dietrich Worbs, Berlin *149 (unten), 153*
— Zeitschrift für Bauwesen (43), Atlas Bl. 46 *106*